KB152393

HANGIL
GREAT BOOKS

인류의 위대한 지적유산

HANGIL GREAT BOOKS 149

Ham Sokhon
The Spirit of a Rustic - Ham Sokhon Anthology 2

Compiled by Ham Sokhon Anthology editing commission

Published by Hangilsa Publishing co., Ltd., Korea, 2016

한길그레이트북스 149

들사람 얼

함석헌선집 2

함석헌선집편집위원회 엮음

한길사

들사람 얼
함석헌선집 2

『함석헌선집』을 발간하면서 | 함석헌선집편집위원회 ━ 9
하나가 된 전체에만 진리가 있다 | 윤영천 ━ 13

제1부 백두산 호랑이

　　죽을 때까지 이 걸음으로 ━ 99
　　백두산 호랑이 ━ 123
　　남한산성 ━ 143
　　행주산성 ━ 154

제2부 나의 어머니

　　3·1정신 ━ 171
　　우리 민족의 이상 ━ 182
　　우리 역사와 민족의 생활신념 ━ 211
　　압록강 ━ 224
　　내가 겪은 신의주학생사건 ━ 230
　　3·1운동의 현재적 전개 ━ 251
　　민족노선의 반성과 새 진로 ━ 261
　　내가 겪은 관동대진재 ━ 290
　　나의 어머니 ━ 332

제3부 생각하는 백성이라야 산다

생각하는 백성이라야 산다 — 345

때는 다가오고 있다 — 360

민족통일의 종교 — 374

우리의 살길 — 392

새해의 말씀 — 402

우리나라의 살길 — 434

5천만 동포 앞에 눈물로 부르짖는 말 — 453

제4부 들사람 얼

들사람 얼 — 471

현대의 고민 — 496

서풍의 소리 — 511

세계구원의 꿈 — 524

한민족과 평화 — 544

제5부 인생은 갈대

새 삶의 길 — 561

나의 인생노트 — 602

인생은 갈대 — 609

제6부 역사 속의 민족관

아름다움에 대하여 — 621

역사 속의 민족관 — 639

지배자와 피지배자 — 661

제7부 그 사람을 가졌는가

어머니 — 677

그 사람을 가졌는가 — 679

추석1 — 681

붉은 산 — 683

싸우는 생 — 684

봄은 왔건만 — 687

인생은 갈대 — 689

삶·죽음 — 691

참배꽃 — 693

칠월 그믐밤 — 697

한국의 도전 — 700

함석헌사상의 갈래와 특성 | 김영호 — 711

함석헌 연보 — 753

찾아보기 — 757

『함석헌선집』을 발간하면서

　함석헌은 사상가이자 사회운동가로서 20세기 민족사에 우뚝 선 인물로 평가된다. 최근에도 학자는 물론 일반 지식인들에게까지 탐구와 논의의 대상이 됨으로써 모든 분야를 통틀어 근대 한국을 대표하는 인물로 떠올랐다. 한 세기에 가까운 비교적 긴 생애 동안 그가 쏟아낸 글과 강의록은 방대하다. 그중 일부는 잡지나 신문을 통해서 소개되거나 단행본으로 출판되기도 했다. 다행히도 그의 생전에 안병무 박사와 한길사 김언호 대표가 강의록, 서장, 칼럼, 시가, 번역한 글 등과 여타 저술을 함께 엮어 『함석헌전집』1982~86, 전 20권을 출판했다. 이후 추가된 자료를 보완해 『함석헌저작집』2009, 전 30권을 간행했다. 몇몇 글은 따로 단행본으로 나왔다.

　그러나 절판이나 그 밖의 사정으로 최근 5년여 동안 함석헌의 저술이 서점에서 사라져 독자들과 연구자들의 불편을 초래했다. 특히나 함석헌의 저술에 노출되지 않은 새 세대에게 정보가 단절된 것은 참으로 안타까운 일이었다. 진통 끝에 최근 『뜻으로 본 한국역사』 『간디 자서전』 『바가바드 기타』가 단행본으로 다시 출판된 데다 『함석헌선집』이 세 권으로 기획된 것은 매우 다행한 일이다.

　『함석헌선집』이 목마른 독자들의 요구를 해갈시켜 줄 것이 분명하다. 『함석헌선집』의 글들은 함석헌선집편집위원들이 토론을 통해 『함석헌전집』과 『함석헌저작집』에서 선정하고 각 글이 최초 게재

되었을 때의 원본들과 대조하여 충실한 내용이 되도록 했다. 함석헌의 사상이 농축된 가장 대표적인 글들을 뽑아 분야별로 갈래지어 편찬했으므로 통독하면 함석헌사상의 전모를 대체적으로 파악하게 될 것이다. 사상적으로 의미가 깊은지, 사회적인 파장을 일으켰는지, 독창적인 사유와 발상paradigm의 전환을 꾀하고 있는지, 사회개혁의 원리와 방법을 논했는지, 역사적인 사실을 새롭게 밝혔는지, 감성과 영감을 일으키는지, 생애의 전환점을 기술했는지 등을 기준으로 삼아 수록할 글을 선정했다. 책의 서문이나 본문, 번역서의 서문이나 해설, 서간문, 주석서의 해설, 시詩, 선언문 등도 부분적으로 포함했다.

왜 새삼 함석헌을 다시 읽어야 하는가. 그 이유는 오늘날 세계와 우리 사회가 어디로 가고 있는지와 맞닿아 있다. 단정하기는 힘들지만 장래가 불투명하고 비관적이라고 할 수밖에 없는 상황인 것은 분명하다. 이미 함석헌은 서구가 주도한 물질문명이 막다른 골목에 이르렀다고 경고했다. 새로운 탈출구를 찾지 못하면 문명의 종말은 막을 수 없다. 그의 경고 이후 한 세대가 지나가도록 상황은 나아지지 않고 오히려 더 나빠졌다는 전망이 우세하다. 갈등, 전쟁, 재앙, 파괴, 폭력, 탐욕, 양극화 등으로 지구가 몸살을 앓고 있다. 문명이 부침하던 과거와 달리 생태환경의 악화와 인성의 타락 등 백약이 무효한 상황에 접어들었다는 조짐이 농후하다. 정신과 도덕이 결핍된 과학의 발달로 어느 순간 걷잡을 수 없이 악화될지도 모른다. 그것은 함석헌이 예측한 대로다.

더구나 한국은 동서의 전통과 이념이 그 장점보다 단점이 더 부각된 채 섞인, 즉 함석헌의 표현으로 세계의 쓰레기통이자 시궁창이 되었다. 그 결과 지금 한국사회는 각종 모순과 비리로 가득 찬 집단으로 내려앉았다. 자유와 평등, 개인주의가 수반하는 인권과 공공정신 등 서구가 확보한 가치는 이 땅에서 사라지고 있다. 모든 공공재가 급속히 사유화·사물화하는 과정이 진행되고 있다. 그 과정이 정치,

경제는 물론이고 교육, 언론뿐만 아니라 재물의 청지기(기독교), 무소유(불교, 힌두교)의 덕성을 가르쳐야 하는 종교에 이르기까지 모든 분야로 확대되고 있다. 더 이상 공동체, 민주공화국이라 할 수 있는지 묻는 사람이 늘고 있다. 일찍이 함석헌은 근본적인 전환과 혁명을 외치고 새 나라, 새 윤리, 새 종교, 새 교육을 설계했으나 우리 사회는 그에게 귀 기울이지 않았다. 그런데도 함석헌은 현 문명의 종말과 함께 새 문명의 출현을 기대했다. 그래서 새 씨앗(씨ᄋᆞᆯ)을 심고자 했다.

『함석헌선집』이 새 씨앗이 싹트는 데 조금이나마 일조했으면 한다. 함석헌의 사상은 사상사적·문명사적 의의를 갖는다. 이 가능성을 『함석헌선집』을 읽는 이들이 간파하리라고 기대한다.

2016년 7월
함석헌선집편집위원회

일러두기

- 『함석헌선집』(전3권)은 함석헌의 글 가운데 사상과 정신을 대표하는 글을 선정해서 실었다.
- 『함석헌저작집』(한길사, 2009, 전 30권)을 저본으로 삼고 『함석헌전집』(한길사, 1988, 전 20권)과 각 글이 최초 게재되었을 때의 원본을 참고해 수정·보완했다.
- 『함석헌선집』 제1권 『씨올의 소리』는 기독교와 동양종교 그리고 역사에 대한 글들을 모았다. 기독교 정신의 참뜻은 무엇이며 동양철학, 특히 노장사상과 불교를 재해석해 숨은 정신이 무엇인지 밝힌다. 무엇보다 그러한 뜻과 정신이 역사에서 어떻게 드러나는지 살펴며 저자 고유의 개념인 '씨올'을 설명한다.

  제2권 『들사람 얼』은 민중과 민족 그리고 통일의 문제를 다룬 글들을 모았다. 세계화 시대에 국가주의·민족주의의 한계를 지적하고 '뜻'으로 대표되는 보편적인 역사관이 필요함을 논증한다.

  제3권 『인간혁명』은 실천의 문제를 다룬 글들을 모았다. 실천의 의미를 파악하고 이를 바탕으로 비폭력 평화운동의 가치를 밝힌다. 그 틀에서 '같이살기 운동'과 민주화운동의 필요성을 설명하고 최종적으로 오늘날 필요한 혁명의 철학을 정립한다.
- 어법과 표기법이 맞지 않아도 함석헌 선생의 육성을 살리기 위해 그대로 두었다.
- 낱말의 뜻풀이는 ( )로 표시하고 편집자가 설명을 넣은 것은 (-편집자)로 표시했다.
- 각주는 독자의 이해를 돕기 위해 모두 편집자가 붙인 것이다.

하나가 된 전체에만 진리가 있다

윤영천 문학평론가 · 인하대학교 명예교수

들사람 얼-민중, 민족 · 국가를 넘어 세계로

『함석헌선집』 제2권은 함석헌사상의 주요 핵심어라 할 '민중, 민족, 국가, 세계, 생명, 전체'를 깊이 있게 논의한 '역사논설, 정치평론, 철학논고' 31편과 함석헌 시선인 「그 사람을 가졌는가」 등 총 32편을 가려 수록하고, 짤막한 해제를 덧붙였다.

'해제'는 글의 기본 성격을 밝히고, 내용을 간략하게 요약('인용' 포함)하였으며, 글이 발표된 시대 상황과 관련하여 그 의의를 논평하는 방식을 취하였다.

32편의 글을 주제별로 나누고 발표연대 순으로 정리하면 아래와 같다(해제는 '주제별 글 목록'을 따로 밝히지 않고 잇대어 배열하였으므로, 아래를 참조하면 큰 도움이 될 것이다).

제1부 백두산 호랑이: 「죽을 때까지 이 걸음으로」[1959], 「백두산 호랑이」[1959], 「남한산성」[1968], 「행주산성」[1968] 등 총 4편의 글로 이뤄져 있다. '민중'을 다뤘다.

제2부 나의 어머니: 「3 · 1정신」[1959], 「우리 민족의 이상」[1963], 「우리 역사와 민족의 생활신념」[1966], 「압록강」[1966], 「내가 겪은 신의주학생사건」[1971], 「3 · 1운동의 현재적 전개」[1972], 「민족노선의 반성과 새 진로」[1972], 「내가 겪은 관동대진재」[1973], 「나의 어머니」[1975] 등 총 9편의

글로 이뤄져 있다. '민족사, 민족의 사명과 이상'을 다뤘다.

제3부 생각하는 백성이라야 산다:「생각하는 백성이라야 산다」
1958,「때는 다가오고 있다」1959,「민족통일의 종교」1961,「우리의 살
길」1962,「새해의 말씀」1964,「우리나라의 살길」1971,「5천만 동포 앞에
눈물로 부르짖는 말」1972 등 총 7편의 글로 이뤄져 있다. '민족의 현
재와 미래, 민족통일'을 다뤘다.

제4부 들사람 얼:「들사람 얼」1959,「현대의 고민」1971,「서풍의 소
리」1973,「세계구원의 꿈」1976,「한민족과 평화」1986 등 총 5편의 글로
이뤄져 있다. '탈민족주의, 초국가주의, 세계주의'를 다뤘다.

제5부 인생은 갈대:「새 삶의 길」1959,「나의 인생노트」1973,「인생은
갈대」1973 등 총 3편의 글로 이뤄져 있다. '생명, 윤리'를 다뤘다.

제6부 역사 속의 민족관:「아름다움에 대하여」1949,「역사 속의 민
족관」1978,「지배자와 피지배자」1992 등 총 3편의 글로 이뤄져 있다.
'전체, 전체주의'를 다뤘다.

제7부 그 사람을 가졌는가: '함석헌 시선'으로 총 11편의 시로 이
뤄져 있다.

「죽을 때까지 이 걸음으로」1959

이 글은 남북한 대치가 더욱 강고해지고, 바야흐로 이승만 반공독
재가 말기적 증상으로 치닫는 시점에 씌어진 글이다. 3·1운동 40돌
을 맞아 함석헌은 새삼 '나라란 무엇인가'를 되물으며, "순 조선종,
다시 더할 수 없이 가난한 것들", 즉 민중과 더불어 온전한 국가를 이
룩하는 데 온 힘을 다할 것을 굳게 다짐한다. 당대 발군의 여성운동
가 김미리사金美理士, 1878~1955 여사의 '1921년 용암포 강연'을 접한
직후, "잠자리 잡으러 가는 것" 같은 느린 보행을 거두고 "빠른 걸음"
으로 즉각 전환한 이래의 그 호연지기로 일로매진하겠다는 것이다.

단 한 번의 일생을 얼마나 뜻깊게 사는지는 '나라'에 달렸다. 장자
莊子식으로 말해 "정치가 바로 되면 나라를 잊을 것"이지만, 지금처

럼 국토가 반으로 나뉘고 나라 전체가 풍전등화의 위기에 처했을 때 과연 "우리는 나라의 명령을 들어야 하는 것이요, 시대의 소리와 의 논을 해야 하는 것"이라고 함석헌은 단언한다. 여전히 "이 나라는 한 번 살아볼 만한 나라 아닐까?"라면서.

얄궂게도 일본인에게 배운 두보杜甫의 시 「춘망」春望의 일절, "나라 는 다 깨지고 뫼와 물만 깊었구나"國破山河在, 城春草木深를 통해서도 절감할 수 있듯이, 일본 식민지로 떨어진 이래 우리 백성들은 '살지 만 죽은 사람'에 다름 아니었다. 우리 지식분자는 "끔찍한 환난을 겪 어도 거기서 위대한 시와 철학과 교훈"을 창조하지 못했고, 학교 선 생은 아이들에게 맘속 진리를 말하지 못했으며, 목사·신부는 거짓 이나 일삼으며 "죄의 종노릇"하는 각자도생에 분주했던 것이니, 일 제강점기 내내 조선민중을 한껏 옥죄인 것은 한마디로 일본에 대한 "굴종이요, 아첨이요, 속임이요, 구차"였던 것이다.

민족주의 가정에서 태어나 강한 민주주의 기독교육을 받았으면서 도 의사의 길을 가고자 입신출세주의의 관문이라 할 관립 평양고등 보통학교에 1916년 입학한 함석헌에게 3·1운동은 그의 "인생·역사 에 대한 방향감각1)"을 새롭게 한 획기적 사건이었다. 마치 "구차하 게 살잔 생각에 민족의 정신이 논귀에 물 줄 듯이 졸아들어가는 때 에 큰물처럼, 회오리바람처럼, 지진처럼 모든 사람의 맘을 휩쓸고 뒤 흔들고 두드려 새 기운을 내게 한 것"이다. 당시 평안남북도 학생운 동 책임자였던 종형 함석은咸錫殷과 닿은 평양고보 연락책 함석헌이 1919년 2월 28일 밤중 독립선언서를 넘겨받아 곧장 평양경찰서 앞에 살포하고 일본 군인과 마주 행진하는 용감성을 발휘한 것, 만세 이후 전국 주요 도시는 물론 만주 지역의 독립운동 소식까지 광범하게 들 려준 "인간의 찌꺼기" 김선달이 일약 "씨올의 영웅"으로 떠오른 것 등이 바로 그런 예이다.

---

1) 「내가 겪은 관동대진재」, 『씨올의 소리』, 1973. 9.

함석헌에게 이 신생의 힘차게 솟구치는 정신의 연원은 멀고도 깊다. 이는 "민중을 업신여기지 말고, 민을 주主로 모시고 (민에게—글쓴이) 절하고 호소"하는 마음, 곧 민주주의 정신이다.

고구려의 기질은 어느 정도 평양 사람에게 남아 있을 수밖에 없다. 사실 평양 사람의 자랑은 모란봉도 대동강도 연광정도 아니요, 그 대동강 물을 거슬러 떠먹는 데 있다. (대동강 물엔—글쓴이) ······1천년 부대껴온 씨올의 눈물과, 피와 한숨이 엉기어 들어 있다. 이름도 좋지 않은가? 대동大同! 늙은이 젊은이, 남자 여자, 부자 가난뱅이, 양반 상놈 없이 다 나와 오른손으로 거슬러 떠 한가지로 마시는 대동의 물! ······그들 고구려의 남은 씨올은 "역사의 흐름이 아무리 저 물 같기로서 한 번 못 거슬러본단 말이냐? 인생이 아무리 저렇듯 파란곡절이 많기로서니 한 번 못 싸워본단 말이냐?" 했을 것이다. 대동강이 흐르는 한 이 정신은 없어지지 않을 터이요, 이 정신이 살아 있는 한 평양 사람은 만주에서 반도에 걸쳐 문文과 무武를 겸해 활동하던 고구려의 혼을 다시 살려내고야 말 것이다. 이 뜻에서 한다면 옛날에 을지문덕을 낳았고, 오늘에 안창호·조만식을 낳은 평양이, 지금 공산주의의 혹독한 풀무 속에 시련을 당하고 있는 것은 크게 뜻있는 일일 것이다.

"정치가의 역사, 지배자의 역사, 영웅주의의 역사"를 종식시키고, "씨올의 역사······ 자주自主하는 민民의 역사"의 결정적 계기가 된 3·1운동의 원류가 실은 저 웅혼했던 옛 "고구려의 혼"과 직통한다는 논리다.

나는 죽을 때까지 이 걸음걸이는 놓지 않으련다. 3·1운동이 몰아쳐 내세워준 이 걸음 늦추지 않을 것이다. 부자는 뚱뚱해 앉았을는지 모르고 세력 있는 자는 자가용 자동차 안에서 버크셔처럼 드러누워 갈는지 몰라도 나는 죽을 때까지 이 걸음으로 걸으련다. 나는 가난한 순 조선종 틈에 끼어 뒤도 돌아볼 것 없이 걷고 싶다. 영원히 영원히 빠르나 급하지는 않게, 뚜벅뚜벅 걸으나 느리지는 않게, 길이길이 걸었으면!

함석헌에게는 "무엇보다도 좋은 3·1운동 기념상, 이 겨레의 한 상징"이 있었다. 바로 평안북도 박천군 영미리嶺美里 태생의 평양고보 동창 이문욱李文郁이다. 왠지 "품격이 낮은 듯한, 못생긴, 어득해 보이는 인상"이라 늘 업신여기기 일쑤였던 사람, 그러나 놀랍게도 평양고보 제2차 만세운동 주동자로 오랜 옥고를 치렀으며, 퇴학 후 귀향해 사립학교를 경영하면서 고작 여섯 명의 "순 조선종, 다시 더할 수 없이 가난한 것들"을 만강혈성으로 양육하는 이문욱을 본받아 민중평등세상으로 나아가고자 한 함석헌의 빠른 활보가 사뭇 눈에 선연하다.

「백두산 호랑이」1959

이 글은 '팔도평'八道評에서 "청산맹호"青山猛虎로 비유된 평안도 사람을 중심으로 개진한 함석헌 특유의 민중예찬론이다. "지방적 기질의 차이"는 인정하지만, "심지어는 역사의 바퀴를 못 돌게" 하는 지방색地方色은 극력 반대한다는 점에서 그는 결코 협애한 지역주의자가 아니다.

남강南岡 이승훈李昇薰, 1864~1930이 일찍이 통탄했듯, '서북'西北은 조선 500년간 정부의 혹심한 정치차별을 당했으며 특히 19세기 "근세에 이르러는 탐민오리貪民汚吏들이 무세無勢한 인민을 어육魚肉같이 박할剝割하여 5백만 토민을 도탄"에 빠뜨린 지역[2]이다.

---

2) 이승훈, 「서북인의 숙원신통(宿怨新慟)」, 『신민』, 1926. 6.

호랑이란 고기 먹는 짐승인데 평안도 사람은 결코 남 잡아먹기 좋아하는 사람들이 아니다. 제일에 정치에서 따돌림을 당한 사람들이 남의 고기 먹을 기회가 있을 리가 없다. 정말 육식은 정치가만 하고 있다. 요새같이 여우·개 무리가 들끓는 세상…… 청산의 호랑이는 다 어디 갔나?

호랑이가 무엇이 호랑이냐? 상놈이 호랑이다. ……평안도가 호랑이라는 것은 그것이 계급 없는 민중의 땅이기 때문이다. 평안도는 민중의 나라다. 상놈이 무언가? 맨사람이다. 상놈은 떳떳한 사람이다. 바닥 사람, 밑 사람, 뿌리 사람…… 하늘밖에 쓴 것이 없고 땅밖에 디딘 것이 없는 사람이다.

이 민족의 둥지인 백두산에서 개마고지를 타고 번져 내려오면서 나라의 등뼈가 된 고구려의 후손인 평안도 사람에게 호랑이 같은 기질이 있다는 것은 자연 그럴 만한 일이다. 범은 민중을 표하는 것이라 볼 수 있다. 고구려의 기질은 호랑이다운 것이요, 그 기질은 쇠하였을망정 평안도 상놈에 남아 있다.

우리 역사에서 호랑이 같은 민중의 전형적 표상은 고구려의 온달溫達, 을지문덕, 조선의 홍경래洪景來, 1771~1812다. 함석헌은 특히 홍경래의 "개혁, 혁명" 정신이 연면한 구비적 전통을 통해 이 땅의 숱한 초부노옹, 필부필부의 머릿속에 광범하게 각인되었으며, 마침내 "참 민중의 운동인 3·1운동"으로 폭발했다고 특기한다. 남강, 도산島山, 고당古堂, 이 세 사나이는 그 우뚝한 '백두산 호랑이'다.

「남한산성」1968

『사상계』 내분으로 '역사의 격전지를 찾아서' 연재는 안타깝게도 단 3회에 그치고 말았다. 하지만 이 역사 탐방은 사적史蹟이라는 실물을 바탕으로 한 함석헌의 생생한 '기억 투쟁'의 소산이다.

도대체 역사의 격전지는 뭐하자고 찾았겠습니까? 전쟁터는 속에서 전쟁을 하고 있는 사람만이 찾아갑니다. 격전지를 찾아 헤매는 것은 속에 산 격전이 있기 때문입니다. 임진란이 끝이 났습니까? 병자호란이 옛날 일입니까? 우리는 다른 민족의 압박 밑에 있지 않단 말입니까? ……서로 목을 찔러 너도 죽고 나도 죽는 비참한 자살적인 전쟁의 격전지는 다른 데 아닌 서울 복판에 있습니다. 대강이를 개구리 얼어 문 독사처럼 내저으며 근대화라 발전이라 미쳐 돌아가는 이 수도 서울에 있습니다.[3]

"속에서 전쟁을 하고 있는 사람" 함석헌에게 임진왜란[1592~98]과 병자호란[1636~37]은 한갓 단순 과거사로 떨어지지 않는다. 오히려 이것들은 '휴전' 상태로 여전히 고착돼 있는 남북분단, "다른 민족의 압박"으로 또렷이 암시되는 주한미군, 1964년의 '베트남 파병' 등과 긴밀히 연결되면서 강렬한 현실인식의 지렛대로 작용한다. 박정희 군사개발독재의 결정적 파행은 여기서 "대강이를 개구리 얼어 문 독사처럼 내저으며 근대화라 발전이라 미쳐 돌아가는 이 수도 서울"이란 통렬한 희화적 표현을 얻고 있다. 대통령을 비롯한 '정치 전문가'들이 1960년대 남한 인구의 60퍼센트를 상회하는 농민의 희생을 전제로 급속히 추구한 '산업화, 서구 문명주의, 대규모 기업주의 문명'이란 무엇이었던가. "농촌이 살아 있는 한 민족도 나라도 망하지 않습니다"라고 확신한 함석헌에게, 그것은 결국 "이 나라가…… 씨올, 죽도록 참는 참음으로 다시 살아나는 씨올의 나라"[4]임을 반증하는 것일 뿐이었다.

첫 번째 탐방기 「남한산성」은 과거 사실史實의 현재적 의미를 천착하고자 하는 절절한 기억투쟁의 귀중한 결실이다. 오늘처럼 "역사가

---

3) 「사상계 역사의 격전지를 찾아서 3」, 『사상계』, 1968. 10.
4) 「농촌을 살려야 한다」, 『씨올의 소리』, 1979. 2.

험한 고비에 있고, 속의 기운이 지친 때" 병자호란의 옛터인 남한산성을 찾는 "생각하는 백성", 즉 국가의 곤경을 깊이 헤아려 그 활로를 열고자 하는 사람이 너무 한산함을 함석헌은 크게 통탄한다.

나라는 산 하나입니다. 역사는 숨 쉬는 것입니다. 가를 수 없이 하나요 산 것이 나라요 역사입니다. 땅과 사람과 주권이 합해서 나라가 된 것이 아닙니다. 나라가 깨어져 땅으로 사람으로 주권으로 갈라지는 것입니다. 나라를 내놓고 산과 물이 따로 있을 수 없고 나 내놓고 풀과 나무가 혼자 자랄 수 있는 것 아닙니다. 씨 뿌리고 거두는 농사꾼에게 산천초목이 따로 있습니까? 시 읊고 그림 그리는 예술가에게 거기 서 있는 자연이란 것이 따로 있겠습니까? 산 살림이 있을 뿐입니다.

윗글에서도 분명하듯, "역사란 역사가와 사실들의 지속적인 상호작용의 과정, 현재와 과거의 끊임없는 대화"라는 카E.H. Carr의 언명은 정히 '나라, 역사'를 펄펄 살아 숨 쉬는 하나의 유기적 생명체로 인식한 함석에게 들어맞는다. 그에게는 "생각이야말로 격전이다." 이때 '생각'이란 다름 아니라 "백성을 팔아넘기고 구차한 목숨 하나를 건지자고 허둥지둥 한강을 건너 남한산성으로 달려가던 인조仁祖와 그를 따르는 벼슬아치들이 울며불며 가던 길을' '지금 내가 다시 추적하는 것'이다.

내 가슴속에는 말소리와 칼소리와 사람의 울부짖음이 들렸습니다. 문득 골짜기마다 나무숲마다에서 청태종의 군사가 달려나오는 것 같았습니다. 모가지 잃은 귀신이 제각기 아우성을 치는 것 같았습니다. 여자의 울음, 아이들의 부르짖음, 늙은이의 통곡이 뒤를 이었습니다. 그러고 보면 저 나무란 나무, 풀이란 풀이 다 치솟아 오르는 피 같았습니다. 문득 날카로운 한 소리가 들려왔습니다. 귀를 기울였습니다. 소쩍새 아닙니까.

애끊는 불여귀不如歸의 울음소리를 통해 함석헌은 새삼 단종端宗, 1441~57의 「자규시」子規詩를 떠올리며, 피 토하듯 구슬피 우는 건 과연 누구인지 묻는다.

우는 이가 있다면, 살아 있는 혼이 있다면 그것은 민중입니다. 이름도 없이 풀처럼 났다 풀처럼 버림을 당하는, 그러면서도 또 나는 민중입니다. 이 앞으로도 역사를 맡아야 하는 민중입니다. 욕을 본 것이 있다면 민중이요 원통한 이가 있다면 이 민중입니다. 나라의 주인공이면서도 짐승 대접을 받고 어려운 때가 오면 아낌없이 팔 아넘김을 당하던 민중이야말로 비통한 역사의 주인공입니다. …… 제때를 만난 함박꽃이 흐들흐들 피어 웃었습니다. 그 한 밝은 마음 이야말로 민중의 마음입니다.

"소위 정치한다는 것들"에게 속아 넘어가서는 안 된다는 씨ᄋᆞᆯ주의 자 함석헌의, 전쟁으로 산화했다 싱싱하게 되살아난 함박꽃 같은 민중에 대한 무한 신뢰가 참으로 실감 있게 다가온다.

「행주산성」1968

이 글은 임진왜란 삼대첩三大捷 중 권율權慄, 1537~99 장군이 주도한 행주대첩幸州大捷 유적지 기행이다. 이 탐방은 지난날의 참혹무비했던 격전장을 찾아 행주싸움의 "산 모습"과 참 의미를 되새김으로써, 바야흐로 진흙탕에 빠져 있는 오늘의 "역사의 수레바퀴"를 활력 있게, 다시 움직이려는 것이다.

1968년 6월 28일 경의선 북행열차에 오른 함석헌에게 절실히 떠오른 것은 "38선과 6·25 생각"이다. 쫓기듯 압록강변 고향을 떠나 남행한 함석헌은 천신만고 끝에 38선을 넘어 서울에 당도1947. 3. 17한 이래 동서남북을 유리遊離한 지난 20여 년 세월의 회한을 반추해보는 것이다. 6·25전쟁을 겪으면서 가장 분통한 것은, 걸핏하면 '나라를 위해서'를 외치는 "정치업자들"에게 쉽게 속은 것이다.

27일 밤 두 시가 지나도록 라디오에만 귀를 기울이고 있었습니다. 이제 생각하면 어리석었습니다. 테이프 레코드를 되풀이 돌리게 하고 저희는 벌써 도망간 것을 모르고 정말 그 말대로 서울을 절대 버리지 않고 죽기로 지키는 줄만 알았습니다. 그런데 28일 아침이 되니 소식이 오는데 간밤에 서울은 함락이 됐다는 것이고 정부는 벌써 남쪽으로 내뺐다는 것입니다. 정치란 다 그런 것입니다. 모든 민족의 역사는 민권의 투쟁의 역사요 자유의 역사입니다. 누가 정말 나라를 지켰습니까.

1950년 6월 28일 새벽 2시 한강다리를 폭파하기 직전까지도, "밤이 깊도록 서울을 절대로 아니 버린다고 열 번 스무 번 공포하고 슬쩍" 대전으로 도망친5) 이승만 대통령을 향한 통격이 참으로 신랄하고, 민중의 존귀성에 대한 경외가 실로 드높다.

조총으로 무장한 3만여 일본 대군을 구식 활과 창칼로 맞선 1천여 군사의 의기충천, 천혜의 지리地利, 권율 장군의 지략 등이 결국 적장 요시카와 히로이에吉川廣家를 격퇴했다. 행주대첩에서 결정적인 것은 뭐니 뭐니 해도 '행주치마'이다.

치마가 무엇입니까? 음부를 보호하잔 것입니까? 여자의 미를 드러내잔 것입니까? 그렇지 않으면 무슨 종교적인 의미가 있습니까? 아마 그런지도 모릅니다. 그러나 치마의 정말 의미는 행주산성에서 가장 잘 나타났습니다. 자기로서는 여자로서의 인격적 정결을

5) 「생각하는 백성이라야 산다」, 『사상계』, 1958. 8.

지키고, 한 집안을 위해서는 생명선의 정결을 지키며, 일할 때는 땀을 마셔주고 슬플 때는 눈물을 닦아주는 이 치마는 생성하는 생명의 신비의 상징입니다. 아기를 싸서 키우는 그 폭 속에서 작게는 마음이 자라났고 크게는 나라가 자라났습니다. 그 치마가 이제 나라가 위태할 때는 나라를 지키는 방패가 되고 악을 무찌르는 무기가 됐습니다. 나라의 뿌리가 여기 있습니다.

행주산성 부녀들이 치마에 돌을 품어 날라 병사들에게 공급함으로써 종내 대승을 이끌어냈다는 '행주치마 이야기'는 민중의 "뼈에 새기고 피에 새긴 것…… 민중 그 자체가 기록"인 셈이니, "민중의 심장"에 여전히 살아 숨 쉬는 민중전설이야말로 함석헌에겐 하나의 존엄한 가치체다. 극히 보잘것없는 하나의 사물인 행주치마가 특정한 구체적 사건과의 연관 속에서 해석학적 확장을 이뤄 그 본연의 '뜻'을 간단히 뛰어넘는 역사적 의미까지 획득한 전범적 사례라 할 것이다. 어떠한 민족적 위난의 국면에서도 민중, 즉 "백성은 역시 나라의 주인"임을 명백히 한 것이다.

「3·1정신」1959

이 글은 3·1운동에 대한 밋밋하고 건조한 사건적 서술이 아니라 심오한 역사철학적·해석학적 기술이다. 3·1운동의 기본 성격과 의의 및 그 현재적 연관을 깊이 있게 해석한 이 글은 날카로운 직관적 통찰과 시적 표현으로 충일하다.

3·1운동은 민중의 가슴속에 정신을 일으켰기 때문에 그것이 물결처럼 휩쓸고 지나간 뒤에도 사회에 낙심·낙망의 기분이 돌지 않고 도리어 머리를 들고 올라가려는 여러 가지 운동을 일으켰다. 3·1정신이란 것이 따로 있는 것 아니다. 있다면 우주 인생을 꿰뚫는 정신이 있을 뿐이지. 3·1운동은 어디까지나 민중의 산 정신이 드러난

것이다. 운동은 민중의 가슴속에 본래 언제나 있는 정신이 기회를
타 터져 한때 화산처럼 불길을 뿜은 것이다. 3·1운동을 일으킨 것
은 인간 역사를 꿰뚫고 있는 윤리정신 그 자체다.

거족적 비폭력 평화운동인 3·1운동의 주체는 "나라의 주인인 민
중"이며, '33인, 지사, 지식층' 등은 고작 "민중의 가슴을 들치는 부지
깽이"에 지나지 않는다. 일제의 총칼 밑에 스러진 숱한 희생자를 생각
할 때 겉으로는 명백히 실패한 운동일지 모르지만, 민중의 가슴속을
관통한 이 우주적 윤리정신은 실상 "생명의 맨 처음이며 끄트머리요,
역사의 고갱이"다. 그것은 맹자孟子의 '호연지기'浩然之氣, 문천상文天
祥의 '천지정기'天地正氣, '성신聖神, 불성佛性, 자연自然' 같은 것이다.

밭 갈고 물 길으며, 자녀를 낳고 이웃을 이루며, 처마 밑에는 제비
가 새끼를 기르게 두고 뜰 앞에는 화초가 꽃을 피우도록 가꾸는 인
간의 가슴 안에는 3·1운동 같은 운동을 일으킬 가능성이 언제나
늘 준비되어 있다. 그렇게 늘 있는 정신이 하필 3·1운동 때에 나타
난 것은 웬일인가? 민중이 비로소 사람으로 대접을 받았기 때문이
다. ……우리나라 민주주의는 3·1운동에서 시작되었다. ……지금
우리에게 부닥친 것은 남북통일 문제다. 3·1정신이 정말 있다면
38선이 걱정이겠느냐.

함석헌은 "생명의 일이요, 진리의 움직임"인 3·1정신이 특히 해방
이후 정치업자들에게 끊임없이 훼손되고 억눌리고 빼앗긴 것을 통
분해한다. 3·1정신이야말로 눈앞의 38선을 물리치고 남북통일을 이
룰 수 있는 거대한 생명운동이기 때문이다.

「우리 민족의 이상」1963

이 글은 함석헌이 1963년 1월부터 3월까지 영국에 체류하던 시절

의 강연 원고이다.

'이상'理想이란 씨올의 말로 "세워 내놓은 뜻"이라 풀어 밝히고, '뜻'이란 "환한 뜻, 번듯한 뜻, 우뚝한 뜻"이라 다시 부연한 함석헌은 이 글을 통해 완연한 문명비평가의 자리에 선다. 한국의 고난사, 특히 고통과 간난이 더욱 심중한 해방후사를 주목하면서 "세계 역사의 콩쥐"라 할 우리 민족의 향후 문명사적 사명을 오히려 당당히 선포하는 것이다.

5천년 역사를 가진다는 겨레가 이제 와서 그 내세워 놓을 뜻을 묻는 것보다도 더 부끄럽고 더 가엾은 일 어디 있습니까. 이것이 어떻게 된 겨레요, 무엇한 나라입니까. 우리가 이 운명의 역사에 태어난 것은 피하지도, 모른다고도 못하는, 값을 좀 깎아 낮추지도 못하는 절대의 것입니다. 골짜기는 낮아서 뜻이 있습니다. 5천 년의 역사가 고난의 역사라면 이제 그 뜻을 아는 것이 필요합니다. 지금 가지지 못한 나라는 그 가지지 못한 것이 다음 시대의 밑천입니다. 국민이 일반으로 그렇게 뜻이 약해질 까닭이 어디 있나 하면 정치에 있습니다. 정치 잘하는 것은 백성으로 하여금 스스로 생각하도록 하는 것입니다.
세계가 달라지고 있습니다. ……지금까지 우리 역사는 부끄러운 역사입니다. 그 고난이 도리어 자랑이 되게 됐습니다. 우리 모양이 곧 우리 사명입니다. 우리 존재가 곧 우리 이상입니다. 세계에 도전을 하는 것입니다.

일본 제국주의에서 해방되자 미국과 소련에 의해 남북으로 분단당하고 곧이어 터진 6·25전쟁은 중화인민공화국(중공)·미국·영국·프랑스 등이 "우리 엄마의 젖가슴을 마음대로 더듬고 그 부끄러운 데를 다 들춰본 것"에 다름 아니었으며, "아시아의 동쪽 금수강산"이라던 국토는 갈가리 찢기었다.

그러나 '민중이 역사의 주체 되는 씨올의 시대, 민주주의의 시대, 과학의 시대, 세계 대전변의 시대'가 마침내 도래했다. 이에 따라 함석헌은 '새 철학, 새 정치, 새 종교'를 통한 세계국가·세계정부 수립, 제3의 새 문명 창조, 동서문명 통일 등을 구상하며, "우리에게 그 자격은 있을 수 있지 않을까?" 조심스레 자문한다. 일종의 역설적 겸양이다. 인구 8억 이상의 거대국가 중국의 민족주의를 극력 경계하면서, 과도기적으로 필리핀·태국·베트남 등과의 동남아연방 수립, 동남아와 중국·일본 문화인 간의 활발한 교류 등을 제안한다. 더 나아가 우리 민족은 한반도의 지정학적 중요성과 고유의 신선사상·신비주의·평화주의의 정신적 자산을 십이분 활용함으로써 세계국가 건설의 떳떳한 주역이 될 수 있음을 내세운다.[6]

세계에 도전을 하는 것입니다. 예수가 십자가에 못 박힌 채 그 십자가로 말을 했듯이, 우리 자신으로 말을 하는 것입니다. 이 작은 것으로, 이 가난으로, 이 없음으로, 이 약함으로, 이 더러움으로, 이 떨어짐, 이 빚짐, 그래요, 이 죄로 말을 하는 것입니다. 죽음으로 말해야 할 것입니다. 평화주의를 그대로 행하면, 고난의 짐을 철저히 지면, 신비를 참으로 붙잡으면 죽을 것입니다. 이것은 믿음이 아니고는 못 합니다. 믿는다는 건 기독교란 말도, 불교란 말도, 마호메트교란 말도, 그 밖의 어느 종교란 말도 다 아닙니다. 믿음은 스스로 믿음입니다.

이 평화주의 운동은 "3·1운동, 4·19의 비폭력운동" 경험을 되살리는 것이기도 하다. 한마디로 「우리 민족의 이상」은 우리 민족의

---

6) 신장(新疆)·시장(西藏) 등지에서 자행된 폭력적 '소수민족 지배'에 대한 중국 한족주의(漢族主義)를 경계하고 동남아연방 구상을 좀더 구체적으로 개진한 글은 「세계구원의 꿈」(『씨올의 소리』, 1976. 1~2)이다

'평화주의 국가 건설론'이라 할 수 있다.

「우리 역사와 민족의 생활신념」[1966]

이 글에서 함석헌은 "우리 역사는 안과 밖이 다 삐뚤어진 역사"라 규정한다. 특히 해방 후의 심각한 역사왜곡은 전적으로 '지도자, 다스린다는 놈들, 지도층이라는 사람들, 나라살림 맡아하겠다고 나선 사람들, 정치가, 권력기구를 쥔 사람, 집권자'들에게 책임이 있다. "집권자가 잘하면 좋지만 못하는 경우는 민중 스스로가 해야 한다"며 함석헌이 민중 직접민주주의를 내세우는 이유이다.

1천 년 가까이 광활한 남북만주와 한반도를 경영한 고구려·발해 시대가 "잘린 토끼꼬리 같은 통일신라"로 위축되고, 고토 회복의 꿈을 두만강·압록강 물결 속에 던져야 했던 윤관尹瓘·최영崔瑩 장군의 퇴영한 고려시대, 잔존한 역사기록은 당파싸움뿐이고 왕조 말기엔 외세 끌어들이기에 급급해하다가 "약빠른 잔나비" 일본의 식민지로 낙착한 '이조 5백 년'이 그러한 삐뚤어진 우리 역사의 대강이다.

이제, 너와 내가 살아서 짓고 있는 역사의 꼴은 어떤가. '하늘이 무심치 않아' 해방이라고 왔는데, 옛 버릇 놓지 못해 받아든 '하늘이 준 떡' 서로 다투다 38선에 떨어지고, 마주 서는 둘의 신세는 다 솔로몬의 시험에 낙제한 가짜 어미의 꼴이 됐으니 이 역사가 무슨 역사인가. 두 눈에 다 한바탕 먹을 떡으로만 보였고, 아들로는 보이지 않았기 때문에 반 토막을 잘라서라도 달라 했고, 그랬기 때문에 천 백 년 진통을 겪다가 모처럼 낳으려던 아들은 유산이 되고 말았다. 6·25는 그 죄로 내린 벌 아닐까.

해방을 "하늘이 준 떡"으로만 여긴 나머지 "반 토막을 잘라서라도 달라" 한 남북한 집권자들을 "솔로몬 시험에 낙제한 가짜 어미"라 한 비유가 참으로 절묘하고 통렬하다. 특히 1965년 1월 26일 박정희 군사정권이 "미국의 군수공업자들이 돈 벌어 호사한 살림하기 위해, 못사는 못난 것들 삯으로 사서 대신 싸우게 하잔" '월남파병 동의안' 을 가결하고, 젊은 학도들의 격렬한 반대에도 1965년 4월 3일 "우리 집을 뺏고 말을 뺏고 성씨를 뺏고 우리 아들들을 몰아 악독한 침략전 쟁에 희생이 되게 했던 침략 일본이 다시 제 집에 오듯이 마음 놓고 올 수 있게 된" '한일조약'을 조인한 것이야말로 명백한 반역사적 표 증임을 함석헌은 힘주어 강조한다.

그러나 더 큰 병통은 "속이 삐뚤어진 것"이다. 우리 민족의 세계사 적 사명을 다하기 위해서도 "겉에서 잃은 것을 속에서 찾는 정신을 가져야 한다"는 것인데, 이는 쇠잔할 대로 쇠잔한 민족 주체성을 강 철처럼 단련하는 일이다. 주체의식의 약화는 '생활철학, 정치방안, 역사해석'의 오류를 초래하는데, 이 셋 중 가장 핵심적인 것은 "역사 적 자각 곧 역사이해"를 바르게 이끄는 '역사해석'이다. 이런 맥락에 서 보자면, 과거 관변 사가들의 『삼국사기』[1145], 『고려사』[1449], 『동국 통감』[1485] 등은 "나라를 망쳤고 민족의 정신을 죽여버렸다."

우리 역사는 안과 밖이 다 비뚤어진 역사라 했지만, 이것을 다른 말로 바꾸어 하면 민족 전체가 생활에 대한 신념을 잃었다는 말이 다. 우리의 삐뚤어진 역사는 국민의 신념을 빼앗아 버렸고 신념 잃 은 국민은 점점 더 삐뚤어져 나갔다.
믿음(신념—글쓴이) 없이 나라 없다. ……하나님은 내 안에 계시 지, 내 밖에 계시지 않는다. 믿음으로 인해 내 속에 있는 나를 살려 자주하는 인격이 되게 하는 하나님이 정말 하나님이다. 그 믿음을 가져야 인격이요, 국민이요, 문화의 창조자다.

여기서의 '생활신념'은 인간의 생명운동을 고양하는 고도의 정신 적 기율 또는 종교적 믿음, 달리 비유하자면 '삐뚤어진 속'을 치유하 는 양약 같은 것이다. 요컨대, 역사의 전진을 이룩하기 위해서도 민족 차원의 종교적 생활신념이 절실히 필요하다는 것이다. 그렇다면, 함석헌이 구상한 기독교란 어떤 것일까? "내 속에 있는 나를 살려 자주의 인격이 되게 하는 하나님"이란 표현으로 미루어, 아마도 그것은 "하나님을 믿어서 복을 그저 얻자는" 기복신앙과 엄격히 구분되는 실천적 생활신앙이라 해야 할 것이다.

「압록강」1966

이 글은, "내 생각은 말고 어서 갈 길 가거라!"[7] 는 노모를 뒤로 한 채 공산당에 쫓겨 1947년 3월 17일 허위단심 월남한 함석헌의 비장한 망향사望鄕詞이다.

그는 기회 있을 때마다 스스로를 한낱 서북의 한미한 시골 상놈, 즉 "황해 바닷가에서 '물아랫사람, 물아랫놈들, 감탕물 먹는 놈들'이라는 소리를 들으면서 자란 사람…… 평안도, 상놈이 산다는 평안북도, 거기서 용천龍川, 용천에서도 맨 서쪽 바닷가"[8] 태생이라며 무한 겸양하였다. 그러나 그의 '고향의식'은 결코 밋밋한 향토성에 머물지 않는다. 그렇기는커녕 정묘호란丁卯胡亂, 1627 후 청나라 방비를 위해 임경업林慶業, 1594~1646 장군이 수축한 용골산성龍骨山城으로부터는 강렬한 애국적 열정을, 고향 '사점'〔獅子島〕에 있는 '사자앙천혈' 獅子仰天穴에게는 "물 아래서 감탕물을 먹고 자라나 하늘로 올라가고야 말려는 사자새끼의 영혼"을 받았으며, 일본이 1904년부터 1년간 벌인 '러일전쟁' 이전부터 이미 '동양경영'을 위한 부동항不凍港 건설을 꾀했던 지정학적 요충지 '다슬기섬'〔多獅島〕에게서는 옛 고구려·발해 회복의 진취적 기상을 간취했다고 토로한다.[9]

---

7) 「나의 어머니」, 1975.
8) 「물 아래서 올라와서」, 『사상계』, 1959. 2.
9) 「물 아래서 올라와서」, 『사상계』, 1959. 2.

본래 평안도는 한국의 '이방 갈릴리'여서 여러 백년 두고 '상놈'이라 차별대우를 받아왔습니다. 그중에서도 용천, 용천에서도 내가 났던 마을은 더 심했습니다. 그야말로 '스불론, 납달리' 같아서 '바닷가 감탕물 먹는 놈들'이라 해서 머리도 못 들고 살았습니다. 나는 양반 상놈이란 말은 들었지만 양반도 상놈도 보지는 못했습니다. 종이 어떤 것인지 몰랐습니다. 이리해서 나는 타고난 민주주의자가 됐습니다.[10]

『성서』속 지명인 '이방 갈릴리' '스불론, 납달리'처럼 철저한 냉대와 모멸의 고향 땅이 되려 함석헌을 천부의 민주주의자로 단련한 용광로, 즉 '영광의 땅'이었다는 점을 주목할 필요가 있다.

「행주산성」에선 "경의선 열차를 타고 앉으니 버리고 쫓겨온 압록강 가의 내 집을 잊을 수 없었는데……, 북행北行! 이놈의 운명의 북행을 언제나 해보느냐! ……최영이 발을 내디뎌 보았지만 못 생긴 군인(이성계李成桂—글쓴이)놈한테 다리를 들려 넘어지고 말았고, ……잃은 내 옛 집을 찾는 것은 어느 날인가?"하며 절규하기도 했다.

압록강에 가자. 내 집, 공산당한테 쫓기어 내버리고 나온 내 집은 압록강가에 있다. 나는 압록강의 아들이다. 내가 나고 파먹고 자라난 용천 일대가 압록강과 황해가 서로 만나는 데서 이루어진 살진 앙금 흙인 것같이 내 생각도 그 강 그 바다 대화 속에서 얻은 것이다. 압록강가에 서서 듣는 것이 무엇이냐? 만주와 반도의 대화다. 압록강의 물결 들여다보면 거기 지금도 고주몽의 얼굴이 비쳐 있음을 볼 것이다. 우리 역사의 비극은, 국경이 되어서는 아니 되는 압록강이 국경이 된 데서 시작된다. 이제라도 압록강가에 가서 역사의 부르짖음 들어보자.

10) 「하나님의 발길에 채여서 1」, 『씨울의 소리』, 1970. 5.

협착한 국경선으로 오그라든 '1천 년 통일신라시대'를 마감하고, 광막한 만주벌을 호령했던 '고구려시대'를 새로이 개창하려는 듯, "압록강에 가자. 가서 새 역사의 약속을 듣자"는 함석헌의 외침이 자못 늠연하고 호활하다.

「내가 겪은 신의주학생사건」1971

이 글은 해방 직후인 1945년 8월 정치문외한 함석헌이 자신의 뜻과는 무관하게 덜컥 평안북도 용천군 '용암포읍 자치위원회 위원장'과 '용천군 자치위원회 위원장'을 맡게 되고, 9월엔 급기야 신의주 소재 '평안북도 자치위원회 문교부장' 직임을 맡은 일과, 같은 해 11월 23일 돌발한 '신의주학생사건'의 전말을, 그 핵심 당사자로서 매우 구체적으로 진술한 역사적 기록이다.

집 앞 채마밭에 거름을 주고 있던 1945년 8월 15일, 조카 최창복에게서 '일본 무조건 항복' 소식을 접한 함석헌은 당일 용암포 '해방축하식'에 참여했다가 창졸간에 용암포 자치위원장과 용천군 자치위원장으로, 9월 초에는 평안북도 자취위원회 문교부장으로 뽑힌다. 스스로 "정치에 적당치 않은 것"을 잘 알면서도, 평소 뜻을 실험해볼 요량으로 한창 교육진영 조직에 몰두할 9월 말경 소련군이 신의주로 느닷없이 진주한다.[11] 소련 점령군의 광포한 상점 약탈, 무자비한 여자 탈취, 소련군 장교 환영회에 동원한 '미인계', 소련 병사들 술자리에는 "기생" 대접, 소련군 내통 세력임이 분명한 평북자치위 보안부장의 방자한 총기 난사, 공산당원의 횡포 등으로 신의주 시내를 휩싼 것은 온통 "공포·불안·분개·낙심뿐"이었다.

소련군 사령관의 "당신들이 원하는 대로 어떤 형태의 정부를 세워도 자유……" 운운은 한갓 빈말이었으며, 1945년 10월 8일 열린 평양 '5도연합회의'에서 영별한 오산伍山학교 스승이자 민족지도자인

---

11) 소련군 평양 입성은 8월 24일이다.

조만식曺晩植, 1883~1950도 이 국가적 절망사태의 혁신에는 미급이었다. 오산학교 동급생으로 조만식 선생이 "안아서 길러낸 사람", 중국으로 건너가 항일무장투쟁 일선에 섰다는 최용건崔庸健도 사태의 원인적 해결에 도움을 주기는커녕 "공산군 편"에서 '김일성 정부' 수립[12]에만 골똘하는, "정말 나라를 위한 생각"이 없는 사람이었다.

신의주와 평안북도 정예 인텔리로 구성된 민족주의적·자유주의적 성향의 '우리청년회'와 '어거지 혁명'을 주도한 "사이비 공산당"과의 충돌은 운명적이었으며, 그 촉발점은 신의주학생사건의 전조라 할 '용암포사건'1945. 11. 18이었다. 함석헌의 후임 용천군 자치위원장 이용흡李龍洽이 용암포 학생들을 비인도적으로 탄압, 커다란 사회적 공분을 일으킨데다, '혁명'의 이름 아래 급조된 '민청, 여청' 등의 공산당 조직이 불법으로 법원을 점령하는 등 "공산당이 하는 일은 나날이 거만하고 사납고 폭력적이 돼갔다."

이윽고 1945년 11월 23일 정오, 걸핏하면 무차별적 폭압을 일삼는 평북 자치위원회와 공산당본부로 신의주 시내 고등학생들이 쇄도하자 평북자치위 보안부장 한웅 등의 발포로 학생 세 명이 즉사했으며, 소련 군인들로 가득찬 공산당본부 앞에도 "까만 교복을 입은 것들" 20명이 어느새 쓰러졌다. 이 사건의 장본인으로 지목된 함석헌은 소련군 총칼에 휘둘려 뭇매질을 당했으며, 소련군 사령관의 요식적 접견 끝에 평북 경찰부 유치장에 감금되었으니, 1923년 관동대진재 때의 하룻밤 구금 이래 다섯 번째 철창행이었다. 50일간의 영어囹圄에서 함석헌은 "어머니 생각, 나라 생각" 등을 가다듬어 평생 처음 "시라는 형식"의 글을 쓰기 시작한다. 「어머니」1945를 비롯해 물경 300여 수의 시를 창작했으며, 이는 훗날 시집 『수평선 너머』1953의 밑돌이 되었다.

신의주학생사건 현장에서 꽃다운 영령들을 쓸어안고 일으키려 했

---

12) 평양에서 '김일성 장군 환영대회'가 개최된 것은 1945년 10월 14일이다.

던 함석헌은, "죽었구나! 죽었구나! 26년이 지난 오늘 이 글을 쓰면서는 쏟아지는 눈물을 막을 길 없어 글자를 이룰 수 없지만…… 그날에 총을 맞아 죽은 혼들인들 어찌 평안히 쉴 수 있을까" 하며 애곡한다. 1931년 상하이에서 감쪽같이 국민당 반동파에게 총살당한 열혈 애국청년 35명, 특히 좌익작가연맹 소속의 양양한 청년작가 러우스柔石와 바이망白莽 등의 처참한 죽음을 추념하면서, 늙은이로 "이 30년 동안 나는 오히려 수많은 청년들이 흘린 피를 내 눈으로 보았다. 그 피가 쌓이고 쌓여 나를 파묻어 숨을 못 쉬게 한다. 이게 도대체 무슨 놈의 세상이란 말인가!"[13) 한 루쉰魯迅의 절통이 또록또록 되살아난 듯하다. 외세와 그 내통자들에게 한층 깊이 훼손된 민족사의 비극이 아닐 수 없다.

「3·1운동의 현재적 전개」1972

이 글은 박정희 군사독재가 1972년 10월 17일의 이른바 '10월 유신'이라는 극점을 향해 질주할 즈음 함석헌이 내건 '3·1정신 재건론, 생명운동 회복론'이다.

3·1운동이라고 입으로는 염불처럼 외우면서도 사실은 그 정신을 계획적으로 말살시켜버리려는 운동이 대낮에 승냥이떼처럼 횡행천하하고 있는 이때에 쉰세 번째 돌을 맞이하게 됐다. 3·1운동이 뭔가? 자유와 정의를 위한 씨올의 반항운동 아닌가. 지금 자유가 어디 있나. ……국민 전체의 운동을 기념하는 일은 어째서 이렇게 시시해지고 어느 패거리의 뽐냄은 갈수록 호화로워지느냐. 어느 계급의 힘을 자랑하고 술잔을 나눠먹기 위한 기념 소용없다. 3·1운동을 현재적으로 전개시켜야 한다. 씨올은 오늘에 죽으려는 3·1운동을 살려내야 할 것이다.

13) 루쉰, 「잊어버리기 위한 기념」, 1933.

정치적 부자유, 정치권력자의 탐학과 민생 억압, 5·16 이후 더욱 분명해진 친일 타협세력의 재등장, 베트남전쟁 파병, 한일협정 반대 데모를 진압하기 위한 '위수령 발동'1965. 4. 19 등을 목도한 함석헌은, "역사는 우리를 자꾸 도망갈 수 없는 막다른 골목으로만 몰아넣는 것같이 보인다. 그렇다면 나아갈 데가 어딜까?" 하고 묻는다.

3·1운동을 돌아볼 때 그것은 어떤 의미를 가진다고 할까? 첫째, 그 것은 전체의식을 크게 일으켰다. 사람은 개체 아니고는 존재하지 못하지만, 생리적으로도 심리적으로도 도덕적으로도 살리는 힘은 전체에 있다. 자기 속에 전체를 체험했을 때 개체는 참으로 삶을 얻고 힘을 얻고 지혜를 얻는다. 둘째, 전체같이 무서운 것은 없다. 만세를 한번 부르고 나자 민중은 딴사람이 됐다. 마치 마비됐던 신 체에 피가 돌듯 전 민중이 활기를 띠고 살아났다. 셋째, 이것이 비 폭력운동이었다는 점이다. 그렇게 무력에 빠졌던 민중이 어디서 용기를 얻었으며 어디서 슬기를 얻었는가? 이야말로 내면화의 과 정이다. 정신이 물질을 극복하고 살려내는 일의 한 토막이다.

전 민중에게 전체의식을 일깨운 이 흉용한 비폭력 도덕운동은 모 든 가치의 표준이 세계에 맞춰진 "세계적인 시대", "사회 전체가 산 생명체"인 "유기적인 사회의 시대", 1971년 4월의 '미·중 핑퐁외교' 로 표상되는 '탈이데올로기 시대', 더욱이 앞으로 도래할 "내면화의 시대", 즉 한층 깊고 높은 정신을 요구하는 "유기적인 전체의 시대" 인 오늘날 새삼 긴절하다는 언명이다. 평양고보 3학년 때 겪은 3·1 운동을 계기로 비로소 "인생·역사에 대한 방향감각, 시대정신"을 지 니게 되었다[14]는 함석헌의 술회도 이 지점에서 새롭게 귀담을 필요 가 있다.

14)「내가 겪은 관동대진재」,『씨울의 소리』, 1973. 9.

「민족노선의 반성과 새 진로」1972

이 글은 1972년 7월 4일 발표된 '7·4남북공동성명'으로 급부상한 통일 문제를 상고上古 이래의 역사적 전개과정 속에서 깊이 성찰하고 그 새로운 진로를 모색한 민족통일론이다.

우리는 지금 민족적 운명의 위기에 부딪치고 있다. 오늘까지 우리 역사는 고난의 연속이지만 그중에서도 이런 위기는 삼국시대 이래 가장 중대한 것이라 해야 할 것이다. 그때에도 민족통일이 그 맡은 과제였는데, 그것을 잘 치르지 못했기 때문에 그 이후 천 년 넘는 고난의 길이었는데, 이제 또다시 그 흥망이 달린 통일 문제를 당하게 됐다. 우리는 전 민족의 지혜와 용맹과 정기를 모아 이 문제를 풀어야 한다.

목전의 최대 현안으로 닥친 통일 문제의 엄중성은 저 아득한 "삼국시대 이래 가장 중대한 것"이란 대목에서 절실하게 묻어난다. 우리 민족의 큰 병폐라 할 '파쟁의식, 지방색'은 누가 만들었나? 그것은 "외적과 흥정을 하여 나라땅과 사람의 대부분을 넘겨주는 대신 그 일부를 얻어 제 몫으로 차지하고는 감히 민족통일의 이름을 도둑질하는 역사적 죄악을 지은 신라의 지배계급의 병든 심리에서 나온 것"이며, 이 매국망족賣國亡族의 고질은 '경상도 대통령, 전라도 대통령' 따위의 정치적 지역주의로 변형되어 오늘날까지 이어진다고 함석헌은 진단한다. 외세와 결탁한 신라 때문에 고구려의 광대한 남북 만주가 소실되고, 허다한 사람이 멸절하고, 각각의 고유한 문화가 유실되었으니, "그것이 어찌 통일이겠나, 어찌 감히 3국의 통일이라 부를 수 있겠는가"라고 그는 강하게 항변한다. 더 나아가 "우리나라는 신라 군인이 잘못 만들었다"면서, 3국통일의 위훈을 세운 김유신金庾信의 신라 이래 고려 무신정권과 조선의 이성계李成桂·이방원李芳遠은 물론 지금의 "호전적이요 권력주의적인 (남북—글쓴이) 두 정권"

이 여전히 그러하다는 것이다.

일제 강점하의 우리 민족은 4무四無의 위험, 즉 '무물자·무자본· 무기술·무교육' 상태에 오랫동안 방치되었다. 그렇기에 일본 세력을 거의 불가항력적인 것으로 체념하며 받아들이는 식민지적 사고방식에 깊이 침윤되고, 그들의 황국식민화정책에 쉽사리 순치되던 와중에 일제에 맞서 조직적인 투쟁을 벌인 사회주의자들의 존재는 그나마 매우 귀중하다.

고도로 복잡한 정책과 뛰어난 두뇌의 유기적 조직이 필요한 정치 분야에서 유능한 자격자라 할 임시정부 요인들이 남한 미군정에 의해 거의 전적으로 배제됨으로써 정국의 혼란과 민심 동요를 크게 가중시켰지만, 다른 한편으로 '해방'이라는 정치적 공백상태는 "참 혁명을 하기에 가장 좋은 기회"였으며, 아무것도 가진 것 없는 씨올에게는 "이 공백기야말로 그들을 위해 하늘이 보낸 것"이었다. 하지만 "양의 무리에 여우가 섞여 들어가듯" 이 정치적 공백에 영리한 정치인들이 끼어들어 파쟁과 분열이 잇따르고, 정치단체가 여기저기 유령처럼 족출하면서 "진리의 아들들"인 씨올은 결국 "세속의 아들들"인 정치인에게 기만당하고 패배한다.

민족 분열의 책임은 그때와 그 후 나서서 스스로 나라 일 하노라는 정치인들의 야심에 있다. 화합이 아니 되는 것은 야심 때문이다. 두 나라(미·소—글쓴이) 군대의 진주가 왜 그 둘의 외세를 배경으로 하는 두 개의 정권 대립으로 낙착이 되고 말았나? 안에 있는 정치 단체들이 손을 내밀어 끌어들였기 때문 아닌가? 나라를 둘로 갈라 민족의 숨을 죽이고 있는 것은 두 정권의 정치인들이다.
6·25의 의미도 환하다. 통일정부 세우지 못한 죄다. 자주독립이 근본인 것을 모르는 놈들이기 때문에, 가짜 정치인들이 가짜의 두 정권을 세웠다. 6·25를 치르고 나서 자란 것은 민중뿐이다. 그렇게 돼서 온 것이 4·19혁명이다. 4·19는 온전히 민주주의적이다.

더 이상의 사족이 전혀 불필요할 만큼, 함석헌은 해방 이후부터 4·19혁명까지의 과정과 원인을 똑똑히 소명하고 있다.

4·19의 약점은 그 지나친 흥분에 있었다. 자유당을 죽이기만 하면 되는 줄 망상을 했다. 5·16은 그 악이 전보다 더 심한 것을 보여주려고 더 흉한 귀신 일곱을 데리고 돌아온 것을 보여주고 있다. 낡은 정치인을 다 잡아넣었는데 자기네 자신이 그것을 배워 그들보다 몇 갑절 더한 낡고 썩어진 정치인이 됐고, 부정부패 청산한다 했는데 청산은 그만두고 열 곱 백 곱 더 부정부패에 잡혀버렸다. 그래서 병 주고 약 주는 식으로 그 부정부패를 끝까지 청산하기 위해 영구 집권을 도모하는지 모르나, 그러노라니 완전히 반혁명이 돼버렸다. 이런 의미에서 그들은 민족의 죄를 대표한다.

박정희 군사정권의 "영구 집권"은 '10월 유신'으로 완결됐으니 함석헌의 역사 예측력도 대단하지만, 추상같은 5·16 단죄는 실로 놀라울 지경이다. '5·16군사정변'을 애써 '혁명'이라 강변하고 선전하는 그 일파와 추종자들에 맞서, "5·16은 혁명이 아닙니다. 잠을 자다 얼떨결에 억울한 강간을 당하고도 멍청히 울고만 있으면 정말 정조 없는 계집이 돼버리고 맙니다. 분명히 놈은 짐승이다"[15] 하고 외친 함석헌은, 더 나아가 "그들은 민족의 죄를 대표한다"고 단언한다.

일본에 기운 왜곡된 민족주의, 국민 기본권마저 박탈하는 반민주주의 행태, '반공 국시'와 7·4성명, '근대화' 선전과 경제 파산, '비상계엄 선포'와 평화통일 협상 등이 보여주는 기묘한 부조화, '중공'의 군사주의 팽창, 경제대국 일본의 국제위상 부상, 미·소의 여전한 남북한 압력 등 국내외의 불안정한 정치 상황은 함석헌의 말 그대로 "참으로 막막하고 답답한 자리"였다. 민족 사활이 걸린 통일 문제에

15) 「5·16은 혁명공약의 행방」, 『사상계』, 1968. 5.

관한 한, 그는 "삼국시대 이래 가장 중대한 것"이라 표현한 '7·4남북 공동성명' 발표는 바로 이때 이뤄졌다.

우리는 첨부터 평화통일만이 단 하나의 길인 것을 주장해왔고, 그 것을 위해서는 호전적이요 권력주의적인 두 정권이 하는 대로 맡 겨둘 것이 아니라 남북의 씨올이 직접 일어서야만 한다고 부르짖 어왔다. 7·4성명은 그들이 그것을 진실로 했거나 술책으로 했거나 물을 것 없이, 우리가 본 것과 우리 주장이 옳다는 것을 증명하고 뒷받침해주는 일이다. 그들이 자주·평화·이념·제도를 초월한 통 일을 하고 싶어서, 할 자신이 있어서 선언한 것 아니다. 대세가 몰 아치기 때문에 할 수 없이 한 것이다.

7·4성명이 남한 군사정권의 한낱 정략적 술책이었음은 '10월 유 신'으로 분명해졌지만, 이 또한 함석헌은 귀신같이 미리 예상하고 있 었던가. 1972년 2월 21일 열린 "닉슨·모택동 회담"의 변형·축소판 이라 할 '7·4남북공동성명'을, "전에 지나간 배가 있기에 이제 언덕 에 철썩거리는 물결"[16]이라 한 비유가 참으로 정곡을 얻고 있다.

어쨌든 그는 "지금 민족적 운명의 위기" 앞에서 단호히, "절대로 기(氣)가 죽어서는 아니 된다. 혁명 전야는 언제나 그런 법"이라 전 제하고, 특히 4가지 사항을 강조한다. 첫째, 오늘의 국가주의·대국주 의는 쇠잔일로에 있으며, 대국주의의 희생자인 우리는 선진국의 전 철을 밟지 말아야 한다는 것, 둘째, 향후 인간사회는 점점 더 인류 전 체가 유기적인 하나의 전체를 이루는 '전체주의 시대'로 진입한다 는 것, 셋째, 앞으로 폭력주의를 지양하지 않고서는 인류는 살 수 없 다는 것, 넷째, 혁명적인 통일대업을 이루기 위해서는 하루빨리 민중 주체의 "어진 핵심체" 구성이 시급하다는 것 등이다. 마지막의 "어진

---

16) 「5천만 동포 앞에 눈물로 부르짖는 말」, 『씨올의 소리』, 1972. 9.

핵심체"란 두 번째로 언급한 '전체'의 초점에 해당한다. 이 전체는 단순한 지배자·지도자가 아니다. 비유하자면 이는, "예수 앞에 서면 갈보계집들도 스스로 하나님의 백성인 것을 알았고, 석가 앞에 서면 범부凡夫도 스스로 불성佛性을 가진 것을 알았다"할 때의 예수·석가 같은 존재다.

그렇다면, 여기서 드러나는 함석헌의 민족노선은 어떠한 것일까? 자칫 애매모호한 형용모순으로 비칠는지 모르지만, 간명하게 요약하자면 아마도 그것은 '사랑'으로 남북이 결국 하나되는 '전체주의 민족노선'이라 해야 할 것이다.

「내가 겪은 관동대진재」1973

이 글은 '관동대진재 50돌'을 기념해 발표한 회억문이다. 1923년 3월 도쿄東京 유학길에 오른 함석헌이 그해 9월 도쿄와 요코하마橫濱 등 간토關東 지역에서 경험한 대규모 격진 및 일본인의 무차별 "조선놈 사냥"을 사실적으로 기록한 것이다.

오산학교 졸업 직후의 일본 유학은, 스물셋 함석헌에게 "전쟁 포로로 잡혀가는 것"과 진배없는, 필경 "뜻을 찾자는 마음에는 그것은 슬픔"에 다름 아니었다. 이미 평양고보 재학 중 "밀물 같은 것이요, 폭풍 같은 것이요, 지진 같은" 3·1운동의 발발勃發한 시대정신의 피세례자가 되었던 그는 군국주의 일본을 두려워하지 않았으며, "땅이 쩍쩍 갈라지고 불길이 하늘을 태우는 재변"에도 굳건히 "자아"를 견지할 수 있었다. 중당中唐 시인 맹교孟郊, 751~814의 「유자음」遊子吟을 읊조리며 다짐하듯 그는 토로한다.

그해(1923년—글쓴이) 3월 나는 오산학교를 졸업하고 동경으로 유학을 갔습니다. 집은 가난하지만 사랑은 봄볕보다 더합니다. 나라는 깨졌지만 역사의 은혜는 변할 줄이 없습니다. 나는 뵈는 옷, 뵈지 않는 옷을 안팎으로 껴입고 길을 떠났습니다. 뵈는 옷은 가늘고 가는 실 손톱이 닳도록 다듬고 자아 짜내고 꿰매서 지은 것, 뵈지 않는 옷은 실보단 더 가는 마음들 뽑아내고 자아내서 하늘볕에 바래고 역사 흐름에 헹구어 엮어서 지어낸 것, 바람 들세라, 물 들세라, 궂은 것 붙을세라, 독한 것 침노할세라, 마지막 순간까지 한 바늘뜸 뜰 때마다 기도하며 당기고 조여 실 끝 풀리지 않게 맺고 또 맺은 후 당부하며 당부하며 입혀주고는 말 못하고 고개 숙이던 어머니입니다.

나는 현해탄을 건널 때 품고 간 것이 있습니다. 비바람보다 더한 눈총 속에서도, 땅을 태우고 하늘을 지지는 불길 속에서도, 번쩍이는 창검 속에서도, 내버리지 못하고 품고 있던 것이 있습니다. 하던 일 다 마치고 얼굴빛 더 그을어지고 현해탄 도로 넘어 다시 돌아올 때도 품고 돌아온 것 있습니다. 속을 여물려면 물론 아직 멀었습니다. 그렇지만 나는 그때 이미 씨올로서의 올갱이는 넣어주심을 받은 것이 있었노라고 믿고 있습니다.

도쿄 유학길에 오른 젊은 함석헌의 모습이 요연하다. 극심한 가난과 망국의 비애, 역사의 형극, 현해탄의 드높은 파고, 관동대진재의 고통 따위는 너끈히 가려줄 어머니의 자애와 "역사의 은혜"를 과연 "풀끝 같은 이 마음 들어" 갚을 수 있을지 자문하는 함석헌의 진정이 은근한 어조 속에 더욱 생동하는 듯하다.

1923년 9월 1일 정오 직전, 도쿄 '시노바즈노이케'不忍池 연못에서 관동대진재를 직접 겪은 함석헌은 '인간, 지식인, 민족, 국가, 문명, 정치, 기독교' 등에 대한 근원적 질문을 한꺼번에 제기한다. 자국 내 공산주의 혁명을 수습하기 위해 무모하게도 4~5천여 명 이상의 '조선인 학살'[17]을 주도한 "소위 정치가라는 사람들의 손에 노는" 국가주의의 허상을 똑똑히 확인한 것이다.

17) 훗날 밝혀진 자료에 의하면, 실제 피학살자는 6,415명이다.

이성·오성惡性의 공백기가 생기자 그 틈을 타서 일어나는 본능·충동의 불길이 정말 무섭고 비참한 것입니다. 저 사람의 손에 반지가 있고 팔목에 시계가 있는 것도 뵈고 저 여자의 얼굴이 예쁘고 그 보드라운 살갗이 뵈는 것이 사실입니다.

동경의 중심이라는 니혼바시日本橋를 가니 한 주일이 지났는데도 냇물에 시체들이 떠 있었습니다. 그중 하나는 어머니가 아기를 업은 채 죽었는데 그 아기의 발목이 타서 떨어져 타다 남은 장작 그루터기 같았습니다.

관동대진재의 원흉은 누구냐? 사람을 죽이라고 명령하고 선전한 것은 정부였습니다. 문제는 국가주의입니다. 그것이 동양 평화란 이름으로 전쟁을 일으켰고, 한국을 먹었고, 혁명을 막기 위해 조센징을 제물로 잡았습니다.

일본 시인 츠보이 시게지壺井繁治, 1897~1975의 「15원 50전」1947. 7 일절을 아래에 덧붙여 소개해둔다.

총을 멘 병사가 차내 검색으로 들이닥쳤다
"주고엔 고짓센15圓 50錢이라고 말해봐!"
아아, 만약 그 시루시반텐印半纏이 조선사람이었다면
그리고 "주고엔 고짓센"을
"츄코엔 코짓쎈"이라고 발음했더라면
그는 그 자리에서 끌려갔을 것이다
당신들을 죽인 것은 들뜬 군중이었다고 하는가
들뜬 군중에 죽창을 갖게 하고 쇠갈고리를 쥐게 하여
일본도를 뒤흔들게 한 자는 누구였던가
무참하게 죽어간 조선의 동료여[18]

18) 김학현 편저, 『천년의 기억—서사시 현해탄』, 민문사, 2003, 66~67쪽 재인용.

쇠갈고리에 찍히고 죽창과 일본도에 마구잡이로 난자당한 숱한 '조선인 노동자와 동료'들을 애절하게 추도하는 이 시에서 관동대진 재 당시 일본인들의 조선인 참살 정황이 참으로 또렷이 드러난다. 교 묘하기 이를 데 없는 "조센진朝鮮人, 후테이센진不逞鮮人" 색출 방법이 구약시대 이스라엘 사사士師이자 길르앗 군대장관 입다Jephthah가 쓴 고전적 수법과 너무나 흡사하다. 그는 에브라임과의 내전에서 천혜 의 전략요충 '요르단강 나루턱'에 군사를 풀어, 사람들에게 '큰 강' 이라는 뜻의 '십볼렛'Shibboleth을 말하게 했다. 그리고 이를 "쉽볼렛" 으로 발음해 정체가 드러난 에브라임 도망자 4만 2천여 명을 전멸시 켰던 것이다.[19)]

「나의 어머니」[1975]

이 글은 제목에서 잘 드러나듯 육친의 어머니를 기리는 함석헌의 애절한 헌사이다.

인생의 절반 이상 줄곧 무명의 여자이다가 일본 총독정치가 강제 한 호적정리[1912]로 창황중에 성씨와 이름 세 글자를 뒤늦게 얻게 된 '김형도'金亨道, 그 어머니는 함석헌에게 결코 지울 수 없는 "영원한 슬픔의 형상"으로 깊이 새겨진다. 평안북도 용천군 맨 서쪽 바닷가 에 사는 가난한 소작농의 외아들이었던 동갑내기 아버지와 결혼한 그녀는, 50이 될 때까지도 일자무식이었지만 2남 3녀를 올곧게 장성 시킨, 두뇌 명석하고 의지 굳세며 바느질 솜씨 뛰어난, "손톱 발톱이 닳도록 일하는 농부"이기도 했다.

내가 살던 고향은 꽃피는 산골이 아니라 감탕물 먹는 바닷가였습 니다. 우리나라의 맨 서북 모퉁이, 압록강이 황해로 들어가는 바로 그 지점, 아주 구석지고 하잘것없는 농사꾼들이 사는, 천대받는 곳

---

19) 「사사기」 12: 4~6 참조.

이었습니다. 위대한 사람들이 살고 남긴 찌꺼기, 모든 더러움을 씻어내려 영원한 어머니 가슴인 바다 밑에 가라앉혀 이룩된 것이 감탕흙입니다만 어머니도 그 속에서 났습니다. 아마 그랬기 때문에 다시 더 가라앉을 데가 없기 때문에, 올라오려 했을 것입니다. 모든 짓밟힌 것이 다 올라오려는 정신을 가지는 것…… 그 무지함이 마치 내려가는 기압氣壓이 수은주를 올리듯 몇 되지 않는 깬 마음을 일으켰을 것입니다.

맨 밑바닥 감탕흙이 낳은 "올라오려는 정신"의 높이와 "끊임없이 올라가자는 뜻의 사람" 어머니의 형상이 실로 박진하다. 함석헌에게 그녀는 예의범절의 세세한 전수자이자 각근한 살림꾼이었을 뿐만 아니라, 아버지와 함께 "너무도 자주적이고 이성理性적인 사람"이었다. 도쿄 유학 후 귀국해보니, 어느새 "집 옆에 교회와 학교를 세우고, 아버지는 장로가 되셨고, 어머니는 권사가 되신 것"을 보아도 알 수 있다. 조부모님은 몸소 무학의 며느리를 가르쳤으며, 특히 어머니는 해방 직전 "그 지방 여성계에서는 지도적인 인물"로 우뚝하였다.

함석헌은 자신을 세상의 가장 큰 '불효자'라 고백한다. 그는 아버지, 어머니 두 분을 모두 임종하지 못하였다. 마침 '계우회사건'1940. 8으로 평양 대동경찰서에 구치된 탓에 아버지 별세 때는 맏상제 노릇도 못했다. 『성서조선』사건'1942. 5으로 1년간 서울 서대문형무소에서 복역하였을 뿐 아니라, 해방 직후엔 북한의 세칭 '신의주학생사건'1945. 11. 23 주동자로 몰려 50일간 소련군 형무소에 수감되는 등 어머니 마음을 지극한 슬픔에 빠뜨렸던 것이다. 소련군 형무소에서 여기서 함석헌은 난생처음 시조 형식의 시 「어머니」총 7연를 썼다.

어머니가 영원히 잊을 수 없는 존재인 것은 함석헌에게 "사상의 밑돌"을 깔아주었기 때문이다. 집안의 맏이로서 누리고자 했던 특권의식의 굴레를 벗고 "자유와 평등사상"을 깨우치고 "타고난 민주주의자"로 거듭나게끔 밑반석을 튼튼히 놓아준 것이다.

그 어머니가 지금은 어디 계실까? 1947년 2월 26일, 영원한 마지막이 될 줄은 모르고 월남의 길을 나서던 날 어머니는 대문에 기대 나를 보내주셨습니다. "내 생각은 말고 어서 가거라!" 하셨습니다. 내가 감옥에 가 있을 때 추운 겨울밤, 잠은 아니 오고 견딜 수 없어 물레질만 하셨다는 어머니, ……자기 생각은 말고 가라니 그 가슴이 어떠했겠습니까. 나를 살리기 위해서는 자기는 죽음보다 더한 고통도 참으시겠단 말 아닙니까. 나도 이 시대의 아들딸들을 향해 부릅니다. 내 생각은 말고 어서 갈 길 가거라!

여기 점묘된 함석헌의 어머니는 족히 한국 현대 민족사의 비극적 표상이라 할 만하다.

「생각하는 백성이라야 산다」[1958]

이 글은 처참한 동족상잔의 '6·25싸움' 여덟 돌을 맞아 이 전쟁의 역사적 의미를 깊이 되새기고 나라의 진로를 모색한 함석헌의 돌올한 정치평론이다.

함석헌에 의하면 "6·25사변은 아직 우리 목에 씌어져 있는 올가미요, 목구멍에 걸려 있는 불덩이" 같은 것이니, 우리의 역사적 책무는 한시바삐 이 올가미를 제거하고 불덩이를 삼키는 것이다. 이 끔찍한 전쟁의 직접적·외재적 원인은 제2차 세계대전의 주요 당사국인 미국과 소련의 '38선 획정'에 있다. 그러나 20세기 초 일본 식민지로 전락한 사실이 잘 말해주듯, 내재적 원인은 우리나라 역대 "정치업자 놈들"이 '서민, 백성, 씨올' 착취에만 골똘했을 뿐 중산층 육성은 소홀히 함으로써 근대 민족국가 건설에 실패했기 때문이다.

우리가 일본에서는 해방이 됐다 할 수 있으나 참 해방은 조금도 된 것 없다. 도리어 전보다 더 참혹한 것은 전에는 상전이 하나였던 대신 지금은 둘 셋이다. 일본시대에는 종살이라도 부모 형제가 한

집에 살 수 있고 동포가 서로 교통할 수는 있지 않았나. 지금 그것
도 못 해 부모 처자가 남북으로 헤어져 헤매는 나라가 자유는 무슨
자유, 해방은 무슨 해방인가? 남한은 북한을 소련·중공의 꼭두각
시라 하고, 북한은 남한을 미국의 꼭두각시라 하니 남이 볼 때 있는
것은 꼭두각시뿐이지 나라가 아니다. 우리는 나라 없는 백성이다.
6·25는 꼭두각시의 놀음이었다. 민중의 시대에 민중이 살았어야
할 터인데 민중이 죽었으니 남의 꼭두각시밖에 될 것 없지 않은가.

"남한은 북한을 소련·중공의 꼭두각시라 하고, 북한은 남한을 미
국의 꼭두각시라 하니…… 우리는 나라 없는 백성이다"라는 대목이
비상히 눈길을 끄는 바인데, 바로 여기서 역설적이게도 남북분단의
비극적 정황이 여실히 드러난다.[20]

남북싸움의 역사적 "속 원인"〔內因〕은 더 멀리 거슬러 올라간다. 외
세 당唐나라를 끌어들인 통일신라의 '고구려적 정신' 배척, '금金나라
정벌, 칭제건원稱帝建元, 서경천도西京遷都'를 외친 고려 혁명가 묘청妙
淸을 제압한 개경開京 문벌세력 김부식金富軾, 1075~1151의 '평양 이북'
배제, 조선 이성계의 엄중한 관서關西·관북關北 차별 등으로 지난 7세
기 이래 "이놈의 38선은 운명의 남북 경계선"으로 자리 잡는다.

"파리한 염소 같은 우리나라의 허리 동강이"를 다시 하나로 잇고,
지정학적으로 극히 "약한 경계선"을 튼튼히 할 방도는 무엇인가? 우
리에게 부과된 이 "시련의 선, 숙제의 선"을 돌파하는 것은 과연 어
떻게 가능한가? 그것은 '통일정신, 독립정신, 신앙정신'으로 간단히
요약된다. 이 역사적 과제는 다시 하나로 총괄할 수 있으니, 다름 아
니라 '깊은 종교를 낳자는 것, 생각하는 민족이 되자는 것, 철학하는

20) '꼭두각시'라는 표현은 곧 대한민국 국체(國體)를 부정한 것으로 간주돼 함
석헌은 '국가보안법 위반혐의'로 20일간 구속되었다. 「'생각하는 백성이라
야 산다'를 풀어 밝힌다」(『사상계』, 1958.10)는 이 필화를 해명한 글이다.

백성이 되자는 것'이다.

그런데 함석헌은 '6·25 형제싸움'이 8년이나 경과한 시점에서, '첫째, 우리는 지금 참 해방에 이르렀는가? 둘째, 오늘의 남북 정권은 정말 나라를 대표하는가? 셋째, 우리는 새 역사를 창조할 새 종교를 가졌는가?'를 진지하게 캐묻는다. 그 결과는 "완전히 낙제"다. 미·소 점령으로 비롯된 남북대립이 6·25전쟁으로 더욱 첨예화되었으며, "아들이 아버지에게 칼을 겨누고 형이 동생에게 총을 내미는 이 싸움"에서 남북한 정권이 '나라와 백성을 위한 정권이 아님'을 실체적으로 드러냈기 때문이다.

정치에 복속된 오늘의 종교는 "대적을 불쌍히 여기는 사랑, 정치하는 자의 잘못을 책망하는 정말의 의義의 빛"을 보여주기는커녕, 그저 '연극' 하듯 "예배당에서 울음으로 하는 회개"로 유유자적하고 있다. "환란 속에서도 좀더 힘있게 견디고, 넘어진 중에서도 또 기운차게" 일떠서게 하는 '참 종교'는 눈 씻고 보아도 묘연할 뿐이라는 것이다. 함석헌에게 "종교는 현실을 잊어버림이 아니다. 현실을 건지는 것이다. 현실의 고통은 문제 아니 된다는 소리는, 민중을 속여 영원한 압박에 비겁하게 굴복케 하면서 그들의 피땀으로 수고한 결과를 짜먹자는 지배자의 앞잡이가 되는 종교가만이 하는 소리다. 정말 종교는 민중을 취하고 잠들게 하는 것이 아니요, 불러일으키고 싸우게 하는 것이다."[21]

선거를 한다면 노골적으로 내놓고 사고팔고 억지로 하고, 내세우는 것은 북진통일의 구호뿐이요, 내 비위에 거슬리면 빨갱이니, 통일하는 것은 칼밖에 모르나? 칼은 있기는 있나? 옷을 팔아 칼을 사라고 했는데, 그렇게 사치한 벼슬아치들이 칼이 무슨 칼이 있을까. 정육점의 칼 가지고는 나라는 못 잡을 것이다.

21) 「말씀 모임」, 『말씀』, 1957. 8.

이승만 반공독재의 말기적 증상들, '정치업자'들의 혹심한 민생억압, 반공히스테리 증상의 과도한 노출, "나라 없는 백성"의 설움 등 말의 엄정한 의미에서 함석헌의 우국충정이 실로 눈앞에 환하다.

나도 이 나라를 사랑하는 점에서 뉘게 뒤지고 싶지 않다. 내 허리를 만일 끊는다면 그 윗동강이에도 대한민국이 들어 있고, 그 아랫동강이에도 대한민국이 들어 있을 것이다. 나를 기름 틀에 짜면 그 흘러나오는 기름에 대한민국이 떴을 것이요, 나를 불살라 바람에 날리면 그 바람 속에 대한민국이 들어 있을 것이다. 나더러 대한민국 백성 아니랄 사람 하늘 위에도 땅 아래에도 없다.[22]

「때는 다가오고 있다」1959

이 글에서 함석헌은 '독재자, 압박자, 무책임한 정치가, 정치라는 말고삐 쥔 사람, 정치 맡은 사람, 양심 없는 벼슬아치'들을 향해 거듭거듭, "때는 다가오고 있다"고 준열히 경고한다.

광복절이라고 곳곳에서 기념행사가 있었다. 날마다 심해가는 생활고에 피가 쪽쪽 마르는 민중이 그 소리 듣고 정말이라 승인할까. 시들어 마르는 시골 백성……, 민중은 확실히 무표정 무감격이다. 14년 전 이날, "해방이다!" 소리가 하늘에서 떨어질 때 그들은 한 사람도 빠짐없이 나와 외양간에서 나오는 송아지처럼 뛰어 삼천리가 들썩들썩했다. 민중은 언제나 현실적이다.

산 사람 먹지 못하고 죽은 시체 묻지 못하는데 광복이 무슨 광복인가. 민중이 먹먹히 무표정인 것은 그들이 정의와 인도를 위해 싸우잔 정신이 없어졌기 때문이다. 누가 그렇게 했나? 왜 그렇게 됐나? 여러 말 할 것 없이 그 책임은 정치가가 져야 한다.

---

22) 「'생각하는 백성이라야 산다'를 풀어 밝힌다」, 『사상계』, 1958. 10.

숱한 생령들을 죽음으로 내몬 6·25전쟁에서 수수방관으로 일관한 '무책임한 정치가'들, 한층 격심해진 민생 도탄, 통일 문제의 전적인 외세의존 등 과연 "나라가 무어냐?"고 묻지 않을 수 없는 막다른 궁경에 처했다고 함석헌은 비탄한다.

민주주의 시대라는 이때에, 백성의 입을 틀어막고 장님같이 따라 오기만을 요구했으니 백성이 낙심이 아니 될 리가 없다. ……그들에게는 그들의 광복절을 지키게 하고 우리는 우리의 광복절을 지켜야 할 것이다. 내 가고 싶은 곳에 가지 못하고 내 하고 싶은 말을 하지 못하는 나라, 그게 무슨 자유의 나라며 그 정치에 무슨 치하가 있겠는가?
때는 다가오고 있다. 정의가 거꾸러질수록 때는 자꾸 급하게 다가온다. 이러다가는 큰일이 나고야 만단 말이다. 이것은 이미 길거리의 소리다. 길거리의 소리가 하늘 소리다. 하나님이 화를 내는 때가 온다. 민중이 미치는 날! 아아, 무서운 일이다. 대통령 선거 때, 그때가 무슨 말씀을 품었는지 알 사람이 없다. 때는 다가오고 있다.

급박한 호흡으로 비장하게 반복하는 "때는 다가오고 있다!"에서 당시 이승만 대통령 및 그 유유상종의 정치업자들을 겨냥한 경고가 비수처럼 날카롭다. 특히 주목할 것은 1960년 3월 15일의 "대통령 선거 때, 그때가 무슨 말씀을 품었는지 알 사람이 없다. 때는 다가오고 있다"는 대목이다. "선거란 곧 하늘 말씀에 대한 민중의 대답"이라 믿었던 함석헌은 이미 혁명의 도래를 정확히 예기했던 것이다. "광야에서 외치는 20세기 한국의 세례요한과 같은 존재"노명식, "예언자"안병욱로 일컬어지는 함석헌의 면모가 과연 약여하다.
도쿄유학 시절 함석헌이 열독한 것은 구약 「이사야서」·「예레미야서」 등 예언서였다. 현실의 "압박 밑에서 낙심이 나려 하다가도 그들의 굳센 믿음과 위대한 사상에 접하면 모든 시름을 다 잊고 다시 하늘을 향해 일어설 수가 있었다. 그들은 나에게 말을 해주는 산 영靈"[23)이었다고 토로한 그가 옛 히브리 예언자이길 선뜻 자임하고 나선 형국이다.

함석헌은 역사를 "인간의 인격과 거기에 절대적으로 대립하는 초월적인 인격 사이에서 묻고 대답하는 것"이라고 설명한다. 역사의 진보는 맹자가 언급한 "하늘 때"〔天時〕와 인화人和의 절묘한 감응에 의해 이뤄진다[24)는 뜻이다. 이런 의미에서 해방 후 14년간의 한국 현대사는 철저한 '실패의 역사'이다. '8·15해방, 6·25전쟁'에 "이 민중이 하늘의 말씀에 응하지 못했기 때문이다." 이승만 대통령의 독재정권 영구화를 꾀한 '부산정치파동'1952. 5. 26, 반공체제 강화를 위해 경호권을 발동하고 야당 의원들을 감금한 채 자유당 의원들만 출석한 국회에서 「신국가보안법」을 날치기 통과시킨 '2·4보안법파동'1958. 12. 24, 『경향신문』 폐간1959. 4. 30 등은 "모두 하늘이 묻는 데 대하여 엉뚱강산의 대답을 한 것이다."

여기서 "때, 그때"란 대체 무엇인가? "초월적 인격" 쪽에서는 "하나님이 주신 때"이며 "인간 편으로 하면 발견하는 때, 깨닫는 때"다. 이를 함석헌은 "민중이 맘속에 때를 붙잡아야만, 때는 때가 된다"고 했는데, 다름 아닌 '혁명의 시간'이다. 그것은 이듬해 '3·15부정선거'로 촉발돼 곧 '4·19혁명'으로 직결된다.

더구나 그렇게 큰 전쟁이 일어나는데 그날 아침까지 몰랐으니 정말 몰랐던가, 알고도 일부러 두었는가? 몰랐다면 성의 없고 어리석고, 알았다면 국민을 팔아넘긴 악질이다. ……전쟁이 지나가면 서로 이겼노라 했다. 어느 군인도 어느 장교도 주는 훈장 자랑으로 달고 다녔지, "형제를 죽이고 훈장이 무슨 훈장이냐?"하고 떼

---

23) 「먼저 그 의를 구하라」, 『성서조선』, 1927. 7.
24) 『맹자』, 「공손추 하」.

어 던진 것을 보지 못했다. '제2국민병 사건'을 만들어내고 졸병의 옷·밥을 깎아서 제 집 짓고 호사하는 군인들에게 바라는 것이 과한 일이다.[25)

이승만 반공독재정권과 휘하의 부패 정치군인들에 대한 통매가 하늘을 찌르고도 남는다. 1년여 전 '국가보안법 위반혐의'로 구속된 사실은 말짱히 잊어버린 듯, 카랑카랑한 목소리로 "우리 마음을 하늘 마음에 맞추어야 한다. 때는 다가오고 있다. 다가오는 이 '때'란 처녀의 얼굴을 조용히 들여다보자!"고 함석헌은 또다시 외치고 있다.

「민족통일의 종교」1962

이 글은 함석헌의 독특한 '종교적 평화통일론'을 담고 있다. 그는 해방 이후 남한에서 전개된 다양한 통일론들은 한결같이 지엽말단적이라 비판하고, "왜 정치엔 종교는 관계가 없다는 듯이, 종교 없이도 나라 해갈 수 있기나 하다는 듯이 다들 그것은 빼고 고양이 목에 방울 달 토론하는 쥐 무리같이 방법론만 말하는가" 하며 이의를 제기한다. "선거를 하면 노골적으로 내놓고 사고 팔고 억지를 쓰고, 내세우는 것은 북진통일의 구호뿐이요, 내 비위에 거슬리면 빨갱이니, 통일하는 것은 칼밖에 모르나?"[26) 하는 말에서도 역력하듯, 함석헌은 이승만의 '북진통일론'을 단호히 배격한다. 6·25전쟁 이전부터 북한 무력흡수통일을 끈질기게 주장했을 뿐 아니라 한국전쟁 중에도 휴전반대를 위한 대규모 '북진통일 궐기대회'1953. 6. 11까지 획책한 이승만 대통령의 실질적인 '반통일 정책'을 그는 강력히 규탄한다.

사람은 종교적 존재다. 사람은 종교적 존재라는 말은 정신이 주인

---

25)「생각하는 백성이라야 산다」,『사상계』, 1958. 8.
26)「생각하는 백성이라야 산다」,『사상계』, 1958. 8.

이란 말이다. 만물이 다 한 바탈, 곧 생명으로 됐고, 만물이 곧 한 몸임을 믿는 것이 종교다. 민족을 통일하여 한 나라를 이루는 데 이 종교 없이 될 수 없다. 그러므로 통일 문제도 마땅히 종교적인 데까지 들어가서 생각하고 다루고 실천하지 않으면 아니 된다. 종교 없는 정치는 아주 옅은 수단이요, 종교를 생각하지 않은 통일론은 보잘것없는 껍데기 수작이다. 38선이 생기기는 정치적으로 생기었어도 해결은 종교로 해야 한다. 그런데 통일 문제를 외교, 정책으로만 다루려 하니 무슨 일인가?

통일은 우리에게 대하여 정치적 요청일 뿐 아니라 도덕적·종교적 요청이다. 생존의 필요조건일 뿐 아니라 보람을 위한 의무다. 그만이 아니다. 이것은 우리 민족 하나의 문제만이 아니요, 세계적 새 세기가 나오려는 산문産門이다. 민족 분열선만이 아니라 인류의 정신분열선이다.

함석헌의 종교적 평화통일론은 1956년 5월 15일 실시된 제3대 대통령 선거에서 조봉암曺奉岩, 1899~1959이 내건 '남북총선거에 의한 평화통일안'과 조봉암 주축의 진보당이 연 창당대회1956. 11. 10에서 핵심 정강정책으로 간명하게 집약한 평화통일론, 즉 "유엔을 통한 민주적이고 평화적인 조국통일의 구체적 방안…… 민주주의 승리에 의한 조국의 평화적 통일"[27] 및 "유엔 감시에 의한 남북통일 총선거…… 평화적 방법에 의한 통일"[28]과도 구별된다. 또한 1960년 4·19혁명 직후 '7·29총선'을 계기로 분출한 '유엔 감시하의 남북총선거를 통한 평화적 자유민주통일론, 오스트리아식 또는 스위스식 한반도 중립화 통일론, 남북협상을 통한 평화통일론' 등과도 크게 차별된다.

27) 「진보당 창당대회」, 1956. 11. 10; 정태영 외 편, 『죽산 조봉암 전집 4』, 세명회관, 1999, 87쪽.
28) 조봉암, 「평화통일에의 길」, 『중앙정치』, 1957. 10; 위의 책, 449쪽.

극히 비현실적이며 몽상적이기까지 한 함석헌의 이 종교통일론은 "38선이 생기기는 정치적으로 생기었어도 해결은 종교적으로 해야 한다"고 극력 고창한다.

유교를 국교로 한 중국 한고조漢高祖의 민심통일, 불교신앙에 의한 당唐의 제국 건설, 민중종교를 통한 모세의 이스라엘 통일, 아라비아 사막을 통일한 마호메트의 이슬람 종교, 불교신앙에 근거한 삼국통일 등의 사례를 보더라도, 한반도 통일 문제 해결도 종교적 문제로 귀결돼야 한다는 것이 함석헌의 '종교적 통일론'의 핵심이다.

분단의 책임은 미·소와 중국에만 있지 않다. 구차한 생명을 위해 그들과 공범이 돼버린 우리의 책임이 그에 못지않다. 그러므로 지금 절실한 것은 "지나간 역사에 대하여 깊고 날카로운 도덕적 자아비판", 즉 "국민적 회개"를 철저히 하는 일이다. 이는 다름 아닌 "세계 모든 나라의 자책하는 마음과 동정하는 마음을 일으킬 때까지 우리가 진정으로 회개의 울음을 우는 것"이다.

민주적 통일을 위해 선차적인 것은 민족실력의 양성인데, 무엇보다도 '경제자립, 높은 정치이념 고양, 지智·인仁·용勇의 국민성 겸비, 신앙' 등이 필수적이다. 꼭 '기독교'로 특정한 것은 아니지만, 여기서 함석헌이 특히 강조하는 것은 '신앙'이다.

신앙은 변화하는 힘, 초월하는 힘이다. 다 각각 자기 주장을 하고 자기 본위로 사는 개인들로 전체를 나타내게 하는 것은 신앙뿐이다. 내가 하나님과 산 연락에 들어가는 것, 그것이 믿음이다. 그럼 모든 통일의 근본이 되는 것은 믿음이다.
우리나라 통일 문제는 세계평화 문제의 한 부분이요, 세계평화가 이루어질 기운이 돌아오기 전은 우리나라 통일은 이루어질 수 없다. 38선에 걸려 엎디어 허리가 끊어지는 고통을 하면서도…… 우리가 평화주의의 살로 그 과녁을 쏘아 맞히는 날, 그들(세계 여러 나라—글쓴이)의 손에서 무서운 무기는 떨어질 것이다.

이것이 공상 같은가? 그렇다면 싸움을 하여 이겨서 세계에 평화를 가져오겠다는 것은 그보다 몇 배 더한 공상이다.

38선이 "인류의 정신 분열선"이라 인식한 함석헌에게 통일 문제는 곧 "세계평화문제"이다. 그러므로 통일을 앞당기는 일은 세계평화운동을 적극적으로 하는 것과 결코 다르지 않으며, 또 그것은 폭력주의·정복주의 무력국가에 종지부를 찍고 평화주의와 "정말 중립"으로 나아가는 일이기도 하다.

「우리의 살길」1962

이 글은 민중 역량을 하나로 총결집, 분단체제를 혁파하고 통일을 성취할 '한 사람'을 갈망하는 하나의 인물대망론이다.

이 나라, 이 겨레의 선결 과제는 남북통일이다. 그것만이 우리의 유일한 살길임은 분명하지만, 그 도정은 "한 오리 핏길"〔一條血路〕처럼 험난하기만 하다. 요즈음의 분분하기 이를 데 없는 통일론, '제4대 대통령 선거'1960.3.15 및 '제5대 국회의원 선거'1960.7.29에서 백일하에 드러난 금권부정선거의 난맥상 등이 이를 잘 말해준다. 그렇다고 우리 살길을 저 개성 선죽교의 정몽주鄭夢周나 노량진 사육신묘死六臣墓, 안국동의 민충정공閔忠正公 동상, 남산에서 티끌만 쓰고 있는 안중근安重根 동상 등에서 구할 수는 없는 노릇이다. 함석헌은 "남한만이 우선 완전히 하나로 통일되지 않고는 아니 될 것"이라고 역설한다.

실력이 없고서야 어떻게 정치를 할 수 있을까? 그럼 실력은 어디서 나나? 영웅주의는 지나간 지 오래다. 실력은 민중의 뜻의 통일에서만 나오지 않나? 다 죽고 한 사람만 남아야 한다는 것이다. 그럼 독재자인가? 아니다. 우리가 다 죽어 '한 나'가 된 '한 사람'이 하는 '한 나라'다. 그것이 정말 대한민국이다.

한 민족의 목적은 한 사람 되자는 데, 한 사람 내세우자는 데 있다.

마치 모든 뿌리가 다 땅속 깊이 죽은 듯 묻히면, 한 줄기가 우뚝 서고, 그 한 줄기 안에 억만 가지와 잎과 꽃과 열매가 다 있어 한 나무를 이루며, 동서남북의 사나운 바람이 불어도 넘어지기는 고사하고 하늘에 울리는 음악만 부르는 것과 마찬가지이다. 우리가 죽으면 '한 나라'가 선다. 어느 의미론 인류의 역사의 중축이 되는 '메시아'란 것은 다른 것 아니요, 모든 사람이 다 죽어서 일어서게 되는 '한 사람'이라 할 수 있다.

"한 사람"이란 대체 누구인가? 너 나 할 것 없이 분열과 음해로 얼룩진 병든 우리의 정신구조, 미국 자본주의의 찌꺼기가 속속들이 스민 부패사회, 공론空論과 파쟁으로 지새는 소모적 국회, 저마다 "나라를 맡겠다" 나서는 '사이비 대표자, 가짜 영웅, 실력 없는 정치가, 협잡 정치업자'들을 일소할 우뚝한 정치지도자이다. 그 "한 사람"은 구약성서의 모세, 사울, 다윗 같은 "역사적 중축이 되는 메시아"이다.

「새해의 말씀」1964. 1. 1~1. 10

이 글은 민족통일을 위한 '남북 민중 정신준비론'이다. 5·16쿠데타를 일으킨 군사세력이 2년여의 기묘한 정치 행로를 거친 후 "우리의 과업이 성취되면 참신하고도 양심적인 정치인들에게 언제든지 정권을 이양하고 우리들은 본연의 임무에 복귀할 준비를 갖춘다"는 애초의 「혁명공약」을 찢고 군사독재로 넘어간 시점에서, 갈라진 남북한 동포들에게 과연 "앞으로 민주주의가 뒷걸음을 하느냐, 다시 새로운 발전을 하느냐"는 역사적 물음을 제기하고, 이 반민주적 독재체제를 해소할 민족정신을 준비하자는 것이다. 조국이 나폴레옹 군대에게 유린당할 때 민족혼을 크게 진작시킨 독일 철학자 피히테J.G. Fichte의 『독일 국민에게 고함』1808을 연상시키는 함석헌 특장의 계몽적 민족통일론이다. '민정 이양'의 명분 아래 실시된 '제5대 대통령 선거'1963. 10. 15에서 박정희가 당선자가 되기 직전까지 함석헌은 "박정희 님, 군사 쿠데타를 한 것이 잘못입니다. 여러분은 나라의 기본되는 헌법을 깨치고 직접 정치에 손을 댔을 때, 후에 올 수 있는 모든 군사적 동란의 길을 열어놓았습니다. 이제 남은 오직 하나의 길은 혁명공약을 깨끗이 지킬 태세를 민중 앞에 보여주는 일"[29]이라고 직격하였다.

그는 "무엇보다도 제발 이제부터는 그 '괴뢰'란 소리 그만둡시다"고 말문을 연다.

'괴뢰'라면 그 정권이 괴뢰겠지 우리 씨올끼리는 서로 싸우고 미워할 아무런 까닭도 없습니다. 새해가 왔습니다. 생각하는 백성이라야 역사를 지을 수 있습니다. 생각하는 마음이라야 죽은 가운데서 살아날 수 있습니다.
역사를 메고 나가는 데는 믿음이 필요합니다. 믿는다는 것은 사람의 조그만 이지를 뛰어넘은 영원한 뜻을 믿는 것입니다. 자유는 스스로 종살이 아니 하기로 결단하는 자만이 가집니다. 평등은 스스로 내 것이라 주장 아니 하기로 결단하는 자만이 누립니다.
1964년, 이해는 우리 역사에서 대단히 중요한 해가 될 것입니다. 그 까닭은 한 개의 폭력 정변으로 시작됐던 5·16사건이 군사독재로 굳어져서 두 해 넘어를 가다가 형식상 지난해로 끝나고 이름으로는 이해부터 민정이라 하나 실지로는 그 계속이므로, 앞으로 민주주의가 뒷걸음을 하느냐 다시 새로운 발전을 하느냐가 이해에 달려 있기 때문입니다.

완연히 일본에 기운 당시 정치상황은, 휘하의 유파儒派를 통해 중국제도를 전면 도입함으로써 결국 3국통일 유업을 폐기한 고려 광종光宗 때나, 외세에 의존한 조선이 남들 전쟁터로 나라를 바친 러일전

29) 「3천만 앞에 울음으로 부르짖는다」, 『조선일보』, 1963. 7. 13~7. 18.

쟁 때를 방불케 한다. "이쪽의 입에서 일본의 경제적 식민지가 돼도 좋다는 소리를 하는 것들"이 발호하는 역사적 퇴행을 함석헌은 심각하게 우려한다. 한일외교에서 드러나는 굴욕적 저자세, 역사적 대세로서의 '민주주의' 손상, "가진 것이 있었다면 다만 칼뿐, 안 것이 있었다면 오직 비밀정탐과 책략선전의 기술"뿐인 박정희 군사정부의 무능 등을 그는 낱낱이 탄핵한다.

정치한다는 사람들은 한낱 부려먹을 수 있는 짐승으로밖에 알지 않고, 맘대로 이리 놓고 저리 이끌어 자기네의 노름을 놀 수 있는 장기쪽으로밖에 여기지 않는, 썩 잘 대접해서 하는 말이, 후진국 백성이기 때문에 강력한 지도자의 지도가 필요하다는 저 무식·무지하다는 민중조차도 다 다 제 생각이 있고, 다 알고 있습니다. 그 의견이야말로 참 의견입니다. 정치가라는 지나친 걱정하는 것들의 간섭을 기다릴 것 없이 알고 있는 법입니다. 개인의 수양에서나 나라의 정치에서나 요점은 건드리지 않는 데 있습니다.
여기서는 비약이 일어나야 합니다. 이 현실의 악몽을 깨쳐야 합니다. 혁명해야 합니다. 정권을 도둑질하고 민중을 속이는 거짓혁명이 아니라, 인류역사에 보다 높은 한 단계를 보여주는 참 혁명의 앞장을 서야 합니다.

혁명공약을 '공약'空約으로 구겨버린 박정희 군사정부를 함석헌은 "정권을 도둑질하고 민중을 속이는 거짓혁명" 집단으로 가차 없이 못 박는다. 그가 재차 강조하는 것은 "인류 역사에 보다 높은 한 단계를 보여주는 참 혁명"의 토대를 이루는 민중이다.
그렇다면, 이 "참 혁명"의 출로는 어디인가. 민족·국가 간 경쟁주의에 다름 아닌 민족주의·국가주의를 지양하고, 민족의 주체성을 도리어 존중하는 세계주의와 "세계혁명"의 길, "생명진화의 원리"인 민족·국가 간의 '상호부조, 협동'의 길이 바로 그것이다.

제2차 세계대전 이래 '20년 냉전'을 열어젖힐 고통스런 산문産門은 또 어디인가.

38선, 곧 그것 아닙니까. 지금으로 보고 겉으로 보면 불행의 상처요 패배의 자취지만, 미래로 보고 속뜻으로 보면 새 아들이 나오려 터지는 산문의 금입니다. ……산통에 허덕이는 어머니에게 요구되는 것이 있습니다. 필요한 것은, ……그 정신뿐입니다. 문제는 우리 정신에 있습니다. 우리 속으로 정말 통일이 됐나, 하나가 됐나가 문제입니다. 정신적으로 준비라니 무엇입니까? 겉에 나타나기 전 속에 벌써 하나된 나라를 가진단 말이지.

"세계문제의 일선"이자 "새 아들이 나오려 터지는 산문의 금"인 38선을 헐고 통일로 가는 지름길은 무엇보다 나라의 전체 씨올이 "한얼"로 튼튼히 단합하는 '남북 민중 정신준비론'임을 새삼 확인하고 있다.

「우리나라의 살길」1971

이 글은 1971년 말의 분단 한국이 지난 10여 년간 "남·북 군사정권"의 첨예한 대립으로 실로 심각한 위기 국면에 처해 있음을 통감하고 그 활로를 적극적으로 모색한 정치논설이다. 우리 역사가 비록 파란곡절의 '고난의 역사'라 해도 국권 망실의 수치는 일본 제국주의의 종으로 떨어진 것이 유일하다. 하지만 함석헌은 '해방 4반세기'에 즈음해 다시 나라를 잃을 절체절명의 위험에 직면했다고 힘주어 말한다. 미국·중국 간의 '평퐁외교'1971. 4. 10~4. 17가 잘 말해주듯, 바야흐로 '이데올로기 시대'는 종막을 고하고 '실리주의 시대'로 접어든 국제정세로 미뤄볼 때, 남북통일 방책의 획기적 전환이 절실히 요청되는 시점이라는 뜻이기도 하다.

나라의 중심도 씨올에 있어야 한다. 국민적 자립은 민족의 통일 없이는 아니 된다. 그러므로 우선 남북 통일에 민족의 마음과 힘을 다 모아야 한다. ……야심적인 정치가는 언제나 외국 세력을 끌어들이는 법이다. 그러한 야심적인 군벌들은 언제까지든지 그런 긴장상태, 전시 기분 속에 있기를 바란다. 남쪽 민중과 북쪽 민중 사이에는 언제나 분열될 만한 어떠한 이유도 없다. 그런 상태가 계속하면 할수록 군인계급은 살찌는 대신 나라는 파괴돼버린다.

통일이 되려면 지금 있는 두 정권(남·북 정권──글쓴이)은 물러나야 한다는 말을 했다. 남북 두 정권이 군사정권이니만큼 그 군사적인 버릇은 절대 버리지 않는다. 중립노선이야말로 살 수 있는 오직 하나의 길…… 글자대로 중립中立, 가운데 버티고 서는 것이다. 평화의 나라로 설 것을 선언하자는 말이다. 중립노선은 곧 혁명노선이다. 혁명은 혼의 혁명이다. 어떤 혁명도 혼자서는 못 한다. 전체가 일어서야만 된다.

6·25전쟁 이래 지속된 원조로 사뭇 체질화되다시피 한 남한의 과도한 대미의존, '닉슨독트린'1969. 7. 25에 대한 지나친 기우 등에서 여실한 미국체제로부터의 온전한 자립30)을 함석헌은 특히 강조한다. 씨올의 뜻을 거스르는 '위수령'1971. 10. 15 발동 및 무장군인의 학원 난입, '비상시'라는 명분 아래 자행되는 언론탄압, 부정부패 창궐, '남·북 100만 군대'의 긴장으로 인한 민족적 정력 소모, '미·소·중·일' 4 강대국과의 대치 등 국내외적 상황을 고려할 때, 남북통일 문제에서 가장 절실한 것은 인화人和, 즉 "오직 하나 위대한 정신으로밖에 갈 길이 없다"는 것이다. 달리 말하자면 그것은 "국민이 하나되는 것"이다.

"남·북 두 군사정권"을 어떻게 물러나게 하는가? "중립노선 이외에 살길이 없다"는 것을 새삼 천명하고, "첫째, 남북 불가침조약 체

30) 함석헌이 강조한 이 자립의 핵심은 '민중자립·생활자립·정신자립'을 말한다.

결, 둘째, 군비축소, 셋째, '평화' 국시 선언"이 뒤따라야 한다는 것이다. 전쟁주의가 모험이듯, 이 평화주의 중립노선의 실현 또한 "나라의 운명을 걸고야 해볼 수 있는 모험이다." 물론, 남·북 두 군사지배체제의 견고한 무력주의[31] 포기는 오로지 남·북 전체 씨울의 힘으로만 가능하다.

남북적십자사가 합의한 '남북이산가족찾기'[1971.9.20] 운동이 그 상징적 단초라 하겠지만, 앞으로 도래할 통일은 분명 하나의 혁명이다. 그런 뜻에서 '중립노선' 또한 또다른 혁명의 길이라 아니할 수 없다. "혁명이란 모든 것을 근본적으로 갈아치우는 일"인데, 우리 목전의 절실한 현안은 경제문제, 남·북 분열문제, 이웃 나라와의 외교문제 등 3가지다. 이 문제들의 발본적 해결의 순차는 '첫째, 제도의 혁명, 둘째, 사상의 혁명, 셋째, 혼의 혁명'인데 "정말 깊은 마지막이요, 또 처음인 혁명은 혼의 혁명"이다. 이 셋째 혁명은 다름 아닌 '넋, 영靈, 얼'의 혁명이다. '미·소·중·일'에 대한 탈이데올로기적 중립외교 노선의 표방에 그치지 않고, "날카로운 칼과 터지는 폭발력"에 의지한 군사주의·무력주의가 아닌, "우리의 거룩한 희생으로 반드시 인류 운명에 바로 섬이 있을 것"을 견인하는 함석헌 특유의 '평화주의 민족통일론'이라 할 만하다.

「5천만 동포 앞에 눈물로 부르짖는 말」[1972]

이 글은 이른바 '7·4남북공동성명'을 계기로 민족 최대 현안이 된 통일 문제 해결책을 "지극히 작고 알차지 못한 못난 씨울"의 관점에서 모색하고, 이를 씨울 및 "특히 사회의 위층에 있는 분들에게 호소"한 계몽적 통일론이다.

---

31) 박정희 군사정부의 '고등학교·대학 군사교육' 시행(1969), 베트남 "삯싸움" (용병전쟁—글쓴이) 참전, '국군 현대화·자립화'(1970) 추진, '위수령 발동' (1971) 등이 이러한 군사열을 일정하게 반영하는 것이라고 함석헌은 지적한다.

이승만 독재 말엽 함석헌은, "남한은 북한을 소련·중공의 꼭두각시라 하고, 북한은 남한을 미국의 꼭두각시라 하니 남이 볼 때 있는 것은 꼭두각시뿐이지 나라가 아니다. 우리는 나라 없는 백성"[32]이라고 일갈했다가 20일간 구금되었다. 5·16군사정변 직후엔 또 "5·16은 꽃 한번 핀 것이다. 낙화능성실落花能成實이다. 진 후에도 떨어지기 싫다는 듯 시들시들, 지적지적 붙어있는 꽃은 참 더럽다. 3년 전 '나라 없는 백성'이라고 했다고 이 나라가 나를 스무 날 참선을 시켰지. 이번엔 또 무슨 선물 받을까?"[33] 하며 완곡어법으로 박정희 군부 퇴진을 일찍부터 촉구했다.

'제5대 박정희 대통령 취임' 한 달 뒤인 1964년 1월 26일 『조선일보』에 보도된 '3남매 독살사건'을 접한 직후 함석헌이 발표한 「3천만 앞에 또 한번 부르짖는 말씀」[34]에서, 5·16세력 비판은 한층 가열하다. '유언시'가 되고 만, 아버지에게 독살당한 3남매 중 아홉 살짜리 아이의 5행시[35]에 대한 소회가 절절하기 그지없다.

대체 이 죄악의 범인이 누굽니까? 잘못된 정치입니다. ……제 새끼의 입에 독약을 넣어 죽여놓고, 목을 매러 산으로 가는 사내! 그 사내의 마음에 나라가 있습니까? 문명이 있습니까? 도덕, 종교가 무슨 말을 할 자격이 있습니까? 사랑하는 동포 여러분! ……사람의 혼을 뒤흔드는 놀라운 시입니다. 어린 혼이 기아의 채찍에 맞아서 찢어지게 우는 소리입니다. ……(정치가—글쓴이) 나라 운명의 목을 한일회담에다가 매고, 비겁하게 벌벌 떨기 때문에 이렇게 되는 것입니다. 어저께 우리 집에 강도로 들어와서, 우리 아버지 죽이고,

---

32) 「생각하는 백성이라야 산다」, 『사상계』, 1958. 8.
33) 「5·16을 어떻게 볼까」, 『사상계』, 1961. 6.
34) 『조선일보』, 1. 28~1. 31.
35) "아버지가 오늘도 식빵을 사왔네/ 엄마는 왜 안오나/ 보고 싶네 아가가/ 자꾸만 울어서".

우리 어머니 강간하고, 있는 세간 툭 털어간 놈더러 오늘 어업자금 줍시오, 민간차관 줍시오, 그것은 무식이 아닙니까.

함석헌이 보기에 결국 어린 3남매를 "죽인 것은 사랑하기 때문"이라 할밖에 없는 기막힌 부정父情, 가출한 엄마 등으로 표상되는 전면적 민생파탄, 5·16군사독재의 정치적 실패, 굴욕적 친일외교 등이 기이하게도 잘 맞아떨어진다는 것이다.

세상에 우스운 것은 5·16쿠데타…… 그것은 지성에 대한 반항이요 모욕입니다. 있는 것은 폭력과 그 밑에 강아지처럼 종살이하는 것들이 있을 뿐…… 5·16 이후의 역사는 후퇴의 역사입니다. 헌법개정도 역사의 후퇴요, 한일조약도, 무엇같이 크게 선전하는 소위 근대화란 것도, 그리고 이번에 된 부정선거도 다 역사의 후퇴입니다.[36]

위의 글은 「5·16을 어떻게 볼까」[1961. 6], 「5천만 동포 앞에 눈물로 부르짖는 말」[1972. 9]의 사이에 씌어진 글인데, 5·16쿠데타의 반역사성, 이승만 반공독재를 능가하는 군대정치, 총창 앞에 침묵을 강요당하는 민중현실 등이 선연히 떠오른다. '헌법개정'[1964. 12. 26] 및 '한일기본조약'[1965. 6. 22]의 부당성, '제7대 국회의원 부정선거'[1967. 6. 8] 폭거, '근대화'의 허구 등을 석명하면서 악착한 박정희 군사독재의 진면모 등을 가차 없이 드러낸 것이다.

세계 대세는 변해 갑자기 화해의 기운으로 돌아, 우리는 외나무다리에서 원수를 만나듯 통일 문제에 들이닥치게 됐습니다. 놀랍지 않습니까? 어제까지 꼭두각시라 욕을 하며, 서로 칼을 갈면서 적대하던 두 정권이 쥐도 새도 모르게 서로 의논을 하고 청천벽력같이

36) 「뜻으로 본 한국의 오늘」, 『사상계』, 1967. 7.

7·4공동성명을 하지 않았습니까? 거기 뭐라 했습니까? 자주적으로 평화적으로 이데올로기와 제도를 초월해서 민족통일을 하기를 힘쓴다 했습니다. 7·4성명은 결코 하늘에서 떨어진 운석이 아닙니다. 다 그전에 지나간 배가 있어서 이제 언덕에 와서 철썩거리는 물결입니다. 닉슨·모택동의 회담, 닉슨의 모스크바 방문이 없었다면 결국 나올 수 없는 말입니다. 역사의 어쩔 수 없는 명령에 따라서 한 것입니다.

놀랍게도 윗글이 발표된 지 꼭 한 달 뒤 '7·4남북공동성명'은 남한에서 '10월유신'으로 떨어졌다. 장구한 고난의 역사도정 속에서도 광막한 만주와 한반도를 올곧게 다스려 밝고 의젓한 문화를 일궈낸 우리 민족이 이제 남북 "정치세력의 싸움으로 인하여 서느냐 넘어지느냐"의 중대 위기점에 이르렀다고 인식한 함석헌은 '전체주의 통일론'을 주저 없이 제출한다.

우리는 이제 하나의 전체운동을 일으켜야 합니다. 그것만이 참 통일입니다. 5천만 씨올이 한통치고 한데 들어, 마치 태풍 밑에 노하는 바다마냥, 하나의 강한 전체의식에 일어나, 거룩한 혁명의 부르짖음을 외쳐야 합니다. 참 혁명은 전체운동에 이르러서만 될 수 있습니다. 전체 민중이 한통치고 들지 못하는 혁명은 참 혁명이 아닙니다. 민족통일은 하나의 물리적인 운동이 아닙니다. 전체적인 정신운동이요 생명운동입니다. 지금 우리가 하려는 이 통일은 하나의 혁명입니다.

함석헌의 '전체주의 통일론'은 오늘의 현실정치가 폭압적 무력주의, 물리력 위주의 외교주의, 팽창적 국가주의를 지양하고, 남북한 전체 민중이 "지극히 높은 도덕적·종교적 모든 정치활동을 총합한 생명운동"과 "정신운동"을 고양할 때 비로소 민족의 "참 혁명"을 이룰 수 있다고 총결한다.

「들사람 얼」¹⁹⁵⁹

이 글은 '나라'가 존망지추에 처했음을 심중히 인식한 함석헌의 독특한 '인물대망론'이다. 해방 후 밀어닥친 미국문명의 폐해를 막고, "생각과 정력을 몇 해나 더 민중을 누르고 짜먹을 수 있나"에만 집중하는 정치전문가, 오탁한 현실을 수수방관할 뿐인 지리멸렬한 종교인·교육자들의 백주 횡행에 종지부를 찍을 "정말 우주적인 크고 높은 정신"을 그는 갈망한다.

지금 우리나라에 필요한 것은 들사람이다. 우리는 지금 문명의 해독을 가장 심히 받고 있는 나라다. 그 원인은 우리가 급작히 남의 문명을 받아들이기 때문이다. 달리는 차 같은 이 시대 풍조에 어떻게 하나? 누가 죽을 각오를 하고라도 그 차에 브레이크를 대는 이가 있어야 할 것이다. 휩쓰는 이 물결을 막으려 홀몸으로 나서는 야인, 들사람이 있어야 한다. 지금 우리나라엔 영리한, 약은 문화인만 있고, 어리석은 들사람이 없어 이 꼴이다. 교사도 목사도 다 약다. 소크라테스처럼, 세례 요한처럼, 예수처럼 어리석은 사람이 없다. 혼은 어떻게 하면 나서게 되나? 혼을 가둔 몸이 찢어져야지. 간디가 죽어서 그 공명자를 더 얻고, 예수가 죽어서 그를 믿는 자가 세계에서 일어난 까닭을 모르나? 그 혼이 육신의 가둠을 터치고 완전히 해방됐기 때문이다.

이 글의 발표 시점은 이승만의 자유당 독재가 한층 기승하고 공포정치가 막무가내로 노골화하던 시절이었다. 이승만의 정적 조봉암이 간첩죄 및 국가보안법 위반혐의로 처형^{1959. 7. 31}되고 조지훈^{趙芝薰}의 「지조론」^{『새벽』, 1960. 3}이 터지기 직전, 말하자면 국난의 불똥이 바야흐로 4·19혁명의 도화선을 향해 급히 치닫던 때였다. 함석헌에겐 실로 '나라'가 부재하는 시대였던 것이다.

'들사람'이란 무엇인가?

들사람이란 스스로 제 살을 찢는 자다. 그는 자연의 사람이요, 기운의 사람이요, 직관의 사람, 시의 사람, 독립독행의 사람이다. 그는 아무것도 보지 않는 사람, 아무것도 듣지 않는 사람, 다만 한 가지 천지에 사무치는 얼의 소리를 들으려 모든 것을 돌아보지 않는 사람이다.

문명의 폐습으로 잔약해진 야성野性을 되찾도록, "백성을 책망하여 마음 속에 잃어버린 '야인野人 정신'을 부르짖는 사람"이다. 껍데기뿐인 죽은 정치인보다 "진창·감탕 속에서 딩굴고 꼬리를 치면서 사는"其生而曳尾於塗中 자유로운 거북을 소망한 장자老子, 재주와 꾀만 숭상하고 형식적인 제도만 극성했던 춘추시대에 무위자연無爲自然을 내건 노자老子, 권력에 결코 비굴하지 않았던 그리스의 디오게네스, 후한後漢 광무제光武帝의 친구로 정신의 호호탕탕을 견지했던 엄자릉嚴子陵, 물맷돌로 골리앗을 제압한 이스라엘의 양치기 다윗을 비롯한 『성서』의 예언자 예레미야·엘리야·아모스가 바로 들사람이며, 전국시대의 맹자, 고려 말엽의 최영과 정몽주, 조선 초의 김시습金時習, 미국 문학자 휘트먼W. Whitman과 소로H. Thoreau처럼 "세상을 초탈하는 인물"들이 모두 여기 속한다.

이스라엘 역사 특유의 존재라 할 이 예언자란 "그 민족의 역사의 대열에 앞장서거나 또는 단신으로 그 흐름을 막아서면서 그 민족의 현실의 한복판에서 그들과 웃고 운 존재들"이다. 긴박한 현실에 직면한 이들의 "판단의 거점은 역사 안에서 역사를 초월"[37]한 데 있으며, 기존 질서 전복을 꿈꾸는 '혁명가'라기보다는 "윤리가들로서 가난한

37) 안병무, 『역사와 해석』, 1982.

사람들에게 끊임없는 관심을 보이며 민중을 정열적으로 옹호하고 그들의 원한을 복수해주는 '하느님의 관점'을 대변한 사람들"[38]이었다.

"삶은 싸움이요 싸움은 정신"이라 확신한 함석헌에게 이 무렵 급선무는 무엇이었던가? 그것은 "이제라도 자고 병들고 줄어져 있는 혼을 깨워 일으켜야 한다"는 한마디에 집중되어 있다. 필시 그는 카리스마적 권위의 무력적 철권정치가 아니라, 한가롭고도 엉뚱하게 자비로운 철인통치, 근사한 문화대통령의 인문주의적 정치를 꿈꾼 것은 아닐까?

「현대의 고민」 1971

이 글은 쇠멸의 길로 접어든 오늘의 세계문명, 특히 한국사회 전반에 만연한 정신적 고질을 심층적으로 진단하고 그 정로를 모색한 문명비평이다.

시대 변혁의 청신한 정신적 기풍으로 돌연 등장한 초대기독교 시절, 오순절 성령강림 직후의 베드로 설교에 감동한 "천하 각국" 사람들이 베드로와 다른 사도들에게 "형제들아, 우리가 어찌할꼬"(「사도행전」 2: 37) 한 절규가 당시 "세계의 부르짖음"이었던 것처럼, 이제 그 탄식은 막다른 궁지에 몰린 현대인의 것이 되었다고 함석헌은 판단한다.

생활 각 방면의 심각한 혼란은 오늘의 현대문명이 여러 가지 근본적 결함을 깊이 내장하고 있음을 여실하게 반증한다. 경제 부면의 노임문제, 실업문제, 식량문제 등의 해결 방안이란 기껏해야 국가전쟁을 통한 '물자 획득'에 그치기 십상이다. 정치 부면의 경우 민족국가주의·제국주의는 제1차 세계대전으로 종결된 셈이지만, 한국에서의 미·소 대치가 잘 보여주듯 강대국 간의 전쟁 유혹은 여전히 사

---

38) 서인석, 『성서의 가난한 사람들』, 1979..

그라들지 않고 있는 실정이다. 각국의 정치문제 해결책은 외면상 민주주의와 공산주의 두 가지인 듯하지만, 오늘날 국가를 지배하는 기본 정치정략은 이들 이데올로기와는 무관하게 '군비확장, 세력균형' 노선만 있을 뿐이다. 세력균형주의는 강대한 외세를 끌어들임으로써 국가 상호 간의 팽팽한 세력균형을 조장해 평화를 유지하자는 극히 졸렬한 비도덕적 외교전략이다. 지금 이 시점에도 우리가 적극적으로 고려해볼 것은 영세중립국 등 북유럽 소국들의 독특한 정치노선이다.

제2차 세계대전 이후 더욱 분명해진 '현대 학문'의 현실로부터의 유리는 실로 큰 문제이다. 학문이 현실사회와의 전체적 통일을 망각한 나머지 '전문화'의 장점을 되살리기는커녕 몰역사적·현학적인 것으로 전락하고 만 것이다. 그만큼 학풍의 근본적 쇄신이 절실하다. 교육의 폐해는 특히 심각한 지경에 이르렀으니, 그 근본 원인은 "기술과 인격을 갈랐기 때문"이다. 사회 해악자의 거개가 교육받지 못한 자보다 교육받은 자들이라는 사실이 이를 명백히 반증한다.

도덕 방면은 어떠한가.

현대인의 한 특색은 그 양심이 대단히 안이해진 것입니다. 양심이라 말하면 곧 가책이란 말을 붙여 생각하게 되는데, 오늘날 사람에게는 가책이란 것이 별로 없습니다. 양심이 마비된 것입니다.

또 하나 도덕상의 문제로는 개인도덕과 단체도덕의 서로 어긋남입니다. 극단으로 말하면 도덕은 개인에만 있지 단체에는 없습니다. 나라를 위해서는 잔인하게 침략하는 것을 충忠이라 하고, 간교하게 책략을 써서 타국을 속이는 것을 선한 정치라 합니다.

개인도덕(양심), 단체도덕(사회) 불량자가 사회 지도층에 더 많다는 것, 이것이 현대문명 쇠퇴를 더욱 가속화한다는 것은 명약관화하다. 도덕의 궁극적 목적이 "더 영원한, 더 큰 정신적인 가치를 실현"

하는 데 있음을 다시 한 번 명념할 필요가 있다는 것이다.

생리학·심리학 방면의 최근(1971년 현재—글쓴이) 연구는 현대문명이 비극적 결론에 이르렀다고 보고한다. 생리학적 측면에서 다소 단순화해 말한다면, "문명이란 될수록 힘이 덜 들게 하자는, 고통이 없게 하자는 것"에 지나지 않는다. 현대인의 "생의 근본성격이 되는 그 겨뤄가자는 의지"의 박약화, 신경병·폐병 따위의 문명병 증가, 사회 부적자不適者의 양산 등 "사회적 병환"이 날로 창궐해가는 형국인 것이다. 심리학적 관점에서 특히 우려스러운 것은 갈수록 확산되는 군중심리화 현상이다. 올바른 이성적 판단보다 천박한 감정·기분에 쉽게 좌우되는 대중, 즉 "고상한 이상에 통일되지 않는 한 우중愚衆"일 수밖에 없는 대중에게 그것은 실로 독약 같은 것이다. 야비한 정치가들에게 그들은 한낱 손쉬운 사냥감일 뿐이다. 현대문명의 근본적 대전환이 실로 화급한 때이다.

「서풍의 소리」1973

이 글은 영국 낭만주의 시인 셸리P.B. Shelley, 1792~1822의 「서풍의 노래」Ode to the West Wind, 1819의 정밀한 독해를 통해, 해방 이래 30여 년간 지속돼온 한국 정치만능주의의 혁파, '새 문명, 새 세계관, 새 인생관, 새 국가관, 혁명적 세계주의' 개창을 열렬히 부르짖은 역사주의 문학비평가 함석헌의 면모를 유감없이 보여주고 있다.

일제강점기, 특히 도쿄 유학 시절 그가 유난히 골똘한 것은 「이사야서」「예레미아서」 등의 예언서였다. 똑같은 맥락에서, 이 무렵 동경고사의 마르크스주의 경제학 강사 야마다 모리타로山田盛太郎를 통해 접한 이 「서풍의 노래」는 함석헌에게 단연 절창으로 되었다. 특히 이 시의 마지막 구절, "겨울이 만일 온다면 봄이 어찌 멀었으리오?"If winter comes, can spring be far behind?를 두고, "겨울이 오면, 나는 언제나 그 시, 더구나 이 마지막 구절을 생각하지 않을 수 없다. ……부르면 언제나 신이 난다. ……시가 뭔지 알지도 못하는 내가 그것을 우리말로 옮겨서 『성서조선』^{1937.12}에다가 내기까지 했다"³⁹⁾고 밝혔다.

> 그 시는 그대로 와일드한 생기 찬 영의 부르짖음이요, 자기(셸리—
> 글쓴이) 말대로 '예언자의 나팔'이요, 슬프면서도 녹아드는 혼의
> 기도다. ……셸리는, 일제시대의 그 내리누르는 압박 밑에서 숨이
> 막히려 할 때에도, 해방 후 공산주의의 그 살벌적인 포악 앞에서 사
> 지가 움추려지려 할 때에도, 몽고 사막 만주 벌판을 쓸고 압록강을
> 건너오는 그 서풍은 내 가슴에 새 피를 돌리어 한 몸을 버티고 걸
> 어 나갈 수 있게 해주었으며, 6·25전쟁에 낙동강 썩은 물가에 솔
> 피처럼 몰려, 슬픈 탄식에 지친 혼이 조는 때에도, 대서양을 건너,
> 지중해, 홍해, 인도양, 황해를 건너 태평양을 단숨에 끊으려고 불
> 어대는 그 서풍은 나를 깨워 흔들어 새 날을 바라게 하였다. 그것
> 은 슬플 때의 나의 위로요, 맥 날 때의 나의 가다듬어주는 자요, 내
> 가 터무니없는 잘못을 하고 내 혼이 꺼꾸러질 때 내 손을 잡아 일
> 으켜주는 길동무요, 내 맘이 둔해질 때 나를 책망해 뒤엣것을 잊고
> 알 수 없는 앞을 향해 막 더듬어 나가게 하는 '빈들의 소리'.⁴⁰⁾

「서풍의 노래」에 전율하는 함석헌의 모습이 사뭇 선연하다. "혁명
의 시인" 셸리의 이 시를 지렛대 삼아 함석헌은 "씨을을 속이는 지배
자…… 정치를 직업으로 하는 사람들", 민중을 희생시키는 폭력주의
정치, 타락한 도덕, 부패한 종교, '핵무기'로 표상되는 기술문명의 위
험 등을 넘어, "세계사의 속죄양" 한국이 "민족적 개성을 살려서 세
계 역사에 이바지"하는 "세계적 혁명"의 떳떳한 주체로 나설 것을 엄

---

39) 「겨울이 만일 온다면」(1959), 『생활철학』, 1962. 짤막한 비평적 해설을 덧붙
   인 이 글에서 함석헌은 셸리를 "반항아, 예언자, 영원히 산 자, 생동하여 물
   결을 끊고 폭류를 거슬러보려는 자, ……우리 벗이요, 위로자요, 경성자(警
   醒者)"라 존칭했다.
40) 같은 글.

열히 부르짖는다.

「세계구원의 꿈」[1976]

이 글은 함석헌이 제2차 세계대전 종전 이래 줄곧 꿈꾸어온 '전체주의holism 시대의 세계국가' 구상의 편린을 잘 보여준다. 예를 들어 "내 빵 생각을 하면 물질적이지만, 남의 빵 생각을 하면 정신적이다. 지금 이 시대에는 내 빵이란 건 있을 수 없어졌다. 이제는 인간이 성인되어 전체인에 들어갔기 때문"이란 구절에서, '전체인'의 개념은 명확한 윤곽을 드러낸다.

인류는 지금 일대 변화 중에 있다. 동양사상의 근본인 역易의 목적은 사실은 불역不易 곧 달리지지 않는 것을 찾는 데 있었다. "부물夫物이 운운芸芸하야 각귀기근各歸其根이라"(『노자』老子) 했다. 그것이 동양적인 것이다. ……일대 변화란 곧 "이 자리는 죽는 자리다" 하는 말이다. 인간존재는 위기적으로 파악해서만 구원된다. 영원한 미완성의 혁명이다. 이 일대 변화의 위기를 몰고 온 것은 무엇인가. 제2차 세계대전이다.
지금은 국가주의가 그 모순을 드러내는 시대다. 국가주의라고 했지만 더 분명히 말한다면 대국가주의 혹은 국가지상주의, 그보다도 더 분명하게 하려면 정치주의 혹은 정부주의라 해야 할 것이다.

함석헌은 제2차 세계대전이 역사적 대전환의 결정적 분획점을 이루었다고 본다. 히틀러와 무솔리니의 폭압적 독재와 다르지 않은 '사이비 전체주의totalitarianism'가 아닌, "역사의 가짜 주체인 국가가 전체 민중 앞에 완전히 자기부정"을 당함으로써 비로소 "민중의 시대", 즉 "진짜 전체주의 시대"가 도래했다[41])는 것이다.

41) 「절망 속의 희망」, 『기독교사상』, 1975. 3.

함석헌은 국가지상주의를 뛰어넘는 새나라를 꿈꾸었다. 이 신국新
國은 경쟁주의에 입각한 대형국가가 아니라, "세계가 하나되는 평화"
의 나라, 즉 궁극적으로는 '세계국가'로 나아가기 이전 단계의 소국
小國, 예컨대 스위스 같은 영세중립국이다.[42] 따라서 그는 "신강新疆·
서장西藏·귀주貴州·운남雲南·만주滿洲" 등지의 소수민족을 폭압하는
중국의 향후 민족주의(한족주의漢族主義—글쓴이) 및 국가주의의 강
대한 팽창을 특히 경계하였으며, 이 '영세중립국—세계국가'의 중
간단계 지역공동체로서 "동남아의 군소국" 연합체라 할 "동남아의
연방", 더 나아가 세계연방을 과감히 제안한다.

지금 있는 종교치고 정부 섬기지 않는 종교가 있을까? 종교의 사는
길, 문명의 구원되는 길은 다시 개혁되는 것밖에 없다.
말이 있어 이르되 "빛은 동방에서"라 그랬지. 그렇다면 고전이라
야 동양고전밖에 없지 않은가. 이제부터 기독교적인 것을 밝혀내
는 것은 동양에 있지 않을까. ……진리의 올바른 체득은 인생의 입
장에 서는 동시에 또 역사의 입장에 서야 된다. ……우리의 역사적
희생자로서의 경력이 그 자격을 준다. 돌아온 탕자처럼 영예자가
어디 있나.

위에서도 분명하듯, 다름 아닌 "역사적 희생자로서의 경력"이 우리
로 하여금 정치주의·정부주의에 예속·기생하는 타락한 종교의 혁
명적 쇄신자, 탈민족주의·탈국가주의 첨병의 자격자 그리고 "돌아온
탕자" 같은 영예자로 되게 하기에 충분하다고 함석헌은 판단한다.
그렇다면 "앞을 내다보는 뚫린 눈"은 과연 어디서 구할 것인가. 중
국고전을 통한 온고지신溫故知新, 타고르R. Tagore·간디M. Gandhi 등의
인도 사상, 부버M. Buber·헉슬리A. Huxley·샤르댕Pierre Teilhard de Chardin

42) 「이 나라의 갈 길」, 『한국혁명의 방법』; 함석헌 외; 중앙공론사, 1961.

등의 서양 사상을 적극적으로 습합하는 일이 긴요하다. 사실 함석헌의 '동남아연방' 같은 정치기획은 한낱 비현실적이고 단순한 낭만적 몽상일지 모른다. 그의 말대로 그것은 "도둑이 큰일을 저지르려 골똘히 생각하고 있듯, 예술가가 영감을 얻으려 할 때 얼빠진 사람처럼 앉아 있듯 앉아 있는 태도"와 다르지 않은 까닭이다.

「한민족과 평화」1986

이 글은 전두환 군사독재 말엽인 1986년 10월, 전국 26개 대학교 2천여 명의 대학생들이 '반외세반독재애국학생투쟁연합'을 결성해 '대통령 직선제 개헌'을 위한 민주화 시위에 나선 이른바 '건국대학교 사태' 때 씌어졌다. 여기서 함석헌은 국지적 '한반도 평화론'을 넘어서는 '초국가주의 평화론'을 개진한다.

『설문해자』說文解字에 따르면, '평화'平和의 어원은 "사람과 사람 사이, 집과 집 사이, 단체와 단체 사이, 나중에는 나라와 나라 사이, 하늘과 땅 사이를 고르게 하는 것"으로 간추릴 수 있다. 함석헌은 '국가'國家의 '국'國은 "무기를 들고 나라를 지킨다"는 뜻이고, '가'家는 "핏줄이 같은 것들이 모여 살다가 커져서 나라가 됐으므로 붙여 썼을 것"으로 추정하고, '국'國과 '나라'의 엄밀한 구분을 특히 강조한다.

'나라'는 무리지어 다니며 살던 때의 평화로 이루어진 단체를 말하는 것이고, '국'國은 몇이서 만들어 씨울 위에 가져다 씌운, 지배적인 정치를 해가는 단체를 말하는 것으로 먼저 것을 사회적이라 한다면 후의 것은 정치적이다. 성명 없던 백성이 나라의 주인은 우리라 하는 날이 오게 됐다. 그것이 민주주의 아닌가? 아기가 옷 위해 있는 것 아니듯이, 국가가 씨울을 위해 있는 것이지 어째 씨울이 국가를 위해 있다 하겠나?

오늘날 세계가 이렇듯 어지러운 것은 고집스런 국가지상주의의 자칭 정치인들이 그 옛날 잠이 아직 달콤한 듯 깨려 하지 않기 때문이다. 우리는 이 지배주의의 국가관을 벗어버려야 한다. 우상적인 국가주의를 초월해야 한다.

우리 민족의 최대 현안은 남북분단의 해소이다. 일찍이 공자孔子는 『대학』大學에서 인간의 개인적·전체적 최고 의무가 평화세계를 이룩하는 데 있음을 밝힌 바 있다.

그럼 어떻게 할까? 대답은 간단하다. 씨올을 못살게 굴지 말고, 이래라 저래라 간섭하지 말고 가만두는 일이다. 정치는 악마에게 붙잡힌, 사람 아닌 사람들에게서 나오는 것이다. 그러므로 시급한 것이 평화다, 남북의 화해다. 앞으로는 남을 지배하는 큰 나라는 없어질 것이고, 서로 취미를 같이하는 조그마한 공동체가 늘어갈 것…… 작은 것이 아름답고, 낮은 것이 좋고, 다툼이 없고, 강하기보다 부드러워짐이 이기는 길임을 실제로 모범을 보여주는 것이 우리 살림이 돼야지.

함석헌은 저 노자의 소국과민小國寡民을 꿈꾼 것일까. 고박한 평화주의가 생동하고 소공동체주의자적 면모가 오롯하다. 꼭 '분단 71년'을 맞은 지금까지도 여전히 국가주의·폭력주의의 불쌍한 볼모가 되어 기계처럼 무력적 흡수통일을 되뇌는, "씨올을 제쳐놓고 누가 시키지도, 청하는 것도 아닌 것을 제가 하겠다고 자청하고 나왔던 정치꾼들"에겐 다시금 30년 전의 이 글이 심중한 경고가 될지 모른다.

「새 삶의 길」 1959

이 글은 '민족주의〔民族神〕·국가지상주의·전쟁〔軍神〕·공장〔기계주의〕' 등으로 "깊은 정신적 생명의 활동"이 심각히 훼상된 현대문명의 향후 진로를 "세계 역사 혹은 인류 역사, 또 혹은 생명의 역사"라는 거시적 차원에서 모색한 꽤 긴 호흡의 역사철학 논설이다.

길은 도道 혹은 진리란 말인데…… 참은 맞섬이다. 맞서〔直面〕면 들여다본다〔凝視〕. 맞선다는 것은, 들여다본다는 것은, 몸〔全心〕이 몸〔全體〕에 대함이다. 진리는 체험해야 한다는 것이 그것이다. 체험은 몸으로 앎이다. 몸으로 하기 전엔 참이 아니다. 문제를 간단히 해놓으면 삶〔生〕이 있을 뿐이다. 새 삶의 길이라 하지만 바른 뜻에서 하면, 삶이 어떤 것임을 밝히기만 하면 새와 길은 자연히 그 안에 있다.

공자·노자·묵자墨子·양주楊朱·맹자·장자·주자朱子 그리고 불경·『성서』 등을 통해 '삶, 길'의 의미를 천착한 함석헌에게 '삶', 즉 생명이란 대체 어떠한 것인가.

삶이 무엇인가? 먼저, 삶은 맞춤〔適應〕이다. 사람이 갖고 있는 높은 정신도 넓은 뜻에서 보면 변해가는 환경의 선물이라 할 수 있다. 둘째, 생명은 대듦〔拒否〕이다. 밖에서 오는 힘의 지배를 받지 않으려는 힘이 속에 있기 때문이다. 생명은 '노!'다. '아니' 함이다. 들이댐이다. 역사에서 반항·항의·항쟁·투쟁·혁명의 글귀가 없어질 날은 영원히 없을 것이다. 셋째, 생명은 지어냄〔創造〕이다. 맞춤〔適應〕 뒤에 대듦이 있듯이 대드는 바탈〔性〕 뒤에는 끊임없이 새것을 지어내려는 줄기찬 힘이 움직이고 있다. 생명은 자람이요, 피어남이요, 낳음이요, 만듦이요, 지어냄이요, 이루잠이다. 하나님은 나타내〔啓示, 實現〕는 이다. 절대의 뜻〔意〕이다. 그것은 영원히 된 것〔完成〕이면서 또 영원히 되자는, 되고 있는 것〔未完成〕이다. 우주는 움직이는 우주요, 인생은 자라는 인생이다. 하나님은 영원히 되자는 이, 되어가고 있는 이다. 그것은 더 똑똑히 말한다면 차라리 "나는 있으려는 자로 있으려는 자"I shall be that I shall be라는 뜻이다.

베르그송H. Bergson의 생명철학을 적극 참조하면서도 함석헌은 거기서 선뜻 한 발짝 더 나아간다. 하나님까지도 '완성을 향한 미완성의 생명적 존재'라 함으로써 "완성의 천당, 안식의 하나님, 적멸寂滅의 부처를 믿는 보수주의·지배주의·통치주의" 종교를 단호히 거부하고 신생 생명종교의 열망을 매우 곡진하게 표명한 것이다.

함석헌에게 '인생, 역사, 하나님'은 하나의 연쇄적 생명현상으로 인식된다.

나는 달, 나라는 지구, 세계는 태양, 나는 지구를 돌고, 지구는 태양을 돌고, 그리고 태양은 또 은하계의 한 알, 그 은하계는 또 우주에서 보면 한 점, 그 우주는 또 몇백억으로 헤는 큰 우주의 한 알, 그것을 간단히 하면 생명은 자전을 하면서 공전을 한다.

새롭다는 것은 무엇인가? 새로움은 낳음이다. 상한 것, 고장난 것을 고치는 동시에 또 자기 속에서 자기를 벗고 자기 이상 것으로 새로 남이다. 새로움은 자람이다, 핌이다, 완성함이다. 생은 자기완성을 위하여 자기부정을 하는 것이다. 삶이 스스로 새로워지는 삶이라면 삶의 길이란 스스로 새로워지는 생명의 불도가니 속에서만 있을 수 있는 일이다. 그러나 사람은 아무리 뛰어도 발이 땅에서 떨어질 수 없듯이 아무리 높은 생각을 가져도 도덕률을 벗어날 수는 없다.

함석헌 생명철학의 요강이 비교적 선명하게 개괄되었는데, 바로 이 지점에서 종교의 필요성이 크게 대두된다.

도덕이 요구하는 것은 지상선至上善이나 사람을 지상선에 이르게는 못한다. 그래서 나오는 것이 종교다. 불교에는 도덕이 없는가 하면 그렇지 않다. 예수의 말씀(「마태복음」 22 : 37~39―글쓴이)은 영원히 변할 수 없는 진리다. 첫째는 믿음이요, 둘째는 도덕이다. 믿음의 속살은 도덕이요, 도덕의 힘과 목적은 믿음에 있다. 사람의 할 것은 도덕이요, 하늘 말씀을 기다림은 믿음이다. 도덕 없이 종교 없고, 종교 없이 도덕 없다.

참 종교가는 역사적 현실의 대변인이다. 그러나 열심 있다는 대부분의 종교인의 말은 고루하기 짝이 없다. 그들이 말하는 천국이나 정토는 완전히 현실에서 유리된 것이다. 그들의 관심은 인류역사보다는 종교에, 교회에 있다.

"세계적인 종교는 그 본래 가르침이 세계가 하나돼라"는 것인데도, 기독교는 지난 수세기 동안 "민족국가의 군신軍神"과 타협하고, 그에 굴복·기생함으로써 아시아·아프리카 원시림에서까지 광대한 "식민지적 발전"을 이루었다. 거대한 "한 기업체요, 한 상사회사요, 한 클럽이요, 한 보수진영이요, 한 착취기관"으로 되고 만 오늘의 교회는 그 역사적 잔존물일 뿐이다.

이날까지 언제나 교회의 역사는 붙어먹은 역사다. 이제 이날껏 하나님인 줄 알고 섬겼던 국가주의가 낡아지는 때가 왔다. 이날껏 귀히 여긴 것이 이제 똥과 같아지게 됐다. 국가지상·민족지상·국수주의…… 생존 경쟁·세계 정복……, 이런 따위가 모두 새 역사의 군대에게 방해가 되는 낡은 것이다. 낡은 종교는 벗어서 역사의 박물관에 걸어라!

'현대'의 시발점이 된 제1차 세계대전은 '민족국가주의의 종언, 세계주의 시대의 개막'을 알리는 깃발을 동시에 들어올렸으며, 제2차 세계대전은 그 '세계주의 깃발'을 더 높이 드날렸다. 그 뚜렷한 역사적 징표는 세계국가주의자 웰스H.G. Wells의 『세계문화사대계』*The Outline of History*, 1920의 출현이다.

새 삶의 길은 역사적으로 붙잡아져야 한다. 새 삶이 제출되는 것은 역사적으로 되기 때문이다. 스스로 새로움이 삶의 근본 바탈이지만 그것이 우리 앞에 명령으로 올 때는 현실문제를 타고 온다. 현실적으로 역사적으로 붙잡아야만 피가 도는, 펄펄 뛰는 힘을 가진다.

모든 예언은 역사적 비판으로 시작되어 역사의 내다봄으로 끝맺는다. 이때까지 역사라면 지나간 일을 말하는 것이었는데 지금은 역사라면 지금 되어지고 있는, 앞으로 되어질 일을 더 많이 생각하게 된다. 그다음 또 하나 현대의 역사관이 다른 것은 이제는 역사가 하나라는 것이다.

오늘날 세계의 고민은 여기에 있다. 혁명은 이런 때에 일어난다. 그러고 보면 우리 눈앞의 문제는 씨올 새롭게 함에 있다. 새로운 역사정신, 혹은 사회의식을 일으키는 데 있다. 그것을 하기 위하여 첫째 나를 새롭게 함, 둘째 씨올을 새롭게 함, 셋째 종교를 새롭게 함이다.

여기서 함석헌은 그가 "속인俗人 예언가"라 명명한 세계국가주의자 웰스의 처지에 선다.

"생명의 법칙을 일부러 무시한 현대문명"을 한껏 일깨우면서 "구원의 길은 보다 높은 새 단段에 있음"을 강조하는가 하면, 세계국가 실현을 위한 생명종교의 시대적 필요를 설파하는 것이다. "낡은 종교는 벗어서 역사의 박물관에 걸어라!" 이는 "터져나오고 싶어하는 생명의 내찌르는 힘"의 소리이기도 하다.

「나의 인생노트」1973

함석헌은 이 글을 비롯하여 여러 편의 자전적인 글을 남겼다. ① 「이단자가 되기까지」(1959), ② 「38선 넘나들어」(1959), ③ 「하나님의 발길에 채여서 1」(1970), ④ 「하나님의 발길에 채여서 2」(1970), ⑤ 「내가 겪은 신의주학생사건」(1971), ⑥ 「한 동발목의 이야기」(1971), ⑦ 「내가 맞은 8·15」(1973), ⑧ 「내가 겪은 관동대진재」(1973) 등이 그것이다. ①~③이 그의 종교적 편력을 다룬 글이라면, ⑤~⑧은 특정 사건에 대한 개인적 경험을 비교적 소상하게 서술한 일종의 역사 기록물이다. 이 중 ②는 극적인 월남기越南記이기도 하며 「나의 인생노트」는 ⑥처럼 그의 개인사를 짤막하게 간추린 글이다.

「나의 인생노트」1973에서 그는 학교교사, 대중강연 및 연설, 정치 비평 등으로 연명해온 지난 70여 년 인생을 회고하면서, 자신은 "실패의 사람"이라 말한다. 무엇보다 박약한 의지, 빈약한 사상적 토대, 천성적 나태함 탓이지만, 다른 한편으로 그것은 "넘어지고 헤매면서도 다시 찾고 다시 일어나려 애를 써온 일생"임을 은근히 자부하기도 한다. 이런 인생을 그는 "하나님의 발길에 채여 굴러왔다"고 표현한다. 아호를 '바보새, 신천옹信天翁'이라 지은 것도 "아무리 실패는 했더라도, 하나님의 발길에 채여오는 만큼 하늘을 믿었다 할 수 있기 때문"이라는 것이다. 그의 인생에서 기독교민족주의 교육이 그만큼 중요했다는 의미이기도 하다.

함석헌의 개인사에서 결정적 사건은 말할 것도 없이 3·1운동이다. 폭풍노도 같은 이 사회적 소용돌이가 없었다면 이상주의자 함석헌의 인생은 그냥 사적인 것으로 떨어졌을 것이다. 3·1운동을 통해 그는 비로소 "역사적인 사명감, 역사의식"을 지닐 수 있게 되었으며, '『성서조선』사건'1942을 몸소 겪으면서 "생명은 그 근본이 역사적인 것"임을 명확히 깨달았던 것이다.

함석헌에게 절실한 항상적 가치 개념은 "자유"와 "자란다는 것", 이 두 가지다. 그는 온갖 형태의 구속·정체停滯·고착을 강제하는 여하한 정치에도 단호히 반대하는 리버럴리스트이고, "우주는 영원의 미완성"이라는 것, "생명은 스스로 하는 진화의 큰 과정"임을 확신하는 '생명 무한 진화론자'이다(여기서는 하나님조차도 예외가 아니다).

그럼 이런 함석헌에게 주어진 역사적 과제란 무엇인가? 현대과학이 결과한 "이 문명이라는 큰 나무가 거꾸러지는 날, 다시 새로 날 수 있는 씨앗을 제 속에 여물게 하는 일"이라 자임하면서, 그는 '자기

잠언시'라 할 수 있는 「살림살이」[1948]를 통해 올바른 삶의 지표를 제시한다. 몸은 꼿꼿한 자세로 이 대지에 굳건히 발 디디며, 정신은 저 푸른 하늘을 우러르는 삶을 지향해야 한다는 것인데, 여기서 '생태주의자, 전체주의자' 함석헌의 면모가 잘 드러난다.

「인생은 갈대」[1973]

이 글은 파스칼[B. Pascal]의 『명상록』(1670)에서 그 시제를 취한 연시조 형식 의 사물시 「인생은 갈대」(1948)에 대한 짧막한 평설이다. 함석헌은 3인칭 내포화자의 섬세한 시선에 포착된, 계절에 따라 각이하게 변모하는 '갈대' 형상을 인생의 여러 단계, '어림, 젊음, 일함, 찾음, 깨달음, 날아올라감' 등에 조밀하게 대응시키고 있다.

'갈대'를 실지로 발음할 때는 '갈때'로 하는데, 그 때를 시時에다 걸어두고 인생은 '갈 때'다…… 또 갈대는 '갈 데'라는 발음과도 가깝다. 인생은 '갈 데, 갈 곳', 곧 목적이 있다. '대'는 본래 힘이다. 꼿꼿하게 서는 것, 버티는 것, 올바른 것, 지키는 것이다. 그래서 '대 바른 사람' '대가 센 사람'이라는 말이 있다.
사람이 젊을 때는 자기를 무한히 발전시켜 위대해지자는 억누를 수 없는 충동이 속에서 치솟고 있다. 그러나 안에서 일어나는 여러 가지 감정, 욕심의 갈등, 밖에서 오는 여러 가지 위험, 유혹 때문에 번민에 떤다. 가을이 되면 그 곧추섰던 갈대도 그만 구부러져 누런 갈품이 물에 닿게 된다. 인생도 그렇다.

이는 제2연과 제4연에 대한 비평적 해설인데, 갈대의 실제 발음 "갈 때"와 유사 발음 "갈 데"에 착안, 인생을 '갈대'라는 사물의 본질적 속성과 밀착시킨 점이 참으로 기발하다. 또한 '대'의 사전적 의미를 톺아 갈대의 삶의 역정을 깊이있게 천착한 것도 결코 예사롭지 않다. '갈대'를 시적 매개로 삼아 생명(인생)의 유한성을 빼어나게 노래한 탁물우정託物寓情의 시라 하겠는데, 더 이상의 분석적 해명을 필요로 하지 않을 만큼, 자신의 작품에 대한 비평가적 엄정성이 돋보이는 '자작시 해설'이다.[43]

「아름다움에 대하여」1949

이 글은 이화여자대학교에서 한 강연을 풀어낸 것이다. "들사람" 〔野人〕 함석헌은 하염없이 "물결에 떠내려가는 복숭아꽃 살구꽃의 떨어진 꽃잎" 같은 이들 "심장의 육비肉碑에 금강석 촉으로 폭폭 박히도록" 살아 움직이는 문자를 새기고자 한다. "문화의 사람……, 다듬은 화강암의 전당에, 문화의 장식 속에, 자연의 소리가 아니고 일부러 꾸며서 하는 노래……, 서양 문화의 얻어온 찌꺼기" 따위에 깊이 취한 청춘들에게 "아름다운 혼과 짝하지 않으면 안될 것"을 강조한, 미려하기 이를 데 없는 시적 산문이다. 흡사 그는 소돔과 고모라를 구하기 위해 하느님께 절절히 읍소하는 아브라[44]함을 연상시킨다.

아름다움은 그 나타내는 방법에 있다. 조화에 있다. 조화란 다른 것이 아니고 하나됨이다. 전체의 각 부분 부분이 서로 어긋나지 않고 잘 어울려 하나를 이루는 것이 곧 조화다. 어울림, 하나됨 중에서도 더구나 생각해야 할 것은 배경과의 어울림이다. 들국화의 아름다움은 그 자체에 있지 않고 배경에 있다. 그 서는 동산, 그 가을, 그 하늘, 그 바람에 있다. 장엄한 아름다움을 드러내려거든 장엄한 배경이 있어야 하고, 그윽한 아름다움을 보려면 그윽한 배경이 있어야 할 것이다. 아니다, 사람의 마음속에 도덕 정신, 그보다도 무한에 대한 종교적 애탐이 없다면 아름다움은 있을 수 없다.

---

43) '자기 잠언'에 해당하는 총 20연의 시 「살림살이」(1948)에 대해 함석헌은 장거리 해설 살림살이 를 쓴 바 있다.
44) 「창세기」 18:16 33.

사회적·역사적·우주적 배경과의 밀접한 연쇄 속에서 개체 인간의 예술적 실현은 비로소 가능하며, 인격의 아름다움은 그 시대의 자연적·사회적·역사적·정신적 체계를 배경으로 삼고서만 훌륭히 성취된다. 시종 "사랑하는 벗들아! 내 사랑아!"로 숨가쁘게 호명되고 있는 이 "무궁화 동산의 동산지기"들이 마땅히 사모할 짝은 누구인가? 괴테·톨스토이·바이런 또는 하이네·워즈워드·테니슨, 브라우닝·단테·간디 등이 아니라, "정말 아름답고 위대한 혼"의 자연시인 예수라고 함석헌은 단언한다.

너희 자신 속에 넣어준 아름다움을 왜 잊었느냐? 왜 다 팔아먹고 빼앗겼느냐? 너희는 저 유명한 로댕의 조각「갈보였던 여자」를 아느냐? 나는 너를 볼 때마다 그것을 연상하지 않을 수 없다. '한국'아, 네가 젊었노라지만 어디가 젊었느냐? 네가 처녀라지만 어디가 처녀냐? 중국·일본·러시아·미국이 네 역사를 말하지 않느냐? 갈보 노릇을 했기 때문에, 네게서 모든 아름다움이 다 빠져나가고, 네가 네 추함을 가리고 꾸미려 하면 할수록 점점 더 더럽고 보기 싫은 것이 된다. 내 사랑아 어디로 가려느냐?

"배꽃 동산" 처녀는 돌연 적국 아시리아의 총사령관 홀로페르네스 Holofernes를 유혹해 단칼에 처단한, 아름다운 젊은 과부 유디스 Judith 같은 고귀한 역사적 존재로 등약한다.[45]

「역사 속의 민족관」1978

이 글은 엄혹한 사상통제와 언론탄압이 무차별적으로 자행된 박정희 군사독재 말기에 씌어진 것으로, '전체주의론, 전체관'의 대요를 집약하고 있다. "지금 우리 시대는 자유롭게 사상할 수 있는 시대인

45)「여자 한 사람으로서도 나라를 건질 수 있다」,『샘이 깊은 물』, 1986. 4 참조.

가"를 통렬히 묻고, "자유사상가를 못 나게 하는 국가는 망하고 맙니다"라고 직설하는 것으로 미뤄볼 때, 분명 절박한 위기의식의 소산이라 해야 할 것이다.

여기서 그는 『구약성서』의 이사야나 예레미아처럼 "야인생활을 하면서 자꾸 말과 글로 문명을 비판한 사람", 즉 오늘의 "자유사상가"free thinker라 할 이스라엘의 선견자先見者·예언자로 나선다. 그것은 곧 "사회 바닥의 씨올과 더불어 산 사람"이 되는 것이자 "나라에서 뜯어먹는 사람, 섬김 받으려는 사람, 겉세계의 주인 노릇하는 사람" 따위의 정치전문가 부류와 대척점에 서는 것이다.

씨올이란 뭐냐? 말 그대로 지위도 없이 권력도 없이 그저 땅을 딛고 서서, 전체라는 걸 의식도 못하면서, 전체를 위해 봉사하다 가는 사람들입니다. 그러니까 나라의 주인 노릇 할 수 있는 거예요.
시대의 앞장을 서는 것이어야만 참 종교…… 이번 제2차 세계대전이 끝나고 인류의 사회구조가 근본적으로 달라질 때 기성종교들이 과연 제 사명을 다할 수 있을 것이냐……, 대답은 부정적으로 나왔습니다. 오늘의 기성종교들은 다 국가주의와 붙어먹고 있기 때문……, 국가주의의 이빨과 발톱에서 벗어나야 합니다.

국가주의·권력주의·지배주의 정치와 내밀한 협잡관계에 있는 기성종교는 현실의 부패정치를 혁파할 수 없으므로 '새 종교'가 급절하다. 그런데 씨올이야말로 나라의 진정한 주인이라는 점에서, 정치지배자들의 간악한 수단일 뿐인 국가주의로부터 속히 벗어나 "우리 민족으로서의 자아의식 혹은 자기이해"를 밝히는 '역사 속의 민족관'을 세우지 않으면 안 된다.

모든 시대는 제 말씀을 가졌습니다. 그 말씀을 받은 사람이 예언자입니다. 그는 하나님만 아니라 씨올 곧 민중을 대신한다고도 할 수 있습니다. 시대가 갈리려 할 때 그 새벽을 먼저 보는 것은 지배자가 아니고 지붕 위에 지저귀는 참새 같은 씨울들입니다. 그것을 대신 통역해주는 자가 예언자입니다.

이 앞으로 오는 시대는 전체의 시대라는 것입니다. 히틀러나 무솔리니의 것 같은 가짜 전체주의가 나왔던 것은 이제 앞으로 정말 참의미의 전체주의 시대가 오는 증거라고 합니다. 다만 그들이 잘못한 것은 사랑으로써 실현해야 할 것을 폭력으로 강제로 하려고 했기 때문이라고 합니다.

이제 나라는 세계라는 나라 하나밖에 없게 됐습니다. 이제 민족주의 시대는 지나갔습니다. 역사 속에서의 민족관이 문제 아닙니다. 전체관입니다.

샤르댕의 '전체'[46] 개념에 따라 함석헌은 이 시대를 '전체주의 시대'라 규정한다. 그것은 히틀러나 무솔리니의 폭력적인 사이비 전체주의가 아니라 '사랑'으로써 실현하는 "정말 참 의미의 전체주의"다. "살아도 인류 전체가 같이 살고 인류 전체가 같이 죽게 된 것이 오늘의 세계 현실입니다. 개인의 정말 발달은 전체가 개체 안에 있고 개체가 전체 안에 있는 사회에서만 가능할 것입니다. 국가주의를 배격하는 것은 그 때문"[47]이라는 언명도 비로소 이런 맥락에서 이해할 수 있을 것이다.

「지배자와 피지배자」1986

이 글은 '지배의 정치'를 비판하고 '전체의 정치'를 강조한 짧막한 '전체주의 정치론'이다.

오늘의 현실정치는 본래적 의미의 '정치'라기보다는 '지배'와 다

---

46) 『인간 현상』, 1955.
47) 「혁명의 철학」, 『사상계』, 1968. 4.

르지 않다. 그것은 근대사의 소산이지만, 한마디로 '정치적 타락'이라 아니할 수 없다. 정치에서 '정'政의 어원은 "바로잡음, 인간관계를 바로잡음"이며, '치'治의 본뜻은 마치 옥돌을 갈듯 "원리에 따라 그릇된 것을 바로잡음이요, 흐트러진 것을 고름이요, 더러워지고 상처 난 것을 닦아 그 바탈 속에 들어 있는, 곧 문리文理, 곧 무늬를 드러나게 함"이다.

정치의 근본은 도덕에 있다. 서구문명은 옥을 갈아 무늬가 나오게 하듯 하는 문명이 아니었다. 정치는 아주 내놓고 정치만능·국가지상을 부르짖었다. 국가지상이란 인간은 없다는 말이다. 지배·피지배 속에 인간은 있을 수 없다. 정치의 길은 지배와 피지배의 관계로 타락하게 마련이다. 누가 대신해줄 수 없는 것이 사람이요, 역사요, 나라다. 그럼 어떻게 할까? 거기 지혜가 있고 신비가 있다. 예수는 믿음이라 했고, 노자는 무위라 했고, 『바가바드 기타』는 무사無私라 했다. 오늘의 말로 하면 전체다. 정치는 전체의 자리에서 해야 한다. 전체는 산 것이다. 유기체다.

여기서 전체주의 정치의 요체는 자유·평등의 도덕적 존재이자 살아 있는 유기체로서의 인간을 존중하는 '생명정치'로 집약할 수 있을 것이다.

「어머니」1945 외

예술적 '상상력'을 함석헌은 도덕적 의미로 치환, '동정'同情, sympathy으로 이해한다. 이는 맹자의 '불쌍히 여기는 마음'〔惻隱之心〕, '차마 못하는 마음'〔不忍之心〕, 왕양명王陽明의 '아쉬워하는 마음'〔顧惜之心〕과 동질의 것이다. 이때 시인이란 씨올의 고통과 난경을 깊이 헤아리고 그들과 함께 아파하며 그 고난을 대신 걸머지는 자, '쓰레기통' 같은 민중의 넝마주이를 자처하는 존재다. 그리하여 함석헌은 자신의 시가 오랜 병고에 매인 3대 독자를 거뜬히 회생시키는 저 시골장터의 "병쟁이 썩은 과일", 상한 몸과 영혼을 한꺼번에 치유하는 신통한 양약임을 은근히 자부해 마지않았다.

뒷날 맹교의 「유자음」을 빌려 또 다른 자모사慈母思를 대신하기도 했던 함석헌이 "1945년 해방 후 신의주에서 러시아 사람에게 붙들리어 감옥에 들어간 때…… 세상에 나온 후 노래라고 쓴 맨 첨 노래"[48]라고 밝힌, 전통 시조 가락의 「어머니」는 절절한 사모곡이다. 태생적으로 열렬한 여성 예찬자였던 함석헌이 여기서 노래한 여성의 '새롬, 신비롬'은 세월의 간격을 훌쩍 뛰어넘어, 감옥 밖에서 시름하는 늙고 쪼그라진 노모의 "가슴에 시든 젖부리"로 곧장 이어져 한결 비창한 아름다움의 이미지를 자아낸다. 특히 제6연에는 겨울철 소련군 형무소에 수감된 아들 생각에 잠 못 이루며 물레질로 기나긴 밤을 지새우는 어머니의 애처로운 형상이 새록새록 또렷하다. 현대시조 사모곡의 절창인 이병기李秉岐의 「젖」,[49] 조운曺雲의 「어머니 얼굴」[50]과 실로 백중하다.

총 6연의 「그 사람을 가졌는가」[1947. 7. 20]에서 사뭇 준엄한 어조로 다그치듯 "그 사람을 그대는 가졌는가" 거듭거듭 되묻는 시적 페르소나는 과연 누구인가? 겉보기엔 내포화자가 '그대'를 책문하는 형식을 취한 듯하지만, 사실 이 작품은 시적 자아가 스스로에게 끊임없는 자기정련을 엄중히 요청하는 자성自省의 시다. 불의와 쉽게 타협하거나 그에 굴종하지 않는, "온 세상의 찬성"에도 "아니!"라고 결연히 맞설 줄 아는 사람으로 나아가고자 한 것이다.

"이 세상 뭘하러 왔던고?/ 얼굴 하나 보러 왔지, 참 얼굴"[51]이라 노래하기도 한 함석헌이 궁극적으로 지향하고자 한 "그 사람"

48) 「나의 어머니」, 『주부생활』, 1975. 7.
49) 『가람 시조집』, 문장사, 1939.
50) 『조운 시조집』, 조선사, 1947.
51) 「얼굴」, 1947.

은 과연 누구일까? "골고다 언덕 위에 '엘리엘리' 부르시며/ 호곡하는 무리 형틀에서 굽어보시고/ '나는 말고 너희 위해 울어라' 하시던"[52] 예수인가? 3행시 「스면!」[53]의 남강 이승훈, 도산 안창호安昌浩, 1878~1938, 고당 조만식일까? 이도 아니라면, 「돌아가신 김교신 형 집을 찾고」1947의 평생동지 김교신金敎臣일는지 모른다. 필시 이에 합당할 만한 사람은 공자의 '학이시습'學而時習의 사람, 왕양명의 '지행합일자'知行合一者일 터이다.

「추석1」1947. 9. 28은 1930년대 초엽 이은상이 발표한 이른바 '양장시조'의 행갈이 변형을 새롭게 시도한, '각 연 4행, 총 6연'짜리 연시조이다. 그즈음 시골의 쓸쓸하고 적막한 한가위 풍정이 깔끔하게 점묘돼 있는데, 여기엔 올벼떡 먹고 맵시 있게 설빔 입는 흥성한 추석은 온데간데없다. 화자의 서글프고 안타까운 심정이 정경교융의 시적 방법을 통해 싱싱한 리얼리티와 고도의 심미성을 동시에 획득한 수작이다.

총 3연의 「붉은 산」1947은 혼란이 극에 달했던 '해방' 정국 속에서 오갈 데 없는 시골 생령들의 이산과 간난신고를 고도의 언어경제로 정묘하게 스케치하고 있다. 한파에 떠는 어미와 젖에 주린 어린 자식을 향한 화자의 연민 어린 시선이 예사롭지 않은데, 딱딱한 전통시조 형식이 오히려 그 '불쌍히 여김'을 증폭하는 효과적인 시적 기율로 작용하고 있다. 빛깔 이미지의 선명한 대비로 조선 여인의 의젓한 기품을 한껏 드높이는 마지막 구절의 "푸른 옷 붉은 치마"는 자칫 이 작품의 메시지가 통상적인 교훈으로 떨어지는 것을 적절히 통제하고 있어 특히 인상적이다. 너나없이 강산을 떠도는 무리 속의 형제들을 애틋이 보듬고 있는 것이다.

함석헌은 종종 자연 물상을 통해 인간사의 파란곡절을 그윽하고

---

52) 같은 시.
53) 「남강·도산·조만식 선생」(1959. 6), 『생활철학』, 1962.

도 핍진하게 노래한다. 탁물기흥托物起興의 한시漢詩적 방법을 현대적으로 즐겨 차용하는 것인데, 총 8연의 「싸우는 생生」1947이 그런 예다. 언뜻, 북방의 헐벗은 산마루에서 혹한과 외롭게 맞서는 전나무가 자신의 난경은 아랑곳하지 않고 저 동방의 절벽에서 온몸으로 불볕을 받으며 고통당하는 종려나무를 향해 지극한 연민과 그리움을 표하는, 하이네H. Heine의 2연짜리 단형 서정시 「한 그루 전나무 외로이 서 있네」를 어렵지 않게 연상시킨다. '꽃, 솔, 꾀꼬리'의 희락과 비애를 통해, 요컨대 인생이란 그 자체가 '고난'을 내장한 하나의 '싸움', 즉 "기쁨 속에 잠기는 암초暗礁 같은 슬픔"과 진배없다는 것이다.

총 9연의 「봄은 왔건만」1948. 3은 중국 당나라 시인 동방규東方虬가 쓴 「소군원」昭君怨의 한 구절 "봄은 왔건만 봄 같질 않구나"春來不似春를 활용해 시적 실감을 한층 생동적이게 하고 있다. 시인은 여기서 국토와 겨레를 온통 쪼그라들 대로 쪼그라든 '눈물 골짜기'로 유비하면서, 저 광야의 세례 요한을 쉽게 떠올리는 예언자적 페르소나를 통해 외래 침입자들에게 겁탈당한 이 땅의 "갈보의 새끼들"을 한껏 고무시켜 생명의 원무를 추게 한다. 시의 본령이 '씨올 곧추세움'임을 새삼 일깨우는 시인 함석헌의 목소리가 심입한 것이다.

파스칼의 『명상록』 제1절에서 그 시제를 취한 연시조 형식의 총 6연짜리 시 「인생은 갈대」1948는 탁물우정託物寓情의 사물시라 할 수 있다. 작품 이상의 비상한 이목을 끄는 것은 다름 아닌 시인의 '해설'54)이다.

총 18연의 「참배꽃」1952. 3. 2은, 6·25전쟁으로 남쪽 바닷가까지 밀려온 화자가 고향집 뒤꼍의 늙은 참배나무를 애절하게 그리는 노래다. 여기서 '참배나무'는 할아버지의 대체 표상이며, 한국 근현대사의 높은 격랑을 몸소 체험한 부자와 조손들은 모두 그것에 강력히 결속되어 있다. 또한 제9연, 즉 "배꽃은 흰 꽃이야,/ 이 나라의 꽃이야,/

---

54) 「인생은 갈대」, 『진학』, 1973. 7.

눈같이 흰 그 꽃,/ 흰옷 입는 이 나라 사람의 꽃"에서도 자명하듯, 그 것은 나라의 상징이다. 오랜 외적 강압과 고통에도 끄떡하지 않고 여전히 잔명을 거느리고 있는 역사의 산 증인이기도 하다. 따라서 이 시는 "세기와 싸운 몸통 꾸부러지고 주름살 가고,/ 썩고 버러지 파먹어"도, 으레 '검은 구름, 모진 바람'에 시달려도 봄이면 어김없이 꽃 피우는 참배나무에 대한, 혈혈한 함석헌의 경건한 오마주이자 애통한 망향가라 할 것이다.

총 7연의 「칠월 그믐밤」[1953.7.5]은 한국전쟁 '정전협정'이 체결되기 직전 작품인데, '님'의 설정, 경어체의 차분한 어조, 꿈과 현실을 넘나드는 동화적·환상적 분위기, 이야기시적 전개 등은 함석헌이 낱낱이 암송할 만큼 열독한 타고르의 『기탄잘리』[1909], 만해萬海 한용운韓龍雲의 『님의 침묵』[1926] 등과 꽤나 방불한 시적 정조를 드러낸다.[55]

적막한 시골집에 홀로 누워 있는 여성화자는 민중을 기만한 채 야반도주하듯 서울을 탈출한 이승만 대통령과 그 휘하 권력 상층부, 북한군에 속수무책으로 밀리는 국군과 유엔군 그리고 산지사방으로 흩어져 사면초가에 몰린 씨알 등 6·25전쟁의 수라도를 뜻밖의 하룻밤 "괴로운 꿈"을 통해 한눈에 보여준다. 6·25전쟁은 외형적으로는 '북한 인민군, 중공군' 대 '남한 한국군, 유엔군(주로 미군—글쓴이)' 간의 국제전이었으나, 실질적으로는 동족의 골육상잔이자 민족적 대참변이었다. 저간의 한국소설은 이 전쟁을 '소나기' 또는 좀체 끝나지 않는 지루한 '장마' 같은 상징적 문자로 기록했는데,[56] 여기서도 화자는 "칠월 장마 운암한 그믐밤" 새벽, "젖은 옷째로 그 흙 그 피 그째로" 귀환한 피투성이의 님에게 '외로움, 두려움, 절망'의 소회를 나즉이 읊조리며, "짙은 구름" 깨끗이 걷힌 새벽을 바라마지 않는다.

총 33연의 영시 「한국의 도전」*The Challenge of Korea*, 1962.12.10은 '표면

---

55) 이 작품은 원래 '편지글'로 분류돼 있으나, 나는 이를 '산문시'로 파악한다.
56) 염상섭의 취우 (驟雨, 1952 53), 윤흥길의 장마 (1973)가 그것이다.

적 화자-나/ 이면적 화자-한국^{Korea}'과 같은 액자적 구성에 토대한 시적 전개, 성서적 인유[57]의 적극적 활용, '에밀레종' 모티프의 적절한 암시 등을 통해 한민족의 장구한 역사적 고난, 미래적 운명을 자못 비장하게 노래한다.[58]

제1~2연은 모든 제도와 체제에 철저히 반기를 드는, 영락없는 아나키스트라 할 1인칭의 시적 페르소나가 '세계 시민'을 향해 "수난의 여왕" 한국의 오랜 역사적 비참을 알리고 그 세계사적 사명을 선포한 '서시'라 하겠는데, "여기 미국에서는 전쟁포로/ 집을 떠나 망명 온 사람"이란 구절이 유독 눈길을 끈다.[59] 화자는 자신이 '6·25전쟁'의 주력군인 미군의 포로 신세이자 실질적으로는 미국 식민지라 해야 마땅할 남한사회의 일원, 박정희 군사독재체제의 정치적 망명객이라는 의식을 강하게 드러낸 까닭이다.

제4연에서 이면적 화자 '나'는 서양인들이 즐겨 부르는 '코리아' ^{Korea}, '은자'$^{隱者, The Hermit}$ 따위의 호명을 단호히 거부하고, "내 이름은 '한'^{Han}, 큰$^{(大, The Great)}$, 하나$^{(一, The One)}$" 그리고 "수난의 여왕" $^{The Queen of Suffering}$이라 크게 자부한다.

제9연에는 역사의 변방에서 주변 강대국들에게 오래도록 무참히 유린돼온 민족의 현실이, '지루한 겨울밤, 어두운 의상실 구석에서,

---

57) 「아가」·「이사야」, 세례 요한, 예수 등.
58) 이 장편 영시는, 함석헌이 1962년 '미국 국무성 초청' 미국여행 후 펜실베이니아주 펜들힐(Pendle Hill)에 체류(1962. 6~1962. 12)할 때 그곳 퀘이커 센터에 리포트로 제출한 것이다. 이 작품의 발굴·번역·소개는 전적으로 김영호 교수(인하대 철학과)에 의한 것이다. 김영호, 「펜들힐에 남아 있는 함석헌 선생의 두 문서(영문): 〈한국의 도전〉(1962)과 〈펜들힐의 명상〉(1970)」, 함석헌학회, 2014.
59) 이 시구와 관련해 함석헌은 미국인들에게, "왜 전쟁포로로 왔는가 하면, 한마디로 우리가 생존경쟁에서 너희 미국에 패배하였던 까닭에 너희 나라에 오게 된 것…… 패자가 전승국으로 이끌리어온 셈이 되니 전쟁포로가 아니고 무엇이냐"고 말한다. 「나는 왜 갑자기 돌아왔는가」(『신세계』, 1963. 9), 『들사람 얼—함석헌저작집 1』(한길사, 2009), 266쪽.

떨면서, 졸면서' 기다렸건만 결국 수욕의 자리로 떨어진 "수난의 여왕"의 가혹한 운명에 빗대어 강력히 예시되고 있다.

다음 인용은 미국 국무성 초청 미국여행 출발 즈음의 글인데, 나라의 참혹한 아픔을 다름 아닌 자신의 그것으로 통렬하게 인식하는 함석헌의 태도가 확호하게 드러나 있다.

이 밤이 새면 나는 간다. 미국 국무성이 불러서 간다지만 미국이란 것이 어디 있으며, 그 국무성이 어떻게 나를 부르며, 내가 뭐 하자고 그 명령에 복종할까? 삼천리 금수강산, 이름은 좋지만 그 꽃동산을 다 깎아먹고, 그 등불을 다 꺼버리고, 헐벗고, 두 다리를 벌려 역사의 큰 길거리에 앉은 수난의 여왕아, 늙은 갈보야, 네 모든 비참을 중국놈께 팔아먹고, 일본놈께 뺏기고, 만주놈께 도둑맞은 그 부끄러움, 분함을 왼통 한데 몰아 나를 줄 수만 있다면이야, 그 한 번 큰 빨래를 해볼 만하지 않으랴? 네 죄, 내 죄가 따로 있고, 네 불행, 내 불행이 따로 있지 않느니라. 내가 너요, 네가 나니라.
역사는 싸움이다. 앞으로 민주주의가 이루어지려면 반드시 어려운 국민적 시련을 겪어야 할 것이다. 새 정치가는 반드시 낡은 정치세력을 스스로 싸워 물리친 민중 속에서만 나올 수 있다. 강대국이 앞을 서서 여러 약소 국가를 이끌어 나간다는 것은 시대에 뒤떨어진 생각이다. 아무것도 가진 것이 없이 길가에 앉았던 무일물無一物의 거지, 우리는 새 시대를 이끌어 갈 수 있는 높은 이념을 만들어 낼 수 있다. 부끄러움과 두려움에 떨고 있는 수난의 여왕……60)

제12연은 '해방' 이전의 외래 침탈사에 대한 간략한 시적 서술이다. 여기서 화자는 "내 지참금까지 빼앗은 자" 중국, "내 가슴을 더듬

60) 「수난의 여왕께 드리는 유언·예언」(1962. 3), 『생활철학』, 서광사, 1962, 288 292쪽.

고 온갖 수치"를 안겨준 "야생 사냥꾼 몽고", 강토를 유린한 "반 유목민 만주", '글쓰기, 읽는 법, 유교, 불교, 미술'까지 가르쳐주었지만 "서양인들로부터 무기 빌려다/ 날 정복"한 일본을 격렬히 성토한다.

제14연은 극도의 혼란상을 고스란히 연출한 해방 직후 한국 현대사를 한 가녀린 처녀를 둘러싼 야수들의 치열한 쟁탈전으로 깔끔하게 묘파하고 있다. 함석헌은 글의 도처에서 우리 민족을 "세계의 큰 길가에 앉은 늙은 갈보"라 서슴없이 직설했다. "한민족漢民族이 먼저 더럽히고, 그 다음 몽고 민족이 더럽히고, 만주·일본·러시아·영국·미국이 차례차례로 이 아시아의 꽃동산지기 처녀를 윤간을 했다"는 것이다.[61]

시인의 절묘한 표현처럼 "도둑같이 온 해방"[62], 슬프게도 "그건 다만 꿈"에 지나지 않았다. 강대국들은 "함께 작당하여" 이 강산, 이 민중, 이 나라를 속속들이 훼파했으며, 화자는 지금도 "내 비밀스러운 곳이 야비한 눈앞에 온통 노출되어 있도다"라며 노호한다. 4대 열강 '미국·영국·소련·중국'이 제2차 세계대전 종전 처리과정에서 '한국 독립'을 부수적으로 확인한 이른바 '포츠담선언'1945. 7. 26의 국제적 정황, 미·소 점령군의 남북 진주, 국부전이면서도 새로운 형태의 국제전이라 할 '6·25전쟁'의 주요 당사국, 특히 '미국—중공'의 날카로운 대립 속에서 한국은 한낱 "장백산長白山 고지 위에서 십자가에 못 박혀 있는 신세"임을, 저 코카서스 빙산에 결박돼 밤마다 독수리에게 간을 쪼이는 수형자 프로메테우스의 가혹한 운명에 빗대어 한스럽게 노래한다.

그러나 제24연에서 화자는 스스럼없이 '하수구, 쓰레기, 갈보'라 자칭하고, "다가오는 세계의 시민들"을 향해 자신을 "광야에서 울부

---

61) 「새 나라 꿈틀거림」(1961), 『인간혁명의 철학—함석헌전집 2』, 한길사, 1983, 287쪽.
62) 『뜻으로 본 한국역사』, 제일출판사, 1965, 330쪽.

짖는 희생양"이라 선포한다.

제29~30연에서 모든 약탈자들의 "짐승 같은 욕구를 만족시키고 영원히 잠재우려" '질고, 슬픔, 찔림, 채찍'의 고난자이고자 하는 이 "수난의 여왕", 그들의 "모든 죄와 짐"을 즐거이 대신 걸머지는 시적 페르소나 '나'(한국)는 누구인가? 구약시대 이사야가 예언하고, 신약시대라는 혁명적 신기원을 열어젖힌 역사적 예수의 형상이 바로 그것이다.

더 이상 "더럽고 냄새나고 역겨운 갈보"(제24연), "이 오랜 죄로 가득한 생명"을 끝장내고 "난 다시 일어나리라/ 나의 영원한 처녀성을 회복하리라"(제32연) 외치는 화자가 궁극적으로 지향하는 나라란 무엇인가? '민족'을 넘어, 국가지상주의를 넘어 '세계국가'로 나아가기 위한 하나의 전초기지 같은 '영세중립국'이 아니었을까?

함석헌은 6·25전쟁이 '휴전'으로 치달을 무렵 피난지 부산에서, 시집 두세 권 분량의 두툼한 『수평선 너머』를 통해 늦깎이 중 늦깎이 시인으로 등단했다. 이미 1920년대 한국 현대시사에서 각기 독특한 시적 개성을 발휘한 동갑내기 김동환·이상화李相和, 앞뒤 연치의 이장희李章熙·조운 그리고 김소월金素月·정지용鄭芝溶 등은 말할 것도 없거니와, 그와 비슷한 행로를 거쳐 단 한 권의 시집 『님의 침묵』으로 우뚝한 만해 한용운보다도 한참 늦은 것이다.

함석헌에게는 사실 '문인·시인'보다 종래의 '문사'文士라는 호칭이 썩 잘 어울린다. 전통적 의미의 문사철文史哲에 두루 걸친 그의 폭넓은 문필활동을 유념한다면, 이 유일 시집은 그 방대한 저술의 일부에 불과할 뿐 아니라, 시집 발간 이후에는 시작 활동이 거의 전무했기 때문이다. 출간되자마자 당시 독서계를 들끓게 한 '역사철학적 예술품'『성서적 입장에서 본 조선역사』1950는 물론, 이에 못잖은 관심을 분출시킨 저작들, 예를 들어 『새 시대의 전망』1959, 『인간혁명』1961, 『생활철학』1962, 『죽을 때까지 이 걸음으로』1964, 『역사와 민족』

1965 등과 견주어 보더라도, 이 시집은 사실 변변한 주목거리가 되지 못하였다.

넓게 볼 때 『성서적 입장에서 본 조선역사』1950가 일종의 "예술품" 같은 민중사였듯, 실상 함석헌이 줄곧 여일하게 지향해온 것은 평명하고도 내실 있는 민중시다. 전통시조 율격을 새롭게 되살린 「어머니」1945, 「붉은 산」1947, 「인생은 갈대」1948, 그 변격이라 할 「추석 1」1947, 좀더 자유로운 시적 리듬의 「그 사람을 가졌는가」1947, 「참배꽃」1952 등이 대표적이다.

함석헌의 시가 지나칠 만큼 상고尙古적 형식의 시조를 추수한 나머지 『성서로 본 조선역사』1950, 『뜻으로 본 한국역사』1965 등에서 단연 생채를 발한 힘있는 율동적 가락, 우리말의 능란한 구사 등을 통한 발랄한 민중시의 전개로 후속되지 못한 것은 매우 안타까운 일이다. 자기 시대의 절실한 현안문제에 대한 예리한 '논설', 역사·정치·사회·종교 분야를 자유로이 넘나들며 활화산처럼 뿜어대는 정치평론, 철학논고 등에 집중한 결과일 것이다. 그렇지만, 미군정기 남한의 극도로 피폐한 민중 현실을 간명하게 점묘한 「붉은 산」1947·「추석 1」1947 등은 재래의 음풍농월식 시조와는 질적으로 다른 '리얼리즘 시조'의 한 전범을 이루었다는 점에서 특별히 주목할 만하다.

일찍부터 '민民, 민초民草, 풀, 민중, 풀사람, 씨올'임을 떳떳이 자처하곤 했던 함석헌은 이승만 반공독재가 한창 극심했던 1958년, 대통령을 비롯한 최상부 권력집단은 "백성 부려먹는, 씨올 짜먹는 일"에만 몰두하는 '정치업자'라 일갈하고 씨올이 역사의 주체가 되는 '민중시대'를 엄숙히 선포하였다. 바로, 혈루血淚를 자아내 마지않는 그의 예리한 정치평론 「생각하는 백성이라야 산다」에서였다. 필시 이승만 대통령을 지칭한 시구, "허옇게 늙은 건 누워서 은급을 타 먹고 권세를 누리고 그것도 아니 놓겠다 개처럼 욕심을 부리더구나!"(「에밀레」, 1959)에서도 명료한 바이지만, 당시 최고 정치권력자들에 대한 함석헌의 거침없는 질타는 다름 아닌 민중의 그것이었다.

함석헌이 철저히 신봉한 근대 정치이념의 요체는 미국 제16대 대통령 링컨A. Lincoln, 1809~65의 "민중의, 민중을 위한, 민중에 의한"이라는 세 마디, 그 이상도 그 이하도 아니었다. 간접 민주정치 또는 대의제 민주주의가 아니라 "민중을 위할 뿐 아니라 민중을 위한 민중 자신의 정치…… 민중이 직접, 전체가 하는 운동"〔「인간혁명」, 1962〕으로서의 민중 직접민주주의가 곧 그것이다. 안타깝게도, 국문·영문이 혼성된 장시 「에밀레」1959와 비교적 긴 호흡의 영시 「한국의 도전」은 그의 이러한 정치적 태도가 일정하게 무르녹은 말년작으로 되고 말았다.

제1부
백두산 호랑이

1968년 찾은 행주산성

"돌에 새긴 것만이 기록입니까.
그것은 아무리 깊이 새겨도
또 없어지는 날이 올 것입니다.
……지워지지 않는 기록이 있습니다.
뼈에 새기고 피에 새긴 기록입니다.
민중 그 자체가 기록입니다.
……그렇습니다. 나라의 뿌리가 여기 있습니다.
……오늘도 행주 같은
역사의 결정적 고비가 돌아오면
틀림없이 또 나올
행주치마를 믿습니다"
-「행주산성」

죽을 때까지 이 걸음으로

1959년 3·1절에 부치는 글

우리나라

사람은 한 번밖에 못 사는 거다.

잘살아도 이 한 삶에 살아야 하고 못살아도 이 한 삶에 살아야 한다. 그 잘잘못이란 말을 행·불행의 뜻으로 잡거나, 시是·비非의 뜻으로 잡거나, 정正·사邪의 뜻으로 잡거나 그것은 마찬가지다.

그런데 그 잘잘못이 대체로 결정되는 것은 나라에 달렸다. 나라 잘 타고 나면 잘되고 잘못 타고 나면 잘못된다. 자리가 따스하리만큼 앉았을 겨를도 없이 천하를 두루 다니던 공자의 일생은 춘추시대의 주周나라로 결정이 됐고, 맨발로 길거리를 다니면서 젊은이를 가르쳐주기에 다른 생각이 없다가 독약을 먹히고 태연히 눈을 감던 소크라테스의 운명은 아테네의 나라 형편으로 결정이 됐고, 목자 잃은 양같이 헤매는 무리에게 아픈 것을 고쳐주며 주린 것을 먹여주며 가난한 자에게 하늘나라를 가르쳐주다가 십자가에 못을 박혀 죽은 예수의 생애는 그때 나라 망한 유대 민족으로 결정이 되었다.

루이 16세가 그때 프랑스에 나지 않았더라면 모가지를 잘리지는 않았을 것이요, 스탈린이 러시아에 나지 않았더라면 그렇게 험악한 정치가 노릇은 아니 했을 것이다. 트루먼, 아이젠하워도 만일 우리나라에 났다면 벌써 암살을 당했을는지도 모르고, 송진우宋鎭禹, 장덕수張德秀, 여운형呂運亨, 김구金九도 만일 미국에 났다면 훌륭한 정치가 노릇을 하고 있을지도 모른다. 아인슈타인이 과학으로는 세계 첫 자리에 올라 이 우주에 아인슈타인 우주란 이름까지 붙게 됐지만 죽을 때는 아마도 조국에 대한 한 줄기 슬픔이 가슴에 가로 비끼지 않을 수 없었을 것이요, 파스테르나크가 『의사 지바고』를 써 세계에 센세이션을 일으켰지만 그것도 철의 장막 속에 살지 않았다면 있지 못할 일이다.

개인의 자유와 힘씀이 없단 말 아니다. 나라를 세우고 부숨이 개인에게 달리지 않았단 말 아니다. 그러나 구멍을 막으려면 돌은 부스러져야 하는 것이요, 집을 세우려면 아름드리는 찍혀야 하는 것 아닌가? 네 맘을 쓰고 아니 쓰는 것은 네 자유에 있느니라. 그러나 그것을 어디다 어떻게 쓸 것에 관하여는 우리는 나라의 명령을 들어야 하는 것이요, 시대의 소리와 의론을 해야 하는 것이다.

나라가 무엇이요, 시대가 무엇이냐? 자연과 사람, 물질과 정신, '나'들과 '너'들의 하나로 되어 살아 있는 생명체 아니냐? 옛사람이 이것을 가리켜 운명이라 하고 팔자라 했고, 예정이라 하고 자연自然이라 했다. 이제 사람이 이것을 가리켜 사회社會라 하고 심리心理라 하고, 생리生理라 하고 물리物理라 하며, 실존實存이라 하고 현존現存이라 한다. 그러나 겸손하게 단순히 말하면 하나님이요, 나라다. 절대 되는 하나님의 뜻이 시간으로 공간으로 구체적으로 나타나면 나라다. 나라는 '나'요, '나라!' 하는 자요, '낳는 자'다. 잘 받으면 천명天命이요, 잘못하면 인위人爲, 곧 위僞, 곧 거짓이요, 그 잘못된 것을 고치면 혁명革命이다. 명을 새롭게 함이다. 참 자리에선 정치와 종교가 하나다.

우리처럼 '나라' 소리 많이 듣고 자라난 사람도 없을 것이다. 우리나라 특색은 나라 소리 많은 것이다. '엄마' '아빠'를 배울 때부터 이날까지, 낮에도 '우리나라' 밤에도 '우리나라', 서울 가도 '나라' 산골 가도 '나라', 직업에도 '나라' 학문에도 '나라', 이것이 어떻게 된 나라일까?

장자는 말하기를 신이 꼭 맞으면 발을 잊고, 띠가 꼭 맞으면 허리를 잊고, 맘이 잘 맞으면 시비를 잊는다고 했는데, 그 말대로 미루어 한다면 정치가 바로 되면 나라를 잊을 것 아닌가? 그럼 우리가 밤낮 나라 나라, 정부 정부, 임금 임금, 눈에 든 모래알처럼, 목에 걸린 가시처럼, 못 삭인 밸처럼, 잊지 못하고 부르는 것은 거기 무슨 크게 잘못된 것이 있는 나라 아닌가?

옛날 요堯 임금은 어찌 정치를 잘했던지 백성이 임금 있는 줄 알지도 못했다 하며, 지금도 스위스 같은 나라에선 대통령의 이름 모르는 사람이 수두룩하다고 한다. 그렇다면 입학 시험에 어린애들이 무슨 장관의 이름까지 외워야 하는 나라는 무슨 나라인가?

젖을 먹을 때부터 백발이 되는 오늘까지 독립 소리 들은 건 얼마고 한 거는 얼마인가? 독립문, 독립협회, 독립운동, 독립당, 독립군, 독립만세, 독립, 독립, 그렇게 독립을 부르짖는 민족이 독립은 왜 못하고 이 모양일까? 석양에 망우리 나가보면 무연한 풀 속에 우뚝우뚝 홀로 서 있는 무덤 많더라만 그 사람들이 정말 근심 걱정 잊고 독립한 사람들인가? 그 독립한 무덤 하나 남기려다가 나라 잃은 사람들 아닌가? 금산의 칠백의사[1]처럼 싸우다 싸우다 한 무덤에 얼크러져 네 뼈, 내 살을 고를 수 없이 됐더라면 나라는 정말 독립을 했지.

지금도 서울 장안에 쑥밭 아닌 화초밭 속에 다투어가며 따로따로를 자랑하는 돌 벽돌의 산 무덤들, 그 속에 산 송장이 살이 썩는 것 아니라 찌고 있는 동안에 나라의 풀들은 일어설 기운이 없이 이리 건들 저리 건들하더라.

이런 나라엘 왜 태어났을까? 태어나는 나라를 제 맘대로 골라 나라면 이 나라에 나겠다 할 사람 몇이나 될까? 하지만 명命에는 둘은 없

---

1) 금산 칠백의사(錦山 七百義士): 임진왜란 때 조헌 선생과 영규대사가 이끌었던 7백 명의 의병. 이들은 왜군 협공 계획을 늦추자는 권율 장군의 편지를 미처 받지 못한 채, 당초의 계획대로 충남 금산에서 전투를 벌이다 전멸하고 말았다.

다. 사실은 잘잘못도 없다. 잘잘못을 붙이는 것이야말로 잘못하는 사람의 생각이다. 그저 함이, 삶이 있을 뿐이다.

그러나 잘잘못을 가리는 생각으로 하더라도, 이 나라는 한번 살아볼 만한 나라 아닐까? 인생이 무슨 뜻이 있는 것 아니고 한바탕 구경을 하고 가는 것이라 치고라도 이 구경은 큰 구경이다. 억만 년의 역사라 하지만 이런 구경은 흔한 것은 아니다. 나라가 한 번 망하고 나라가 한 번 일어나는 것을 보는 일, 이것은 장관 중의 장관 아닐까?

나라가 망하려 해도 쉽게 되는 것 아니요, 흥하려 해도 쉽게 되는 것 아니다. 맘이 둔한 자는 꽃 피고 새가 노래하는 것을 만나도 먹먹히 지나고, 생각이 깊은 사람은 끔찍한 환난을 겪어도 거기서 위대한 시와 철학과 교훈을 뽑아낸다. 산골짜기의 냇물이 한 번 땅속에 스며들었다 저만큼 가 뚫고 나와도 손뼉을 치고 감탄을 하게 되는데, 5천 년 역사가 땅속에 들어갔다가 36년 후에 다시 뚫고 나오는데 어떻게 놀람 없이 볼 수 있을까? 하물며 우리가 구경꾼이 아니요, 바로 그 연극 중의 극적인 장면을 놀아내는 배우 그 자신임에서야!

이완용·송병준을 밉다 말고 김옥균·서재필을 아깝다 말라. 일본을 악독하달 것도 없고 소련을 흉악하다 할 것도 없으며 6·25를 끔찍하다 할 것 아니요 2·4파동을 더럽다 할 것도 아니니라. 워낙 큰 연극을 함에 힘이 들 수밖에 없느니라!

평양 대동강

나라는 다 깨지고 뫼와 물만 깊었구나
성에 봄이 드니 나무 숲만 깊었구나
때에 느껴서는 꽃에도 눈물을 지고
갈라진 아픈 맘엔 새소리도 놀라 난다.
國破山河在,

城春草木深

感時花濺淚,

恨別鳥驚心

• 두보, 「춘망」春望2)

내가 두보였더라면 이렇게 읊었을 것을! 사실 이 시를 가르쳐준 사람도 없었다. 나는 서당에를 못 갔으니 할 말 없지만, 옛날 우리나라 사람들이 두시杜詩는 끔찍이 좋아서 공부를 했다는 데 왜 풍월로만 알았지 그의 알뜰한 애국심은 못 배웠을까? 시재詩才로 하면 두보가 이백李白만 못할는지 모르지만, 그래도 사람들이 시를 말함에 이백보다도 두보를 더 존중하는 것은 그 인격, 그 정신 때문 아닌가?

그렇다면 나라가 망한 강산에 봄은 해마다 여전히 찾아 들어와 붉은 진달래가 성망재를 물들이고, 무심한 아이들이 이를 꺾어, 피어선 꺾이고 꺾이고는 또 필 때, 이 시 하나쯤 읽어줄 만하지 않은가? 정말 물 아래 쌍놈들이 돼 그런가? 아니야. 사점만 아니라 우리나라가 온통 그렇지 않은가? 무심한 백성이다. 사실 내가 이 시를 얻어들은 것은 일본 사람에게서였다.

나라가 망하고 나니 정말 국파산하재國破山河在 그대로였다. 사람들은 여전히 살지만 산 사람이 아니다. 봄이 오면 밭을 갈고 가을이 오면 거두지만 무엇을 하잔 목적도 이상도 없이 그저 살았으니 먹을 것을 위해 꿈지럭거리는 것이었다. 학교의 선생은 맘에 있는 것을 아이들에게 말하지 못하고 생각과는 다른 것을 가르쳐준다.

사람들이 서로 만나도 정말 서로 할 말은 마음끼리 서로 하게 하고 입은 딴 것을 말한다. 이리하여 나라는 땅속 아닌 가슴속으로 숨어들어가고 사람들은 온통 거짓말쟁이가 됐다. 일본을 우리나라라 생각

---

2) 안녹산의 난으로 함락된 장안(長安)에서 두보가 지은 시. 망국에도 피어나는 풀과 나무를 보면서 느끼는 세사(世事)의 무상함을 노래하고 있다.

은 아니하면서도 입으로는 우리는 일본 국민이라 하고 일본말을 국어라 하고 일본 사람을 보면 속으론 미워하면서도 겉으로는 절을 하고 "아리가토 고자이마스"〔고맙습니다〕 한다.

목사님·신부님도 선생님도 어떤 점잖은 이도 제 가장 사랑하고 존경하는 어버이·자식·스승·제자를 보고도 이 빤히 내놓은 거짓말을 하지 않으면 안 됐다. 이것이 우리가 참을 못 지킨 죗값이었다. 하나님의 명命인 제 나라를 지키는 것이 참이다. 그 참을 아니 하면 그 값으로 맘에 없어도 점점 더 거짓을 하지 않고는 못 견디게 된다. 거기가 지옥이다. 나라를 잃으면 밥이 적어지고 옷이 적어져서 불행이 아니다. 맘에 없는 불의를 하여야 하고 거짓을 하여야 하는, 다시 말하면 죄의 종 노릇을 하게 되는 것이 정말 불행이다.

우리는 그렇게 몇십 년을 살아왔다. 살아온 것이 아니라 죽어왔다. 그러는 동안에 참을 한 것은 자연만이었다. 두보도 거기 기가 막혀 그 시를 읊었을 것이다. 전쟁에 죽은 사람이 불쌍해서만 아니다. 산 사람이 뻔히 있건만 사람이 있다 할 수 없어 하는 탄식이다. 전쟁에 죽은 사람은 차라리 살았다.

오늘은 어떨까? 부모 자식끼리, 선생 제자끼리, 종교가 신자끼리 거짓말 아니 할까? 정부의 명령, 관청의 보고서, 교장의 훈화는 정말 말 그대로일까? 우리가 참 나라를 지켰다면 그 나라는 우리에게 참을 하게 해줄 것이다. 만일 그 나라를 지키지 못했다면 겉모양의 나라는 나라가 아니요, 우리에게 거짓말을 하도록 강요할 것이다.

열네 살에 나는 공립보통학교에 다니게 됐다. 그때 우리는 공립학교라면 나라 팔아먹는 놈만 가는 곳으로 알아서 업신여겼는데 우리 동리에서 내가 맨 처음으로 거기를 가게 될 줄은 몰랐다. 아버지도 세상을 떠날 때까지 결코 일본 세력에 가 붙으려 한 일은 없는 이건만 나를 장차 의학을 시킬 생각에 그리 가게 하였다. 학력으로 하면 그보다 훨씬 높은 데까지 나갔는데 단지 일본말 하나 때문에, 거기가 묻는 말에 일어로 대답 못한다고 3학년으로 내려가 붙으라 할 때

분하던 생각.

열여섯에 평양관립 고등보통학교에 들어갔다. 물 아래 촌바우가 금수강산을 본 것이 이것이 처음이었다. 소년 시절의 3년을 그 속에서 자란 것은 일생에 잊지 못할 행복이다. 평양은 이른바,

긴 성 한 편에 굼실굼실 흐르는 물
한 벌판 동편 끝에 올망졸망 섰는 뫼
長城一面溶溶水,
大野東頭點點山[3]

그 장관은 넓은 들과 그 복판을 흐르는 대동강이었다. 거기 중심이 되어 호령하는 자리에서 주산主山이 된 것이 모란봉이다. 모란봉의 크기 조막만한 데 지나지 않지만 한번 거기 올라서면 사방 몇백 리의 산천이 지호간指呼間에 있다. 이것이 이른바 제일강산第一江山이다. 이 것이 모란봉이 모란봉된 까닭이요, 평양이 평양된 까닭이다. 고구려가 여기 나라터를 잡았던 것은 결코 우연이 아니요, 묘청[4]이 여기다 도읍하면 36국이 내조來朝한다 했던 것은 노상 미신만이 아니다. 거기다 비하면 고려의 송도와 이씨의 한양은 족히 비할 나위도 못 된다.

왕건은 또 그래도 당시 형편에 할 수 없이 하기는 하면서도 장차 평양으로 옮길 생각을 했다니 봐줄 점이 있지만, 요 북악산·남산 틈바구니에 끼어 감히 북을 바라볼 엄두도 못 냈던 이성계는 참으로 기상이 낮고 생각이 속된 사람이다. 아니다. 인물이란 것이 무엇이냐?

---

3) 고려 때 시인 김황원(金黃元, 1045~1117)의 미완성 작품으로, 당시 그는 부벽루에서의 감흥을 읊으려다 시상이 말라 더 이상 잇지 못하고 통곡하며 내려왔다고 한다.
4) 묘청(妙淸, ?~1135): 고려 인종 때의 승려. 도참설로 중앙 정계에 진출하여, 서경 천도 따위의 개혁 정치와 금국정벌론을 주장하다가 반대에 부딪치자 난을 일으켰으나 실패했다.

민民의 바다에 일어나는 한 물방울에 지나지 않는데 이성계를 책망해 무엇하느냐? 민의 기운 살았으면 고구려며 평양이요, 죽었으면 조선이며 한양이지. 지금도 평양을 잃어버린 것은 한이다. 민주주의 자라려면 만주는 또 몰라도 적어도 평양에 가야 한다. 평양은 그 땅이 그렇게 생긴 것같이 민중의 나라요, 통일의 도시다. 평양에서 아마 당파 싸움을 할 수는 없을 것이다. 발톱눈의 때 같은 양반과 그 고린내 나는 당파 쌈은 이 서울의 산물이다. 이 역사적 죄악의 탯집인 서울!

고려 마지막에 이색李穡 선생이 평양을 지나다가 읊은 시에,

텅 빈 성에 한 조각 달만 뜨고
돌은 늙었는데 구름은 제대로구나
城空月一片,
石老雲千秋
• 이색,「부벽루」

하는 구절이 있다. 이것도 국파산하재國破山河在, 성춘초목심城春草木深과 같은 심정의 말이다. 그 아래 구절에 보여주는 대로 그는 동명성왕의 큰일을 그리워하는 맘이 간절하기 때문에 성이 비고 돌이 늙어 뵌 것이다.

기린이 한번 가고 돌아오지 않으니
왕손은 어딜 가 노니느냐
麟馬去不返,
王孫何處遊

그러나 임금은 없어져도 백성은 남았다. 백성이 남은 한은 나라는 보이게는 못 있어도 그 백성의 가슴속에 숨어 있는 법이다.

고구려의 기질은 어느 정도 평양 사람에게 남아 있을 수밖에 없다. 사실 평양 사람의 자랑은 모란봉도 대동강도 연광정도 아니요, 그 대동강 물을 거슬러 떠먹는 데 있다. 내가 우리 지방 풍속대로 어머니가 정성껏 해준 분홍 저고리를 입고 갔다고 나를 촌바우라고 놀려주는 주인집 할아버지가 나보고 맨 처음 한 말은 "어, 우리 대동강 물 거슬러 떠먹는 피양 개명⋯⋯"이었다. 그 한 마디에 1천 년 부대껴온 씨올의 눈물과 피와 한숨이 엉기어 들어 있다. 지금은 선교리 쪽으로도 큰 도시가 열렸지만 옛날의 평양이라면 대동강 서편 언덕뿐이었다. 모란봉 부벽루에서 시작되는 긴 돌성이 늙은 용처럼 구불구불 달았고 그 중허리에 대동문大同門이 열려, 성안 사람이 물을 먹으려면 그리 나와 바른손으로 흐르는 대동강을 거슬러 물을 뜨게 된다.

　이름도 좋지 않은가? 대동大同! 늙은이 젊은이, 남자 여자, 부자 가난뱅이, 양반 상놈 없이 다 나와 오른손으로 거슬러 떠 한가지로 마시는 대동의 물! 아침으로 저녁으로 이 양덕 맹산 흐르고 내린 대동강 물을 떠먹을 때마다 그들 '피양내기'는, 그들 고구려의 남은 씨올은 "역사의 흐름이 아무리 저 물 같기로서니 한 번 못 거슬러본단 말이냐? 인생이 아무리 저렇듯 파란곡절이 많기로서니 한 번 못 싸워본단 말이냐?" 했을 것이다.

　그 생각이 어느덧 엉키고 엉키어 '대동강 물 거슬러 떠먹는 피양 사람'으로 된 것이다. 대동강이 흐르는 한 이 정신은 없어지지 않을 터이요, 이 정신이 살아 있는 한 평양 사람은 만주에서 반도에 걸쳐 문文과 무武를 겸해 활동하던 고구려의 혼을 다시 살려내고야 말 것이다. 이 뜻에서 한다면 옛날에 을지문덕을 낳았고 오늘에 안창호·조만식을 낳은 평양이 지금 공산주의의 혹독한 풀무 속에 시련을 당하고 있는 것은 크게 뜻있는 일일 것이다. 사람들이 평양 시詩라 해서,

긴 둑에 비 개이고 풀빛 더욱 푸른데
그대를 남포에 보내자니 슬픈 노래 나오네

대동강 물 어느 때는 마를 날 있다더냐
해마다 흘리는 눈물 푸른 물결 붙더라

雨歇長堤草色多,

送君南浦動悲歌

大同江水何時盡,

落淚年年添綠波

• 정지상, 「송인」送人

를 흔히 입에 올리지만, 과연 대동강이 마를 리는 없다. 그것은 평
양의 생명이요, 평양의 슬픔이다. 슬픔이기 때문에 생명이다. 저들은
대동강 물을 마시고는 눈물을 흘리고, 눈물을 흘려서는 대동강을 살
린다. 그러는 동안에 긴 뚝에 푸른빛도 새로이 자라난다. 그거 역사
아닌가.

나도 대동강 물 거슬러 떠먹었다. 내 태는 발해만의 흐린 물결에
띄워 내버렸지만 내가 세상물정 알게 될 땐 이 대동강 물 거슬러 떠
먹는 평양에서 컸다. 이제 그 먹었던 물이 속에서 한 번 굽이를 치는
날이 온다.

독립만세

5, 60대의 사람에게는 다 그런지 모르지만 하여간 나는 3·1운동 없
으면 오늘은 없다. 그것은 내 일생에 큰 돌아서는 점이 됐다. 만일 3·
1운동이 일어나지 않았더라면 나는 입학할 때의 생각 그대로 관립평
양 고등보통학교를 졸업했을 것이요, 그랬다면 의학을 했을 것이요,
의사가 됐다면 나도 지금쯤은 큼직한 병원이나 경영했을는지 모르
고 잘하면 나도 누구들처럼 국회의원에 출마도 했을는지 모르고 누
구보다 못지않은 자유당 중요 간부쯤도 됐을는지도 모른다. 하지만
하나님이 내게 명하신 것은 그런 것은 아니었다.

나는 나기를 민족주의 가정에 났고 처음부터 교육받기를 강한 민주주의 기독교 학교에서 받았건만 공립 보통학교 이태를 거쳐 고등보통학교 3년을 다니는 동안 그만 그 정신은 다 잠 자버리고 그저 속된 입신 출세주의의 생각밖에 남은 것이 없었다.

처음에는 사립학교는 정신 있는 학교, 공립학교는 친일파 하여 장래 학문 길을 위하여 공립 관립에 입학은 하면서도 그래도 스스로 한끝 부끄러운 생각도 있고 길에서 사립학교 학생 만나면 속으로 미안한 맘까지 있었는데 차차 날이 갈수록 일본 세력은 굳어져가고 사회에는 아무 반항의 기색도 보이는 것이 없어지자 어느덧 관립학교 학생인 것을 자랑하는 심리가 생겼다. 또 공부 실력도 첨에는 사립이 훨씬 높았으나 점점 사립학교 경영이 어려워지자 그것도 관립에 떨어지게 되었다.

또 거기다 젊은 군중심리도 있어서 3·1운동 전까지는 학생계를 보면 어느덧 관립·사립의 대립의 경향이 있었다. 관립학교 학생은 사립학교 학생을 실력 없는 것으로 깔보고 사립학교 학생은 관립학교 학생을 정신 없는 것으로 업신여기고. 만일 그대로 갔다면 우리는 온통 일본이 다 되고 말았을지 모른다. 관립학교 학생의 심리는 친일을 하잔 것은 아니지만 "지금 이 현상에서 별수 없지 않으냐? 쓸데없이 공상만 말고 학문 길로나 나가는 것이 좋다" 하는 것이었고, 사립에 다니는 학생도 실력에 부쳐 관립에 못 들어왔으니 정신적으로 반항이라도 해보지만 저희도 들어올 수만 있다면 언제든지 들어오고 싶은 것이요, 또 들어만 오면 그것도 관립 심리가 될 것만은 사실이다. 그러므로 그대로만 나갔다면 우리는 다 일본 사람의 심부름꾼밖에 될 것이 없었다.

어쨌건 '관'官이란 것처럼 더러운 것은 없다. 오늘도 마찬가지다. 지금이야말로 관립·사립의 차별이 없으련만 그래도 있다. 교육을 크게 그르치는 것은 이 썩어진 관의 사상이다. 민주주의 나라에 직職이 있으면 있었지 관은 있을 리가 없건만 지금도 장관·차관하여 관을 쓴다. 이미 관을 잔뜩 세워놓고는 관존민비官尊民卑의 버릇을 없앤다고 아무리 구호를 해도 그것은 새빨간 거짓말이다. 관은 다른 것 아니요 곧 특권인데 특권이 있는 것을 보면 소수의 쫄쫄한 것을 내놓고는 대개의 사람은 "지금 이 현상에 별수 없지 않아?" 하게 된다. 그 관에 앉은 자가 이족異族이거나 동족이거나 이것은 마찬가지다.

일제 말년에 만주를 여행한 일이 있는데 혼자서 울음이 북받쳐 나와 참지 못한 일이 있다. 하나는 그 무연한 벌판을 보니 "원, 이놈들이 동지사(冬至使: 조선시대에 해마다 동짓달에 중국으로 보내던 사신 - 편집자)랍시고 적어도 해마다 한두 차례는 이 벌판을 봤을 텐데 이것 한번 도로 찾아 살아보잔 생각은 못하였단 말이냐?" 하는 분한 생각에서요, 그리고 또 하나는 그 중국놈, 만주놈이 일본 흉내내려고 하는 꼴 보고 "우리 꼴도 저 꼴이겠구나" 하는 슬픈 생각에서였다.

그때 만주제국이 된 지 아직 몇 해 아니 됐는데, 그 자존심 많다던 중국 사람이 일본말 하고 일본 '벤또' 사먹고 일본 티를 내노라고 노는 모양이 늙은 갈보의 꼴같이 더러워 보였다. 그러니 우리도 저랬을 터인데 그것을 왜 몰랐나? 일본이 우리를 부려먹으면서도 멸시한 것은 당연한 일이었다. 이 어리석은 사람아, 오늘은 없다더냐? 종로·세종로, 눈을 뜨고 못 지나가겠더라.

그때의 내 꼴이 그러했다. 나만 아니라 대개의 젊은이가 다 그러했다. 사회 전체가 그러했다. 한마디로 "이 현상에 별수 없지 않아?"다. 타협이요, 굴종이요, 아첨이요, 속임이요, 구차다. 썩었다. 구차 구차, 이놈의 구차가 5천 년 역사에 우리를 얼마나 녹여냈나? 그렇게 구차하게 살잔 생각에 민족의 정신이 논귀에 물 줄듯이 졸아들어가는 때에 큰물처럼, 회오리바람처럼, 지진처럼 모든 사람의 맘을 휩쓸고 뒤흔들고 두드려 새 기운을 내게 한 것이 3·1운동이다.

내가 서울만 있었다 해도 3·1운동이 그처럼 결정적으로 내 생애에 영향을 미치지 못했을 것이다. 평양이요, 평양에서도 관립학교에 다녔기 때문에 그 운동을 치르고 난 뒤에는 다시 가던 길을 도로 걸을 수 없이 되었다. 나는 어느 점으로 보나 학교에서 두드러진 것이 없는 평범한 학생이었다. 공부 성적으로는 그리 나쁜 편이 아니지만 조그만 시골 구석에서는 재주 있단 말도 들었는지 모르나 평안남북, 황해 일대의 수재가 다 모인 곳엘 가면 자연 그렇게 되기도 쉽지 않고 또 웬일인지 이른바 공부벌레 소리 듣는 것은 속되어 보여서 머리 싸매는 공부는 한 일이 없다.

그렇다고 이른바 호걸 노릇을 했나 하면 물론 아니다. 맘은 타고난 약질이어서 바닷가에 났으면서도 헤엄칠 줄을 모르고 체조 시간이 되면 철봉하잘까봐 그것만 걱정이었다. 그러므로 반 중에서 별 두드러진 것이 없이 3년을 지냈다. 그런데 1919년 만세를 부르는 그해 처음 석은錫殷 형이 평양으로 왔고 그가 3·1운동 때 평안남북 학생운동을 맡은 관계로 자연 평고平高에서는 내가 연락을 하게 되었다. 독립선언서를 전날 밤중에 숭실학교 지하실에 가서 받아들던 때의 감격!

그날 평양경찰서 앞에 그것을 뿌리던 생각. 그리고 돌아와서는 시가행진에 참가했는데, 나는 60이 되어오는 평생에 그날처럼 맘껏 뛰고 맘껏 부르짖고 그때처럼 상쾌한 때는 없었다. 목이 다 타마르도록 "대한독립만세"를 부르고 팔목을 비트는 일본 순사를 뿌리치고 총에 칼 꽂아서 행진해오는 일본 군인과 마주 행진을 해 대들었다가 발길로 채여 태연히 짓밟히고 일어서고, 평소에 처녀 같던 나에게서 어디서 그 용기가 나왔는지 나도 모른다. 정말 먹었던 대동강 물이 도로 다 나오는 듯하였다.

하기는 그 평고 교장으로 있던 다나카田中 선생이 언젠가 "시여처녀 종여탈토"(始如處女 終如脫兔: 처음에는 처녀 같고 나중에는 뛰어가는 토끼 같다)라는 옛글을 가르쳐주던 것을 지금도 기억하기는 하지. 약한 사람이 따루 있는 것도 아니요, 악한 사람이 따루 있는 것도 아니더라. 속에 있는 것을 어떻게 불러내느냐가 문제다. 속에는 다 개인의 행위와 역사의 사건으로 영향을 입지 않는, 입힐 수 없는 혼이 잠을 자고 있다. 그것을 불러내기만 하면 된다. 그렇게 볼 때 나는 지금 우리나라 정치한다는 사람들처럼 못난 것은 없더라. 젊은이를 군대 아니 가련다고 잡으러 다니지만 말고, 학생 풍기 나쁘다고 욕만 하지 말고, 그들의 속에 있는 나라에 한 번 동원령을 못 내려?

젊은이는 능히 죽을 줄을 아는 물건이다. 사람, 더구나 젊은이는 짐승처럼 목을 매고 자갈을 물려 말을 못하게 하고 가는 곳마다 사냥개처럼 따라가며 냄새를 맡아 조사하고 단속하고 취체하고 의심하고 강제할 것이 아니라 그보다도 불러내주고 써주고 길을 열어줄 것이다. 젊은이 속에, 씨울 속에 잠을 자고 기다리고 있는 나라가 있다. 그것은 일할 터를 찾고 일할 거리를 기다린다. 그것을 능히 알아 불러내어 동원을 하면 산을 옮길 수 있고 바다를 메울 수 있을 것이다. 그것을 능히 하는 것이 정치가요, 영웅이다. 천리마를 잡아타지 못하고 무서워서 마구간에 얽매두어 장난을 못하게 하는 것을 큰일로만 아는 사람은 못생긴 물건이다. 세상에 이 따위 정치가, 교사, 종교가가 어찌 그리도 많은지!

만세를 부르고 난 후 한 반의 친구들은 거의 다 복교를 했다. 그리하여 그대로 보통학교 훈도가 되고, 군 서기가 되고, 군수·경부가 되고, 의사·변호사가 되었다. 그러나 나는 다시 학교엘 갈 수가 없었다. 한동안 계엄령이 내렸다가 안정된 뒤에 집에서 어른들도 학교에 다시 가라 하기도 하여 봇짐을 싸서 평양에 나왔으나 차마 학교 문엘 들어설 수가 없었다. 머리를 들이밀기가 우선 싫고 한번 박차고 나온 학교를 다시 갈 수가 없고 또 함께 운동했던 친구 중에는 아주 어디 갔는지 알 수 없게 된 사람도 있는데 의리상 배반이 되는 것 같아 다시 학교에 가서 자복하고 학교 다니기는 싫었다.

크게 용기가 있어서 아니라 맘이 약해 차마 할 수가 없어 도로 집으로 돌아왔다. 그때부터 나의 일생은 딴 길로 나가기 시작했다. 무엇을 할지 모르지만 하여간 의사되기는 그만두었다. 관과는 원수가 됐다. 막연은 하지만 나는 무슨 새것을 발견하고 잃었던 커다란 것을 찾은 듯했다. 그것을 이제 또다시 모른다 할 수는 없는 것이었다.

나는 이젠 어떻게 하나? "독립만세!" 소리는 첨에는 일본 군대를 가지고도 막아낼 수가 없었다. 방방곡곡에 울렸다. 그러나 날이 갈수록, 먹고 살아야 하는 인생인지라 만세 소리는 없어지고 일본의 압박 아래 있는 악착한 현실만 또렷해갔다. 그러나 그 만세 없어졌을까?

아니다. 흐름은 또 한 번 땅속으로, 땅속 아닌 가슴속으로 들어갔다. 누구나 낮에는 일본 사람의 요란한 칼소리를 들어도 고요한 밤 베개에 기대 귀를 기울이면 "대한독립만세!" 하는 소리가 저 몇십백리 밖에서 하는 군중의 외침이나 되는 것처럼 제 가슴속에서 은은히 들려오는 것을 느꼈을 것이다.

씨올의 소리

"어, 신문 녕감 이제야 오시는구만."

"어서 들어오시우, 또 무슨 좋은 소식이라도 들으셨소?"

미닫이 소리가 드르륵 나며 들어서는 것은 얼굴빛이 익은 밤알 같은데 칼로 새긴 듯이 깊은 주름이 가고 눈같이 센 머리와 수염을 박박 깎은 늙은이다. 모든 시선이 그리 모인다. 노닥노닥 기워 입은 옷이 소매는 팔 중동에 가고 바지는 무릎에 찬다. 쇠갈퀴 같은 손에는 담뱃대만을 들었고 발은 왕발이다. 서슴지 않고 턱 들어서 자리를 잡고 나이 여든이 돼가도 아직 쇠뼈다귀를 까는 입에 담뱃불 붙여 대를 가로 물고 창이 찢어질 듯한 목소리로 이야기가 나온다.

"아, 오늘 다둥거우大東溝 건너갔다 온 사람이 그러는데 저 관제현寬制縣 저쪽으론 벌써 독립군 다 돼 있대……."

이것은 만세 이후 한동안 우리 집 사랑방에 저녁이면 열리는 광경의 한 토막이다. 거기는 면장도 오고 동장도 오고 주사님도 오고 건넛집 머슴도 온다. 방이 터지도록 사람이 모여 담배 연기가 자욱한 가운데서 밤새도록 서울선 어쨌단다, 평양선 어쨌단다, 뉘집에 독립단이 왔다갔단다, 어느 구두쇠 부자가 돈 몇만 냥을 주어 보냈단다. 이런 따위 이야기를 주고받다가 닭이 우는 소리를 듣고서야 돌아간다.

그중에서 인기인 것이 이 김선달이라는 영감이다. 그의 아버지는 대원군 쇄국정치할 때에 화매죄(貨賣罪: 만주에 장사 거래했다는 죄)로 걸려 신도첨사薪島僉使한테 구염산에서 목을 잘려 죽었고 그는 어려서부터 뱃대가리에서 늙은 배꾼이다. 무식하고 쌍스럽고 술 잘 먹고 쌈 잘해서 그전 같으면 동리에서 누가 대수롭게 알지도 않을 사람이다. 그런데 만세 부른 이후 사랑에를 밤마다 오고, 오면 인기다. 본래 거짓말도 잘하는 데다가 어디서 얻어들은 소리를 또 과장을 해서 저녁이면 동리 안의 이 사랑 저 사랑을 두루 돌아다니면서 알려준다. 그래 '촌 신문'이란 이름이 붙었다. 사람들은 그의 말이 그대로 신용 못할 것인 줄을 알면서도 그의 이야기를 개선장군의 보고나 되는 듯이 듣는 것이었다. 3·1운동은 이 인간의 찌꺼기를 단번에 씨울의 영웅으로 만들었다.

잔치를 치르고 나면 쓸쓸한 법이다. 그러나 3·1운동은 잔치는 아니었다. 그것은 교회에서 유행하는 부흥회 같은 감정의 잔치만은 아니었다. 그러므로 부흥회 뒤는 쓸쓸한 법이지만 3·1운동 뒤는 결코 쓸쓸하지 않았다. 흥분이 지나간 뒤도 민중은 낙망하지 않았다. 그 증거를 우리는 촌 신문 김선달에게서 본다. 3·1운동은 겉으론 실패라면 실패다. 만세만 부르던 독립은 세계에서 '거저 주는' 줄 알았더니 그대로 되지 않았으니 그 의미에서 실패다. 그러나 실패인 줄을 차차 알면서도 민중은 결코 풀이 죽지 않았다.

일본 군인의 총칼도 감옥의 생죽음도 무서워 않던 민중이 풀이 죽기 시작한 것은 되는 줄 알았던 독립이 아니 돼서가 아니라, 그보다 훨씬 뒤 소위 일본 사람의 문화정치 밑에서 사회의 넉넉한 층, 지도자가 민중을 팔어넘기고 일본의 자본가와 타협하여 손을 잡고 돈을 벌고 출세하기를 도모하게 됨을 따라 민중의 분열이 생기면서부터였다.

운동 당시에는 그렇지 않았다. 그 운동의 뜻은 민중이 하나로서의 의식을 가진 데 있다. 씨올의 싹이 튼 것이다. 싹이 텄기 때문에 첫 번 열熱이 지나갔어도 낙심을 아니 한 것이다. 낙심 아니 한 증거는, 만세 이후 일어나서 한동안 밀물처럼 성행하던 강연회, 교육열이 그것이다. 그것은 자라는 현상이다.

본래 한일합병이 생긴 이후의 나라 모양은 마치 옛 글구 같았다.

자만큼 깊은 물 다 쫄려니 고기 서로 먼저 도망하고
뼈다귀 한 조각 내던지니 개 서로서로 다투더라.
尺水將盡魚先亡,
一骨纔投犬共爭

뜻 있던 사람은 고기요, 더러운 벼슬아치는 개다. 일이 글러지기 전에 어떻게든지 나라를 붙들어보려고 애쓰던 사람들, 판국이 바뀌니 자연 있을 수 없지. 그러므로 북간도로 서간도로 해삼위(블라디보스토크 - 편집자)로 상해로 미국으로 도망을 갔다. 내가 어렸을 때는 예배당에서 기도만 하면 언제나 "해외로 나가 있는 이들을 보호해주십사" 눈물을 흘리는 것이었다. 세월 지나 그 해외에 검은머리로 나갔던 지사들 흰머리 돼 돌아온 때 서로 물고 뜯고 죽일 줄은 꿈에도 못 생각했다.

간다 간다 나는 간다
너를 두고 나는 간다
내가 간들 아주 가며
아주 간들 잊을쏘냐
• 안창호, 「거국가」去國歌

애끓는 이 노래는 그때 지사들의 심정이었는데 어쩌면 돌아와서 그리될까?

그다음에 글자 낱이나 배웠던 사람들은 "이젠 별수 없지" 하고 알게 되자 싹 돌아붙어, 던져주는 죽은 제 동무의 뼈다귀 같은 주사·순사 자리나마 착실하게 해먹어보려고 노골적인 제 뼈다귀 돌려놓은 개싸움을 하게 됐다. 그 중간에 있어 이러지도 저러지도 못하고 있는 것은 백성이다. 성명 없는 씨올이다. 그들은 못생겼기 때문에 도망도 못했고 해먹지도 못했다. 그러므로 못생긴 덕택에 이 땅의 주인으로 되어 있었다.

온유한 자는 복이 있나니 땅을 기업으로 받을 것임이오.
•「마태복음」, 5: 5

불망부쟁不亡不爭하는 것이 민이다. 그렇기 때문에 천명이 거기 내린다. 내릴 수밖에 없다. 3·1운동은 민중이 하늘의 소리를 잠깐 조금 들은 것이었다. 그러므로 그 말씀이 있는 동안 그만큼 빛이 있었던 것이요, 그 말씀 버리는 날 다시 흐지부지 뒤죽박죽이 됐다. 이조가 우리 5천 년 역사 중에도 가장 더럽고 고스란히 망했다 했지만, 그렇게 망한 이유는 민중이 편을 들지 않았기 때문이다. 민중이 분해 일어섰다면 망하지도 않았을 것이요, 망했다 해도 역사가를 울리게는 망하지 않았을 것이다. 백성을 사람으로 알지 않았기 때문에 백성이 그것을 제 나라로 알지 않았다. 그러므로 사실 바로 말한다면 일본 사람에게 망한 것은 이씨네 정부지 나라가 아니었다. 나라가 망했다면 벌써 그전에 망한 것이요, 그냥 있다면 합병 뒤에도 씨올의 가슴 속에는 변함없이 까딱없이 있었다.

3·1운동은 이제 그 잠자던 나라의 소리였다. 어째 그 나라가 깼나? 씨올의 가슴이 열렸기 때문이다. 왜 열렸나? 자기네를 사람으로 대접 해주는 것을 보았기 때문이다. 우리나라 역사에 민중이 제 대접을 받아본 것은 이 3·1운동이 처음이다. 말을 바꾸어 하면 지도자라는 사람들이 이때 와서야 첨으로 완전히 민중을 향해 부르짖었단 말이다.

갑신정변·갑오경장이 다 실패한 것은 민중이 부르짖지 않은 것이 그 원인이다. 힘은 민에 있는데 그 운동을 꾸미던 사람들은 아직 옛날 봉건식의 머리였다. 그러므로 군벌의 쿠데타, 암살 같은 것으로 일을 해보려 했다. 거기가 잘못된 곳이었다. 이제 3·1운동에서는 인텔리층이 민중을 향해 겸손했다. 그러지 않고는 아니 될 줄 알았기 때문이다. 전 민중이 다 일어난 것은 이 때문이다. 자기네를 주인으로 부르는데 아니 일어날 리가 없다. 민중은 부르면 듣는 것이다. 정치가 겸손해서 민중에까지 내려가지 않고는 일은 못한다.

그러므로 3·1운동은 우리 역사에서 한 시기를 짓는 사건이다. 그 전의 역사는 정치가의 역사, 지배자의 역사, 영웅주의의 역사였다. 이제부터는 씨올의 역사다. 자주自主하는 민民의 역사다. 그전에도 혁명이 있고 반항운동도 있었다. 그러나 그것은 귀족계급이 하는 것이었고 군인이 하는 것이었다. 이제부터는 민중이 자각해서 하려는 것이다. 그전에도 민족이 있었고 그 운동이 없지 않았다. 그러나 그것은 감정적인 것에 지나지 않았다. 이것은 사상적인 운동이다. 민족자결이라는 주의主義 아래 되는 운동이다. 전에는 쿠데타식의 정변으로 하려 했다. 이것은 민의 평화적인 반항으로 하려는 것이었다. 그런데 오늘도 아직 날치기식의 폭력주의로 정권을 얻으려는 것은 참 어리석은 일이다. 민중을 무엇으로 알고 있나?

민중을 대접하지 않는 자는 민중의 적이요, 민중을 적으로 삼는 자는 스스로 부끄러움을 사고 망하는 날이 반드시 올 것이다. 또 창틈으로 길거리를 내다보며 민중이 호응하나 아니 하나 형편을 보아 정치 행동을 하려는, 그렇게 민중을 이용해 불 속의 밤알은 어리석은 민중더러 주워내라 하고 먹기는 제가 먹으려는 그런 야비하고 간악한 생각을 가지는 정상政商 떼에도 이젠 민중은 속지 않을 것이다.

말 없다고 민중을 업신여기지 말고 민을 주主로 모시고 절하고 호소하라. 그러면 대번에 천하를 손바닥 뒤집듯 할 것이다. 하나님은 말 없는 민중에게 그 명을 내리시는 것이요, 하늘말씀을 받기 때문에 말이 없는 것이다. 3·1운동은 그 좋은 증거다.

그럼 3·1운동은 왜 실패했나? 왜 만세로는 독립이 못 됐나? 만세는 민중이 살았노라는 표시뿐이지 아직 완전히 깨어 힘을 가진 것은 아니었다. 독립은 실력이지 구호가 아니다. 언제 가서도 참을 해서만 독립은 될 것이다.

순 조선종

3·1운동을 돌이켜 생각할 때 내가 잊지 못하는 두 인물이 있다. 하나는 남강南岡 이승훈李昇薰 선생이요, 또 하나는 내 평고 동창이었던 이문욱李文郁이다. 남강 선생에 관하여는 자연 말할 것이 있을 것으로 여기서는 그만두고, 이문욱 군에 관하여는 한 마디 아니할 수 없다.

그는 평안북도 박천 영미 태생이었다. 학교에서 3년을 같이 공부하면서도 별로 가깝지도 않았다. 그는 인상이 좋지 못한 사람이었다. 하나님은 어째 이따금 가다가 그렇듯 안과 밖이 서로 판다르게 하시는지 모른다. 아마도 얼굴 딱지로 사람을 판단치 말라는 경고이실 것이다. 대개의 사람은 그 얼굴을 보면 대개 그 성격이나 맘씨가 짐작이 되는데, 이는 그렇지 않았다. 이와 같은 실례는 그때 우리 반에 또 하나 있었다. 김윤욱이란 사람인데 첨부터 알지도 못하고도 달라는 것 없이 미웠다. 나는 그래 그가 보기도 싫었다.

그런데 그 후 알고 보니 그렇게 좋은 사람은 없었다. 이 이문욱 군은 미워 보이지는 않았으나 어딘지 모르게 품격이 낮은 듯한, 못생긴, 어득해 보이는 인상이었다. 그래 속으로 늘 업신여겼다. 나는 워낙 맘이 약한 사람이니 밖에 내색은 아니 했지만 반 중에도 좀 까부는 동무들은 쉬는 시간에만 나오면 그저 그를 놀려주는 것이었다. 별호를 귀신이라 불렀다. 머리는 언제 깎았는지 늘 귀를 푹 덮고 눈초리는 본래 내리 찢어진데다가 누가 뭐라 해도 눈 내리깔고 대답도 아니 하고, 마지못해 반항을 할 때는 또 혀가 좀 굳어서 말도 변변치 못했다. 어느 모로 보나 장가는 이미 간 사람 같은데 두루마기는 늘 때가 재작재작 묻어 있었다. 정말 나 보기에도 귀신 같았다.

만세를 부르는 날도 그가 어쨌는지도 나는 몰랐다. 그러고는 나는 학교에를 다시 가지 않았으므로 그이 일은 알지도 못하고 기억에 남아 있지도 않았다. 그런데 그 후 내가 동경을 거쳐 오산 모교에 와 있게 되었을 때 들려오는 말에 영미 부근 어느 동리에서 매우 뜻있게 사립 소학교를 하고 있는 이가 있다는 말을 들었다. 그래 한 번 찾아보려 했으나 그럴 기회가 없었다 그러다가 해방 후 공산당에게 총살을 당해 이젠 고인이 된 박승봉朴勝鳳 형 댁에를 이따금 가게 되었으므로 그에게 그 얘기를 물었더니 의외로 그가 그 이문욱이라는 것이요, 두 분이 서로 대단히 친하다고 하였다. 그리하여 그를 10여 년 만에 처음으로 다시 만나게 되었다.

만나보니 모양은 옛날의 궁상 그대로인데 병으로 퍽 약했었다. 그런데 듣고 놀란 것은 그가 평고에서 둘째 번 만세 때에 주동이 되어 잡혀가 오랜 고생을 했다는 것이었다. 그러고는 학교는 퇴학맞고 돌아와 영미에서 신문 지국을 하여 일본 세력과 싸워가며 이날까지 왔다는 것이요, 학교도 경영한다는 그를 보고 나는 속으로 옷깃을 바로 잡았다. 알 수 없는 일이다. 당시의 '귀신'이 그런 일을 할 줄은 몰랐다. 그 속에 그런 힘이 있었던가. 그를 업신여기던 똘똘하노라던 것들은 금일에 안재재安在哉요, 나는 스스로 부끄럽고 차마 말로도 못하는 사과를 하였다.

그 후 그는 몇 해를 못 살고 세상을 떠났다. 그러나 내가 세상에선 별로 알 사람도 없는 청춘을 청춘같이 누리지도 못하고 모르게 났다 모르게 죽는 깊은 산의 풀 모양으로 스러져버린 한 궁한 선비의 이야기를 이렇게까지 하는 데는 따로 단단한 까닭이 있다. 그때가 일제시대에 점점 압박이 심해가는 때인데 언젠가 무슨 이야기를 해가다가 그 경영하는 학교의 "금년 졸업생이 몇이요?" 하고 물으니 그 대답이 명답이었다.

"순 조선종 여섯."

그러고는 말을 이어 내가 모를까봐 걱정이나 하는 듯이 설명을 붙였다.

"그거는 참 다시 더할 수 없이 가난한 것들이지."

아닌 게 아니라 나는 '순 조선종'이라 할 때 거기까지 생각을 못했었다. 그 후 그것은 내 가슴에 칼처럼 박혔다. 하는 사람은 무심코 했는지 모른다. 그는 그 자체가 그러니 모르고 했을 것이다. 참은 모르고 하는 것 아닌가? 그러나 듣는 나는 가슴을 찔렸다. 잊을 수가 없다. 그런 지 30년이 되는 오늘도 그 말은 내 귀에 있고 뼈에 꽂혔다.

"순 조선종, 다시 더할 수 없이 가난한 것들."

문욱아! 너는 그 한 마디를 남기기 위해 이 거지 같은 역사의 끄트머리에 나왔던가? 그 한 마디를 낳기 위해 너는 귀신이 됐던가? 저 백성을 잡아먹고 살진 것들을 부끄럽게 하기 위해 파리하다 죽었던가? 저 피를 빨아먹는 귀신들을 깨우쳐주기 위해 너 자신 귀신 같은 모양을 했었던가? 지금도 나는 눈을 감으면 내 가슴속에 텁수룩한 머리로 귀를 덮고 섰는 한 처참한, 그러면서도 빙그레 웃음을 띠는 한 형상을 본다. 이것이 나의 무엇보다도 좋은 3·1운동 기념상이다.

아, 그것은 이문욱이 아니고 이 겨레의 한 상징이던가?

죽을 때까지

만세가 지나간 후에 일어난 것은 강연회였다. 난물이 한 번 휩쓸고 지나간 다음에 시커먼 살진 땅에 무수한 싹이 터 올라오듯 삼천리를 뒤흔드는 격동이 지나간 후 사람들은 차차 "아니다. 배워야 되겠더라!" 하게 됐다. 그래 일어난 것이 연달아 밀려오는 물결처럼 골짜기 골짜기를 찾아든 강연반이요, 그 뒤를 이어 일어서는 학원이었다. 그 많은 강연 중에 들은 것이 하나도 지금 남아 있는 것이 없으나 남아 있는 것이 오직 하나 있다. 그것은 나의 걸음걸이가 변한 것이다.

나는 본래 뜻이 약하여 실행하는 힘이 아주 부족하다. 이날까지 격언·좌우명 하는 것을 만들거나 써붙이거나 해보지 못했다. 나의 잘못을 알아 결심하고 고쳐본 것도 없다. 누가 묻기를 수양한 것이 무엇이냐 하면 아무 대답할 것이 없다. 그런데 이 걸음걸이 하나만은 내 성격과는 다르게 내가 힘써서 해본 단 하나의 일이다. 본래 활발치 못한 성격이어서 운동을 못하고 자랐다. 그런데 학교를 그만두고 다시 가지는 못하고 속만이 썩고 있는 즘에 용암포에 강연회가 있다기에 들으러 나갔다. 연사는 한동안 이름 있던 김미리사 여사였는데 무슨 얘기 해가다가 우리나라 사람 활발한 기상이 없어 못쓰겠다고 하며 아주 통절히 말하여

"우리나라 청년 걸음걸이가 모두 잠자리 잡으러 가는 것 같습니다."

했다. 듣고 나니 나보고 한 말 같아서 그것만은 참말 그 이튿날부터 실행하였다. 첨에는 일부러 뜻을 먹고 빨리 걸었는데, 그렇게 몇 해를 하고 나니 그때는 하는 줄 모르게 빠른 걸음이 됐다. 이것이 나의 일생에 이루어본 단 하나의 일이다. 지금도 다른 칭찬은 듣는 것이 하나 없어도 걸음이 빠르단 말은 듣는다. 젊어서는 길에 나서면 누구에게 떨어지고 싶은 맘 없었던 것이, 지금도 내 맘은 여전한 것 같건만, 아무래도 내 뒤에서 나를 내뽑는 사람이 있을 때

"아, 후생後生이 가외可畏로구나, 언지래자지불여금야焉知來者之不如今也아?"[5]

---

5) 後生可畏 焉知來者之不如今也: "뒤에 태어난 사람이 가치 두렵다. 어찌 오는 사람들이 이제와 같지 않을 알 수 있으랴." 뒤에 난 사람은 두려워할 만하다는 뜻. 후배는 나이가 젊고 의기가 장하므로 학문을 계속 쌓고 덕을 닦으면 그 진보는 선배를 능가하는 경지에 이를 것이라는 말이다. 『논어』, 「자한」.

하고 한탄을 하게 되지만, 그래도 남대문·종로에 나가보면 답답해 걸어갈 수 없다. 그저 입에서, "바쁘기는 하다는 백성이 왜 이 꼴이냐?" 하고 욕이 나오다가 만다.

장담은 못하지만 나는 죽을 때까지 이 걸음걸이는 놓지 않으련다. 3·1운동이 몰아쳐 내세워준 이 걸음 늦추지 않을 것이다. 부자는 뚱뚱해 앉았을는지 모르고 세력 있는 자는 자가용 자동차 안에서 버크셔(돼지의 한 종 – 편집자)처럼 드러누워 갈는지 몰라도 나는 죽을 때까지 이 걸음으로 걸으련다. 장안 길거리를 두리번거려도 내가 주워 가지라고 떨어진 금덩이는 없을 테니 나는 가난한 순 조선종 틈에 끼어 뒤도 돌아볼 것 없이 걷고 싶다. 영원히 영원히 빠르나 급하지는 않게, 뚜벅뚜벅 걸으나 느리지는 않게, 길이길이 걸었으면!

• 1959년 4월, 『사상계』 제69호

백두산 호랑이

청산맹호青山猛虎

팔도평八道評을 누가 했는지 어느 시대에 됐는지, 거기 어느 정도 치우친 생각이 들었는지 아니 들었는지 모르나, 평안도를 호랑이로 표시한 것은 그럴듯하다. 평안도 사람에겐 확실히 호랑이 기질이 있다. 호랑이 살림 꼴이나 버릇을 과학적으로 살펴보고 반드시 거기 맞추어 하는 말이 아니다. 그것으로 한다면 호랑이란 고기 먹는 짐승인데 평안도 사람은 결코 남 잡아먹기 좋아하는 사람들이 아니다. 제일에 정치에서 따돌림을 당한 사람들이 남의 고기 먹을 기회가 있을 리가 없다. 정말 육식은 정치가만 하고 있다.

일거리〔事件〕보다 뜻〔意味〕을 더 중요하게 여기는 옛사람들의 이야기는 사실과는 엉뚱한 전설적인, 설화적인, 우화적인 것이 많이 있다. 용은 구름을 부르고, 범은 바람을 일으킨다는 따위가 다 그것이다.

옛사람 보기에 호랑이는 날쌤의 화신이었다. 호랑이는 나갈 줄 알고 물러갈 줄 모른다느니, 곧은 목이어서 돌이킬 줄을 모른다느니, 죽어도 앉아 죽는다느니, 짐승의 왕이니 하는 말이 다 그것을 말하는 것이다. 평안도를 호랑이라는 것은 주로 그 용기를 말한다.

그 평을 지은 사람이 일부러 뜻을 넣어서 했는지 모르지만 북의 세 도는 짐승으로, 남의 세 도는 자연 경치로, 가운데 두 도는 사람 형상으로 표시됐는데, 거기도 이치가 있는 듯싶다. 평안도·황해도·함경도가 서로 다르지만 또 이른바 서북이라 해서 어딘지 통하는 점이 있는데 삼남이라는 세 도가 역시 충청도·전라도·경상도의 차이가 있기는 하면서도 아무래도 같은 삼남이다. 그렇다면 가운데 두 도는 반대로 같을 듯하면서 다르다. 거울 속 미인과 바위 밑 부처가 다 같이 사람 형상이건만 속은 서로 딴판이듯이 경기도와 강원도는 서로 등을 지고 다르다.

그러나 이것은 옛날 이야기고 기차·자동차·비행기·전신·전화·신문·잡지·영화가 번개같이 쉴 새 없이 왔다 갔다 하는 지금에 지방적 기질의 다름이란 문제가 되지 않는다. 지금 평안도가 어쩔까봐 함경도가 어쩔까봐 걱정하는 것은 공연한 생각이다. 사람들의 생각과 말과 일이 풀가마처럼 뒤저음을 당하는 오늘 문명에 민족·인종의 다름도 차차 없어져가는데 평안도 따로 경상도 따로가 있을 수 없다. 그런 것은 이 앞으로 점점 더 없어져갈 것이다. 이런 것은 다 교통 통신이 자주 되지 않고 비교적 가만 있는 살림을 하는 때에 된 일이요, 이제는 그런 것은 사회 살림에 큰 영향을 줄 것은 못 된다 할 것이다.

이것은 이 지방적 기질의 차이가 차차 없어져간다는 사실은 한편 좋은 일이다. 기질이 좀 다르다 하여서 공연히 지방색을 나타내어 사람의 말이 서로 막히는 일이 많기 때문이다. 인정 풍속이라 하지만 그 풍속이란 사실 우스운 것이 많다. 바람 같은 것에 걸려 사람의 맘이 막히고 심지어는 역사의 바퀴까지 못 돌게 되는 일이 있다.

나는 일제시대 서울형무소에 갇혀 있는 사람끼리 동탯국을 어떻게 끓여먹느냐 하는 것 때문에 싸우다가 간수한테 매를 맞는 것을 본 일이 있다. 하나는 함경도 사람인데, 서울 놈들 동태를 밸도 따지 않고 그냥 끓여먹더라 흉보는 거요, 또 하나는 서울 친군데, 함경도 놈들 몰라 그러지 동태는 그냥 끓여야 제 맛이 나는데 그것을 모른다고 깔보는 것이다. 감옥 안에서 콩밥에 소금국도 없어 못 먹는 놈들에게,

동태의 밸을 따고 먹음 어떻고 그냥 먹음 어떻고, 소용이 없는 문제 런만 그래도 그저 제가 옳다, 제 고장이 좋다 내세우려다가 매를 맞고야 말았다. 나라를 망치는 당파 쌈이나 세계를 어지럽게 하는 전쟁은 이보다 나을까? 그것도 정말 건덕지를 따지고 따져 올라가면 동태 밸인 경우가 많다.

바람에 불리는 갈대 같은 것은 반드시 여자 맘만 아니다. 제 정당, 제 고장, 제 교파, 무엇을 내세우자는 정치가·지도자도 다 마찬가지다. 보지 않나, 국회의원의 손은 바닷가의 갈잎보다 더 잘 이리 흔들 저리 흔들 하는 것을. 그보다는 8월 조밭에 허수아비라 하는 것이 좋을지도 모른다. 바람이 이리 불면 이리 가리키고 저리 불면 저리 가리키어 제 속은 하나 없고 사나운 바람을 만나서만 산 듯한 시늉을 한다. 가엾은 것은 어리석은 새 무리뿐이다. 한 발걸음 움쩍도 못하는 그것이 무서워서 한밭의 익은 맛있는 조를 못 먹고 내놓으니. 그러나 새가 어리석어도 잠깐이다. 그 조심성 많은 참새도 몇 번 속아본 담에는 제대로 앉아 먹는다.

그럼 정당 파동에 번번이 놀라는 민중은 참새만도 못한가? 어쨌거나 교통 통신이 빠르고 잦은 것을 따라 지방색이 차차 멀어가는 것은 좋은 일이다. 6·25전쟁이 끔찍하면서도 그로 인해 얻은 것이 있다면 13도의 각 계급이 온통 한데 섞여 살아봤다는 그것이 그중 큰 하나라 할 것이다. 경상도 문둥이, 전라도 개똥쇠, 충청도 양반, 평안도 상놈, 함흥 얄개, 평양 망나니가 한데 섞여 코를 서로 비벼대고 살아가는데 참 재미가 있었다. 그리되고 보니 양반도 동태 밸이요, 쌍놈도 동태 밸이었다. 양반 쌍놈은 평안할 때 남의 고기 먹고 살 때의 소리지, 제 손톱 발톱으로 살 구멍을 뚫고 파나가야 하는데 그까짓 것이 문제가 아니었다. 지내고 나서 생각해보니 정말 대동지환大同之患이었다. 다 같이 당하는 환란일 뿐 아니라, 하나로 만드는, 대동大同을 시키는 환란이란 말이다. 사람은 고난에서야 하나가 된다.

그러나 또 고장빛깔〔鄕土色〕이 없어져가는 것은 나쁘기도 하다. 사람은 집이 있어야 살고 문화는 고향이 있고서야 나오는 법이다. 삶〔生〕은 같이함〔共同的〕이다. 외톨로는 살 수도 없고 정신이란 더구나 있을 수 없다. 생각이요, 말이요, 글이요는 다 떠돌아다니는 살림으로는 있을 수 없는 것이다. 한곳에 자리를 잡고 자연에 대해서나 사람끼리로나 사귐이 있은 담에야 정신의 발달이 있을 수 있다. 높은 정신문화를 낳는 데는 개인으로나 단체로나 성격이 필요한데, 그 성격이란 곧 자리 잡힘이다.

아무리 정신이라도 이랬다저랬다 한 번씩 우연히 나오는 것을 가지고는 아무 힘도 없고 따라서 아무 값이 없다. 자리가 잡혀야 한다. 글씨도 자리가 잡힌 글씨여야 하고, 그림도 자리가 잡혀야 하듯이 맘도 자리가 잡혀야 바깥을 다스릴 수 있다. 가풍家風 있는 것이 집이요, 국풍國風 있는 것이 나라요, 성격 있는 것이 민족이지 그렇지 못한 것은 아무 뜻이 없다. 뜻은 변함이 없는 것이어야 뜻이다. 그러므로 문화창조에 고향은 없을 수 없는 것이다. 기질적으로 되지 않는, 인격 없는, 향토적으로 되지 않는 문화 없다.

그런데 요새 사람에게는 고향이 차차 없어져간다. 사람의 살림이 대단히 바빠졌다. 그러므로 한곳에 있을 수 없게 됐다. 그들을 그렇게 만든 것엔 두 가지 원인이 있다. 하나는 향락욕이요, 하나는 사업심이다. 재미를 보기 위해 새것을 구하고 사업을 하기 위해 될수록 많이 될수록 빨리 모은다. 헤치고, 오고 가야 한다. 그러는 동안에 고향에 대한 사랑도 잊어버리고 고향을 돌아볼 겨를도 없다. 이것은 그들의 살림이 매우 물질적으로 됐기 때문이다. 물질 표준으로 사는지라 그들의 표어는 편리일 수밖에 없다.

요새 사람에게서 고향을 빼앗아버린 것은 이 편리주의다. 편하기 위하여서는 자동차를 타야 하고 자동차가 들어오기 위하여서는 큰길을 내야 하고 큰길을 내기 위하여서라면 선조가 심은 오래 늙은 나무도 찍어야 하고 그들의 뼈가 묻힌 뒷산도 허리를 잘라야 하며, 돈을 벌려면 사업을 해야 하고 사업을 하기 위하여서는 가재도 팔아넣고 금강산에도 광산을 파고 역사적 유물도 불도저로 밀어버려야 한다. 지금은 부산 가서 봐도 그 거리요 서울 와서 봐도 그 거리며, 대구 가서 먹어도 그 요리요 전주 가서 먹어도 그 요리다. 그래서 편한 점도 있겠지만, 그 대신 인간이 옅어져버린다. 기계는 어디 가져다 맞추든지 들어맞는 것이 이상이지만 사람은 그럴 수 없다. 세계 어디 가도 만날 수 있는 것은 편한 것이지만 귀한 것은 세계 어디 가도 만날 수 없고 거기만 있는 것이어야 할 것이다.

편리를 따르는 동안에 사람들의 살림이 여관살이 기분으로 되어버리고 고향 생각을 잊어버리는 것은 확실히 오늘날 문명의 한 큰 폐단이다. 고향이 없어지면 전통이 없어지고 전통이 없으면 정신이 없을 것이다. 이 문명이 이대로만 간다면 오토메이션의 세계가 될 것이다. 뜻보다 편리를 취한다면 사람보다는 오토메이션 편이 훨씬 나을 것이기 때문이다. 그러면 사람들이 고향의 보금자리에서 자녀를 교육하기보다 물질적인 욕망을 편하게 채워주는 오토메이션을 발달시키기에 더 힘을 쓰게 된다면, 종당은 사람이 그 오토메이션의 종살이를 하는 날이 오고야 말 것이다.

아니다, 벌써 어느 정도 기계의 종 되어 있는 것을 보고 있지 않나? 하루 온종일 자동차의 핸들을 잡고 잠깐 동안도 주의 풀 새 없이 차 머리만을 내다봐야 하는 청년, 교환대에 앉아 한순간도 눈을 팔 새 없이 전화번호를 넣어주어야 하는 소녀는 기계의 종 아닌가? 그들에겐 성격적인 것이 있을 수 없다. 있다면 신경질이 있을 뿐이지.

그러나 그 이야기는 그만하고, 팔도평에 평안도를 청산맹호라 혹은 맹호출림猛虎出林이라 하는데 그것을 칭찬으로 한 것인지 흉으로 한 것인지 모르나 나는 평안도 사람의 그 호랑이 기질이 좋다. 사실 기질은 기질이지 거기에 무슨 좋다 나쁘다가 있을 것 없다. 기질은 정신적 공기 같은 것이니 그 속에 태어났으면 그래도 제 기질껏 살 일이다. 호랑이가 소 노릇 하잘 것도 없고 부처가 거울 속 그림자 노릇 하잘 것도 없다. 모든 것을 제자리에 쓸 데 썼으면 그만이다.

밭을 가는 날엔 소를 쓰겠지만 승냥이떼가 들어왔으면 범이 아니면 아니 될 것이다. 풍전세류風前細柳1)를 태산교악泰山嶠嶽2) 편에서 보니 연약이요, 간사지 제대로 보면 얼마나 좋아! 위성조우읍경진渭城朝雨浥輕塵에 객사청청유색신客舍青青柳色新3)을, 봄비도 개인 아침 인생의 태산을 넘어 원정 길을 떠나는 젊은이에게는 그 한 가지를 꺾어주면 힘듦을 모르고 갈 것이다. 청풍명월淸風明月4)이 좋은 것 같지만 그것도 고린내 나는 양반심리를 못 면하고 보면 거울 속 미인같이 죽은 그림이지 소용이 없고, 경중미인鏡中美人5)이라 할 때 연지 곤지 찍은 계집을 생각하니 그렇지, 그러지 말고 동해바다를 거울로 보면 암하노불岩下老佛6)도 거울 속 미인이다.

그러니 청산맹호는 청산맹호대로 보라! 왈칵 하고 뒤가 없다 하지만 벽산이 무너지게 한 번 호통하고 마니 호랑이지, 호랑이가 강아지처럼 줄곧 짖는다면 어찌 견딜 수 있을까. 평안도는 평안도대로 쓰고 함경도는 함경도대로 쓰자. 서로 비평하는 것은 맘이 좁기 때문이다. 만물이 가지가지로 어석더석한 것은 큰 눈을 뜨랸 아닌가. 멀리서 크게 보면〔大觀〕 하나로 산 우주다. 사람 사람 성격이 서로서로 다른 것은 사랑하는 가슴 열람 아닌가. 하나로 가까이 잡으면 모두 다 한 맘이다. 하여간 나는 "저것도 평안도냐?" 하리만큼 약하고 겁많은 성격이면서도 평안도의 호랑이는 좋다. 요새같이 이렇게 승냥이 무리가, 승냥이나 되나, 여우·개 무리가 들끓는 세상에서는 백주에 대갈엄이

1) 風前細柳: 바람결에 날리는 버드나무처럼 멋을 알고 풍류를 즐긴다. 전라도 기질.
2) 泰山嶠嶽: 큰 산과 험한 고개처럼 곧고 굳은 의지를 가졌다. 경상도 기질.
3) 渭城朝雨挹輕塵 客舍青青柳色新: "위성에 아침비가 내려 촉촉이 먼지를 적시니 객사의 푸른 버들잎 더욱 새롭구나." 당나라 시인 왕유의 「송원이사안서」(送元二使安西)의 한 구절.
4) 淸風明月: 맑은 바람과 밝은 달처럼 부드럽고 고매하다. 충청도 기질.
5) 鏡中美人: 거울 속의 미인처럼 우아하고 단정하다. 경기도 기질.
6) 岩下老佛: 큰 바위 아래에 있는 늙은 부처님처럼 어질고 인자하다. 강원도 기질.

가 장안 복판에 한번 나타났으면 하는 생각 간절하다.

화호불성畫虎不成

개 이야기가 나왔으니 말이지, 함경도를 이전투구泥田鬪狗라 한 것은 좀 고쳤으면 좋겠다. 그것은 그 끈기 있는 면을 표하기 위한 것일 것이지만, 함경도 기질을 그렇게만 표할 것이 아니다. 나는 개는 아주 싫다. 개같이 더러운 물건이 어디 있을까. 해방 이후, 나는 서울 살지 않다가 첨 와서 그렇게 뵈는지, 이상하게 '개자식' 소리가 부쩍 늘었고, 또 웬일인지 개 기르는 풍이 심히 늘어가는데, 그것도 사람 속의 일과 어울려가는 까닭이 있는지도 모른다.

아마 사람 속에 개가 많아져서 그리되는 것 아닐까. 그러나 개란 것은 참 더러운 물건이다. 잘 먹이는 탓으로 셰퍼드, 포인터같이 귀족화하고 학교에 가서 공부까지 한 놈이 있으나 그 똥을 먹는 본성에서는 똥개나 다름이 없다. 사람의 먹을 것을 도둑질을 해 먹으니 그러지, 이제라도 먹을 것이 없어지면 똥을 즐겨 먹을 것이다. 이상하게, 이상할 것도 없지만, 사람 중에서도 도둑질을 잘하는 놈들이 영악한 개, 고급 개를 기르기를 좋아하는 듯하다. 개가 도둑을 본다 하지만 모르는 말이다. 도둑끼리 친해 있을 뿐이지. 정말 도둑질을 아니 하는 가난한 사람의 집엔 개를 둘 필요도 없을 것이다.

그러나 내가 개를 싫어하는 것은 그보다도 그놈의 비겁 때문이다. 보통 개가 주인을 위하는 것으로 그놈의 덕으로 칭찬하여 심지어는 사람에게까지 적용하여 충견忠犬이니, 견마의 힘〔犬馬之力〕을 다하느니 하지만 사실은 주인을 아는 것이 아니라 제게 먹을 것을 잘 주는 고로 꼬리를 칠 뿐이다. 개란 곧 아첨이다. 제게 잘하여주는 사람이면 그것이 선하거나 악하거나 가릴 것 없이 꼬리를 친다. 꼬리나 치면 좋지만 심하면 아주 자빠져누워 죽는 시늉을 하면서 아첨을 한다. 그리고 옷이라도 허줄하면 찢어먹을 듯 짖지만 한번 정말 강하게 굴면 그만 풀이 죽어 꼬리를 축 내리어 다리에 끼고 비슬비슬 피해 도 망을 한다. 이따금 서울 길거리에 개장수가 개떼를 끌고가는 것을 보면 마치 혁명군에 끌려가는 독재 군주의 부하들 같아서 그렇게 기세 당당하고 험악하던 놈들이 어쩌면 저리 비겁해졌나 하고 의심이 들고 가엾어 보인다. 그놈들은 다 세력이 있을 때는 아주 무서운 듯하지만 한번 풀이 꺾이면 비겁하기 짝이 없는 놈들이다. 그래 나는 개좋아하는 꼴 보기 싫다.

거기다 비하면 소는 참 좋다. 둔하다고 "소 귀에 글 읽기다" "소같이 둔하다" 하는 말이 있지만 둔해 그런 것 아니다. 착한 것이지. 그는 도둑놈이 끌어가도 끌려가는 평화주의자다. 사람 차별을 아니 한다. 그놈이 끌려가는 것은 반드시 코가 아파서가 아니다. 다섯 살 어린이가 끌어도 끌려가는 것은 그놈에게 인정이 있어서지, 코가 아프거나 어리석어서가 아니다. 그렇게 둔한 듯해도 한번 빠진 구멍엔 다시 아니 간다는 거요, 도살장에 가면 다 알지 모르지 않는다. 그 힘에 한번 반항을 하면 코쯤은 터지더라도 감히 막을 자가 없으련만, 민중같이 착한 그놈은 벌벌 떨지언정 반항을 아니 하고 죽임을 제가 당한다.

개보다야 훨씬 낫지 않은가?

인도에서 소를 공경하고 소를 성인聖人이 태어난 것이라 함은 무리가 아니다. 나는 개 없는 세상엔 살고 싶어도 소 없는 세상엔 살지 않으련다. 우리나라를 나타내는 것은 본래 소다. 우리나라 소는 중요한 자랑할 만한 산물이다. 우리 민족도 소 같은 민족이다. 그런데 그 나라에, 그 소같이 착한 나라에 웬 개가 그리 많아졌을까?

개가 참 많다. 너무 많다. 길거리에 나가면 개에 걸려 걸음을 걸을 수 없고, '개자식' 소리에 귀가 아프다. 어디서 가져왔을까? 발발이는 일본서, 불독은 영국서, 셰퍼드는 독일서, 털 깊은 건 미국서, 키큰 건 중국서, 진도는 또 우리나라 고유한 것이라고 한몫. 똥 먹고 살게 생긴 개를 친구나 되는 양, 자식이나 되는 양 기르려니 잘 먹여야지. 그러노라니 사람 먹을 것은 없어지지. 그러면 그놈들은 사람 고기 먹고 질질 번번 살진 것 아닌가? 그렇기에 사람만 보면, 허줄한 민중만 보면 막 달려든다.

일본 제국주의 시대에 개 모두 잡아 바쳐라 했기에 일본 망하면 개도 없어질 줄 알았는데, 해방 후 더 많아졌으니 개의 번식력은 참 강한 모양이다. 이대로 개 기르는 풍이 나간다면 사람, 더구나 우리나라 민중같이 순한 사람은 종자도 없어지고 개만 남지 않을까. 그러면 세상이 어찌 될까. 서로 물고 뜯고 비겁하고 아첨하며 남의 고기만 먹으려는 그 버릇에 사람이 없으면 제어할 자도 없을 터이니 저희끼리 어찌 될까? 아 무서워!

그런 생각하면 청산맹호 그리워진다. 그놈 한 번 나오면 발톱 이빨에 피 묻히기 기다릴 것도 없이 호통만 한 번 치고 꼬리만 한 번 뚜루룩 딱 감았다 펴면 그까짓 개 무리는 대번에 도망을 하련만! 개 모가지 쇠사슬 매어 잡고 호걸인 양 장안 거리를 돌아다니던 애견가란 것들은 줄을 미처 놓지도 못하고 거슬려 끌려가다 결딴이 나고 말걸!

청산의 호랑이는 다 어디 갔나? 총에 맞아 다 죽었나? 화약 냄새 싫어 도망을 갔나? 그렇지 않으면 굴 속에 잠을 자나? 아무리 문명하고 육종학이 발달됐기로서, 메기로 인해 성격이 변한단 말도 있기로서, 개와 범이 서로 붙어 잡종이 돼버렸을 리는 없는데, 범은 죽어 가죽을 남긴다고 쓸데없는 죽은 이름을 탐하다가 다 죽었을까? 범의 본고향인 개마고대蓋馬高臺에를 언제 가볼까? 내가 왜 개를 미워하겠나? 인간 개가 보기 싫어서 하는 말이다.

해방 후 평안도가 말썽이란 소리가 많다. 야미(뒷거래 – 편집자)장사도 평안도라지, 정치에도 평안도라지, 군인도 평안도라지, 종교도 평안도란다. 사실 그렇기도 하다. 평안도에서 지당대신이 났지, 서슬푸른 내무장관들이 났지, 정당의 강경파도 평안도지, 종교의 정통파도 평안도지. 김구 선생을 죽인 것도 평안도, 장 부통령을 쏜 것도 평안도, 서북청년회는 공산당을 잡노라고 제주도 끝까지 벌끈 뒤집어 촌 처녀들을 벌벌 떨게 했지. 감람나무 새 예수, 무슨 교주 하는 평안도 성령파 예수는 나라를 구원한다고 방내에 바람을 넣어 초가삼간의 날개를 다 들추어버렸지.

이것이 정말 호랑이 기질이 하는 짓일까? 공산당에 못 견디어 묘향산 양림산서 쫓긴 호랑이가 모두 몰려 내려왔기 때문에 그런 걸까? 그래 공산당 무서워 쫓긴 것이 호랑일까? 무호동중리작호(無虎洞中狸作虎: 범 없는 골짜기에 삵이가 범 노릇한다 – 편집자)라고 살쾡이가 한 짓일까? 나 몰라. 그러나 한 가지만은 알아둘 것이 있으니, 옛사람 말이

범을 그려도 그 가죽은 그리고 뼈를 못 그리며
사람을 알아도 그 낯은 알고 맘을 알지 못한다.
畵虎畵皮難畵骨
知人知面不知心

범 그리다 잘못되면 도리어 개가 된다.
畵虎不成反爲狗

범 노릇하려다 잘못하면 삵이는커녕 개가 돼버린다. 야아, 알아차려라! 범한테는 죽어도 차라리 부끄러울 것이 없어도 개한테 물려 죽는단 말이냐? 개한테 죽으면 개자식도 아니고 개만도 못한 놈이다.

평안도 상놈

호랑이가 무엇이 호랑이냐? 상놈이 호랑이다. 범凡이 범이다. 짐승에서는 발톱 날카롭고 무늬 돋은 것이 호랑이나, 사람에서는 톱 없고 문文 없는 것이 호랑이다. 왕이다. 옛날엔 또 몰라, 적어도 지금엔 그렇다. 옛날도 높은 자리에 앉은 임금이란 공연히 죽은 호랑이 가죽이지 사실 산 임금은 민중이었다. 그래 민심이 천심이라는 것 아닌가.

평안도가 호랑이라는 것은 그것이 계급 없는 민중의 땅이기 때문

이다. 그 용기도 민중한테서 나온 것이다. 무늬 없는, 글 없는 민중이기 때문에 날쌔고 힘 있는 것이다. 무지 무식하기 때문에 왈칵 하는 것이지 작은 지혜, 지식의 분별을 한다면 힘이 못 나온다. 그것은 힘은 하나됨에서만 나오는데, 알아서는 하나는 못 되기 때문이다.

알면 분별이지, 분分이요, 별別이지, 하나는 못 된다. 민중은 난 대로 있으므로 소素요, 박朴이므로 단單이요, 순純이므로 하나다. 한 소리만 하는 것이 민중이다. 한 소리가 참 지智다. 정말 지智는 민중이다. 양반이라 갈라질 수밖에 없고, 싸울 수밖에 없다.

민중은 각각 제로라 할 줄을 모르기 때문에, 제 지킬 소유도 지위도 없기 때문에, 한 소리일 수밖에 없다. 초상지풍草尙之風이면 필언必偃이라,[7] 하늘명령 들으면 한 세대로 눕는 것이 민중이다. 지자불혹知者不惑[8]이라, 이랬다저랬다 아니 하는 것은 민중만이다. 그러므로 약하기 그에서 더한 것이 없지만, 그것을 막아낼 자가 없다. 막아낼 수 없는 한 소리, 곧 하늘소리를 하기 때문에 그것이 종내 이기고 임금이 된다. 용맹이라 하지만 천하에 용맹한 것은 하나밖에 없다. 민중이다.

인자무적어천하仁者無敵於天下라, 민중은 인仁이다[『맹자』,「진심 하」]. 전체기 때문에 거기 대적이 있을 리 없다. 인자불우仁者不憂라, 어진 자는 근심 아니 한다[『맹자』,「진심 하」]. 민중이기 때문에 근심이 없다. 가진 것이 없는 것이 민중이다. 그 대신 민중은 모든 것을 가진다. 귀족은 지위를 가지겠지만 민중은 그 지위를 지위되게 하는 나라를 가진다. 곧 나라 그것이다. 지배하는 자는 권세를 가지겠지만 민중은 그 권세를 권세되게 하는 생명을 가진다. 곧 생명 그 자체다.

그러므로 민중은 잃은 것이 없고 대적이 없으므로 근심이 없다. 천하에 무서운 것은 근심이 없는, 두려움이 없는 얼굴이다. 유교에서는

7) 草尙之風, 必偃: "풀에 바람이 더하면 반드시 쓰러진다." 『논어』,「안연」.
8) 知者不惑: "슬기로운 사람은 홀리지 않는다." 『논어』,「자한」.

지智, 인仁, 용勇을 천하에 뚫린 덕[天下之達德]이라 하지만, 그것은 곧 민중의 덕, 민중의 속을, 성격이란 말이다[『중용』, 제20장]. 민중이고서야 인할 수 있고 지할 수 있고 용할 수 있다. 고기가 물 밖에서 헤엄을 칠 수 없듯이 민중을 떠난, 민중을 무시하고 업신여기는 영웅은 죽은 것이다. 그러나 세상이 영웅을 두려워할 줄 알고 민중을 존경해야 되는 줄을 어찌도 모르는고!

평안도는 민중의 나라다. 상놈이 무언가? 사람대로 있는 사람이지. 맨사람이다. 밥에도 맨밥을 가지고야 하나님께 제사를 한다면 사람도 맨사람을 가지고야 하늘에 통할 것이다. 평안도는 5백 년을 상놈으로 내려왔지만, 그것은 맨사람, 참 민중을 얻자는 하늘 뜻 아닐까? 감투를 쓰고 채색 옷을 입은 놈은 맨 대로 있을 리가 없다. 바탕을 잃었지. 이상하게 맨은 맺는다는 말과 음이 통하는데 뜻은 반대다. 맨사람[구속당한 자]은 맨사람[純人]대로 있으나 스스로 놓였다는 자는 도리어 노예다. 그것은 아마 하늘과 땅이 반대되어서 그런 것 아닌가? 땅에서 매면 하늘에서는 놓이고, 하늘에서 매면 땅에서 놓이고. 평안도 맨놈은 땅에서는 매였는지 몰라도 하늘에서는 놓인 백성이다. 그러므로 늘 새 사상은 가장 먼저 받았다. 저들은 인작人爵은 없는 대신 천작天爵을 가지지 않았을까?

상놈이란 상민常民이란 말인데 상常처럼 좋은 것이 어디 있을까? 어쩌면 떳떳이라니, 상놈은 떳떳한 사람이다. 언제나 있는 사람, 어디나 있는 사람, 바닥 사람, 밑 사람, 뿌리 사람, 변함없는 사람, 뻐젓한 사람, 하늘과 사람을 바로 볼 수 있는 사람, 민民이 아니고는 하늘을 바로 볼 수 없는, 민은 이른바 천민天民이라, 하늘백성, 낸 대로 있는 백성, 하늘밖에 쓴 것이 없고 땅밖에 디딘 것이 없는 사람이다. 감투를 썼다는 것은 곧 물질을 썼다 함이요, 지위를 가졌다는 것은 사람을 밟고 섰다 함이다. 그것은 하늘백성이 될 수는 없다. 그러므로 하늘 땅을 버젓이 볼 수 없다. 그러므로 하늘이 무서워서 가리는 감투요, 땅이 두려워서 덮는 의자다.

상常은 그런 것 다 없다. 그러므로 떳떳이다. 천지가 있는 한 상놈은 있을 것이다. 시대가 재미있지 않나? 지위 가진 자들이 이 상놈들 보고 "우리는 당신의 종놈입니다" 하지 않나?

평안도는 잘해 그랬던지 못해 그랬던지 그 하늘백성, 맨사람의 자리를 받은, 사람대로 있는 사람인데, 무엇하자고 푸른 산 버리고 마을의 똥개 찾아 내려오는 범 모양으로 저자의 '해먹자' 무리와 서로 따라다니나? 평안도가 시비를 듣는 것은 한마디로 상놈되기를 면해 보려 하기 때문 아닐까? 상놈되기를 왜 버리려나? 상을 버리나? 상을 버리면 비상한 것 같은가? 비상非常은 곧 무상無常임을 모르나? 덧없는 것이다.

귀貴도 덧없는 것이요, 부富도 덧없는 것이다. 참이 아니란 말이다. 마을에 내려가도 그 똥개 무리를 모아 치우기 위해 내려갔다면 좋지 않을까? 그러나 그렇다면 본래의 네 집인 푸른 숲가에 서서 한 번 호통하면 그만이지 산중왕답지 않게 그 더러운 무리에 어깨를 비비댄단 말이냐? 민중의 힘을 가지려면 언제나 상놈의 자리를 떠나서는 아니 된다. 민중은 무관왕無冠王이다. 그렇지 않으면 가시관의 왕이다. 그 이마에는 피와 땀이 꾸밈이 될지언정 구슬이 그 영광이 될 수는 없다.

나는 다른 것은 다 몰라도 평안도에 나고 상놈으로 난 것은 자랑이다. 프랑스의 저 참혹한 혁명의 씨를 뿌린 루이 14세는 일찍이 주제넘게 "내가 곧 나라다" 했다 한다. 그는 감히 못할 소리를 건방지게 한 죄로 참 임금이요 참 나라인 이가 노하여 일어나는 날 가엾은 그 손자가 목을 잘리고, 역사상에 드물게 보는, 인류의 영원한 부끄러움이 되는 혼란이 일어나지 않았나? 그러나 나는 그럴 걱정이 없이 정말 "내가 곧 나라다" 할 수 있다.

분한 일이야. 그렇지 않은가 생각해봐! 이 5백 년 역사를 고난의 역사요, 부끄러움의 역사라 하지. 그 까닭이 어디 있나? 말을 기다릴 것 없이 당파 쌈에 있지 않나. 그 당파 쌈이 무엇 때문인가? 서로 민중의 고기 제가 많이 깎아먹잔 쌈 아닌가.

그렇다면, 5백 년 역사가 결국 그거라면 거기서 따돌려놓음을 당한 것이 행복이지 불행이겠나? 그 죄악에 참여하지 않은 것이 영광이지 부끄러움이겠나? 역사의 결산을 보는 날 아무리 심술궂고 엄한 고소자가 나선다 하여도 평안도 상놈더러 5백 년 피 역사의 책임지라 할 수 없지 않은가. 그런 행복이 어디 있나? 참으로 그렇게 해주신 하늘에 감사해야 할 것 아닌가.

사실 평안도 놈이 잘나서 거기 참여 아니 한 것도 아니요 평안도만이 귀해서 그런 것도 아니다. 오직 하늘이 그렇게 정했으니 그리 된 것이지. 하늘이 무엇하자고? 썩어질 것은 다 썩어져 처분하는 날이 와도 역사는 계속해야 할 것 아닌가? 그날을 위해 한 가지를 아껴둔 것이지 무언가? 그런데, 그런데 그 남겨놓은 가지마저도 그 병균에 전염이 된다는 것은 무엇인가? 평안도 놈도 감투 쓰고 양반질하고 싶으냐?

역사에 뜻이 없다면 몰라도 만일 있다면, 평안도가 상놈의 곳으로 5백 년 역사에서 제외를 당하여 무대 뒤에서 기다리고, 그 마지막에 민중의 종교 기독교가 그리 먼저 들어와 전체로 기독교, 더구나 자유 정신 강한 프로테스탄트 사회가 되고, 그런 지 반 세기에 자유의 대적인 공산주의가 또 그리 들어왔다는 것은 크게 뜻이 있는 일이 아니면 아니 될 것이다.

이 무서운 역사적 시련을 겪으면 겪을수록 빠져나가는 것은 역사의 찌꺼기인 특권계급일 것이요, 미래를 차지하는 역사의 상속자는 호랑이의 넋을 가진 민중만일 것이다. 소금의 값이 짠맛을 내는 데 있다면 상놈의 뜻은 민중정신을 지키고 길러내고 퍼뜨리는 데 있을 것이다. 그런데 그 청산맹호가 똥개의 뒤를 따른다는 것은 무언가? 백두산이 무너진다 해도 이보다는 더 섧고 분하지는 않을 것이다.

상놈들아, 너희 몸에 소금을 치고 너희 속에서 더러워진 때를 짜내 버려라! 그래야 너희의 역사적 책임을 다할 수 있을 것이다. 평안도,

평안도 하니 오해 마라. 평안도가 귀해서 하는 말이 아니다. 이 뒤끓는 용광로 속에서 평안도는 무슨 평안도냐? 다만 민중을 위해 하는 말 아닌가. 내가 난 곳이 있고, 본 것이 있기 때문에 하는 말뿐이다. 내가 백두산 호랑일 보았노라.

호랑이의 족보

우리 한나라는 예로부터 호랑이와 인연이 깊은 나라다. 본래 호랑이가 인도로부터 만주를 거쳐 한반도에 많이 살고 있으며 그중에도 우리나라 백두산을 중심으로 하고 있는 호랑이가 특별히 그 성질 사나운 것으로 유명하다는데, 그래 일찍부터 그것과 싸워오며 해를 많이 입어서 그런지, 우리나라에는 예로부터 호랑이에 관한 전설이 많다.

우리는 어머니 무릎에서부터 호랑이 옛말을 들으며 자라온 민족이다. 즉 호랑이와 같이 놀며, 싸우며, 살면서 자라온 사람들이다. 그렇기에 단군 할아버지의 이야기에부터 호랑이 이야기가 들어 있다. 그러고 보면 이 민족의 둥지인 백두산에서 개마고지를 타고 번져 내려오면서 나라의 등뼈가 된 고구려의 후손인 평안도 사람에게 호랑이 같은 기질이 있다는 것은 자연 그럴 만한 일이다.

그런데 전설에 나타난 범의 지위를 보면 이상하다. 단군전설에 보면 환웅님이 인간세계에 내려올 때 곰 한 마리 범 한 마리가 있어서 사람이 되게 하여주기를 빌므로 마늘과 쑥을 주며 21일을 지내라 했더니 범은 그것을 참지 못해 사람이 못 되고 곰은 그대로 지켜 여자가 되어 환웅과 혼인해 단군을 낳았다고 되어 있다.

물론 이것은 한 개 전설이요, 흔히 역사가들이 해석하는 모양으로 원시시대 어느 사회에서나 대개 보는 토테미즘의 남은 그림자인지 모른다. 그러나 그렇다 하고라도 그 뜻은 무엇이라 생각함이 옳을까? 물론 결정해 말할 수는 없으나 구태여 해석을 붙여본다면 혹 이렇지 않을까? 즉 주문을 지켜 사람이 됐다는 것은 그때에 밖으로부터 온 지배자들과 결탁 동화하여 한 귀족계급을 이룬 부족이요, 지키지 못해 사람이 못 됐다는 범은 피지배의 민중의 계급으로 된 부족 아닐까.

그렇게 보면 곰은 임금이니, 왕검이니, 곰나루니, 곳곳에 있는 검산이니 하는 말이 표시하는 모양으로 신神이라는 뜻으로 역사에 많이 실려 있다. 일본 말에도 가미〔上, 神〕란 말로 남아 있다. 그러나 범이니 호랑이니 하는 말은 지명이나 사람 이름에나 관직 이름이나 별로 있는 것 같지 않다. 그런데 그와 반대로 민간신앙에 들어오면 범은 대단히 중요한 지위를 차지한다.

우리나라 사람은 반드시 산신령을 믿었는데, 그 산신령에는 꼭 범이 따라다닌다. 문견이 좁아 다른 나라는 모르나 우리나라 절에는 가면 어디나 반드시 산신령의 그림이 있는데, 그 신령은 언제나 범을 데리고 있다. 산신령은 본래 불교에 있는 것일까? 모르기는 하지만 그것은 우리나라 본래 있던 종교가 불교와 융합하면서 들어간 것 아닐까?

이렇게 종합해볼 때 범은 민중을 표하는 것이라 볼 수 있다. 또 거기까지는 위험하다 하더라도 적어도 곰이 정치와 결탁한 나라의 종교를 표하는 대신 범은 민간신앙을 표하는 것이라 볼 수는 있지 않을까? 저쪽이 통치정신이라면 이쪽은 반항정신, 저쪽이 조직이라면 이쪽은 믿음이다.

범은 늘 친함을 입지 못하면서도 매우 영그러운 것으로 두려워함을 받는다. 그것은 개혁, 혁명을 표시한다. 무서운 파괴력을 가지면서도 잔인하지도, 음험하지도, 구구하지도, 끈덕지지도 않는, 그리고 변화막측變化莫測, 자유자재, 대범 과감한 호랑이로써 그 신앙의 대상을 상징하는 데 뜻이 있다. 이것은 중국 사람이 고구려 사람을 평하여 강용근후强勇謹厚라, 질직강용質直强勇이라, 불구초不寇抄[9]라, 견인유환

---

9) 『삼국지』 「위지 동이전」(魏志 東夷傳)에 나오는 구절들이다. "强勇謹厚 不寇抄"(굳세고 용맹하며 신중하고 온후하여, 침범하여 노략질하지 않는다)는 부여(夫餘)에 대한 평이고, '質直强勇'(질박, 정직하고 굳세고 용감하다)는 동옥저(東沃沮)에 대한 평이다.

투사구지見人有患投死救之[10]라 한 말과 서로 들어맞는 일이다. 어쨌거나 고구려의 기질은 호랑이다운 것이요, 그 기질은 쇠하였을망정 평안도 상놈에 남아 있다.

호랑이가 모든 짐승의 왕으로 있으면, 그 신령으로 온 산을 다스리고 억만 가지의 잎새가 그 휘파람으로 움직이는 것이로되 그 형태를 나타내는 일이 극히 드문 것과 같이, 민중이 그 나라의 주인이요, 그 정신으로 역사가 굴러가는 것이나, 그 얼굴을 드러내는 일은 매우 보기 어렵다.

민중도 호랑이같이 용맹하면서도 또 착하기 때문에 숨은 자다. 역사상의 많지 않은 실례에서 그것을 들어본다면 우선 온달이다. 그는 일생을 바보라는 소리를 들으리만큼 철저히 민중적이었다. 그러나 일단 나라의 흥망이 관계되는 때에는 출장입상出將入相[11]하는 재주를 드러냈다.

다음은 검도령이다. 그는 천하의 옳지 않음을 바로잡기 위해 70근 철퇴를 만들어두는 의기를 가지고도 발톱을 감추는 호랑이 모양으로 풀 속에 묻혀 있다가 한번 알아주는 이가 있은즉 멀리 중원에 들어가 진시황을 때리다 실패했으나 책임을 한몸에 지고 태연히 매질 끝에 죽었다. 그러나 과연 시인이 부른 대로 보한수불성報韓雖不成이나 천지개진동天地皆振動[12]이다. 한나라 원수는 못 갚았어도 천하는 부르르 떨었다.

그다음은 을지문덕. 일곱 번 싸워 일곱 번 거짓 패하였다가 백만적

---

10) 見人有患投死救之: "남의 어려운 일을 보면 죽음을 무릅쓰고 구해준다." 작자 미상, 『신이경』(神異經).

11) 出將入相: "나가서는 장수가 되고 들어와서는 재상이 된다"는 뜻으로, 문무를 다 갖추어 장상(將相)의 벼슬을 모두 지냄을 이르는 말.

12) 報韓雖不成 天地皆振動: "비록 나라에 보국하지는 못했지만 천지가 다 진동했다." 이백의 「경하비이교회장자방」(經下邳圯橋懷張子房: 하비의 이교에서 장자방을 생각함)의 한 구절이다. 장자방은 진나라에 망한 한(韓)나라 사람으로, 시황제를 살해하기 위해 검도령을 은밀히 보냈으나 실패했다. 이후 장자방은 하비에 은신하고 있다가 유방을 도와 한(漢)나라의 개국공신이 된다.

군을 단숨에 무찔러버리는 지혜와 용맹을 가지면서도 유유히,

> 신그러운 꾀 천문을 더듬고
> 묘한 셈 지리를 다했구나
> 싸움 이겨 공 이미 높았으니
> 족한 줄 알아 그치면 어쩌하리.
> 神策究天文,
> 妙算窮地理
> 戰勝功旣高,
> 知足願云止
> • 을지문덕, 「유수장우중문」遺隋將于仲文

라 하여 적장을 풍자할 만큼 어질었던 참 사내. 그러고는 한 줌 되는 군사로 외로운 성을 지켜 한때의 정복자 이세민으로 하여금 백만 군을 가지고도 못 쓰고 울고 돌아가게 하면서도 양만춘楊萬春인지 양만춘梁萬春인지 이름조차 자세치 않은 정말 무명의 영웅. 그러고는 천 년을 임진강 이북을 이리와 여우가 드나드는 대로 맡겼으니 족히 찾아볼 것도 없고.

그래도 죽지 않는 민중의 혼이어서 다 썩은 전주 이씨 말년에 한 사내가 일어났으니 곧 홍경래洪景來다. 그는 평안남도 용강 사람이다. 어려서 서당에서 글을 읽다가 시를 지으라 함에

> 秋風易水壯士拳
> 白日咸陽天子頭

라 했다. 훈장이 이를 받아들고 읽기를 "추풍역수장사권이요, 백일 함양천자두라"(가을 바람은 역수의 주먹이요, 빛나는 태양은 함양에 있는 천자의 머리다 - 편집자) 하니 그는 곧 고치며 "그렇지 않습니다.

이렇게 읽어야 합니다. 추풍역수장사권으로 백일함양천자두를(가을 바람 역수를 건너는 사내의 주먹으로 대낮에 함양 천자의 대가리를)" 하여 '으로'와 '를'에 힘을 주어 읽으며 주먹으로 방바닥을 땅 때렸다. 그럼에 훈장은 무서워 "애 나는 너는 못 가르치겠다" 했다는 의기의 사내다.

자라서 글 잘하고 말 잘하고 계교 있어 혁명의 뜻을 품고 동지를 얻으려 팔도강산에 아니 가본 서당, 아니 가본 절이 없다고 한다. 천 년 묵은 설움, 5백 년 눌린 분을 한 칼로 씻고 줄어든 고구려의 혼을 한번 살려보려고 우군칙·이희저·김사용 하는 사람들과 같이 정주 세남이 부자 김이대를 꾀어 군자금을 대라 하고 가산嘉山 다북동에 일을 일으켜 스스로 평서대원수平西大元帥라 했다. 박천을 점령하고 청천강을 건너 의주를 뺏으려다 못하고 물러가 정주성에 있으며, 한 때 평안북도 일대를 거의 손에 넣었으나 종래 계획은 틀리고 일 뜻같지 못해, 정주성에 들어 문을 닫고 외로이 지키기 다섯 달이 가자 종 내 관군의 토벌을 받아 북장대 아래 원통한 피를 부었으니, 때가 바로 순조 12년 서력 1812년 4월이었다.

홍경래는 왜 실패했나. 여러 말이 구구하다. 인물이 적었다느니, 기밀이 누설이 되어 준비가 충분치 못했다느니, 시세가 불리했다느니. 그러나 크게 말해 민중의 깨지 못함이지 다른 것 없다. 역사에는 미리 팖도 없고 외상으로 삼도 없다. 이때에서부터 비로소 참 민중의 운동인 3·1운동에 오려면 아직도 백 년이 넘는다. 민중의 걸음은 더디고 더딘 것이다. 그러나 확실하다.

홍경래는 실패했으나 죽은 것이 아니다. 혹은 죽었으나 실패한 건 아니다. 관군이 정주성을 뺏으매 성안의 사람을 역적에 편들었다 하여 모조리 죽이는데 단으로 묶어 세우고 칼로 베었고 피가 흘러 남문 밖까지 나왔다 한다.

그러나 사람은 죽여도 민중은 죽일 수 없다. 경래는 오늘까지 봄 골짜기 나무 베고 소 먹이는 더벅머리 속에 살았으며, 여름 낮 나무

그늘 밑에 쉬는 지아비들 속에 살았고, 가을밤 달 아래 다듬이하는 지어미들 속에 살았으며, 겨울 사랑방에서 이야기하는 늙은이들 속에 살았다.

씨올은 난다. 민중은 이긴다. 50년이 지난 후 그 정주, 그 용강, 그 평양에는, 범은 한배에 새끼 셋씩을 낳는다는 말대로 되노라고 그랬는지 해를 비슷이 하여 세 사나이가 났다.

• 1959년 5월, 『사상계』 제70호

남한산성

아름다움은 전체에 있습니다

1968년 6월 2일, 예배를 마치고 나서, 오후에 내 그림자와 대화를 해가면서 병자호란의 옛터인 남한산성[1]에 오르기로 했습니다. 해가 서산에 기웃한 다음 쓰라렸던 역사의 옛 자취를 찾아보는 것이 어쩐지 나 자신의 생애의 그림인 것도 같았습니다.

관광버스를 타러 세종로로 가면서 생각했습니다. 5월이 다 지나가고 이제 6월이로구나, 5월 지나가니 시원하다. 꽃 피는 5월에 무슨 죄가 있으리마는 곳곳에 써 붙인 '5·16혁명기념'이란 글귀 보면 '오월비상'五月飛霜이라는 말이 연상되어 나빴는데, 그것 아니 보게 되니 좋지 않은가, 했습니다. 사실 4·19 다음에 5·16이 온 것을 생각하면 마치 피던 꽃에 강서리를 친 것 같은 느낌이 납니다.

지난 4·19 날도 수유리 기념탑에 갔다가 학생들을 만났더니, 그 먼저 묻는 말이 "왜 금년엔 '4·19의 날'이라고 써 붙였는지 아십니까? 선생님 소감은 어떻습니까?" 하는 것이었습니다. "나는 별 이상한 생각 없다. 그것을 이상히 생각하는 것은 너희의 지나친 신경과민이 아니

---

1) 남한산성(南漢山城): 북한산성과 함께 수도 한양을 지키던 조선시대의 산성이다. 인조 14년(1636) 병자호란 때 왕이 이곳으로 피신했는데, 강화가 함락되고 양식이 부족해 삼전도에서 치욕적인 항복을 했다.

냐?" 하고 대답을 했지만, 이제 와 생각하면 역시 그들이 옳았습니다.

4·19를 4·19의 날이라 불렀으면 5·16도 5·16의 날이라 했어야 할 것입니다. 그런데 혁명이라는 말을 천하가 다 인정하는 4·19에서는 일부러 떼버리고 5·16에다만 커다랗게 붙인 것은 마치 "우린 떡 아니 해먹었어요" 하는 듯 더욱더 냄새가 납니다. 젊은 마음은 역시 날카로웠습니다. 후생後生이 가외可畏입니다.

그래 그런지, 5·16 때문에 첫머리에서부터 틀리게 보아서 그런지, 세종로 네거리에 요새 세운 충무공의 상을 보아도 좋은 느낌이 들지 않았습니다. 내 마음이 비뚤어져서 나오는 잘못된 생각이 아니냐, 반성도 해보았습니다마는 그렇다고 하고 싶지도 않았습니다. 제일에 크기가 너무 지나치게 크고 또 그 자리도 적당치 않습니다. 친근하게 존경하고 싶은 생각은 나지 않고 위압을 당하는 것 같은 느낌만 강합니다. 그저 크기만 하면 자랑이 아닙니다. 맨 복판이면 대접이 아닙니다.

아름다움은 전체에 있습니다. 저 설 자리에 서야 하고, 제 무게를 모자라지도 않게 지나치지도 않게 가져야 합니다. 대들보는 위에 있어야 하지만 주추는 밑에 있어야 합니다. 기둥이 모퉁이에 서지 않고 어간에 들어와서는 방 안이 있을 수 없고 문살이 가늘지 않고 지나치게 굵으면 햇빛이 들어올 수 없습니다.

엄자릉嚴子陵[2]을 궁중으로 부르면 대접이 아닙니다. 광무제는 친구라는 생각에 했겠지만, 도를 같이 닦다가 채찍을 들 마음이 났으면 그때 벌써 친구 자격은 잃은 것이었습니다. 나폴레옹이 개선을 축하하는 만세소리에 취해 임금 될 생각을 했으면 착각을 한 것입니다. 저는 위대해지자는 생각에 그랬겠지만 군인임을 잊고 남의 자리를 탐내 커지려 할 때 이미 길은 세인트헬레나로 놓이기 시작했습니다.

---

2) 엄자릉(嚴子陵, 기원전 37~기원후 43): 후한의 광무제와 동문수학한 절친한 친구. 광무제의 관직 제의도 마다하고 부춘산에 들어가 밭 갈고 낚시를 즐기며 여생을 보냈다.

충무공이 있었다면 충민공이 있었다

6·25 이후 나라 형편이 어려우므로 그러는 것도 무리가 아니라면 아니라 할 수도 있지만, 아무래도 군인이 일마다에서 판을 치고 기회를 자주 만들어 군사 열을 고취하고 무력 숭배를 일으키려 하는 것은 나라를 위해 한심한 일입니다. 한 해 어떻게 되어 열매가 아무리 많이 달렸다 하더라도 그 가지만을 두고 다른 가지를 모두 잘라버리면 나무는 옳게 자라지 못하고 결국 죽게 됩니다. 나무 전체의 균형을 보아 주지, 곁가지를 고르게 두고 너무 지나치게 열었으면 따버리기까지 해서 긴 생각을 해야, 길이길이 열매를 거둘 수 있습니다.

군인은 아무리 위대해도 결코 나라의 주간은 아닙니다. 모든 것이, 민중의 공론에 의하여 되는 것이 없이, 도깨비처럼 어둠 속에서 쑥 나왔다가 홀쩍 사라지는 세상이므로 누구의 의견으로 어찌 돼서 되는 일인지는 알 수 없으나 근래에 충무공을 지나치게 내세우는 데는 확실히 불쾌할 정도의 우상숭배의 심리가 들어 있는 것이 들여다보입니다. 충무공을 진심으로 존경하고 그의 정신을 오는 세대 속에 살리자는 것보다는 그를 팔아서 군인숭배를 시키자는 심산이 들어 있습니다.

그 증거의 하나로 들 수 있는 것은 임경업[3] 장군에 대한 태도입니다. 나라의 운명이 달렸던 큰일인 점으로 하면 임진왜란과 병자호란이 다를 것이 없고, 그 덕과 공에서 하면 충무와 충민이 서로 더하고 덜할 것이 없는데, 충무를 그렇게 찬양하는 사람들이 충민은 별로 말하지 않고 버려둡니다. 그 이유는 아마 다른 것 없고, 한 분은 나타나 보이는 빛나는 공이 있는데 한 분은 분하게 실패한 장군으로 끝마쳤기 때문일 것입니다. 그러나 덕이나 공은 결코 그 성공 실패에 있지 않습니다. 때로는 정말 높은 정신은 도리어 패군지장에 있는 경우도 있습니다.

---

3) 임경업(林慶業, 1594~1646): 조선 인조 때의 명장. 병자호란 때 명나라와 합세하여 청나라를 치고자 했으나 뜻을 이루지 못하고 김자점의 모함으로 죽었다.

그러나 팔아먹는 데는 역시 눈에 띄는 결과가 있는 것이 좋습니다. 그래서 충무를 찬양하면서도 충민을 버려두는 것 아닐까. 그 이용가 치를 노린 것입니다. 두 분을 위해 다 슬픈 일입니다. 두 분은 다 거듭 순국한 것입니다. 한 번은 몸이 죽었지만 지금은 정신이 죽음을 당하고 있습니다. 충무를 정말 숭배할진대, 몸소 일선에서 총탄에 쓰러지는 그 정신을 그대로 따랐어야 할 것입니다. 부귀를 다 마음대로 누리면서 찬양이 무슨 찬양입니까.

나라란 땅과 사람과 주권이 합한 것

이런 생각을 하면서 버스를 기다리는 동안 두서너 중학생이 서로 주고받는 잡담이 귓결에 들렸습니다.

"너 저거 뭔지 알아?"

"뭐야, 충무공 상이지."

"아니야."

"그럼 너 말해봐."

"저거 청와대 문지기야, 무섭지!"

어린 후손을 위압하자는 충무공은 아니었을 터인데, 왕양명王陽明의 「노회」老檜라는 시의 글귀가 생각났습니다.

老檜斜生古驛傍
客來繫馬解衣裳
託根非所還憐汝
直幹不撓終異常[4]

4) 오래된 파발 옆에 비스듬히 서 있는 늙은 회나무/ 오가는 손 말을 매고 옷 벗어 걸어놓네/ 못 설 곳에 뿌리내린 너를 불쌍히 여겨 뒤돌아보니/ 휘지 않아 곧은 줄기 뛰어난 도를 이루었네

아무리 당당한, 구름을 스칠 수 있는 나무라도 그 서는 자리를 잘 못 만나면 딴 대접을 받게 됩니다. 말을 가져다 매고 옷을 벗어 거는 듯한 억울한, 시끄러운 대접을 받게 되는 충무를 위해 분한 생각을 가지면서 관광버스 회사에 들어갔습니다. 가서 보니 요새는 남한산성 가는 버스는 없다는 것입니다. 까닭을 물었더니 손님이 별로 없어서라는 것이었습니다. 그러면 그것도 이상했습니다. 그렇게 많은 구경꾼에 역사의 옛 자취, 더구나 나라의 운명이 하마 끊어졌다 이어진 이 자리를 찾아가는 사람이 적다, 그럼 다들 어디로 놀러가나. 정말 놀러만 가는 것인가.

가뭄이 심하면 험한 골짜기를 찾아들어야 할 것 아닙니까. 지혜를 얻으려면 무식한 사람을 찾아가야 할 것 아닙니까. 큰 냇물에 가서 될 것이라면 가뭄이랄 것이 없습니다. 학식 있는 사람에게서 들을 수 있는 것이라면 이날껏 몰랐을 리가 없습니다. 역사가 험한 고비에 가고, 속에 기운이 지친 때거든 지나간 날의 어려웠던 역사의 고비를 다시 찾아보아야 할 것입니다. 생각이 나야 막힌 데를 뚫고 나갈 수가 있고, 보아야 생각이 나옵니다. 옛 자취는 그래서 찾는 것입니다.

"국파산하재 성춘초목심"國破山河在 城春草木深이라고, 두보杜甫는 울지만 나라는 망하고 산과 물만 남았다는 것 아닙니다. 전쟁 나서 만호장안이던 서울이 쑥밭이 됐다는 것 아닙니다. 거기까지 갈 겨를이 없습니다. 적병이 눈에 뵈고 칼소리가 귀에 들리기 전에, 산이 산으로 뵈고 물이 물로만 뵈며 풀과 나무가 풀과 나무로만 만져지게 될 때 나라는 벌써 없습니다. 나라는 산 하나입니다. 역사는 숨 쉬는 것입니다. 가를 수 없이 하나요 산 것이 나라요 역사입니다. 땅과 사람과 주권이 합해서 나라가 된 것이 아닙니다.

나라가 깨져서 땅으로 사람으로 주권으로 갈라지는 것입니다. 나라 내놓고 산과 물이 따로 있을 수 없고 나 내놓고 풀과 나무가 혼자 자랄 수 있는 것 아닙니다. 전쟁이 나서 나라가 깨지는 것이 아니라 나라가 깨졌으므로 난리가 나는 것입니다. 생각하여보십시오. 씨 뿌리고 거두는 농사꾼에게 산천초목이 따로 있습니까. 시 읊고 그림 그리는 예술가에게 거기 서 있는 자연이란 것이 따로 있겠습니까? 산 살림이 있을 뿐입니다. 과학자에게도 역사를 빼어놓은 자연은 있을 수 없습니다.

그래서 관광버스는 못 타게 됐으니 불편이람 불편하게 됐으나, 그 대신 구경꾼에 섞여 놀러 가지는 못 하게 됐습니다. 시내버스로 천호동을 나가서 거기서 여주·이천행 버스를 타고, 광지원에 내려서 거기서 다시 산성행 버스를 타기로 했습니다. 승객은 모두 구경꾼이 아니고 생활전선의 일선에서 싸우는 생활전사 그야말로 참 군인들이었습니다. 그들은 살고 살리자는 군인입니다. 거기 비하면 소위 국방 맡았다는 군인은 죽이고 죽는 가짜 군인입니다. 이제 그들은 오늘의 군인인 대신에 나는 3백 년 전 병자호란 싸움을 싸우는 옛 군인입니다. 그들과 마주 앉으니 이제야 옛날이 대화 아닌 대화를 하며 가는 것이 있습니다. 차 속에 앉아 생각을 하는 것인가. 생각 속에 달음질을 하는 것인가. 내가 역사를 들여다보는 것인가. 역사가 나를 응시하는 것인가 알 수가 없었습니다. 생각, 생각한다는 것은 무엇입니까. 그처럼 이상하고 그처럼 재미있는 것은 없습니다.

생각이 나를 낳습니다

「생각하는 백성이라야 산다」는 글을 쓴 지 꼭 10년이 됩니다. 생각해서 쓰노라 했지만, 그야말로 생각 없이 썼다가, 생각 더 깊이 하라고 인생대학으로 보내 스무 날 퇴수退修를 하고 나왔습니다만 그런 지가 10년이 되는 오늘엔 알았느냐 하면, 역시 생각이 모자랍니다. 그 동안도 줄곧 생각을 하리라 했지만 역시 채 못하는 것은 생각입니다. 아닙니다. 생각은 언제나 시작뿐입니다. 문지방 앞에 서는 것이 생각입니다. 생각은 시작이요 생각은 나중입니다. 내가 생각을 하는 것이 아닙니다. 내 생각이란 것이 없습니다. 하고 나면 내 것이 아니고 나를 그 속에 빠치는 것이 생각입니다. 생각하므로 살았지만 또 생각으로 죽습니다.

생각이야말로 격전입니다. 누구와 무엇 때문에 싸우는지도 모르는 싸움입니다. 자랑 끝에 불난다지만 생각 끝에 싸움입니다. 아닙니다. 싸우면 생각하게 됩니다. 요새 대낮에 잠꼬대가 붙습니다. 우리는 "싸우면서 건설한다" 합니다마는 그것은 무의미한 말입니다. 괴테의 말대로 개념이 없는 곳에 바른 말이 쑥 들어간 것입니다. 그것은 거짓말이지만 싸움으로 생각을 하게 되는 것은 사실입니다. 중국문화는 전국시대에서 나왔고 유럽의 오늘은 종교전쟁에서 나왔습니다. 나는 생각을 해보자고 남한산성에 갑니다. 아닙니다. 내 생각이란 없습니다. 내가 생각을 하는 것 아니라, 생각이 나를 낳았습니다. 붙잡습니다. 죽이고 또 살려냅니다. 생각은 부활입니다. 불사조입니다.

생각하는 백성이라야 산다 했는데, 이 백성은 생각을 했습니까, 아니했습니까? 4·19는 생각입니까? 그렇습니다. 분명 생각입니다. 살았습니다. 그럼 5·16 그것도 생각입니까? 군인은 생각을 죽여버려야만 될 수 있습니다.

생각을 해보면 우리만 아닙니다. 월남전쟁을 하고 킹을 죽이고 케네디 형제를 죽이는 미국 국민도 생각을 한다면, 참 무섭게 하는 국민입니다. 죽은 로버트의 골 속에서 무엇이 나오겠는지 모르겠습니다.

사람마다 만나면 하는 인사가 "요새는 글 아니 쓰십니까?"에서 "더 쓰셔요, 더 오래 사셔요" 하는 말이지만 그 사람들은 생각을 해서 하는 말일까. 생각 없이 하는 말일까. 누구와 싸우란 말입니까. 누구를 죽이란 말입니까.

눈은 건너편에 앉은 아저씨를 바라보면서 마음은 내 그림자와 이렇게 대화를 하는 동안 버스가 광지원에 왔습니다. 있다던 산성행 버스는 없습니다. 또 고쳐 생각을 해야 하게 됐습니다. 새 싸움이 벌어집니다. 성을 팔아 넘기고 구차한 목숨 하나를 건지자고 허방지방 한강을 건너 남한산성으로 달려가던 인조와 그 밑을 따르는 벼슬아치들이 울며불며 가던 길을, 이제 나도 가야 합니다. 해는 벌써 서산에 넘어가고 어둠이 내리는 초여름 골짜기를 개구리떼의 군악을 들으며 나는 이젠 뵈지도 않는 내 그림자와 손을 잡고 걸어갑니다.

역사의 주인은 이름 없는 민중

음력 5월 초이레 달이 공중에 떴습니다. 지금을 제 철로 피는 찔레꽃의 짙은 향기가 품속으로 스며듭니다. 때때로 길가 초막 호롱불 밑에서 웃는 웃음소리가 들려옵니다. 3백 년 전 있었던 피어린 그 비극은 있었던 것 같지도 않습니다. 땅에는 평화요 하늘에는 영광입니다. 하지만 내 가슴속에는 말소리와 칼소리와 사람의 울부짖음이 들렸습니다. 문득 골짜기마다 나무숲마다에서 청태종의 군사가 달려나오는 것 같았습니다. 모가지 잃은 귀신이 제각기 아우성을 치는 것 같았습니다. 여자의 울음, 아이들의 부르짖음, 늙은이의 통곡이 뒤를 이었습니다. 그리고 보면 저 나무란 나무, 풀이란 풀이 다 치솟아 오르는 피 같았습니다. 걸었는지 달렸는지 걸음은 발에 맡기고 생각은 5천 년 역사의 물결 속을 떴다 가라앉았다 하는 동안 20리 길이 다 되고 산성에 들어가서 찾노라 찾은 여관이 이름도 백제장인데, 가서, 산 목련이 소복한 미인처럼 고개를 수그린 문간에 선 때는, 이미 아홉 시가 지났습니다.

복잡할 줄 알았던 여관에 손님은 하나도 없고 옛 전장다운 고요 속에 하룻밤을 지내게 된 것은 쓸쓸하면서도 다행이었습니다. 몸을 씻고 산나물로 시장기를 멈춘 후에 산성 안은 밝은 아침 돌기로 하고 자려고 자리에 누우니, 형영形影이 서로 돌아보는 것이었습니다. 역시 싸움은 힘들고 싸움보다도 더한, 생각하기는 더 힘드는 것이었습니다. 몸은 평안을 구하는 것이었습니다.

문득 날카로운 한 소리가 들려왔습니다. 귀를 기울였습니다. 소쩍새 아닙니까. 소쩍새라 들으면 소쩍이고 접동이라 들으면 접동입니다. 불여귀不如歸라는 저 새. 옛 사람의 노래를 불러보았습니다.

공산이 적막한데 슬피 우는 저 두견은
촉국흥망이 어제오늘 아니어늘
지금에 피나게 울어 남의 애를 끊는고

단종의 「자규시」5)도 읊어보았습니다.

저렇게 우는 것은 누구일까. 새가 아닙니다. 여기서 원통한 모욕을 당하던 인조일까? 아닙니다. 먹을 것이 다되고 힘이 다되고 꾀도 다되고 다되어 40일을 버티던 마지막 끝에 할 수 없이 문을 열고 나가 항복을 하려는 마당에 그래도 마지막 정신을 가다듬어보려 애를 썼던 사람을 내 손으로 잡아 원수에게로 보내던 그, 그때에 단 한 사람으로 났던 임 장군을 억울한 줄 뻔히 알면서도 권신들의 하는 일에 못 견디어 난장에 맞아죽게 두던 그 겁쟁이, 그, 그 약한 그가 울 리가 없습니다. 그럼 그때에 모든 정치의 책임을 졌던 최명길6)인가. 그 밖의 만조백관이라는 것들인가. 아닙니다. 그것들은 다 역사의 흐름 위에 떴던 거품이지 역사의 주인이 아닙니다. 우는 이가 있다면, 살아 있는 혼이 있다면 그것은 민중입니다. 이름도 없이 풀처럼 났다 풀처럼 버힘을 당하는, 그러면서도 또 나는 민중입니다. 이 앞으로도 역사를 맡아야 하는 민중입니다.

역사와 생명은 거룩합니다

어린 시절에 역사를 배울 때 인조가 오랑캐라고 멸시해왔던 청태

---

5) 「자규시」(子規詩): 세조에게 왕위를 빼앗긴 단종이 유배지 영월에서 자신의 처지를 두견새의 울음소리에 빗대어 지은 시.
6) 최명길(崔鳴吉, 1586~1647): 조선 중기의 문신. 병자호란 때에 화평을 주장하고 항서(降書)를 써서 청나라에 항복했다.

종 앞에 무릎으로 기어나가, 세 번 절해 아홉 번 머리를 땅에 조아리는 그 예를 하여 항복을 했다는 말을 듣고 분을 참지 못해하던 것을 기억하지만 이제는 그런 생각 하지 아니합니다. 소위 정치한다는 것들에게 이 이상 더 속지 않으렵니다. 욕을 본 것이 있다면 민중이요 원통한 이가 있다면 이 민중입니다.

나라의 주인공이면서도 짐승 대접을 받고 어려운 때가 오면 아낌없이 팔아넘김을 당하던 민중이야말로 비통한 역사의 주인공입니다. 항복했다, 업신여김을 당했다 하지만 그런 것도 아닙니다. 민중은 저를 판 일도 없고 짐승처럼 긴 일도 없습니다. 죽이면 죽고 버리면 버림을 당하면서도 차마 자기를 버리지 못하는 무명의 민중이 그대로 있었으므로 홍수 같은 그 전쟁이 지나간즉 다시 삶이 피어날 수 있었습니다.

다시 나라를 할 수 있고 한국이라는 문화를 낳을 수 있었던 것은 정치가 썩어지고 비겁한 반면에 민중은 겸손히 끈질기게 용감하게 그냥 살아남아 있었기 때문입니다. 청태종이 강하고 영웅이어서 패배를 했던 것은 아닙니다. 나라의 주인공 민중을 버렸기 때문에 민중에게 버림을 당하고 약해졌던 것입니다.

아침에 수어장대[7]에 올라갔습니다. 산성 안이 빤히 내려다보였습니다. 이제 슬픈 역사의 자취는 어젯밤의 꿈처럼 볼 수 없고 눈에 가득한 것은 푸른 생명의 물결뿐이었습니다. 저기가 서울인가, 저기가 송파요 삼전도인가. 청태종은 지금 어디 가고 만주족은 어디로 갔는가. 당년에 아우성을 지르며 달려들던 만주군의 뼈와 살이 다시 피어난 것이 저 어린 솔들인가.

역사는 거룩하고 생명은 거룩합니다. 당년에 서로 목을 찌르던 원

7) 수어장대: 수어청의 장관(將官)들이 군사를 지휘하던 곳. 수어청은 조선후기 중앙군영의 하나로, 남한산성 일대를 방어하기 위해 1626(인조 4년)에 설치되었다.

수도 이제 긴 역사의 빛에 비추이면 저 나란히 서는 소나무·떡갈나무 모양으로 새 시대의 한 역사를 메고 대화를 하면서 나갑니다. 산을 내려오자니 아침 이슬이 옷을 적셨습니다. 저 밭에는 옛날에 무수한 군인이 죽어 묻히지 않았을까. 제때를 만난 함박꽃이 흐들흐들 피어 웃었습니다. 그 한 밝은 마음이야말로 민중의 마음입니다. 떠나려는 순간에 최 전도사가 그 함박꽃을 한아름 가져다주었습니다. 역사가 오는 시대는 이렇다는 말인가, 생각을 하면서 돌아오는 차에 몸을 실었습니다.

• 1968년 7월, 『사상계』 제183호

행주산성

움직여야 참 힘입니다

행주산성을 가느라 그 길을 물어도 똑똑히 아는 사람이 별로 없었습니다. 행주라면 모르는 사람이 없는 것 같았는데, 그것이 임진왜란 때 3대첩의 하나인 큰 싸움이 있었던 곳이요, 도원수都元帥 권율이 그것을 지휘했고, '행주치마'의 유래가 거기라는 것을 모르는 사람이 없는 것 같은데, 이제 정작 거기를 가보겠다고, 어디 가서 무슨 차를 타고 어떻게 가느냐 물으니, 하나도 자신 있는 대답을 주는 사람이 없었습니다.

신문사 사람도 잡지사 사람도 유명한 관광버스 회사 사람도. 학교에서 학생들에게 역사를 가르친다는 사람조차도 마찬가지였습니다. 아는 것은 입에서 귀로 귀에서 입으로 돌아다니는 이야기의 행주와 행주치마지, 실지 땅에 돋아 있고 역사에 뿌리박고 있어 살아 있는 행주산성이 아니었습니다.

그럼, 지식이란 다 그런 것 아닐까요. 안다는 것은 결국 이야기 속에 사는 것 아닐까요. 역사 지식은 더구나 더 그럴 것입니다. 그러고 보면 이 세상이란 물 위의 마름처럼, 바람 속의 하루살이처럼 떠돌아가는 이야기의 물결 위에 떠서 돌아가는 살림입니다. 지식은 힘이라는 말이 있습니다마는 힘이라고 다 같고 다 좋은 것 아닙니다. 능동이냐 피동이냐가 문제입니다. 움직이는 거냐, 움직임을 받는 거냐.

움직임을 받아서 움직이는 것은 힘 있는 것이 아닙니다. 스스로 움직여야 참 힘이 있는 것입니다.

행주산성 가는 길을 분명히 말해줄 사람은 몸소 행주산성에 올라갔던 사람이 아니고는 될 수 없습니다. 그것도 여러 해 전이 아니고 요새에 올라갔어야 할 것입니다. 세상이 어떻게 변하는 세상인데! 아닙니다. 정말 똑똑히 확신을 가지고 말해줄 사람은 행주산성에 사는 사람뿐입니다. 그 사람을 만나야 하는데 그 사람을 만나기가 쉬울 리가 없습니다. 물결에서 물결로, 물결을 차 헤치면서 나가서만 헤엄질이 될 수 있듯이, 들은 말에서 또 새 말로 말을 버리면서 보다 확실한 말로 찾아다녀야 했습니다.

그렇게 하기를 며칠 한 후에 비로소 서울역에서 경의선 차를 타고 능곡역에서 내리면 거기서 산성이 불과 2킬로미터인데 차에 내려서 눈을 들면 거기 산성이 물을 것 없이 환히 보인다는 지식에까지 이를 수가 있었습니다.

그럼, 이날까지는 이야기의 행주로 아무 부족이 없이 해올 수 있었던 내가 왜 기어이 산성을 내 발로 디뎌보기 전에 마지않는다는 것입니까. 움직이기 위해서입니다. 무엇을 움직이란 말입니까. 이 역사의 수레바퀴를 말입니다. 지금 이 수레바퀴가 진흙탕에 빠졌습니다. 말에다 채찍을 더해도 더해도 말이 힘을 쓰지 못합니다. 부득이 탔던 내가 자리에서 내려와 바퀴살에 어깨를 대고 밀어주는 수밖에 없습니다. 그러지 않는 한 이 수레는 사람째 말째 실은 보물째 이 속에 빠져들어 한가지로 다 망하는 수밖에 없을 것입니다. 이 수렁은 밑을 모르는, 멍청하게만 있으면 점점 빠져드는 무관심의 수렁입니다.

그런데 그러려면 어디 벋디디고 기를 쓸 수 있는 돌부리를 만나야 할 것입니다. 그 돌부리가 남한산성이요 행주산성입니다. 그것은 벌써 여러 백 년 전에 비슷했던 경우에 우리보다 전의 사람들이 거기다 발을 벋디디고, 역사를 건졌던 일이 있는 이름이 있는 바위이기 때문입니다.

자는 사람을 깨우려면 귓가에 대고 요란한 종을 울려야겠는데, 멍청한 국민을 움직여 역사의 싸움을 싸우게 하려면 지난날의 참혹하고 비참했던 싸움 이야기를 해주어야겠는데, 그러려면 내가 그것을 겪어봤어야 하지! 나는 지금 그 이야기의 지식이 아무 소용이 없는 것을 알았습니다. 그래서 직접 귀로 듣고 눈으로 보고 손으로 만져본 후에 말을 하려고 행주싸움에 참여하려 나서는 것입니다.

정치업자들한테 속는 민중

남쪽(월나라 - 편집자)에서 온 새는 앉아도 남쪽 가지에 앉고 북쪽(오랑캐 - 편집자)에서 난 말은 북에서 오는 바람소리만 들어도 소리 질러 운다[越鳥巢南枝 胡馬嘶北風]고, 경의선 열차를 타고 앉으니 버리고 쫓겨온 압록강가 내 집 생각이 아니 날 수 없었고, 38선, 6·25 생각을 다시 아니할 수 없었습니다. 더구나 오늘이 6월 28일인 데서이겠습니까. 1947년 3월 17일 이른 새벽 38선을 기어넘어 희미한 첫 광선에 토성역을 발견하던 때의 감격, 거기서 자유로의 첫 열차를 타고 이 서울에 와서 내리던 때의 가슴의 울렁거림! 그 자유의 나라가 이런 따위 부자유의 나라가 될 줄은 몰랐습니다.

그 후 봄바람 가을비에 동서남북을 떠돌아 오늘까지 오면서도 뒤 안에 늙은 참배나무 서 있는 내 집을 잊을 수는 없었는데, 그 집이 있는 북쪽으로 가는 기차를 타는 것은 처음입니다. 북행! 이놈의 운명의 북행을 언제나 해보느냐? 왕건이 하려다 못했고 윤관이 벼르다가 겁쟁이놈들 올무에 빠져 못했고, 최영이 발은 내디뎌보았지만 못생긴 군인놈한테 다리를 들려 넘어지고 말았고, 애처로운 효종[1]으로

---

1) 효종(孝宗, 1616~59): 형 소현세자(昭顯世子)와 함께 청나라에 볼모로 잡혀가 8년 만에 돌아왔던 조선 제17대 임금. 1649년 즉위한 효종은 이 치욕을 씻고자 북벌을 꾀했으나 이루지 못하고 재위 10년 만에 승하했다.

하여금 청강淸江에 비듣는 소리에 한숨을 쉬게 하고, 분한 이완²⁾으로 하여금 달 속의 계수나무를 보고 울게 했던 이놈의 역사적 과제, 내 잃은 옛 집을 찾는 것은 어느 날일까.

6월 28일 바로 오늘이었습니다. 25일 전쟁이 터지던 날은 일요일이어서 그때에 정기적으로 하던 종교강화를 하려고 아침에 오류동에 들어오다가 서울역에서 비로소 그 소식을 들었는데, 물론 듣고 놀랐지만 그리 이상하지도 않았습니다. 이북에 있을 때부터 앞날 일을 말하게 되면 말마다 "피 흘려야 됩니다" 하던 그들 공산주의자의 말을 처음부터 들어왔던 터이고, 오자마자 군도軍道부터 닦기 시작한 소련군의 짓을 보고 있었기 때문입니다.

우리 정부라는 것이 그렇게 준비가 없었던 줄은 몰랐습니다. 모르겠습니다. 혹은 어떤 이들이 말하는 모양으로 미국 군부에서 그 정보를 다 알면서도 여론을 전쟁하는 데로 이끌기 위해 일부러 거기까지 이르도록, 내버려두어서 일을 만든 것인지도 모르겠습니다. 일본의 진주만 폭격도 미국 군부가 모른 것 아니라 다 알고 있으면서도 내버려두어서 불집이 일어나도록 했다고 하는 세상인데 어떻게 합니까? 군이란 그런 것이요, 정치니 전쟁이니 하는 것은 그런 것입니다. 속는 것은 민중뿐입니다.

그래 소식을 듣고 모임에 가서 「이사야」 30장을 읽고 헤어지고, 이튿날 약속했던 대로 연세대 기도회 시간에 가서 말을 하고 하루 쉬어 28일에 다시 할 예정이었던 것을, 있는 동안에 형세가 차차 험악한 것을 알았기 때문에 중지하고 오류동으로 돌아와서 27일 밤 두 시가 지나도록 라디오에만 귀를 기울이고 있었습니다.

이제 생각하면 어리석었습니다. 테이프 레코드를 되풀이 돌리게

---

2) 이완(李浣, 1602~74): 훈련대장으로 있으면서 북벌계획과 관련된 대책을 효종에게 건의했다. 현종이 즉위하자 북벌논의가 후퇴하고 훈련도감을 없애자는 논의가 제기되자 이에 완강히 반대했다.

하고 저희는 벌써 도망간 것을 모르고 정말 그 말대로 서울을 절대 버리지 않고 죽기로 지키는 줄만 알았습니다. 그런데 28일 아침이 되니 소식이 오는데 간밤에 서울은 함락이 됐다는 것이고 정부는 벌써 남쪽으로 내뺐다는 것입니다.

이승만 정권만이겠습니까. 정치란 다 그런 것입니다. 말은 다 좋게 나랏일이지만 정치하는 사람들이 결코 나라 생각 아니 합니다. 정치하는 못된 사람들이 나랏일 해주려니 믿었다가는 큰일납니다. 나라 잃거나 망합니다. 말이야 물론 공을 세우지만, 현란한 꽃일수록 씨가 없듯이 그것은 실속 없는 속이는 말뿐이고, 속을 노골적으로 말한다면 힘드는 일은 아니 하고 남이 수고한 결과를 빼앗아 거들거리고 먹고 마시고 입고 놀고 권세를 마음껏 휘둘러보자는 것이 그 목적입니다.

백 가지 이론을 할 것 없이 이날까지 모든 민족의 역사는 민권의 투쟁의 역사요 자유의 역사입니다. 옛날같이 핏줄로 되던 사회는 몰라도 적어도 이 기술문명 기업국가에서는 옛날 관념의 '나라를 위해서'라는 생각을 완전히 빼고 생각하지 않으면, 정치업자들한테 완전히 속고 맙니다.

전쟁으로 통일 절대 안 됩니다

그러고는 더구나 분한 것이 내뺴기는 저희가 먼저 내빼고 전쟁이 끝나고 돌아오면 피난하지 않았던 사람을 부역행위라 해서 욕하고 벌한 것입니다. 그것은 저의 비겁과 무식했던 것을 가리기 위해서 한 악독한 정책이었습니다. 그것이 정치적입니다.

참 의미에서 누가 정말 나라를 지켰습니까. 이 나라 땅을 갈아 그 흙으로 내 살을 만들고 그 바람으로 내 생각을 만들어내며, 죽은즉 다시 그 흙 그 물로 돌아가며, 거기서 아들 딸을 낳고 사는 사람이 정말 나라를 지킨 것입니다. 한국적인 생활이 있대도 그들에게 있고 한국적인 생각이 남아 있대도 그들 민중에 있습니다. 자기네의 권력 유지에 필요하다 생각하면 언제든지 외국 군대를 끌어들여도 좋고, 외국 정치업자와 흥정을 해도 좋고, 그 흥정의 결과 일부 민중을 팔아 넘겨도 좋고, 외국 장수와 민중에게 해로운 거래를 해도 좋다 생각하는 것은 정치가입니다.

엄정한 의미에서 정치인에게 조국은 없습니다. 조국은 조상의 땅, 살림, 방, 말, 정신을 차마 못 버려 도망할 생각도 못 하고 고생을 견디다가 죽어 그 받았던 것을 도로 갚는 못난 민중에 있습니다. 나랏일 한다면서, 나라의 주인인 민중을 업신여기고 의심하여 너희는 나쁜 것을 먹고 입으면서 견디어라 하고 거리에 나온즉 민중을 보기 싫어 가까이 오지 못하게 하고 겹겹이 무장하여 공포기분을 내는 것이 무엇보다도 더 우리와는 이해가 서로 반대되는 사람들이요 우리의 대적인 것을 스스로 외쳐 알려주는 것입니다.

무슨 일이 있어도 또 전쟁이 있어서는 아니 됩니다. 통일하기 위해 전쟁은 불가피라는 말을 하는 사람들이 있으나 속이는 말입니다. 전쟁으로 통일 절대 아니 됩니다. 전쟁을 말하는 목적은 "통일이 안 되더라도 정권은 내가 쥐어야" 한다는 데 있습니다. 그럴듯하게 접을 붙여 속이자는 말이지만 절대 속아서는 아니 됩니다. 외국 세력에 끌려 마지못해 동포가 서로 싸우면서도 눈물 한 방울도 아니 떨어뜨리고 정말 '승리'를 했다고 자랑하며, 공로 훈장을 만들어 서로 걸어주며 으스대는 것들, 그것을 밑천으로 정권을 쥐는 것들, 한번 쥔 다음에 민중의 불평이 아무리 있어도 외국 힘을 빌려 만년 집정을 하겠다는 것들이 결코 나라 생각 통일 생각 하는 사람들 아닙니다.

통일은, 배후에 어떤 세력이 있어 끌려서 대진을 하게 됐더라도, 서로 바라보는 순간, 너와 내가 그럴 사이가 아니었지, 네 손에 차라리 내가 죽더라도 내가 어찌 너를 죽일 수야 있겠느냐 하는 마음이 다 같이 들지 않는 한 있을 수 없습니다. 이북에서 쳐내려온 자나 쳐들어간 자나 서로 제국주의에 또는 공산주의에 복수한답시고 살인·강간을 맘대로 하는 그것들이야말로 나라의 도둑입니다. 그러니 이제는 전쟁이 무슨 명목으로나 절대 나서 아니 되겠지만 설혹 불행하여 또 전쟁이 나는 한이 있더라도 나는 이번에는 18년 전 모양으로 어리석게 그들을 믿고, 속아 행동할 마음이 없습니다. 내 노력한 것을 빼앗아가고 내 인격을 짓밟고 내 자유를 침해하며 못살게 구는 데는 좌우, 적백의 구별이 있겠습니까.

임진왜란 때 나라를 지킨 민중들

그런 생각을 하고 있는 동안에 차가 능곡에 닿았습니다. 정말 눈을 드니 행주산성이 물을 것 없이 알아볼 수 있게 서 있습니다. 그러나 알고 싶은 것은 겉이 아니요, 속입니다. 행주대첩의 자취를 보는 것이 아니라 그 싸움의 산 모습을 보고 싶었고 그 모습이 아니라 그 의미를 알고 싶었습니다.

아무래도 학교 선생님들이 가장 잘 아실 것 같아 국민학교를 찾아 들어가서 물었습니다. 그랬더니 그보다도 그 동리에 사시면서 권율 장군을 제사하는 행주서원의 원장으로 계시는 서강영徐康永 선생을 소개해주시면서 그가 아주 자세한 것을 아시니 그리 찾아가라 했습니다. 그래서 바로 산 밑에 있는 그의 집으로 가서 물었더니 75세의 노인이신데도 아주 꼿꼿하고 앞서 길을 인도하여 산꼭대기까지 올라가면서 여러 가지 설명을 해주셨습니다. 유감인 것은 자세한 것을 기록한 책자가 있어서 그것을 빌려주시겠다고 찾았으나 마침 쉽게 찾아지지 않아서 그냥 듣고만 온 것입니다.

행주대첩의 원인은 첫째는 그 지리地利에 있는 것을 산꼭대기에 올라서면서 알았습니다. 소위 행주산성이란 얼핏 보기에 요것이었던가 하리만큼 자그마한 산입니다. 이름을 덕양산德陽山이라고 한다는 데 산에서 옛날 백제시대의 기왓장 조각이 나온다는 것을 보면 사람 사는 역사가 오랜 것을 알 수 있습니다. 한강가에 나가서 마치 주먹을 불끈 쥐어서 내민 것같이 나앉은 산인데 높기는 그리 높지 않으나 강가에서는 그 벼랑이 아주 험해서 옛날 싸움에서는 지키는 데 상당히 도움이 될 수 있었을 것입니다. 그 뒷녘에는 지금도 내리內里라는 동리가 있고 서 노인 말에는 옛날에는 천 호가 넘은 때가 있다고 했습니다. 그리고 그 남쪽 옆이 서원이 서 있는 곳인데 거기는 포구여서 옛날에는 대단히 번성했다 하고 지금은 그렇지 못하나 아직 행주 웅어잡이로 유명하고 웅어 생선을 먹으러 오는 손님을 상대하는 요정들이 몇 집 있었습니다.

산에 올라 보면 앞은 한강인데 그 강을 건너 건너편에 김포평야와 김포 개와산이 서 있고 그 뒤로 멀리 부평 안암산이 높이 서 있는 것이 보이는데 그때에 일본군은 그 산에 결집하고 있었습니다. 산 뒷면은 들입니다. 그래서 산은 마치 섬같이 들과 강 사이에 오뚝 서 있습니다. 지금은 다 논밭으로 개간이 됐으나 그때는 강물이 많이 들어왔고 뒤에 가는 일선이 있어서 육지와 연락이 됐다고 합니다. 거기 올라서면 파주·서울·김포·부평을 한눈에 내려다볼 수 있으므로 군사의 움직임을 일일이 알 수 있고 겸하여 큰 강을 꼈으니 지키는 데는 매우 유리했을 것입니다. 이 지세를 알아보고 거기 진을 쳤던 권 장군은 확실히 잘 보았던 것이라 하겠습니다.

그때 장군의 생각은 서울을 회복하자는 것이었습니다. 전라감사로 있으면서 의병을 모아 여러 차례 전공을 세우고 올라오는 기세였습니다. 그러나 명장明將 이여송3)이 벽제碧蹄에서 일본군에게 패하고는 기운이 죽어 감히 크게 공격하려 하지 않았습니다. 그것을 보고 그냥 두어서는 아니 된다는 권 장군의 생각이어서 서울을 향해 진군을 했는데 그것을 안 일본군은 주위에 있는 3만의 큰 군사를 모아 단번에 그것을 무찔러버리려는 것이었습니다.

---

3) 이여송(李如松, 1549~98): 중국 명나라의 장수로서 임진왜란 당시 명나라의 2차 원병을 이끌고 참전했다.

그래서 만난 것이 행주싸움인데 그때 거기 모인 우리 군사는 4천 명이라기도 하고 어떤 기록에서는 1만이라고도 하나 산성의 크기로 보아 많은 군사가 있으려 해도 있을 여지가 없습니다. 더구나 성도 돌이 아니고 토성에다가 목책을 두르고 대진을 했고 첫날 목책의 한 부분이 무너져서 한때 위태했었으나 겁나서 물러서려는 군졸을 권 장군이 목을 베어서 군사들을 독려했으므로 다시 용기를 얻어서 싸우는 중에 마침 대적의 장수 요시카와吉川가 부상을 했기 때문에 일 본군은 물러가고 말았다는 것입니다.

지리가 험한 것도 그 이긴 원인의 하나겠지마는 아무래도 그보다 더 큰 원인은 사기士氣에 있습니다. 그때 전쟁 기술에서 한다면 우리 와 일본은 대가 되지 않았습니다. 그들은 벌써 조총을 가지고 무장 한 군대였고, 우리는 옛날식의 활과 칼과 창뿐이었으니 어림이 없습 니다. 게다가 우리나라는 그때까지 국방이란 생각을 도무지 하지 않 고 있었습니다. 율곡이 군사 10만만 기르자는 것을 듣지 않았던 것은 세상이 다 아는 일이지만, 바야흐로 일어나는 당파싸움과 썩어진 유 교 때문에 정치가 말이 아니었습니다. 그러기 때문에 일본군이 부산 앞바다에 올 때까지 아무 방비 없이 모르고 있었고 상륙한 지 한 달 이 못 되어 서울이 함락이 되었고, 비가 죽죽 오는 밤에 임금이란 것 이 초초한 행색으로 도망을 간즉 궁중에 달려들어 불을 지르고 도둑 질을 한 것이 적군도 물론 적군이지만, 평소에 학대받던 일반 백성이 그랬다는 것입니다.

그러나 백성은 역시 나라의 주인입니다. 첨에는 아무 방비 없는 데 들어온 도둑 앞에 어쩔 줄을 몰랐으나 차차 반항하는 정신이 일어나 사방에서 의병이 일어났습니다. 임진왜란에서 대서특필할 일은 이 것입니다. 일본군을 물리친 것은 임금의 심부름꾼인 벼슬아치나 그 군인이 아니고 일반 백성이었다는 것. 그 나라를 지키자고 맨주먹을 가지고 일본도와 조총의 위험에 대항하여 노한 양같이 일어난 민중 의 의기가 아니라면 덕양도 없고 권율도 없습니다.

澤國江山入戰圖
生民何計樂樵蘇
憑君莫話封侯事
一將功成萬骨枯

옛날도 이런 소리를 하는 시인[4]이 있었습니다. 들판이고 산이고 온통 전장판이 됐구나, 백성이 어찌 농사하며 삶을 즐길 겨를이 있겠느냐. 전쟁하고 공을 세워 벼슬한단 말하지 마라. 장수가 하나 공을 세우려면 1만이나 많은 뼈다귀가 쌓여야 한다.

역사가 늘 도둑맞는 역사입니다. 일해서 번 것을 지키고도 공은 언제나 도둑맞습니다. 무장지졸無將之卒이란 말이 있습니다. 그 말도 옳습니다. 그러나 그보다 더 옳은 것은 독불장군獨不將軍이란 말입니다. 장군이란 것이 없으면 민중 속에 통일이 한때 없을 수 있지만 필요를 느끼면 언제나 민중은 사람을 골라 내세웁니다. 그러나 민중이 없으면 아무리 힘과 재주가 있는 놈이라도 어찌 장군 노릇을 할 수 있습니까. 군사 많이 가지고 무기 충분히 가지고 한 싸움은 또 몰라도 안시성 싸움같이 행주싸움같이 한 줌밖에 안 되는 적은 군사를 가지고 적의 큰 무리를 이기는 싸움에서 그 힘은 졸병의 스스로 하는 용감한 정신에 있습니다. 어찌 감독을 해서 하고 꾀로써 합니까. 목숨을 잊고 오로지 나라를 위한 의기에 불붙는 모든 마음에서 되는 것입니다.

그런데 전공을 말함에 대장 아무개, 원수 아무개를 말할 뿐이고 정말 주인인 민중은 왜 말하지 않습니까. 억울합니다. 아닙니다. 억울한 일을 당하고도 억울해할 줄 모르는 것이 민중입니다. 그러기 때문에 주인입니다. 쿠데타해놓고 서로 제가 해먹겠다고 주류과 비주류

4) 조송(曹松, ?~?): 중국 당나라 때의 시인. 유년시절 집안이 가난해 강호를 유랑하다가, 70여 세에 이르러 벼슬길에 올랐다. 그의 시는 대부분 여행의 느낌을 제대로 삼았다. 위의 시는 조송이 쓴 「기해세」(己亥歲)의 한 구절이다.

파 싸우는 것은 주인이 아닌 증거입니다. 공은 공 생각하지 않는 민중의 것입니다.

생성하는 생명의 신비

산에 올라가면 비각이 있습니다. 비석 글자가 모두 볼 수 없이 닳아져 버렸습니다. 돌의 질이 나빠서 그렇다는 것이고 그 옆에 근래에 새로 세운 큰 비석과 그것을 개탄하는 기록이 있습니다. 물론 역사의 자취와 그 사실을 잘 기록해 보존해야지요. 하나 그것도 역시 낡아빠진 정치가 군인들의 생각입니다. 돌에 새긴 것만이 기록입니까. 그것은 아무리 깊이 새겨도 또 없어지는 날이 올 것입니다.

이날까지의 역사는 임금과 귀족의 역사건만도 자연의 법칙을 거스를 수 없습니다. 지워지지 않는 기록이 있습니다. 뼈에 새기고 피에 새긴 기록입니다. 민중 그 자체가 기록입니다. 정신빠진 자들 민중의 심장에 새길 생각은 아니 하고 거기 새겨진 것 읽을 생각은 아니 하면서 돌에 쓰고 책에 쓰면 무엇합니까.

사슴의 자랑은 뿔에 있습니다. 족제비의 자랑은 꼬리에 있습니다. 임진란의 뿔과 꼬리는 무엇입니까? 이순신이요 권율입니까? 아닙니다. 아닙니다. 강강수월래가 그 뿔이요 행주치마가 그 꼬리입니다. 행주치마가 있는 한 행주싸움의 정신은 잊을 리 없고 이 나라 이 민중이 망하지 않고 있는 한 행주치마는 없어질 리 없습니다. 세계의 전적 기념비도 많고 용감한 싸움 이야기도 많지만 이 행주치마에서 더한 것이 어디 있습니까.

인류가 언제부터 옷을 입은지 모르고 그 『옷의 철학』(국내번역은 『의상철학』 - 편집자)을 쓴 것이 칼라일이지만 그 문호의 의상철학도 행주치마는 몰랐습니다. 칼라일이 살았더라면 가르쳐주었을 것이고 가르쳐주었더라면 무슨 더 깊은 철학을 썼는지도 모릅니다.

치마가 무엇입니까? 음부를 보호하잔 것입니까? 여자의 미를 드러내잔 것입니까? 그렇지 않으면 무슨 종교적인 의미가 있습니까? 아마 그런지도 모릅니다. 그러나 치마의 정말 의미는 행주산성에서 가장 잘 나타났습니다. 자기로서는 여자로서의 인격적 정결을 지키고, 한 집안을 위해서는 생명선의 정결을 지키며, 일할 때는 땀을 마셔주고 슬플 때는 눈물을 닦아주는 이 치마는 생성하는 생명의 신비의 상징입니다. 아기를 싸서 키우는 그 폭 속에서 작게는 마음이 자라났고 크게는 나라가 자라났습니다. 그 치마가 이제 나라가 위태할 때는 나라를 지키는 방패가 되고 악을 무찌르는 무기가 됐습니다. 평화라면 여자의 몸에 걸친 치마에서 더 평화가 어디 있습니까. 하지만 그것이 짐승보다 더 흉악한 대적을 막았습니다.

그렇습니다. 나라의 뿌리가 여기 있습니다. 한없이 약하면서 한없이 강하면서 오직 사랑 오직 봉사에 사는 아내와 어머니의 성격을 나타낸 것이 이 치마 아니겠습니까. 가장 위급할 때에 생명을 건지는 것도 이 신비의 능력에 있단 것을 가장 극적으로 드러낸 것이 이 행주치마 아니겠습니까. 그런데 오늘에 서울 거리를 휩쓰는 치맛바람, 입었다기보다는 바람에 날아가다가 죽은 가지에 걸린 것 같은 미니는 어찌 된 것입니까?

아닙니다. 오늘도 행주 같은 역사의 결정적 고비가 돌아오면 틀림없이 또 나올 행주치마를 믿습니다.

해가 한강 위에 저뭅니다. 어린 솔포기가 던지는 그림자가 꾸부리는 치마 입은 형상 같습니다. 돌, 돌, 돌, 손톱이 빠져 피가 납니다. 발자국마다 피가 고입니다. 치마가 다 뚫어졌습니다. 살이 드러납니다. 엎디어 가슴으로 대신합니다. 쓰러집니다. 또 일어납니다.

돌, 돌, 돌.

• 1968년 8월, 『사상계』 제184호

제2부

나의 어머니

1963년 7월 시민회관에서 한 귀국 시국 강연

"시대가 바뀌고 나면
정말 앞뒤가 바뀌게 됩니다.
……지금 가지지 못한 나라는
그 가지지 못한 것이 다음 시대의 밑천입니다.
그 경제에서만 그런 것이 아닙니다.
도리어 그보다도
정신적인 문화라는 데서 그럴 것입니다.
……미국은 이제 앞으로 그 돈만이 걱정이 아니라
그 데모크라시가 걱정이 될 것입니다.
영국은 지금 그 착실하다는
영국 성격이 걱정일 것입니다"
-「우리 민족의 이상」

3·1정신

정신에서 정신으로

3·1운동을 그 밖에 나타난 결과로 보면 한개 실패한 운동이다. 만세만 부르면, 그리하여 우리가 일본 정치 아래 있는 것을 원치 않는다는 뜻을 세계 여러 나라 앞에 표시만 하면 독립이 곧 되는 줄로 믿었는데 그대로 되지 않았으니 그 점에서 본다면 실패다. 그러나 독립 만세 부르다가 독립은 되지 않고, 많은 희생자를 내고, 여러 사람이 감옥살이를 하고, 한때 산천을 뒤흔들던 만세도 총칼 밑에 바람 자듯 자버리고 말았는데, 아무도 그것을 실패라 생각하고 그 한 일을 후회하고 풀이 죽어버린 사람은 하나도 없었다.

이 사실은, 이 독립운동이 실패로 돌아갔는데도 민중이 한 사람도 풀이 죽지 않았다는 이 사실은, 우리가 역사를 말하는 데 있어서 크게 주의하지 않으면 안 될 일이다.

언제나 일의 결과는 육신의 사람에게 그때그때의 요구를 만족시켜 주고 마는 데 그치는 것이요, 그 일이 드러내는 정신은 사람의 정신 속에 길이길이 살아 작용하여 산 역사를 이루어가는 법이다.

3·1운동은 민중의 가슴속에 정신을 일으켰기 때문에 그것이 물결처럼 휩쓸고 지나간 뒤에도 사회에 낙심·낙망의 기분이 돌지 않고 도리어 머리를 들고 올라가려는 여러 가지 운동을 일으켰다. 그리고 그러한 정신을 일으킨 것은 그 자체가 또 산 정신에서 나온 증거다.

정신은 정신에서만 나온다.

정신은 정신을 일으키고야 만다.

우주·인생을 꿰뚫는 정신

그럼 무슨 정신인가? 무슨 정신이라는 것이 없다. 정신은 그저 하나, 산 정신이 있을 뿐이다. 세상에서 흔히 3·1정신이라고 떠드는 소리를 듣지만 3·1정신이란 것이 따로 있는 것 아니다. 있다면 우주 인생을 꿰뚫는 정신이 있을 뿐이지. 해를 낳고, 달을 낳고, 천체를 낳고, 꽃을 웃게 하고, 새를 울게 하며, 사람으로 사람이 되게 하는 그 정신이 3·1운동을 일으켰지, 그 밖에 또 무슨 조작이 있을 수 없다.

무슨 특별한 것이 있는 것처럼 민중 앞에서 어렵게 이야기하는 것은, 사실은 민중이 이미 저도 모르게 가지고 있는 이 정신을 빼앗아 다시 팔아먹으면서 사사로이 이익을 얻으려는 협잡꾼의 하는 소리다.

알고 모르고가 문제 아니다. 가졌나 못 가졌나가 문제다. 그리고 아는 자가 반드시 가지는 것이 아니요, 가진 자가 반드시 아는 것이 아니다.

대개의 경우에 참으로 가진 자는 도리어 가진 줄 알지도 못하는 법이요, 입으로 공교히 설명을 하는 자는 사실은 아무것도 가지지 못한다. 아노란 말은 모르노란 말이요, 했다는 소리는 아니 했다는 소리다. 3·1정신은 스스로 가진 줄 알지도 못하는 민중의 것이다.

3·1절만 되면 보기 싫은 것은 서로 3·1정신 팔아먹으려 드는 꼴이다. 이 큰 정신의 꿈틀거림이 어느 단체나 몇몇 개인이 꾸며낸 일이나 되는 것처럼 서로 제가 먼저 했다는 거요, 제가 잘 안다는 것이다. 민중이 입이 없다고 업신여기는 이들 협잡꾼을 쓸어버리라 해라! 3·1운동은 어디까지나 민중의 산 정신이 드러난 것이다.

무엇보다 먼저 알아야 할 것이 이 운동은 돌발적이라는 것이다. 갑자기 터져나온 것이란 말이다. 전부터 무슨 사상단체나 조직체가 있어서 이 운동을 만들어낸 것이 아니요, 이 운동 후에 또 무슨 일정한 체계의 사상이나 단체가 남아 있는 것도 아니다. 이 운동은 백두산이 그런 것처럼, 한라산이 그런 것처럼, 갑자기 혼자서 터져나와 천하를 진동시킨 것이다.

3·1운동의 주인이 될 인물도 단체도 없고, 그 지도원리와 방법이 되는 사상도 조직도 없다. 이것은 누가 가지고 주인이 되기에는, 누가 그 공로자가 되기에는 너무도 큰 운동이다. 너무도 평범한, 너무도 광범한 정신의 나타남이다. 마치 바람에 주인 없고, 비에 시킨 이 없는 것같이.

주인은 민중

다시 말하면, 꾸며낸 것이 아니라 자연적으로 일어난 생명의 일이요, 진리의 움직임이라는 말이다. 돌발적으로 터져나왔다는 것은 사실은 그 힘이 언제나 어디나 준비되어 있다는 말이다. 그러지 않고는 돌발할 수가 없다. 화산이 갑자기 터지는 것은 지구 속에 불이 본래 늘 있기 때문이다. 화산을 누가 만들어서 되는 것이라면 그 터질 것을 모를 리 없다. 그러면 화산이 아니다. 운동은 민중의 가슴속에 본래 언제나 있는 정신이 기회를 타 터져 한때 화산처럼 불길을 뿜은 것이다. 화산의 주인이 지구라면 3·1운동의 주인은 민중이다. 화산의 불이 우주 자연의 불이라면 3·1운동의 정신은 우주 본연의 정신이다.

우리도 동경에서 누가 왔다든지, 상해에 누가 연락을 했다든지, 서울에 누구누구가 모였다든지, 33인이 어쨌다든지, 그것을 모르는 건 아니다. 그러나 그들이 어느 기회에 그 심부름을 했는지는 모르나, 그 정신에 이르러는 아무도 터럭끝만큼도 이러쿵저러쿵 할 것이 못 된다. 태극기를 만들고 선언서를 찍어 사람들의 가슴에 안겨줄 때 누구라고 알고, 누구를 골라서 주었던가. 그전에 무슨 조직, 기관이 하나인들 있었던가. 실로 아무것도 없었다. 없었는데 그저 다만 민중을 하나로 보고, 전적으로 믿고 한 것뿐이다. 그들이 민중의 가슴을 들치는 부지깽이는 됐는지 모르느니라. 그러나 불은 민중 그들 자체의 가슴속에 본래 언제부터 붙고 있던 것이요, 또 언제까지도 붙을 것이었느니라.

독립운동을 하다가 잡혀 들어갔을 때 안도산·최린·여운형의 세 분을 놓고 일본 법관이 묻기를, "나가면 또 다시 독립운동을 할 것이냐?" 한 일이 있었다는 것이다. 물론 그 묻는 속뜻이 독립운동을 계속한다면 죄를 더하여 주고 다시 아니 한다면 용서해주마 하자는 심산에서 나온 것임을 누구나 쉬이 짐작할 수 있는 일이다. 그러니 자연 대답이 어려울 수밖에 없었다. 최린이 먼저 일어나 재주 있는 대답을 했다는 것이요, 여운형은 놀랄 만한 웅변을 토했다는 것이다. 그러나 도산은 그와는 달리 자기 차례가 오자, 허허 하고 웃었다는 것이다. 그러고는 하는 말이 "아, 이날껏 내가 선동해서 독립운동 된 줄 아느냐? 우리 민족이 한 것이지, 내가 하라 해서 하고 하지 말라 해서 하지 않을 것이냐" 하는 의미의 대답을 했다는 것이다.

거기가 다른 사람이 따르지 못하는 도산의 도산된 점이 있는 곳이다. 그것이 어찌 재주로 될 일일까? 참이 아니고는 못 나오는 말이다. 무슨 말을 하여서 이리도 저리도 걸리지 않게 할 수 있을까 하는 것은 벌써 참은 부족한 재주의 사람이다. 참은 생각할 것 없이 있는 대로를 뱉어도 대적의 흉계가 한마디에 부서지고 그 혼담이 서늘한 법이다. 도산은 그 자신 독립운동을 한 것이 아니기 때문에 지도자·선동자의 심리를 품고 한 것이 아니요, 자신이 민중의 한 사람으로 제 할 것을 한다는 정신으로 했기 때문에, 한마디로 참 정성으로 했기 때문에, 자연 그런 대답이 나온 것이다. 그것은 도산의 대답이 아니라 민족의 대답이요, 참 지혜의 대답이었다. 그러므로 그는 참 애국자, 참 정치가일 수 있었다.

그렇다. 살아도 민중 자체가 사는 것이요, 죽어도 민중 자체가 죽는 것이다. 살려는 민중을 누가 능히 죽일 수도 없고 망하려 드는 민중을 누가 능히 억지로 살릴 수도 없다. 3·1운동은 민중이 우리도 살아야겠다, 살았다 하는 한 외침이었다. 내가 아니면 이 나라를 어떻게 하나, 우리가 아니면 이 민족을 어떻게 하나 하고, 크게 걱정이나 하는 척하는 그런 따위의 협잡꾼을 물리쳐라!

국제적인 협동정신

3·1정신은 곧 민족정신이라고 생각하는 사람이 많다. 옳은 말이다. 물론 민족의 정신이다. 민족의 독립을 부르짖었으니 민족정신 아닌가. 그러나 그것만으로는 부족한 설명이다. 이제는 그것만으로 역사를 설명하려던, 그리하여 그것만으로 역사가 나아가는 힘을 삼으려던 시대는 지나갔다. 민족정신이 3·1운동 전엔 없었던가? 물론 있었다. 있었으면 왜 힘을 못 쓰고 이제 와서야 일어났나? 이때에 와서 고종이 돌아간 것으로 민족감정이 올라갔기 때문이라고 혹 설명할수 있을 것이다.

사실 운동의 날로 3월 1일을 택한 데는 그 이유가 많이 있다. 그러나 그것이 결정적인 요소는 못 된다. 그렇게 큰 운동이 손에 무기 하나 없이 순전히 비폭력의 평화운동으로 일어나게 되는 결정적인 동기는 그보다 다른 데서 찾아야 한다. 그것은 그때 파리에서 열린 국제연맹에 호소하자는 데 있었다. 윌슨 대통령이 말한 민족자결주의의 원칙에 의하여 세계 여론에 호소하면 되리라는 것이 그 신념이었다. 이 신념이 아니라면 고종 같은 이가 열, 스물이 돌아갔다 해도, 민족감정이 아무리 올라갔다 하여도 맨주먹으로 감히 독립만세는 부르지 못했을 것이다. 그러고 보면 거기는 민족정신 외에 다른 무엇이 작용하고 있었다. 그리고 그것은 민족주의보다는 차라리 그와는 반대된다고도 할 수 있는, 국제적인 협동·협화를 믿는 정신이다. 세계의 모든 나라가 우리를 도와주려니 믿는 정신이다.

그리고 이것은 반드시 파리에 모인 몇몇 정치가의 호의를 상대로 한다기보다는, 암암리에, 그 정치가들을 보내놓고 있는 여러 나라의 민중을 믿은 것이다. 이러므로 이것은 민중에게서 민중에게로 건너가는 세계적인 외침이었다. 그러나 각 나라의 제국주의 정치가들은 민중을 속여 이 운동은 실패하고 말았다.

그러나 한층 더 깊이 들어가 생각하면, 나라와 나라 사이에 협화를 믿고, 민족과 민족 사이에 동정을 믿는 것은 그 밑에는 그보다 먼저 미리 생각하는 무엇이 있음을 알 수 있다. 즉 인간성의 공통이라는 사실이다. 사람은 다 같은 사람이지, 그들도 양심 가진 사람이겠지, 믿는 마음이 있었기 때문에 나라 사이에 서로 도움을 믿는다. 모순인 듯하지만, 우리가 맨주먹으로 만세를 부를 때는, 국제연맹에 호소하기 전, 누구에게보다도 더 우리 대적이라는 일본 사람에게 그것을 믿는 것이다. 2천만이 돌같이 단결한다 하더라도 일본군이 만일 하려면 한칼로 어려움 없이 무찔러버릴 수 있다 하는 것쯤은 누구나 쉬이 알 수 있었는데도 불구하고 일어섰던 것은, 저들이 감히 칼을 못 쓸 것을 확신했기 때문이다.

왜 칼을 두고도 못 쓰나? 세계의 눈이 무서워서라고 하고 싶은 점도 있으나, 그보다는 역시 그들도 사람이기 때문이다. 세계의 눈을 두려워하는 것은 이해관계보다도 인간적인 양심 때문이다. 우리가 폭력 없이 데모를 하고 그들도 수원사건,[1] 강서사건[2] 같은 것이 한

---

1) 수원사건: 수원 제암리교회 학살사건을 이르는 말. 1919년 3·1운동이 전국적으로 퍼져나가던 당시 제암리교회 청년들과 민족주의자들은 4월 5일 만세시위를 결의하고 발안주재소 앞에서 '대한독립 만세'를 외쳤다. 일본경찰은 4·5만세시위 당시 일본군이 주민들에게 행한 만행에 대해 사과할 것처럼 하더니 교회당의 문을 걸어 잠그고 불을 지르는 만행을 저질렀다. 이 사건으로 약 30명의 주민들이 학살되었다.

2) 강서사건: 1919년 3·1운동이 일어나자 평안남도 강서군 사천교회의 성도 수백 명이 3월 2일 교회를 중심으로 독립만세시위를 전개하다가 신도 6명이 일본 헌병에게 체포되었다. 또한 평안남도 반서면, 증산면에서도 수천 명이 만세시위를 벌였다. 일본 헌병이 윤관도·현관묵 등 6명을 사살하고, 20여 명에게 중상을 입히는 만행을 보고 분노한 군중은, 맨손으로 일본 헌병과 격전을 벌이다 약 70명의 주민들이 학살되었다.

둘 없지 않으나, 대체로 그 이상 희생을 내지 않고 만 것은 역시 사람이기 때문이었다. 그러므로 우리가 평화적으로 반항운동을 한 것은 순전히 미운 마음 없이 했다고는 할 수 없지만 그래도 그들을 인간적으로 퍽 대접하고 믿어준 셈이다.

이제 우리는 이 점을 강조해야 한다. 서로 저쪽의 잘못을 과장 선전하며 감정을 일으켜 싸워 이기려던 것은 옛날이야기고, 이 앞의 역사는, 그보다도 서로 싸우기는 하면서도 서로서로 사이에 숨어 있는, 일을 극단의 참혹한 지경에는 이르지 못하게 하는, 서로 믿고 돕는 그런 정신, 그런 힘을 너와 나 사이에 찾아내어 기르는 것이 우리를 위하여서도, 세계를 위하여서도 필요한 일이다.

우리가 3·1운동으로 인하여 얻은 것은 일본 제국주의의 정체를 드러낸 것도 있기는 하지마는, 그보다도 더 뜻있는 것은 일본 사람의 인간성을 알게 된 것이라 하겠다. 우리는 그것을 믿고 일어났다. 그들을 사자나 이리로 알고 반항한 것이 아니라, 사람으로 믿었기 때문에, 우리의 편이 그들의 가슴속에도 있을 것을 믿었기 때문에 반항한 것이었다. 사실 나 자신도 그 운동에 참여하여 본 것이지만, 그 당시에 일본 사람이 미운 생각은 실로 없었다. 다만 우리도 살았구나 하는 기쁨에 가슴이 들먹일 뿐이었다.

그러나 인간성을 그저 믿는 것만으로도 부족하다. 저희도 사람이지 하고 믿을 때는, 그보다 먼저 그 인간성을 다스리고 있는 도덕의 법칙을 믿어야 한다. 사람을 믿음은 결국 하나님을 믿음이다. 사람은 정의의 법칙에 복종하고야 말 것, 곧 "정의는 반드시 이긴다"라는 것을 믿는 것이다. 대적을 이기는 것은 내가 아니고 그 대적 속에도 있는 정의 그 자체다. 도덕률 그 자체는 하나님 자신이다.

그러고 보면 3·1운동을 일으킨 것은 인간 역사를 꿰뚫고 있는 윤리정신 그 자체다. 맹자의 '호연지기'(浩然之氣: 하늘과 땅 사이에 가득 찬 넓고 큰 원기 – 편집자), 문천상[3]의 말로 하면 '천지정기'天地正氣다. 성신이라 해도 좋고, 불성이라 해도 좋고, 자연이라 해도 좋다. 이름이야 뭐라 불렀거나 하여간 생명의 맨 처음이며 끄트머리요, 역사의 고갱이면서도 또 그 살인 그것이다. 물이 잘 흐르면 시내며 강이요, 막혔다 터지면 여울이요 폭포이듯이, 이 정신도 순하게 나가면 인생이며 문화요, 비상하게 나타나면 싸움이요 혁명이다.

밭 갈고 물 길으며, 자녀를 낳고 이웃을 이루며, 처마 밑에는 제비가 새끼를 기르게 두고 뜰 앞에는 화초가 꽃을 피우도록 가꾸는 인간의 가슴 안에는 3·1운동 같은 운동을 일으킬 가능성이 언제나 늘 준비되어 있다. 다만 그 민중을 꾀어 속이지만 말라!

비로소 대접받은 민중

그럼 그렇게 늘 있는 정신이 하필 3·1운동 때에 나타난 것은 웬일인가? 대답은 간단하다. 그때 가서야 민중이 비로소 사람으로 대접을 받았기 때문이다. 지금은 역사의 주인이 민중인 것을 분명히 알지만 정치가들이 이것을 깨닫기에는 퍽 힘이 들었다. 원시시대로부터 지금까지 정치라면 일부 적은 수의 사람이 특권을 가지고 강제로 하는 것처럼 알아왔다. 다스린다는 말부터 그것 아닌가.

이제 다스리는 정치는 고물이다. 이때까지 정치는 일부 사람이 강제로 하는 것이므로 거기 무슨 잘못이 있어 그것을 바로잡으려 할 때, 부득이 음모·암살·선동 이런 식으로 할 수밖에 없었다. 그러나 결국 일을 결정하는 힘이 민중에게 있는 이상 아무 때에 가서도 민중을 얻지 않고는 성공하지 못하였다.

우리나라에도 혁명이 여러 번 없었던 것은 아니나, 모두 실패하였

---

3) 문천상(文天祥, 1236~82): 남송의 충신. 자는 송서(宋瑞)·이선(履善). 호는 문산(文山)이다. 옥중에서 절개를 읊은 「정기가」(正氣歌)가 유명하다.

다. 그 원인은 한결같이 그 일을 민중에게 주지 않았기 때문이다. 갑신정변도 그렇고 갑오경장도 그렇다. 그런데 3·1운동 때엔 처음부터 민중에 호소했다. 이 점이 아주 주의할 만한 점이다. 민중을 믿었고 민중에 매달렸다. 그러므로 됐다.

민중은 언제나 자기를 부르는 데 응하지 않는 법이 없다. 그리고 민중이 일어설 때 막을 놈이 없다. 칼이 다하는 날은 있어도 민중이 다하는 날은 없다. 물론 언제나 일을 시작하는 것은 지식층이지만 그 지식층이 민중 앞에 겸손하지 않고는 일이 되지 않는다. 아무리 해방운동이라 하더라도 권력층이 민중을 이용하려는 심리를 벗어나지 못해서는 일은 될 수 없다.

민중을 주인으로 모셔야 한다. 3·1운동엔 구한국시대의 벼슬아치가 주인도 아니요, 지식층의 학생이 주인도 아니요, 자본가가 주인도 아니요, 순전히 전체 민중이 주인이었다. 아무런 음모도 없이, 아무 미리한 조직도 없이, 민중을 무조건 믿고 나서서 하나가 "만세!" 할 때에 동시에 2천만이 한 목소리로 "만세!" 했다. 그때 바로 말없는 민중을 임금으로 모신 것이었다. 우리나라 민주주의는 3·1운동에서 시작되었다. 그렇게 본다면 오늘날 문제는 없는 것 아닌데, 아무 힘 있는 운동이 일어나지 못하는 것은 그 원인이 어디 있는가를 알 수 있다.

일본에게 나라가 망한 후 민족은 셋으로 갈라졌었다. 그전에 지사라던 사람은 외국으로 도망하고, 남아 있던 지식층은 대개 일본에 붙어먹고, 그리고 남은 민중, 무식하고 가난한 민중은 입을 닫고 소처럼 있었다. 지사들의 생각은 한결같이 무력혁명을 하자는 것이었다. 그들의 애국심은 뜨거우나 그 정치사상은 낡은 것이었다. 나라의 주인인 민중을 무식한 것이라고 업신여기고 일은 언제나 자기네가 할 것으로 알았다.

3·1운동에는 그 지사나 지식층의 청년이 민중 앞에 겸손히 믿음의 손을 내밀고 주인으로 모셨다. "우리를 따르라" 하지 않고 "당신들이 해야 됩니다" 했다. 평민은 의리 있는 것이요 감격하는 것이다. 자기

를 믿어주면 죽을 데라도 들어가는 것이 민중이다. 3·1운동은 이 감격으로 하나된 민중의 힘으로 되었다. 이때에는 그럴 수밖에 없었다. 지사들의 낡은 꿈은 깨지고, 일본 군대의 강하기는 세계가 놀라는 것이었다. 길은 자연 어쩔 수 없이 민중의 가슴에 깃들어 있는 우주 본연의 진리에 호소하는 길밖에 없었다. 유일의 길이 참의 길이다. 민중의 의기가 그렇게 나타난즉 입때껏 대적에게 붙어먹던 충도 감격해 돌아올 수밖에 없었다. 이리하여 민족통일은 이루어졌다. 민중을 제자리에 모시면 그들은 언제나 자기 할 일을 한다.

이 정신으로 남북통일

지금 우리에게 부닥친 것은 남북통일 문제다. 이것을 해결하는 데는 오직 한 길이 있을 뿐이다. 3·1운동에서 우리 민중의 양심을 동원하여 일본의 양심, 인류의 양심을 때렸고, 그러므로 그 힘을 막을 수 없었듯이, 오늘도 공산당을 이기는 것은 그 양심을 때리는 데 있다.

3·1운동은 실패가 아니냐고 하는가? 그런 소리 말라. 바다로 가는 냇물의 길은 발 앞만 보고는 모른다. 3·1운동이 아니었더라면 8·15는 없다. 분명히 기억해야 할 것은 대적을 도덕적인 인간으로 믿고 그들의 양심에 호소하는 것이 가장 힘 있는 일이라는 것이다. 믿음이 없이는 도둑의 사회도 성립이 되지 않고, 정의의 법칙을 지키지 않고는 무기조차도 만들 수 없다. 근본되는 것은 이 우주의 윤리적인 질서를 굳게 믿음이다. '인자무적어천하'仁者無敵於天下라〔『맹자』, 「진심하」〕, 어진(큰) 이는 천하에 맞설 놈이 없다 하거니와, 어짊은 곧 민중의 마음이다. 그것이 큰 것이요 그것이 인이다.

민중은 언제나 믿는 것이요, 그러므로 평화요, 그러므로 살았다. 나라가 어지러워지는 것은 민중의 가슴이 흐려 올바른 판단을 잃고 그 본연의 힘을 잃기 때문이다. 그것은 정치업자들이 민중을 그대로 두지 않고 간사하고 음험하고 잔혹한 수단으로 강제하는 때에 그렇게 된다. 3·1운동이란 다른 것이 아니고 그러한 정치로 인하여 가슴속에 눌려 있던 정신이 한때 화산처럼 내뿜은 것이다.

걱정은 소련에 있는 것도, 중공에 있는 것도 아니다. 이해심으로 인한 민족의 분열에 있다. 정치적인 갈라짐이 사회 분열까지 이어지는 데 있다.

3·1정신이 정말 있다면 38선이 걱정이겠느냐. 칼로 물을 쳐도 물은 또 합한다. 물같이 맑고 부드러우므로 하나되는 정신을 잃어버린 것이 걱정이지 칼이 걱정이냐.

그리고 이 하늘이 준 정신을 민중에게서 빼앗는 자가 누구냐? 정치업자 아니냐. 몇 해 전에 홀딱 벗겨진 우리나라 산림을 구원하기 위하여 영국의 노련한 임업 전문가를 데려다 물은 일이 있었는데, 그가 우리 산천을 다 돌아보고 가면서 마지막에 하는 말이 "건드리지 말고 두어라!" 했다고 한다. 그것을 또 정치에도 옮겨서 쓸 천고의 명언이다.

제발 민중을 건드리지 말라. 그리고 믿어라! 그들의 가슴속에 언제나 제 일은 제가 하는 정신이 살아 있다.

• 1959년 3월 1일, 『조선일보』

우리 민족의 이상*

우리 겨레의 세워 내놓은 뜻

'민족의 이상'이라 했지만, 그러지 말고 우리말로 해봅시다. 그래야 우리 민족이 있습니다.

'이상'이라면 알 것 모를 것 같은 무슨 공부라도 많이 한 사람이라야만 알 것 같은 말입니다. 그러나 그런 것 아닙니다. 그런 말을 써야 아는 데 높이가 있고, 생각에 깊이가 있는 것처럼 생각을 하는 사람들이 있습니다. 그래서 한문이라야 참 글이라고 했고, 가톨릭에선 아직도 믿는 사람들이 알아듣지도 못하는 라틴말로 중얼거리고, 프로테스탄트도 아직도 제임스 번역이라야 좋다는 사람이 있고, 불교가 들어온 지 천 년이나 되는데 이제야 겨우 우리말로 옮긴 것이 나오려 하고, 철학자들은 몇 사람만이 아는 학술용어를 쓰고 있습니다.

그것은 다 낡아빠진, 씨울이 무엇인지 알지도 못하는 때에 사람을 업신여기던 봉건사상에서 나온 것입니다. 민족은 씨울이 스스로 제 생각을 하는 데서 시작입니다. 씨울의 말로 해야지.

이상이 뭐요? '세워 내놓은 뜻'이지. 알기 어려운 남의 말 혹은 옛날 말로 해서 젊은이들을 맴돌이질을 시켜놓고 지식을 비싸게 팔아먹고 힘을 몽땅 쥐고 해먹으려는 생각에서 하니 어려운 말을 일부

*1963년 2월 영국 우드브룩에서 한 강연.

러 하지, 그렇지 않은 담에야 우리말론들 못할 것이 어디 있어요? 아니요, 반드시 우리말로 해야 우리 것이 됩니다. 우리말로 옮기려 애쓰는 데서 남의 것을 참으로 알고 속에서 내 것이 자라고 밝아집니다. 제 나라 이름조차도 제 글로 못 쓰는 이런 겨레가 어디 있어요? 이것이 겨레야요? 겨레 없으니 나라 없고, 글월[文化]이 없고, 살림이 보잘것없는 것은 마땅한 일이지요.

글쎄, 딱하지 않습니까. 나라를 새로 한다면서 어째 대한민국이며 조선인민공화국이요, 살림 뜯어고친다면서 재건최고회의란 다 무엇입니까. 왜 생각이 고만큼밖에 못 갑니까. 그만 것도 생각 못하는 머리라면 정치에 손대지 않았어야지. 이 씨울의 가슴속에 무엇이 들먹대고 있는데? 왜 '저'부터 찾아야 하는 걸 몰라요? 생각부터 새로 해야 하는 걸 몰라요? '고쳐'라면 어째서 재건이라 하며 고작 '높은'이라면 얼마나 좋다고 최고라는 것입니까. 최고가 아니라 최저지.

책마다 잡지마다 보면 그저 '모럴'이요, '휴머니즘'이요, '레지스탕스'요, 그거 왜 그러는 것입니까. 누구 보고 하는 말입니까. 그들의 머리는 아직 끼리끼리 살자던 귀족주의를 못 벗어났습니다. 나라 하는 것이 씨울인 줄을 안다면, 살림이 서로서로 주고받는 하나된 겨레에 있는 줄을 안다면 어찌 그럴 수 있어요?

내가 이렇게 말하면 생각이 좁다, 꼬부라졌다 할지 모릅니다. 그러나 그 넓노라는 생각, 갈보의 다리 새 같은 것입니다. 나더러 좁다 넓다 말고 역사에 물어보십시오. 2천 년이나 써내려오는 한문 두고 모자라서 한글 지었습니까? 남의 고기 먹고 편히 사는 다스린다는 놈들에게야 모자랄 것 없겠지만, 씨울에게는 그게 모자라는 것이 있었습니다. 그들에겐 한문 가지고는 도무지 시원히 알뜰히 그려낼 수 없는 제 것이 제 속에 있었습니다. 2천 년을 벙어리 냉가슴으로 내려왔지만 그냥 더 있을 수가 없어졌습니다. 그런 줄을 안 것이 어진 세종이었습니다.

생각해보십시오. 4백 년을 중국놈에게 눌려 있어도 중국놈이 못 됐고, 몽고에 잡혀가고 만주에 끌려가 갖은 욕을 보면서도 몽고놈 만주놈이 못 됐으며, 일본한테 악착같이 잡혀 있으면서도 일본놈이 못 됐고, 삼국시대에 당나라를 끌어들이고 일본을 업어오면서 미친 듯 싸우면서도 말은 한 말, 사람은 한 사람으로 종시 남았으며, 공자님을 섬기고 석가님을 받들어서 단군이고 한배고 거의 다 잊은 듯하면서도, 그래도 제 말, 제 생각, 제 버릇을 어찌 할 수가 없어서 그냥 지니고 온 그것, 무엇인지 모르지만 그거야말로 정말 말썽 아닙니까? 그거야말로 물에서도 아니 녹았고, 불에도 아니 탔고, 칼로 찍어도 아니 끊어졌고, 망치로 때려서도 아니 바숴진 것입니다.

살았습니다. 말을 하는 것입니다. 불사신不死身입니다. 무서운 것이 있다면 이에서 더한 것 있으며 귀한 것 있다면 이보다 앞설 것이 있습니까? 카뮈의 실존은 내가 모르지만 이것이야말로 실존이지. 예수가 믿었던 메시아도 이것과 다른 것이 될 수 없습니다. 만일 다르다면 저것도 거짓이고 이것도 거짓이고, 온통 거짓이지. 그것이 있어서 오늘 네가 있고 내가 있지, 내가 있어서 그것을 아는 것 아닙니다. 이것이야말로 이날까지 살았으니 이 앞으로도 살 것이요, 살 것이기 때문에 살려야 하고 키워야 하고 빛내야 할 것입니다.

그저 우리를 가난하다, 무식하다, 버릇 없다, 너무 업신여기지 마셔요! 우리는 모르는 말로 민정民政이니 데모크라시니 하니 우리를 없는 거로 본 것 아니야요? 우리를 그저 먹을 고깃덩이로 알고 서로 흥정을 해 넘기거나 싸워 빼앗자는 거지. 그런 짓을 하지 말아요! 생각을 해도 우리가 해야 하고 힘을 내도 우리가 내야 하는 것입니다. 일이 있을 때는 우리에게 와서 '여러분' 어쩌고 하고, 죽을 뻔 살 뻔을 다 겪으며 일을 다 이루어놓으면, 그때는 우리를 속이고 우리를 얽맬 그물을 우리 앞에서 우리 모르는 글로 짜니, 그 어찌 더럽고 못났다 하지 않겠습니까?

우리말로는 할 수 없는 종교·철학·예술·학문이 있다면 아무리 훌륭해도 그만두시오. 그까짓 것 아니고도 살 수 있습니다. 우리 삶에서 글월이 돋아나오지, 공작의 깃 같은 남의 글월 가져다 아무리 붙였다기로 그것이 우리 것이 될 까닭이 없습니다.

우리가 이 꼴밖에 못 된 것은 우리 잘못이 아닙니다. 우리도 맘 있고 뜻 있고 얼이 있습니다. 우리로 우리 것을 못하게 하고 남의 장단에 춤을 추라고 억지질을 한 저 다스린다는 축들 때문에 이렇듯 병신 꼴이 됐습니다. 안다는 사람, 공부했다는 사람, 원하지도 않는데 제 멋대로 이끌어준다, 다스려준다 하는 사람들, 그들은 다 남의 생각으로 사는 사람들입니다. 그 머리가 돌았고 그 벨이 바뀌었고 그 대가리가 비었습니다. 대가리라니 노여워할지 모르지만, 대감님·영감님이라면 입이 벌어지니 우스운 노릇입니다. 그 말이 제 말인 줄은 모르고. 제 말 잊은 놈은 언제나 그렇습니다. 죽게 된 말 살리노라 입에 숨을 힘있게 마시고 불면 죽게 된 겨레 살아날 것입니다.

이상은 뜻입니다. 세워 내놓은 뜻입니다. 세웠다는 데 때와 곳과 일을 떠나 흔들림 없이 우뚝 선 듯이 있습니다. 내놨다는 데 네 맘만도 내 맘만도 아닌, 이것만도 저것만도 아닌, 모든 것에 맞는 번듯함, 환함이 있습니다. 그러한 뜻이란 말입니다. 이 말 가지고 무슨 철학인들 못 짜내겠습니까?

신부님들, 목사님들, 교사님들, 대사님들 그리고 나라를 주먹으로, 주먹이 아니지 칼이지, 칼로 한다고 돼지 타고 앉은 백정처럼 자신있어 날뛰는 사람들 다 안 것 같습니까? 알고도 모를 것입니다. 오대산 골짜기에 도토리 먹고 사는 할아버지, 서울 뒷골목에서 딸이라고 품팔아 공부시켰더니 저는 이상에 산다고 수도원으로 달아나고 혼자 남아 오가리처럼 졸아드는 할머니, 하늘같이 섬기던 남편, 전쟁 나가 사람 죽이고 대장 되더니 다른 색시 얻고 돌아보지도 않아 줄기 새끼 같은 새끼만 맡아서 시퍼렇게 시드는 홀어미, 그들에게 가서 민족의 이상을 가지자고 해보시오, 아나? 그야말로 이상한 눈으로나 봤지 알까닭이 없습니다. 그러나 그들을 내버리고 나라 할 줄 아셔요?

아닙니다. 그러니 그들 보고라도 우리도 내세워놓은 뜻을 바라고 품고 살아야 합니다. 해보시오, 그들 눈에서 뜨거운 눈물 아니 쏟아지나. 입을 막을 줄만 알았고 맘을 열어줄 줄은 모르는 사람들, 모른다 비웃고 욕할 줄만 알고 그 말 들어주고 친구 될 줄은 모르는 사람들은 생각해보십시오. 글자 탓을 하는 것 아닙니다. 잘못 알아듣지 마시오. 씨올의 말을 들어주고 그들 속에 갇혀 있는 말을 불러내라는 말입니다.

지식인들, 우리는 겨레에서 빠진 사람입니다. 겨레가 우리를 버린 것 아닙니다. 우리가 겨레를 잊었지. 무릇 지식은 미치게 하는 것입니다. 우리가 지식과 겨레를 바꾼 것입니다. 잘못입니다. 이 핏줄에 났으면 이 겨레인 것 아닙니다. 겨레는 피가 아닙니다. 얼이 얽힌 것이 겨레입니다. 이제라도 남의 생각에 중독이 되어 우리 속에 있는 얼을 깨워 일으켜야 합니다. 그러면 저절로 슬기가 솟고 힘이 터져나옵니다.

우리 할아버지들이 부르던 노래 '얼씨구 절씨구' '얼럴럴 상사디야'의 뜻을 모르셔? 그 얼을 모르셔? 그리고 댄스만 알고 발레만 알고 시나리오만 알지. 글을 배워도 헛배웠고 예술을 해도 헛했구나. 그럼 이 부끄러움, 이 고생, 이 천대 마땅합니다.

우리가 힘없기는 하나되지 못하기 때문이요, 하나 못 되는 것은 뜻 모르기 때문입니다. 살기를 이 땅에 같이 살고, 먹고 마시기를 같이 이 땅의 물 이 땅의 바람으로 하는데, 서로 사고 서로 팔며 서로 시집장가 들며 서로 주고받으며 사는데, 왜 하나가 못 되오? 모자라는 것은 다만 뜻입니다. 바닷가에 억만 년을 같이 뒹굴면서도 모래는 제 알금입니다. 시멘트로 콘크리트를 만들기 전은 서로 흩어져 있는 모래알입니다. 그와 마찬가지로 동물같이 모여 사는 살림만으론 하나 되지 못합니다. 뜻 속에 하나가 되어야 합니다. 뜻은 처음부터 있는 뜻이지 새삼스레 만든 것 아닙니다. 환한 뜻, 번듯한 뜻, 우뚝한 뜻, 네 속에서 내 속에서 찾아서 저기 하늘가에 내세워 놓으면 그날부터 참 삶이 있고, 참 글월이 있을 것입니다.

글을 쓰잔 것 아닙니다. 무슨 논論을 하잔 것 아닙니다. 내가 무엇을 안다고 말을 해요? 너와 내가 살기 위해, 사는 것은 곧 책임을 다하는 것이기에 세상 나온 이상은 피하지도, 감해 달라지도, 바꿔 달라지도 못하는 그 책임 해볼까 해서 떨어 내놓는 속일 뿐입니다. 마흔이 되도록 사람 만나면 열 걸음 앞에서 숨던 나를 이렇게 만든 건 누구입니까. 미국 가고 영국 가고, 남의 나라 잘사는 것 보니 눈물 나고, 너희 나라 좀 나아가느냐 질문당할 때마다 몸둘 곳이 없습니다. 젊은이들 생각하시오, 뜻이 밝아질 때까지.

앞선 놈 뒤로, 뒤진 놈 앞으로

나이 일흔·여든이 되어 터럭이 파뿌리 같은 늙은이가 "사람이 뭐 하자고 사는 거요?" 한다면 누구나 다 흉보고 가엾이 여길 것입니다. 그러나 5천 년 역사를 가진다는 겨레가 이제 와서 그 내세워 놓을 뜻을 묻는 것보다도 더 부끄럽고 더 가엾은 일 어디 있습니까. 이것이 어떻게 된 겨레요, 무엇한 나라입니까. 당신은 무엇 하자고 이런 놈의 나라에 났고 나는 뭐하자고 이런 따위 사람의 찌꺼기 속에 난 것입니까. 우리가 나고 싶어서 골라서 온 것입니까. 그렇다면 이제라도 이 가슴을 찢고 이 대가리를 부숴버려려야지. 하지만 아무도 제가 골라서 온 건 아닙니다. 미국이 좋은 나라라 하더라도 거기 나는 사람이 제가 잘 알아서 골라서 온 것도 아니요, 우리나라가 기막히는 나라라도 우리가 골라서 온 것은 아닙니다.

우리가 한 것 아니라 그렇게 한 이가 있습니다. 운명이라 했다, 하나님이라 했다, 자연이라 했다, 생명이라 했다, 절대정신이요, 법칙이요, 실재요, 존재요, 별별 소리를 하지만 그것은 사람이 안타까워 설명을 그렇게 해보는 거지, 그이 그 자체로는 물질이라거나 정신이라거나 조금도 변함없이 절대적인 명령을 가지고 있습니다. 그가 명령을 하는지 아니 하는지, 계시란 것이 정말 있는지 없는지 모르지만,

그까짓 설명이야 어찌 됐건, 아니라 할 수 없는 사실이 사람이란 것이 제 속에 그것을 느끼는 것만은 사실입니다. 그리고 모든 것은 여기서 풀려나옵니다.

그러므로 우리가 이 운명의 역사에 태어난 것은 피하지도, 모른다고도 못하는, 값을 좀 깎아 낮추지도 못하는 절대의 것입니다. 그것은 어디 가서 해달랄 것도, 누구보고 물어볼 수도 없는, 우리 속에서 스스로 묻지 않으면 아니 되는 문제입니다. 그러므로 여든이 됐어도 이제 숨을 넘기는 자리에서도 물어야 하는 것이요, 5천 년을 멋없이 살아온 이 끝에 와서도 이제라도 생각을 해봐야 하는 것입니다.

그러나 조금도 맥없어 할 것 아닙니다. 정말 걱정은 잘못한 것도 떨어진 것도 아니요, 맥빠져버리는 바로 그것입니다. 늘 하는 말이지만 삶은 절대입니다. 살아도 살고 죽어도 살아야 합니다. 죄를 지으면서도 살아야 하는 것입니다. 삶 그 자체가 죄람 죄지! 삶은 살아야 하는 것입니다. 살았다, 살자 하면 사는 거고, 죽었다, 죽겠다 하면 벌써 죽은 겁니다. 죽으려도 죽어지지도 않는 죽음입니다. 그것을 지옥이라 할지도 모릅니다.

어쨌거나 살아야 합니다. 내 힘으로 사는 것 아니라 삶을 인정해야 합니다. 그것이 믿음입니다. 그런데 삶을 그러한 태도로 받아들이면 그 순간에 곧 일이 일어납니다. 지금까지 있던 모든 문제가 다 없어집니다. 마치 달음질을 하는데 결승점에 들어서기 전까지는 앞섰다 뒤졌다 했지만 한번 들어서 놓고 보면 먼저 오고 뒤에 온 차이가 없는 것과 마찬가지입니다. 거기 시험문제가 있습니다. 결승점에 오기 전까지는 분명 앞서고 뒤짐이 있고, 앞선 것은 상을 준다 하므로 뛰었는데 다 뛰고 나면 결국 다 상을 주는 셈입니다. 뛸 때는 차등이 있으므로 뛰었는데 뛰고 나면 다 같아집니다. 그럼 처음부터 없으면 좋지 않으냐 할 수 있지만 그러면 뛰지 않습니다. 그러나 그렇다고 뛸 때에 앞서고 떨어진 것을 늘 붙여두면 되느냐 하면 아닙니다.

이 세상은 뛰는 중간입니다. 그러므로 잘한 사람 못한 사람, 앞선 민족, 뒤진 민족이 있습니다. 그러나 결국 가서 그 뜻을 깨닫고 나면 단번에 다 같아집니다. 이 지경을, 이 삶의 상대와 절대의 모순되는 관계를 일찍부터 본 사람들이 있었습니다. "급기지지일야"及其知之一也니라, "그 아는 자리에 이르고 보면 하나니라" 한 거〔『중용』中庸〕라 든지, "무위이무불위"無爲而無不爲라, "하는 것이 없어서 아니 하는 것이 없다" 한 것〔『도덕경』, 제37장〕이 다 이것입니다. 그러나 이것을 가장 알기 쉽게 설명해준 것은 예수입니다. 저 유명한 포도원 비유가 그것입니다〔「마가복음」, 12: 1~12〕.

아침 아홉 시에도 사람을 들여보내고, 오후 세 시에도, 나중에 저녁 때 다섯 시에도 들여보냈는데, 급기야 삯을 줄 때는 그 맨 나중에 온 사람부터 시작해서 꼭 같이 준다는 것입니다. 그러고는 이 세상에 똑똑하노라는 사람들이 그 이치를 모르는 것을 책망하노라고 그 먼저 들어온 삯꾼이 힘을 빌려 주인을 시비하게 했습니다. 그런 불공평이 어디 있느냐고. 그럴 때 그 주인 대답이, "내가 선함으로 네가 나를 시비하느냐" 했습니다.

같은 뜻을 탕자 비유의 맏아들에게서도 볼 수 있습니다. 갈 자리에 가고 보면 앞선 것도 뒤진 것도 없다는 말입니다〔「누가복음」, 15: 11~32〕. 그리고 그 갈 자리가 뭐냐 하면 뜻입니다. 일이나 물건이나 해놓은 것으로 되는 이 상대 세계에는 차별이 있지만, 또 그 차별에 따르는 상벌이 있으니 힘을 써서 나가지만, 나간 결과 결국 뜻을 깨닫고 나면 받았던 상이 소용이 없어집니다. 세상에는 금면류관 때문에 예수를 믿는 사람이 많지만, 그런 사람은 사실은 하늘나라엔 못 갑니다.

일껏 아버지를 잘 섬기고도 낙제를 하는 것은 맏아들입니다. 일생을 선을 하고도 죽으면 상을 받으려니 하는 사람, 문명을 하고도 우리나라가 1등이지 하는 국민은 다 낙제입니다. 그래서 예수의 유명한 "앞선 자 뒤에 서고 뒤진 자가 앞서게 된다"는 말이 있는 것입니다. 개인에게서는 이것을 죽는 순간에 봅니다. 인지장사기언야선人之

將死其言也善[1]이라는 것입니다. 단번에 절대계에 들어가는 것입니다. 그것이 구원이라는 것입니다.

그런데 개인에게와 마찬가지로 역사에도 그런 때가 있습니다. 시대가 바뀐다는 것이 그것입니다. 우리가 이제 5천 년 역사에 새삼스레 이제 와서 겨레의 내세워 놓은 뜻을 찾게 되는 것은 바로 그런 때를 당했기 때문입니다. 숨이 넘어가려는 개인이나 결승점을 앞두고 달리는 선수와 마찬가지입니다. 떨어진 생각을 하면 도저히 상을 탈 희망이 없으니 그만 주저앉고 싶습니다.

그러나 그래서는 아니 됩니다. 그것은 운동의 뜻을 모른 것입니다. 상이 있지만 상은 목적이 아닙니다. 뛰게 하는 수단이지. 뛰는 그거야말로 상금입니다. 그러므로 마지막까지 낙심 말고 뛰면 그 순간에 가서 그것을 알게 됩니다. 떨어진 문화, 물론 부끄럽지만 그것을 잘못 알고 낙심하는 국민은 마치 천당을 목적으로 아는 종교인과 마찬가지로 어리석은 것입니다. 끝까지 믿는 그것이 목적이요, 그것이 천당이지.

이 역사에서는 선진국이니, 후진국이니 할 것입니다. 큰 나라니 약한 나라니 할 것입니다. 그러나 거기 속아서 겁을 집어먹으면 아니 됩니다. 하늘나라에 가면 어린아이도 요한보다 크다는데, 강대국이고 선진국이고 있을 리 없습니다. 뜻을 알았나 몰랐나에 달렸습니다. 뜻을 모르니 높고 낮고가 있지, 알고 보면 다 절대입니다. 뜻을 알면, 봉우리가 높아서 뜻이 있듯이, 골짜기는 낮아서 뜻이 있습니다. 5천 년의 역사가 고난의 역사라면 이제 그 뜻을 아는 것이 필요합니다. 그 순간에 실패가 실패대로 영원한 값으로 살아납니다. 이제 그것을 할 때에 이르렀다는 말입니다.

---

1) 人之將死其言也善: "사람이 죽음을 앞두고 하는 말은 선하다"는 뜻으로, 공자의 제자인 증자(曾子)가 한 말. 주자는 이를 "사람은 마치면 근본에 돌아가므로 착한 것을 말한다"고 해석했다. 『논어』, 「태백」

또 그만 아니라 재미있는 일이 일어납니다. 시대가 바뀌고 나면 정말 앞뒤가 바뀌게 됩니다. 먼저 나라의 충신이 죄인이 되고, 거기서 죄인이 이번에 새 나라 세우는 사람이 됩니다. 이제 오려는 시대는 너무나도 그렇습니다. 세계가 이제 근본적으로 달라지려 하고 있습니다. 지금 가진 나라, 가지지 못한 나라 하는 소리가 있지만 지금 가진 나라야말로 걱정입니다. 지금 가지지 못한 나라는 그 가지지 못한 것이 다음 시대의 밑천입니다. 그 경제에서만 그런 것이 아닙니다. 도리어 그보다도 정신적인 문화라는 데서 그럴 것입니다. 부자가 하늘나라에 들어가기가 낙타가 바늘귀로 나가기보다 어렵다 한 것은 이 때문입니다. 미국은 이제 앞으로 그 돈만이 걱정이 아니라 그 데모크라시가 걱정이 될 것입니다. 영국은 지금 그 착실하다는 영국 성격이 걱정일 것입니다.

정말 가난한 자가 복이 있습니다. 우리가 떨어진 것이 지금은 부끄럽지만 그때는 자랑이 될 수 있습니다. 다만 그저 된다는 건 아닙니다. 혁명에 참여해야지, 새 뜻을 찾아야 된다는 말입니다. 가령 쿠바 사건2) 같은 것을 보십시오. 그것이 다 큰 나라의 하는 고민이 나타난 것입니다. 그들도 그러고 싶어서 하는 것이 아닙니다. 마지못해서지, 미국이 크고 소련이 강한 것 같으나 그것들은 뿌리 흔들린 큰 나무가 사방에 줄을 매고야 서듯이 모든 약소국이라는 나라의 도움 없이는 설 수가 없기 때문에 그러는 것입니다. 이제 큰 나라가 이상이던 때는 지나갔습니다.

여기 영국에 와서 보니 재미있습니다. 교실에 들어가면 아프리카에서 온 흑인 학생이 많습니다. 그전 같으면 될 말입니까. 처칠조차 간디를 영국 황제 앞에 못 서게 하려 했는데, 그런데 지금은 흑인·백인이 한데 섞여 앉고, 어떤 때는 너무 지나치다 하리만큼까지 대립을

2) 쿠바 사건: 1962년 10월 쿠바의 핵미사일 기지 건설을 둘러싸고 미국과 구소련이 대립해 전쟁으로 치달을 뻔했던 사건.

하여 흑인 교수가 그 영국 아가씨들에게 농담을 슬슬 하면서 강의를 하니 참 달라진 세상 아닙니까. 공산주의 나라에서는 가난한 놈이 행세 하지 않아요? 그것은 장차 오려는 시대의 한 징조일 뿐입니다.

새 도덕이 오려 할 때는 묵은 도덕의 씨는 도리어 악이 돼버립니다. 그러므로 5천 년 역사에 지금 와서 세워 내놓을 뜻 찾는 것이 부끄러운 줄도 알아야지만, 그러기만 해서도 아니 됩니다. 부끄러운 동시에 우리의 새 시대의 자격입니다. 두 가지 다 알아야 합니다. 새 시대의 자격이란다고 부끄러운 줄 모르면 그 자격을 그만 잃을 것입니다. 부끄러운 것만도 아닙니다. 자랑만도 아닙니다. 둘이 다 진리면서 아닙니다. 그렇게 할 수 있게 하는 것이 뜻입니다. 우주 역사를 뜻으로 깨닫는 일입니다.

목적과 수단

뜻이라 할 때는 두 가지를 생각할 수 있습니다. 하나는 우주, 인생의 밑이 되고 끝이 되는 뜻이고 하나는 거기 이르기 위하여 중간에 세우는 뜻입니다. 하나는 영원한 목적이고 하나는 때에 따라 달라지는 수단입니다.

영원한 목적은 저 하늘에 바라보는 북극성 같은 것입니다. 변하지 않습니다. 움직이지 않습니다. 사람에 따라 다르지도 않고 나라와 시대를 따라 다르지도 않습니다. 그것은 무슨 뜻이냐 물을 것도 없이 환한 것입니다. 눈만 뜨면 누구나 볼 수 있듯이 그것은 뜻만 있으면 저절로 아는 뜻입니다. 한문자로 하면 의미입니다. 의미는 그저 의미지 무슨 의미가 따로 있지 않습니다. 뜻은 하나입니다. 그것은 스스로 있는 것입니다. 모든 있음과 움직임이 거기서 나오는 것입니다. 모든 것의 근본이기 때문에 또 모든 것의 목적이 됩니다. 뜻에 살자는 뜻만 있으면 뜻 그 자체가 스스로 나타납니다. 그것이 계시啓示입니다. 모든 정신운동은 결국 여기서 나오는 것입니다.

뜻에 살자는 그 뜻을 한문자로는 지志라 합니다. 의지意志라 하지만 그 의意는 모든 꼴의 밑에, 모든 때에, 흐름의 저쪽에 서는 것이요, 지志는 그 뜻을 향하는 내 뜻입니다. 윌리엄 블레이크[3]의 황금 실마리의 저쪽 끝은 의意요, 내가 쥔 끝은 지志인 셈입니다. 지志는 설문說文에는 사심士心 곧 선비의 맘이라 했는데, 사士 곧 선비는 또 풀어서 열에서 하나를 보고 하나에서 열을 보는 맘이라 했습니다. 다른 말로 하면 그것은 하나 함〔統一〕입니다. 그러므로 뜻이 있으면 모두 하나로 살아나는 것이고 뜻이 없으면 죽습니다. 우리가 모든 것에서 왜 그러냐, 어떻게 그리됐느냐, 그것은 무엇이냐 하고 찾지 않고는 못 견디는, 때와 곳 안에 한없이 쉴새없이 일어나는 모든 꼴도 하나로 살리려는, 생명의 운동입니다.

의는 하늘 뜻〔天意, 神意〕이고 지志는 씨올의 뜻〔民志〕입니다. 하늘의 별 있고 배 안에 나침반이 있으면 배는 나아갑니다. 그러나 어느 바다도 유리알 같은 바다는 없습니다. 밤낮 바람 불고 물결이 일지. 그러므로 그 별과 그 나침반을 가지고 오늘 이 섬에 들르고 내일 저 포구에 자며 길을 찾아갑니다. 그것이 중간의 수단입니다. 씨올의 가슴속에 나침반같이 제 방향을 늘 꼭 지키는 뜻이 있고, 머리 위에 높이 바라는 크고 높은 뜻이 있으면, 그 시대와 그 시대의 나갈 길이 거기서 자연 밝아질 것입니다.

우리 역사가 말이 못 되고 참혹해진 것은 이 머리 위와 가슴속의 크고 작은 두 뜻을 다 잃어버렸기 때문입니다. 두 뜻이라 하지만 사실은 하나입니다. 그러므로 블레이크가 받아서 난 실마리를 감안하면 '영원문에 간다' 하는 것입니다. 하늘 뜻 찾는 맘이 있으면 하늘 뜻이 스스로 나타나는 것이고, 하늘 뜻 알아보면 내 뜻 자연히 밝아

---

3) 윌리엄 블레이크(William Blake, 1757~1827): 영국의 시인·화가. 신비적 향취가 높은 삽화·판화 및 여러 시작(詩作)으로 영국 낭만주의의 선구를 이루었다. 시집 『결백의 노래』 『경험의 노래』 등이 있다.

지는 것입니다.

그럼 우리는 왜 뜻을 잃게 되었나? 두 가지 까닭이 있습니다. 하나는 눈앞의 현실에 잡혀버린 것이고, 하나는 남의 생각에 끌려간 것입니다. 바다에 물결이 일면 일수록 물결을 보지 말고 하늘의 별을 놓치지 말고 손에 연장 놓치지 않아야 하는 것이지만, 바람이 불고 물결이 일어나면 그만 겁에 미쳐서 하늘도 연장도 다 내버리고 왔다갔다 하다가 빠져 죽는 것입니다.

우리나라 현실이 딱했던 것은 사실입니다. 억센 여러 민족 사이에 끼어서 사실 목숨을 부지해가기가 어려웠습니다. 그러나 그랬으면 그럴수록 속 지키고 높은 뜻 바라기를 잊지 않았어야 할 것인데 그만 그러지 못했습니다. 그러나 국민이 일반으로 그렇게 뜻이 약해질 까닭이 어디 있나 하면 정치에 있습니다. 정치하는 사람들이 남의 생각을 빌려다 쓰는 것으로 만족하고 스스로 제 생각을 하려 하지 않았기 때문입니다.

사람에게는 두 가지 성질이 있습니다. 하나는 될수록 말썽 없이 살아보자는 것이고 하나는 모든 것을 생각해가며 새로 길을 찾아보자는 것입니다. 그러나 생각하기는 사실 힘든 것입니다. 그러므로 웬만하면 생각하는 것은 남에게 맡기고 쉽게 살아가려 합니다. 정치 잘하는 것은 백성으로 하여금 스스로 생각하도록 하는 것입니다. 그것이 이상 가진 국민입니다. 그런데 우리나라 정치하는 사람들은 될수록 백성을 눌러 생각을 하지 못하게 하고 자기네도 중국 생활을 빌려다가 손쉽게 해먹으려고만 했습니다. 이러므로 국민은 그만 낮아질 대로 낮아지고 쫄아들 대로 쫄아들었습니다.

풍랑이 이는 바다에서 배 안 사람들이 하늘을 보아 방향을 잃지 않기를 힘쓰지 않고, 키를 잡아 물결을 꺾을 생각을 하지 않고, 죽을까 봐 두렵기만 한 생각에 서로서로 제 살길만 찾는다면 배가 엎어지고 다 죽을 것은 정한 일입니다. 우리나라 역사는 별도 잊고 키도 내버리고 배 안에서 서로 싸워온 어리석은 배꾼들의 역사입니다. 그리고

도 배가 아주 엎어지지 않은 것은 요행입니다.

역사를 읽어가노라면 책장을 찢고 싶은 것이 몇 번입니까. 세상에 그런 역사가 어디 있습니까. 5천 년 역사에 한번도 천하天下란 소리를 못해 본 그런 민족이 어디 있습니까. 중국은 말할 것도 없고 몽고도 하고 여진도 하고 마지막엔 섬 속에서 자라났던 일본도 해보는 천하 통일의 생각을 한 번도 꿈꾸어 본 일이 없으니 어떻게 된 일입니까. 남을 쳐들어가고 싸움을 하는 것이 좋아서가 아니라, 그것은 물론 나쁘지만, 뜻을 한번 크게 가져보지 못했던 것을 말하는 것입니다. 이따가도 말하겠지만 평화인 것은 물론 자랑할 만하지만, 이날까지 그 많은 참혹한 전쟁에 한 번도 남의 땅에 가서 해본 일이 없고 내 집안에서 겪었으니 그런 비겁한 국민이 어디 있습니까. 이것이 다 뜻을 잃어버린 까닭입니다.

현실, 현실 하지만 현실은 현실에 붙어 꼼지락거려야만 되느냐 하면 결코 아닙니다. 현실을 잊고 이상에 불타서만 될 수 있다는 것은 모든 나라의 역사가 증거해주는 것입니다. 세상에 우리나라 사람같이 약아빠진 백성이 어디 또 있습니까. 이것은 정치하는 사람들이 너무 민중을 속였기 때문에 이렇게 된 것입니다. 속을 땐 속고 실수할 때는 더러 실수를 하더라도 엉큼한 데가 있고 무엇을 해보자는 생각이 있어야 나라를 할 수 있지, 약아빠져서 제 발부리 앞만 보려고, 정말 속의 생각을 한번 내놔 보려 하지도 않는 그런 사람들 가지고는 아무것도 할 수 없습니다.

해방 후 오늘까지 답답한 것이 이것입니다. 예수가 이런 민중을 보고 하도 기가 막혀서 "내가 불을 던지러 왔다. 불이 차라리 붙었으면 좋을 뻔했다" 했고〔「누가복음」, 12: 49〕, "우리가 피리를 불어도 춤추지 않고 슬픈 노래를 불러도 너희는 가슴을 치지도 않는다" 했습니다〔「마태복음」, 11: 17〕. 그랬기 때문에 얼마나 하면 "내 살을 먹고 내 피를 마셔라" 했겠습니까〔「요한복음」, 6: 53〕. 약아빠진 가슴에 침을 주노라 한 말입니다. 그러다 그러다 못해 십자가에 달리고야 말았습

니다. 과연 피를 본즉 흥분했습니다. 모두는 물론 아니지만 몇이 깨
었습니다. 새 세계를 꿈꾸는 사상이 나오지 않았습니까. 그 이상이
로마제국을 삼키고 마침내 온 세계를 휩쓸지 않았습니까.

우리에게도, 이 약아빠진 민족에게도, 십자가가 없는 것 아닙니다.
눈을 들어 보십시오. 장백산맥, 묘향산맥, 태백산맥, 소백산맥이 열
십자로 어금 막히는 그 위에 한 형상이 못 박혀 있지 않나? 중공이 그
바른팔 잡고, 소련이 그 왼팔 잡고, 미국이 그 두 다리를 잡고, 영국·
프랑스·인도가 증인 노릇하고 있는 가운데 한 처녀가 못 박히지 않
았나. 우리의 가엾은 여왕입니다. 38선이 창으로 찔려 물과 피 흘리
는 옆구리 아닙니까. 제주도가 그 떨어진 그 가시관 아닙니까. 유엔
군이요 인민군이요, 열, 스무 놈이 마음대로 들고 나고 한 것이 무엇
입니까. 우리 엄마의 젖가슴을 놈들이 마음대로 더듬고 그 부끄러운
데를 다 들춰본 것 아닙니까.

골고다는 아닌 아시아의 동쪽 금수강산이라 하던 이 동산에 꽃은
다 짓밟히고 등불은 다 꺼지고 캄캄한 가운데 서 있는 이 십자가 위
에서는 "나의 하나님이여 나의 하나님이여, 어찌 나를 버리시나이
까" 하는 부르짖음이 있고, 그 밑엔 동해·서해의 쌍쌍이 우는 통곡
소리가 있는데, 이 자식들아, 너희 가슴은 그대로 있단 말이냐.

달라지는 세계

세계가 달라지고 있습니다. 모든 자격과 모든 보람이 온통 뒤바뀌
는 때가 오고 있습니다. 세상 재미있는 것은 묵은 언덕 뒤집는 것에
서 더한 것이 없습니다. 아름드리고 흐트러진 넝쿨이고 가시덤불이
고 꽃밭이고 할 것 없이 한 불에 들내와 태워버리고 벽창호 황소 겨
레에 큰 보습 잔뜩 메워 푹 갈아 뒤집어엎어놓은 담 씨 뿌리면, 신짝
같은 감자가 쏟아져나오고 팔뚝 같은 옥수수자루가 줄렁줄렁 달리
는데 세상에 그보다 더 좋은 재미가 어디 있습니까?

또 재미있는 건 풀무간입니다. 깨진 솥, 부러진 젓가락, 녹슬은 깡통, 바리고 요강이고 군인이 내버린 칼이고 선비의 쓰다 남은 펜촉이고 온통 한데 뒤몰아 부글부글 끓는 도가니에 넣으면 모든 현상, 모든 차별, 무쇠고 금이고 할 것 없이 한데 녹아 찌꺼기는 다 빠지고 번쩍번쩍하는 굳센 쇠만이 나오는데 천하에 그런 볼 만한 일이 어디 있습니까?

또 좋은 건 넝마주이입니다. 해진 옷, 똥 묻은 걸레, 찢어버린 편지조각, 못 받고 만 수표조각 모두 한데 뭉쳐 약물에 넣고, 공이로 찧은 다음 삼각산 내리는 물에 활랑활랑 씻어버린 다음 떠내면 하얀 눈 같은 종이 되어 거기 시를 쓸 수 있고, 그거로 새집을 바를 수 있으니, 천하에 이런 신나는 일이 어디 있습니까?

건넛집 머슴애, 앞마을 망나니가 하룻밤 새 씨을의 영웅이 되고, 여우같고 승냥이 같고 꿈실꿈실하는 구렁이 같은 것들이 몰려 앉아 쑹쑹이를 하여 대낮에 사람의 등껍질을 벗겨 먹고 간을 갈라내 먹던 그 굴둥지가 하루아침 활짝 열려 자라나는 아이들을 가르치는 배움의 터가 되는, 혁명이라는 인생의 묵은 덕 일구기, 사회의 풀무간, 역사의 넝마주이에 이르러서야 말이나 할 것 있습니까? 이제 그것이 오고 있단 말입니다. 역사의 한길가에 짓밟혀진 동산인 세계의 장터의 먹고 내버린 깡통인, 문명의 전당의 닦아 처진 걸레인 우리가 아니더냐 말입니다.

달라졌습니다. 저 하늘 저 해가 변함없는 한가지 하늘과 해 같지만 아닙니다. 공자님, 석가님, 예수님 보던 그 공간, 그 시간 아닙니다. 바울이 갔던 삼층천도, 단테가 내려갔던 칠층지옥도 이제 형편없이 됐습니다.

달라졌습니다. 몬物이 그런 몬이 아닙니다. 이제 원자학의 발달로 물질관이 달라졌습니다. 질량과 운동을 따로 생각하던 생각, 까딱없는 물리적 법칙이라는 생각, 다 낡은 것이 됐습니다. 무생물 유생물하던 말은 이제 옛날 말입니다.

달라졌습니다. 맘이 그전 맘이 아닙니다. 프로이트, 융 이래 심리학은 굉장한 발달을 하고 있습니다. 저마다 '나는, 나는' 하고 다 안 것 같이 말하지만 그 '나'는 점점 알 수 없는 것이 돼가고 있습니다. 제 생각이라지만 어디까지가 제 생각인지, 어디부터가 밖에 오는 암시인지 알 수가 없습니다.

　달라졌습니다. 세상이 그전 세상이 아닙니다. 생물학, 사회학, 인류학의 연구에 따라 세상은 그렇게 간단한 것이 아니고 복잡한 것임이 자꾸 알려집니다. 이 때문에 사람이 전의 사람이 아니고, 그 하는 생각과 일이 전의 것이 아닙니다. 그러므로 종교도 흔들흔들, 도덕도 트렁트렁, 그 뒤에 정치란 것은 물론 그냥 있을 수가 없이 돼가고 있습니다. 그런데 이제 지질시대의 커다란 파충류 같은 큰 나라라는 것들을 보고 세상이 늘 그것들의 세상이려니 해서 그 다리 그늘 밑에서만 꿈지럭거리고 있는 것은 어리석고 가엾은 일입니다. 새 생각을 해야 할 것입니다.

　테야르 드 샤르댕이 말한 모양으로 새 인종이 나오려 하는지도 모릅니다. 지금까지의 진화에서는 이 인류가 가장 앞선 것이요, 그들의 특징은 생각하는 데 있는데, 이제 그것이 또 새로운 무슨 진화를 할는지도 모를 것입니다. 젖먹이동물이 있었을 때 그것이 가장 높은 동물이었지만, 그중에서 원숭이와 사람의 조상되는 영장류靈長類가 나올 줄은 아무도 몰랐을 것입니다. 모든 젖먹이동물이 다 그대로 있는데, 그중에 어떤 한 종류의 신경계통이 이상한 발달을 한 것을 시작으로 진화의 그다음 단계가 열렸습니다. 오늘의 인류도 가장 앞선 것이지만 거기서 또 엉뚱한 것이 나오지 않을지 누가 압니까.

　이 생각이란 것은 이상해서 제 스스로가 생각해서 진화의 나가는 길에 손을 대게 되는 데가 전과 매우 다른 것입니다. 그렇게 생각하고 보면 세계대전이니 우주선이니 따위 정도만이 아니라 미리 알 수 없는 무엇이 뛰쳐나올지 알 수 없습니다. 그러나 한 가지만은 말할 수 있는 것이, 어떻게 변할지는 몰라도 변할 줄을 알고 있었던 것만이 그때에 가서 그날을 맞을 수 있을 것입니다.

그러면 그러한 달라져가는 세계에서 사람의 문명에는 실로 어떠한 변동이 있을까. 우리가 겨레의 앞날을 생각하는 데는 이것을 생각해보는 것이 매우 요긴합니다. 물론 아무도 역사의 나아가는 길을 미리 알아맞힐 수는 없습니다. 역사는 기계 모양으로 움직이는 것도 아니요, 또 사람의 생각만으로 되는 것도 아닙니다. 일정한 법칙 밑에 돼가는 것도 있고, 우리 생각으로 이끌어가는 점도 있지만, 또 법칙도 아닌 우리의 생각도 아닌 알 수 없는, 우리가 헤아릴 수도 없고 이래저래 할 수도 없는 뜻으로 돼가는 점도 있습니다.

예수가 "만물을 아버지가 다 자기에게 맡겼다" 하면서도 "그날 그때는 자기도 모른다" 한 것은 이 때문입니다. 그것을 그 뜻 자체가 특별히 알려주는 계시로 알았노라 하고 인간 앞에 경고를 하는 사람들이 때로 있습니다. 예언자, 선지자, 선각자라 하는 사람들입니다. 그러나 그것은 우리가 지금 생각하는 테두리 안에 들어오지 않습니다. 우리는 우리 생각으로 짐작할 수 있는 것을 짐작해보자는 것입니다. 역사는 역사이기 때문에 지나간 것과 지금과 이따 올 것이 한개 산 것으로 통일되어 있는 것이기 때문에, 지나온 것과 지금을 주의해 살피면 어느 정도 올 것을 짐작할 수 있습니다. 물론 그 알 수 없는 절대의 뜻이 허락하는 한에서입니다.

첫째는 이 앞의 사람의 문명은 점점 더 민중의 것일 것이라는 점입니다. 지금까지는 문명은 일부 특별한 사람들의 것이었습니다. 생각해서 지어내는 것은 특별한 재주를 타고나고 생활조건을 넉넉히 받아서 난 사람만이 했고 일반 씨울들은 그저 따라갔습니다. 사람은 한편 삶을 즐기자는 강한 욕심이 있는데, 생각을 하면서 혹은 창작을 하면서는 즐길 수가 없습니다. 그러므로 그리 큰 해가 아니 되는 한 자유를 어느 정도 양보하고라도 좀 문제없이 살아보잔 것이 민중입니다. 그런데 지금은 그렇게 아니 되게 됐다는 말입니다만, 지금까지 내려오던 문명의 테두리가 도저히 견딜 수 없이 불편한 것이 돼가고 있습니다.

민주주의란 다른 것 아니고 곧 사람마다 "나도 나를 위해 직접 생각을 하겠다" 하는 것입니다. 임금이나 영웅을 하나님이 보낸 것으로 알아서 순종, 복종을 하던 것은 옛날이야기입니다. 이제 순종은 결코 아름다운 덕이 아닙니다. 아직도 가톨릭의 교황 같은 제도가 있으나 시간문제지 없어지고야 말 것입니다. 물론 진리에 순종하는 것이 영원한 진리지 결코 없어지지 않을 것입니다. 그러나 나와 꼭 같은 사람을 재주나 마음씨가 좀더 낫다고 곧 하나님 대신으로 알자던 사상은 샐녘의 달빛 모양으로 떨어져가고 있습니다.

사람들은 이제 깨기 시작했습니다. 문예부흥이라는 때에 한 번 그 운동이 일어나서 훨씬 올라갔고 종교개혁이라는 데서 또 한 번 더했지만 이제 그런 따위가 아닙니다. 혹은 말하기를 민주주의는 다수가 소수를 제어해가는 거라 하지만 모르는 말입니다. 민주주의의 표어는 전체입니다. 누구나 다 사람입니다. 하나도 빠져서는 아니 됩니다. 이 앞으론 점점 그런 길로 나갈 거란 말입니다.

둘째는 한 덩어리 되는 것입니다. 모든 사람이 다 제대로 생각해 제 길을 밟아가야 하지만 개인주의는 아닙니다. 이제 순전한 개인은 없습니다. 인격이라는 것은 홀수가 아니고 겹수로 되어 있습니다. 양심은 하나로 된 덩어리 살림에서 되어 나온 거지 혼자 어디서 받아서 나온 것은 아닙니다. 이제 잘만 하면 온 세상이 다 망해도 나만은 천당을 간다던 건 어림없는 생각입니다.

개인은 전체의 구체적인 나타남입니다. 선도 전체의 것, 죄도 전체의 것, 삶도 죽음도 전체에 있습니다. 그러므로 이 앞은 사람 사람 사이에 서로 돕고 하나로 되는 것을 더 힘써 갈 것입니다. 이제는 개인이라는 것이 독특한 생각을 가지고 전체를 마음대로 한다는 생각을 할 수 없이 되었습니다. 정치적으로나 정신적으로나 오늘날은 남보다 동뜬 천재라는 것이 별로 없는 것은 사람의 질이 낮아져서도 아니요, 어떤 종교가들이 생각하는 모양으로 하나님이 노해 사람을 아니 보내서도 아닙니다. 사람의 살림이 이젠 천재로 이끌던 시대는 지나 갔기 때문입니다. 글쎄 씨올의 시대라니, 씨올이기 때문에 전체입니다. 사회입니다.

셋째, 앞으로는 점점 더 과학적이 되어갈 것입니다. 살림을 우연한 기회에 맡겨서 하는 것이 아니라 또박또박 원리와 법칙을 따져 계획적으로 해갈 것이라는 말입니다. 인간은 이제 하나님의 가슴을 향해 사뭇 대드는 것입니다. 이미 있는 종교에서 보면 교만 같겠지만 아닙니다. 과학이야말로 종은 못하고 아들만이 하는 것입니다. 창조의 근본 뜻을 알자는 것입니다. 믿을 뿐 아니라 또 이해도 하자는 것입니다. 전에는 모르고 단순히 주는 것을 받고 감사했지만, 그것은 모르는 종의 버릇이고, 아들이면 그 일만을 바랄 것 아니라 그 뜻도 알아야 할 것입니다. 과학은 점점 더 진리를 밝혀줄 것이요, 거기 따라 겸손해지고 지혜를 얻을 것입니다. 지금 종교에 반대되는 듯하다고 과학 반대하는 건 모르는 생각입니다. 그런 종교가 도리어 못 견딜 것입니다.

신나는 일들

그럼 어떻게 할까요. 나는 그것을 모릅니다. 모세처럼 산에 올라가서 십계명을 받아서 민중 앞에 내려와 크고 작은 모든 것에 감을 내고 마름개질을 해서 일러주고 자기 죽은 담에 할 것까지 짜놓은 영을 받지 못한 것은 말할 것도 없거니와 손문[4]처럼 감히 건국방략을 쓸 만한 재주도 없습니다. 그런 말조차 주제넘은 소리지, 지극히 작은 한 씨올입니다. 그러나 우리 보기에도 신나는 일들이 수두룩하지 않습니까.

---

4) 손문(孫文, 1866~1925): 중화민국의 정치가. 삼민주의를 제창했다. 신해혁명 이후 임시 대총통으로 추대됐으나 원세개(袁世凱)에게 정권을 양보했다가 뒤에 중국국민당을 조직해 혁명을 추진했다.

새 철학을 한번 못 내봐요? 이날까지 모든 철학이 사람을 둘로 찢어놨지 하나로 살린 것이 없습니다. 이원이니 일원이니 하지만 몸은 몸이고 맘은 맘이고 얼은 얼이고 살은 살대로 있으며 이 때문에, 이 인격의 찢어진 것 때문에 인간의 고민인데 그것을 누가 한번 합창을 못 시켜요? 그 정신적으로 피 빠지는 것 때문에 사람이 생각은 있으면서 참 힘을 못 내는데 누가 그것을 아물게 못해? 그리스도의 찔린 옆구리는 영원히 아물지 못할 것일까요. 학문 발달은 거기를 가야 할 것 아닐까요.

새 정치를 한번 못해봐요? 다스린다, 다스림 받는다. 그런 따위 소리 말고 네 나라니 내 나라니 그런 밤알 다투는 어린애 소리 말고 정말 세계를 하나로 하는 정치 꿈을 꾼 지는 오래지 않습니까, 사르곤[5]이 하고 키루스[6]가 하고 희랍이 해보고 로마가 해보고 진시황도, 당 태종도 누구도 해보지 않았습니까마는 어리석은 것들이 저도 모르고 하였기 때문에 잠꼬대를 쳤지, 하지만 이제는 꿈이 아니라 똑똑한 정신으로 생각을 할 만한 때가 됐습니다. 세계정부는 반드시 꿈이 아닐 것입니다. 또 꿈이거나 말거나 간에 그밖에는 나갈 길이 없습니다. 그것이 역사가 빠져나가는 단 하나의 길일 것입니다. 그것을 못해봐요?

그러나 그까짓 것은 못해도 동서문명의 통일을 한번 못해봐요? 지금 이 소리는 많습니다. 그러나 어느 나라도 힘 있게 나선 것은 없습니다. 동양이 반드시 좋아서도 서양이 반드시 옳아서도 아닙니다. 그러나 문명의 이 단계에서는 문제가 그것을 낳을 듯하기 때문입니다.

---

5) 사르곤(Sargon): 고대 오리엔트 아카드의 왕. 기원전 2350년 무렵에 메소포타미아에 최초의 통일 왕조인 아카드 왕조를 수립했다.
6) 키루스(Cyrus, 기원전 590~529년경): 페르시아를 중심으로 에게 해에서 인더스 강에 이르는 지역을 포괄하는 아케메네스 제국을 창건한 정복자. 『성서』에는 바빌로니아에 잡혀 있던 유대인들의 해방자로 기록하고 있으며, 고레스로 불린다.

구리도 묽고 납도 부슬부슬 떨어지는 거지만 그것을 한데 섞으면 놋이 되어 아주 억센 쇠가 되듯이, 그래서 한때 그 위의 여러 나라들을 세울 수 있었듯이, 동양도 별것 아니고 서양도 잘못이 많겠지만 그것을 조화하노라 힘쓰노라면 제3의 새 문명이 혹 아니 나올까요?

지금 이 시대가 막다른 골목에 든 것만은 사실인 듯한데 그것을 뚫는 길은 거기 있지 않을까? 우리에게 그 자격은 있을 수 있지 않나? 왜? 우리는 이것저것의 나쁜 결점을 가장 잘 알았으니, 유교가 어떻게 나쁜지 불교가 어떻게 나쁜지 물질문명은 어떻게 해가 되는 건지, 공산주의와 자본주의의 내막은 어떤 건지는 우리가 잘 알지 않아요?

새 종교를 한번 못 받아와요? 지금 인류가 가장 원하는 것은 새 종교 아닐까요. 영국은 온 인구의 16퍼센트가 교회에 갈 뿐이라니 어떻게 된 일입니까. 미국은 60퍼센트가 간답니다마는 정말 믿음으로 갈까. 교회의 그 건축, 색유리, 그 음악 들으러 가는 것 아닐까요. 그럼 종교를 위해 죽을 뻔 살 뻔 싸우던 나라들이 그게 웬일입니까. 그것을 위해 싸우는 때까지는 사람을 죽였거나 내쫓았거나 그래도 산 힘이 있는 종교지만, 이제 그것 위해 싸우지도 않는 종교는 죽은 종교 아니야요? 불교도 그렇고 마호메트도 그렇습니다. 일부 열심 있는 신자가 아직 있기는 있지만 적어도 그것이 전체의 종교는 아닙니다.

새 종교는 매양 큰 나라에서 나오지 않았습니다. 유대교는 애굽의 종살이하는 히브리 사람에게서 나왔고, 기독교는 다 망해가는 유대에서 나왔습니다. 마호메트교도 쇠퇴한 아라비아 사람에게서 나왔고, 불교를 낳은 가비라(迦毘羅, 석가모니 부처가 태어난 왕국 – 편집자)도 큰 나라가 아니었습니다. 그것은 마땅한 것이, 죽게 된 놈이어야만 정말 약을 찾을 것이요, 찾는 놈만이 얻어낼 것 아닙니까. 그렇다면 만일 죽게 된 놈만이 전체가 살아날 수 있는 진리를 찾아낼 수 있다면 오늘 우리에서 더 죽게 된 겨레가 어디 있습니까.

그것은 다 그만두고라도 아주 구체적인 것으로 동남아연방의 주장도 한번 해볼 만하지 않을까요. 세계가 어차피 하나가 되겠지만 그

중간에 지역적으로 연방이 생겨야 하지 않을까. 또 중국 문제를 어찌할까. 지금 미국이 걱정하고, 영국이 걱정, 소련이 걱정하는 것도 중국 아니야요? 남의 민족 깨어가는데 걱정은 어째 걱정입니까. 깨는 것은 걱정 아닙니다. 채 깨기 전 정신이 잘못 들까봐서 하는 걱정들입니다. 중공이라 하지만 공산주의는 무섭지 않습니다. 마르크스가 대낮에 도깨비라 하여 내세웠더니만큼 대낮에 도깨비처럼 그것은 또 사라지는 날이 올 것입니다.

사상은 무섭지 않습니다. 그 8억 넘는 민중의 민족주의가 무섭지. 사상은 한때이고 민족감정은 거의 영원한 것이니 어떻게 하는가 하는 말입니다. 영국, 미국은 다 말고 그 코밑에 있는 우리는 어찌하느냐 하는 것입니다. 정치한다면서 그 생각도 아니 한다면 참 어리석습니다. 장개석 같은 건 벌써 운명이 결정된 거지 크게 생각할 것 있어요? 중국 민중은 깰 것입니다. 그러나 공산주의는 물러가는 날이 있어도 만일 민족감정을 청산 못하고 깨면 그것이 인류 역사에 큰 걱정거리를 일으키지 않을까요.

이것은 내일의 역사를 위해 가장 긴급한 문제입니다. 어느 의미론 이제 이따 하려는 우리의 총선거보다도 더 긴급한 문제입니다. 거기에 대한 대책이 있어야 할 것입니다. 대책은 뻔한 것이 중국사람으로 하여금 민족주의를 가지고 역사를 거꾸로 끌지 않도록 하는 일입니다. 그 의미에서 나는 동남아시아의 여러 민족들이 생각이 있다면 시급히 연방 생각을 하는 것이 마땅하다 봅니다.

정치인보다는 도리어 비교적 생각이 앞서고 바르게 하는 문화인 사이에 참 교통이 시급하다고 봅니다. 거기는 우리가 앞장을 못 서느냐 하는 말입니다. 우리에게 자격이 있지 않을까요? 세계에 원자무기 반대 데모, 평화데모 있을 때마다 일본이 큰소리하는 것은 무슨 까닭입니까. 히로시마에 떨어진 원자탄 때문이지 일본은 제가 죄를 짓고 받은 폭탄이어도 인도주의적인 뻐젓한 자리에서 호소를 하고, 하면 아무도 감히 못 들은 척을 못 하는데 하물며 우리는 우리 잘못이랄 것이 없이 참혹한 전쟁을 겪었고, 아직도 그 십자가에서 내려오지 못하고 달린 채 있는데 이것이 힘 있는 말 할 자격이 아니야요? 도둑을 맞고도 찾아달란 말 못하는 것은 참 못난 것 아닙니까.

당당히 국제적인 강도를 만났고 까닭없이 제물이 됐는데 잘만 한다면 세계의 마음을 한번 찌르지 못한단 말입니까. 중국에도 일본에도 필리핀, 태국, 베트남에도 참으로 정의를 사랑하고 평화를 원하고 인류의 내일을 위해 걱정하는 사람들은 있을 것입니다. 그 사람들이 숨어 헤어져 있으니 그러지, 서로 통한다면 반드시 힘이 될 수 있을 것입니다.

나는 우리가 언제까지나 약소국·후진국 하는 못난 생각에 붙잡혀 있는 것을 답답해합니다. 시대가 바뀌는데, 모든 표준이 달라지는데, 왜 그런 생각만 하고 있어요? 이상이 별것이었겠습니까. 스스로 일어서는 것이지, 뜻을 일으켜 세우는 것입니다. 이제 못난 것이 자격입니다. 죄가 많은 곳에 은혜 많다고, 전에 죄 지을 때야 물론 잘못해서 지었지만 이제는 어디까지나 죄에 눌려 있지 말고 제치고 일어서야 할 것입니다. 한번 고개 면하는 것입니다. 세계가 변하기를 기다리는 것이 아니라 내가 스스로 변하는 것입니다. 역사가 내게 호령하기를 기다리는 것 아니라 내가 역사에 구령을 주잔 말입니다. 무슨 자격으로? 못난 자격으로 말입니다.

같은 죄짐이지만 이제 내 죄로나 못생긴 마음에 지는 것 아니라 전체의 것을 맡아 지는 자격으로 큰소리를 치자는 것입니다. 잘난 큰소리에는 감정을 사고 배척을 살 수 있어도 못난 큰소리, 희생의 비명은 동정을 사고 이길 수 있습니다. 이왕이면 역사의 밑천을 잘 써먹어야 합니다. 그것이 지혜입니다. 밑천이 뭐야요, 빚입니다. 빚이 우리 밑천입니다. 적은 빚을 지면 천대하지만 큰 빚을 지면 은행에서 도리어 대접하고 붙들지 않아요? 우리는 인류 은행에 큰 빚을 진 사람들입니다. 동남아 일쯤이야 한번 일으킬 수 있지 않습니까.

나를 들여다보자

마지막으로 우리 자신을 한번 들여다봅시다. 하늘을 보고 날 생각을 아무리 해도 날개 없으면 소용없는 것이고, 바다를 들여다보며 아무리 침을 흘려도 그물 없이는 빈 생각입니다. 장차 올 새 시대가 신나는 가지가지 일로 우리를 부르는 것은 사실이지만, 우리가 가진 것은 과연 무엇인가. 우리나라 땅을 보고 우리 바탕을 보아 그 무엇이 허락되어 있나를 보잔 말입니다.

땅을 보면 나는 첫째 이것이 큰 나라는 될 수 없는 곳이라 합니다. 그 때문에 지난날에는 어려움을 겪었습니다. 그러나 이 앞으로는 큰 나라 시대는 지나갔습니다. 역사는 이제 세계가 하나되는 길로 향해 달릴 터이니 비록 그날이 쉬이는 아니 온다 하더라도 이 터진 작은 것이 우리에게 해 될 것은 없습니다. 벌써 이미 작은 나라들이 잘살고 있는 것을 우리는 보고 있습니다.

그다음으로, 이것은 외따로 살 수 없이 된 나라입니다. 세계의 한길, 아주 요긴한 길목이기 때문에 남과 늘 관계해서 살게 됐지 세계에서 떠나 모든 것을 혼자서 하는 나라가 될 수 없습니다. 우리나라 사람은 마음을 활짝 열려 하지 않는 버릇이 있는데, 이것은 지난날 너무 남에게 시달림을 받고 자주 판국이 바뀌는 데서 반동적으로 얻은 것이 아닌가 합니다. 그러나 이 앞은 점점 더 서로서로 어울려 살아가는 것이니 이 조건도 해 될 것이 아닐 것입니다.

그다음 우리나라는 큰 산업이 발달하게는 못 된 곳입니다. 중국 평원, 만주 평원이나 미국의 자연 물자같이 그렇게도 풍부한 것이 없습니다. 그보다도 우리나라의 자연은 그 변화가 많은 데 특색이 있습니다. 지질도 가지가지의 바위로 되어 있고 산과 골짜기도 많습니다. 어디를 보아도 묘한 봉우리를 볼 수 있고, 어디 가 들어도 시냇물의 음악을 들을 수 있습니다. 거기다가 식물, 동물의 종류 많은 것이 또한 특징입니다. 하늘은 언제나 맑고 바람은 언제나 대체로 잔잔하고 어디 가서 물을 마셔도 다 달고 시원합니다. 한마디로 이 나라는 아름다움의 나라입니다. 시의 나라요, 그림의 나라요, 음악의 나라가 될 것이지 정치의 나라, 군사의 나라 될 곳이 아닙니다. 여기는 슬기가 있을 나라지 힘을 주장할 나라는 아닙니다. 여기는 생각할 곳이지 바삐 떠들 곳이 아닙니다.

예로부터 현실계를 떠나 영원무한에 접해보려는 신선사상이 있었고 중국 사람이 삼신산三神山이 여기 있고 죽지 않는 약이 여기 있다고 찾은 것은 무리가 아닙니다. 이능화[7] 님의 "도교사상은 우리나라에서 시작되어 중국으로 간 것일 것"이라는 말이 노상 맹랑한 말이 아닙니다. 단군을 선인仙人이라고 했고, 평양을 선인의 집이라 하며, 아직도 을밀선乙密仙의 이름이 남아 있고, 동해가에 가면 거의 바위마다 골짜기마다 신선의 자취가 있습니다. 이것이 이 땅에서 난 문화의 꼭지입니다. 후에 유교가 온 다음 그것을 배우는 사람을 선비라 하였는데 선비는 본래 우리나라에 처음부터 있는 종교의 사람을 가리킨 것이었습니다.

그 사람은 어떤가? 우리 민족의 성격의 고갱이를 나는 착함이라 합니다. 평화의 사람입니다. 본래 현실주의와 폭력주의가 한가지로 짝해 다니듯이 신비주의와 평화주의도 짝해 다닙니다. 신비사상의 노자는 평화주의입니다. 인도에서 평화운동이 일어난 것은 거기가 또한 신비주의의 나라이기 때문입니다. 우리 역사에서 그것을 말하는 것이 바보 온달의 얘기요, 처용處容의 이야기입니다. 그 둘과 같이 옛날 대표적인 한 사람 성격을 표시하는 또 하나는 검도령입니다. 온달이 고구려, 처용이 신라, 검도령은 백제입니다. 검도령은 저 중국 장양張良을 도와서 박랑사博浪沙 모래밭에서 진시황을 때리려다 실패하고 죽은 그 이야기로 세상이 잘 아는 사람입니다. 쇠뭉치로 진시황을

---

7) 이능화(李能和, 1869~1943): 역사학자·민속학자. 조선사 편찬 및 종교를 비롯한 여러 분야의 민족문화 연구에 업적을 남겼다. 저서에 『조선불교통사』『조선도교사』『조선무속고』『조선해어화사』 등이 있다.

때렸으니 폭력주의인 것 같으나 그 역시 밑은 신선사상의 사람입니다. 그의 친구를 돕는 의기에서 한 것인데, 그 장양은 신선이 됐다는 것입니다.

어쨌든 우리 사람은 평화의 사람입니다. 역사 있은 이래 한 번도 남의 나라를 쳐들어간 일이 없고 전쟁을 늘 내 집에서 겪는 막는 싸움이었지 날도둑질이 아니었습니다. 일본에서 그 압박을 받았어도 지금 일본 배척하는 감정이 없고 6·25에 중공군에게 그 사나운 침략을 당하였어도 반드시 원수 갚자는 마음을 누구도 먹지 않습니다. 참착한 백성이 아닙니까. 이것 때문에 생존경쟁이 살림의 철학으로 되어 있고 침략주의가 정의로 되어 있는 시대에는 우리는 못 견디었습니다.

그러나 이제는 다른 시대가 옵니다. 지금 세계 어느 나라를 가고 어느 책, 어느 신문을 보아도 주되는 제목은 평화입니다. 이제 이 말로 우리가 한몫할 수 있지 않습니까. 나는 우리나라를 "세계 역사의 콩쥐"라고 합니다. 당당히 할 자격을 가지면서도 밤새도록 무대에 나타나지 못하고 구석에서 잊어버림과 학대를 받고 있는 콩쥐야말로 우리의 상징입니다. 그러나 그 지루하게 기다린 것이 곧 그가 한 일입니다. 이제 잘난 사람들이 다 하다가 실패하고 멋없이 물러선 신짝이 우리에게 오는 차례가 오지 않았을까요. 그 신짝은 평화의 신입니다. 신고 보니 꼭 맞는 제 주인의 제 신입니다. 우리의 평화적인 성격이 그렇지 않을까요. 3·1운동, 4·19의 비폭력운동은 우연히 일어난 것이 아니었습니다.

거기다 우리 입은 옷을 보십시오. 누더기입니다. 고난의 역사란 말입니다. 콩쥐가 학대를 받는 때는 그 누더기 때문에 남의 앞에 더구나 나설 수가 없었지만, 정의가 말을 해서 신이 제 주인을 찾게 되는 시간이 오면 그 누더기가 더욱 모든 사람의 동정과 존경을 사게 됩니다. 이것이 재미있지 않습니까?

지금까지 우리 역사는 부끄러운 역사입니다. 그것은 지금까지는 뜻보다는 그 뵈는 일과 물건을 가지고 서로 자랑을 목적으로 삼는 역사였지만, 이제부터는 뜻이 주장하는 마지막 단계에 들어섰습니다. 그러므로 그 고난이 도리어 자랑이 되게 됐습니다. 세계의 양심 앞에 우리가 지고 있는 고난의 짐에서 더한 발언권이 어디 있어요? 그러므로 이제 바로 우리 자신을 알기만 하면 정말 우리 몫을 할 수 있는 때가 왔습니다.

우리는 이제 남을 쳐다볼 필요 없습니다. 그것은 아직 빛나는 것 같지만 얼마 아니 있다가 없어질 것입니다. 그것을 이제 배우고 따라가고 믿을 필요가 없습니다. 저희들 자신이 벗지 못해 고민하는 짐입니다. 그 종교도 그렇고, 그 도덕도 그렇고, 그 철학도 그렇습니다.

그보다도 우리는 우리 자신을 들여다볼 필요가 있습니다. 우리 모양이 곧 우리 사명입니다. 우리 존재가 곧 우리 이상입니다. 이대로입니다. 이대로 이것으로 말을 하는 것입니다. 세계에 도전을 하는 것입니다. 예수가 십자가에 못 박힌 채 그 십자가로 말을 했듯이, 찔린 자를 보라, 나를 보라, 나를 믿으라! 했듯이 우리 자신으로 말을 하는 것입니다. 이 작은 것으로, 이 가난으로, 이 없음으로, 이 약함으로, 이 더러움으로, 이 떨어짐, 이 빚짐, 그래요, 이 죄로 말을 하는 것입니다. 죽음으로 말해야 할 것입니다. 평화주의를 그대로 행하면, 고난의 짐을 철저히 지면, 신비를 참으로 붙잡으면 죽을 것입니다.

그러나 죽으면 살 것입니다. 사실 지금 세계 인류는 죽음에 직면하고 있지 않습니까. 어느 미친 군인놈이 단추만 하나 누르면 이제 어떻게 뉘게 죽는지 알지도 못하고 온 인류가 죽을 수 있는 때입니다. 이 문제는 죽음의 관문을 먼저 뚫는 한 놈이 있어서만 풀 수 있을 것입니다. 우리가 낡은 시대의 철학, 종교에 마비된 마음을 씻어서 우리 속에 스스로 밝아진 새 종교, 새 철학으로 말을 하면 그 순간에 이 세계가 죽는 동시에 그 좁은 문 저쪽에 이때까지 알지도 못했던 새 나라가 열릴 것입니다.

이것은 믿음이 아니고는 못 합니다. 믿음은 내게서 나오는 것입니다. 내가 믿으면 하나님 그 자신이 내 속에 말하실 것입니다. 내가 믿는다는 건 기독교란 말도, 불교란 말도, 마호메트교란 말도, 그 밖의 어느 종교란 말도 다 아닙니다. 믿음이란 말입니다. 무얼 믿느냐고요? 무엇이 아닙니다. 누구를 믿느냐고요? 누가 아닙니다. 누구나 무엇에 향한 것은 믿음이 아닙니다. 믿음은 스스로 믿음입니다.

　이것 하나를 하라고 이 역사요, 이 고생이요, 이 한입니다.

　한 사람, 한 마음, 한 얼, 한 누리, 한 카한.

　세워 내놓은 큰 한 뜻.

• 1963년 3월, 『사상계』 제118호

우리 역사와 민족의 생활신념

삐뚤어진 역사

우리 역사는 삐뚤어진 역사다.

삐뚤어졌다면 우리 역사만일까, 어느 민족의 역사는 삐뚤어지지 않은 것이 있을까. 역사는 결국 한 역사가 있을 뿐인데, 그 한 부분인 우리 역사가 삐뚤어진 것이라면 그 전체도 삐뚤어졌다 할 수밖에 없을 것이요, 또 반대로 전체가 어딘가 잘못된 데가 있지 않다면, 우리만이 삐뚤어질 까닭도 없을 것이다. 역사라 할 것 없이 도대체 인간 그 자체가, 삶 그것이 곧 어느 의미론 삐뚤어진 일 아닐까. 존재의 본질이야 누가 알 수 있으랴마는 적어도 생각하는 갈대의 제 눈에 비친 제 꼴에는 분명 어딘지 삐뚤어진 데가 있어서 그러는 것 아닐까. 그래서 아마 원죄니 무명無明이니 구원이니 니르바나니 하는 소리가 난 것 아닐까?

그러나 철학 토론을 하잔 것 아니라, 보통 사람이 보통 하는 말로 해서도 우리 역사는 분명히 제대로 자라진 못하고 삐뚤어졌다 할 수밖에 없다는 말이다.

5천 년 역사가 흘러내려온 그 얼거리 뼈대부터가 그렇지 않은가. 한창때에 남북만주와 한반도에 걸쳐 뻗치며 천 년이 넘도록 살았다는 역사에 그 내용은 한마디도 알 수가 없이 됐지. 거기다가 사실이 있었는지 아니었는지 알 수 없으나(아니라면 더구나도) 엉뚱강산이로 중국서 기자箕子가 와서 나라를 세웠다지. 피난민으로 남의 나라에 와서 끼살이를 하던 놈이 주인을 내쫓고 임금이 됐다지. 한사군1)이라 해서 다른 민족의 세력이 나라 복판에 먹어 들어왔는데 그것을 진작 내몰지 못해 보기 싫은 꼴을 4백 년이 넘도록 두지.

그것을 간신히 내쫓고 세 형제가 일어나서 비교적 힘 있는 조직과 문화의 살림을 하며, 서로 정신을 다듬어가기에 그러노라면 거기서 백두산 마루턱에서 꾸던 꿈이 실현이 되어 온 겨레가 하나로 통일되어 아시아 등불을 밝히는 한 큰 빛이 될 줄 알았는데. 급기야 손에 땀 쥐는 그 역사극이 끝나고 본즉 남은 것은 잘린 토끼꼬리 같은 통일신라라는 것뿐이오, 그나마도 더러운 허물이 가서 오늘까지 당진으로 평백제탑2)으로 남아 있다. 이것을 어떻게 제대로 바로 자란 역사라 할까.

삼국시대가 사람으로 하면 골탑, 인격이 다 틀이 잡히는 청소년시대인데 그때에 그렇게 소아마비가 생기고 등뼈가 꺾어진 셈이니 그 이후의 발달이 제대로 될 리가 없었다. 고려 일대는 나라의 잃은 옛 터를 찾아보려 무진 애를 썼다 할 수 있으나 다 실패로 돌아가, 윤관·최영의 슬픈 꿈 두만강·압록강 물결 속에 사라져버리고, 지금도 평안도 가면 거란의 말 자국이, 제주도 가면 몽고의 말 소리가 남아 있게 되었다. 첨부터 민족을 팔아넘기기를 약속하게 된 이조 5백 년에서야 말이나 할 것 있을까. 예나 이제나 대의大義를 팔고 실리를 내세우는 놈들의 속에는 욕심밖에 있는 것 없다. 욕심은 싸우지 않는 법이 없다. 그렇기 때문에 5백 년 역사에 기록이 남은 것은 당파 싸움

---

1) 한사군(漢四郡): 기원전 108년에 중국 전한(前漢)의 무제가 위만조선을 멸망시키고 그 땅에 설치한 네 개의 행정구역. 낙랑군, 임둔군, 현도군, 진번군을 이르는데, 뒤에 고구려에 병합되었다.
2) 평백제탑(平百濟塔): 국보 제9호 정림사지 5층석탑. 백제를 멸망시킨 당나라의 장수 소정방이 1층 탑신에 "대당평백제국비명"(大唐平百濟國碑銘)이라고 새겨놓아 당시의 수난을 엿볼 수 있다.

뿌이요, 강산에 머문 것은 무너져가는 초가삼간뿐이었다. 그런데 나중에는 그 초가삼간마저 서로 먼저 팔아먹으려 돼지 불러들이다, 곰 끌어들이다, 잔나비 업어들이다가, 약빠른 잔나비가 집째 사람째 값째 제가 먼저 삼켜버리고 말았다. 그랬으니, 아무리 물질 문명의 시대라 하기로서, 약육강식의 세상이라 하기로서 이것을 삐뚤어진 역사라, 패망 중에서도 더러운 패망이라 하지 않을 수 있을까.

그러나 이것만이면 또 좋게, 이후의 이제, 너와 내가 살아서 짓고 있는 역사의 꼴은 어떤가. 더하지 않을까. '하늘이 무심치 않아' 해방이라고 왔는데, 왔으면 이왕에 더러워진 역사 아낌없이 싹 잊고 새 출발 한번 할 줄 알았는데. 그리고 세계 전체의 낡은 문명의 체제가 통째로 흔들흔들하고 모든 민족이 앞 길을 못 찾아 헤매는 이때에 지난날의 부끄런 고난을 탯집 삼아 정말 한번 새 시대의 아들을 낳기만 한다면 세기의 메시아될 수 있었는데. 그것을 못해, 옛 버릇 놓지 못해 받아든 '하늘이 준 떡' 서로 다투다 38선에 떨어지고, 마주 서는 둘의 신세는 다 솔로몬의 시험에 낙제한 가짜 어미의 꼴이 됐으니 이 역사가 무슨 역사인가. 내가 못 가지더라도 아들은 살려야 한다는 참 어머니의 심정을 가졌더라면, 해방의 참 의미를 알았더라면, 그가 응당 새 나라의 주인이 됐을 것이다.

그러나 두 눈에 다 한바탕 먹을 떡으로만 보였고, 아들로는 보이지 않았기 때문에 반 토막을 잘라서라도 달라 했고, 그랬기 때문에 천백 년 진통을 겪다가 모처럼 낳으려던 아들은 유산이 되고 말았다. 6 · 25 는 그 죄로 내린 벌 아닐까. 국민의 거의 전부가 그렇게 반대했는데도 불구하고, 수없는 젊은 학도가 스스로 몸을 바치며까지 나섰는데도 불구하고, 부끄러운 한일조약이 종시 맺어지고야 말아 어젯밤 우리 집을 뺏고 말을 뺏고 성씨를 뺏고 우리 아들들을 몰아 악독한 침략전쟁에 희생이 되게 했던 침략 일본이 다시 제 집에 오듯이 마음놓고 올 수 있게 된 것은 무엇인가.

전쟁으로는 절대로 해결할 수 없다고 세계의 많은 전문가가 거의 일치해서 단언하고 있는 베트남전쟁에, 베트남 사람들 자신이 이것은 결코 우리가 원하는 전쟁이 아니라고 분신자살을 하면서까지 항의하는 전쟁에, 그러고 나면 결국 미국의 군수공업자들이 돈 벌어 호사한 살림하기 위해, 피할 수 없는 공산주의자와의 충돌을 될수록 나라 밖에서, 직접은 아니 하고 못사는 못난 것들 삯으로 사서 대신 싸우게 하잔 것이라고 해석할 수밖에 없는 전쟁인데.

그 전쟁에 우리는 더구나 참여할 터무니도 없고, 해서 이익 볼 것도 없고, 베트남의 같은 처지를 동정하는 의리로 해서도 우리는 참가해서는 아니 된다고, 진정으로 나라 생각을 하는 사람이라면 다 반대하는 전쟁인데. 거기 우리 젊은이를 보내 이름 없는 죽음을 하게 하며 죽어도 시체도 뻐젓이 돌아오지 못하는 것은 무엇인가. 그것은 다 참 역사의 아들 낳을 줄 모르는 놈들은 아들을 바쳐보라는 하늘의 벌 아닐까. 이것이 과연 삐뚤어진 역사 아닌가.

역사이해

그러나 비참한 것은 그것만이 아니다. 속이 삐뚤어진 것이 더 아픈 일이다. 나라 땅이 줄어들고 살림이 잘못되고 정치적인 자유를 잃고 식민지가 됐던 것은 불행은 하지만 오히려 밖이라 할 수 있다. 이를테면 고치지 못할 병이 들고 불구자가 된 셈이다. 사람이 사람되는 데 신체의 건장도 조건이 아닌 것은 아니나, 그래도 절대라 할 수는 없다. 정신을 바로 가지고 힘쓰기만 하면, 때로는 병들고 불구된 것이 도리어 좋은 기회가 되는 수도 있다. 사실 병은 그것을 정신 발달의 기회로 만들어서만 참으로 극복했다 할 수 있다. 예수가 병자를 기적으로 고쳐주면서도, 만나면 우선 "네 죄를 사했다" "네 마음에 평안함을 얻으라" 한 것은 이 때문이었다.

그런데 우리 역사는 겉으로 삐뚤어졌을 뿐만 아니라 그 속까지 삐뚤어지게 되었다. 물론 보통 말로 하면 겉이 삐뚤어진 결과, 속도 그렇게 됐다 할 것이다. 그러나 역사에서 그것은 성립되지 않는다. "병신 마음 고운 데 없다"는 말이 있지만 그것은 참이 아니다. 병신이 되면 마음도 삐뚤어지기 쉽기는 하겠지만 그것은 한개 심리적 법칙을 말하는 것이지 도덕은 아니다. 그것은 자연적인 현상이다. 사람도 동물적인 부분이 있는 이상 자연에도 속하지만 동물만은 아닌 것이야말로, 자유하는 정신이야말로 사람이다. 역사는 여기서 이루어진다. 이것이 내가 우리 역사를 고난의 역사로 보자는 까닭이다. 고난을 거꾸로 이용하자는 데 뜻이 있다는 말이다.

불행히 우리 땅의 지정학적 조건이 나빠서 그랬던지, 우리 민족이 오래 전부터 가지고 오는 기질에 잘못된 데가 있어 그랬던지, 또는 우리 이웃 민족이 사나워서 그랬던지 모르나, 어쨌건 우리 역사가 삐뚤어진 역사인 것은 사실이다. 그러나 내 말은 아무리 그렇더라도 그것을 핑계도 말고, 그 때문에 낙심도 말고, 그 대신 겉에서 잃은 것을 속에서 찾는 정신을 가져야 한다는 말이다. 그렇게 하면 화가 도리어 복이 되어 남으로서는 도저히 할 수 없는 독특한, 높은 세계사적 사명을 다할 수 있다는 말이다.

그런데 그것을 못하고 속까지 병신이 됐으니 정말 슬픈 일이다. 민족의 주체성이 아주 없어졌다고는 할 수 없으나 형편없이 약해졌다. 정신은 스스로 하는 것이므로 내가 나를 지키는 것은 무슨 조건이 붙는 것도 아니요, 무슨 방법이 있는 것도 아니다. 그저 스스로 할 뿐이다. 스스로 강하게 할 밖에 다른 길이 없다. 하면 누구나 할 수 있고 어디서나 할 수 있는 것이, 자유로 지키려면 누구나 언제나 지킬 수 있는 것이 자다. 그렇기 때문에 "감옥이란 이상한 곳인데, 강한 사람은 강철 같아져서 나오는데 약한 사람은 썩은 겨릅대(껍질을 벗긴 삼대 - 편집자)같이 썩어서 나오거든" 하게 되는 것이다[南岡]. 우리는 역사적 시련의 감옥에서 썩은 겨릅대가 되어 나오고 말았다.

주체의식이 한번 약해지자, 나는 나다 하는 정신이 없어지자, 모든 판단이 잘못되게 됐다. 그 생활철학이 잘못되고, 그 정치방안이 잘못

되고 그 역사해석이 잘못되게 되었다. 그리하여 숙명관과 빈곤과 사대주의가 이 민족을 다스리게 되었다. 그 결과로는 밖의 압박과 쳐들어옴이 점점 더 심하여져서 오늘에 이른 것이다. 남들이 우리를 뭐라 평하는지 아나? "한국 사람은 비겁한 민족이다" "허세주의, 패배주의를 가지는 민족이다"고 한다. 좋은 평도 없지 않다. 착하다, 인정있다, 재주있다, 여러 가지를 들 수 있다. 그러나 모든 도덕은 자유하는 정신이 있고서 말이지 그것 없으면 도덕이 아니다. 양이 순하기로서, 강아지가 꼬리를 치고 핥기로서, 원숭이가 흉내를 내기로서 어디 거기 인격이 있을 수 있느냐?

그러나 위에서 말한 세 가지 잘못 중에서 가장 뼈아프게 생각해야 할 것은 잘못된 역사해석이다. 숙명관도 잘 바꿔놓으면 마음이 될 수 있고 간난도 잘하면 혁명하는 발판의 기회가 될 수 있으나, 자주하는 정신을 잃고 보는 역사는 영원한 종살이에 묶여볼 뿐이기 때문이다. 사람은 자아를 가져야 사람이다. 인격은 스스로 인격을 가진 사람인 줄 자각해서만 인격이다. 민족 전체로 하면 역사를 가져야 국민인데, 역사는 역사적 자각 곧 역사이해가 있어야만 역사다. 사실만이라면 자연이지 참 의미의 역사가 아니다. 국민 노릇을 아무리 했더라도 국민으로서의 역사적 자각이 없으면 나라 없다. 그렇게 생각할 때 그것밖에 없으니 보기는 보면서도 찢어 버리고 싶은 것은 『삼국사기』요 『동국통감』이요 『고려사』요, 이조의 모든 기록이다. 그것이 나라를 망쳤고 민족의 정신을 죽여버렸다.

낡은 역사책을 모두 불살라버려라, 새 역사를 쓰자. 그것 내놓고 사료가 어디 있느냐. 걱정마라. 말하는 3천만 산 역사가 있지 않나. 이 나라의 지도자라 하고 다스린다는 놈들이 돈에 팔리고 권세에 팔려 역사를 삐뚤어지게 쓰고 있는 동안에 무식한 민중은 무식하기 때문에 붓과 먹으로 쓰지 않고 피와 땀으로 쓴 역사를 석실石室 아닌 육실肉室에, 골실에, 그래 혼의 지성소至聖所에 감추어 지켜왔다. 문헌의 역사에서는 독립이 없어졌어도 여기는 독립한 민족이 있다. 돌에 아로새겼던 문화는 망가졌어도 여기는 유전 속에 깊이 묻혀 있어 캐내는 날을 기다리는 산 문화가 있다. 이 자리에 서서, 막막 우주에 여기밖에는 없는 이 자리에 서서 새 역사를 쓰고 짓자. 지음으로 쓰고 씀으로 짓자.

생명이 말씀에 있으니 그 말씀으로 만물과 역사가 됐고, 그 생명이 사람에게 빛이니, 거기서는 역사해석이 곧 역사요, 역사 지음이 곧 뜻이다. 이 자리에, 너 위에 서라. 거기가 우주의 중심이요, 거기가 과거와 미래가 다 내다 뵈는 점이요, 거기가 시時·공空이 한데 맞닿는 원추圓錐의 정점이요, 거기가 하나님 계신 곳이다. 거기서 창조가 나오고 심판이 이루어진다. 나는 하나님 안에 있고 하나님은 내 안에 있다. 하나님 없이 나 없지만 나 없이 하나님도 없다.

신념

우리 역사는 안과 밖이 다 비뚤어진 역사라 했지만, 이것을 다른 말로 바꾸어 하면 민족 전체가 생활에 대한 신념을 잃었다는 말이다. 사람의 행동과 신념은 서로서로 작용하는 것이다. 믿음 없기 때문에 행동이 잘못되고 행동이 잘못되면 믿음을 깨쳐버린다. 우리의 삐뚤어진 역사는 국민의 신념을 빼앗아 버렸고 신념 잃은 국민은 점점 더 삐뚤어져 나갔다.

신념은 사람 마음에 작용하는 것이 마치 인력이 물질계에서 작용하는 것과 마찬가지다. 인력이 있으므로 만물이 구성이 되고, 모든 것이 제자리에 있어서 서로서로의 사이에 적당한 거리를 가지고 알맞은 질서로 하나의 구조를 이루며 서로 조화된 운동을 할 수 있다. 모든 별들이 이루어지는 것도 인력 때문이요, 그 무수한 별들이 제각기 제 궤도를 가지고 규칙있게 돌아가는 것도 인력 때문이며, 지구 위에 산이 솟고 물이 흐르며, 나무가 뿌리를 박고 서서 공중에 가지를 펴고, 새가 하늘에 날고, 고기가 물 속에 자유로이 노는 것도 이 인력 때문이다.

그와 마찬가지로 정신계가 성립이 되는 것은 이 신념 때문이다. 개인이 인격을 가지고 설 수 있는 것도, 그 개인이 합하여 집을 이루고, 사회를 이루고, 나라를 세우고, 가지가지의 문화를 낳고, 역사를 이루어 갈 수 있는 것도 신념 때문이다. 한순간도 인력없이 물질적인 우주를 상상할 수 없듯이 신념없이 정신의 세계를 생각할 수 없다. "의인은 믿음으로 말미암아 산다"는 말이 있지만, 어찌 의인만일까, 죄인이 사는 것조차도 믿음 때문이다. 하필 사람만일까, 통히 사는 것이 믿음 때문이다.

물질계에 그것을 성립시키는 가지가지의 원리·법칙이 있는 것도 이 믿음의 나타난 것이라 해야 옳을 것이다. 어디까지나 시간·공간 할 것 없이 그 밑 혹은 그 속을 꿰뚫어 흐르는 하나되게 하는 어떤 힘이 있고, 물질·정신 할 것 없이 생명의 바닥을 흐르는 어떤 힘, 어떤 뜻이 있다. 그것을 사람에게서는 믿음·신념 혹 신앙이라 한다. 영어에 인터그레이트Integrate, 번역해서 통전統全, 곧 전체로 통일한다는 말이 있지만, 믿음이야말로 인터그레이트하는 힘이다.

인력은 우리 몸에 느껴지는 때도 있지만 느껴지지 않는 때가 많다. 그러나 느끼지 못했지만 그 속에 살고 있다. 생의 근본이 되는 믿음도 의식되는 때보다 의식되지 않는 때가 많다. 그만큼 기본적이다. 무신론자, 허무주의자도 적어도 살아 있고 무슨 주장을 하고 있는 한, 인격 노릇을 하고 있는 한, 믿고 있다. 믿는 줄도 모르리만큼 믿고 있다.

그러나 느끼지 못하는 동안에 몸이 되어서 있는 인력도 그것을 발견해내서 연구하고 생각하여서 쓸 때에 놀라운 기계문명이 나왔듯이, 우리 존재 속에 배어 있는 믿음도 그것을 깨달아서만 참 믿음이 될 수 있다. 물질 세계에 과학이 필요하듯이 정신 세계에는 믿음이 필요하다. 믿음은 정신의 초점이다. 흩어진 광선이 한점에 모이매 물건을 태우고 뚫어 비칠 수 있듯이 믿자는 의지가 발동해서만 정신은 놀라운 힘을 나타낼 수 있다. 사람의 속에는 가지가지의 생각이 있다. 그것이 굴뚝에서 나오는 연기처럼, 여름날에 피어오르는 구름처럼, 생각 속에서 또 생각이, 그 속에서 또 생각이, 천만 가지의 기기묘묘, 흉악망측, 허투루마투루의 형태로 쉴새없이 쏟아져 나와서는 서로 얽혀 돌아간다. 그러나 그것을 가지고는 사람 노릇은 못한다. 그 얼크러지고 단편적인 기억·추리·연상·상상·공상·망상에 어떤 초점을 주어 그것을 중심으로 모든 것을 정돈해놓을 때 비로소 인격이 이루어지고, 그 뒤끓는 도가니 속에서 시가 나오고 철학이 나온다. 개인에게서 그런 것같이 사회에도 그렇다.

사람의 세상이라 할 때 벌써 알지 못하는 동안에 서로 믿고 있다. 횡으로는 내 이웃을 사람으로 믿고 있는 것이요, 종으로는 무한 과거와 무한한 미래를 믿고 있는 것이다. 믿음은 다세포생물이 생기던 때에 벌써 있었다. 분열되면 서로 딴 한 개로 떨어져 나가던 것이 왜 분열되어 서로 남이 되기는 하면서도 나가지 않고 한데 붙어 하나로 살아가게 됐을까? 그것은 생명의 역사에서 놀라운 한 혁명이었다. 그런데 벌써 어떤 뜻이, 목적이 작용하고 있는 것 아닌가.

그러나 그보다 놀라운 것은 그것을 스스로 알게 된 날이다. 생각하는 생명. 그런데 그보다 또 더 놀랍고 신비한 것은 그 생각에 초점이 생긴 일이다. 믿는 인격. 생명이 나가는 맨 끝에는 믿음이 선다. 마치 제일선 부대 같은 것이 믿음이다. 그보다도 돌진하는 원추의 정점이라고 비유하는 것이 더 나을는지 모른다. 믿음은 형체가 있는 것 아니니. 형체는 없으나 그 날카로운 끝이 미지의 세계에 먹어 들어감에 따라 창조의 불꽃이 일고, 그 뒤에는 점점 퍼져나가는 전체가 따른다. 그러한 생명의 운동이 땅 위에서 가장 높고 큰 정도로 나타난 현상이 나라라는 것이다.

그러므로 믿음 없이 나라 없다. 지금은 정치와 종교가 분리되어 있으나 옛날에는 그것이 혼연히 하나를 이룬 것이 나라였다. 그것이 나라의 근본 모습이다. 분리된 것은 발달하기 위해 전문화·분업화된 것이다. 전문화되어가면 갈수록 더 높은 고도 통일이 필요하다. 오늘의 정치의 어지러움은 순전히 세속적인 나라를 이루어갈 수 있는 듯이 망상하는 데 있고 오늘의 종교의 무력은 믿음은 종교전당 안에만 있는 듯이 고집하는 데 있다. 세계의 구원은 정치와 종교가 보다 높고 따라서 보다 포괄적인 믿음으로만 될 수 있을 것이다.

믿음에서 믿음으로

오늘 우리나라는 기적을 바라고 있다. 그러기 때문에 '라인 강의 기적'을 말마다 되풀이하며 부러워하고 있다. 옛날부터 우리나라에는 미신이 많지만 그것은 무엇 때문인가. 기적이 나타나기를 바라는 심리에서 아닐까. 도대체 미신이란 것이 무엇인가. 기적을 바라는 것이 곧 미신이 아닌가. 왜 미신이라 하나. 믿기는 믿되 잘못 믿기 때문이다. 무엇이 잘못인가. 자유라는 것이 생명이요 자주라는 것이 인간이며, 거기 따라 도덕적으로 책임을 지는 것이 인격인데, 기적을 바라는 데서는 그것을 말살해버리기 때문이다.

해방 후 특별한 현상으로는 여러 가지 종파가 많이 일어난 것이요, 또 그 여러 종파들이 한결같이 기적적인 것을 많이 추구하는 일이다. 개개인으로는 각기 제 생각하는 열심이 있어 그러겠지만, 이것을 사회적인 역사적인 한 현상으로 볼 때, 그것은 막다른 골목에 든 심리에서 나오는 것이다. 위에서 말한 안팎으로 삐뚤어진 역사의 심리다. 그러므로 믿음이면서도 정상적이 못 된다. 문제는 있는데, 살기는 해야겠는데, 살길은 거의 완전히 막혔고 그것을 깨칠 능력은 없기 때문에 알지 못하는 동안에 자연히 기적을 바라는 마음으로 기울어진다. 무리도 아니다. 그러나 잘못이다. 살아가는 길은 결국은 스스로 하는 믿음뿐이기 때문이다. 기적은 따지면 제 힘은 아니고 살아보자는 심리지만 제 힘 아니고 사는 법은 없다.

스스로 하는 것이 정신이다. 믿는 것은 내가 힘이 되어 살기 위한 것이지, 물건처럼 안락세계에 가져다놓이기를 바라는 것은 아니다. 하나님은 내 안에 계시지, 내 밖에 계시지 않는다. 내 밖에 계셔서 나의 자유로운 인격과는 상관없이 하는 하나님을 믿어서 복을 그저 얻자는 것이 미신이요, 믿음으로 인해 내 속에 있는 나를 살려 자주하는 인격이 되게 하는 하나님이 정말 하나님이다. 그런데 개인이 인격의 파산을 당하고 국민이 역사적 파산을 당하면 자신을 잃어버리기 때문에 자연히 미신에 떨어지기 쉽다. 그러나 정신이 아찔아찔할 때야말로 정신을 가다듬어야 사는 모양으로 자신을 잃었을 때일수록 자신을 가지도록 해야 한다.

믿음은 결국 자신自信이다. 물론 그 '자'란 것은 보통 의식으로 '나는 나다' 하는 의미의 나는 아니다. 그것은 형편없이 옅은, 자꾸 잘못하는 나를 그 죄의 나를 믿으라는 말이다. 그 속에 있는 참 나는 하나님의 모습을 가졌다는 나, 하나님의 씨인 나다. 하나님을 믿는다는 것은 다시 말하면 내가 하나님의 씨임을 믿는 것이요, 하나님과 하나 될 것을 믿음이다. 그러므로 바른 믿음은, 마치 참 사랑이 내가 저를 사랑할 뿐이 아니라 저가 나를 사랑하게 되어야 참 사랑이듯이, 믿음도 내가 하나님을 믿을 뿐만 아니라 하나님이 나를 믿어주게 되어야 참 믿음이다.

하나님이 나를 보내셨으므로 나는 왔다. 하나님이 내게 모든 것을 주셨다 하는 것은 하나님의 전적인 신용을 얻게 된 지경이다. 그러한 자신이 또 어디 있을까. 기적을 바라는 미신도 도무지 믿지 않는 것보다는 낫다. 기적이란 곧 정신의 힘으로 물질의 힘을 이기기를 바라는 것이기 때문에 간접적으로 전신의 줄이 끊어지지 않도록 이어간다는 의미에서 없는 것보다는 낫다는 것이다.

사실 우리 역사가 비뚤어진 것도 미신 때문이지만, 또 삐뚤어진 대로나마 존속해온 데는 그 공로도 있다. 정 도령[3] 믿는 노름에 이 꼴

---

3) 정 도령: 조선 이래 민간에 널리 유포된 대표적인 예언서 『정감록』에 나오는 영웅. 『정감록』은 정씨(鄭氏) 성을 지닌 진인(眞人)이 출현하여 이씨 왕조가 멸망하고 새로운 세계가 도래할 것이라 예언했다.

이 됐지만, 또 정 도령이 나타나기라도 믿었으니 그렇지, 그것도 못 믿었다면 벌써 다 망해버렸을 것이다. 그것은 결코 미신을 변호하고 장려하는 말은 아니다. 말을 뒤집어야 할 것이다. 너를 믿다가 이 꼴이 됐으니, 죽지 않았던들 이것이 어찌 사람이요, 살림이냐 하고 단연 물리치고 깨달아야 한다는 말이다.

그렇다, 깨달아야 믿음이다. 못 깨달으면 미신이요 기적이요, 깨달으면 정신正信이요 권능이다. 무엇을 깨닫는다는 말인가. 나를 깨닫는다는 말이다. 역사를 깨닫는다는 말이다. 역사의 책임을 지는 나요, 나의 실현된 것이 역사임을 깨달아야 믿음이다. 그 믿음을 가져야 인격이요, 국민이요, 문화의 창조자다.

요새 자꾸 일어나는 부정부패란 것은 무엇인가. 신념 잃어버린 백성의 일이 국민적인 신념을 잃어버렸기 때문에 횡으로는 사회의 신의가 없어져서 누가 누구를 믿지 않는다. 그렇기 때문에 부정이다. 역사적인 신념을 잃어버렸기 때문에 종으로는 역사적인 사명감도 목적감도 없다. 그렇기 때문에 부패다. 사람이 누구면 흠 없는 성인聖人일까. 어느 국민이면 완전한 선민善民일까. 자꾸자꾸 잘못하는 인간이다. 그러나 밤낮 잘못하면서도 자꾸 넘어지면서도, 그러면서도 살아갈 수 있고 발전해갈 수 있는 것은 어떤 거룩하고 위대한 것을 믿는 것이 있기 때문이다. 살려는 것은 믿음이다. 스스로 자중하게 하고 스스로 책임지고 나서게 하는 자신이다. 그런데 그 자신을 잃었으니 어찌하나.

여기 대한 책임은 넓은 의미의 지도층이라는 사람들이 져야 하지만, 그중에서도 특히 나라살림 맡아하겠다고 나선 사람들이다. 나라의 장래는 젊은이에게 있는데 젊은이가 갈피를 잡지 못하고 헤맨다. 그 책임 뉘게 있나, 노성층老成層이 자신 잃어버린 데 있다. 젊은이가 '어떻게 하라오?' 하고 묻기 전에 벌써 어른이 보여주는 것이 있었어야 할 것이다. 묻는 것은 없기 때문이다. 이미 없지만 질문을 받았으면 이제라도 생각하여 알려주어야 할 것인데 못한다.

왜 못하나? 할 수가 없이 만들기 때문이다. 누가 그렇게 만드나, 정치가다. 물론 정치가 나라의 전부는 아니다. 그러나 모든 것이 고도로 복잡하게 발달한 오늘의 과학적인, 조직적인 사회에서는, 옛날의 자연대로 되어가던 사회와 달라서, 권력기구를 쥔 사람의 책임이 크다. 정신은 스스로 하는 것이니, 어떤 물리적인 방해가 있더라도 마침내는 정의가 이기고 자유가 이길 것이지만 과학을 이용, 그보다도 악용하는 집권자는 한동안 상당히 역사의 나가는 방향을 방해할 수 있을 것이다. 여기가 집권자의 깊은 반성이 필요한 데다.

그러나 이제는 민주주의 시대다. 대중이 스스로 하기로 깨는 시대다. 집권자가 잘하면 좋지만 못하는 경우는 민중 스스로가 해야 한다. 할 수 있다는 신념을 가지면 해야 할 의무가 분명해질 것이요, 하자는 의지를 발동시키면 할 수 있는 높고 거룩한 사명이 저 위에서 손짓해 부르는 것이 보일 것이다. 그 의무가 분명해지고 그 사명이 빛나게 되면 그 신념이 한층 더 높아지고 더 굳어질 것이다.

믿음은 믿음에 의해서만 얻어진다.

삶은 더 잘살자 함이다.

믿음에서 믿음으로.

• 1966년 5월, 『사상계』 제159호

압록강[*]

꿈속에서도 압록강으로

압록강에 가자.

장마 걷히어 골짜기 시냇물 맑고, 구름 뚫려 지평선에 먼산의 모습이 푸르기 시작하는구나. 새 가을이 온다. 내 고향 산천엘 가야지. 내 집, 공산당한테 쫓기어 내버리고 나온 내 집은 압록강가에 있다. 백두산서 시작해 천 리 넘는 길, 굽이굽이 흘러온 그 강이 마침내 황해바다로 들어가는 길, 서로 싸우는 건지 큰 가슴에 얼싸안기는 건지 내 모르지만, 밤낮을 울고 노래하고 출렁거리고 뒤흔드는 바로 그 사품에서 단물 짠물을 다 마셔가며 자라난 것이 나다.

쇠사슬에 매여 이리저리 팔려 다니면서도 짐승같이 부림을 당해 밤낮 울면서도 켄터키 강가에 태어났던 오막살이를 못 잊어,

온 세상이 다 재미없고
늘 슬플 뿐일세
내 늘 원은
내 집에 보내주오

* '가야 할 산하(山河)' 시리즈 중 세 번째로 실린 글.

하던 검둥이 모양으로, 내 생각은 자나깨나 압록강가를 오르내린다. 꿈을 꾸어도 그 언덕 그 강변에서 꾸는 그 압록강엘 가야지, 그 고향엘 돌아가야지, 켄터키의 오막살이를 못 잊고 밤마다 밤마다 꿈속에라도 갔기에, 감정만도 아니요, 기억만도 아니요, 의지만도 아닌 그 삶 때문에 마침내 해방의 날이 와서, 검둥이의 오늘이 있는 것같이 나도 가야 한다. 꿈속에서라도 그 강가엘 가야 한다.

고향이 뭐냐? 그것은 자연과 사람, 흙과 생각, 육과 영, 개체와 전체가 하나로 되어 있는 삶이다. 거기 나 남이 없고, 네 것 내 것이 없고, 다스림 다스림 받음이 없고, 잘나고 못남이 없고, 나라니 정치니 법이니 하는 아무것도 없고, 하나로 조화되어 스스로 하는 삶이 있을 뿐이다. 나는 압록강의 아들이다. 내가 나고 파먹고 자라난 용천 일대가 압록강과 황해가 서로 만나는 데서 이루어진 살찐 앙금 흙인 것같이 내 생각도 그 강 그 바다 대화 속에서 얻은 것이다.

나는 지금도, 그 강가의 보금자리를 잃고 나온 지 스무 해가 되는 오늘에도 압록강 생각만 하면 내 가슴속에서 그 물결의 뛰놂과 아우성을 느낀다.

압록강은 장관이다. 우리 집이 붙어 있는 그 뒷산에 오르면 깎아 세운 낭떠러지가 서 있고, 그 밑으로 강이 흐른다. 이것이 억만 년 물과 뭍의 싸움의 기록이다. 물은 제가 이겼노라 할지 모르고, 바위는 저야말로 이겼노라 할지 모르지만, 이긴 것은 물도 바위도 아니요, 그 장관이 오직 남아 있을 뿐이다.

그 낭떠러지를 딜곶·되령곶이라 부른다. 한문자로 써서 미곶彌串 혹은 진곶辰串, 도룡곶屠龍串이다. 미彌도 진辰도 다 미리('용'의 경상도 방언 – 편집자) 곧 용龍을 표시하는 말인데, 용천 일대에서는 지명에 용자가 붙은 데가 많다. 가장 높은 산이 용골산龍骨山이요, 그 서쪽에 용아산龍牙山, 그 남쪽에 미라산彌羅山, 그 옆에 용바우, 모두 용이다. 그 까닭을 알 수 없으나 이것은 압록강을 상징한 것 아닌가? 되령

곳에서 용을 잡았다는 전설이 있고, 지금까지도 가뭄이 심할 때는 그 바위에 피를 바르면 비가 온다는 말이 있는 것은 이 자연과 사람의 싸워오던 것을 말하는 것 아닐까?

봄에 그 벼랑에 서서 보면 유초도 버들밭, 황초평 갈밭에 푸른 물결이 넘치는데 그 건너로 만주의 산천, 인가 촌락이 손가락으로 헤일 듯이 보이고, 여름이 와서 큰물 나면 굼실거리는 물결에 강과 바다가 어우러져 싸운다. 그 바람에 상전벽해桑田碧海란 말 그대로 살찐 논밭이라 자랑하며, 갈아먹던 땅이 보는 눈앞에서 철렁철렁 떨어져 들어가 버린다.

그것을 강락이라 하는데, 그 강락이 사람의 욕심과 지혜를 비웃기나 하듯 금년은 이쪽에서 뜯어다 만주 편에 붙이었다가, 명년은 또 만주에서 헐어다가 이쪽에 붙이었다 한다. 가을 들어 들에 익은 곡식의 황금물결 일고 꺼지며, 바다에 고기잡이꾼의 노래 높았다 낮았다 하는 것 들으면 평화의 삶 또 한 번 느끼게 되고, 겨울 되어 하늬바람 한번 냅다 불면 그만 그 넓은 강 얼어붙어 국경이고 뭐고 없어진다. 만주와 반도가 하나다.

강을 보는 사람은 하류에만 있지 못한다. "원천혼혼 불사주야"原泉混混 不捨晝夜[1]라고, 자연 그 근원을 생각하지 않을 수 없다. 압록강 보면, 백두산 천지 생각을 하지 않을 수 없다. 지금 내 발밑에서 하늘땅을 울리며 만주와 반도를 두 나라로 나누어, 건너갈 수 없이 하는 이 무서운 물은 어디서 온 거냐? 천지에서 넘쳐흐르기 시작한 것이다. 시작할 때에 실낱같은 것일 것이나, 그것이 끊임없이 흐르면 여기 이른다.

강은 흘러 빠지면서 다함이 없는 것이요 변하면서 변하지 않는 것이며, 막히면서 뚫고야 마는 것이다. 인산지수仁山智水라고 옛사람이

---

1) 原泉混混 不捨晝夜: "근원이 되는 물은 혼혼히 흘러서 밤낮을 그치지 않는다" 라는 뜻으로, 맹자가 근원에 대해 설명하는 구절이다. 『맹자』, 「이루 하」.

말하지 않았나? 백두산이 이 민족의 덕을 표시하는 거라면, 압록강은 그 슬기를 표시하는 것이다. 하나는 그 삶의 체體를 말하는 것이라면, 하나는 그 용用을 말하는 것이다. 만주와 반도 사이를 흐르는 압록강이야말로 이 나라의 역사를 상징하는 그림이다.

그러나 압록강의 근원을 말해서 백두산 천지만을 말하는 것은 무식한 옛날소리다. 한 사람이 전제독재하고 만 사람이 복종하던 때, 천재가 생각을 해내고 모든 범인은 그 생각을 빌려서 살던 때의 이야기다. 어째서 압록강의 근원이 백두산 천지냐? 실로 개마고지와 남만주의 모든 골짜기 골짜기의 물을 다 모아서 된 것이 압록강이다. 근원은 어느 한 점에 있지 않고 전체에 있다. 민중의 시대요, 대중의 세기다.

압록강가에 서서 보는 것이 뭐냐? 신의주 안동이요, 의주 구련성이다. 이쪽에 백마산이요, 저쪽에 금석산이다. 압록강가에 서서 듣는 것이 무엇이냐? 만주와 반도의 대화다. 그와 같이 이 역사는 만주와 반도에 살던 허다한 민중의 대화의 산물이다.

압록강의 물결 들여다보면 거기 지금도 고주몽의 얼굴이 비쳐 있음을 볼 것이다. 유화부인이 뭐며, 고기떼가 다리를 놨다는 것은 무엇인가? 그 강가에서 그린 혼의 비전 아니겠으며, 잔고기떼같이 이름 없는 민중, 대중 아니겠나? 고기가 다리를 놓으면 압록강의 사나운 물결이 문제가 아니듯이, 민중 속에 들어 민중의 뒷받침을 받으면 세대의 어려움에 문제 없이 새 나라에 가는 길이 열릴 것이다.

강이 어찌 강에만 있느냐? 사람의 마음을 거치지 않은 순전한 객관적 자연이란 없다. 저 산도 내 혼의 해석을 받은 산이요, 이 물도 내 혼의 선택을 입은 물이다. 압록강은 역사를 가진 압록강이다. 그 물은 우리 억만 조상의 피와 땀이 녹아들어 있는 물이요, 그 울림 속에는 그들의 한숨과 울부짖음이 들어 있다.

압록강을 보면서 의주를 잊겠느냐. 의주를 가면서 통군정統軍亭에를 어찌 아니 오를 수 있느냐. 이름도 통군정, 그 위에 앉아 만주벌판을 건너다보며 거기서 오는 바람을 쐬며 봉수먹이의 물결소리를 들어보라. 거기 임경업의 하늘에 사무친 원한이 있으며 '우리 사또님'의 민중의 소리가 있지 않나? 압록강을 보며 역사의 숨소리를 듣지 못하는 사람, 한국 사람이 아니요, 한국에 낳았으면서 한국 사람이 아니람, 사람이 아닐 것이다.

압록강가 통군정에 올라 역사의 웅얼거림 들어보지 않으려나?

압록강이 뭐냐? 이 역사의 고소장이다. 우리의 다하지 않은 책임을 추궁하는 것이 압록강이다. 백두산을 우리나라의 제일 높은 산이요, 나라의 터가 열린 성지라 하며, 압록강은 우리나라 가장 큰 강이라 어린 아이들에게 가르치지만, 그것이 어찌 우리나라 산이요, 강이냐? 우리 것이란 것은 우리와 남이 다 같이 그렇게 인정하여야 하는 것이다.

만주에 가서 물어보라. 그들은 그것을 자기네 것이라 할 것이 아닌가? 제 나라를 지키지도 못하고 어떻게 평안한 마음으로 우리 것이라 생각하고 있을 수 있을까. 그러므로 압록강은 우리를 죄로 정하는 고소장이라 한다. 그 앞에 서면 우리의 다하지 못한 역사적 책임, 깨져나간 역사적 비전 때문에 부끄러워하고 슬퍼하고 주먹을 쥐고 결심해야 하는 것이 있을 것이다.

우리 역사의 비극은, 국경이 되어서는 아니 되는 압록강이 국경이 된 데서 시작된다. 마치 모가지에 들어간 칼자리와 마찬가지다. 머리에 아무리 골통·눈·귀·코·입이 다 있어도 몸뚱이에서 떨어지면 소용이 없지 않은가. 당초에 잘못이 신라·백제에 있다. 낙동강·금강가에 움츠리고 있어서 당나라·일본의 힘을 빌려 구차히라도 살아보자던 데 잘못이 있다. 그 결과가 이조에 와서 국경이 압록강으로 아주 굳어지는데 이른 것이고, 그 약하고 더러운 것이 아주 성격으로 되어서 요번의 한일조약으로, 월남 출병으로 되고 만 것이다.

역사가 고소하는 것이라면, 또 약속하는 것도 있다. 내가 말하는 것은 낡아빠진 민족주의·국가주의의 고취가 아니다. 비겁하고 스스로 속이는 민족은 못 산다는 말뿐이다. 이제라도 압록강가에 가서 역사의 부르짖음 들어보자. 장래의 희망이 있다. 신의주 가서 그 철교 보라. 구룡포 가서 그 발전 댐 보라, 그것을 만들던 일본 제국주의 어디 있나? 그들은 장차 오는 역사 위해 무대준비를 하고 간 것뿐이다. 오늘의 공산주의자와 그 억지의 정치도 마찬가지다.

그 철교가 무엇인가? 만주와 반도를 정치적으로 얽어매는 것 아닌가. 그 발전소가 무언가? 경제적으로 그것을 하나로 연결하는 것이다. 이제 우리 조상의 잘못으로 인하여 떨어져서 동양 천지에 불만의 원인이 되게 했던 것은 다시 이어져서 한 삶의 무대로 되었다. 이제 남은 것은 사람의 정신뿐이다.

바른 정신 가지기만 하면 조상의 옛터에 평화롭게 살 수 있을 것이다. 만주와 반도의 맑은 물 흐린 물을 다 모아 갖은 파란곡절을 거듭한 후, 황해에 들어가서 한통치고 마는 압록강 모양으로, 이 역사도 세계가 하나되는 내일에 이를 것이다.

압록강에 가자. 가서 새 역사의 약속을 듣자. 새 약속을 믿어서만 묵은 죄를 면할 것이다.

• 1966년 8월 28일, 『조선일보』

내가 겪은 신의주학생사건

그날의 소식

해방이 되던 1945년 8월 15일 나는 집 앞 채마밭에 거름을 주고 있었다. 오후쯤 해서 내 생질 최창복崔昌福이가 용암포로부터 자전거를 몰아서 들어와서, 일본이 무조건 항복을 했고 우리나라 독립이 되게 됐다는 소식을 알려주었다. 이날까지 36년 꿈에 그리던 그날이건만 막상 듣고 나니 그저 벙벙, 갑자기 흥분이 되는 것도 날뛸 생각이 나는 것도 아니었다. 메고 있던 거름통도 내려놓지도 않고 그저 "그래, 그날이 오긴 왔구나" 할 뿐, 주던 거름 마저 주려 했다. 그랬더니 창복이 말이 용암포의 여러분들이 나와서 축하식을 같이하자는 것이었다. 나는 그보다도 하던 일들 어서 마치고 조용히 앉아 앞으로 할 일을 생각하고 싶었다. 그래서 "나도 기쁘지 안 기쁘겠냐마는 나는 축하를 해도 내 식으로 할 터이니 그대로들 하시라고 해라" 해서 내보내고는 다시 거름주기를 계속했다. 그런데 얼마 후에 나갔던 창복이가 다시 헐떡거려 오더니 하는 말이, 여러 사람이 그래서는 아니 된다고 꼭 나와야 한다고 한다는 것이었다. 벌써 다 모여서 기다리고 있다는 것이었다. 그러니 더 이상 거절할 수도 없고, 이런 일은 도무지 첨이었다. 나는 생각해봤다. 왜 그들이 나를 찾을까?

나는 보통 때 나와 세상 사이에 적지않이 거리감을 느끼는 사람이었다. 더구나 1943년 서울 서대문형무소에서 일 년 동안의 미결수 생활을 마치고 돌아온 후부터는 더욱 그랬다. 일본의 압박은 날로 심하지, 앞으로 다시 교사질을 할 희망도 없지, 그래서 농사를 하지만, 내가 아무리 농꾼이 되려 해도 그들이 나를 자기네 동무로 알아주려 하지 않았다. 서로 어울리지를 않았다. 거리에는 한 달에 한 번 이발을 하러 나가는 것뿐이었으나 누구 하나 아는 척해주는 사람이 없었다. 돌아가는 말대로 "경찰서·형무소살이만 밤낮 가는 사람"을 아는 척해서 좋을 일이 없을 것이기 때문이었다. 조금도 그들을 원망하는 것은 아니었지만 나는 혼자 마음이 늘 외로웠다. 그래 별다른 생각이 없이 그저 땅을 파는 것이 내 일이었다.

그런데 이제 세상이 나를 보잔다. 무엇 때문일까? 생각 끝에 나는 알았다. 축하식도 하고 이제 앞으로 새 일이 벌어지는데 누가 그것을 이끄느냐, 그것이 그들에게 문제였을 것이다. 일본 쪽에 가까이 해서 나다니던 사람은 자연 나설 수가 없지. 그렇다고 기독교 사람이 나오면 천도교 측이 허락 아니 하지, 천도교가 나오면 기독교가 따르려 하지 않지, 이런 관계여서 요구되는 것은 순전히 중립적인 인물이었다. 이것이 평소에 별로 가까이 다니지도 않던 나를 나와야 한다고 강요하는 이유였다. 이렇게 생각하고 보니 그럴 만하다고 수긍되는 점이 있기도 해서 나가기로 했다. "그래, 나를 이용하잔 것인데 이런 때는 이용당해도 좋다. 모르고 당하면 어리석지만 알고 당하는 것은 괜치않다 하리만큼 해준 다음엔 나는 물러난다. 내가 정치를 아느냐?" 창복이에게 그렇게 말을 해주며 따라나갔다.

나가니 상상과는 딴판이었다. 지금 인천에 와 있는 이기혁李基赫 목사가 있던 제일교회 뜰이 터질 지경으로 사람이 모였는데, 일은 벌써 자기네가 다 짜놓은 것이므로 사양의 여지가 없었다. 무슨 말을 했던지 지금 기억이 나지 않으나 좌우간 내가 나서서 식을 주장했고 시가행진을 늦도록 했고, 그 자리에서 어쩔 수 없이 용암포 자치위원회의 위원장이 돼버렸다. 내 이름에 장長 자가 붙은 것은 이것이 첨이었다.

그래서 할 일 해주고는 곧 내 밭으로 돌아온다던 것이 예상과는 달

리 아주 잡혀버렸다. 그래 계속해서 용천군龍川郡 자치위원회가 조직
됨에 따라 그 위원장으로 올라갔다. 하고 싶다기보다는 마음이 약해
서 버리지 못해 맡은 일인데 세상은 참 우스운 것이어서 그 자리에
앉으니 저마다 와서 평소부터 잘 알았다는 것이요, 존경하고 있었다
는 것이다. 무식한 사람은 아니 그런다. 그 마음 내가 알지. 그러는 것
은 소위 행세한다는 사람들이다. "세상이 요렇구나" 속으로 혼자 가
없이 생각하며, 정말 일을 의논할 만한 친구 하나 없이, 나도 아무 구
상이 없는 일 맡아놓으니 앞이 막막하기만 할 뿐이었다.

그래도 또 재미있는 일도 있었다. 이 부락 저 부락을 돌면서 보노
라면 평소에는 나와는 먼 것 같은 사람들이 갑자기 친구가 된 것을
느꼈다. 이날껏 억누름 밑에서 죽지를 펴지 못하던 민중이 활기를 띠
고 굉장히 대담해졌다. 그리고 바다 물결 같은 선심이 어디서 나왔을
까? 나라를 위해서라면 눈알이라도 빼내람 빼낼 듯한 기세였다. 더
구나 보고 좋은 것은 일본 사람에 대한 태도였다. 사실 나는 전에 만
보산사건[1]도 보았기 때문에 혹시나 일본이 망했다는 소식을 듣고 옅
은 흥분에 어떤 보복적인 소동이라도 일어나지나 않을까, 첫날 용암
포로 끌려나갈 때도 그것부터 걱정스러웠는데, 그런 일이 하나도 없
었고, 거리를 지나다가 일본 아이들이 그냥 마음 놓고 전과 같이 나
와 노는 것을 볼 때는, "마음은 정말 착한 백성인데" 하고 흐뭇한 생
각이 들었다.

평안북도 자치위원회

그러는 동안에 두세 주일이 지나가고 아마 9월 초였다고 기억되는

---

1) 만보산(萬寶山)사건: 1931년 조선인 농민과 중국인 농민 사이에 민족주의 감
　정이 자극되어 일어난 유혈사태. 이후 중국에 거주하는 조선족과 한국에 거
　주하는 화교의 수가 급감했고, 일본의 만주 침략 분위기가 조성되었다.

데, 신의주로부터 평안북도 자치위원회를 조직하니 군대표를 뽑아 보내라는 통지가 왔다. 회의 끝에 나와 부위원장으로 있던 이용흡李龍洽과 두 사람이 가기로 했다. 이제 일의 규모가 커지는 것이었다. 위에서 말한 대로 수염을 기르고 미투리를 신고 농사꾼으로 남은 날을 살자던 사람이니 사회에 아는 사람이 있을 리가 없었다. 신의주에 가니 거기는 이미 서울에 왔다갔다하는 사람들도 있어서 시국의 대체 형편을 좀더 짐작할 수도 있었으나, 아는 사람이 없으니 그저 일이 돼가는 것을 기다리는 수밖에 없었다.

신의주 자치위원 중에 아는 사람이 하나 있었다. 오산 있을 때 학부형으로 한두 번 만난 사람으로서 이름이 이황이라고 했는데 신문 기자 노릇을 한 일이 있었다고, 적잖이 협잡성을 띤 인물이었다. 그가 이끌어낸 이로서 이번에 평안북도 자치위원회의 위원장이 될 분이 이유필[2] 씨, 호를 춘산春山이라고 했다. 나는 첨으로 만났으나 세상에 이미 잘 알려져 있는 듯했다.

상해 임시정부에 오래 있었고 일본 관리한테 잡혀 삼 년인가 징역을 마치고 나와 신의주 맞은편 안동에 살고 있었다고 했다. 몸집이 뚱뚱한데 붉은 낯빛이고 인후해 뵈는 인상이었다. 긴 투쟁의 역사를 가졌으니 믿을 만한 데는 다시 말할 여지가 없으나 조직된 후 언젠가 이야기를 하다가 "우리는 이 자치위원회를 지켜 치안을 유지하다가 중국에서 정부가 돌아오는 날 고스란히 그것을 가져다 바치면 된다"고 말하는 것을 듣고는 정치에 경험이 없는 나로서도 "너무도 단순하구나, 구식적인 생각이로구나" 하지 않을 수 없었다.

그래 각 고을 대표가 모여 회의 결과 평안북도 자치위원회를 조직했는데 위원장은 그 이유필 선생이 됐고 부위원장은 백용구白容龜라

---

2) 이유필(李裕弼, 1885~1945): 독립운동가. 3·1운동 당시 의주에서 시위를 주도하고 상해로 망명했다. 임시정부에서 기관지 『독립신문』 창간을 주도하고, 방한한 미국 의원단에 한국의 독립을 호소하기도 했다. 독립운동가의 자녀교육과 인권옹호에 힘썼다. 해방 후 평북에서 정치를 하다가 월남 도중 사망했다.

는 사람이 됐다. 그는 좌익적인 사상을 가지는 사람이었다. 그때 신
의주에는 이미 공산주의 단체가 있었으나 그리 강한 것은 아니었다.
그래도 자치위원회와의 사이에는 얼마쯤 마찰이 있는 것으로 보였
고, 백이 부위원장이 되는 것도 그러한 관계에서 된 듯했다.

　나는 그 자리에서 문교부장의 책임을 맡게 됐는데, 생각하면 이것
이 내 잘못의 시작이었다. 나는 그때까지 일본에 굽혀본 일도 타협해
본 일도 없지만 정치적으로 반항해보잔 생각은 해보지 못했고, 또 스
스로 내 성격을 보아도 정치에 적당치 않은 것을 잘 알고 있었다. 그
러므로 문교부장 말이 나왔을 때 내 마음은 결코 내키지 않았다. 그
러나 나는 그들을 몰라도 그들은 나를 아노라고 강권도 했고, 또 용
암포 자치위원장이 된 이래 시국에 접해보는 동안 "이왕이면 평소에
생각하던 것을 한번 실험해보는 것도 좋지 않으냐" 하는 생각도 있
어서 끝내 사양하지 않고 받아버렸다.

　한 달 동안 열심이람 열심으로 일했다. 내가 아는 한으로는 믿을
만한 뜻있는 사람으로 교육진영을 짜려 했다. 어느 날까지 그 상태가
계속될지, 일의 결과가 어찌될지 아무도 알 사람이 없었지만, 그래도
모두들 일을 해보려고 활발히 움직였다. 모르지, 정말 그랬는지. 그
때 벌써 속으로는 딴 생각을 했는지 모르지. 하지만 적어도 나는 그
렇게 믿고 있었다.

　그러던 9월 말경에 가서 갑자기 놀라운 소식이 들어왔다. 소련군이
들어온다는 것이다. 어느 날인가 날짜를 기억 못하는데 그날 마침 위
원들이 모여 정무회의를 하고 있었는데, 누가 들어와서 소련군이 시
내로 들어온다고 전해주었다. 그 소리를 듣더니 회의하던 사람들이,
소위 무슨 부장 무슨 부장 하는 것들이 서로 의논할 겨를도 없이 온
다간다 소리없이 제각기 다 뛰쳐나가버리고 자리에는 위원장과 나
두 사람이 앉아 바라보고 있을 뿐이었다.

　이튿날 아침 청사에서 서로 만나니 하룻밤 새에 대변동이다. 거의
다 공산당이 돼버렸다. 이유필 선생이 비서격으로 신임하는 청년이

하나 있어서 일본서 무슨 전문엔가 다녔다고, 내가 보기에도 가장 똑똑한 지식청년으로 보였고, 그도 무슨 부장인가 맡고 있었는데 그 사람조차 공산당 편으로 돌아버렸으니 이 위원장의 심경이 어떠할까 짐작할 수 있었다.

소련군이 들어오자마자 온 시내는 공포 기분에 싸이게 됐다. 첫째로 한 것이 상점 약탈이었다. 시계·만년필은 닥치는 대로 "다와이"〔내라〕다. 그 담은 여자 문제다. 어디서 여자가 끌려갔다, 어디서 무슨 일이 있었다 하는 소리가 날마다 들려왔다.

위원회로서 소련군 장교들을 환영하는 모임을 하기 위해 의논을 하는데 부위원장이라는 사람의 첫 번째 소리가 미인계를 써야 한다는 것이다. 내가 몹쓸 데를 왔구나 후회하는 생각이 났지만 이제 갑자기 빠져나갈 수도 없었다. 한 손에 무수無水 알코올 병을 들고 한 손에 냉수컵을 들고 마셔대는 소련군, 인간으론 보이지 않고 짐승으로만 보이는 공산당 위원들, 나라가 뭔지 아냐 모르냐 물어보고 싶은 재재거리는 기생들을 번갈아 보며 그 자리엘 앉았자니 살아 있는 것 같지를 않았다.

연회가 끝나갈 무렵 보안부장 한웅이란 자가 피스톨을 꺼내어 쐈다. 일동이 놀랐으나 뛰어 일어선 사람은 없었고 천장을 향해 쐈으니 사람이 상하지는 않았다. 위협하는 것이다. 옆의 소련 장교가 빙그레 웃고 뺏어버렸으나 인간의 짓이라 할 수 없는 일이고, 누가 봐도 그들 사이에는 뒷면에 무슨 오고감이 있는 것을 짐작할 수 있었다. 나부터도 못했지만, 누구도 그 자리에서도 그 후에도 거기 대해 항의를 한 사람이 없었다.

이튿날 일본 사람을 모두 한 수용소로 모으고 여자를 순번으로 징발해내어 소련 군인에게로 보내기로 했다. 일본 여자들도 그것을 승락했다는 이야기를 듣고 나니 삶이란 뭐냐 또 한 번 생각하지 않을 수 없었다. 일일이 다 말할 수도 없지만 그날부터 일은 자꾸 기울어지기 시작했다. 들려오는 것은 그저 하룻밤 새 생긴 공산당원의 횡포

뿐이다. 정체 알 수 없는 특무대란 것이 생겼다. 그저 횡행천하다. 그러니 해방으로 인해 왔던 그 감격, 그 바다같이 넓어졌던 민중의 마음, 서로 믿고 서로 협력하고 서로 일하려던 그 열심은 다 달아나버리고, 있는 것은 공포·불안·분개·낙심뿐이었다.

소련군 사령관이 오자마자 환영식을 했는데 그 자리에서 그는 분명히 말하기를 "우리는 당신들에게 아무것도 강요하지 않고, 당신들이 원하는 대로 어떤 형태의 정부를 세워도 자유입니다" 했다. 그러나 그것은 말뿐이고 사실은 소련 일색으로 기울어지는 것이었다. 벌써 거리마다 레닌·스탈린 초상이 나붙지, 거리 이름을 레닌 가 스탈린 광장으로 고치지, 학교에서 소련말을 가르치기 시작하지. 그러더니 평양에서 5도연합회의가 열린다고 통지가 왔다. 위원 일동이 평양을 나갔다. 내가 조만식 선생님을 뵈온 것이 그것이 마지막이었다. 아무 말씀도 아니 하고 가만 앉았는 그 모습이 말할 수 없이 괴로워 보였다. 분과로 모여 토의도 하고 했는데 이제 하나도 그것을 기억할 수도 없다. 한마디로 해서 모든 것이 우리 생각과는 어긋나는 것뿐이었다.

5도회의에서 돌아온 후인가 그전인가 잘 알 수 없으나 최용건[3]이가 신의주를 왔다. 그는 같은 용천 출신이요, 오산학교에서 한 반에 있었으므로 잘 아는 처지다. 한 반에 있다가 스트라이크를 하고 학교를 나갔고 그 후 다시 학교에 돌아왔다가 또 스트라이크를 하고 나가서는 이때껏 중국에 가 있었다. 들리는 말에 연안군延安軍에 있었다고 한다고 했다. 어느 만큼 애국운동을 했는지 누가 알 수가 없지만 공산군 편으로 나라에 돌아온 것만은 사실이었다. 그래서 어느 날 동창 몇이 모이기로 했었다. 그러나 만나고 난 후 나는 실망했다.

3) 최용건(崔庸健, 1900~76): 북한의 군인·정치관료. 만주에서 항일운동을 하다 광복 후 귀국해 북조선민주당 중앙위원회 부위원장이 되었다. 1955년에 박헌영 숙청사건을 담당한 이후 요직을 두루 거쳐, 1972년에는 국가 부주석 겸 중앙인민위원회 위원이 되었다.

나라를 떠나 몇십 년 만에 돌아온 사람으로서 정말 나라를 위할 생각이 있다면 우리와 의론하지 않고 할 수 없을 것이다. 우리가 청하기 전에 제가 먼저 우리를 찾았어야 할 것이다. 그런데 이제 모처럼 환영한다고 만났는데 한마디 말이 없었다. 전날 학교에 있을 때에 지나본 것으로 보아 첨부터 그리 큰 것을 기대는 아니 했지만, 그리고 따져 말해서 그 동안 몇십 년 독립군 노릇을 했는지 마적질을 했는지 알 수는 없지만, 하여간 오늘 조국을 위해서 들어왔으면 옛 친구 아니고는 나라의 실정을 알 길이 없을 터인데, 그것을 하려 하지 않았다.

나는 사실 첨부터 주의해서 지켜보고 있었다. 그런데 한 말이 없었다. 그러므로 그때 벌써 나는 믿지 못할 사람으로 단정해버렸다. 그는 조만식 선생님이 안아서 길러낸 사람이다. 그런데 자기 말대로 선생님을 달래기 위해 열아홉 번 찾아뵀노라고 했다. 그렇게 듣고 나면 그래도 종시 고개를 돌리신 선생님의 위대함에 감탄하는 대신 최용건의 속살이 무엇이었던가를 알 수 있다. 김일성의 이름도 그때부터 차차 나돌기 시작했다. 그때는 아직 이북 정부가 수립되지 않은 때요, 이제 그것을 하려는 참이었다.

'우리청년회'의 조직

내가 문교부장이 된 지 얼마 되지 않아서 '우리청년회'가 조직되었다. 아마 지금 이만갑李萬甲 교수도 그때의 한 사람이 아니었던가 생각하지만 그 회원들의 이름을 알 수는 없고 다만 회장이 김성순이었던 것만은 기억한다. 한마디로 그들은 신의주 내지 평북 인텔리의 정예분자였다고 할 수 있을 것이다. 사상적 경향을 말하면 대체로 민족주의적·자유주의적인 것이었다.

신의주 용천 일대는 땅이 평평하고 기름져 전국에서는 유수한 쌀 고장이므로 일반으로 자작농이 많은 비교적 넉넉하게 사는 곳이었다. 그렇기에 일제 때 전국적으로 유학생이 다른 곳보다 엉뚱하게 가장 많은 곳이 이곳이요, 기독교가 가장 왕성한 곳도 여기였다. 동양서 제일 크다는, 어떤 사람은 세계서 제일이라는 영락교회는 사실 신의주 용천교회다. 한경직韓景職 목사 자신이 용천에 오래 있었고 그 교인이, 지금은 물론 다르지만, 서울서 첨으로 설 때는 주로 그 지방에서 온 사람들이었다. 그렇듯 구한국 말년 이래 지식·사상이 가장 진보된 것이 이 지방이었다. 이제 이 우리청년회는 그러한 층의 새로 오는 새 역사의 부름에 대해 일어나는 자각운동 혹은 행동의 첫걸음이라고 보아야 할 것이다.

회를 조직하면서 청년들이 나한테 왔다. 회장이 돼달라 했으나, 나는 대답하기를 나는 당신들의 활동은 전적으로 지지하지만, 도리어 그러느니만큼 내가 직접 회장이 되면 하고 싶은 일도 못한다, 그러니 직접 나서는 것보다는 뒤에서 응원하는 것이 좋을 것이라고 했다. 그래 그들도 이해하고 내가 고문이라는 이름을 띠고 이따금 만나곤 했다.

가족은 운명을 같이하는 한 단체지만 가족끼리는 도리어 의식적인 단결은 없다. 의식적인 단결은 도리어 그 가족을 멸망시키려는 도둑 편에서 먼저 한다. 그러나 도둑의 단체가 생기면 가족도 자연적인 정의의 하나됨만으로는 아니 되고 의식적으로 단결해 부서를 짜고 활동해서만 그 도둑의 단체를 이길 수 있다.

나라의 경우도 마찬가지다. 사실 민족주의적·자유주의적인 사상은 우리의 역사적 단계에서 전체를 이끌어갈 수 있는 정상적인 이념이라고 해야 할 것이다. 특히 계급적 대립이 심치 않았던 이북, 이북 중에서도 평안도 지방은 그렇다 해야 할 것이다. 그런데 거기 공산군대가 들어왔다. 권력에 대해 야심 있는 분자가 거기 달라붙었다.

이리해서 일종의 어거지 혁명이 시작되고 있었다. 그러면 사회양심이 멍청히 있을 수 없다. 사회의 안전한 발전을 위협하는 그 세력에 조직적으로 대항하지 않으면 아니 된다. 의식적으로 어느 만큼 자각이 됐었는지 모르나 역사적인 의미를 판단할 때 우리청년회는 그렇게 보아야 할 것이다. 그렇기 때문에 우리청년회와 하룻밤 새 만들어진 사이비 공산당 사이에는 충돌은 운명적인 것이었다. 공산주의자들의 비인도적인 비법적인 횡포가 늘어가면 늘어갈수록 그 충돌은 표면화해가고 격화되어갔다.

공정하게 전체의 역사적인 운명을 생각해서 그 어느 편이 이겼어야 할 것이냐 하면 물론 우리청년회가 발전하고 마음껏 활동했어야 할 것이다. 물론 그들에게 문제가 없지 않다. 그들은 일반으로 자작농 이상의 가정에서 났던 만큼 부르주아적인 사상 경향을 청산치 못했으니 앞으로 그것을 하지 않고는 역사가 요청하는 혁명을 지도해 갈 수 없었을 것이다.

이것이 그들에게 하나의 큰 과제였던 것은 사실이다. 그러나 그렇다고 소련 세력에 등을 대고 하는 비양심적인 무리에게 사회를 맡길 것이냐 하면 적어도 공정한 양심이 죽지 않은 사람인 담엔 그렇다고 할 사람은 없을 것이다. 그런데 아, 슬픈 것은, 역사는 반대 방향으로 나가고 말았다.

학생사건에 우리청년회가 어느 만큼 관계됐느냐 그것은 알 수 없다. 내가 아는 한으로는 직접적인 어떤 관계가 나타난 것은 없다. 회장 김성순이 사건 후에 시베리아로 끌려간 것은 물론 공산주의자들이 그렇게 의심했기 때문에 된 일이겠지만, 내가 아는 한으론 없다. 일이 터지기 전 바로 하루 이틀 전이라고 기억되는데, 밤에 모임이 있어서 내가 가서 밤 늦도록 이야기하고 왔는데 그때에 그런 데 관한 아무런 소리도 기미도 없었다.

그러나 법적인 책임은 없다 하더라도 도의적으로 사상적으로는 영향이 있지 결코 없다 할 수 없을 것이다. 선배들의 생각이나 하는 일은 후배 학생들에게는 크게 작용하는 것이기 때문이다. 그러면 직접적인 관계야 있건 없건 신의주학생사건[4]이라는 하나의 큰 역사적 사건의 진원지를 찾는다면 우리청년회를 내놓고 말할 수 없을 것이다.

용암포사건

어떠한 큰 사건도 도화선 없이는 되지 않는다. 4·19가 마산사건으로 인해 터졌고 마산사건은 또 대구사건 때문에 일어났던 것같이 신의주학생사건에 앞서 가는 것이 용암포사건이다.

용암포는 내 고향이지만 나는 그때 신의주에 가 있었으므로 자세한 것을 모른다. 한마디로 해서 그것은 그때 내 뒤를 이어서 군위원장으로 있던 이용흡의 횡포 때문이다. 그는 독일 유학도 했다고 하나 올바른 지식이 있는 것 같지도 않고 일제시대에 무엇 했다는 것이 없이 해방 후 불쑥 나타나 이리저리 뛰어다니는 사람이었는데 성질이 온건치 못했다. 그러나 소련군이 오기 전까지는 그렇지도 않았는데 그 온 후부터 아주 사납게 굴기 시작했다. 군위원장 자리에 있으면서 마땅치 않은 일이 많아 민중의 원망이 많았는데, 그것이 쌓여가다가 분개한 학생들의 질문인가 데모인가 무슨 그 비슷한 일이 있어서 그것을 지독히 비인도적으로 탄압해서 사회의 격분을 일으켰다.

민중이란 약하다면 참 약한 것이다. 그렇게 불상사가 일어났다는 소식을 듣고 때마침 위에서 말한 최창복이가 왔기에 내가 "그래도 우리 마을 사람들이야 아니 그랬겠지" 했더니 그 대답이 "뭐요, 우리 동리 사람들이 한층 더한 걸요!" 했다. 듣고 참 슬펐다. 사랑을 하자 해서 아니라, 나도 모르는 새 부르주아 의식에 젖어서가 아니라, 해방될 때까지 나는 그래도 인간적으로 그들을 대하노라 했고 그들도 나를 믿는다고 생각했는데……

하기는 당초에 공산당이 들어오면서부터 한 수법이 그렇다. 동리 안에서 아무리 가난하고 무식한 사람의 눈으로 봐도 "그건 사람이 아니다"라는 쪽지가 붙은 사람들을 골라서 흡수해서, 혁명이라는 이

---

4) 신의주학생사건: 소련 군정의 강압적인 공산화 정책에 반발해 1945년 11월 신의주에서 일어난 학생들의 반소·반공 시위운동. 사망 23명, 부상 7백여 명 등 많은 희생자를 냈고, 수많은 학생들이 체포·구속되었다.

름 아래 갖은 악감정을 불어넣어서 소위 민청이니 여청이니 하는 것을 조직해서 평지풍파로, 없는 계급적 감정을 일부러 만들어서 간 데마다 사회를 파괴시켰다. 그것이 그들의 소위 계급투쟁의 과학적 방법인 것을 내가 모르지 않았다. 하지만, 아무리 그렇기로서니 인간 양심은 이렇게 약하단 말이냐. 인심유위 도심유미人心唯危 道心唯微[5] 란 말은 아는 줄 알았더니 알고도 몰랐다.

아무튼 그렇게 해서 생각 있는 사람들의 격분을 일으켰는데 거기 또 하나의 불똥이 떨어졌다. 법원점령사건이다. 일제 때 쓰던 재판소를 그냥 재판소로 써왔었는데 공산당이 위원회에 청원이나 교섭을 하는 일도 없이 하룻밤 새 불법으로 마구 점령을 해버렸다. 그렇게 해서 공산당의 하는 일은 나날이 거만하고 사납고 폭력적이 돼갔다. 그것이 일을 일으킨 가장 가까운 원인이었다.

11월 23일

그렇게 일이 점점 고성낙일孤城落日이 돼가는 것을 보고 나는 더 있고 싶은 마음이 없었다. 그래서 어느 날 이 위원장을 보고 사면할 뜻을 말했다. 그는 내 손을 잡으며 "여보 그만두어도 같이 그만둡시다. 일이란 것이 시기가 있지 않소? 이제 어느 시기를 보아 그만두도록 합시다" 했다. 말을 듣고 영감을 보니 참 불쌍했다. 비서 최영춘崔英春이 있어서 돕기는 하나 공산주의자들이 최영춘을 미워하는 것이 보통이 아니다. 나는 본래 춘산 선생을 안 것도 아니요, 여기서 만난 것이지만, 이 어려운 때에 차마 그를 혼자 버려두고 갈 수가 없었다. 간다 해도 나도 평안을 찾아가는 것도 아니고 어디 평안한 곳이 있을

---

5) 人心唯危 道心唯微: "인심은 위태롭고 도심은 은미하다"라는 뜻으로, 사람의 마음은 쉽게 약해지는 반면 도통한 마음은 있는 듯 없는 듯 미미함을 가리키는 말이다. 『시경』, 「대우모」.

리도 없지만, 이 어려운 자리에 늙은이를, 더구나 자기를 지지하고 돕는다 했던 놈들한테 배신당한 이를 차마 나는 모르겠소 하고 갈 수가 없었다.

또 그보다도 더 어려운 것은 내 손으로 끌어서 교육계에 세웠던 모든 사람들, 그들이 나를 믿고 왔다 해야 할 터인데 이제 어떻게 그들을 사지死地에 두고 나만 나가느냐? 그중에도 마음에 걸리는 것이 김희철金熙哲 씨였다. 내가 오산을 떠난 후 오산에 가 있었던 일이 있고 그 후 알게 되어 대번에 서로 마음이 허락되어 일을 같이 해보자고 이끌어왔는데 이제 내가 물러서면 그의 입장은 더 어려워질 것이 뻔한데 어떻게 그렇게 할 수 있느냐? 이리해서 한번 났던 생각을 누르고 하루하루를 지냈다. 공산당 놈들도 내게 정면으로 뭐라 하지는 못했다. 사상적으로 원수로 알 것이야 물을 필요도 없는 일이지만 내가 조금도 사사로운 생각을 품지 않는 것을 저희도 그리고 세상도 다 아는 이상 어떻게 할 수가 없었을 것이다. 그런데 잡는 시기가 왔다.

11월 22일, 그러니까 사건 전날 어디서 보도가 들어오는데 시내에 있는 고등학생들이 일제히 일어나 위원회와 공산당본부에 질문을 하러 들어오려 한다고 했다. 그래서 곧 각 학교 교장에게 내가 직접 전화를 걸어서 그렇게 하면 큰일이 날 터이니 잘 타일러서 미리 막도록 하라고 했다. 그것은 내가 공산당의 소가지가 어떤 것을 잘 알고 있기 때문이었다. 학생들이 절대로 잘못 아니지, 하지만 그렇다고 그렇게 해서 죽일 수는 없었다.

이튿날 23일 아침, 그때 나는 위원회에 올라온 이래 친척되는 함국현咸國鉉 씨 집에서 자고 먹고 있었는데, 후일에 하는 말을 들으면 아침에 밥을 먹으려다가 젓가락으로 상 위에 방아를 찧더라는 것이다. 일은 다가오고 나도 어떻게 할 수 없는 생각에 답답해서 그랬을 것이다.

출근을 해서 좀 있다가 정오쯤 되니 학생들이 들어온다는 소식이 들렸다. 청사 안이 긴장하고 사람들이 이리 갈까 저리 갈까 당황해하기 시작했다. 총소리가 몇 방 땅땅 하고 났다. 방을 뛰어나와 정문 앞을 나가니 저기 학생들이 돌을 던지며 오는 것이 보였다. 보안부장 한웅이란 놈, 그 부하 차정삼이란 놈이 "쏴라! 쏴라" 다급하게 하는 소리가 들렸다. 다다다다 학생들은 티끌을 차며 도망했고 문 앞까지 들어왔던 몇이 꺼꾸러졌다.

그 광경을 보고 저기 멀거니 보고 있는 사람들이 있건만 아무도 가까이 오려 하지도 않았다. 청사 안에 직원도 여러 백 명이건만 어디 갔는지 뵈지도 않았다. 하는 수 없이 나는 사무실로 뛰어들어가 문교부 직원 몇을 데리고 나왔다. 가보니 셋이 넘어져 있지 않나, 까만 교복에 모자를 쓴 채 엎어진 것도 있고 자빠진 것도 있었다. 쓸어안아 일으켰다.

죽었구나! 죽었구나! 26년이 지난 오늘 이 글을 쓰면서는 쏟아지는 눈물을 막을 길이 없어 글자를 완전히 이룰 수 없지만 그때는 눈물도 나올 수 없었다. 아직도 따끈따끈한 몸인데 눈을 번히 뜨고 말이 없었다.

왜 죽었냐? 왜 죽었냐? 둘은 벌써 숨이 끊어졌고 하나는 아직 숨 기절이 있었으나 가망이 있어 뵈지 않았다. 그래도 우리는 몇이서 병원으로 안고 갔다. 그 이름들이 무엇이었는지 오늘까지도 모른다.

병원에서 돌아와 도청 정문에 오니 한 사람이 앞을 막아서더니 "이것만이오, 더 큰것을 보겠소? 갑시다" 했다. 직감적으로 알기를 했지만 비겁하게 회피하고 싶지는 않았다.

"그럽시다."

따라가니 간 곳은 문제의 공산당 본부였다. 뜰에 썩 들어서니 몇인지는 알 수 없으나 까만 교복을 입은 것들이 여기저기 쓰러져 있었다. 그때 인상으로 한 20명은 될까?

소련 군인이 뜰에 꽉 차 있었다. 그러더니 내가 온 것을 보고 한 사람이 일어서서 연설을 시작했다. 그것은 한국 2세로서 소련 군인인 사람이었다. 그보다 며칠 전 소련군 교육고문이 찾아와서 면회를 한 일이 있었는데 그때 이 사람이 통역으로 왔다. 그때는 자기 부모는 함경도서 났다는 이야기며 여러 가지 이야기를 아주 친절히 하고 갔는데 오늘은 태도 일변이다. 러시아 말을 내가 모르니 무슨 말을 하는지는 모르나 그 태도와 나를 손가락으로 가리키며 흥분해서 하는 것으로 보아서 나를 이 사건의 장본인이라고 하는 듯했다. 그 소리를 듣더니 소련 군인의 총칼이 일시에 쏴 하고 내 가슴으로 모여들었다.

지금 생각해봐도 이상한 것이 마음이 그렇게 평안할 수가 없었다. 정신이 똑똑했다. 지금도 그때의 내 모양을 그리라 해도 그릴 수 있다. 숨결이 높아졌다는 기억도 겁이 났다는 기억도 없다. 열인지 스물인지 알 수 없는 총부리와 칼과 피스톨이 내 가슴에 방사선형으로 와 닿았을 때 번듯 내 속에 비친 말은 "오늘은 이렇게 가게 되는구나!" 하는 것이었고, 그다음 순간 "이왕 죽는 것이면 비겁하게 해선 못 쓰지" 하는 것이었다.

나는 눈 하나 깜짝 하지 않고 그 자리에 그대로 서 있었다. 군인들의 얼굴을 본 기억도 없다. 그때 남향을 하고 서 있었는데 그저 뵈는 대로 저 먼 곳을 보고 있을 뿐이었다. 분하다는 생각도 그들이 밉다는 생각도 없었다. 그래도 하나님이란 생각, 믿는다는 생각, 옳은 도리라는 생각, 평생에 배우고 지켜온 것이 내 속에 살아 있었다. 스스로도 이상하다는 생각은 들었다.

소련 장교로 뵈는 한 사람이 나서더니 그 총칼 떠밀어 제쳤다. 그러나 소용이 없었다. 다음 순간 그 물결은 다시 밀려들었다. 또 떠밀었다. 또 쫓겨갔다가 또 밀려들었다. 그렇게 하기를 몇 차례 한 후 장교는 이겼다. 군인들이 저만치 물러섰다.

그 순간 다른 물결이 닥쳐왔다. 이번에는 우리나라 공산당원들이 하는 뭇매질이었다. 또 선 채로 맞고 있을 수밖에 없었다. 누군가가 외쳤다.

"이렇게 해서 좋으냐?"

나는 대답하지 않았다. 옷이 찢어지고, 매질은 계속됐다. 나는 그대로 버티고 서 있었다. 아픈 감각도 없었다. 그저 터덕터덕 몸에 와 닿은 것을 알 뿐이지 아픈 생각이 조금도 없었다. 마지막에 강한 타격이 뒤통수에 와 닿자 나는 머리가 떵해 의식이 없어지는 것을 느꼈다. 내가 정신을 잃는구나 하는 것까지는 기억하는데 그 후는 알 수 없다. 얼마 후에 정신이 드니 나는 여러 사람에게 들리어 방 안으로 들어가는 것이었다. 찬물이 끼얹어지고 마시라는 대로 마시고 나서 정신이 들어보니 둘러선 사람 중엔 알 수 있는 얼굴도 한둘 있었다. 그중 하나가 노인희라는 청년이었다. 그는 비교적 이론적인 공산주의자로서 그전에 한두 번 본 일이 있었다. "아, 선생님 안됐습니다" 어쩌구 하는 말을 했다. 그 순간에도 "진심으로 하는 말일까?" 하는 생각이 들었다.

그러는데 소련 장교가 하나 왔다. 먼저 그 사람인지 다른 사람인지 알 수 없으나 나서라는 것이었다. 총 방아쇠에 손가락을 걸고 나더러 앞서 가라는 것이다. 반항하고 싶지 않았다. 가라면 가지, 떨리지도 않았다. 도망할 생각도 나지 않았다. 다만 비겁하게 굴어서는 사람이 아니란 생각은 여전히 지구의 인력처럼 맘속에 작용하고 있었다.

사실 나는 그때 당하고도 다 잊었는데 후에 그 광경을 봤던 사람들이 말을 해주니 그것이 어떻게 아슬아슬한 장면이었던가를 짐작할 수 있지만, 나는 그때는 조금도 겁나는 생각이 없었다. 남이 말해주는 데 의하면 총을 재어 들고 앞서 가라는 것은 자칫하면 마지막을 의미하는 것이라는 것이다. 나는 그런 줄은 모르기도 했고 죽기는 첨부터 다 죽은 것으로 결심하고 있었기 때문에 도망갈까 어쩔까 하는 생각은 아예 하지도 않았다. 그래서 그랬는지 총살은 아니 당하고, 그때 거기 와 있다가 같이 붙들린 내 일이 매제되는 조공술趙公述과 같이 둘이서 시내에서 한 5리나 되는 비행장까지 끌려나가 유치장으로 들어가게 됐다.

그랬다가 어슬어슬 해가 저무는 무렵 나만이 다시 끌려나와 철도 호텔로 갔다. 무엇하려는 것인가 영문을 모르고 있는데, 좀 있더니 소련군 사령관한테로 데리고 갔다. 이 위원장도 거기 와 있었다. 저녁을 먹으라고 가져다주나 먹을 마음이 없었다. 가만 앉아서 생각에 저 영감이 강경한 태도로 항의하여야 내가 나갈 수 있는데, 그가 한 마디 말도 없었다. 조금 있다 그들은 자기 곳으로 가고 나는 끌려 도 경찰부 유치장으로 들어갔다.

쉰 날

살문이 육중한 소리로 내 뒤에 덜컥 하고 닫히고 감방 안에 주저앉으니 모든 일이 꿈만 같았다. 해방이 됐다기에 이제 밝은 날이 오는 줄 알았는데 이게 무슨 일이냐? 내게 잘못이 없으니 마음은 평안하고 몸도 감옥살이는 여러 번 해봤으니 별로 겁날 것이 없었다. 이것이 나의 다섯 번째의 감옥 길이다.

첫 번은 1923년 일본에 처음 갔을 때 동경 지진통에 한국 사람 모조리 학살할 때에 끌려가서 하룻밤 자고 나온 것이고, 둘째 번은 오산에서 1930년 남강 선생 돌아가신 후 난데없는 ML당사건[6]의 연루자라는 이름으로 정주경찰서에 가서 한 주일 있은 것, 셋째는 1940년 평양 송산리에 농사학원 하러 나갔다가 계우회사건[7]에 걸려 들어가 대동경찰서에 1년 있은 것이고, 넷째 번은 1942년 『성서조선』사건[8]

6) ML당사건: 일제가 공산당원을 대대적으로 검거한 사건. ML은 '마르크스-레닌주의'를 뜻한다. 함석헌의 집에서 기식하던 오산학교 졸업생 두 명이 공산주의 사상을 연구하는 독서회를 하다가 체포됐는데, 이에 함석헌도 의심을 받아 체포됐다.
7) 계우회(鷄友會)사건: 동경농과대학 조선인 졸업생들의 모임인 계우회 회원들이 동경에서 항일운동을 한 혐의로 체포된 사건. 회원 중 김두혁이 송산농사학원의 전 주인이었는데, 이를 빌미로 당시 송산을 맡고 있던 함석헌도 투옥됐다.
8) 『성서조선』사건: 기독교계 월간지 『성서조선』이 강제 폐간되고 관계자들이 구속된 사건. 조선총독부는 1942년 3월호의 머리말 「조와」(弔蛙: 개구리를 애도함)가 조선을 개구리에 빗대 일본 통치를 비판하고 있다고 판단했다. 주요 필자였던 함석헌도 검거돼 서대문형무소에 투옥됐다.

으로 서대문형무소에 와서 1년 있은 것이다.

그러나 이번은 그날 당장 죽지 않은 것도 다행이람 다행이지만, 이제 다시 나갈 길이 있을 것 같지 않았다. 공산당이란 법도 도덕도 없는 세계 아닌가? 저희에게 맞지 않으면 인정도 도리도 없다. 그래서 첨부터 나가려니 생각은 하지도 않았다. 다만 잊을 수 없는 것은 어머니 일이다. 속이 그리 약한 분은 아니요 의리도 알고 신앙도 깊은 분이니 노상 어쩔 줄 몰라 하지야 않겠지만, 그전에도 내가 감옥에 갔을 때는 자기도 얼마나 심한가를 알아본다고 겨울밤 밖에 나가 새워보는 마음에 오늘 또 이렇게 된 것을 보고 그 마음이 어떠할까. 더구나 아버지는 내가 대동경찰서에 있는 동안 세상을 떠나서 이제 믿을 건 나뿐인데, 그 내가 이렇게 됐으니 이제 집일을 어떻게 꾸려나갈까. 평생에, 시詩란 것을 써본 일이 없다가 이름이나마 시라 하고 글을 쓰기 시작한 것은 이때 어머니 생각 때문에 한 것이었다. 허락되지 않는 조건 아래서 한없는 느낌을 표현해보자니 자연 시라는 형식을 취할 수밖에 없었다.

처음 얼마 동안은 가족까지도 일체 면회를 허락지 않았다. 간수는 소련 군인이 하나 있을 뿐인데 그리 까다롭지는 않았고 먹는 것도 그리 부족하지는 않았다. 나와 맞은편 칸에 최영춘이 들어 있었는데 그는 노래를 잘 불러서 밤이면 서로 노래를 불러가며 스스로 위로하기도 했다.

아무도 면회 오는 것을 허락하지 않기 때문에 밖의 소식을 알 길이 없었는데 한 주일도 더 지나서 비로소 첫 면회를 받았다. 본래 우리 청년회와 비슷하게 여자청년회가 있었는데 그것을 이끌어가는 사람이 계명선·김일선 두 분이었다. 계명선 씨는 나와 연갑되는 용암포 사람이고 김일선 씨는 전라도 사람이지만 어린 시절에 계명선 씨께 배운 일이 있는 관계로 늘 같이 살며 용천지방에 많이 와 있었다. 청년회를 조직하자 내가 문교부에 있는 탓으로 자주 거래가 있었는데, 소련 사람들은 공공단체는 상당히 존중하는 줄을 아는지라, 그 권리를 가지고 사령부에 대들어 나를 면회할 허가를 얻어서 온 것이었다.

가족도 엄두를 못 내는 이 생지옥에 여자들의 몸으로서 거기까지 들어온 것을 보니 그 고마움을 말로 형용할 수 없었다. 그리고 그 후 얼마 동안을 며칠에 한 번씩 꼭꼭 먹을 것을 사서 왔다. 왔다간 후에 그것을 되풀이되풀이 생각해보고 또 올 날을 기다리는 것이 나의 단 하나의 위로였다. 몰래 들여준 연필과 종잇조각으로 기다리는 며칠 동안에 생각한 것을 적었다가 온 때에 그것을 주어 보내곤 했다. 어머니 생각, 나라 생각에서 시작해서 여러 가지 느낌을 썼으나 그들에 대한 따뜻한 정을 느낀 것을 적은 것이 가장 많았다.

심문은 소련 사람이 했는데 그것이 가관이었다. 말이 통해야 심문을 하지. 통역이란 것이 하얼빈서부터 데리고 온 일본 갈보인데 그들의 소련말 실력 정도는 알 수 없으나 도대체 그 지식 정도가 형편없었다. 역사 지리 해도 그것이 무엇인지를 모를 정도다. 그러니 거기다 내 운명을 맡기고 심문을 당하는 내 신세란 우스운 것이었다.

그래도 일제시대의 경험이 있기 때문에 심문 조서를 꾸미는 데는 내 머리를 썼다. 일본 형사만 해도 이따금은 인정에 호소해서 나를 이해시킬 수 있는 일이 있다. 그러나 이들에겐 첨부터 불가능할 것을 알았다. 그렇기 때문에 물적 증거가 있지 않는 한은 딱 잡아떼기로 했다. 그것이 효과가 있어 그랬는지 김일선 씨 말대로 김일성이 그때 바로 나서려 하는 때이므로 민심을 얻기 위해 정치적으로 해서 된 일인지 알 수 없으나, 하여간 다시 나오려니 생각은 하지도 못했는데 꼭 50일을 지나고 갑자기 나가라는 바람에 나왔다. 사실 김일선·계명선 두 분은 그때 그 불편 위험한 상태에서도 평양까지 왔다갔다하며 내 구명운동을 했다.

최영춘 씨는 참 좋은 분이었는데 종내 나오지 못하고 시베리아로까지 끌려갔는데 그 후 어찌 됐는지 알 길이 없다. 그가 나오지 못하게 된 데 대해서는 이런 이야기가 있다. 하나는 공산당놈들이 집어먹은 것 때문이라는 것, 사실 그는 아무 죄도 없었다. 다만 이유필 씨를 진심으로 도왔다는 것뿐이다. 그런데 우리나라 공산주의자들이 소련 사람한테 나쁘게 보고를 해서 그러했다는 것이다. 그리고 또 한 가지는 심문을 다 한 다음 무엇이나 할 말이 있거든 하라고 하니, 이가 그것을 곧이들어 이날까지의 공산당의 잘못된 행실을 일일이 들어 말했다는 것이다. 나도 그것은 그 자신의 입으로부터 심문받고 나온 후에 들은 기억이 있다.

물론 그의 말은 다 사실이지 거짓말 아니다. 그렇지만 그가 그것을 심문 관리에다 말했다는 것은 잘한 일이 아니었다. 경찰이나 헌병은 아무리 인정미를 뵈는 듯해도 거기 넘어가서는 아니 된다. 언제나 심문대에 앉을 때는 저 사람과 나는 이해가 근본적으로 서로 다르다는 것을 잊어서는 아니 된다. 아무리 그럴듯한 소리를 해도, 농담이라도 그것은 결국 나를 잡자는 것임을 늘 명심해야 한다. 최영춘 씨 경우도 혹시 그렇지 않을까. 하여간 지금까지도 잊지 못하는 아까운 사람이다.

갑자기 턱 내놓으니 어디로 갈까? 아무리 가까워도 미안한 일이 되지 않을 데로 가야지. 그래 여자청년회로 갔다. 내 마음은 순 인간적인 열린 마음으로 갔을 뿐이었다. 한 주일을 유하고 용암포 집으로 내려갔으나 나는 다른 사람들이 그것을 색안경으로 보리라는 생각은 도무지 못했다.

간수의 눈을 피해가며 휴지 조각에 몇 수씩 적어 내보낸 글이 나와 보니 고대로 정서가 되어 책으로 매여 있었다. 3백 수가 넘었다. 곧 인쇄를 하자 하며 제목을 묻기에 생각 끝에 「쉰 날」이라고 했다. 있는 날 수가 쉰이니 쉰 날이요, 격에도 맞지 않는 정치한다고 나섰다 잡혀가 썩고 썩다가 왔으니 쉰 날이요, 내 혼은 그 동안 편안히 쉬었으니 또 쉰 날이다.

살아난 줄 알았으나 나와 보니 산 것이 아니었다. 1946년 1월 11일에 나왔는데, 그해 12월 24일 바로 크리스마스 저녁때 마침 내 맏딸 은수銀秀가 첫아기를 낳게 됐고 집에 아무도 없기 때문에 내가 가 있었는데, 난데없이 보안대 사람이 오더니 또 가자는 것이었다. 그래 끌려가서 또 한 달을 있었다.

또 놔주기에 놔주는 줄 알았더니 아니었다. 내보내는 대신 한 주일에 한 번씩 보안서에 오라는 것이다. 첨에는 멋모르고 갔다. 지방에 어떤 사정이 없느냐 묻는 것이었다. 별일 없다고 몇 번은 넘겼으나 나중에는 화를 내고 아주 사람의 이름을 지명하면서 그 사람의 뒤를 밟아 보고하라는 것이다. 그제서야 아, 스파이질을 하라는구나 알았다. 다른 사람도 아닌, 그때 이유필 씨 후임 위원장으로 있던 내 존경하는 선배인 백영엽白永燁 목사 아닌가. 그것은 죽어도 못 할 일이었다. 에라 아주 쉴 곳으로 가자, 38선을 넘을 결심을 했다.

그래서 1947년 2월 26일 문간에 기대서 "내 생각 말고 어서 가거라!" 하는 어머니의 목소리를 뒤에 두고, 떠나서 영 돌아갈 수 없는 길인 줄은 모르고 그래도 머지않아 일이 바로 되겠지 하며, 나를 이 남으로 넘겨주기 위해 일부러 박천서 그 2백 리 넘는 길을 걸어온 박승방朴勝芳 씨의 뒤를 따라나섰다. 그렇게 온 이곳이 이렇게 쉴 곳이 못 될 줄은 알지도 못했다.

그날에 총을 맞아 죽은 혼들인들 어찌 평안히 쉴 수 있을까.

• 1971년 11월, 『씨올의 소리』 제6호

3·1운동의 현재적 전개

3·1운동을 오늘에 살려라

3·1운동이라고 입으로는 염불처럼 외우면서도 사실은 그 정신을 계획적으로 말살시켜버리려는 운동이 대낮에 승냥이떼처럼 횡행천하(橫行天下: 거리낌 없이 제멋대로 세상을 나돌아 다님 – 편집자)하고 있는 이때에 쉰세 번째 돌을 맞이하게 됐다. 3·1운동이 뭔가? 자유와 정의를 위한 씨올의 반항운동 아닌가. 지금 자유가 어디 있나. 일제시대에 그 무식·무조직의 대중을 가지고도 할 수 있었던 그 비밀연락, 그 들고 일어섬을 지금 능히 흉내라도 낼 수 있는가.

일제 때는 아무리 가난했어도 국민적으로 빚을 지지는 않았고, 구한국 말년만 해도 외국의 빚 갚자고 술·담배를 자진해 끊음으로 하는 국민의 국채보상운동이 일어날 수 있었는데 오늘날은 외국에 진 빚 때문에 나라가 파산을 하게 됐는데 그런 운동을 꿈이나 꿀 수 있는가. 그때는 그 혹독한 일본 경찰·헌병의 탄압 밑에서도 국민은 서로 무조건 믿을 수 있었기 때문에 운동을 계속할 수 있었는데 오늘은 데모하고 학생이 들어가 숨을 만한 곳 하나가 없고, 자유를 위한 투쟁인 줄 천하에 알면서도 어느 인쇄소 하나가 자진 잡지 인쇄해주겠다는 데가 없다.

어쩌면 나라가 이렇게까지 되고 말았나.

어쩌면 민심이 이렇게까지 썩고 말았나.

어쩌면 기운이 이렇게까지 죽고 인정이 이렇게까지 야박해지고 말았는가.

아이보다 배꼽이 크다더니 국민 전체의 운동을 기념하는 일은 어째 이렇게 시시해 가고 어느 패거리의 뽐냄은 갈수록 호화로워 가느냐. 배꼽이 아이보다 크고 어찌 아이가 살 수 있느냐. 아이가 죽는 날 배꼽은 어떻게 혼자 살라느냐.

어느 계급의 힘을 자랑하고 술잔을 나눠먹기 위한 기념 소용없다. 3·1운동을 현재적으로 전개시켜야 한다. 3·1운동이 그때에 나라를 살렸다면 씨울은 오늘에 죽으려는 3·1운동을 살려내야 할 것이다. 그때는 그때요 오늘은 오늘이다. 그 정신을 오늘에 내쓰면 그 모양이 어떻겠나.

우리의 선 자리

모든 역사적 운동은 역사의 해석으로부터 시작될 수밖에 없는데 모든 해석은 제 선 자리에서부터 시작하지 않으면 아니 된다. 오늘 우리가 선 자리가 어디냐.

첫째, 지금은 세계적인 시대다. 옛날에는 입신양명해서 집을 빛내고, 집을 키워 나라를 만들고, 부국강병을 해서 세계를 정복하잔 것이 잘난 사람들의 생각이었지만 지금은 그런 것은 잠꼬대일 뿐 아니라 허락해둘 수 없는 죄악이다. 지금은 모든 가치의 표준이 세계에 있다. 어제까지는 운동장 한 모퉁이에서 자기네 반의 이김을 위해 일치단결하며 전략을 짜며 자기를 잊고 악을 써 연습했지만 이제 전교의 체육대회가 열리는 오늘에는 제 반을 잊고 전교와 젊음의 영광을 위해 달려야 한다.

둘째, 지금 우리는 유기적인 사회의 시대에 들었다. 20세기의 초까지만 해도 개인주의 시대였다. 그러므로 그때는 아무리 복잡한 사회라도 인간관계는 기계적 관계에 지나지 않았다. 그러나 이제는 극도로 발달한 기술로 인해 인간관계가 복잡하다 못해 그 도를 넘어 질적으로 변해 유기적인 관계에 들었다. 유기란 말은 하나의 산 몸이란 말이다. 이제 사회는 많은 개인이 모인 곳이 아니라, 사회 전체가 하나의 산 생명체라는 말이다. 이것을 이해하지 않고는 우리의 모든 과거를 바로 이해할 수 없고, 모든 미래를 바로 붙잡을 수 없다. 지금 세계가 어지러운 것은 이 때문이다. '어지럽다'는 말은 행동의 표준을 정할 수가 없다는 말이다. 행동의 표준을 정하지 못하는 것은 앞선 세대와 새 세대 사이에 단절이 생겼기 때문인데, 그 주되는 원인은 이 사회관계의 질적 변화에 있다.

나와 남이라지만 이제 남은 없다. 원수를 사랑하라지만 이제 원수가 있을 수 없다. 예수가 "한집의 식구가 원수이리라" 한 것은 무섭게 내다본 말이었다. 원수일 수 없기 때문에 원수를 사랑해야 한다.

유기와 기계적의 차이는 기계적인 관계에서는 개체를 전체에서 떼놓을 수 있고 떼놓아도 질적으로 변화되는 것이 없는데, 유기체에서는 한몸이기 때문에 그 지체를 가를 수 없고 억지로 가르면 전체도 그 지체도 다 죽어버린다는 점이다. 이것은 아주 중요한 사실이다. 옛날에는 나라가 그 국민 중 어떤 분자를 무시하고도 서갈 수 있고, 세계가 어느 민족이 망하는 것을 그냥 버려두고도 서갈 수 있었지만, 이제는 그럴 수 없게 되었다. 오늘날 정치·경제·교육·예술·종교·스포츠·문화의 각 방면에 걸쳐 수많은 세계적 기관이 있는 것은 이 때문이다. 자유주의와 공산주의가 어제까지 서로 불공대천지수(不共戴天之讐: 반드시 죽여야만 하는 철천지원수 – 편집자)로 싸웠는데 오늘 와서 갑자기 서로 공존을 하자고 타협하기 시작하는 것, 이 시대를 탈이데올로기의 시대라고 하는 것은 이 때문이다. 죽이고 싶지만 죽일 수가 없다. 저놈을 죽이면 저놈만 아니라 나도 죽기 때문이다. 이때까지 부족의 대립, 민족의 대립, 국가의 대립, 그리고 계급의 대립이라고 역사를 해석해서, 그래서 이데올로기였는데, 이제 그 이데올로기가 문제 아니 된다. 그것을 상관 말고라도 같이 살아야 한다. 그래서 탈, 곧 이데올로기를 벗고 나온 시대란 말이다. 이데올로기보다 큰 것은 무엇인가? 생명이다. 전체다. 이제 인간은 자아를 자각한 개인 속이 아니라 그보다도 깊이 들어가 전체 속에 발견해야 하는 때다.

셋째, 그러므로 이 앞의 시대는 내면화의 시대다. 전체는 겉에 뵈는 것이 아니라, 뵈는 것은 모든 지체지만 전체는 그 모든 지체를 합한 것보다도 크다. 그 의미에서 그것은 속이요 정신이다. 유기적인 전체의 시대가 온 것은 극도로 발달한 과학과 기술 때문인데, 그 기술을 기술대로만 두면 통제할 수 없는 혼란에 빠질 수밖에 없다. 그러므로 거기 대치하는 보다 높은 정신의 태도가 있어야 한다. 이 앞으로 인류가 자멸을 면하려면 더 깊이 정신적인 면으로 발전하는 수밖에 없다. 이날까지 온 진화와 역사의 과정을 보면 더 내면화한 생물이나 민족일수록 잘 번성한 것을 본다. 파충류는 멸망하고 인류가 이겼으며 아시리아·스파르타는 멸망하고 이스라엘·아테네는 남았다.

3·1운동의 의미

우리가 그런 자리에서 미래를 생각하며 3·1운동을 돌아볼 때 그것은 어떤 의미를 가진다고 할까?

첫째, 그것은 전체의식을 크게 일으켰다. 어떤 사람은 3·1운동을 민족정신의 발로라고 하고 어떤 사람은 민주주의적 자각이라고 한다. 다 옳은 말이지만 그것으로는 다 부족하다. 민족시대에는 민족이 전체기 때문에 민족이란 말이 감격적이었고, 민주주의 시대에는 민중이 전체기 때문에 민중이라 하면 힘이 났다. 그 요점은 전체인 데 있다. 사람은 개체 아니고 존재하지 못하지만, 생리적으로도 심리적으로도 도덕적으로도 살리는 힘은 전체에 있다. 그러므로 자기 속에 전체를 체험했을 때 개체는 참으로 삶을 얻고 힘을 얻고 지혜를 얻는다.

우리나라가 일본에 망할 때까지 우리 씨올은 전체의식을 분명히 갖지 못했다. 나라가 망해도 양반들의 나라로 알았지 자기네 나라가 망하는 것으로 아프게 느끼지 못했다. 그러므로 선비들이 의병을 일으켰지만 그것이 국민운동으로 발전하지 못했다. 국민운동을 일으킬 실력이 없었다. 실력이 없었다는 것은 국민의식, 곧 전체의식이 약했음을 말하는 것이다. 국민운동이 못 됐으므로 나라는 망하고 말았다.

나라가 망하고 나니 결과는 예상과 달랐다. 나라 팔아먹은 양반 계급은 여전히 잘살 수 있는데 나라가 망한 아픔·설움은 나라 팔린 씨올이 당하지 않으면 아니 됐다. 그래서 비로소 차차 깨게 됐다. 그때 일본의 정책은 아주 무단적인 것이어서 우리 민족을 만주로 내몰고 따뜻하고 살찐 반도에는 자기네 민족을 옮겨오려 했다. 합병 후 날마다 북으로 가는 열차는 보따리 바가지 쪽으로 쫓겨가는 불쌍한 농민으로 가득 찼다. 그것을 보면서야 비로소 '우리'라는 의식이 일어나게 됐다.

그러는 때에 세계대전이 일어났고 그 기회를 타 일본은 자본주의로 발전하기를 시작했다. 그것은 우리에게 점점 더 압박·착취의 고통을 가져왔다. 그랬기 때문에 전쟁 후 세계적으로 일어나는 민족자결주의 물결에 접하자 마른 섶에 불티가 떨어지듯 불길이 일어났다. 그것은 전에 볼 수 없었던 일이다.

둘째, 전체같이 무서운 것은 없다. 만세를 한번 부르고 나자 민중은 딴사람이 됐다. 마치 마비됐던 신체에 피가 돌듯 전 민중이 활기를 띠고 살아났다. 1910년에 합병이 된 후 1919년까지 국민의 의기는 줄어들기만 했다. 나는 그것을 소년으로 잘 체험했다. 그런데 3·1운동 후 사회의 기풍이 크게 달라졌다. 외면으로는, 되는 줄 알았던 독립이 아니 됐으니, 숨길 수 없는 실패인데, 그런데도 불구하고 사회는 결코 낙심하지 않았다.

3·1운동 이후 일어난 이 활발한 문화운동은 크게 평가되어야 할 것이다. 신문, 잡지, 학교, 강습소가 정말 우후죽순 그대로였다. 이것이 다 그 전체의식의 산물이다. 그 운동은 그 후 신간회 운동을 그 종

점으로 차차 약해지고 말았지만, 그래도 그만이라도 했기 때문에 독립을 얻지 못하고 30년을 오면서도 민족적인 주체성을 완전히 떨어뜨리지는 않을 수 있었다.

그리고 그 운동이 약화된 근본 원인이 뭐냐 하면 역시 전체의식의 약화에 있다고 해야 할 것이다. 시대적으로 불가피라면 불가피라 할 수도 있었지만 공산주의가 들어와서 민족주의와 대립하게 되는 한편, 일본의 정책은 그것을 이용해 민족 분열을 정책적으로 꾀했고 또 자본주의가 일어남에 따라 전날의 지사·투사이던 사람들도 민중을 저버리고 일본 세력과 타협하는 자가 있게 됨에 따라 전체의식은 그만 차차 약해지고 말았다. 그렇게 되면 힘 있는 투쟁이 있을 수 없다. 이 점은 5·16 이후의 사회를 보아 더욱 분명히 알 수 있다.

셋째, 그다음 또 하나 깊이 생각할 것은 이것이 비폭력운동이었다는 점이다. 이 점을 많은 사람이 지적은 하면서도 사실 그 의미를 깊이 이해하지는 못하고 있다. 단적으로 말해서 기념할 때는 하나의 자랑거리로 내세우면서도 그 사실 그것을 오늘 실천해보려는 생각을 하는 사람은 거의 없는 사실이 그것을 증명하고 있다. 이것은 모처럼 위대했던 운동을 죽이는 일이다.

정신이 물질을 이겼다

눈을 좀 크게 뜨고 보라. 그것이 얼마나 큰일이었던가. 그 당시에 식민지의 설움을 당한 민족이 많아도 전 세계에 인도 하나를 내놓고는 그런 운동을 그런 규모로 한 예가 우리밖에 없다. 제 것 귀한 줄 모르는 이 민족의 버릇으로 이것 역시 스스로 버리고 있지만 통탄할 일이다.

이 놀라운 운동의 힘이 도대체 어디서 나왔나? 옅게 보는 사람들이 세 종교가 연합한 것을 그 당시에 조직체라고는 종교밖에 없어 그랬다느니, 비폭력으로 나간 것은 무기 하나 가진 것 없으니 그럴 수밖에 없었다느니 하는 말을 하지만 그런 말이나 하려거든 역사해석을 아니 하는 것이 좋다. 그런 말을 누가 못 하겠나? 그렇다면 지금은 그런 운동이 왜 불가능한가? 그보다는 좀더 깊이 봐야 할 것이다.

사람은 생각하는 존재지만 소위 생각만이 생각이 아니라, 개인도 단체도 정말 그 행동을 결정하는 것은 소위 의식이라는, 알 수 있는 의식이라기보다는 저 깊은 데서 솟아나오는 잠재의식으로 된다는 것을 심리학이 가르쳐주지 않던가? 잠재의식이라 해야겠는지 무의식이라 해야겠는지, 그렇지 않으면 초의식이라 해야겠는지, 아주 종교의 말대로 하늘 명령이라 해야겠는지는 모르나, 하여간 개인에게보다도 전체에서는 자기의 참 자아를 알기가 더 어렵다.

그러므로 우리 생각에 있는 것만이 생각의 전부가 결코 아니다. 그러므로 위에서 말한 것 같은 옅은 판단은 다 의식된 것만이 참이고, 그 밖의 것은 다 미신이요, 상상·망상이라는 근대의 잘못된 과학주의에 병이 든 생각에서 나온 것이다. 가벼운 해석을 할 것 없이 사실을 사실로 볼 때 그것은 우연도 보통도 아닌, 놀랍고 큰일임을 인정하지 않을 수 없을 것이다. 삼국시대 이래의 역사를 생각하고 오늘의 꼴을 생각할 때, 그것을 어떻게 몇 사람의 지혜에서만 나왔다 하며 우연한 성공이라 할 수 있겠는가. 이것은 화산이 지심地心에서 근원해 나오듯이 전체 생명의 깊은 도가니 속에서 터져 나왔다 해야 할 것이다.

그렇게 무력에 빠졌던 민중이 어디서 용기를 얻었으며 어디서 슬기를 얻었는가? 그렇게 단결할 줄 모르던 민족이 어떻게 그런 단결을 할 수 있었을까. 산과 들의 나무 속, 풀 속을 다 뒤지더라도 화산의 원인이 아니 나오듯이, 역사의 표면에 나타난 일과 생각을 다 찾아보아도 거기 사건의 정말 원인은 나와 있지 않다.

이야말로 내면화의 과정이다. 정신이 물질을 극복하고 살려내는 일의 한 토막이다. 정치와 종교를 다시 연결해 살려내는 일이다. 이것은 하나의 종족적인 계시였다.

도대체 세 종교의 연합이 어떻게 이루어졌는지 아는가? 당시 운동의 주동력이 기독교에 있었던 것은 부인할 수 없는 사실인데, 그 기독교를 움직여 통일된 힘으로 내세운 데는 남강 이승훈 선생의 힘이 참으로 크다. 아래와 같은 이야기가 그것을 단적으로 설명해준다.

모든 조직과 방법이 다 결정이 되고 독립선언문도 다 만들어지고 상동교회에서 그 마지막 서명을 하게 됐는데, 그 민족대표의 이름을 쓰는 순서에서 서로 주장이 엇갈려 밤새도록 결정이 되지 않았다. 기독교에서는 이승훈을 먼저 쓰자는 것이고 천도교에서는 손병희를 먼저 쓰자는 것이다. 때마침 남강 선생이 어디 밖엘 나갔다가 돌아와서 밤늦도록 논쟁하고 있는 것을 보고 무엇 때문이냐 물었다. 대답하는 사람이 대표 서명의 순서 때문이라고 했다. 그 말을 듣자 선생은 한마디로 "순서가 무슨 순서냐? 죽는 순서야. 손병희 씨를 어서 먼저 쓰라고 해라" 했다. 그래서 곧 결정이 되고 일사천리로 모든 것이 해결이 됐다는 것이다.

그런데 그 남강이 법정에서 왜 독립운동을 했나 심문을 받았을 때 무엇이라 대답했느냐 하면 "나는 하나님의 명령에 의해서 했다"고 했다. 그만했으면 그의 속을 짐작할 수 있다. 그것이 결코 생각 없이 했거나 옅은 생각으로 만들어서 한 것일 수는 없다. 그는 판결 후 3년 징역을 사는 동안 『구약성경』을 22번, 『신약성경』을 1백 번 통독했고, 감방에서 똥통을 날마다 맡아놓고 손으로 닦으며 한 기도가 "하나님이 다음 나가서도 이 민족을 위해 길이 똥통 청소를 할 수 있게 해줍시사" 하는 것이었던 사람이다. 그러기에 "내가 의를 위해 여기 들어왔거니 생각하니 정말 춤이 절로 나 내 감방 안에 일어서서 덩실덩실 춤을 추었다" 하고 증거할 수가 있었고, 자기 동상의 제막식을 하는 날 구름 같은 군중 앞에서 "내가 한 것 아무것도 없습니다. 하나님이 나를 이끌어주셨을 뿐입니다" 했다.

105인 사건[1]에 그 모진 악형을 견디고 나와서 "목사 치고도 거짓말 아니 한 사람 없다" 하는 그의 입에서 그만한 증언이 나왔다면, 3·1운동의 정말 깊은 근원이 어디 있었는가를 대개 짐작할 수가 있다.

이 커다란 비폭력의 반항운동보다 더 깊이 밝힌 우리의 속 자아를 보여주는 것이 어디 있을까? 그렇기 때문에 월남 참전 같은 부끄러운 죄악을 지으면서도 오히려 살아갈 수가 있다.

어린양의 싸움

최근에 우리나라를 찾아왔던 한 퀘이커 학자는 때마침 일어났던 학생 데모와 위수령 발표[2]를 보고 소감을 말하기를 "한국은 어린양의 싸움을 하는 나라"라고 했다. 어린양의 싸움이란 『신약성경』의 「계시록」에서 나온 말이다. 어린양은 평화의 그리스도를 상징해서 하는 말이요, 그 그리스도가 그 절대평화주의로 마침내 세계를 지배하는 모든 국가와 그 폭력을 이길 것을 예언하는 말이다.

인도의 네루는 오랜 정치생활 끝에 『인도의 발견』이라는 책을 썼다. 우리 중에 한국을 정말 발견한 사람은 누구일까? 또 그 한국의 모습은 어떤 것일까? 어떤 위대한 사람이 어떤 한국상을 발견해 우리 앞에 보여주겠는지 모르겠으나, 아무가 어떤 것을 한다 해도 무시할

---

1) 105인 사건: 1911년 일본 경찰이 민족운동을 탄압하기 위해 다수의 신민회 회원을 체포하고 악독한 고문을 한 사건. 일본 경찰은 신민회 회원과 평안도 일대의 기독교 신자 등을 중심으로 한 민족주의자들을 억압할 계획을 세운 뒤, 관련 인물 6백여 명을 검거하고 그중 105명을 기소했다. 윤치호·양기탁·안태국·이승훈·임치정·옥관빈 등 6명이 주모자로 몰려 4년의 징역선고를 받고 복역했다.

2) 위수령(衛戍令) 발표: 1965년 4월 한일협정 및 한일기본조약이 가조인되자 고등학생, 대학생들의 반대 데모가 폭발적으로 일어났다. 그 결과 휴교 조치와 조기방학 조치가 취해짐으로써 데모는 잠시 잠잠해졌다. 그러나 개학 후 다시 학생들의 데모가 더 격렬하게 일어났고, 경찰병력으로도 제어하기 힘들어지자 박 정권은 8월 26일 서울 일원에 위수령을 발표했다. 위수령이란 육군부대가 계속 일정 지역에 주둔해 그 지역의 경비, 질서 유지, 군대의 규율 감시와 군에 딸린 건축물과 시설물 따위를 보호하도록 규정된 대통령령이다.

수 없는 한 가지 조건은 이것일 것이다. 이날까지의 역사가 고난과 부끄럼의 역사인데 그러면서도 망하지 않고 오늘까지 내려오는 것은 무슨 힘일까? 정치도 아니요 경제도 아니요 배타심이 강한 것도 아니요 전쟁을 잘하는 것도 아니다. 그럼 무엇일까?

요새 갑자기 변하는 세계 정국을 보고 양심을 가지고 감히 앞날을 말할 자신 있는 정치인은 있을까? 아마 없을 것이다. 사람의 지혜를 거의 완전히 막아버리지 않았나? 역사는 우리를 자꾸 도망갈 수 없는 막다른 골목으로만 몰아넣는 것같이 보인다. 그렇다면 나아갈 데가 어딜까?

이럴 때에 3·1운동을 한번 고쳐 씹어볼 필요는 없을까? 어찌 보면 이 운동은 우리 역사에서 외로운 섬처럼 보인다. 그 산맥을 알 수 없다. 그러나 물 위에 외롭게 떨어져 맥락을 알 수 없을수록, 물 밑에는 반드시 큰 산맥이 있을 것이다. 엄정한 의미에서 역사의 외로운 섬은 있을 수 없기 때문이다.

우리 역사를 잠깐 덮어놓고 세계 역사의 큰 흐름을 보면 거기 하나 나오는 문제가 있다. 개인에게서나 단체에서나, 도덕적인 것이 그 본질인 것임은 부인할 수 없는데, 그러면서도 개인과 단체는 도덕으로 연결은 아니 된다. 개인에서는 자기 희생을 가장 높은 도덕이라면서 단체에서는 그것을 인정하려 하지 않는다. 미래의 역사는 단체로도 자기 희생을 하는 각오를 감히 해서만 살길이 열리지 않을까.

가령 그것을 맡은 것이 우리라면 어찌할까? 역사 위의 외로운 섬이라는 3·1운동, 어린양의 싸움, 그리고 이 미래의 골고다 길. 이 세 점을 연결하는 선은 못 그려볼까.

• 1972년 3월, 『씨올의 소리』 제9호

민족노선의 반성과 새 진로

8·15를 기점으로

2천 년 이래의 문제

우리는 지금 민족적 운명의 위기에 부딪치고 있다. 오늘까지 우리 역사는 고난의 연속이지만 그중에서도 이런 위기는 삼국시대 이래 가장 중대한 것이라 해야 할 것이다. 그때에도 민족통일이 그 맡은 과제였는데, 그것을 잘 치르지 못했기 때문에 그 이후 천 년 넘는 고난의 길이었는데, 이제 또다시 그 흥망이 달린 통일 문제를 당하게 됐다. 우리는 전 민족의 지혜와 용맹과 정기를 모아 이 문제를 풀어야 한다.

"하나되면 산다. 갈라지면 망한다!"

삼국시대 전에 우리는 벌써 몇천 년의 문화를 가진 한민족이요, 그 사는 땅도 요하遼河, 흑룡강黑龍江의 버덩(높고 평평하며 나무는 없이 풀만 우거진 거친 들 – 편집자)으로부터 이 반도에까지 미치는 넓은 지역이었다. 그러나 아직 부족국가의 낡은 깍지를 벗지 못해 몇백 되는 자그마한 나라들이 그 지경 안에 갈라져 있어 서로 교통하고 싸우고 있었다. 오랫동안을 그러다가 삼국시대에 이르러서야 그 모든 작은 나라들이 이 셋에 흡수돼버리고, 제법 나라다운 굳센 나라가 되었다. 동시에 세 나라 사이의 싸움은 더욱 심해갔다.

그러나 싸움은 서로서로를 자극하여 발달하게 하는 점도 있으나, 그칠 줄 모르는 동족 사이의 싸움은 민족의 정력을 소모시켜 멸망의 비운을 가져올 것밖에 없었다. 이 의미에서 삼국시대는 우리 민족의 역사에서 가장 중대한 시기였다. 그런데 안타깝게도 삼국의 싸움은 싸움을 위한 싸움이 돼버렸지 민족의 대동단결을 이루는 데 이르지 못했다.

생각해보라, 삼국이 만일 통일이 되어 정력을 동족상잔에 소모함이 없이 안으로 문화를 올리고 밖으로 세력을 넓히는 데 쓸 수 있었더라면, 동양 천지가 어떻게 됐겠나. 그랬다면, 중국이 비록 우리보다 조금 앞서 통일국가를 이루어 한대漢代의 강성이 있었다고 하더라도, 그것을 그리 두려워할 것은 없었을 것이요, 일본은 아직 우리보다 훨씬 떨어져 초야草野의 시대를 벗어나지 못했으니 신라로부터 고려, 이조에 이르기까지 나라의 큰 걱정거리가 됐던 왜구 같은 것도 있었을 리 없고, 도리어 우리 힘이 일본에까지 미쳤을는지도 모른다. 그랬다면 우리 민족으로 하여금 정상 발육을 못하고 곱추가 되게 한 저 임진壬辰, 병자丙子의 난이 없었을 것이요, 그래서 남북만주에 기운을 마음껏 펴는 민족이 됐다면 이조 5백 년의 악정과 그 결과인 민중의 위축도 없었을 것이다. 또 그랬다면 서양 문물을 실어들이는 데도 뒤지지 않았을 것이요, 따라서 남의 식민지로 떨어져 부끄럼, 슬픔에 날을 보내는 일은 없었을 것 아닌가. 아아, 운명인가, 천명인가, 그렇지 않고 사람의 잘못인가.

역사를 읽다가 매양 책장을 찢어버리고 주먹으로 땅을 치고 싶어지는 것은, 그놈의 소위 신라의 삼국통일이라는 대목이다. 어려서 철 없을 때 가르쳐주는 대로 썩어진 선비놈들의 소리 그대로 읽었지만 지금은 분해 견딜 수가 없다. 생각 없는 사람들 아직도 그것을 자랑으로 알아 국민교육이랍시고 하고 있지만, 생각해보라, 그것이 어찌 통일이겠나. 땅으로만 해도 중요했던 국토의 대부분이 없어지고 변변치 못한 일부분만이 남았으며 사람은 얼마나 없어졌는지, 문화는 어떤 것이 잃어졌는지 이루 알 수가 없는데 아무리 자기기만, 자기 위로로서거니, 어찌 감히 삼국의 통일이라 부를 수 있겠는가. 그렇게 아이들에게 가르쳐주고 무엇이 되란 말인가. 민족은 분憤을 품고 노怒를 발하는 것이 있어야 발전하는 법이다.

우리 민족의 가장 나쁜 버릇이 파쟁이요 지방색인데, 그것을 누가 만들었나? 단군, 동명東明, 온조溫祚에게 그것 있었던가? 혁거세赫居世, 김수로金首露엔들 있었을까? 이것은 틀림없이 외적과 흥정을 하여 나라땅과 사람의 대부분을 넘겨주는 대신 그 일부를 얻어 제 몫으로 차지하고는 감히 민족통일의 이름을 도둑질하는 역사적 죄악을 지은 신라의 지배계급의 병든 심리에서 나온 것이다. 이 매국망족賣國亡族의 심리가 성격으로 굳어져, 나중에는 '경상도 대통령'이니 '전라도 대통령'이니 하는 따위 생각으로까지 나왔다.

우리 민족의 모든 불운, 모든 죄악의 근원은 삼국이 그 역사적 과제를 옳게 치르지 못한 데 있다. 그 책임은 셋이 같이 져야 한다. 그러나 고구려 · 백제는 망했으니 물어도 소용없고, 이기고 역사를 이어받았노라는 신라가 전적으로 담당할 수밖에 없다. 신라 사람에게 만일 테베레 하河 언덕 일곱 뫼 위에 나라를 세웠던 라틴 족의 기상이 있었더라면 우리 역사가 이렇게 떨치지 못하는 것이 되지는 않았을 것이다. 이탈리아 반도와 한반도가 무엇이 다르며 황해 · 동해와 지중해가 무엇이 다를 것이 있나. 그런데 그들에게 있었던 것은 대로마의 주인인 라틴족의 웅대한 기상이 아니고 협소한 그리스 사람의 버릇이었으니 어찌할까. 그것들도 우리 신라와 마찬가지로 긴 역사와 위대한 조상과 빼어난 재질을 가지면서도, 도량의 좁음으로 인해 손바닥만한 반도 안에서 저희끼리 싸움을 하다가 업신여기던 마케도니아에게 멸망을 당했고, 오늘날에도 군인정치 아래 꾸물거리고 있다.

대체로 볼 때 신라에 군인은 있었으나 정치가가 없었다. 생각해보라. 웅크린 손만한 반월성[1]에서 무슨 큰 경륜이 나올 수 있겠나.

---

1) 반월성(半月城): 반달 모양으로 된 옛 성. 경상북도 경주와 충청남도 부여에 있다.

주몽朱蒙은 어디 가고 을파소2) 어디 갔느냐?

나라를 하는 것은 정치가지 군인이 아니다. 항우項羽는 망하고 유방劉邦은 천하를 얻은 것을 모르나? 카이사르, 나폴레옹이 충실히 군인으로 있었더라면 공이 길이 남았을 것이지만, 하지 못할 정치를 하려다가 저도 망하고 세상도 망가뜨렸다. 우리나라는 신라 군인이 잘못 만들었다.

우리가 반도 구석에 움츠리기 시작한 것은 그들 때문이다. 나쁜 풍風은 유전하는 법이라, 신라가 그랬기 때문에 고려에 군인의 폐가 심했고, 이조에 온즉 이성계와 아들 방원까지는 군인이었으나 그 후는 군인도 없고 긁어먹고 짜먹는 벼슬아치뿐이었다. 군인정치에서 부정부패는 이론적 귀결이다. 그런데 국민정신 일으킨다고 자꾸 군인숭배만 시키는 것은 참 좁고 옅은 생각이다. 이대로 가면 민족의 장래 없다.

위로 아래로 생각해볼 때 일본에 먹혔던 것도, 영원히 망하는 줄 알았던 그 지배에서 해방이 된 것도, 또 남북으로 분단이 됐던 것도 다 우연이 아니다. 이것은 다 2천 년 이래의 같은 문제가 그 모양을 변해서 나온 것이다. 잃었던 네 자신을 찾아라!

민족통일 돼야 한다. 우리는 운명을 같이하는 한 민족이기 때문에 통일 돼야 한다. 인격이 통일 못 되면 사람이면서 사람 아니듯이 통일된 나라 못 이루면 민족 아니다. 운명이 같으면 의무도 하나다. 의무를 다하기 위해 하나되어야 한다. 죽음과 삶을 같이하면서도 마음이 하나 못 되는 것은 어떤 악에 지배를 받고 있기 때문이다. 그 악을 한사코 물리쳐야 한다. 그것이 역사적 민족으로서의 의무다. 한 가정이 깨지면 그 서로 당하는 불행과 남에게 끼치는 해가 남남끼리 사이에서보다 한층 더 심하다. 한민족도 그렇다. 우리만 잘못살 뿐 아니

2) 을파소(乙巴素): 고구려의 재상(?~203). 고국천왕 13년 국상(國相)으로 추대되어, 농민 구제책인 진대법을 실시했다.

라 통일이 못 된 한국 민족은 유대 민족처럼 세계 역사에서 말썽거리가 될 것이다. 두렵지 않은가?

우리는 첨부터 평화통일만이 단 하나의 길인 것을 주장해왔고, 그 것을 위해서는 호전적이요 권력주의적인 두 정권이 하는 대로 맡겨 둘 것이 아니라 남북의 씨올이 직접 일어서야만 한다고 부르짖어왔다. 7·4성명[3]은 그들이 그것을 진실로 했거나 술책으로 했거나 물을 것 없이, 우리가 본 것과 우리 주장이 옳다는 것을 증명하고 뒷받침 해주는 일이다. 그들이 하는 것 아니라 역사 자신이 한다. 그들이 자 주·평화·이념·제도를 초월한 통일을 하고 싶어서, 할 자신이 있어 서 선언한 것 아니다. 엉경퀴에서 어찌 무화과를 따며 찔레에서 어찌 포도를 얻을 수 있겠나. 역사가 명령하기 때문에, 대세가 몰아치기 때문에 할 수 없이 한 것이다. 그러므로 그 말은 들어야 한다. 그러나 그 하는 일은 그대로 두어서는 아니 된다.

언제나 혁명은 전체가 하는 법이다. 이것은 혁명이다. 씨올 전체가 "마음을 다하고 뜻을 다하고 숨을 다하고 힘을 다해서만" 될 일이다. 무명의 전사야말로 참 전사요 무관의 왕이야말로 참 왕이다. 그 속에 참이 있기 때문이다. 이름 없는 씨올만이 통일을 구상할 수 있다.

해방 직전의 모양

잃은 길을 다시 찾으려면 그 헤매기 시작했던 곳에 되돌아가는 것 이 가장 어진 방법이다. 통일을 위해 나아갈 길을 찾으려면 우선 해

---

3) 7·4성명: 1972년 7월 4일 남북한 당국이 국토분단 이후 최초로 통일과 관련 하여 자주·평화·민족대단결의 3대원칙을 공식으로 천명했다. 이후 남북 사 이의 통일 문제의 해결을 목적으로 남한의 이후락 중앙정보부장과 북한의 김 영주 조직지도부장을 공동위원장으로 하는 남북조절위원회를 구성, 운영하 기로 했다. 그러나 7·4남북공동성명은 통일에 대한 국민적인 합의 없이 정부 당국자들 간의 비밀회담을 통해 이루어졌다는 점에서 한계를 지닌다.

방 이후 우리가 걸어온 길을 돌이켜보아야 할 것인데, 그러려면 자연 말이 해방 직전에서부터 시작될 수밖에 없다.

생활 형편

한마디로 무無로 표시하는 것이 적당할 것이다. 무물자, 무자본, 무기술, 무교육.

제2차 세계대전이 끝에 가까웠을 때는 먹을 것조차 없었다. 생각은 없고 칼만 아는 전쟁 직업자들 할 수 없는 억지의 전쟁을 하며 초토전술(焦土戰術: 모든 시설이나 물자를 적군이 이용할 수 없도록 모조리 파괴하거나 불질러 없애는 방법 – 편집자)이라 하고 '뿌리째 긁어내기 운동'이라 하면서 국민을 몰아쳤다. 자기네 본토에도 그렇거든 식민지인 우리에게 사정 둘 것이 있었을까.

식량을 배급제도로 하여 하루 한 사람에 2홉 3작인데 그것도 제대로 얻을 수가 없어 밀가루를 물에 풀어 글자 그대로 입에 풀칠을 하여 지내는 사람이 수두룩했었다. 그것을 기억하는 나는 근대화랍시고 잘사는 남의 나라 흉내내어 소비경제라고 한 번 쓰고 픽픽 내던지는 오늘의 꼴 보면 이 백성이 정신이 있나 없나 하고 의심한다. 배가 고파 살 수가 없었다. 나뭇조각 하나, 쇳조각 하나, 못 한 개를 구하려 해도 이리저리 헤매야 했다.

일본이 우리나라를 먹고 식민지 정치를 시작할 때, 자기네가 선정을 하노라고 밤낮 내세운 소리가 '대머리 산이 푸르러졌다'는 것이었다. 사실 이조 끝에 양반 벼슬아치놈들 긁어만 먹고 치산치수治山治水 하나 아니 했기 때문에 산은 모두 대머리가 됐고 비만 오면 홍수가 났다. 일본정치 36년에 과연 산에는 어느 정도 푸른 기운이 돌았다. 그러나 전쟁하노라고 그 나무 싹 베어 갔고 그 나무만 아니라 선조대대의 묘 앞의 나무까지 다 베어 갔다. 성냥 한 갑, 신 한 켤레를 구하러 이 골목 저 골목을 헤매고, 장사꾼을 보고 무슨 신세나 진 듯이 치하를 하던 생각. 미친 생각을 조금만 누르면 해방됐을 때 가게마다 텅텅 비었던 그림이 좀 눈앞에 떠오를 것이다. 예만 그렇다더냐? 그런 날은 내일로 곧 올 수도 있다.

자본도 없었다. 민족 전체가 일본의 심부름꾼이었으니 어디서 자본을 모아둘 수 있었겠나. 우리 사람으로서 돈이 있다는 것은 극소수의 몇 사람이고 그 밖은 그저 땅을 파먹는 농업인데 그 농토마저도 거의 다 일본 사람 손에 넘어갔었다. 해방됐으니 말이지 만일 그대로 갔다면 전 민족이 농노 아니면 날품팔이로 떨어져버렸을 것이다.

기술을 배운 것도 없었다. 지금 이 공업시대라면 기술 없이 어떻게 경제 부흥이 있겠나? 그런데 일본은 우리를 인간으로 살리잔 것이 목적이 아니었다. 짐승처럼 부려먹잔 것이 목적이었다. 그러므로 힘드는 일만 시켰지 고등기술을 가르치지 않았다. 기술 배우면 나중엔 제 발등을 밟고 일어설 것을 모를 리가 없다. 그러므로 자연 기술진은 빈약할 수밖에 없었다. 일본이 쉽게 부흥한 까닭의 하나는 그들이 닦아뒀던 기술 때문이다. 전쟁에는 졌지만 살아 있는 한 기술은 있다. 어리석은 한국 민족이 쓸데없는 삯전쟁을 하고 있는 동안, 그들은 옛날의 기술을 살려 우리 덜미를 딛고 일어서게 됐다. 우리는 기술 중에서도 몹쓸 '전쟁'이란 기술만 배웠다.

교육도 부족했다. 크게 볼 때 근본 문제는 교육에 있다. 일본은 메이지 이래 백 년을 국민교육을 해왔고 우리는 아직도 그것을 철저히 못하고 있다. 제 이름도 쓸 줄 몰라 작대기를 그어 투표하는 민중에게 민주주의를 어떻게 기대하겠나. 교육은 일반으로 보급이 되어야 교육이지, 어느 놈은 받고 어느 놈은 못 받으면 폐해만 생긴다. 무식이 죄 아니지만 무식하면 유식한 놈에게 속게 된다. 그러므로 민중의 일반적인 교육 수준을 높이는 것이 언제나 근본 문제다. 일본이 우리 전체를 무식쟁이로 만들었던들 우리 불행이 오늘 같지는 않았을 것이다. 몇 놈은 가르쳐서 심부름꾼으로 써먹고, 대부분은 무교육으로 두었기 때문에 그것이 화근이 됐다. 오늘 우리나라를 망치고 있는 것이 다 일본에서 배운 제국주의 아닌가.

사상

먼저 생각할 것은 식민지적 사고방식이 어느 정도 고정이 됐던 일이다. 민족감정은 여전히 살아 있었다. 우리는 조선 사람, 저 사람들은 일본 사람 하는 감정은 전체적으로 살아 있었다. 그만이라도 하니 민족으로서의 생명이 유지될 수 있었다. 정치적으로 주권은 없으나 사회적으로는 통일이 있었다.

그러나 감정이 그러한데도 불구하고 모든 일에서 그 생각하는 밑바닥에는 일본의 세력을 거의 불가항력적인 것으로 체념하는 생각이 흐르고 있었다. 그렇기 때문에 만일 해방이 오지 않았다면, 소수의 사람을 내놓고는 일반은 그 감정조차 약해지고 차별 대우에도 만족하면서, 고유한 문화가 사라져버리는 것을 그냥 보기만 하면서, 식민지 백성으로 멍청하게 그대로 있었을는지도 모른다. 대전 끝 무렵에 우리말을 금하고 옷을 금하고 이름을 고치라고 했을 때의 태도를 보면, 그런 판단을 내릴 수밖에 없다. 거기에 대해 감히 반항하려는 기세를 뵈지 못했다. 그러고는 '자녀의 교육을 위해서' '후손을 위해서'라면서 그 명에를 감수하고 있었다. 이것을 나는 식민지적인 사고방식의 고정화라고 부른다.

일본의 압박에 대해 싸운 것은 민족주의였는데, 그것도 3·1운동을 절정으로 점점 약해지기 시작했다. 공산주의자들이 민족주의자를 비난할 때는 늘 배신했다고 욕하는데, 사실 거기에 대해서는 변명의 여지가 없다고 나는 생각한다. 지난날에 눈물 흘리고 생명을 내놓으며 독립운동했던 사람들이 일본의 압력이 차차 굳어지고, 그 자본주의의 성장에 따라 지극히 좁게나마 출세의 구멍을 열어놓자, 그 대개가 타협의 태도를 취하게 됐다. 변치 않는 것은 아무것도 가진 것이 없는 씨올들뿐이었다.

거기다가 공산주의자들이 계획적으로 민족진영을 무너뜨리려고 갖은 책략을 다 썼다. 오늘의 민주·공산의 대립은 거의 운명적이라고 하고 싶다. 자세한 것은 알 수 없으나 표면에 나타난 것으로 볼 때,

우리나라의 공산주의는 당초에 이념의 이해로보다는 하나의 전술로 들어오기 시작했다. 목적은 일본이란 대적을 물리치자는 데 있었는데, 그러기 위해서는 러시아의 힘을 빌리는 것이 유리하다는 생각에 친러의 길을 택했으며 그 러시아가 공산주의로 됐고, 그 러시아 공산당은 세계혁명의 한 단계로 극동을 공산화하잔 것이 그 정책이었으므로 그 영토 안에 있는 한국 사람을 이용해서 선전했다. 상해 중경에 망명해서 임시정부를 조직하면서 민족주의요 공산주의요 하고 싸우던 사람들이 오늘의 꼴을 와 보면 어떤 느낌이 들까.

광주학생사건을 민족 진영에선 민족정신의 발로라고 하지만, 공산주의자들은 자기네 것이라고 주장한다. 사실 당시에 교육 일선에 서 있었던 사람은 아는 일이지만 벌떼같이 일어나던 동맹휴교는 결코 애국·애족심에서만이 아니었다. 소수의 조직체를 가지고 조직 없는 민중을 어떻게 움직일 수 있는가를 시험해보는 한편, 민족주의 진영을 완전히 깨뜨려버리자는 공산주의자의 책동이 많았다. 어떤 때는 철없는 학생들에게 민족주의 혹은 종교 신앙을 가지는 사람들이 일본 관리보다 더 미움을 받았다. 역사의 진정한 시비를 누가 능히 가릴 수 있을까? 온건했다 해서 다 일본 제국주의 앞잡이라 할 수 있을까. 사납게 굴었다 해서 다 열렬한 투사라 할 수 있을까. 아마 당시의 싸우던 사람 앞에 오늘의 이 결기를 보여준다면 생각이 달라졌을 사람도 많았을 것이다.

한 가지 속일 수 없는 일은, 결과적으로는 일본의 제국주의가 이를 봤다는 사실이다. 사실 일본 경찰은 암암리에 그 싸움을 이용하고 돕기까지 했다. 우리를 감방 안에 잡아넣고 지키는 말단 경찰관이 언젠가 우리에게 이런 이야기를 했다. 공산주의자를 단번에 다 잡아 없애려면 못할 것이 없으나, 그렇게 하면 안 되는 점이 있기 때문에 구멍에 든 게처럼 아주 잡지는 않고 발을 내밀기만 하면 잘라서 나오지만 못하게 한다고 했다. 아마 저희 일본 상전이 설명하는 것을 듣고 옮긴 말일 것인데, 그 단번에 잡아버리면 안 된다는 점을 저도 설명 아니 했고 나도 물으려 하지 않았지만, 오늘 와서 생각하면 머리가 끄덕여지는 것이 있다. 망하는 민족이란 어리석은 것이다.

아무래도 그때 형편에서 보면 우리의 투쟁이 민족적으로 됐어야할 것은 토론의 여지가 없는데 이렇게 해서 서로 싸우는 동안에 이도 저도 깨져 무력해졌고 일본은 마음대로 그 동화정책, 황국신민화정책을 쓸 수 있었다. 이제 땅 밑에 들어가서, 그때 시국 강연을 시키는 대로 돌아다니며 하면서 젊은이들 보고 일본 군대에 들어가라 하던 사람들을 만나서 묻는다면 그들이 뭐라 할까. 아아, 생이란 이렇게 어려운 건가. 역사의 길이란 이렇게 눈앞에 가려져 있는 건가. 왜 그렇게 한 치도 미리 보여주지는 않을까. 지공무사(至公無私: 지극히 공정하여 사사로움이 없음 – 편집자)지! 아끼는 건 떠로 간다!

정치

지나간 담엔 말하기 쉽다. 그때는 감히 엄두도 못 냈지만 이제 와서 말한다면, 나라 망한 지 40년도 못 됐는데 조직적인 반항운동은 하나도 없었으니 부끄러운 일이다. 만일 가늘게나마라도 미리 붙어 있어 계속돼오던 운동이 있었다면 일이 오늘 같지는 않을 것이다. 모체 될 만한 단체운동이 있었다면 끌려서 군대로 나가면서도, "그렇다, 조조曹操의 살 가지고 조조를 쏜다" 하면서 젊은 마음들이 말은 못 하지만 포부를 가지고 나갈 수 있었을 것이다. 그런데 그것이 없었다. 나갈 때는 딴생각으로 나가고 이제 와서는 "우리도 독립운동했다", 그 양심이 허락할까? 그런 점을 생각한다면 해방 후 공산주의자가 갑자기 큰소리를 친 것을 이해할 수가 있다. 일제하에서 그나마 조직적인 투쟁을 한 것은 그들이기 때문이다.

해방 후 새 역사를 건설한다면서 '영감' '대감' 하는 꼴을 보면 분하다. 구역질이 나다 못해 웃음이 나지만, 생각하면 우연이 아니다. 영감, 대감 하다가 나라 망한 뒤에는 해방까지 정치 부재였으니 당연한 일이다. 얼마나 정치를 몰랐으면 나라 세운단 말 듣고 샌님도 의

사도 금광꾼도 건달도 정치한다 나섰겠나. 일본이 우리에게 정치 훈련 아니 시킨 것은 당연한 일이지만, 너도 나도 일본 되기는 싫다면서 독립할 생각은 잊어버렸고, 독립은 한다면서 정치 공부를 아니 한 것이 잘못이다. 대통령 출마, 국회의원 출마를 해야만 정치일까. 나라 찾을 결심을 품고 하면 일제하에서 군수 면장을 해도 정치 배울 수 있었을 것이다. 그런데 그 정신이 죽었다.

무슨 식 무슨 행사 있을 때마다 일제하에서 투쟁해왔다 자랑하지만, 나는 그렇게 보지 않는다. 한 것이 무엇인가? 그만 것을 무슨 투쟁이라겠나? 그것은 동물적 본능으로도 한다. 참 돼야 장래가 있다. 쓸데없는 자기 칭찬 말고 못한 것은 솔직히 못했다 하자. 그렇게 잘했다면 오늘 이 꼴이 웬일이냐.

역사의식 없어서 그렇다. 옛날은 간단했기 때문에 호미자루 놓고 와서도 임금 될 수 있고 사냥 활 버리고 와서도 정치할 수 있었다. 집과 나라가 딴것이 아니었기 때문이다. 그러나 지금은 다르다. 정치는 기술 중에서도 고도로 발달된 복잡한 기술이요, 한 사람으로서는 도저히 할 수 없고 많은 머리와 심정이 유기적으로 조직되어야 하는 것이다. 그런데 그런 것을 태곳적 생각을 가지고 저마다 하겠다니 어떻게 되겠나.

정치적 자격이 있었다면 누구보다 먼저 임시정부를 들어야겠는데, 이랬건 저랬건 망국 이후 남의 강냉죽('강냉이죽'의 북한어 – 편집자)을 얻어먹으면서라도 존속한 것만은 부인하지 못할 사실이고, 어째 그랬는지 미국은 그것이 공식으로 입국하는 것을 허락 아니 했다. 그것만 됐어도 혼란이 오늘 같지는 않았을 것이다. 그때 국민 대부분의 감정을 보면 거의 거기 반대가 없었고, 극력 반대한 것은 오직 공산주의자들뿐이다. 그러나 비록 반대가 다소 있다 하더라도 임정(임시정부 – 편집자)이 정식으로 들어올 수 있었다면, 민심은 비교적 쉽게 자리가 잡혔을 것이다. 그런데 미국이 그것을 허락지 않았다. 역사에서 우연을 생각해도 소용없다. 역시 우리의 실력이 부족했다 해야 할 것이다.

그러니 한마디로 해서, 아무것도 없이 빈손으로 해방을 만났다. 그러니 일이 어렵지 않았을 리 없다.

해방

해방의 소식이 왔을 때 솔직한 씨올들은 '하늘에서 준 떡'이라고 했다. "굿이나 보다 떡이나 먹어라" 하지만 정말 우리는 나중에 가서는 젊은이들이 군인으로 좀 끌려가기는 했지만, 대체로 보면 제2차 세계대전이라는 전고(前古: 지나간 옛날 - 편집자)에 없는 역사 굿을 구경만 하고 있다가 해방의 떡을 받아들었다.

하늘에서 준 떡이라는 데는 몇 가지 뜻이 들어 있다.

첫째는 감사하는 뜻이다. 자기네가 스스로 할 것을 못 했으니만큼 값없이 받은 은혜, 불쌍한 자를 잊지 않는 공도公道의 인자仁慈, 늘 지는 것 같으면서도 마침내 이기고야 마는 정의의 법칙에 대해 목젖이 붙어서 한 탄사嘆辭였다.

둘째는 당연히 스스로 뉘우치는 마음이다.

셋째는 소위 지도층이란 것에 대해 심판을 내린 것이다. 입으로는 떠들지만 너희 한 것 없지 않으냐 하는 말이다. 민족주의 공산주의를 말할 것 없이, 기독교·불교·유교·천도교 그 밖의 어떤 종파를 구별할 것 없이 무엇을 하고 있노라고 생각했던 사람들은 다 이 말을 깊이 새겨들어야 할 것이다.

넷째, (이것이 특히 주의해야 할 점인데) 그렇기 때문에 이 앞으로는 어느 놈도 독점해서는 아니 된다는 경고가 들어 있다. 하늘에서 준 것이기 때문에 전체를 보고 불쌍히 여겨 준 것이요, 그저 살리고 싶어 준 것이지, 누구의 공로를 보고 누구에게 특권을 주려고 준 것 아니다. 그러므로 앞으로는 나라는 어떤 놈도 독점해서는 아니 된다.

다섯째, "그러니 우리 다같이 즐거워서 힘을 아울러 새 나라를 합시다" 하는 맹세가 들어 있다. 사람 속에는 어질고 밝은 것이 있다. 그것은 강제를 당하지 않을 때에 잘 나타난다. 해방으로 인해 이때까지 있던 모든 압박, 모든 구속이 일시에 벗겨졌다. 온전한 자유를 느꼈다. 그러므로 비로소 인간의 착한 본성이 저절로 발동할 수 있었다. 그러므로 하늘 말씀을 말할 수 있었다. 천만 사상가·운동가의 선언문보다 이 한마디가 가장 훌륭하게 된 혁명선언문이다. 이스라엘 민족이 종의 멍에를 벗어버리고 빈 들로 나와, 길 아닌 길, 홍해를 건너, 천지의 주재 여호와 신의 산 아래로 나아갔을 때 "하늘에서 내린 만나[4]를 먹고 살았다"는 것을 이제 이해할 수 있다.

해방에서 먼저 주의할 것은 그 정치적인 공백상태다. 이것은 참 혁명을 하기에 가장 좋은 기회였다. 어떻게 보면 우리 힘으로 쟁취한 해방이 못 되고 전혀 밖에서 예측할 수 없이 갑자기 왔다는 데 불행이 있다 할 수 있다. 미리 알지 못했기 때문에 준비가 없었기 때문에 일이 서로 들어맞지 못한 것이 많았다.

그러나 그것을 인정하면서도, 갑자기 도둑같이 와서 한동안 정치적 공백기가 있었다는 데 큰 의미가 있었던 것을 생각하지 않을 수 없다. 갑자기 준비할 새 없이 와서 손해 보는 사람은 그래도 무엇을 가진 것이 있는 사람이다. 가진 것이 있는 사람은 참 혁명 못 한다. 두 벌 옷이면 그 남은 한 벌 걱정을 하기 때문에 벗은 사람을 잊는다.

씨올은 아무것도 가진 것이 없다. 가진 것이 있다면 지배자가 가져다 씌운 구속의 사슬과 의무감에 눌리는 양심이 있을 뿐이다. 아무리 갑자기 벌어지는 사태가 있어도 잃을 염려가 없다. 잃는다면 손발에 씌워져 있는 사슬이 한 코라도 벗겨져버리는 것뿐이다. 그러므로 이 공백기야말로 그들을 위해 하늘이 보낸 것이었다.

---

4) 만나: 이스라엘 민족이 모세의 인도로 이집트에서 탈출하여 가나안 땅으로 가던 도중, 광야에서 먹을 음식 과 마실 물이 없어 방황하고 있을 때 여호와가 하늘에서 날마다 내려주었다고 하는 기적의 음식을 말한다.

혁명에서 가장 중요한 것은 낡은 악의 청소다. 이것을 하기란 어렵다. 사람인 다음에는 아무래도 참 공정을 할 수 없기 때문이다. 내가 혁명하겠다 하는 놈일수록 혁명가의 자격이 없다. 참 청소는 하늘이 하는 수밖에 없다. 갑자기 예측할 수 없이 왔다는 것은, 될수록 공정히 완전 청소를 하기 위해서였다. 생각해보라, 조금이라도 미리 알았다면 자기에게 유리하도록 준비하지 않았을 만한 인물이나 조직체가 있었던가. 그렇게 하늘에서 내린 떡이건만 그것도 모두 제가 만들어서 왔노라고 억지 협잡을 해서 이 꼴이 되지 않았던가. 해방 때처럼 쌓이고 쌓였던 역사적 죄악을 하루아침에 그렇게 시원히 청산해버리는 일은 전에는 보지 못한 일이었다. 그랬는데 그 청소 뒤에 "전보다 더한 악귀를 일곱씩이나 데리고 들어왔으니" 이 무슨 일인가? 청소를 해주었으면 모실 주인을 재빨리 모셨어야 하는데 그러지 못했기 때문에 도깨비의 떼가 들어왔다. 주인이 누구냐? 씨올이지. 도깨비가 누구냐? 소위 정치가란 것이지.

그러나 씨올이 적어도 처음엔 잘못하지 않았다. 곳곳마다 일어났던 자치위원회를 보아 그것을 알 수 있다. 그것은 지식으로 된 것도, 권력으로 된 것도, 누가 시켜서 된 것도 아니고, 전체 민중이 아무 기대 없이 '사람의 세상'을 걱정하는 마음에서 자발적으로 발동되어 나온 것이다. 그때에는 투표도 선거운동도 없었다. 그때의 분위기가 편견이나 사혐(私嫌: 개인적인 혐의 – 편집자)이나 당파심이 작용할 수 없이 돼 있었다. 민중이 저마다 입을 열고 나서지 않아도 민중의 뜻이 어디 있으며, 누가 그것을 비교적 공정히 대표하겠는지를 서로 다 알고 있었다. 그것은 계시적인 감동으로 전체 민중이 과거의 죄에서 공동적으로 속죄를 체험하여 마음의 씻음을 받았기 때문이었다. 이것이 매우 중요한 시기였다. 물론 이런 감동은 오래갈 수는 없다. 그러나 그 동안에 잘 합의하여 감동이 식은 후에도 자기네를 지켜줄 테두리와 나갈 노선을 결정해서 서로 맹세하는 것이 필요했다. 그렇게만 됐더라면 그 후의 일이 그렇게 잘못되지는 않았을 것이다.

이것은 정치에 그때까지 아무 관심도 없고 따라서 아무 경험도 소양도 없는 내가, 스스로 원한 것도 아니고 중의로 끌려 나가서 직접 경험해봤던 것이기 때문에 잘 알고 있다. 정치에 경험 없는 마음으로 당했으니만큼 참고의 가치가 있을 것이다. 그리고 나만이 아니라 비슷한 몇 사람의 경우를 보아서 다 그러하다.

그러나 "인심은 유위惟危요, 도심道心은 유미惟微라."[5] 세속의 아들들은 언제나 진리의 아들들보다 영리한 법이다. 눈치빠른 정치인들은 양의 무리 속에 여우가 섞여 들어가듯 감격에 문을 열어놓은 민중 속에 몰래 들어가 속이기를 시작했다. 몇 날이 못 가서 자치회 속에는 분열이 생기고 싸움이 일어났고 그러는 때에 38선 문제가 일어나고, 미·소 양군의 진주가 생기고, 장마에 버섯처럼 하룻밤 새 정치단체가 일어났다. 정치는 또 한 번 민중을 속이고 역사는 잘못되기 시작했다.

남북 분열

민족의 통일을 의논하는 자리에서 우선 할 것은 분열의 책임이 어디 있느냐를 밝히는 일이다. 개인의 수양이 먼저 그 잘못을 스스로 인정하고 자책하는 일 없이는 될 수 없듯이, 나라 일도 뜻을 말하면 전체 민중의 일이지만 현실로는 누가 그 책임을 지는 사람이 있어야 잘못된 것을 바로잡을 수도 있고 새로 합의해 결정을 지어 일할 수도 있다.

한마디로 하면 민족 분열의 책임은 그때와 그 후 나서서 스스로 나라 일 하노라는 정치인들의 야심에 있다. 화합이 아니 되는 것은 야심 때문이다. 이념, 구상이 서로 다른 것은 걱정할 것 없다. 여러 가지 사상과 의견이 있을수록 좋다. 그래야 네 생각만도 아닌, 내 생각만도 아닌, 보다 높은 참에 가까운 생각에 도달할 수 있다. 나쁜 것은 자

---

5) 人心惟危 道心惟微: "인심은 위태하며 도심은 은미하다." 『서경』.

기중심적인 야심이다. 화합만 되면 백화난만식으로 찬란했을 이상들이, 싸움으로 그치고 민족 생명의 뿌리까지 말리어버리고 마는 독이 되는 것은 이 자기 본위의 사심 때문이다.

야심 없는 사람이 어디 있느냐, 성인聖人만이 정치하느냐 반문하겠지만, 그것은 무책임한 반사회·반역사적인 말이다. 그런 핑계와 변명을 하려면 정치에 나서지 않아야 한다. 아무리 불완전한 인간이라도 적어도 나라 일을 하겠다 나서려면 그만한 양심은 있어야 한다. 나선 이상은 그런 변명 못한다. 스스로 그런 변명을 하는 사람은 첨부터 나라를 제 것으로 먹잔 심산이다. 그런 변명을 하는 사람일수록 자기 의견을 성화聖化, 절대화하여 독재를 하려 한다.

겉으로 보면 미·소의 세력 다툼에 있다. 소련은 첨부터 극동 적화의 계획을 가지고 있었다. 그것을 모를 사람이 누군가? 거기에 대해 미국은 태평양에서 자기 권익을 지키려고 했다. 그 서로 끌고 당기는 힘의 균형으로 생긴 분열이 38선 아닌가.

그러나 당초에 패잔敗殘 일본군의 무장해제를 내세운 두 나라 군대의 진주가 왜 그 둘의 외세를 배경으로 하는 두 개의 정권 대립으로 낙착이 되고 말았나? 안에 있는 정치단체들이 손을 내밀어 끌어들였기 때문 아닌가? 모든 정치적인 사건이 흑막 속에서 되니 그 자세한 것을 알 도리가 없지만, 청천백일하에 드러난 객관적인 사실로 보아, 안에서 끌어들이는 손 없이 어찌 그런 일이 성립될 수 있었겠나. 아무리 야심 있고 음험한 강대국들이라 하더라도 음험하고 야심적이기 때문에, 절대로 내응(內應: 내부에서 몰래 적과 통함 – 편집자)하는 매국노들 없이는 남의 나라 점령 못 한다. 그러므로 역사를 이룩해가지 않으려면 몰라도, 적어도 역사적인 국민이 되려면 이것을 딱 못을 박아 규정지어놓아야 한다.

그러기에 남을 빌 것 없이 자기네 입으로 스스로 이름을 지어놓지 않던가. 남에서는 북엣 것을 괴뢰정권이라 하고, 북에서는 남엣 것을 괴뢰정권이라 하고, 나는 그 소리 했다가 자유당 때에 감옥에까지 갔다왔지만 지금도 그 판단은 변할 수 없다. 그것은 칼이나 감옥으로는 바로잡아지지 않는다. 사실의 실현만이 그것을 한다. 그러므로 나라를 둘로 갈라 민족의 숨을 죽이고 있는 것은 두 정권의 정치인들이다.

잡념이 없이 자기와 나라를 하나로 살고 있는 씨울의 심정으로 할 때 의심할 수 없이 맨 첨부터 뚜렷한 문제가 '자주독립' 아닌가. 해방이 된 이상 이것이 우선 하늘의 해처럼 분명한 전체적·역사적 첫째 과제 아니었던가. 거기 먼저는 무엇이니 후에는 무엇이니 할 여지가 어디 있었던가. 말이 많은 것은 생각이 많기 때문이요, 생각이 많은 것은 양심을 뒤로 물리치기 때문이다. 지아비·지어미라도 양심은 다 거울 같은 것이다. 거울 같은 마음을 가지고 해 같은 문제를 대하는데, 설명이고 결의고 무엇이 필요하겠나. 정치단체의 난립이요, 토론 협상의 복잡이라는 그 자체가 벌써 양심이 아니고 객기에 눌린 증거였다.

나라인 담에는 자주독립 아닌가. 나라를 참 사랑하고 참 알았다면 자주독립이 알파요 오메가인 것을 알지 않았겠나. 그랬다면 거기 무슨 '어떻게'가 붙었겠나? 죽어도 제 발로 일어서 버티고 서서 목에 칼을 받는 놈을 누가 능히 죽일 수 있나? 그 정신은 살아도 살고 죽어도 사는 것이다. 그 정신에 민족주의 공산주의 따로가 어디 있으며, 이북 정권이고 이남 정권이고가 어디 있겠나.

우리가 공부를 잘못했었다. 일본에게 36년 종살이 헛했었다. 나라 망했다는 것이 무엇인가? 나라 뺏긴 것 아닌가. 누가 뺏어? 일본이? 아니다, 하늘이 뺏은 것이다. 하늘이 뺏지 않는다면 일본이 어찌 능히 할 수 있나. 하늘이 왜 뺏었나? 뺏어야 찾을 것이기 때문이다. 우리가 종살이 바로 했다면, 나라 없는 설움 바로 알았다면, 뺏긴 나라를 속에 찾았을 것이다. 해방이 되기 전에 벌써 나라를 정말 속에 찾아서 있었다면 해방이 왔을 때 민족주의 공산주의 때문에 어찌 화합을 못 봤을 수 있겠나. 차라리 일제가 물러가지 말고 더 오래 있어 더 심한 채찍을 더해 우리로 하여금 나라를 눈 밑의 새싹처럼 키워주었더람 좋았을 것을!

6·25

남북분열의 의미가 그렇다면 6·25의 의미도 환하다.

통일정부 세우지 못한 죄다.

죄는 야심 정치인들이 짓지만 벌은 국민이 받는다. 왜 그런가. 정치를 감시하고 바로잡을 것은 국민이기 때문이다. 먹기는 입이 잘못 먹고도 고통은 온몸이 받아야 하며, 보기는 눈이 잘못 보고도 손실은 전 인격이 당하지 않으면 안 되지 않던가.

자주독립이 근본인 것을 모르는 놈들이기 때문에, 아들 사랑할 줄 모르는 욕심쟁이 가짜 어미가 아들 하나를 두 토막을 내어 그 절반이라도 달라 했던 것같이, 가짜 정치인들이 가짜의 두 정권을 세웠다. 그런 악독한 지배자를 물리칠 줄 모르는 백성은 벌을 받아야 했다. 어린양 같고 송아지 같은 조만식, 김구가 희생이 돼야 했다. 그러면, "그 죄 없는 것이 죽을 데로 나가며 벌벌 떠는 것을" 보면 혹시 정신을 차리게 될까. 그래도 아니 됐다. 그러면 남은 것은 제 새끼를 바쳐 보는 것밖에 없었다. 이것이 6·25의 이유다.

6·25의 뜻을 설명하면서 공산주의의 침략성이니, 김일성이니, 중공이니, 미국이니 하는 것은 옅은 소리다. 신문기자 아니고 정치평론가 아닌들 누가 그것 모르겠나. 그것보다는 깊이 제 속에서 찾아보아야 한다. 소돔 고모라가 멸망하는 것을 보고 아브라함은 동정하는 마음에 그중에 의인 50명이 있다면 용서 못하겠습니까, 45명이라도 못하겠습니까, 하면서 깎아서 열 명에까지 내려가며 하나님 앞에 애걸했다. 대의를 아는 사람이었다. 그렇지만 그것만으로는 아니 됐다. 하나님은 그에게 백 살에 낳은 외아들 이삭을 제물로 바치라고 했다고 한다. 그 이야기의 뜻은 보통 심정으로는 이해 못 한다. 제 아들의

목에 칼을 대본 다음에야 인생을 알고, 종교를 알고, 그런 다음에야 역사의 조상이 될 수 있기 때문이다.

6·25는 그만큼 심각한 것이었다. 이겼노라고 훈장 차고 별 달고 쭐렁대는 심정들은, 그것을 공로로 특권을 주장하는 것들은, 그 심연에 기웃도 못 한다. 그럼 유엔군은 왜 참가했으며 중공은 왜 끼어들었냐고 묻는가? 마찬가지다. 정치가의 죄를 대신하는 것이 조만식·김구요, 조만식·김구의 피값을 바치는 것이 전 국민이요, 그 방법이 제 자식을 제 손으로 죽여보는 전쟁이듯이, 이 한국이라는 불쌍한 역사의 수난의 여왕의 죗값을 지는 것은 또 이 인류 전체요 이 문명이어야 한다. 모든 민족을 대표하는 유엔군 묘지가 이 나라에 세워진 것은 우연이 아니다. 인류가 민족의 아름다운 이삭들을 골라 바치는 역사의 속죄 제단이다. 이것은 역사의 심판인 동시에 구원의 약속이다. 그 약속을 지키면 살 것이다. 아니 지키면 망할 것이다.

오늘까지 이 정치적 혼란, 이 사회적 불안은 무엇 때문인가? 이 바쳐진 제물을 짓밟고 맺어진 약속을 아니 지키기 때문이다. 적어도 전쟁의 뜨거운 불속에서는 약속을 하지 않았던가? 다시는 아니 그러마 하고.

그런데 혼도 나지 않아, 그 민족들의 마음으로 한 평화의 약속을 또 속여 팔아먹는 것이 정치다. 그렇기 때문에 오는 정국의 급변이요 경제의 혼란이다.

그러면 혹시 죄가 많다면 가장 많다 할 일본은 왜 무사하며, 무사할 뿐 아니라 그 기회에 부흥이 됐으니 웬일이냐 묻는가?

날로 보면 이가 남는데 해로 보면 손해가 난다는 말이 있다. 역사의 논리는 일상 살림 논리와는 다르다. 두고 봐야지, 무사한 것이 더 심한 벌이며 고난을 심히 당한 것이 복인지를 누가 아느냐. 소금이 썩는 날이 있을지언정 회개하지 않은 죄는 없어지지 않는다. 그리고 무엇보다도 이제는 유기적인 전체의 시대인 것을 알아야 한다. 어린이의 뺨이 빨갛게 이쁜 것은 폐에 고장 있는 증거 아닌가. 일본의 번

창, 좋은 일은 아닐 것이다.

그렇기 때문에 이 전쟁의 특별한 점은 4년 동안 몇억 되는 국민이 관련되어 싸웠어도 이익 난 것이 아무것도 없고 어느 편이나 손해뿐이라는 사실이다. 남은 그만두고 우리를 볼 때 얻은 것은 민족력의 소모, 도덕의 타락, 독재정권의 기회, 이것뿐이다.

현실적으로 손해가 났다는 것은 무엇인가. 정신적으로 그것을 보충하란 말이다. 이른바 밖에서 잃고 안에서 찾는다는 것이다. 정신이 뭔가? 장차 올 역사의 밑천 아닌가. 그렇기 때문에 6·25를 치르고 나서 자란 것은 민중뿐이다. 6·25 전까지 민중의 공산주의에 대한 태도는 매우 애매했다. 곳곳에 있었던 공비사건을 생각해보면 안다. 낮에는 민주주의, 밤에는 공산주의라고 하지 않았나. 그런데 6·25를 겪고 나서는 누가 강연 하나 한 것 없이 국민의 태도가 싹 결정돼버렸다. 또 독재정치가 강화되는 반면, 거기 대한 민중의 투쟁의식도 늘어갔다. 이것이 자라난 민중의 일 아닌가.

4·19

그렇게 돼서 온 것이 4·19혁명이다. 4천 년 역사에 어찌 이런 일이 또 있었던가. 민중이 일어나 평화적인 항의를 하여 정권을 무너뜨리고 혁명을 했던 일. 없었다. 없는 것이 당연하다. 민중이 깨지 않고 될 수 없는 일이기 때문이다.

이것은 3·1운동과도 다르다. 3·1운동도 민중의 운동인 것은 같지만 그래도 그것은 다른 민족의 압박에 대한 것이니만큼 민족적인 감정이 많이 작용했으므로 순수한 민주주의 투쟁이라 할 수 없다. 거기 비하면 4·19는 온전히 민주주의적이다. 그만큼 민중이 깬 것이다.

이때까지 오도록 민족노선에서 분명치 못한 것이 있었다. 민족주의인가 민주주의인가. 반드시 그 둘이 반대되는 것은 아니지만 역사에서 단계적인 성장의 관계가 있다. 민족주의는 민족 감정이 자연적인 것이니만큼 각별한 훈련을 하지 않고도 민족운동을 일으킬 수 있다. 그러나 민주주의는 사회과정을 통해서 자란 것이니만큼 민중이 깨지 않고는 될 수 없다.

그런데 해방이 될 때까지 우리는 민족적인 분위기 속에는 살았지만 민주적인 체험을 할 기회는 적었다. 그 사회적 사실이 없지는 않았지만 그 관계의 대상이 일본 사람이기 때문에 민족적으로 느껴졌지 민주주의적으로 파악되지 못했다. 그래서 해방이 될 때도 단순하게 이제 일본이 갔으니 이제는 우리 손으로 하면 된다고 했다. 그 우리란 조선 사람 또는 한국 사람이란 말이지, 자주하는 민중이란 뜻이 아니었다. 사실로 당한 것은 민주적인 단계인데 생각은 민족주의적으로 하고 있었다. 이것이 공산주의와 대결에서 이쪽이 늘 약했던 원인의 하나다. 저들은 옳거나 그르거나 간에 분명한 이념이 있는데, 이쪽은 성의는 있으면서도 분명한 인식이 없었다. 그러므로 늘 이론적으로 몰리기 쉬웠다. 그렇기 때문에 해방 직후 정부수립에서 싸울 때는 민족주 대 공산주의였는데, 미국의 응원 밑에 민주주의를 택하고 나니 언젠지 분명치 않게 민주주의가 되어 거기 사상의 혼선이 있었다. 그래서는 약해진다.

이것이 바로 6·25 후에 당면한 문제였다. 사회는 필연적으로 여러 가지 면에서 민주주의적으로, 급템포로 변하는데, 그래서 민중은 도리어 민주주의를 피부로 느끼고 있는데 사회구조는 옛날 일제시대 그대로 있었다. 아무 특별한 소양 없이, 단지 구식적인 출세 의식에서 나선 많은 정치인 관리는 민족이라는 명분 밑에 숨어서 옛날 봉건시대의 죄악을 그대로 행하는 때가 많았다. 이 상징이 바로 이승만이었다.

생각하면 바로 운명 같다. 아무리 낡은 시대의 인물이라 하더라도 청년시대에 민주주의의 본산인 미국에 가서 자라고 교육을 받았는데 어쩌면 그렇게도 민주주의적이 아니었을까. 역사가 개인 영웅의 일로 되던 때는 이제 지나갔으나, 지금도 개인의 인격 사상이 전체

역사에 크게 영향을 미치는 한 요소인 것은 부인할 수 없는데, 다른 점에서 퍽 유리한 점을 많이 가지고 있었던 그가 좀더 민주주의적으로 됐더라면 얼마나 나라에 복이었을까? 그런데 사실은 그렇지 않았다. 아마 역사 발전의 극적인 효과를 노려서 그런 사람을 배우로 뽑은 것이라고 해석하는 것이 옳을 것이다.

4·19가 얼마나 극적이었나? 사실은 세계가 눈이 휘둥그레져 축하를 보냈고, 우리 자신도 세계무대에서 어깨가 으쓱 올라가는 것을 느꼈다. 아마 이것이 세계의 학생운동에 미친 영향은 적지 않을 것이다.

좋은 극적 배치였다. 80 노인에 20대 젊은이, 순수한 지성에 역사의 썩어진 제도, 교묘한 흉계에 대해 물속에서 올라와 말하는 영靈.

주의할 것은 3·1 때와 마찬가지로 종교적 배경이 있었던 것도 아니요, 어떤 정치 세력의 조종이 있었던 것도 아니요, 미리 짠 조직이 있었던 것도 아니요, 온전히 젊음과 이성의 결합으로 된 즉흥시라는 점이다. 그리고 물론 가장 중요한 것은 비폭력이었다는 점이다. 그랬기 때문에 그것은 마치 소년 다윗이 물맷돌로 골리앗을 넘어뜨리는 광경과 같았다.

젊음 만세!

이성 만세!

비폭력 만세!

그럼 왜 실패했나?

학생에겐 실패 없다. 바치는 제물이 제단으로 나가 바쳐지면 그만이지 그 이상 또 무엇이 있겠나? 그것은 봉화였다. 타오르면 그만이었다. 그것은 혁명의 선봉이었다. 외치면 그만이었다. 그것은 하나의 계시였다. 해석은 다른 이에게 맡겨져 있었다. 그들은 4월의 꽃이었다. 피었다 떨어짐으로 영원히 피어 있는 꽃이다.

실패한 것은 민중, 특히 그 지도층이었다. 그들은 그 횃불 뒤에 계속해 나아가야 하고, 그 외침을 실행해야 하고, 그 계시를 풀어 해석해야 하고, 떨어진 꽃 뒤에 열매를 알들였어야 하는데 그것을 못했다.

왜 못했나?

체계 있는 혁명 이념 없었다. 민주주의가 있다면 있었지만 빈이름 뿐이었다. 가장 안타까운 것이, 핵심 세력이 없었다. 핵심 없는 민중은 골통 없는 몸과 같다. 몸이 있어서 있는 골통이지만, 그 골통이 분명한 작용을 하기 전엔 몸은 살았어도 죽으나 마찬가지다. 아무도 민중을 만들어내는 재주는 없다. 그렇지만 민중은 자기 속에 잠자고 있는 자기를 깨워주는 인격을 만나기 전에 제 노릇을 못한다. 반대를 말한다면 인물은 민중 없이는 못 난다. 맑은 호수가 천지 만상을 비쳐내듯이 겸손해 텅 빈 마음만이 민중 앞에 설 때 능히 그들로 하여금 자기 모습을 보게 한다.

민주주의라면서 하나도 민주주의 교육을 한 것 없다. 그러니 뿌리 없는 나무가 어찌 자라겠나. 새 정부가 한 해가 못 가고 망한 것은 당연한 일이다.

5·16

그러면 5·16은 무엇이며 왜 일어났나?

작용에는 반드시 반작용이 있다. 반동을 끼지 않는 동動은 없다. 소크라테스가 있으려면 소피스트들이 있어야 했고, 예수가 되기 위하여는 유다가 없을 수 없었다. 어느 강물도 좌우 언덕을 번갈아 치면서야 행진을 할 수 있듯이, 역사의 진행은 혁명 반혁명의 대립이 되풀이되면서야 될 수 있다.

노자는 "선인善人은 불선인不善人의 스승이요, 불선인은 선인의 거슴(資)"이라고 했다[『노자』, 제27장]. 나폴레옹을 프랑스 대혁명의 과정에서 보면 얼핏 보기에 잘못 나온 미아 같지만 결코 미아가 아니다. 역시 없을 수 없는 혁명의 한 귀절이었다. 다만 동動에 대한 반동이었다. 그는 혁명을 한때 망가뜨린 듯하다. 그러나 망가뜨림에 의해서 그것을 발전시켰다. 직접적으로 보면 혁명을 방해했지만, 그는 그것으로 혁명이 협소한 감정에 사로잡히는 것을 막는 한편 그 자유의 물결의 진폭을 넓혀 전 유럽, 전 세계를 삼키게 했다.

5·16도 아마 그럴 것이다. 모처럼 세웠던 공화정치를 무너뜨리고 왕관을 제 손으로 잡아당겨 쓰고 황제가 됐던 나폴레옹 모양으로, 4·19혁명을 불과 일 년 만에 안색 없이 쓸어버린 것 같지만 큰 안목으로 볼 때 그것은 혁명운동을 대성시키기 위해서 나온 필요악일 것이다. 그렇게 해석하고 그렇게 만들지 않으면 안 된다. 믿음이 이긴다.

4·19의 약점은 그 지나친 흥분에 있었다. 이승만 정권의 극적인 몰락을 보고 정말 일이 다 된 줄 알았다. 거기에 잘못이 있었다. 그것은 우리가 우리 자신을 잘 알지 못한 것이요, 혁명이 어떤 것인지도 몰랐던 일이다. 우리는 우리 자신이 성격적으로 병이 든 민족임을 잊었었다. 그러므로 하루아침에 새 국민이 된 줄 알고 도취해서 악의 뿌리를 캐내야 할 것을 잊었다.

악은 그렇게 쉬운 것이 아니다. 악은 불사체不死體다. 선이 불사체인 줄은 생각하기 쉬워도 악도 역시 불사체인 것을 생각하는 사람은 적다. 그러나 선이 불사체이기 때문에 그 선을 이루게 하기 위해 악도 불사체다. 사탄은 마지막 순간까지 남는다. 천국은 무풍지대가 아니다. 영원한 회오리바람에 의해 올라가는 그 중심에 하나님의 보좌를 가지는 곳이다. 그렇기 때문에 예수가 풋내기의 열심을 가지고 악의 가라지를 당장에 뽑으려는 제자들을 말리고 못하게 한 것이다. 대번에 혁명을 완성한 줄 아는 생각이 비혁명적인 생각이다. 참 혁명가에는 완성이 없다. 영원한 대결이 있을 뿐이다. 노자가 옳게 말했다. "작은 것을 봄이 밝음이요, 부드러움을 지킴이 굳셈이다."

4·19에서 우리는 이제 시작인 것을 알았어야 할 것인데 그것이 끝인 줄 착각을 했고, 우리 자신을 죽여야 하는데 자유당을 죽이기만 하면 되는 줄 망상을 했다. 그랬기 때문에 낡은 악은 여전히 남아 있었다. 5·16은 그 악이 전보다 더 심한 것을 보여주려고 전보다 더 흉한 귀신 일곱을 데리고 돌아온 것을 보여주고 있다.

5·16 이후의 정치를 한마디로 형용한다면 '지독'인데 그 수법도 그렇고, 그 계획성도 그렇고, 그 결심도 그러해서, 어떤 때는 보통 인간의 심성으로는 도저히 상상조차 할 수 없는 것이 있는데 이러한 까닭은 그들이 자기네도 모르게 역사의 엄명을 받고 우리 민족을 시험하는 자리에 선 것이라고 생각하지 않고는 이해할 수 없을 것이다. 이것은 마치 이조 초기에 세종의 성시盛時를 이어서 섰던 세조世祖의 자리와 같은 것이다.

그는 악귀같이 일어나서 세종 문치文治의 깊이가 한 뼘에 지나지 못하는 것을 드러냈다. 모두가 반동에 의해서 반상적인 고침을 깨뜨려 혁명의 철저화를 이루려는 일이다. 악이 지독해지면 선도 지독해져야 하고, 악이 과학적·조직적이 되면 선도 과학적·조직적이 되지 않으면 안 되며, 악이 영구 지배를 목적으로 하면 선도 영구항쟁을 각오해야 하는 것을 알려준다.

그러고 보면 5·16에서 처음부터 혁명이냐 아니냐가 굉장히 토론됐던 것은 참 의미 깊은 일이다. 일으켰던 자신들은 아마 혁명으로 알고 일어났을 것이다. 그러나 결과는 반동이 됐다. 그러면 이 모순이 어디서 나왔나? 이것이 바로 4·19에 대한 역사의 심판이라 해야 할 것이다. 이들이야말로 잘못된 흥분을 받아서 일어나서 업신여겼던 대적, 곧 낡은 악에 완전히 포로·동화가 돼버린 것이다.

아무 혁명이론도 없이, 새 역사에 대한 청사진 하나 없이, 단지 무기를 든 것을 믿고 일어선 것, 그렇기 때문에 청소작업을 마친 다음에는 깨끗이 물러나 본래의 직장으로 돌아간다 공약을 했던 것은 솔직이람 참 솔직이지만, 그만큼 혁명의 자격 없음을 말하는 것이요, 그런 때문에 자기네가 잡으려던 대적에게 도리어 잡혀버린 것이다.

정정법淨政法을 만들어 낡은 정치인을 다 잡아넣었는데 자기네 자신이 그것을 배워 그들보다 몇 갑절 더한 낡고 썩어진 정치인이 됐고, 부정부패 청산한다 했는데 청산은 그만두고 열 곱 백 곱 더 부정부패에 잡혀버렸다. 그래서 병 주고 약 주는 식으로 그 부정부패를 끝까지 청산하기 위해 영구 집권을 도모하는지 모르나, 그러노라니 완전히 반혁명이 돼버렸다. 이런 의미에서는 그들은 민족의 죄를 대표한다.

그 결과 민족이 나아가는 길은 아주 혼란에 빠져버리고 말았다. 오리무중에 들었다 할까, 수렁에 빠졌다 할까. 민족주의라 하자니 너무 일본에다 싸게 팔렸지, 민주주의라 하자니 국민의 기본권리조차 없어졌지, 반공을 국시로 한다 내걸었는데 그 공산주의와 공존을 해야 한다 하게 됐지, 근대화를 가장 큰 간판으로 내걸었는데 경제는 파산 상태에 빠졌지, 비상사태를 선포해놨는데 평화통일을 위한 협상을 해야지. 또 중공은 서편에 세계 일류급의 군사국이 됐고, 일본은 동편에 세계 일류급의 경제국이 됐고, 미국은 여전히 남쪽에 버티고 소련은 변함없이 북쪽에 호통을 치고, 그러하는 십자 교차점에서 앉지도 못하고 서지도 못하고 이북과는 적대라 어제까지는 그랬으나 그렇다고 오늘부터 친교라 할 수도 없고, 우왕좌왕을 할 수 있나, 전고후려(前顧後慮: 지난날을 돌아보고 뒷날을 염려함 – 편집자)를 할 수 있나, 참 막막하고 답답한 자리다. 지금 우리는 이러한 자리에 있다.

새 진로

그러나 절대로 기氣가 죽어서는 아니 된다. 기가 생명이다. 혁명 전야는 언제나 그런 법이다. 이것은 우리로 하여금 낡은 것에 대한 집착을 완전히 버리고 새로운 창조에 대한 신념을 가지게 하기 위하여 있는, 역사의 몰아치는 채찍이다. 필요한 것은 방법의 토론이 아니고 모래알같이 서로 흩어져 떨어진 마음을 하나로 살려 불러일으키는 영감이다. 어떤 민족도 그러한 영감 속에 한통치고 들어감 없이 새 역사를 창조한 전례가 없다.

그러한 영감에 이르기 위해 생각해볼 몇 가지 조건이 있다.

첫째, 지금 인류를 지배하고 있는 이런 식의 국가주의는 이미 그 막다른 골목에 들어섰다는 사실이다. 데모크라시니 공산주의니, 양극의 대립이니 다원적 공존이니 하지만, 그것이 다 국가지상주의인 점에서는 마찬가지다. 지금까지 모든 국가의 이상은 대국주의에 있었다. 그 결과로 나온 것이 제1차 세계대전이요 제2차 세계대전이다.

그런데 있는 지혜와 기술과 용기를 다 동원하여 전쟁을 하고 난즉, 구경(究竟: 마지막에 이르는 것 - 편집자)에 도달한 점은 이 이상 더 싸울 수 없다는 것이다. 본래 전쟁은 이기고 나면 이익이 나기 때문에 하는 것인데, 이 두 차례의 큰 전쟁은 하고 난 결과 승자 패자의 구별이 없이 다 같이 죽는 운명에 도달하게 됐다. 이것은 전에는 모르던 일이다. 이것은 인간의 정신연령이 낮을 때는 될 수 있었던 일이다. 그러나 이미 성인成人 지경에 도달한 인간에게는 이해利害가 국경선을 넘어서 서로 일치하게 됐다. 그전에 나라라고 한 것은 참 의미의 전체가 아니고 어떤 권력 단체가 짜고들어서 전체라는 이름을 도둑하여서 민중을 지배해온 것이었다. 거기서는 국가는 절대권을 가지고 개인을 지배했었다. 그러나 정신적으로 자란 인간이 거기 언제까지 굴복하고 있을 수는 없었다. 그리해서 국가주의 안에 들어 있는 모순이 드러나게 됐다. 그렇기 때문에 지금까지는 대국가주의 아래서 자기희생을 당하면서도 국민들은 참아왔다. 그것을 이득으로 생각했기 때문이다. 지금은 그 거짓이 백일하에 드러나게 됐으므로 어느 국민도 무조건 국가를 지지하려 하지 않는다. 여기에 현대국가의 고민이 있다.

한마디로 해서, 현대국가의 나아가는 길이 앞이 막혔다. 우리는 후진국이라 하여, 소위 선진국이라는 나라를 따라가는 길이 사는 길인 줄로 알고 있지만 사실은 선진국 자체는 고민하고 있다. 참 의미로 말해서 우리는 그 대국주의에 희생이 된 민족이다. 그러므로 이미 고도로 발달한 기술시대에서 그들과 경쟁하여 그들을 이길 가능성이 도저히 없을 뿐 아니라, 그 길이 이미 선고받은 길임을 알 필요가 있다.

그다음은 이 앞의 인간사회는 점점 더 유기적인 사회가 되어갈 것이라는 점이다. 문명이 이렇게 발달하지 않았을 때 인간은 서로서로 그리 밀착된 사회가 아니었다. 그러므로 개인이 그 본위였다. 그러나 기술이 발달함에 따라 인간관계는 이미 기계적인 관계를 벗어나서 유기적인 하나의 전체가 되고 말았다. 그러므로 어느 개체도 전체에서 떨어져 살 수 없이 됐다.

우리 개체가 많은 세포로 모여서 유기적인 하나를 이룸으로 살아가는 것처럼, 이제 인류 전체가 그런 단계에 들었다. 외양으로 같은 인간인 듯하나, 그 성질로는 전과 아주 달라졌다. 전체에서 떨어지면 떨어진 그 개체, 그 개체를 잃은 전체도 다 살지 못한다. 한 가정을 그 좋은 실례로 들 수 있다. 이제 전 인류가 그런 단계에 들었다. 그것을 깊이 인식함이 없이 현대인류를 구원할 수는 없다. 그러므로 참 의미에서 원수나 대적이 없다.

몇천 년 전 위대한 종교가들이 계시를 통해 보았던 것을 이제 우리는 과학적인 사실로 당하고 있다. 지금까지 전체에서 떨어졌다는 우리로서 앞날의 새 역사를 생각할 때 이 점은 밝히 알 필요가 있다. 사실 이것은 우리에게는 고무적인 복음이다. 예수가 하늘나라를 선포했을 때 가장 환영한 사람들은 기성체제에서 소외를 당했던 사람들이었다. 오늘 우리는 20세기의 소외된 부류들이다. 우리야말로 이 새 체제에 앞장설 필요가 있다.

다음은 앞으로 폭력주의를 지양하지 않고는 인류는 살 수 없다는 점이다. 무기의 발달로 인하여 폭력을 사용할 수 없는 단계에 이르렀다. 폭력을 사용하는 날 인류만 아니라 지상의 온 생명의 씨가 멸망될 위험이 있다. 그뿐 아니다. 폭력은 정신연령이 자라기 전에는 효과가 있었으나 정신의 정도가 올라갈수록 효과가 없다.

이제는 사상의 절대화는 있을 수 없다. 탈이데올로기 소리는 이래서 나온다. 어느 천재적인 사람의 생각을 강요하여 그리 맞추어나아가려 하던 것은 지난날이요, 이제는 자진하는 데야말로 정신의 진보가 있는 것을 잘 알고 있다. 인간 속에 있는 선한 가능성을 해방시키는 것이 문제인데, 그것은 폭력으로 강제하여서가 아니라 자기 희생적인 사랑에 의하여서만 되는 것을 우리는 이제 잘 알고 있다.

마지막으로 하나 더 말할 것은, 그런 모든 혁명적인 일을 성취하기 위하여 어서 빨리 핵심단체를 형성할 필요가 있다는 점이다. 주체는 물론 민중이지만 핵심 없는 민중은 아무것도 아니다. 전체는 마치 하나의 렌즈와 마찬가지다. 초점이 없어서는 렌즈가 될 수 없다. 그러나 그것은 지난날에 있었던 같은 집단주의여서는 아니 된다. 전체는 그 수에 달린 것이 아니라 그 성격에 있다.

한둘이 모여도 하나님의 이름으로 모이면 거기 하나님 나라가 있다. 지난날같이 지배하거나 지도하자는 것이 목적이 아니라, 전체의 초점이 되기 위해서다. 내 몸이 있어도 거울이 없으면 내 얼굴을 알 수 없듯이, 민중도 어느 어진 핵심체 앞에 서야만 자기 자신을 알게 된다. 위대한 사람이란 지배하는 사람이 아니라 민중으로 하여금 자기 속에 가지고 있으면서도 모르던 자기를 발견하게 하는 사람이다. 예수 앞에 서면 갈보계집들도 스스로 하나님의 백성인 것을 알았고, 석가 앞에 서면 범부凡夫도 스스로 불성佛性을 가진 것을 알았다. 그런 일을 위해서 새 이상을 가지는 핵심체의 구성이 시급히 필요하다.

단말마적으로 심해가는 압박 구속은 사실은 유리들 갈아서 초점을 잡자는 저 큰 우주 렌즈공이 시켜서 되는 일일 것이다.

앞에 새 길이 희미하게 내다보인다!

• 1972년 8월, 『씨울의 소리』 제13호

내가 겪은 관동대진재關東大震災

그 50돌에

1923년 9월 1일 일본의 동경·요코하마橫濱를 중심으로 하는 지방 일대에 큰 지진이 일어났던 일이 있습니다. 본래 일본은 지진이 많은 나라이어서 평상시에도 집이 흔들흔들 울리는 정도의 것은 한 달에도 몇 차례씩 있는 수가 있습니다. 그러나 이것은 일본 역사에서도 드물게 보는 큰 것이어서, 또 큰 지진에는 으레 그런 법이라지만, 곳곳에서 일시에 불이 일어나서, 사람이 여러 십만이 죽고 상하고, 집이 무너지고, 이루 헤아릴 수 없는 물자가 타버리고, 당시에 지름이 6, 70리는 됐을, 세계에서 손꼽히는 도시의 하나였던 대동경시가 하룻밤 새에 그 3분의 2가 잿더미가 돼버렸습니다.

일본에서 그 지방을 관동지방이라 부르기 때문에 그 나라 사람들은 이 끔찍했던 사건을 흔히 관동대진재關東大震災라 합니다마는, 한때 일본은 이 관동대진재로 나라터가 흔들렸다는 말까지 나돌았으리만큼 무서운 것이었습니다.

세계적으로 봐도 이것은 인류가 당했던 재난 중 가장 큰 것의 하나입니다. 그러나 우리에게는 그것이 이웃의 '불'만이 아니었습니다. 우리 자신이 살과 뼈와 피와 부르짖음으로 빠져들어 같이 당했던 재난이요, 더구나 일본 사람에게는 그것이 하나의 천재지변이었는지 몰라도 우리에게는 그것이 단순한 자연의 불행만이 아니라 인간의 악을 겸해서까지 받은 것이기 때문에 더 지독한 것입니다.

그때 우리는 일본 군국주의에 나라가 먹히고 총독정치 밑에 압박과 업신여김을 받은 지 13년이 되던 때입니다. 나라 생각은 터럭만큼도 없는 지배자의 학정에 수백 년 지쳐 모든 참된 의욕을 잃고 고식주의 운명론의 종이 되어 곤한 잠을 자던 씨올이, 나라가 팔려 넘어가는 줄은 알지도 못했다가 사슬이 목에 감긴 다음에야 겨우 알아차리고 몸부림을 시작했고, 그러기를 아홉 해 하다가 세계대전 후 부는 새 바람을 맞고서야 비로소 정신을 가다듬어 3·1운동을 일으켜 세계 인류의 정의감에 호소하여 잃었던 주권을 찾아보려 했습니다. 그러나 그것도 실패로 돌아가고 말자, 낙심을 하는 것은 아니지만, 이제는 차분히 실력을 기르는 수밖에 없다는 생각에, 산업에 힘을 쓰고 교육에 열중하는 풍이 일어나기 시작했습니다.

그래서 원해서 되는 일은 아니었지만 일본과의 관계가 생활을 통해 깊어지기 시작했습니다. 그래서 그때쯤 해서는 동경에 유학하는 우리나라 학생도 상당히 많았고 그 시외 변두리에는 날품팔이로 비참한 살림을 해가는 우리나라 노동자들이 많이 있었습니다. 그랬기 때문에 우리 사람 중에도 그 지진 화재로 희생이 된 사람도 많았습니다.

그러나 정말 불행은 거기 있는 것이 아니었습니다. 지진이 나자 일본 사람들은 난데없이 조선 사람들이 난동을 꾸민다고 풍설을 돌려서는 우리 사람을 닥치는 대로 마구 죽여버린 일이 있었습니다. 소위 조선인 학살사건이라는 것입니다. 이것이 정말 잊지 못할 끔찍한 일이었습니다. 내가 인간의 악까지를 겸해서 받은 재난이라고 한 것은 이 때문입니다.

금년 9월 초하루는 바로 그 50돌이 되는 날입니다. 나는 그때 동경에서 그것을 몸으로 겪고 살아난 사람의 하나입니다. 그러므로 이제 그것을 한번 돌이켜 되새겨보자는 것입니다.

일본 유학의 설움

그해 3월 나는 오산학교를 졸업하고 동경으로 유학을 갔습니다. 그 때까지만 해도 "만리타국으로 유학을 간다"고 했습니다. 오늘날 외국 유학이라면 별로 이상할 것이 없습니다. 그러나 그때는 그렇지 않았습니다. 거기 깊은 설움이 있었습니다. 물론 생각이 없는 사람은 그것을 자랑거리로 알 수도 있었을 것입니다. 그러나 모든 것에서 뜻을 찾자는 마음에는 그것은 슬플지언정 그저 단순히 성공의 층층대를 올라가는 것이라고만 생각할 수는 없었습니다.

나는 1962년 미국 국무성 초청 케이스로 시찰 여행을 갔으면서도 미국 사람들보고 "나는 너희 나라에 전쟁포로로 왔다" 했습니다. 그 이유는 우리가 문명의 경쟁장에서 그들에게 지지 않았던들 내가 미국 구경이랍시고 엉금엉금 갔을 리는 없었을 것이기 때문입니다.

그것도 그렇지만 이때에 일본 유학이야말로 정말 전쟁포로로 잡혀가는 일입니다. 좋아서 간다기보다 할 수 없이 잡혀가는 것입니다. 생각해보십시오. 젖이 떨어지자부터 제 나라 말이 아니고 외국말로, 그나마도 착한 이웃이 아니라 우리나라를 강도질한 원수의 말로, 강제 교육을 받아야 한다는 것은 얼마나 비참한 일이었던가? 오늘 사람들의 마음이 크게 넓어져서 그럴까요? 골목마다 일본어 강습소가 들어섭니다. 알 수 없는 일입니다.

옛날은 효자는 그 부모의 손때가 묻은 것은 몇 해 동안 차마 만지지도 못한다고 했습니다. 그 마음으로 한다면 저 일본말이 제 아비가 어린아이 때부터 학대를 받아가며 강제로 시킴을 받던 말인 것을 생각해서라도 차마 그것을 못하면, 사람이 아닌 것같이 미쳐 돌아가지는 않을 것입니다. 나더러 마음이 좁다 마십시오, 나는 '일본놈' '왜놈' 하는 말은 한 번도 해본 일이 없습니다. 세계의 입이 우리를 가리켜 일본의 돈닢을 보고 스스로 제 몸을 팔러 기어들어가는 갈보라고 하도 흉을 보니 하는 말입니다.

생각이 바른 이는 어떻게 말을 하나 보십시오. 내 존경하는 일본인 선생에 쓰카모토 도라지塚本虎二라는 분이 있습니다. 해방 직후 오산 출신 후배 한 사람이 동경 유학을 하며 그의『성서』연구집회에 다닌 일이 있었습니다. 어떤 일요일 그 모임에서 선생이 그더러『성서』낭독을 하라고 시켰습니다. 그래 시키는 대로 낭독을 했는데, 아마 발음이 좋게 잘했던 모양입니다. 선생은 듣고 나서 "외국말을 외국말인 줄 모르리만큼 잘하는 것은 수치야요" 했습니다. 물론 그것은 칭찬으로 하는 농담이지만 거기 콕 찌르는 것이 있는 무서운 말입니다.

그것을 그때 우리 유학생들이 일반으로 흔히 그랬던 것같이, 발음이 일본 사람과 꼭 같다고만 하면 기뻐하고 슬그머니 뽐내려 들던 것과 대조한다면 얼마나 차이가 있습니까? 나는 그때 이름은 중학 졸업이라 하지만 나이는 스물셋입니다. 제대로라면 대학을 졸업하고 교수 될 나이입니다. 내 학교가 늦은 데도 우리 역사의 작용이 있습니다. 나는 한국 시대에 나서 소학교를 다니다가 합병 후 다시 공립보통학교를 다녀서 졸업을 했고, 그다음 중학 교육은 먼저 관립학교에 들어가서 받다가 3·1운동 때 버리고 나와서는 몇 해를 놀다가 다시 오산을 다녀서 졸업을 했습니다. 그러노라니 늦을 수밖에 없었습니다.

늦은 것은 부끄럽지만 생각을 좀 할 수 있었으니 고마운 일이요, 더구나 소학·중학을 다 사립·관립을 겸해 다녀볼 수 있었다는 것이 크게 다행한 일입니다. 도매금으로 한데 묶어 말하기는 어렵지만 대체로 사학에는 자유정신이 있고 관학에는 벼슬아치 버릇이 붙기 쉽습니다. 다른 나라는 또 몰라도 우리나라나 일본은 적어도 그렇습니다. 나도 만일 양시楊市 공립보통에서 관립 평양고등보통으로만 올라가 졸업을 했다면 대통령 보좌관쯤이나 되고 말았을는지 모릅니다. 다행히 시골 상놈의 집에 나서 사립 덕일소학교 물 먹고 사립 오산중학교 물 먹었기 때문에 벼슬은 못했어도 얼반둥이 일본 사람 됐던 일 없고, 남에게 종살이 아첨질 가르쳐준 일 없습니다.

떠나는 첫 발걸음부터 문제입니다. 집의 부모와 선생께 하직을 하

고 나올 때는 '일본'을 가는 것인데 길에서 관리를 만나면 '내지'內地라 해야 합니다. 그리고 일본말이 아니라 국어라고 해야 했습니다. 그런데 그렇게 강요해놓고는 그들이 우리보고 뭐란지 아십니까? '봉야리상'ばんやりさん이라고 했습니다. 멍청이란 말입니다. 나라를 빼앗기고도 허허 하고, 원수의 나라를 내지, 원수의 말을 국어라고, 시키는 대로 하며 입을 헤벌리고 걸어다니니, 멍청이임에는 틀림이 없지만 참 너무한 짓입니다. 사립 덕택으로 나는 그 수모는 안 받았습니다.

우리 친구 김교신은 "연락선 갑판을 발 구르며 조선 사람인 것을 알았노라"고 부르짖은 일이 있습니다마는 그때 일본 유학 간답시고 부산·시모노세키下關 사이에 왔다갔다하는 연락선을 들락날락하면서 망국민으로서의 설움을 뼈에 못 느낀 놈은 사람이 아닐 것입니다. 일본 사람과 꼭 같은 돈을 내고, 하라는 대로 국어를 지지거리고, 내지엘 가노라 해도 대접은 짐승 대접이지 사람으로 여기지 않았습니다.

혹 이따금은 뱀이 있는 사람도 없지 않았습니다. 내 족형族兄 석은錫殷이한테서 들은 이야기입니다. 어떤 유학생이 집에 돌아오노라 연락선을 탔는데 거기 조선 나와서 보통학교 선생 노릇하는 사람이 하나 탔더랍니다. 그때 데라우치 마사타케寺內正毅 총독 시대인데 학교 선생에게도 모두 칼을 채웠습니다. 이 일본 교사가 일본 안에서는 그런 법이 없으므로 부끄러워서 연락선 안에서는 칼을 감춰두고 있다가 배가 부산에 와 닿게 되니 그때는 슬슬 끄집어내서 차더랍니다.

이 유학생이 그것을 보고 일어서서 배 안의 사람들을 보고 한바탕 연설을 하면서, 이 사람을 보라고, 학교 선생이라면서 칼을 찼으니 아마 이걸 가지고 아이들을 위협을 하는 모양이지요 하며 놀려주었답니다. 그랬더니 그 사람은 아무 말도 못 하고 얼굴이 빨개지더라는 것입니다. 아주 망하지는 말라고 이따금은 이런 사람도 있었지만 대개는 짐승 대접을 받으면서도 짐승처럼 모는 대로 이리 가고 저리 갔습니다.

그러나 짐승처럼 가만 있는 것은 또 괜찮은데, 적지 않은 수의 것들이 아주 일본이 다 됐노라고 으스대는 데는 참 질색이었습니다. 가짜 일본종이 진짜 일본종보다 더 고약했습니다. 내 눈으로 당했던 꼴, 사립학교도 교련을 하라고 해서 오산에서도 교련 선생을 구해왔던 일이 있습니다. 그래도 일본 사람보다는 나을까 하는 생각에 일본 육군사관학교를 나오고 예비역 소좌로 있다는 이아무개라는 사람을 데려왔습니다. 자기 스스로 이 충무공의 직계손이라고 하는데, 하루는 아침 조회 시간에 단에 올라서더니 한다는 소리가 "천황폐하의 군인이 돼서 전장에 나가서 죽게 되면 '천황폐하 만세' 하고 죽어야 된다"고 하지 않습니까.

아무리 나라가 망했기로서니 다른 데도 아닌 오산학교 마당에서 감히 그런 소리를 합니까? 치가 떨려 견딜 수가 없어 당장 끌어내리려 했더니 여럿이 말려서 하지는 못하고 말았습니다마는 나는 오늘까지도 그것을 잊을 수 없습니다.

세상에 어쩌면 그런 것들이 있습니까? 그러고 보면 한국에서 났다고 다 한국놈도 아니요, 이충무 소리를 한다고 다 이충무도 아닙니다. 도대체 그놈의 대일본육군사관학교란 무엇입니까? 거기서는 피도 삭고 역사도 변했습니다. 그러니 그 군국일본은 망했습니다.

이런 이야기는 지진과는 상관이 없는 듯합니다. 그렇지만 이것을 모르고는 조선인 학살사건을 알 수 없고, 조선인 학살을 모르고는 관동대진재의 뜻을 알 수 없습니다.

품고 갔다 품고 돌아온 것

3·1운동이 아니었더라면 나는 사람질을 못하고 말았을 것입니다. 그렇게 말한다고 지금은 감히 사람질 한단 말 아닙니다. 깊은 밤 내 마음의 지성소 앞에 엎드릴 때 나는 언제나 몸둘 곳이 없어하는 나입니다. 그렇지만 그 형편없는 나로서도 만일 3·1운동의 세례를 받은 것이 없었더라면, 깊은 깨달음은 그만두고라도, 인생과 역사에 대한

방향감각조차 가질 수 없었을 것이라는 내 실감에서 하는 말입니다.

나만 아니라 그 시대에 젊은이였던 모든 사람이 다 그렇지 않을까 나는 믿습니다. 아마 오늘의 젊은이는 8·15나 4·19에 대해 같은 체험을 가질 것입니다. 시대의 정신이란 그렇게 중요한 것입니다. 그것은 마치 밀물 같은 것이요, 폭풍 같은 것이요, 지진 같은 것입니다. 달이 뜨고 저기압이 생기고, 땅이 흔들리면 그 안에 있는 모든 것이 그 영향을 아니 입을 수 없듯이, 시대가 한 번 움직이면 그 안에 사는 모든 마음이 그 구조의 핵심에까지 영향을 받게 마련입니다. 나는 감사합니다.

그렇지만 또 그렇지 않은 점도 있습니다. 밀물이 아무리 들이밀어도 외로운 바윗등에 달라붙는 소라에게는 소용이 없듯이, 폭풍이 아무리 몰아쳐도 구멍에 숨는 지렁이에게는 의미가 없듯이, 지진이 아무리 일어도 무덤 속에 썩는 시체에는 아무 영향이 없듯이, 시대의 대세가 아무리 아우성을 쳐 부르고 그 선물을 골고루 나눠주려 손짓을 해도, 제가 스스로 역사의 나아가는 행렬을 외면하고 골동품 상점에 들어가 앉았는 마음에는 어떻게 할 수가 없습니다. 골동품 상점이 어떤 것입니까? 대일본육군사관학교 같은 것입니다.

받는 교육의 영향이 큽니다. 3·1 이후이면서도 더욱이 나는 "다섯 되 그늘에서 흘러나오는 물"의 말류未流나마 마실 수 있었기 때문에 일본을 가도 얼반둥이 일본이 아니 될 마음의 태세가 돼 있었고, 군국주의 나라엘 가도 육군사관학교 같은 데는 기웃해볼 리도 없을 만큼 나갈 방향이 잡혀 있었고, 땅이 쩍쩍 갈라지고 불길이 하늘을 태우는 재변災變을 당해도 자아는 잃지 않을 수가 있었습니다.

사랑하는 어머니 손가운데 실 나들이 가는 아들 몸 위의 옷이네
떠나는 마당에 꼼꼼히 꼼꼼히 꿰매줌 돌아올 날 더딜까 더딜까 걱
정함일세
어쩌면 풀끝 같은 이 마음 들어 긴긴 봄 햇볕 같은 그 은혜 갚으리

慈母手中線 遊子身上衣
臨行密密縫 意恐遲遲歸
誰言寸草心 報得三春暉
• 맹교, 「유자음」遊子吟

집은 가난하지만 사랑은 봄볕보다 더합니다. 나라는 깨졌지만 역사의 은혜는 변할 줄이 없습니다. 나는 뵈는 옷, 뵈지 않는 옷을 안팎으로 껴입고 길을 떠났습니다. 뵈는 옷은 가늘고 가는 실 손톱이 닳도록 다듬고 자아 짜내고 꿰매서 지은 것, 뵈지 않는 옷은 실보다 더 가는 마음들 뽑아내고 자아내서 하늘볕에 바래고 역사 흐름에 헹구어 엮어서 지어낸 것, 바람 들세라, 물 들세라, 궂은 것 붙을세라, 독한 것 침노할세라, 마지막 순간까지 한 바늘뜸 뜰 때마다 기도하며 당기고 조여 실 끝 풀리지 않게 맺고 또 맺은 후 당부하며 당부하며 입혀주고는 말 못 하고 고개 숙이던 어머니입니다.

나는 현해탄을 건널 때 품고 간 것이 있습니다. 비바람보다 더한 눈총 속에서도, 땅을 태우고 하늘을 지키는 불길 속에서도, 번쩍이는 창검 속에서도, 내버리지 못하고 품고 있던 것이 있습니다. 하던 일 다 마치고 얼굴빛 더 그을어지고 현해탄 도로 넘어 다시 돌아올 때도 품고 돌아온 것 있습니다. 속을 여물려면 물론 아직 멀었습니다. 그렇지만 나는 그때 이미 씨올로서의 올갱이는 넣어주심을 받은 것이 있었노라고 믿고 있습니다.

3월 하순에 동경을 갔는데 처음 한 학기는 마음도 놓지 못하고 지냈습니다. 한 해를 준비해서 명년에는 꼭 어디나 입학을 해야 한다는 생각 때문이었습니다.

나는 젊어서부터 의지가 강한 사람이 못 됩니다. 마음이 찬찬해서 모든 일을 계획을 짜서 해나가는 편도 못 됩니다. 결단성은 더구나 부족합니다. 그래서 평고平高시대에도 공부를 파지 않았습니다. 별로 호걸스런 성격이 있는 것도 아니고, 그렇다고 장난꾸러기냐 하면 그것도 아닙니다. 잠잠은 한 편이면서도 남들 성적 다투며 공부 파는 것이 어쩐지 속돼 보여서 그것을 공부벌레들이라고 웃고, 그저 하는 대로 하고 있었습니다. 그러나 늦게 오산을 가니 후배가 선배된 사람들도 있고 해서 이제 좀 공부를 해야겠다는 생각도 있었으나 그때도 그리 열심으로 하지 못했습니다.

그런데다가 그때 소위 부활 오산, 3·1 때의 헌병이 불질러 다 타고 선생 다 잡혀가고 학생들 다 양떼처럼 흩어져 한때 학교가 아주 없어졌다가 졸업생들의 의론으로 다시 세운 것을 부활이라 합니다만, 그 오산은 참말 형편없었습니다. 집도 임시로 지은 초가에 책상도 걸상도 없이 마룻바닥에 앉아 하는 공부였는데 선생들조차 자꾸 변동이 많아 실력 있는 교수를 할 수가 없었고, 자격조차 없는 학교였습니다. 그러니 거기서 두 해 지난 학력 가지고 대학에 들기는 도저히 불가능한 것입니다. 준비를 해야 하는데 자격이 없으니 검정시험을 쳐야겠는데, 그러려면 모든 학과를 다 준비해야 합니다.

또 집 형편으로는 동경 유학이란 엄두도 낼 수 없는 것이므로 학교에서 주는 보조를 받아서 왔으니 책임을 느끼지 않을 수 없습니다. 그런 관계로 자연 마음을 놓을 수가 없었습니다. 그래서 구경 같은 것은 본래 즐기는 버릇이 없습니다마는 첨으로 간 대동경인데도 별로 구경하러 나간 것도 없이 한 학기를 보냈습니다.

처음에는 먼저 가 있던 남강 선생 둘째아드님 이택호李宅鎬 선생의 주선을 받아 유시마湯島의 어떤 하숙에 들어서 그때 우리 학생이면 거개 한 번씩은 거쳐서 가는, 간다쿠神田區에 있는 세이소쿠학교正則學校에 다니다가, 낯이 좀 익어진 다음 그때에 같이 오산을 나왔던 돌아간 명재억明在億을 만나서 그가 있던 혼고쿠本鄉區 사카나마치肴町로 하숙을 옮겼습니다.

명은 그때 자기 삼촌 희조羲朝씨와 같이 가 있었는데 그는 나이 40 넘어 50이 가까워 머리에 벌써 서리 내리기 시작한 분이었습니다. 또 그와 같이 한 집에 채필근蔡弼近 목사가 있었습니다. 그도 명희조 씨와 같은 연배나 돼 보였고 머리도 같이 반백이었습니다. 채 목사는 그때 동경제대 선과選科에 다니던 때였습니다. 두 늙은이가 늦게 공부를 한다고 힘을 쓰는 것을 보고 감동을 받은 점도 많습니다.

동경도 그때만 해도 옛날입니다. 사카나마치란 그리 구석진 곳도 아닌데도 저녁이면 동리 아이들이 반딧불 벌레 사냥을 하느라고 "호타루 고이 호타루 고이" 하며 떠들고 다녔고 낮이면 쓰르라미가 귀청이 찢어질 정도로 나뭇가지에서 울고 있었습니다.

일을 이루는 것은 하늘이다

자연이 그런 만큼 사람도 그랬습니다. 처음 갔을 때 주인이 다카토리高取란 사람이었는데 가정 공업으로 염색을 해서 팔고 있었습니다. 아직 시골 할아버지 티가 있는 친절한 사람이었습니다. 얼마 아니 있다가 주인이 바뀌고 우리는 그냥 눌러 세로 들어 있게 됐는데 다카바야시高林란 그 새 주인 역시 착한 사람이었습니다.

나라에 있을 때는 일본 사람이라면 다 여우나 승냥이 같은 것으로만 알았는데 놀라지 마십시오. 이 사람은 동경 안에 살면서도 조선은 독립한 나라인 줄 알지 자기네 식민지인 줄도 모르고 있습니다. 그러고는 우리보고 당신네 나라에서는 어떤 옷을 입고 무슨 글자를 쓰느냐 물었습니다. 목수 노릇을 하는 사람인데 우리가 기독교인 것을 보고 이것저것 묻기에 예수도 목수였다고 했더니 아주 좋아했습니다.

나는 지금은 민중과 국가와는 분명히 구별해 생각합니다마는 그때도 벌써 두 개의 일본을 느꼈습니다. 일본 민중으로서의 일본과 대일본제국이라는 일본. 첫째 것에는 죄 있을 것 없습니다. 민중은 세계 어디 가도, 세계 어느 구석의 물도 물은 물과 서로 섞여 하나가 되는 물이듯이, 다름없는 민중입니다. 죄 있는 것은 그 둘째 것, 소위 정치가라는 도둑들의 손에서 노는 국가라는 것입니다.

그해 따라 참 무더웠습니다. 동경의 여름은 본래 무덥다는 것이지만 그해는 각별히 더 무더웠습니다. 다 벗고 팬츠만 입고 앉았어도 그저 땀이 죽죽 흘러내렸습니다. 혹은 내 심리 때문이었는지도 모릅니다. 수험생의 참혹한 살림을 뼈에 저리게 느꼈습니다. 시험이란 것에 몰려 미처 생각을 할 여유도 없이 지내는 내 모습을 사냥꾼에게 쫓겨가는 짐승의 얼굴 같을 거라고 일기에 썼던 기억이 남아 있습니다. 그때의 무더운 여름이 있고는 금년 무더위가 일생에 처음입니다. 그러고 보면 금년 무더위도 내 심리인지도 모릅니다. 일기가 무더워지기 전에 마음이 벌써 무더위에 눌려 있습니다.

집 생각도 별로 나지 않았습니다. 내 생각에도 내가 인정이 무딘 것 같지는 않은데 이날껏 어디를 가나 집 생각이 나서 못 견디었다는 일은 없습니다. 남의 손의 밥을 먹어본 것이 열네 살 때부터인데 그때부터 그렇습니다. 평양에 나간 것이 열여섯 때인데 한 하숙에 있는 동무가 중학생이라면서 집 생각 난다고 눈물 짜는 것을 보고 사람답지 않게 생각했던 기억 지금도 있습니다. 입학시험 준비 때문인 것이 주되는 이유지만 내 천성인 점도 있는 듯합니다. 나는 지금도 어디를 가도 잘 자고 무엇을 만나도 잘 먹습니다. 나 스스로 타고난 민주주의라고 감사합니다. 또 하나는 우리 집안에서 배운 점도 있습니다. 할아버지 할머니도 아버지 어머니도 또 우리 형제자매끼리도 인정은 깊으면서도 대범합니다. 우리는 감상주의도 냉정주의도 모릅니다.

한여름이 다 가고 9월 초하루가 됐습니다. 그 동안에 채 목사는 다른 데로 이사를 갔고 명 선생은 본국으로 나갔고 재역 씨는 자기 다니는 시부야농대澁谷農大 부근으로 임시로 나가 있게 됐고 나 혼자 자취를 하고 있었습니다. 이제 가을 학기부터는 정말 본격적으로 해야겠지만 아직 준비 학교들이 개학도 아니 했으므로 그날 아침을 먹고는 유시마에 있는 함덕일咸德一 형제를 오랜만에 만나보러 나갔습니다. 함덕일은 내가 평고 있을 때 하숙을 하고 있던 주인입니다. 나이는 나보다 수년 아래고 동생 순일純一이와 함께 홀어머니를 모시고 경창리景昌里에 살고 있었는데 그 집에 하숙을 하게 되어 알게 되었습니다.

그 경창리 5번지가 내게는 잊지 못할 곳입니다. 나는 그때 상급생이라 해서 우리 같은 고향의 여러 친구들을 데리고 있었는데, 3·1운동 만세를 부르려 할 때 그때 청년 지휘의 책임자였던 석은 형의 명령을 따라 평고 대표들을 모아 첫 의논을 한 곳도 이 집이요, 숭실전문 지하실에 가서 독립선언서를 가져다 두었던 곳도 이 집이요, 덕일소학교에서 공부할 때 배웠던 지식을 살려 태극기를 내 손으로 목판에 새겨 밤새 찍어냈던 곳도 이 집입니다.

그 집이 만일 지금까지 그냥 있다면 기를 다 찍고서 감추어두었던 그 목판이 들어 있는 그 지붕 날개를 들추고 이제라도 찾아낼 자신이 있습니다. 55년이 꿈같이 지나갔습니다. 그러나 그때 물불을 모르고 그저 신이 나서 그 태극기를 찍고 이튿날 3월 1일 맡은 자리인 평양경찰서 앞 거리에 그것을 뿌리고 해가 넘어가 어둡도록 만세를 부르고 달리다가 일본 군대의 군화에 짓밟혀 넘어지면서도 마음이 조금도 죽을 줄 모르던 그때에 내 말년이 이럴 줄은 꿈도 못 꾸었습니다.

이제 덕일이도 죽었고 순일이도 죽었고 석은 형이 간 지도 46년이 됩니다. 그는 평양서 활동을 하다가 경찰이 잡으려고 해서 한때 친구가 경영하는 관 앞 서경西京병원에 피신해 있다가 형사대의 습격을 받아 창문을 넘어 도망해서 만주로 갔었습니다. 그러나 일본 수비대의 습격을 받아 두 번씩이나 총상을 입었고, 이름도 모를 중국 농부의 헌신적으로 하는 간호를 받아 기적적으로 살아났습니다. 그는 이 알지도 못하는 외국의 죽게 된 독립투사를 5리도 넘는 산중에 업어다가 토굴을 파고 숨겨두고는 날마다 미음을 쑤어서 가서 갈대통으로 불어넣어 먹여서 살려냈습니다.

그러나 종시 일본군에 잡혀 신의주로 끌려나와 여러 해 징역을 하고 나왔으나 그 옥중에서 얻은 폐병으로 마침내 한을 품고 세상을 떠났습니다. 그것이 내가 오산에 부임하던 1928년의 일입니다. 아직 서경병원에 있을 때 찾아가니 걱정도 아니 하고 쾌활한 얼굴로 친구되는 의사보고 웃으면서 포도주 한 잔만 만들어내라 하던 그 얼굴 그 음성을 내가 지금도 기억하는데 세상을 떠나게 될 때에 그 투쟁하던 자세한 이야기를 듣지 못하고 만 것이 유감입니다.

그가 평양에서 만주로 가려 할 때 변명變名을 하려 하자 아버지되는 일형一亨 아저씨가 성재천成在天이라 이름을 지어주었습니다. 모사재인謀事在人이요 성사재천成事在天[1]이라는 뜻에서 나온 것입니다. 성사재천 옳은 말입니다. 그러나 하늘이 어째서 이렇습니까? 나도 이사야마냥 "주여 어느 때까지입니까?" 하고 묻고 싶습니다[「이사야」, 6:11]. 그러면 역시 오늘도,

"성읍들 황폐하여 거민이 없으며 가옥들에는 사람이 없고 이 토지가 전폐하게 되며 사람들이 여호와께 멀리 옮기워서 이 땅 가운데 폐한 곳이 많을 때까지니라. 그중에 10분의 1이 오히려 남아 있을지라도 그것도 삼키운 바 될 것이나, 밤나무·상수리나무가 베임을 당하여도 그 그루터기는 남아 있는 것같이 거룩한 씨가 이 땅의 그루터기니라"

하실까요?[「이사야」, 6:11~13] 그렇습니다. 함석은은 지금도 성사재천을 믿고 재천을 성취해 가지고 있습니다.

유시마는 내가 아직 어렸을 때 그 석은 형이 일본 유학하는 것을 하늘같이 알고 있을 때에 그가 메이지 대학을 다니며 하숙하던 곳입니다. 나는 그 이름을 그때부터 들어 알고 있습니다. 이제 그 유시마를 찾아가는 것입니다.

---

1) 謀事在人 成事在天: "일을 꾸미는 것은 사람인데, 그 일이 이루어지는 것은 하늘에 달려 있다." 나관중, 『삼국지연의』.

지진이다!

만세 부르고 헤어진 후 못 만나고 있던 그를 5년 만에 여기서 만나 그런 이야기들을 하고 있는 동안에 정오가 거의 다 됐습니다. 그래 시계를 끄집어내 보며 일어서 가려고 하니 덕일이가 붙잡으며 점심 때가 다 됐으니 점심을 같이하고 가라고 했습니다. 그래서 앉을까 말까 망설이는 순간 갑자기 우르르 하고 진동이 왔습니다. 입에서마다 "지진이다!" 하고 외침이 나왔습니다. 위에서 말한 대로 일본서는 지진이 늘 있는 것이기 때문에 누구나 가자마자 지진 온다고 뛰어나가면 비웃음 받으니 그러지 말고 침착해야 된다는 주의부터 받습니다. 그렇기 때문에 웬만큼 흔들어도 다 나가지들 않습니다.

그래 우리도 첨엔 상당히 강하기 때문에 "지진이다!" 하면서도 나가려고는 아니 했습니다. 그러나 웬걸, 조금 있다간 흔들흔들 또 조금 있다간 흔들흔들 점점 심하게 오는데 보통이 아닙니다. 순간 겁이 번개같이 머리들을 스쳤습니다.

"나가야 한다!"

입마다 서로 외치며 복도로 나와 층층대를 내려가려 하니 낡은 집이라, 계단이 온통 찌글찌글 금세 무너질 듯합니다. 황급히 층계를 달려내려와 현관을 썩 나서니 지붕에서 떨어지는 기왓장이 비 오듯 합니다. 빈 곳으로 달려가려 하니 어찌 심히 흔드는지 걸음을 옮겨놓을 수가 없습니다. 전신주를 바라보니 노대(태풍 – 편집자) 만난 뱃대처럼 누웠다 일어났다 합니다.

조금 있다가 숨을 내쉴 만하면 또 흔들고 또 숨을 쉴 만하면 흔들고 사람들이 모두 눈이 휘둥그레 오도가도 못하고 벌벌 떨고만 있습니다. 조금 뜸해지는 것을 타서 사방을 바라보니 사람마다 집앞에 서서 두 손을 싹싹 비비며 "오 가미사마神様, 오 가미사마" 하고 부르는 것입니다. 하나님을 부르며 살려달라고 비는 겁니다. 나는 평소 그저 믿으면 믿었지 새삼 그러고 싶지는 않았습니다. 그러나 그 광경을 보니 저것이 인간이로구나, 종교는 어쩔 수 없이 삶의 바닥이구나 하는 생각이 새로이 강해졌습니다.

조금 있노라니 사람들이 모두 이삿짐을 내기 시작했습니다. 첨에는 우리는 웬 영문인지를 몰랐습니다. 그러나 후에 들으니 지진이 심하면 반드시 화재가 난답니다. 그래서 그 준비를 하는 것입니다. 일본은 지진국인 만큼 그것은 경험에 의해 상식이 되어 있습니다. 나는 지금 생각해봐도 알 수가 없습니다. 왜 그 길로 곧 내 하숙으로 돌아가려 하지 않았는지. 그들도 어서 가보란 말도 하지 않았습니다. 아직도 그것이 그렇게 심한 재난인 줄은 몰라 심상하게 생각하고 급히 서둘지를 않았는지, 큰일을 당했으니 차마 나는 내 생각을 해야겠다는 마음을 낼 수 없어 그랬는지. 그 어느 것인지 혹은 그 둘 다인지. 아마 그 둘이 다 작용했다 해야 옳겠지만, 하여간 지금 생각하면 이상할 정도로 내 집으로 갈 생각을 아니 하고 있었습니다.

대동지환大同之患이라는 말이 있습니다마는, 환난患難은 확실히 사람을 하나로 묶습니다. 좋은 일이 있으면 뿔뿔이 제 몫을 가지고 헤어지지만 생사가 문제되는 어려움을 당하면 도리어 저만 피해보려는 생각은 아니 합니다. 그것은 생명의 본성, 지상명령적인 지혜가 가르치는 일일 것입니다. 물론 내 발등의 불을 끄고야 남의 발등의 불을 끈다는 말도 있습니다마는 아직 네 발등 내 발등 하리만큼 큰 불이 아니니 그러지 정말 큰 불이어서 전체를 삼키는 정도면 각각 제 발등을 생각하지는 않을 것입니다.

그렇게 생각하고 보면 문제가 환난이냐 기쁨이냐 하는 데 있는 것 아니라 작은 부분이냐 전체냐 하는 데 있다고 하는 것이 옳을지도 모릅니다. 환난만 아니라 기쁨도 아주 큰 기쁨이면 역시 사람을 하나로 만듭니다. 가령 예를 든다면 해방의 소식 같은 것입니다. 그런 때에는 아무리 욕심쟁이라도 저 혼자 축하하려는 사람은 없습니다.

그러고 보면 참은 전체에만 있는 것을 알 수 있습니다. 삶도 전체가 사는 것이 참 삶이요 죽음도 전체가 죽는 것이 참 죽음입니다. 전체가 나타나기 전에 사람들은 참이 아닌 나에 기쁨 슬픔이 있는 듯해 혼자 그것을 당해보려 하지만, 전체 그 자체가 스스로 나타날 때 그것이 참인 것이, 번개가 동에서 번쩍 해서 서에까지 하나로 번쩍 하듯이 환한 것이기 때문에, 아무도 어리석게 그것을 혼자 당하려 하지 않습니다. 그렇기 때문에 지혜는 나를 부정하는 데 있습니다. 그 사람은 큰 사건이 나타나기를 기대할 것 없이 날마다의 작은 일에서 벌써 전체인 참을 보고 있기 때문입니다. 그러면, 부분 속에 전체를 항상 보고 시간 속에 영원을 끊임없이 보고 있으면 화복의 구별, 생사의 대립이 없어집니다. 큰 생生이 곧 큰 사死요, 큰 사가 곧 큰 생입니다.

우리는 그때 알지 못하는 동안에 그 큼의 바닷가에 서고 있었습니다. 그러는 동안에 저쪽에서 화광火光이 오르고 있었습니다. 후에야 안 일이지만 그때가 바로 정오 직전 모든 집에서 점심 준비를 하고 있던 때이므로 불을 많이 쓰고 있었습니다. 그런데 강한 지진이 왔기 때문에 모두 집이 무너지고 치어 죽을 생각만 하고, 미처 불을 끌 생각을 못하고 그냥 놓고 달려나왔기 때문에 사방에서 불이 났다는 것입니다. 그런데 또 지진으로 수도관이 모두 끊어진 데가 많기 때문에 불 끌 물을 구할 수가 없어져서 더 심해졌다는 것입니다. 그래서 거의 전 시가 다 타버렸습니다.

하룻강아지 범 무서운 줄 모른다고, 지진이 어떤 것인지 모르는 우리는 불구경을 나갔습니다. 벌써 중심지인 간다쿠神田區에서는 불이 훨훨 붙고 있었습니다. 잠깐 보다가 돌아서는 동안 벌써 불티가 우리를 습격해옵니다. 그래 덕일네 하숙으로 돌아오니 벌써 사람들이 다 짐을 내어놓고 바로 그 옆인 시노바즈노이케不忍池 가로 피난을 하고 있었습니다. 그래 우리도 밧줄로 짐을 2층 창문으로 달아 내려서 그 못가로 나갔습니다. 나는 그때까지도 내 집으로 갈 생각을 못했습니다. 정말 차마 못가[不忍池畔]서 그랬던가?

시노바즈노이케의 하룻밤

해가 넘어가고 밤이 됐습니다. 사실 하늘에 해가 있는지도 몰랐고 하늘을 쳐다볼 생각도 못했습니다. 어둠이 내리덮였을 때 이제 밤이로구나 했을 뿐입니다. 이제 누구도 일이 어떻게 될지를 알 사람이 없습니다. 나라도 문명도 제도도 법도 다 없어지고 그저 얼크러져 모여 있는 인간의 한 무리가 절대의 자연에 직면하는 원시로 돌아가 있었습니다. 그날 밤의 그 광경은 말로 할 수가 없습니다. 사실은 그것을 말로 할 수 있어야 사람이요, 그것 하잔 것이 말의 목적이요, 그 속에서도 아니 죽고 살아남아 오늘까지 있는 것은 그것 하라고 시키시는 일인데, 그것을 할 수가 없다니 부끄럽고 슬픈 일입니다. 장엄이라 할까 처참이라 할까 처절이라 할까, 지옥·연옥이 있다면 그런 곳일까.

돈을 주고 사려 해도 살 수 없고, 권력을 가지고 만들려 해도 만들 수 없고, 지혜로 찾아내려 해도 찾아낼 수 없는, 그야말로 천재일우의 기회라면 기회요 계시라면 계시입니다.

시노바즈노이케란 우에노 공원上野公園 안에 있는 못입니다. 깊지도 않고 얕은 물인데 면적이 상당히 넓습니다. 몇천 평이나 되는지 그때의 인상으로는 만 평도 되지 않나 하고 보았습니다마는 꽤 넓은 못입니다. 그 옆에 상당히 넓은 공지가 있었습니다. 이제 지진에 내쫓기고 불길에 몰린 그 부근 일대의 사람들이 몇만 명인지 모르나 거기 다 몰린 것입니다.

어느 예술가도 이런 무대장치를 할 수는 없습니다. 시력이 가 닿을 수 있는 끝에 캄캄한 어둠의 장막이 내려 무한대의 원형극이 열려 있는데 거기 하늘에 닿는 불길과 연기와 구름으로 배경을 그렸습니다. 단번에 하늘을 핥아버리는 억만 길이나 되는 악마의 붉은 혓바닥, 땅을 갈기갈기 찢어버려 할퀴고 낚아채는, 피가 뚝뚝 흐르는 손톱 발톱, 그런 가운데에서도 태연한 듯, 신출귀몰하는 듯 엄숙히 굽어보다 또 히죽이 웃어보다 탄식하는 듯, 달래는 듯, 가지가지로 변화하는 천사의 얼굴 같은 구름 송이, 거기다 바람 소리와 폭발하는 소리와 인간의 아우성으로 음악을 아뢰고 있습니다. 그러는 밑에 이름도 차마 못한다는 시노바즈노이케 가에, 뒤에는 물로 배수진을 치고 앞에는 몰아치는 불길의 군대를 놓고 거기 인간의 거품이 끼어 생사의 숨가쁜 숨바꼭질을 하고 있습니다.

네로는 시를 짓기 위해 로마 시에 불을 놓았다 하고 나도 그날 밤 그 자리에서 그 생각도 해봤습니다마는 그 불타는 로마의 광경은 어떠했는지 몰라도 내가 보던 그 시노바즈노이케 가에서 봤던 광경은 고금에 다시 있을 수 없는 것이었습니다. 왜 내 집으로 내빼어 죽어도 내 것을 안고 쥐고 죽자 하지는 않고, 누가 붙잡는 것도 아닌 시노바즈노이케 가 목불인견의 자리를 못 떠나고 서성이다가 그 광경을 당했을까? 아마도 그것 하나를 꼭 보여주고 싶어서 하신 일 아닐까?

오늘까지 그 생각이 머릿속에 그날 밤의 그 구름기둥 그 아우성처럼 오고 있건만 아무것도 붙잡은 것이 없습니다. 남은 길 가다 벼락 떨어져 친구가 죽는 것보고 시대를 건지는 큰 깨달음을 했다는데, 나는 종교가 나와도 위대한 종교가 나올 만하고, 철학이 나와도 깊은 철학이 나올 만하며, 시가 나오고 그림이 나오고 음악이 나와도 사람의 마음을 그냥은 아니 두도록 뒤흔드는 것이 나올 만한 것을 보았는데, 왜 이러고만 있을까? 부끄럽습니다. 남에게는 몰라도 내게는 참 신기합니다. 모든 것이 꼭 짜인 각본대로 된 것만 같습니다. 거기 모였던 사람이 몇만 명인지 모르나 그 사람이 살아난 것은 소방 펌프의 힘 때문이요, 그 사람들이 산 것은 나 하나 살리기 위해서요, 나를 살려둔 것은 증거할 것이 있어서 하신 것같이만 뵙니다.

간다쿠 쪽에서 불어오던 불이 어슬어슬할 무렵 피난민들이 몰려 있는 데서 2, 3백 미터밖에 아니 되는 데 있는 큰길 건너편까지 왔습니다. 그런데 어디서 왔는지 자동 소방 펌프 두 대가 거기 와서 물을 뿌리기 시작했습니다. 다른 데서는 수도가 다 끊겨 물을 얻을 수 없는데 여기는 시노바즈노이케가 있으니 물은 거의 무진장입니다. 아, 밤새 난 그 엔진 소리의 고맙던 생각! 과학의 고마움을 다시 한 번 느껐습니다. 그러나 정말 우리를 살린 것은 펌프가 아니고 바람이었습니다. 이때까지 바람이 이쪽으로 불어와서 사람들의 간장을 태우고 있었는데 밤이 깊으면서부터 누가 명령이나 하는 듯 반대로 저리로 불어가기 시작하지 않습니까? 그 기세를 타서 펌프가 밝도록 작업을 하니 그 불을 멈출 수가 있었지 만일 그 바람세 아니었다면 그 몇만 명은 다 죽었을 것입니다.

추측이 아닙니다. 사실입니다. 밝은 아침 우리가 떠난 후 불이 다시 역습해 오기 시작해서 시노바즈노이케 가에 있던 사람이 거의 다 죽었다고 합니다. 뒤가 물이니 도망갈 수도 없고, 물 속에 뛰어들어 날아오는 불티를 피하려 이불 같은 것을 적셔 머리에 쓰고, 물 속엘 들어갔다 숨을 쉬어야겠으니 나왔다가, 나오면 뜨거우니 또 물 속에 들어갔다가, 그것을 반복하다가 기진맥진해 모두 죽어 정말 '불인지'不忍池가 돼버렸답니다. 그러니 신기하게 생각을 아니 할래도 아니 할 수가 없습니다.

그러나 목숨이란 모진 것입니다. 그렇게 하고 살려주어서 살아난 목숨인데 글쎄 이러고 있지 않습니까. 모진 목숨이란 말을 이래서 하는 말인가? 그러나 정말 무서운 것은 아직 말하지 못했습니다. 정말 무서운 것은 하늘에도 있지 않고 땅에도 있지 않습니다. 지진도 불도 아닙니다. 내 마음이었습니다. 지진이 일어나서 집이 무너지고 불이 일어나서 사람이 타죽어서 무서움이요 비참이 아니라, 그러한 밖의 변동으로 한때 무법천지가 되고 이성·오성悟性의 한때 공백기가 생기자 그 틈을 타서 일어나는 본능·충동의 불길이 정말 무섭고 비참한 것입니다. 부끄러운 이야기입니다. 남은 아니 그랬고 나만이 그렇게 약한지 모릅니다. 그러나 아무리 부끄러워도 내가 이 말을 아니하면 다른 모든 말의 의미가 없습니다. 겉으로는 지진의 흔들림과 불길과 싸우고 있는 동안 나는 마음의 밑바닥을 가르고 그 틈으로 치솟는 불길과 연기와 진동과 밤새 싸워야 했습니다. 그리고 참 의미에서 살아났습니다.

그런 대동지환을 만나니 한편 좋은 것도 있었습니다. 제도나 법이나 교리의 구속이 없어지고 말 없는 동안에 일종의 혁명이 선포되자 사람들에게서 자유로 하는 선심이 발동하기 시작했습니다. 네 것 내 것 없이 서로 나눠 쓰고 네 집 내 집 없이 서로 동정하고 열린 마음으로 대하고 서로 위로하고 서로 격려해주었습니다. 그것은 확실히 좋습니다.

그러나 그러는 반면 깊은 속에서는 은근히 딴 것이 움질거려 일어나기 시작합니다. 평소에 저도 그런 것이 제 속에 있는 줄 모르던 것이 물 밑에서 일어서는 '리바이어던'(지상 최강의 괴이한 동물 – 편집자)처럼 일어납니다. 물론 나 스스로도 픽 웃으며 '고약한 생각' '우스운 생각' 하며 곧 쓸어버립니다만, 하여간 일어나는 것만은 사실이었습니다. 나 스스로도 부끄럽고 두렵지만 할 수 없었습니다. 저 사람의 손에 반지가 있고 팔목에 시계가 있는 것도 뵈고 저 여자의 얼굴이 예쁘고 그 보드라운 살갗이 뵈는 것이 사실입니다. 언제 죽을 시간이 올지 모르는 것을 뻔히 알고 있으면서도 그 자리에서도 인기를 얻고 싶고 내 잘난 것을 뵈고 싶은 생각이 나는 것도 사실입니다.

왜 이럴까 나 스스로 반문하지만 그것으로 그 지진 그 불길은 쉬지 않습니다. 붙는 불을 몽둥이로 때리면 점점 더 뛰어 번져나가듯이 그것을 쓸어버리려 하면 할수록 더 펄펄 일어나고 섞이고 끓고 꼬여 돌아갔습니다. 그것이 지진보다 무서운 지진이요 불길보다 사나운 불길이었습니다.

예수께서 음행하다 잡힌 여인과 고소하는 바리새인을 놓고 말없이 땅에 글씨를 쓰고는 지우고 지우고는 또 쓰셨다 합니다만, 그때 무슨 글자를 쓰셨는지 모릅니다만, 나는 시노바즈노이케 가의 그 밤에 밤새도록 내 마음의 밑바닥 모래 위에 백팔번뇌의 가지가지 글자를 쓰고는 지우고 또 쓰고는 또 지웠습니다.

이튿날 아침 먼동이 환난의 하늘 위에 훤히 터올 때 친구들의 손을 잡고 내 하숙으로 가자 일으키며 나는 지옥에서 놓여나오는 느낌이 있었습니다. 내 양심은 남은 듣지도 못할 가는 소리로 노래를 불렀습니다. 나는 터진 땅 밑에서 무슨 새싹이 삐죽이 올라오는 것 같은 것을 느끼며 피난민 사이를 빠져나갔습니다.

아무도 이런 이야기를 아는 사람은 없습니다. 50년간 어디서도 누구보고도 해본 일이 없습니다. 오늘이 처음입니다.

이게 진짜다!

불꽃 지옥 속에 앉아 밤새 바라보는데 사방이 다 불인데 내 하숙이 있는 혼고쿠 한 모퉁이임 직한 한 곳만이 그 불꼬리가 끊어져 보였습니다. 그래 히뜩 밝자 덕일이와 그 동생 순일이와 또 한 하숙에 있던 일본 친구 에가시라江頭라는 사람을 데리고 우리 집으로 가자고 이끌고 나섰습니다. 길이 메어 옮겨설 수가 없었습니다. 모두들 빈 몸뿐으로, 말하자면 목숨 하나만을 들고 빠져나가고 있었습니다. 곳곳에서 주먹밥을 만들어 가는 사람에게 주고 있었습니다. 집에 가보니 과연 무사했습니다.

주인에게 간밤의 이야기를 하고 나서 이제 밥을 지어먹어야 할 참입니다. 쌀가게에 갔더니 벌써 쌀이 다 떨어지고 현미만을 겨우 구할 수 있었습니다. 현미 맛을 이때 첨으로 알았습니다. 백미보다 물을 더 받을 줄 알아 좀더 두노라고 했으나 어림이 없었습니다. 쌀은 아직 반이나 익었는데 물은 바짝 말랐고 밥이 솥뚜껑을 들치고 올라왔습니다. 그래 물을 다시 더 두고 다시 끓였더니 그 현미알이 툭툭 튀어 한 알이 두 알만큼씩이나 됐습니다. 그것을 먹어보니 맛이 어찌 구수한지 흰밥으로는 아니 바꿀 것이었습니다.

앉았노라니 집 앞으로 사람들이 지나가며 외치는 소리가 들렸습니다. "시나징이 도둑질을 하니 주의들 하십쇼!" 하는 소리를 큰 목소리로 거듭거듭 외치며 돌아다니는 것입니다. 정회町會니 청년단이니 재향군인회니 하는 기관의 사람들이 하는 것입니다. 나는 조금 불쾌하게 생각했지만 그저 서로들 웃고만 말아버렸습니다. 그 시대에 시나징이란 말 일반으로 흔히 썼기 때문입니다. '시나징'이란 지나인의 일본 발음입니다.

지금은 참 세상이 달라졌습니다. 이것만 해도 민주주의의 발달입니다. 그때까지도 일본 사람은 물론, 우리까지도 지나라고 많이 불렀습니다. 업신여기고 배척하는 뜻으로 하는 말입니다. 나라와 나라, 민족과 민족, 계급과 계급, 단체와 단체 사이에서 서로 그런 말을 많이 썼습니다. 우리는 중국을 '되놈' 일본을 '왜놈'이라 불렀고, 중국은 우리를 '꺼우리'高句麗 일본을 '소귀자'小鬼子라 불렀으며, 서양 사람들은 중국을 '차이나' 혹은 '챵'이라 일본을 '쨉'이라 했고 일본은 서양을 '게토'毛唐라 했습니다. 소귀자란 중국 사람이 서양 사람을 양귀자洋鬼子라는 대신 일본은 그것보다는 작은, 후배인, 앞잡이인 것이라는 뜻에서 하는 말이요 게토는 '털 돋은 외국놈'이란 뜻입니다. 당唐은 일본이 옛날 당나라와 많이 교통하던 데서 일반으로 외국이란 뜻으로 쓰게 된 말입니다.

하여간 이런 모든 말로 자기는 서로 잘났노라 했고 남은 모두 못나고 나쁜 것들이라고 흉보고, 배척하고, 업신여기는 말로 불렀는데, 따지고 보면 이 죄는 국가주의, 더 자세히 말해서 정치주의에 있습니다. 권력을 숭배시키기 위해 그렇게 만든 것입니다. 사회적으로 자연스럽게 살아가는 사람들의 모임에서는 그런 것이 나오지 않습니다. 거기 어떤 몇몇이서 짜고 드는, 지배를 목적하는, 힘의 조직체가 생길 때 그런 것은 반드시 나오고 맙니다. 어떤 시킴을 받지 않은 민중은 살빛이 아무리 다르고 말과 풍속이 아무리 달라도 남을 배척하고 깔고 앉으려는 일은 하지 않습니다. 도리어 옛날 사회에서는 손님, 낯선 사람을 잘 대접하는 것은 반드시 지켜야 하는, 아니 하면 하늘의 벌을 받는, 미덕으로 돼 있었습니다. 옛날 사회일수록 인정의 사회였습니다. 인정이 박해진 것은 권력·폭력을 숭배하는 이른바 근대 국가가 발달하면서부터였습니다.

생각해보십시오. 일본에서 유교문화, 불교문화를 빼면 무엇이 그래 남겠습니까. 일본 사람이 문화다운 문화를 지을 줄 알게 된 것은 불교의 가르침, 유교의 가르침을 받음으로부터 시작된 것입니다. 그러니 그 일본에 만일 공자가 오고 석가가 온다면 그래 '시나징'이라 하고 '게토'라 하겠습니까? 절대로 없을 것입니다.

그런데 그 일본이 감히 시나징이라고 하게 된 것은 청일전쟁의 싸움 하나 이겼기 때문이요, 이 싸움을 감히 건 것은 서양에서 근래에 총 만들고 대포 만드는 법 하나를 배웠기 때문입니다. 힘은 사람을 미치게 합니다. 쇠망치를 하나 얻어 들었다고 2천 년 인의예지에 대해 감히 시나징이라 했으니 차마 못할 일입니다. 차마 못할 일이건만 정치는 그것을 했습니다. 일본 사람이 한 것 아닙니다. 정치가 한 것입니다. 근대국가가 한 것입니다.

시나징이 도둑질을 하다니, 시나징이 누구입니까? 시나징은 다 도둑입니까? 그저 도둑이 더러 나면 났지, 시나징이 도둑질을 한다고야 할 수 있습니까. 이치에 아니 맞는 말입니다. 그렇지만 그 이치에 맞지 않는 말이 국민지도·사회봉사의 깃발을 들고 거리를 누비고 있습니다. 평상시에 일본 사람이 그런 일 하지 않을 것입니다. 큰 환란으로 겁에 질렸기 때문에 일어나는 현상입니다. 지진이 아니라 인진人震입니다. 천재天災가 아니라 심재心災입니다. 인간성이 흔들리고 심리가 어지러워진 것입니다. 지금의 이 마음이라면 달려나가서라도 그렇지 않은 것을 풀어 일러주었을 것입니다. 그러나 그때는 어느 마음도 다 "어떡하지!" 하는 겁에 질려 있었기 때문에 아무도 그럴 용기를 내지 못했습니다. 나도 그 시나징이라는 소리는 좀 불쾌하게 들렸지만 그저 가볍게 웃고 말았습니다.

환란의 제2일도 저물어 저녁때가 됐습니다. 주인 격인 내가 식사 준비를 해야 합니다. 쌀은 아침에 사온 현미가 있지만 반찬은 어떻게 할까? 멸치라도 사다 된장국이라도 끓여 홀떡할 생각으로 거리를 나갔습니다. 덕일이가 따라나갔습니다. 늘 다니던 가게에 가서 멸치를 한 봉 사들고 돌아오는 때입니다. 상점에서 조금 오면 파출소가 있고 그 파출소 앞에서 좁은 옆 골목길을 꺾어 들어오면 거기 우리 사는 집 앞 한길이 나옵니다.

파출소를 지나 그 옆 골목으로 막 꺾어지려는 순간, 어디서 오는지 사람의 떼가 갑자기 몰려들며 "고레가 혼모노다. 고레가 혼모노다" 와와 외치는 겁니다. '이게 진짜'라는 말입니다. 수가 얼마나 되는지 미처 짐작도 할 수 없으나 손에는 모두 번쩍번쩍 하는 일본도·몽둥이·대창·철창 하는 것들을 들었습니다. 정말 벼락입니다. 그러나 내 속에 죄가 없으니 별로 겁도 나지 않았습니다.

문득 '시나징' 하는 명사가 내 머리를 스치고 갔습니다. "옳지 그렇구나, 시나징이 도둑질한다고 아침에 소리치더니 아마 나를 중국 사람으로 본 모양이구나" 하고 속으로 생각하며 미처 대답을 하려 하기도 전에 파출소로부터 순경이 나와서 우리와 군중 사이에 들어섰습니다. 그러고는 흥분하는 군중을 타이르고 떠밀며 헤어져 가라고 했습니다.

쌀통에 쥐 나들듯 그 골목을 늘 드나들었기 때문에 나는 그를 몰라도 순경은 아마 나를 잘 알았을 것입니다. 그래서 말린 것입니다. 군중들은 슬몃슬몃 헤어져 갔습니다. 조금 우습다면 우습게 된 일막극이지만 나는 본래 모든 것을 모나게 할 줄 모르는 사람인지라, 별로 이상한 감정 없이 돌아가려 했습니다.

그러나 덕일이는 똑똑하다면 똑똑하고 좀 날카로운 성격입니다. 후에는 후쿠시마 고상福島高商을 나오고 거기서 신문기자 노릇을 하며 일본 여자와 결혼을 해서 만주 하얼빈인가 어딘가 가서 살다가 일찍 죽어버렸습니다만, 돌아가려는 나를 끌어당기며 그냥 미시하게 갈 것 아니라 좀 알아보자고 했습니다. 내 심정은 별로 그럴 것 없지 않느냐 하는 느낌이었지만 또 구태여 막자는 마음도 아니었습니다. 그래서 하는 대로 옆에서 보고 있었습니다. 그랬더니 그는, 나는 도리어 고맙게 아는 순경한테 가서 따지기 시작했습니다. "이게 진짜라니 그게 무슨 소리냐? 우리가 무슨 범인이냐? 죄 없는 사람 보고 군중이 까닭 없이 그랬으면 경관으로서 분명한 설명을 해주었어야 할 것 아니냐? 그런데 이렇다 할 아무런 책망 하나 없이 그저 미시하게 돌려보내고 만다니 그게 무슨 처사냐?" 하는 뜻의 말이었습니다.

경위로 하면 그렇습니다. 그러나 나는 돋히지 않아도 좋을 거스러미를 돋힌다 하고 듣고만 있었습니다. 아니나 다를까, 순경은 발끈 화를 냈습니다. "이 사람아 때가 때 아니냐? 그렇게 알고 싶거든 그럼 가자!" 하며 잡아끌었습니다. 나는 내가 각별히 다른 마음이 없으니 그 "때가 때 아니냐?" 하는 말의 의미를 쉽게 이해할 수가 없었습니다. 그 순경은 아무 내용을 말하지 않더라도 그렇게만 말하면 당연히 알 거라는 태도로 그 말을 하고 있었습니다.

그러나 덕일이를 끌고가는 데는 좀 걱정스러웠습니다. 물론 아무 죄야 없지만, 또 따질 만도 하지만, 우리와 일본 관리와의 사이는 이유·이론이 서지 않는 처지인 것이 분명합니다. 경찰이란 데 간다 해도 우리에게 이로운 일이 있지 못할 것은 뻔한 일입니다. 그래서 그것을 그냥 둘 수가 없었습니다. 그래서 그럼 나도 같이 가겠다고 나섰습니다. 순경은 나를 보고 "자네는 일없어, 괜찮아" 했습니다. 그래도 나는 따라간다고 했습니다. 그러기를 한두 차례 거듭한 다음 순경은 "정말 가보고 싶으면 가도 좋아" 하고 데리고 갔습니다. 간 곳은 가케코駒込 경찰서였습니다.

똑똑해야 살 것 같지만 똑똑이 늘 이익을 가져오는 것도 아니고 온순해선 못살 것 같지만 온순이 늘 손해를 보는 것만도 아닙니다. 그러나 역사는 또 기대대로만 되는 것도 아닙니다. 새옹塞翁은 "복이 될지 누가 알아?" "화가 될지 누가 알아?" 하면서 당장에 내려지는 판단에만 집착하지 않고 길게 두고 일 그 자체로 하여금 일을 말하게 함으로 말미암아 안정된 마음의 처세를 할 수 있었다는 옛말이 있지만, 역사의 의미야말로 그러지 않고는 실현할 수 없습니다.

가케코 경찰서 유치장엘 썩 들어서면서야 "그렇다, 일은 바로된 일이다" 하는 생각이 들었습니다. 당당히 따지려다가 터무니없는 손해를 봤는데 그 불행이 아니었던들 사건의 진상을 모를 뻔했습니다. 사건의 진상을 모르고는 잘해도 잘이 아니요 못해도 못이 아닙니다. 진실을 붙잡으면 미래는 거기서 나옵니다. 그렇게 되면 잘했던 것만 아니라 잘못했던 것까지도 잘한 일이 됩니다. 그것이 참 의미의 선이요 구원입니다.

"그렇게 알고 싶거든 가자" 할 때 나는 무슨 조사나 할 줄 알았지 덮어놓고 유치장에 넣을 줄은 몰랐는데, 가더니 이런 말 저런 말 물을 것도 없이, 첨에는 오지 말라던 나까지 데꺽 넣어버리고 말았습니다. 들어가니 꿈도 못 꾸었던 세계입니다. 사방 아홉 자나 되는 살창 우리인데 그 안에서 설 수도 앉을 수도 없이 사람이 가득 찼습니다. 그것이 다 조선 사람입니다. 거기서 들으니 난데없이 조선 사람들이 도둑질하고 불 놓고 우물에 독약을 치고 다니며 폭동을 일으키려 한다고 하면서 청년단·재향군인 또 일반 시민을 일으켜 칼로 죽창으로 마구 죽인다는 것이요, 여기 잡아넣은 것은 보호한다면서 하는 짓이라는 것입니다. 내가 일은 바로 됐다고 한 것은 이 설명을 듣고 나서 느낀 말입니다. 일이 이런데 이것을 모른다면 산 의미가 어디 있으며 평안이 어디 있느냐 하는 생각이 들었기 때문입니다.

나라에 있을 때 경찰서 앞을 지나면 죄 없이도 치가 떨렸지만 유치장을 본 일은 없었고, 만세를 부르고도 이상하게 빠져서 들어갈 기회가 없었는데, 이제 여기서 그 구경을 하게 됐습니다. 후에 몇 차례씩 가보고는 "감옥은 인생대학이다" 했습니다마는 그 입학은 여기서 했습니다. 그리고 그 입학식이야말로 이름에 합당하게 참 훌륭하게 된 것입니다. 사실 이때에 한번 미리 경험했던 것이 후에 그것을 이겨가는 데 퍽 도움이 됐습니다.

여기는 어젯밤의 시노바즈노이케와는 또 다른 체험이었습니다. 본능이고 번뇌고 그런 것은 일어날 여지도 없었습니다. 어젯밤의 극은 우주적인 것이었지만 오늘밤은 민족극입니다. 어젯밤은 무한 대공大空 아래서였지만 오늘 밤은 감옥 안입니다. 밤새 생각한 것이 자유, 자유, 자유입니다. 길이 넘는데 뚫린 살창으로 어제부터 붙은 그 불길이 아직도 붙고 있는 것이 뵈는 데 그것을 바라보면서 밝도록 한 생각은 "저 불이 여기까지 올 때 이놈들이 이 문을 열어주고 도망갈 리가 없지" 하는 하나뿐이었습니다.

제각기 노하고 저주하고 한탄하고 떠들지만 나는 한 마디 입을 열고 싶지도 않았습니다. 처음에 들어가던 대로 맨 앞 살창 밑에 이마를 살창에 대고 앉아, 기도를 했는지, 생각을 했는지. 그 안에 이방인이 둘이 있었습니다. 하나는 일본 사람인데 조선 사람으로 보여 잘못 잡혀온 것이고, 또 하나는 중국 사람인데 역시 잘못 잡혀왔습니다. 그 일본 청년은 간수에게 욕을 먹으면서도 자꾸 자기는 조선 사람이 아니라는 변명을 했고, 중국 사람은 울면서 "나 지나 유학생이오" 하며 밤새 애걸을 했습니다. 세 국민성이 제각기 나타났습니다. 일본 사람은 자신이 있어 그러는지 울지는 않았고, 한국 사람도 우는 것은 하나도 없었는데 중국 학생은 내가 보기에도 비겁하다 하리만큼 체면을 차리지 못했습니다. 또 그런다고 한국 사람들은 그를 몰아쳤습니다. 나는 혼자 우리 차비에 누구를 비웃을 거야 없지 않으냐 속으로 항의를 했지만 말을 하고 싶지는 않았습니다.

밤새 사람을 잡아들이는데 모두 불난 데 가서 도둑질하던 것들입니다. 그중 무서운 것은 벽창호 같은 장사인데 사내놈이 여자의 속옷을 입고 목을 홀켜 숨을 못 쉬고 쌕쌕하며 끌려왔습니다. 그러나 그중에 조선 사람이라는 것은 하나 없었습니다. "이게 진짜다"라고 칼을 빼들고 부르짖었는데, 하는 그 사람의 뜻은 무엇이었든 간에, 그 참 의미는 진짜 자아, 진짜 일본, 진짜 중국, 진짜 한국을 드러내자는 데 있었던 것입니다.

아들이 모른 아버지 마음

한 밤을 또 꼬박 새웠습니다. 아침이 됐을 때 한 사람이 살창 밖에 와서 이리저리 돌아보더니 문득 나를 보고 "아, 자네도 왔던가?" 했습니다. 그래서 자세히 보니 우리 담임형사 고바야시小林란 사람이었습니다. 그때 조선 학생은 구역으로 담임형사가 있어서 늘 동정을 살폈습니다. 그래서 내가 좀 항의조로 "자네도라니 어떻게 된 거요?" 했더니 그는 부드러운 목소리로 "아냐, 잘못돼서 그런 거니 이리 나와요" 하며 문을 땄습니다.

있는 사람들께 조금 미안한 생각이 들었지만 어떻게 할 수도 없고, "이 사람도 같이 가야 한다"고 덕일이를 데리고 나왔습니다. 나오니 2층 형사실로 데리고 가서 빵을 내놓고 먹으라 했습니다. 평소의 온순주의가 효과가 난 셈입니다. 담임형사들은 늘 주의해서 보고 이따금 찾아오기도 하므로 누가 어떤 사람인 걸 다 꿰뚫고 있을 것입니다. 필시 나 같은 것은 온순한 문제없는 학생이라고 했을 것입니다. 그래서 내놓는 것입니다. 덕일이는 역시 거기서도 덕일이었습니다. 못 나간다고 엄살을 하는 겁니다. "나가면 죽일 텐데 못 나갑니다. 데려다주세요" 하니 형사는 나를 보고 웃으면서 "염려없으니 가라"고 했습니다. 그래 나와서 20분은 걸어야 하는 거리를 가려니 "저게 진짜다. 저게 진짜다" 사방에서 일제사격이 오는 듯해 겨우 걸음을 옮겨놓았습니다.

이튿날 아침 목사가 찾아왔습니다. 본래 우리 바로 건너편 집이 교회여서 일요일이면 거기를 더러 나갔던 일이 있습니다. 교회는 크지 않아서 한 20명 모이는데 모두들 아주 진지한 태도로 조용하게 하는 예배였습니다. 지껄거리고 떠드는 우리나라 교회를 보다가 첨으로 그런 모임을 보니 퍽 좋게 보였습니다. 그러나 이따금 갔지만 나도 무슨 말을 하려 않고 그들도 한 마디 묻는 것도 없었습니다. 목사는 도미나가 도쿠마富永德磨라는 분이었는데 퍽 점잖았습니다. 그래도 언제 말도 한마디 해본 일이 없으므로 찾아오리라는 상상도 못했는데 왔기 때문에 참 고마웠습니다. 현관에 선 채로 부근 사람들한테 잘 말을 해두었으니 조금도 걱정 말라고, 그러나 위험하니 절대 밖에 나가지는 말라고 하고 돌아갔습니다.

그래서 한 주일 동안을 집 안에 갇혀 있었습니다. 집에서 반드시 큰 걱정 속에 있을 것인데 소식을 보낼 길이 없었습니다. 보통우편은 물론 전보도 끊어져 있었습니다. 한 주일이 지난 다음에야 비로소 전보가 통한다고 신문에 났는데 그것도 오직 한 곳 중앙우편국에서만 된다고 했습니다. 우리 있는 데서 가자면 10리도 넘습니다. 걸어가기로 했습니다. 가면서 보니 그저 내다뵈는 대로 빨갛게 탄 흙뿐입니다.

그때만 해도 거의 모든 건물이 나무로 지은 것이었습니다. 동경의 중심이라는 니혼바시日本橋를 가니 한 주일이 지났는데도 냇물에 시체들이 떠 있었습니다. 그중 하나는 어머니가 아기를 업은 채 죽었는데 그 아기의 발목이 타서 떨어져 타다 남은 장작 그루터기 같았습니다. 저렇게 죽을 때 그 죽는 순간 무슨 생각을 했을까 생각하니 가슴이 뭉클했습니다. 그래도 우편국에 가서 집에 무사하다는 전보를 칠 수 있어서 그랬는지 돌아오면서도 조금도 무서운 생각도 미운 생각도 없었습니다.

전보를 쳐놓고는 이제는 집에서도 마음을 놓으려니 했지만 후에 들으니 그 전보가 집에까지 가는데 한 주일이 더 들었답니다. 나는 그런 줄은 알지도 못하고 있었습니다. 그러니 집에서 내가 살아 있는 줄 안 것은 지진이 나서 동경이 몽땅 땅속으로 빠져들어가고 말았다는 소식이 신문에 난 지 두 주일이 넘어서야 겨우 된 일입니다. 그동안에 그 마음들이 어떠했을까? 그다음 내가 첨으로 집에 갔을 때, 아마 이듬해 여름방학일 것입니다. 그때 마을 사람들 말은 아버지가 "다 죽어서 다니시는 얼굴"이었다고 했습니다. 그래도 나는, 슬픔과 안타까움 속에 싸여 있으려니 짐작은 하면서도, 그런 줄은 모르고 태평하게 있었습니다.

편지가 온 것을 보고야 놀랐습니다. 교통이 회복된 다음에도 나는 집으로 돌아갈 생각은 하지도 않고, 살아났으면 됐지, 갈 것까지 없지 않아, 어서 가을 학기 시작되어 시험준비해서 명년에는 틀림없이 입학해야지 하고 있었는데, 며칠 만에였던지 오랜 후에 처음으로 아버지한테서 편지가 왔는데 "어서 오라"는 것이었습니다. 더구나 그 문구가 도무지 평소의 아버지 말씀 같지 않은 아주 열정적인 것이었습니다. "네가 돌아오면 석헌아, 하고 쓸어안을 터이니" 어서 빨리 오라는 것입니다.

나서 스물셋이 되도록 아버지 입에서 그런 말이 나오는 것을 한 번도 들은 기억이 없고, 안기거나 업히거나 해본 기억도 없습니다. 위에서 대범이란 말을 했습니다마는 아버지야말로 유교 식의 군자였습니다. 생긴 모습이나 말씨나 태도나 누구든지 보는 사람은 다 "아주 인자하신 분"이라고 했지만 말에나 행동에나 감상적인 것은 하나도 없었습니다. 군자는 포손抱孫이요 불포자不抱子2)라고 하지만 아버지야말로 정말 그대로였습니다.

그런데 그 아버지가 이제 "석헌아!" 하며 부르시는 것입니다. 죄 받을 말로 "이거 정말 아버지가 쓰셨을까?" 혼자 마음속에 물으며 몇 번을 다시 읽고 다시 읽었습니다.

생각 끝에 "아마 외삼촌님이 대필하신지도 모른다" 했습니다. 그이는 글도 잘하고 농담도 잘하시는 분이었습니다. 내가 여남은 살 됐을 때 권학문勸學文을 지어주신 분은 그분입니다. 이제 그 글을 다 잊었으나 마지막의 한 구절은 기억합니다. 부지런히 하지 않으면 "서제지탄噬臍之嘆을 면치 못하리라" 했습니다. 그래서 아버지가 너무 마음이 아픈 나머지 그더러 대신 쓰라 하신 것 아닐까 했습니다. 그러나 글씨는 아무리 봐도 틀림없는 아버지 글씨였습니다.

후에 집에 갔을 때 직접은 할 수 없고 동생께 했는지 누님께 했는지 나는 물어보기까지 했습니다. 사랑이 지극하신 줄 모른 것 아니지만 평소에 말에는 아니 나타내시는데 그렇게까지 애절하게 하셨을까, 겉과 속의 차이가 너무 심한 데 놀랐기 때문입니다. 그때 우리나

---

2) 抱孫 不抱子: "손자는 안지만 아들은 안지 않는다."『예기』,「곡례 상」.

라에서는 동경지방의 땅이 쭉 갈라지고 속에서 불길이 치솟아 나온 걸로 알았다고 했습니다만 나야말로 정말 도덕주의의 지각地殼이 터지고 혼이 지심地心에서 폭발돼 나오는 인애仁愛의 불길에 내 몸이 타버렸습니다.

　나는 아버지를 알고도 몰랐습니다. 그러면서도 몇 번 몇 번 부르시는 것을 들으면서도 감정에 못 이겨 달려가지는 않았습니다. 나는 마음이 차서일까. 그런 것도 아닙니다. 나는 그래도 아버지가 나를 믿어주시는 것을 확신하고 있었습니다. 나는 아버지를 몰랐어도 아버지는 나를 알고 계셨습니다.

조선놈 사냥

　일본 사람에 대해서는 아버지에게서와는 반대의 것을 경험했습니다. 평소에 그렇게 인정 있고 맑은 사람들, 아침마다 만나면 "오하요 고자이마스"(안녕하세요 - 편집자) "이이오텐키데스네"(날씨가 좋네요 - 편집자) 하는 사람들, "길은 길동무가 있어야, 세상은 인정이 있어야"라는 사람들, 말마다 '기리 닌조'義理人情라는 사람들, 그 사람들 그럴 줄은 몰랐습니다. 그 엇메었던 일본도日本刀, 그 깎아들었던 대창, 그 증오에 타는 눈들, 그 거품을 문 이빨들. 어디서 그것이 나왔을까? 몇 달 동안은 거리를 나가 다녀도 기운을 펴고 다니지를 못했습니다. 하숙을 얻기도 어려웠습니다. 셋방 있다는 광고 쪽지를 보고 찾아가서 "댁에 방 있습니까?" 하면 "네, 있습니다" 해놓고도 한참 얼굴을 뚫어지게 들여다보고는 다시 "없습니다" 해버리고는 들어갑니다. 조선 사람이란 말입니다.

　시월이 돼서, 다른 데는 아직 아니 되지만, 화재가 나지 않았던 와세다早稻田에서는 고등예비학교가 개강이 된다고 해서, 어서 빨리할 생각으로 그 부근으로 하숙을 옮겼습니다. 하루는 지나가노라니 길가에서 팽이 싸움을 하며 노는 아이들의 무리가 있었습니다. 상자 위에다가 돗뙈기 조각을 옴푹하게 깔아놓고는 무쇠로 만든 팽이를 그 위에서 둘이서 서로 돌려 싸움을 붙이는 것입니다. 둘이 서로 맞부딪쳐 한 놈이 다른 한 놈을 몰아서 상자 밖으로 떨어뜨리면 이긴 것입니다.

그런데 아이 하나가 제가 돌린 팽이가 뜻대로 잘 되지 않고 요리조리 돌아다니기만 하니까 그걸 보고 하는 소리가 "요 자식 뭘 해, 조선놈 사냥질하고 있는 거냐?" 하지 않습니까? 듣고 어이가 없었습니다. 그 코흘리개들이 조선 사람이 뭔지 알겠습니까? 얼마나 했으면 철모르는 애들까지 저렇게 됐을까? 조선놈의 신세를 다시 한 번 한탄하지 않을 수 없었습니다. 그리고 길가는 사람들을 보니 저것도 사람 죽인 놈 같고 이것도 사람 죽인 놈 같았습니다. 여기서 공부를 하겠다니, 머리가 아찔했습니다.

내가 당했던 것은 약과입니다. 어떤 목격자가 전하는 말을 들으면 한 사람이 그 칼과 창을 든 사냥꾼에게 쫓겨 도망을 하는데, 그 부르짖는 소리가 응 소리라 할까, 앙 소리라 할까? 짐승도 아니고 귀신도 아니고 무서운 소리를 내며 허방지방 달아나는데 그것을 뭇놈이 추격을 하더랍니다. 가다가 하는 수 없이 기진해서 무슨 구멍엔가 틈엔가로 들어가니 그것을 여럿이 따라가 창과 칼로 그저 찌르더라는 것입니다. 어떤 사람은 어떤 집 2층에 방을 얻어서 있었는데 그 주인이란 자가 어디 밖에서 조선놈 모두 죽인다는 소리를 듣고 들어와서 제 집에 있는 놈도 죽여야 한다고 도끼를 들고 층대로 올라오더랍니다. 그것을 그래도 그 사람의 늙은 어머니가 있어서 "제 집에 있던 사람을 어디 그러는 법이 있느냐"고 한사코 말려서 겨우 살아났다는 것입니다.

무식해서만도 아닙니다. 이것은 내 귀로 직접 들은 것입니다. 와세다 고등예비학교는 와세다 대학에 부속으로 있는 고등학교의 선생들이 나와서 강의를 해주는 곳입니다. 그러니 그 선생들은 일본에서는 최고의 지식층에 속하는 사람들이라 해야 할 것입니다. 그런데 들어보십시오. 하루는 한문 시간인데 그 선생은 나이도 상당히 들어 그때 인상으로 50줄이나 된 것으로 보였는데, 지진 때의 무슨 얘기를 해가다가 "나두 조선놈 사냥했어요" 아주 당당한 태도로 말을 했습니다. 그 사람 결코 험악해 뵈는 사람이 아니었습니다. 점잖은 학자지요. 또 학생 중에 한국 사람들이 있는 것도 모르지 않았을 것입니다.

그런데 그런 소리를, 아무리 시험준비 강습소라 하더라도 젊은 학생들을 보고 조금도 뉘우치는 기색도, 꺼리는 기색도 없이 하고 있었습니다. 듣고 앉아서 세상이 세상 같지 않았습니다. 용기 있는 사람이라면 거기서 뭇매에 맞아 죽더라도 한마디 했을는지도 모릅니다. 그러나 나는 부끄럽게도 아무 말도 못하고 듣고만 있었습니다. 수백 명 일본 학생 중에서도 아무도 항의한 사람이 없었습니다. 항의는커녕 그저 하하 웃고 지나가는 이야기로만 하고 듣고 있었습니다.

후에 안정이 된 다음 우리 유학생회에서 조사단을 조직해서 조사한 것에 의하면 그때 학생들은 방학이라고 본국으로 많이 돌아가고 남아 있던 사람이 많지 않던 관계도 있지만 도심지에 있던 학생은 죽은 것이 적고 주로 후쿠가와深川, 혼조本所 하는 공장지대와 시외 지역에 살던 노동자가 많이 학살됐는데, 불 놓느니 우물에 약 치느니는 전연 없는 거짓말이고, 한편으로 풍설을 돌리고는 보호한답시고 모두 유치장 창고 같은 데 수용해놓고는 집단적으로 모조리 죽여버렸다는 것입니다. 어린애·남자·여자 할 것 없었고, 임신이 돼 만삭된 여자를 태아째 찔러죽였다는 것까지 있었습니다.

평소의 일본 사람을 보고 이해가 아니 가는 일입니다. 땅이 흔들린 것이 놀라운 것이 아니라 흔들린 인간성이 정말 놀랍습니다. 이것도 지진으로 인해 터져 올라온 불길임에는 틀림이 없는데 내가 아버지에게서 본 것과는 너무도 대조되는 불길입니다. 그때 일본 민중은 미쳤었습니다. 민중이 아니었습니다. 민중은 없었습니다. 그 모든 일을 보며 들으며 참 섭섭했습니다. "야, 이게 일본이냐? 이렇게 옅고 좁은 사람들이냐?" 그때 젊은 마음에도 미워한다기보다 업신여기고 싶었습니다.

한 줄기 온천

지각이 터지면 불도 나오지만 또 온천도 솟습니다. 불은 태우고 죽이지만 온천은 살리고 낫게 합니다. 일본에는 화산이 많은 대신 온천도 많습니다. 일본의 성격은 두 가지가 다 있는지 모릅니다. 하여간 지진으로 인해 조선놈 사냥 같은 끔찍한 일도 있었지만, 또 온천 같은 인정 미담도 많이 터져나왔습니다.

그중 하나만 이야기하겠습니다. 유학생 감독부에서 생긴 일입니다. 유학생 감독부란 것은 그전 대한제국 시절에 일본에 가 있던 우리나라 대사관 자리입니다. 나라가 망했으니 대사는 없어졌고 합병 후 그 자리에 유학생 감독부라는 기관을 두고 동경에 가 있는 우리나라 학생을 돌보고 감독하는 일을 하고 있었는데 그 안에 기숙사가 있었습니다. 150명가량 수용한다는 것이었습니다. 총독부에서 관할하는 것이지만 성의 있게 지도한다는 것보다는 무슨 위험한 일이나 하지 않나 감시하는 것이 그 목적이었을 것입니다. 그러므로 그 기숙사의 설비 같은 것도 신통치 못하고 따라서 가려 하는 사람도 많지 않았습니다. 나도 한두 차례 가봤을 뿐입니다마는 한 백 명 내외 되는 사람이 있지 않았나 합니다.

지진 나던 날은 얼마나 되는 사람이 있었는지 모르나 적어도 몇십 명은 됐을 것입니다. 그런데 도대체 조선인 학살이란, 이제는 세상이 다 아는 일이지만, 정부로부터 명령이 있어서 된 것이기 때문에 조선 사람 있는 곳이면 다 있었던 일입니다. 거기서도 청년단·재향군인 하는 사람들이 기숙사에 달려들어 모두 학살해버리고 끌어냈더랍니다.

그 옆에 변호사 한 사람이 살았는데, 그 이름을 기억 못 해 아깝습니다마는, 그 사람이 그 말을 듣고 가서 인도상 그럴 수 없으니 하지 말라고 막으려 했답니다. 법률가로서의 당연한 직무입니다. 그러나 그 단원들은 들으려 하지 않았습니다. 그리고 자기네는 위로부터 시퍼렇게 명령을 받고 실행을 하는 것이라고 했습니다. 법률가는 법의 정신을 지켜 그런 일이 어디 있을 수 있느냐 꾸짖었지만 이쪽은 도저히 들으려 하지 않았습니다. 변호사는 하는 수 없이 그러면 내가 당국에 가서 알아볼 터이니 알아봐서 정말 그렇다면 나로서도 할 수 없는 일이니 마음대로 해도 좋으나 제발 그때까지 참아줄 수 없느냐고 간청을 했답니다. 그래서 그 죽이려던 사람들도 승낙을 하고 변호사가 갔다올 때까지 기다리기로 했습니다.

변호사는 변호사니만큼 어디까지나 법치국가의 양심을 믿은 것입니다. 그가 어디를 가서 누구를 만났는지 그것은 알 수 없고, 또 얼마 후에 돌아왔는지는 모르나, 하여간 아무런 시원한 대답도 못 얻어서 돌아왔습니다. 그러나 이 사람은 그래도 몇십 명을 죽게 두고 싶지는 않았습니다. 그래서 그 기관 사람들을 보고 양심에 호소해 설득을 시작했습니다. 그래서 아무리 위의 명령이라 하더라도 죄 없는 사람을 죽일 수야 없지 않느냐, 한데 모아놓고 감시를 해서 반항하는 기색이 있거든 죽여라, 그렇지 않고 온순한 태도거든 살려주는 것이 좋지 않으냐고 설명 간청을 했습니다.

아마 성의로 했을 것입니다. 그래 그들도 양심이 있는지라 그 말에 동의해서 그렇게 하기로 했습니다. 그래서 그 학생들을 모두 끌어내어 마당 한가운데 앉혀놓고 칼을 뽑아들고 슬슬 돌아가며 밤새 감시를 했습니다. 시험하자는 것이니까 이따금은 칼등으로 등어리를 치기도 하고 발길로 차기도 하더랍니다. 학생들은 내막이 어떤 것인지는 모릅니다. 그러나 조금이라도 반항하는 기색만 있으면 전원이 학살을 당하는 판입니다. 그런 줄 전혀 몰랐지만 밤새도록 그 아슬아슬한 운명 아래서 다행히 한 사람도 반항을 한 사람은 없어서 살아났다는 이야기입니다.

그 사람이 누군지 참 알고 싶습니다. 그러나 모르는 것이 더 좋은 지도 모릅니다. 좋으나 마나 모르는 것이 사실입니다. 참 아름다운 일은 늘 그런 것입니다. 그 근본 사실이 그런 대로 선한 그 일을 어느 개인에게 잘못 돌리지 말고 당연히 받을 일본 마음 전체에 옳게 돌리기 위해 그렇게 된 일입니다.

목구멍 넘어가면 그만

내가 혼고쿠에서 와세다로 이사를 나가는 날 주인하고 있었던 그 집 부부가 나를 보고 하는 말 중에 "뜨거운 것도 목구멍을 넘어가면 그만이다" 하는 일본의 옛 격언을 말해주었습니다. 목구멍 넘어가면 그만이라 했건만 나는 이상하게도 그 말이 오늘날까지 걸려 있어 다른 말은 다 잊었는데 그것만은 기억하고 있습니다.

이상할 것도 없습니다. 본래 듣는 그 순간 조금 불쾌하게 들렸습니다. 내가 자기네 신세를 잊어버릴 것이라고 찔러주는 말로 한 것 같아서 말입니다. 물론 지진으로 쓰라린 일 겪었지만 잊어버리라는 위로의 의미도 들었을 것입니다. 그러나 어쩐지 가슴이 찔리는 것이 있었던 것만은 사실입니다.

진리는 언제나 좌우에 날을 가진 칼입니다. 사람은 언제나 잊는 것이요 또 잊지 못하는 것입니다. 그렇기 때문에 잊어버려야 하고 잊어버려서는 안 되기도 합니다. 이날까지 잊지 못했다면 사람은 없을 것입니다. 그러나 정말 또 다 잊어버렸다면 사람은 못 됐을 것입니다.

지진도 그렇고, 학살사건도 그렇습니다. 그렇게 보면 평화주의자들이 흔히 하는 "잊지는 못하지만 용서는 한다"는 말은 참 좋은 말입니다. 용서의 서恕자는 여심如心 곧 같은 마음입니다. 선악·시비·화복은 서로 달라도 마음은 한 마음에 가야 합니다. 한 마음에만 이른다면 잊지 못해도 잊은 거요 잊어서도 잊지 않은 것입니다. 그것이 정말 하나됨 곧 참이요 사랑입니다. 인생·역사의 문제는 이렇게 해서만 해결이 될 수 있습니다.

그렇기 때문에 일은 정말은 지나간 다음에 있습니다. 살았으면 다가 아닙니다. 그 뒤처리를 맡은 것이 삶입니다. 지진과 불길과 칼날에서 빠져나오는 것이 문제 아니라, 그 무너진 것을 일으켜 세우고 불탄 재를 쓸어내고 죽은 사람을 묻고 원수와 다시 만나서 살아야 하는 것이 사람의 일입니다.

환란에서 잃어버렸던 자아를 찾자 사람들은 차츰 반성하기 시작했습니다. 일본 사람들은 이 큰 재난의 원인이 무엇이냐 스스로 물었고, 조선 사람들은 제 학살당한 동포를 조사하고 추도하고 그것을 비판하기 시작했습니다. 이제 정말 끔찍한 시련의 의미와 거기 대해 급제냐 낙제냐가 갈리는 것입니다.

과학이냐 천견이냐

첫째, 이 환란의 원인이 무엇이냐 하는 것입니다. 거기 대해 두 개의 대답이 나왔습니다. 하나는 일본의 과학이 부족해서 그렇게 됐다는 것이고, 또 하나는 일본 사람의 죄 때문이라는 것입니다.

첫째 대답을 먼저 하고 나선 이는 가가와 도요히코[3]이었습니다. 그는 『사선死線을 넘어서』라는 소설로 유명해졌고 빈민굴 사업에 힘을 기울이고 있었습니다. 우리나라에도 잘 알려져 있는 크리스천이니 여러 말 할 필요가 없습니다만 나는 지진 직후 그가 와세다 대학에서 하는 강연을 들었습니다. 그는 무산계급 노동자를 위해 싸우느니만큼 "사람들은 이 지진을 하나님의 천견天譴이라 하지만 만일 천견이라면 하나님이 왜 노동자를 착취하는 자본가들은 두어두고 아무 죄 없는 후쿠가와, 혼조 지역의 30만 노동자를 죽였버렸느냐!" 하

---

3) 가가와 도요히코(賀川豊彦, 1888~1960): 일본의 목사·사회사업가. 고베 신학교를 거쳐 미국 프린스턴 대학교에서 공부했다. 귀국 후 고베의 빈민굴에서 그리스도교 전도활동을 하면서 노동운동의 제일선에서 활동했다.

고 목을 짜 부르짖었습니다. 그의 의견으로 하면, 지진 나라에 살면서 일본 사람이 과학적인 정신이 모자란다는 것입니다. 그래서 그 참혹한 해를 입었다는 것입니다.

둘째, 천견 곧 하나님의 책망이란 설명을 한 것은 우치무라 간조內村鑑三입니다. 사실은 천견이란 말은 시부사와 에이이치澁澤榮一가 먼저 했답니다. 그는 유명한 큰 재벌이었습니다. 그래서 가가와가 자본가는 왜 그냥 두었냐고 쏘아대는 것입니다. 그러나 그 시부사와의 자세한 말은 어디서 얻어듣지를 못했고 공공연한 비판으로 그것을 말하는 것은 우치무라가 자기의 『성서』 연구모임에서 하는 것을 들었습니다. 일본 민족의 죄를 책망하기 위해서 그런 재난을 보냈다는 것입니다.

내가 아는 한으로는 그렇습니다. 그러나 50년간 일본 사람이 사실로써 대답한 것을 본다면 그 대답은 둘 다 들은 것 같지 않습니다. 외면으로 보면 부흥은 곧 놀랍게 됐고 오늘 일본은 과학 연구와 공업의 일선에 서서 나갑니다. 그때까지만 해도 6, 7층 이상의 건물은 지진 때문에 지을 수 없다 해서 큰 집이라는 것이 마루노우치丸內 빌딩이었는데 지금은 일본 건축술이 놀랍게 발달해서 몇십 층도 있지 않습니까? 그 의미로 한다면 가가와의 경고는 어느 정도 들었다고도 할 수 있습니다. 그러나 좀더 깊이 보면 일본의 공해는 세계에서 앞장을 섭니다. 지진은 어느 지역에 한때 해를 입힐 수 있지만 공해는 전역을 아주 멸종시킬 수 있습니다. 과학일본이라 할 수 없습니다.

천견에 대해서는 말할 나위도 없습니다. 그런 문구를 기억이라도 하는 사람이 있는가 모르겠습니다. 일제 말년을 건지는 예언자 야나이하라 다다오[4]는 대동아전쟁 때 일본열도를 동해의 면도칼이라 했

---

4) 야나이하라 다다오(矢內原忠雄, 1893~1961): 일본의 경제학자. 1923년부터 도쿄대 교수로서 식민정책을 강의했다. 우치무라 간조를 스승으로 모시고, 그 영향으로 반전·평화 사상이 굳건했다.

고, 중국의 교만한 머리의 털을 깎기 위해서 하나님이 너를 들었지만 그 머리를 다 깎은 후 면도칼 너는 어쩌려느냐고 울었습니다. 중국의 교만을 부순 것은 사실입니다. 그러나 그 면도칼은 자신의 교만을 과연 버렸을까? 요새 일본서 그 학살사건에 죽은 사람을 위해 기념비를 세웠다고 그것을 스스로 반성·비판하는 글도 나왔답니다. 나는 그것을 크게 평가하고 싶습니다. 그러나 그것은 동해의 물결을 타고 새로 대륙으로 밀려드는 새로운 형태의 침략의 면도칼에 비하면 너무도 약한 거나 아닐까.

일본은 과연 죄를 뉘우쳤을까. 회개는 사람 마음의 깊은 곳의 사실이니 남은 말할 수 없습니다. 겉에 나타난 것을 보고 말하는 수밖에 없습니다. 일본이 만일 관동대진재를 하나님의 책망으로 알아 서양문명 수입에서부터 청일·러일전쟁, 한국병탄을 죄로 알아 깊이 뉘우쳤던들 대동아전쟁의 참혹과 수모는 없었을 것입니다. 그것은 그만두고 대진재 이후의 부흥이 사실은 조센징을 희생으로 잡아 제사지내고 된 일이라는 것만 알았더라도 아시아의 역사가 이렇게 더 어려워지지는 않았을 것입니다.

무죄한 조센징 왜 죽였습니까? 당시에 일어나던 공산주의자들이 혁명 일으킬까 두려워서 민심 수습책으로 한 것입니다. 사실 그때에 공산혁명이 일어났던들 일본은 지진 정도가 아니라 큰 혼란에 빠졌을 것입니다. 그렇다면 5년, 10년 내에 부흥이고 뭐고 생각할 여지도 없습니다. 어리석은 대동아전쟁을 일으켜 전국이 거의 초토가 됐다가도 급속히 부흥이 될 수 있었던 것도 하나는 진재 당시 공산혁명을 면해 그 후 20년 동안 나라터를 튼튼히 할 수 있었기 때문이요, 또 하나는 이 조선이라는 가엾은 파리한 염소가 다시 제물이 되어 피를 흘려 제사지냈기 때문입니다.

일본의 번영에 한국의 희생이 어쩔 수 없이 들어가는 것은 눈감을 수 없이 사실입니다. 그런데 일본은 그것을 깨달았을까? 회개는 감정 정도로 되는 것이 아니라 성격의 변화가 일어나야 합니다. 일본

성격은 변화됐을까? 군대라는 것과 경제와, 침략이라는 것과 관광이라는 것이 형태는 물론 다르지만 속에 숨은 성격이 문제입니다.

이런 말은 묵은 상처를 건드리기 위해서도, 약자의 콤플렉스를 드러내기 위해서도 아닙니다. 역사는 자연현상이 아니라 마음 문제요, 마음은 서로 떨어진 것이 아니라 산 관련을 이루는 하나기 때문에 하는 말입니다. 외손뼉이 울 수 없듯이 나라 사이의 관계를 참 의미로 정상화하지 못하는 한 일본도 한국도 아시아의 살아남도 세계의 평화도 없습니다.

원흉은 누구냐

"이게 진짜다" 했던 것은 의미 있는 말입니다. 모든 사건은 결국 진상을 드러내잔 것입니다. 그 의미에서 화복도 생사도 없습니다. 문제의 근본이 어디 있느냐? 사건을 일으킨 원흉은 누구냐? 창조 이래의 인류 역사는 어떤 의미로는 이 원흉 찾기라고 할 수 있습니다.

관동대진재의 원흉은 누구냐? 지진 화재가 문제 아닙니다. 그 핵심은 조선인 학살에 있습니다. 수로야 얼마 아니 되지만 그 죽음은 지진 화재에 죽은 것과 의미가 다릅니다. 실지로는 4, 5천이지만 그 뜻을 말하면 조센징이기 때문에 죽이는 것이니깐, 결국 전체 조선이 학살된 것입니다. 인명, 물자의 손상이 큰 변이 아니라 그것으로 인해 잃은 일본 민족이 그 인간성을 잃고 짐승처럼 미쳤던 것이 정말 큰 지변입니다. 일본이 메이지유신 이래 파죽의 형세로 세계 열강의 지위에 올랐다 해도 제 화를 면하기 위해 생사람을 몇이라도 죽였다면 역사의 시련장에서는 낙제입니다. 나는 정말 불길 속에 앉아 학살의 소식을 들으며 젊은 마음이지만 슬퍼졌습니다. 야, 일본이 요것밖에 못 되느냐 했습니다. 밉기보다는 가엾었습니다.

이때까지 해온 이야기에서 아실 것입니다마는 지진 속 불길 속을 항상 두 개의 일본이 숨바꼭질을 하고 있었습니다. 인간성으로 대표되는 일본, 권력으로 대표되는 일본, 어느 것이 참 일본입니까. 물론 첫째 것입니다. 그것은 늘 약해서 맹수 같은 둘째 것에 쫓기고 짓밟히고 처녀같이 강간을 당하지만, 그것이 참 일본이요, 그러기 때문에 이길 것이요, 이겨야 하는 것입니다.

한때 공산주의가 인텔리 청년 사이에 성했을 때 "무엇이 그를 그렇게 만들었느냐?" 하는 말이 유행했습니다. 일본인을 누가 그렇게 미치게 했던가. 지진? 아닙니다. 불? 아닙니다. 사람을 죽이라고 명령하고 선전한 것은 정부였습니다. 그들은 왜 그랬던가. 나라를 건지기 위해 그랬습니다. 그러나 그 나라란 것이 무엇입니까.

여기 속은 것이 있습니다. 속은 사람은 물론이고 속인 저희도 속고서 충성인 줄 알고 했습니다. 공산혁명을 막으려고 오스기 사카에[5]를 죽인 아마카스甘粕는 자기 사혐私嫌으로 한 것이 아니라 대일본제국을 위해 했습니다. 대일본제국이란 것이 문제입니다.

문제는 국가주의입니다. 그것이 동양 평화란 이름으로 전쟁을 일으켰고, 한국을 먹었고, 혁명을 막기 위해 조센징을 제물로 잡았습니다. 혁명은 왜 무서워합니까? 그것으로 일본이 망할까봐? 아닙니다. 혁명으로 나라는 망하지 않습니다. 망하는 것은 지금 있는 정권입니다. 대일본제국은 전체 일본이 아닙니다. 어떤 수의 사람의 것입니다. 국가란 언제나 그렇습니다. 모든 도둑의 근거는 이 소위 국가라는 것입니다. 국가란 이름하에 나라를 도둑해 가지고 있는 소수의 지배자, 이것이 대일본제국이었습니다. 그것이 제 권좌를 뺏길까봐 한 흉계가 조선인 학살입니다. 이 점에서 제물이 됐던 우리도 우리를 제물로 잡았던 동해의 면도칼도 다같이 반성할 것은 우리를 속여 미치게 했던 이 원흉을 잡아내는 일입니다.

5) 오스기 사카에(大杉榮, 1885~1923): 일본 다이쇼 시대(大正時代)의 대표적인 무정부주의자. 관동대지진의 계엄령하에서 헌병대위 아마카스 마사히코(甘粕正彦)에게 살해당했다.

원흉은 이제는 이미 잡혔습니다. 그러나 그 잔당은 아직 남았고 안정이 아니 됩니다. 그리고 그것은 반드시 일본에만 있는 것 아닙니다. 이제 역사는 그 살갗으로 사람을 구별하던 정도는 벗어났습니다. 관동대진재의 제단에서 피를 한데 섞은 일본의 씨올과 한국의 씨올은 이 역사의 원흉의 잔당을 잡아 새 시대를 여는 데 노력해야 할 것입니다.

• 1973년 9월, 『씨올의 소리』 제26호

나의 어머니

그건 사람이 아니냐

불효, 그 앞에 절망 없이

어머니의 성은 김씨, 이름은 형도亨道입니다. 어머니도 우리나라 대개의 여자가 다 그랬던 것같이 인생의 절반을 넘기도록 이름을 가지지 못했는데 그 이름은 일본한테 나라가 망하고 총독정치 밑에서 호적을 전부 새로 갈 때 여자도 모두 이름이 있어야 한다 해서 하룻밤 사이에 갑자기 얻으신 것입니다. 나는 지금도 동리 어른들이 사랑방에 모여 네 집 내 집의 여자들 이름을 떡 빚듯이 모조리 지어 붙이던 그때 광경을 기억하고 있습니다.

형亨 자는 아버지 이름이 형택亨澤이었기 때문에 거기서 한자를 따온 것이고, 도道 자는 왜 붙였는지 모르나, 어머니의 일생으로 보아 잘 맞는 글자라 하겠습니다. 글은 몰랐지만 어머니는 과연 도리에 밝으셨고, 또 중년 후부터는 독실한 기독교 신자이었기 때문입니다.

1898년 음력 2월 19일 평안북도 용천 진고지〔辰串〕 농가집 둘째딸로서 남쪽으로 30리나 떨어져 있는 사점〔獅子島〕에 역시 가난한 소작농의 외아들인 같은 나이의 아버지와 결혼하여 7남매를 낳아 맨 위와 아래 둘을 낳자마자 곧 잃어버리고, 우리 2남 3녀를 키워 장성시켰습니다.

여자로서 보통 키였고 미끈하고 균형잡힌 체격에 침착한 몸가짐이었고, 얼굴은 미인이라기보다는 맑고 점잖은 타입이었습니다. 말 적고, 감정에 자기를 잃는 일 별로 없고 의지는 굳센 편이었습니다. 두 뇌는 퍽 명석했던 분으로 아마 요즘 세상에 나셨다면 누구한테 뒤지지 않는 지식인이 되지 않았을까 하고 생각합니다. 손재주도 좋으셔서 가난한 살림이면서도 명절 때 내 옷차림은 동무들 속에서 뛰어나서, 동리 부인들이 몰려와 일부러 그 바느질 솜씨를 구경하며 감탄하던 것을 나는 지금도 잘 기억하고 있습니다. 명절날 밤엔 흔히 밤을 밝히면서 바느질을 했고 나도 곧잘 옆에서 지켜보곤 했습니다. 결코 남에게 떨어지는 이 아니었습니다.

세상에 나 같은 불효는 없습니다. 나는 아버지, 어머니 두 분 다 임종을 못 했습니다. 아버지는 1940년 내가 평양 시외 송산리松山里에 고등농사학원을 맡아 나갔다가 그해 8월 계우회사건이 터져 대동경찰서 유치장에 1년 들어가 있는 동안 세상을 떠나셨기 때문에 맏상주 노릇도 못했습니다. 경찰서에서 돌아와 보니 집안은 말이 아니 됐고 어머니가 한없이 불쌍해 보였습니다. 그래서 있는 정성을 다해 남은 해를 모셔보려 했는데 한 해를 지나니 이번에는 『성서조선』사건이 또 터져 서울로 잡혀와야 했습니다. 그래 서대문형무소에 1년을 있다가 돌아와 땅을 파먹는 농사꾼이 되어 있는데 해방이 됐습니다. 해방이 됐어도 나는 일할 생각이 없었는데 세상은 나를 끌어 내세워 신의주학생사건의 책임을 지고 소련군 형무소에 들어가게 되었습니다.

몇 번을 죽었습니다. 우선 사건 나던 그날 소련 군인의 총과 우리 공산당원의 몽둥이에 맞아서 죽었다 살아났고, 다음은 그 감옥에서 영원히 죽어, 나오려니 생각은 못했고, 50일을 있다가 뜻밖에 놔주기에 살았나보다 하고 집에 와 있으니 일 년 만에 또 크리스마스 밤에 잡아가서 이번은 정말 마지막인가 했는데 한 달 후에 또다시 나왔습니다. 그러니 그 동안 어머니의 마음이 어떠했겠습니까?

마흔다섯이 되도록 시詩라고는 한 줄도 써본 일이 없던 내가 노래를 쓰게 된 것은 감옥 안에서 어머니 생각을 하면서 시작된 것이었습니다. 시를 쓰자 해서 쓴 것이 아니라, 어머니 생각을 하니 자연 내 마음 자체가 애절한 시가 될 수밖에 없었습니다. 어머니는 내 앞에 영원한 슬픔의 형상으로 서 계십니다.

감탕흙 딛고 올라가자던 분

어머니를 생각하면서 맨 먼저 느끼는 것은 '끊임없이 올라가자'는 뜻의 사람이었다는 것입니다. 그것은 어머니만 아니라 우리 집 전체가 그렇다 해야 할 것입니다마는 그래도 어머니의 노력 없이는 되지 못했을 것입니다.

내가 살던 고향은 꽃피는 산골이 아니라 감탕물 먹는 바닷가였습니다. 우리나라의 맨 서북 모퉁이, 압록강이 황해로 들어가는 바로 그 지점, 아주 구석지고 하잘것없는 농사꾼들이 사는, 천대받는 곳이었습니다. 이상한 일입니다. 위대한 사람들이 살고 남긴 찌꺼기, 모든 더러움을 씻어내려 영원한 어머니 가슴인 바다 밑에 가라앉혀 이룩된 것이 감탕흙입니다마는 어머니도 그 속에서 났습니다. 아마 그랬기 때문에 다시 더 가라앉을 데가 없기 때문에, 올라오려 했을 것입니다.

그러나 모든 짓밟힌 것이 다 올라오려는 정신을 가지는 것은 아닙니다. 사실 그때 그 지방에 살던 사람을 다 생각해봐도 인간다운 의식意識을 가지고 꿈틀거려본 것은 몇이 못 됩니다. 대부분 그저 감탕 속에 꿈지럭이다가 사라지고 말았습니다. 그 점에서 보면 어머니는 이름 없이 났다 이름 없이 갔지만 결코 보통이 아닙니다. 보통이 아니라고 무슨 지배의식이라도 가졌던가? 아닙니다. 도리어 그보다는 일반이 그렇게 눌린 속에서 내로다 하는 생각조차 못하기 때문에 그 무지함이 마치 내려가는 기압氣壓이 수은주를 올리듯 몇 되지 않는 깬 마음을 일으켰을 것입니다.

어머니는 50이 될 때까지 글자는 한 자도 몰랐습니다. 아버지는 소작농의 집에 났으면서도 일찍부터 한의술을 배워 의사로 일생을 마치면서 흙은 만져보지도 못했습니다. 어머니는 40대까지 글자대로 손톱 발톱이 닳도록 일하는 농부였습니다. 그러나 그저 썩지 말자는 생각은 강했습니다. 그러므로 글이 없을 뿐이지 지식은 없지 않았습니다. 나는 행동의 세세한 지도에 관해서는 어머니께 받은 기억이 많습니다. 처음으로 절하기를 배우던 데서부터 옷고름을 매고 대님을 묶고 수저를 들고 놓는 것을 자세히 가르쳐주시던 것을 지금도 생생하게 기억하고 있습니다.

그중에서도 퍽 감격스럽게 생각하는 것은 내가 여남은 살 되던 때 일인데, 그때 아버지는 하시는 약국 관계로 집을 떠나 외가에 가서 계셨는데, 내가 어느 날 외가에 가게 됐습니다. 유달리 수줍음이 많은 나를 붙잡고 어머니는 단단히 일러주시는 것이었습니다. 여러 사람 있는 데라고 부끄럽다고 아버지한테 절을 아니 해서는 못쓴다, 사람의 자식이 그래서는 못쓴다 하셨습니다.

솔직한 말로 상놈들이 사는 지방이라, 양반들이 하는 모양으로 어려서부터 원숭이 가르치듯 까다롭게 틀에 박힌 인사를 가르칠 줄을 몰랐습니다. 그렇기 때문에 집안끼리에서 인사란 별로 없는 것이 일반 풍습이었습니다. 어머니는 그것을 잘 아시기 때문에 내가 행여 버릇없는 자식이 될까 염려하셨던 것입니다. 나는 그때 벌써 글의 지식으로는 어머니 위에 섰던 만큼 그것이 한없이 고맙고 존경스럽게 생각되어 속으로 기뻐서 평소의 약점을 이기고 가서 하라는 대로 깍듯이 했습니다. 그때부터 우리 어머니는 보통이 아니라고 생각을 했습니다.

1915년에 내가 태어난 사점을 떠나 어머니의 고향 가까운 곳으로 이사를 갔는데 그 동안 아버지의 약방이 잘되어 살림이 좀 넉넉해졌기 때문입니다. 그때까지 그 지방에서는 10리 20리 가야 하나 있을까 말까 하던 두루거리 큰 기와집을 사서 간 것입니다. 이때 어머니는 퍽 기뻐하셨고 그때까지 하던 김매기를 그만두고, 아주 판박힌 중류 살림의 어엿한 주부가 되셨습니다.

그러는 동안에 나는 집에서 40리 떨어진 양시楊市에 가서 첨으로 남의 집 밥을 먹으며 공립보통학교를 졸업했고, 평양에 나가 관립평양 고등보통학교에 입학해 3학년을 다 마치게 됐다가 3·1운동에 앞장서서 학교를 나오게 됐고, 결혼을 했고, 이태 동안 공부가 중단된 것 때문에 속을 썩이다가 오산학교에 들어가 일생을 통하여 큰 전환점이 됐고, 1923년 일본 동경으로 유학을 가게 됐습니다.

동경서 학교를 마치고 돌아와보니 집 살림도 많이 늘어 움직일 수 없는 중류층이 되기도 했지만, 그보다도 놀랄 것은 아버지, 어머니가 기독교 신자가 되신 것입니다. 그뿐 아니라 집 옆에 교회와 학교를 세우고 아버지는 장로가 되셨고 어머니는 권사가 되신 것입니다.

한 촌로의 영적 체험

어려서부터 나는 교회 안에서 자랐지만 아버지, 어머니는 신자가 되지 않았습니다. 거의 온 동리가 다 믿는데도 교회에 가시지는 않았습니다. 그렇다고 반대하느냐 하면 그것도 아닙니다. 두 분이 다 그저 남 따라 무엇을 하기에는 너무도 자주적이었고 이성적이었습니다. 내가 난 이후 나는 우리 집에서 다툼이 있는 것을 한 번도 보지 못했습니다. 언성을 높이고 감정을 써서 말을 하거나 상스러운 욕을 하는 것을 들어보지 못했습니다. 할아버지 할머니도, 아버지 어머니도 다 그러했습니다. 어느 면으로는 아주 찬 사람들 같았습니다. 그러나 속을 보면 절대로 그렇지 않습니다. 동리에서 누구와도 잘 사귀며 지냈고 어려운 사람을 동정하는 면에서도 우리 집이 늘 앞섰습니다. 나도 자란 후에야 알았지만 그 미신 많던 시절에 우리 집에는 귀신 사귄 것이 아무것도 없었습니다. 집의 누군가 점을 치러 다니거나 무당을 불러 굿을 하거나 하는 것을 한 번도 보지 못했습니다. 이것은 누구보다도 어머니가 이성의 사람이었기 때문이라고 생각해 감사합니다.

그런 분들이 어떻게 종교를 믿게 됐을까? 우리는 부자끼리도 모자끼리도 별로 토론이 없는 것이 보통입니다. 제각기 마음대로 하기 위해서가 아니라 서로 믿어 말하기 전에 벌써 합의가 되고 있기 때문입니다. 예를 든다면 전문학교에 들어갈 때도 아버지나 어머니가 너는 무얼 하려느냐, 무엇을 해라 한일도 없고 내가 또 무엇을 전공할까요 물은 일도 없습니다. 그랬어도 잘못된 것 하나 없습니다. 그렇기에 내가 기독교가 옳은 것이라고 생각하고 부모님도 믿으셨으면 하는 생각을 하면서도 언제 한번 권해본 일 없습니다. 아버지 어머니가 신앙에 들어가신 것은 누가 권해서가 아니라, 소위 말하는 복을 받기 위해서가 아니라, 스스로 생각해서, 사람으로서 마땅히 할 것을 하기 위해서 한 일입니다. 생각이 많으셨던 것을 내가 압니다. 그 말 없으신 분들도 때때로 말끝에 내비치신 것을 들었습니다.

첫째는 인생의 마지막 귀절에 들자 공公을 위해서 어떤 봉사를 해야겠다는 생각에서입니다. 아버지는 어려서부터 양심이 아주 날카로운 분이었습니다. 그런 시골구석에 태어났으면서도 말년에는 명의라는 소문이 나서 서울, 만주 북지에서까지 환자가 왔던 일이 있는데도 돈 모을 생각은 아니 하셨습니다. "돈을 모으려면 그거 못하겠느냐? 그러나 사람이 그래서는 못쓴다." 어머니는 더구나 그런 것만 아니라 깊은 영적 체험까지 얻으셨습니다. 그런데도 조금도 그 정신과 같은 태도를 나타내시는 것을 못 보았습니다.

둘째는 자녀 교육을 생각해서, 그중에서도 나를 생각해서 하신 점이 많습니다. 나는 17세에 나보다 한 살 아래인 내 아내와 결혼했습니다. 전혀 부모님 의견에 따라 했습니다. 어느 때 평양 있는 내게 아버지가 결혼하면 어떠냐고 묻는 편지를 보내셨습니다. 그때 나는 이미 무조건 관습대로 따르는 지경은 지나 있었습니다. 그러나 어머니 형편을 보아서 부모님 의견에 따라야 한다고 생각했습니다. 그것은 반드시 잘한 일은 못 됩니다. 그 후 오래지 않아서 나는 결혼을 너무 이르게 했다는 후회가 들었습니다. 그러나 그때 지식청년 사이에 유행했던 이혼 같은 것은 그때도, 그 후도 생각해본 일조차 없습니다. 아내는 전연 교육을 받은 것이 없기 때문입니다. 그래 내가 졸업을 하고 돌아오기 전에 그에 대한 준비를 해두어야 한다고 생각하셨던 듯합니다. 그때 두 분이 교회에 나가시며 며느리까지 데리고 나가셨고 아버지, 어머니가 손수 며느리 교육하기를 시작하셨습니다. 이리해서 어머니는 해방 직전까지 그 지방 여성계에서는 지도적인 인물이 되신 것입니다.

채마밭에서 느낀 모정

끝으로, 내가 영원히 잊을 수 없는 이야기가 하나 있습니다. 내 사상의 밑돌을 어떻게 어머니가 놔주셨나 하는 이야기입니다. 어머니는 본래 인자해서 나는 억울한 꾸중을 듣거나 매를 맞거나 한 일은 한 번도 없습니다. 단 하나 예외인 것이 있습니다. 그것은 어머니 잘못은 아닙니다. 아마 서너 살 때의 일이 아닐까, 하룻밤은 자다가 깨니 갑자기 까닭을 모르게 짜증이 났습니다. 그래서 일어나 앉아 울었습니다. 그랬더니 아버지가 자다 말고 웬 지둥이냐고 꾸짖으셨습니다. 그때 내 생각에도 아버지 어머니가 잘못해주었다는 것 아니었습니다. 그때의 감정을 나는 지금도 못 잊습니다. 후년에 학교에 선생이 된 다음의 소감으로는 그때 내 혼은 어떤 영혼의 엉클어짐이 있어 그러지 않았을까, 그때에 만일 누가 그것을 잘 풀어주었다면 나는 혹시 좀더 위대한 혼이 될 수 있지 않았을까 하고 생각했습니다.

그때도 어머니는 나를 억지로 틀어막지는 않았습니다마는 그 어느 때도 나를 마구 다루지는 않았습니다. 그런데 그러던 내가 크게 한 침 맞은 일이 있습니다. 7, 8세 때의 일 아닐까 생각합니다. 나는 본래 맏아들이었으므로 자연 특권이 붙어 있었습니다. 위에 고모도 있고 누님도 있었지만 먹는 데서는 언제나 내가 제일 위입니다. 가난한 농촌 살림에 맛나는 간식 자료가 있을 리는 없고, 누룽지나 채마밭의 오이나 옥수수가 최고입니다.

어느 늦어가는 가을날 궁금한 생각에 채마밭에 들어가니 다 늙어가는 넝쿨 밑에 오이가 하나 달렸는데 아직 어려서 먹을 나위가 없었습니다. 그래 며칠 기다렸다 따먹으리라 하고 보아두었습니다. 그런데 그럴 만한 날이 되어서 가보니 없습니다. 우리 집에 불문율로 당연히 내 차지인 것을 감히 누가 먹었을까? 알아보니 내 바로 밑의 여동생이 따먹었다는 것입니다. 그 여동생은 우리 5남매 중에서도 좀 못난 편이어서 모든 것에 남한테 뒤지기를 싫어하시는 어머니가 그 때문에 속도 적잖이 썩였습니다.

물론 내가 언제 내 것이다 선언한 일도 없었습니다. 그것은 순전히 나의 특권의식에서 나온 횡포였습니다. 그래서 그 불쌍한 것을 나는 구박을 했습니다. 나는 어머니도 당연 내 편을 들 줄 알았는데, 뜻밖에도 어머니는 부드럽고 미는 듯하면서도 단연한 목소리로 "얘 그건 사람이 아니냐?" 했습니다. 나는 부끄러웠습니다. 지금도 그때 그 어머니의 모습을 못 잊습니다.

"그건 사람이 아니냐?"

그 음성은 늘 살아 있어 내 속에 몇 번을 부르짖어졌는지 모릅니다. 나는 이제 자유와 평등사상을 내놓고는 살 수가 없습니다. 나는 씨올 사상을 부르짖고, 스스로 타고난 민주주의자라 하기도 합니다마는 나는 그 밑바닥의 반석은 어머니가 놓아주셨다고 합니다.

어서 갈 길 가거라

그 어머니가 지금은 어디 계실까? 1947년 2월 26일, 영원한 마지막이 될 줄은 모르고 월남의 길을 나서던 날 어머니는 대문에 기대 나를 보내주셨습니다. "내 생각은 말고 어서 가거라!" 하셨습니다. 내가 감옥에 가 있을 때 추운 겨울밤, 잠은 아니 오고 견딜 수 없어 물레질만 하셨다는 어머니, 그것도 부족한 듯해 "이 추운 밤 저 애가 불도 없는 감옥에서 자니 얼마나 추울까? 나도 저처럼 견뎌보자"는 생각에 밖에 나가 밤을 새워보았다는 어머니가 자기 생각은 말고 가라니 그 가슴이 어떠했겠습니까. 나를 살리기 위해서는 자기는 죽음보다 더한 고통도 참으시겠단 말 아닙니까.

나는 어머니 생각을 하면서 어머니의 슬픔의 물레에서 끝없이 풀려나오던 실 같은 내 생각을 여기서 끊고 나도 이 시대의 아들딸들을 향해 부릅니다.

내 생각은 말고 어서 갈 길 가거라!

• 1975년 7월, 『주부생활』 제124호

제3부
생각하는 백성이라야 산다

시국 강연에서 연설하는 함석헌

"국민 전체가 회개를 해야 할 것이다.
예배당에서 울음으로 하는 회개말고(그것은 연극이다)
밭에서, 광산에서, 쓴 물결 속에서, 부엌에서,
교실에서, 사무실에서, 피로 땀으로 하는 회개여야 할 것이다.
누구를 나무라는 것 아니요 책망하는 것도 아니다.
나 자신을 보고 하는 말이지.
……만 번 죽어 마땅한 나,
오늘까지 살리신 것은 그 죄 속하라 함이 아닐까?
무슨 십자가를 거꾸로 못 박혀야 그 죄를 속할까?
하나님, 이 나라를 불쌍히 여기소서!"
-「생각하는 백성이라야 산다」

생각하는 백성이라야 산다

6·25싸움이 주는 역사적 교훈

역사의 뜻

나라를 온통 들어 잿더미, 시체더미로 만들었던 6·25 싸움이 일어난 지 여덟 돌이 되도록 우리는 그 뜻을 깨닫지 못하고 있다. 역사의 뜻을 깨달은 국민이라면 이러고 있을 리가 없다. 우리 맘이 언제나 답답하고 우리 눈알이 튀어나올 듯하고 우리 팔다리가 시들부들 늘어져만 있어 아무 노릇을 못하지 않나. 역사적 사건이 깨달음으로 되는 순간 그것은 지혜가 되고 힘이 되는 법이다.

6·25사변은 아직 우리 목에 씌워져 있는 올가미요 목구멍에 걸려 있는 불덩이다. 아무런 불덩이도 삼켜져 목구멍을 내려가면 되건만 이것은 아직 목구멍에 걸려 있어 우리를 괴롭힌다. 그러므로 밥을 먹을 수 없고 숨을 쉴 수 없고 말을 할 수도 없는 것이다. 어서 이것을 삼켜 내려야 한다. 혹은 이 올가미를 벗어버려야 한다.

올가미가 거저는 아니 벗겨진다. 죽을 힘을 다해 벗겨야지. 코가 좀 벗어지고 귀가 좀 찢어지고 이마가 좀 벗어지고 턱이 부스러지는 한이 있더라도 벗겨야 한다. 불덩이가 그대로는 아니 넘어간다. 눈을 꽉 감고 죽자 하고 혀를 깨물고 목구멍을 좀 데면서라도 꿀꺽 삼켜야 한다. 역사적 사건의 뜻을 깨달음은 불덩이를 삼킴이요 올가미를 벗김이다.

모든 일에는 뜻이 있다. 모든 일은 뜻이다. 뜻에 나타난 것이 일이요 물건이다. 사람의 삶은 일을 치름〔經驗〕이다. 치르고 나면 뜻을 안다. 뜻이 된다. 뜻에 참여한다. 뜻 있으면 있다〔存在〕. 뜻 없으면 없다〔無〕. 뜻이 있음이요, 있음은 뜻이다. 하나님은 뜻이다. 모든 것의 밑이 뜻이요, 모든 것의 끝이 뜻이다. 뜻 품으면 사람, 뜻 없으면 사람 아니다. 뜻 깨달으면 얼〔靈〕, 못 깨달으면 흙. 전쟁을 치르고도 뜻도 모르면 개요 돼지다. 영원히 멍에를 메고 맷돌질을 하는 당나귀다.

역사에 대한 반성

6·25 싸움은 왜 있었나. 나라의 절반을 꺾어 한배 새끼가 서로 목을 찌르고 머리를 까고 세계의 모든 나라가 거기 어우름을 하여 피와 불의 회오리바람을 쳐 하늘에 댔던 그 무서운 난리, 사람이 죽고 상한 것이, 물자의 없어진 것이, 남편을 잃고 반쪽 사람이 된 과부가, 어미·애비 잃고 고아가 된 어린이가 얼만가. 거기 써버린 쇠를 쌓으면 산이 될 것이요, 거기 태워버린 기름을 모으면 바다가 될 것인 이 끔찍한 전쟁은 도대체 왜 일어났을까. 바다를 뒤집는 고래 싸움은 하필이 가엾은 새우 등에 터졌을까.

밤거리를 헤매다가 도둑놈에게 욕을 본 계집도 그 상하고 더러워진 몸을 어루만지며 생각을 해본다면 그 까닭이 어디 있음을 알 것이요, 대낮에 술에 취해 자다가 온 세간을 다 불태워버린 사내도 잿더미에 마주 앉아 생각을 해본다면 그 잘못이 어디 있음을 알 것이다. 이 역사의 한길에 앉은 고난의 여왕은 제 욕보고 뺏김당한 것이 어떤 까닭임을 생각하나, 아니 하나.

6·25 싸움의 직접적인 원인은 38선을 그어놓은 데 있다. 두 번째 세계전쟁을 마치려 하면서 로키 산의 독수리와 북빙양(북극해 – 편집자)의 곰이 그 미끼를 나누려 할 때 서로 물고 당기다가 할 수 없이 찢어진 금이 이 파리한 염소 같은 우리나라의 허리동강이인 38선이다. 피가 하나요, 조상이 하나요, 말이 하나요, 풍속·도덕이 하나요,

이날껏 역사가 하나요, 이해 운명이 한 가지인 우리로서는 갈라질 아무 터무니도 없다. 이 싸움의 원인은 밖에 있지, 안에 있지 않다. 우리는 고래 싸움에 등이 터진 새우다.

그러나 다시금 한번 생각해볼 때 아무리 싸움은 다른 놈이 했다 하더라도 우리는 왜 등을 거기 내놓았던가. 왜 남의 미끼가 됐던가. 거기는 우리 속에서 찾을 까닭이 있어야 할 것이다. 모든 역사적 현실은 자신이 택한 것이다. 쉬운 말로 만만한 데 말뚝이지, 만만치 않다면 아무 놈도 감히 말뚝을 내 등에 댈 수는 없을 것이다. 이른바 약소민족이었기 때문이다. 전쟁에 진 일본의 식민지였던 것이 원인 아닌가. 그렇다면 미운 것도 미국도 소련도 아니며, 일본도 아니요 우리 자신이다. 왜 허리 꼬부린 새우가 됐던가.

우리는 왜 남의 식민지가 됐던가. 19세기에서 남들은 다 근대식의 민주국가를 완성하는데 우리만이 그것을 못했다. 왜 못했나. 동해 바다의 섬 속에 있어 문화로는 우리에게조차 업신여김을 당하던 일본도 그것을 하고 도리어 우리를 덮어누르게 되는데, 툭하면 예의의 나라라 '작은 중화'라 자존심을 뽐내던 우리가 왜 못했나. 원인은 여러 말 할 것 없이 서민, 곧 이 백성이란 것이, 이 씨올이 힘 있게 자라지 못했기 때문 아닌가. 남들이 아무리 봉건제도라 하며 정치가 아무리 본래 백성 부려먹는, 씨올 짜먹는 일이라 하더라도 그래도 그 '오리'인 서민계급을 길러가며 생산방법을 가르쳐주며, 그 금알을 짜먹을 만한 어짊과 인정은 있었는데, 우리나라 시대 시대의 정치업자놈들은 예나 이제나 한결같이 그저 짜먹으려만 들었다.

그러므로 백성은 줄곧 말라들기만 했다. 민족국가, 경제에서 자본주의 국가는 씨올 중에서도 중산층의 나라다. 중산층이란 다른 것 아니요 그 사회제도가 씨올이 자라 제 힘으로 올라갈 수 있는 길이 열려 있다는 말이다. 그러므로 언제나 중산층이 튼튼히 있으면 그 나라가 성해가는 것은 천하가 다 아는 사실이다. 중산층이 살아 있는 만큼 씨올의 발달이 되어 있는 나라는 마치 맨 밑의 곧은 뿌리가 잘 자란 나무 같아 어떤 역사적 변동이 와도 거기에 맞추고 그 기회를 타고 이겨 살아나갈 수 있지만 그렇지 못한 나라는 망하는 수밖에 없다.

나라의 주인은 민중이다

민족주의의 물결이 세계를 뒤엎고 일어날 때 우리만이 그것을 타지 못하고 떨어져 민족 전체가 남의 종이 됐던 것은, 우리나라의 씨올이 양반이라는 이리떼보다 더한 짜먹는 놈들의 등쌀에 여지없이 파괴를 당하였기 때문이다. 민족국가 시대에 제 노릇을 못하고 남의 종이 됐기 때문에 그다음 시대에도 다른 데 종으로 팔리는 수밖에 없었다. 우리가 일본에서는 해방이 됐다 할 수 있으나 참 해방은 조금도 된 것 없다. 도리어 전보다 더 참혹한 것은 전에는 상전이 하나였던 대신 지금은 둘 셋이다. 일본시대에는 종살이라도 부모 형제가 한집에 살 수 있고 동포가 서로 교통할 수는 있지 않나. 지금 그것도 못 해 부모 처자가 남북으로 헤어져 헤매는 나라가 자유는 무슨 자유, 해방은 무슨 해방인가.

남한은 북한을 소련·중공의 꼭두각시라 하고, 북한은 남한을 미국의 꼭두각시라 하니 남이 볼 때 있는 것은 꼭두각시뿐이지 나라가 아니다. 우리는 나라 없는 백성이다. 6·25는 꼭두각시의 놀음이었다. 민중의 시대에 민중이 살았어야 할 터인데 민중이 죽었으니 남의 꼭두각시밖에 될 것 없지 않은가.

잘못은 애당초 전주 이씨에서 시작이 됐다. 압록강, 두만강에 울타리를 치고 그 밖에서는 중국 만주의 이리·호랑이에게 꼬리를 치며 미끼를 바치는 대신 이 파리한 염소를 사정없이 악착스럽게 더럽게 짜먹기 시작하던 이조 5백 년에 이 나라는 결딴이 나고 말았다. 그 염소가 행여 울타리를 깨칠까봐 그들은 임진강 이북을 관서니 관북이니 평안도 상놈이니 해서 아주 대강이를 눌러버렸다.

이놈의 38선은 운명의 남북 경계선이다. 민족 해방의 물결이 태평양에서 밀려들어 이 잠자는 민족에게서도 거기 맞춰 깬 혼이 몇 개 없었던 것은 아니건만 매양 일을 그르친 것은 이놈의 남북 충돌이었다. 6·25동란 때 부산 부두에 몰려 있어 말라가는 논귀에서 송사리의 살림을 하면서도 놓지 못한 것은 당파싸움, 오늘날까지도 그것인데 당초에 그 시작은 전주 이씨네의 정치에 있다. 임진란에 나라가 온통 일본의 말발굽에 밟힐 때 민중의 충성은커녕 동정 하나 못 받으며 밤도망을 해 임진강을 넘어가던 선조가 압록강가에서 감상적인 울음을 운 일이 있지 않나.

나라일 엉망진창인데
누가 충성 다할꼬
서울을 버릴 때 큰 뜻을 남겼으니
도로 찾음은 그대들 믿을 뿐
관산 달에 슬피 울고
압강 바람 마음 상해라
그대들이여, 오늘을 지내고도
오히려 동·서 또 있겠는가.
國事倉皇日
誰爲李郭忠
去邪存大計
回復仗諸公
痛哭關山月
喪心鴨水風
朝臣今日後
寧復更東西[1]

1) 선조가 시로 쓴 원문은 '國事蒼黃日 誰能李郭忠 去邪存大計 恢復仗諸公 痛哭關山月 傷心鴨水風 朝臣今日後 寧復更西東'이다.

알기는 알았건만! 부산서도 그 울음을 울었던가, 아니 울었던가. 알기나 하면 무엇해. 울기만 하면 무엇해. 울려거든 민중을 붙잡고 울었어야지. 민중을 잡아먹고 토실토실 살찐 벼슬아치를 보고 울어서 무엇해. 여우 같고 계집 같은 소위 측근자 비서 무리를 보고 울어 무엇해. 나라의 주인은 고기를 바치다 바치다 길거리에 쓰러지는 민중이지 벼슬아치가 아니다. 구원이 땅에 쓰러져도 제 거름이 되고 제 종자가 되어도 돋아나는 씨올에 있지 그 씨올을 긁어먹는 손톱 발톱에 있지 않다.

38선은 언제 그어졌나

그러므로 6·25의 남북 싸움의 속 원인은 스탈린, 김일성, 루스벨트에 있지 않고 이성계에 있다. 이북을 상놈의 땅으로 금을 긋던 날 38선은 시작됐다. 아니다. 거기서도 더 올라간다. 고려 중엽에 김부식이가 묘청의 혁명운동을 꺾어버리던 날, 평양 이북을 적국처럼 보기 시작하던 날 벌써 일은 글러졌다. 아니다. 그것도 아니다. 김춘추, 김유신이 당나라에 홀꾼거려('달아오르다'의 북한어 – 편집자) 드나들던 날, 진흥왕[2]이 기껏 간 것이 삼각산이어서 거기 비석을 세우던 날 기운은 벌써 빠졌다. 아니야, 온조가 한가람에서 딴전을 벌이던 날 벌써 문제가 설어졌다. 우리나라의 정신이 없다면 모르지만 있다면 그 등떠리가 아무래도 고구려적인 성격이 아닌가. 그러니 고구려가 망하고 신라가 통일이랍시고 나라의 떨어지다 남은 한 귀를 들고서면서부터 잔약질인 것 같은 신라적·백제적인 것이 줄거리 노릇을 하게 될 때 한 번 꺾였다. 고려시대만 해도 그 남은 기상이 있었는데

2) 진흥왕(眞興王, 534~576): 신라 제24대 왕. 한강 하류지역을 빼앗아 삼국통일의 기반을 마련했고, 변경에 순수비를 세웠다. 팔관회를 처음 열었으며, 황룡사를 지어 불교진흥에 힘썼다. 또 화랑제도를 창시하고 『국사』(國史)를 편찬케 했으며, 가야금을 제작·연주하게 하는 따위의 문화 창달에도 이바지했다.

묘청의 운동이 실패로 돌아갈 때 두 번째로 꺾인 것이다. 이조가 스스로 명나라의 속국으로 만족할 때 세 번째 꺾였다. 등심뼈('척추뼈'의 북한어 - 편집자)가 꺾이고 끄트머리 신경만 남았을 때 있을 것은 저림과 비꼬임과 쥐 일어남밖에 없지 않은가.

하나님이 이상하게도 우리나라 땅에 남북의 다툼을 만들었다. 인천만에서 원산만으로 긋는 선이 지각地殼이 약한 곳이어서 그리로 온천이 많이 터져나오고 그 이북과 그 이남이 지리가 서로 다르지만, 이것은 인문人文으로도 약한 경계선이다. 단군 때부터 한사군, 신라, 고려, 내리내리 늘 민족 성격의, 문화의, 사회생활의 경계선이 되어왔다. 어느 모로 보나 하나요, 하나일 수밖에 없는 이 나라, 이 겨레에 그 금이 놓여 있는 것은 무슨 시련의 선인가. 무슨 숙제의 선인가. 하나님은 아니 믿으려면 아니 믿어도 좋지만 있는 사실에 눈을 감을 수는 없고 그것을 정신적으로 이겨 넘지 않는 한 역사의 바른 걸음은 있을 수 없을 것이다.

그러므로 6·25의 뜻은 눈앞의 사실만을 볼 것이 아니라 저 먼 역사의 흐름에서부터 찾아보아야 할 것이다. 뜻을 깨닫는다는 것은 본래 세 점을 한 곧은 줄로 맞추는 일이다. 과거와 현재와 미래가 일직선상에 놓여 이 끝에서 저 끝이 내다뵈는 것이 뜻을 앎이다. 그것을 하는 자만이 역사의 주인 노릇을 할 수 있다. 사람이 예와 이제를 뚫지 못하면 마소[馬牛]에 옷 입힌 것이라 하는 것은 이 때문이다.

그러므로 예수가 나타나서 세계역사를 한 번 새롭게 하려 할 때, 그 앞에 서서 요한이 외치기를 "빈 들에 주의 길을 예비하라, 하나님의 곧은 길을 닦아라!" 했다. 하나님의 길은 역사의 길이다. 역사의 길은 언제나 과거·현재·미래의 세 점이 일직선으로 놓여 내다보여서만 나갈 수 있다. 그러므로 잘못된 것은 곡절曲折, 파란波瀾이 많다고 한다. 역사를 치르는 인간이 할 일은 늘 곧은 줄로 되지 못한 사실의 과정을 뜻으로 바로잡는 데 있다. 6·25 싸움이라는 역사적 현실에 서서 지나온 것을 내다볼 때 그것은 역사의 처음에서부터, 민족

성격에서부터 내다뵈는 것임을 알 수 있고 돌아서서 앞을 볼 때 "아, 그것은 이렇게 되잔 것이다" 하는 것이 보여지는 것이 있어야 한다. 이것만이 우리를 역사적 현실에서 건진다.

역사의 숙제

우리나라의 역사적 숙제는 세 마디로 말할 수 있다. 하나는 통일정신이요 하나는 독립정신이요 또 하나는 신앙정신이다. 그리고 이 셋은 결국 하나다. 나는 우리 역사는 고난의 역사라고 보는데, 그렇게 보면 세계 어느 민족의 역사나 고난의 역사 아닌 것 없고, 인류 역사가 결국 고난의 역사지만 그중에서도 우리 역사는 고난 중에서도 그 주연主演으로 보는데, 그 고난의 까닭은 세 가지 문제에 있다. 5천 년 역사의 내리밀림이 이조 5백 년인데 그것은 그저 당파싸움으로 그쳤다. 아무도 이 당파싸움의 심리를 모르고는 우리나라 역사를 알 수 없을 것이다. 이 5백 년의 참혹한 고난은 이 한 점에 몰린다. 그러므로 문제는 하나되는 데 있다. 민족으로 당하는 모든 고난, 그 원인이 우리 잘못에 있든 남의 야심에 있든 그 뜻은 작은 생각을 버리고 크게 하나(大同) 돼봐라 하는 하나님의 교훈으로, 역사의 명령으로 알아야만 우리는 역사적 민족이 될 수 있다.

그러나 하나되지 못하는 원인을 찾으면 독립하지 못하는 데, 제 노릇 하지 못하는 데 있다. 하나됨은 남의 인격을 존중해서만 될 수 있는 일인데 남의 인격을 아는 것은 내가 인격적으로 서고야 될 일이다. 정말 제 노릇 하는 사람은 제가 제 노릇을 할 뿐 아니라 남을 제 노릇하도록 만든다.

거지에게도 자존심은 있다고, 인격은 곧 자존自尊이다. 스스로 높임이 스스로 있음(自存)이다. 그러므로 우리에게 독립정신이 부족하다는 말은 스스로 비위에 거슬리는 말이지만 남이 되어서 볼 때, 아니라 할 수 없는 사실이다. 일본에 손을 내민 백제의 일이 그것이요,

고려도 그것이요, 이조는 말할 것도 없지 않은가.

지리적 조건에 핑계를 대면 댈 수도 있고 주위 민족의 탓을 하려면 할 수도 있지만 인격엔 핑계가 없다. 핑계되는 그것이 그 정신 아닌가. 우주를 등에 지는 것이 인생이요 정신이지, 나 밖의 다른 책임자를 찾는 것은 역사를 낳는 인격이 아니다. 그러므로 우리는 우리의 어려운 지리적·역사적 환경조차도 역사적 의지가 우리에게 명하는 "너는 역사의 주인이 돼봐라" 하는 숙제로 알아야만 이긴 자가 될 수 있다.

그러나 또다시 독립정신은 어디서 나오나. 깊은 인생관, 높은 세계관 없이는 될 수 없다. 그럼 그것은 어디서 나오나. 위대한 종교 아니고는 될 수 없다. 종교란 다른 것 아니요 뜻을 찾음이다. 현상의 세계를 뚫음이다. 절대에 대듦이다. 하나님과 맞섬이다. 하나님이 되잠이다. 하나를 함이다. 그러므로 이 이상의 일이 있을 수 없고 이밖에 일이 있을 수 없다. 이것이 맨 처음이요 이것이 맨 끝이다. 그러므로 문제는 따지고 따져 올라가면 여기 이르고 만다. 일찍이 역사상에 위대한 종교 없이 위대한 나라를 세운 민족이 없다. 종교가 잘못되고 망하지 않은 나라 없다. 어떤 나라의 문화도 종교로 일어났고 종교로 망했다. 이집트가 그렇고 바빌론이 그렇고 희랍이 그렇고 중국이 그렇다.

우리의 근본 결점은 위대한 종교 없는 데 있다. 우리나라의 백 가지 폐가 간난에 있다 하지만 간난 중에도 심한 간난은 생각의 간난이다. 철학의 간난, 종교의 간난, 우리나라는 우선 물자의 간난 때문에 못사는 나라 아닌가. 중국 평원을 우리에게 주어보라. 미국의 자원을 우리에게 주어보라. 그래도 못살 것인가. 금수강산 이름은 좋지만 이 마른 뼈다귀 같은 산만을 파먹고는 힘이 날 수도, 생각이 날 수도, 인심이 날 수도 없지 않은가. 그러나 뒤집어 생각하면 아무래도 생명은 물질의 주인이지. 물자 간난의 원인은 인물 간난에 있다. 우리나라가 이렇게까지 어려워진 것은 당파싸움으로 인물을 자꾸 없애버렸기 때문이다. 베인 나무는 10년이면 다시 있을 수 있으나 인물은 죽으면 백 년 길러도 다시 얻기 어렵다.

왜 그렇게 어려운가. 정신이란 귀한 것이요 생각은 하기 힘든 것이기 때문이다. 재목은 숲에서야 나고 인물은 종교의 원시림에서야 얻을 수 있다. 그런데 우리 민족의 종교가 본래 깊지 못하다. 이것은 몽고민족의 통폐다. 원나라가 세계를 휩쓸었으나 회오리바람처럼 지나가고 만 것은 깊은 정신문명이 없었기 때문이다. 반대로 그리스는 손바닥 같은 반도지만, 그 문화는 아직도 살지 않나. 일본이 크게 못 된 것도 그 종교의 작고 옅음에 있다. 만주족이 중국을 온통 정복해 3백 년을 갔지만 아무런 남은 것이 없는 것도 그 때문이다. 여러 말 할 것 없이 우리 고유한 종교가 시원한 것이 없지 않은가. 화랑도[3]라 하지만 그 윤리적·철학적인 내용은 다른 데서 배운 것이지요, 그 외의 것은 이른바 화랑으로 끝맺고 말지 않나. 화랑도로 역사를 살리지는 못할 것이다. 너무 옅다. 너무 평면적·낙천적이다.

그러면 우리의 역사적 숙제는 이 한 점에 맺힌다. 깊은 종교를 낳자는 것, 생각하는 민족이 되자는 것, 철학하는 백성이 되자는 것. 그러면 6·25의 뜻도 어쩔 수 없이 여기 있을 것이다. 깊은 종교, 굳센 믿음을 가져라. 그리하여 네가, 네가 되어라. 그래야 우리가 하나가 되리라. 세계 역사는 이제 하나됨의 직선 코스에 들고 있는 이때에.

형제애를 통일로

이것은 눈앞의 역사에 비추어 생각해보면 이렇게 된다. 6·25전쟁이 난 것은 그 뜻을 알고 본다면

첫째, 이것은 참 해방이냐.

둘째, 이 정권들은 정말 나라를 대표하는 거냐.

셋째, 너희는 새 역사를 낳을 새 종교를 가졌느냐.

3) 화랑도(花郎道): 신라 때에 화랑이 지켜야 했던 도리. 유(儒)·불(佛)·선(仙)의 삼교(三敎), 삼덕(三德), 오계(五戒)를 신조로 했다.

참 해방이 됐다면 참 자유하는 민족이 되었다면, 미·소 두 세력이 압박을 하거나 말거나 우리는 우리대로 섰을 것이다. 해방 전까지 없던 남북한의 대립이 두 나라 군대가 옴으로 말미암아 시작된 것은 우리 국민정신이 진공 상태였던 것을 말하는 것이다. 그러므로 이 형제 싸움은 일어났다. 남의 참견에 휘말려 동포가 서로 찌르고 죽인 다음에야 생각이 좀 나지 않을까.

이 정권들이 정말로 이 나라를 위한 정권이라면, 정치하는 사람들이 정말 권세욕이 아니고 나라를 생각하는 정성이 있다면, 전쟁에도 좀더 백성을 불쌍히 여기지 않았을까.

이 민중에 참 종교가 있다면, 아무리 정치적 기술도 없고 경제의 힘도 군사의 힘도 없다 하더라도 환란 속에서도 좀더 힘 있게 견디고 넘어진 중에서도 또 기운차게 일어서지 않았을까. 아무 밑천을 못 가지고도 없는 데서 새것을 지어내지 않았을까. "바로 돌아 앞으로!" 하는 새 시대의 앞장을 아니 섰을까. 어느 시대나 새 시대의 주인이 되는 것은 가진 것이 없는 자인데.

그런데 끔찍한 전쟁이 지나간, 지나간 것도 아니요 아직 목에 올가미로, 목구멍에 불덩이로 걸려 있지만, 이 오늘에서 결과는 어떤가. 완전히 낙제라 할 수밖에 없다.

남쪽 동포도 북쪽 동포도 동포라고는 하면서, 아들이 아버지에게 칼을 겨누고 형이 동생에게 총을 내미는 이 싸움인 줄은 천이나 알고 만이나 알면서도 쳐들어온다니. 정말 대적으로 알고 같이 총칼을 들었지 어느 한 사람도 팔을 벌리고 "들어오너라, 너를 대항해 죽이기보다는 나는 차라리 네 칼에 죽는 것이 마음이 편하다. 땅이 소원이면 가져라, 물자가 목적이면 마음대로 해라, 정권이 쥐고 싶어 그런다면 그대로 하려무나. 내가 그것을 너하고야 바꾸겠느냐? 참과 바꾸겠느냐?" 한 사람은 없었다. 대항하지 않으면 그저 살겠다고 도망을 쳤을 뿐이다. 그것이 자유하는 혼일까. 사랑하는 마음일까. 만일, 정말 그런 혼의 힘이 국민 전체는 말고 일부라도 있었다면 소련, 중공이 감히 강제를 할 수 있었을까. 우리 속에 참으로 인해 길러진 혼의 힘이 도무지 없음이 남김없이 드러났다. 해방이 우리 힘으로 되지 않았으니 해방이 될 리 없다. 이제라도 우리 손으로 다시 해방을 해야 한다.

전쟁이 일어나자 남북 두 정부가 서로 저쪽을 시비할 뿐이었다. 네 잘못이 내 잘못 아니냐 하는 태도가 없었다. 전쟁 터지자 나타난 것은 국민의 냉담한 태도였다. 즉 국민들이 정부를 신용하지 않았다. 전쟁을 정권 쥔 자들의 일로 알았지 국민의 일로 알지 않았다. 사실 국민이야 싸울 아무 이유가 없지 않은가. 소련, 미국이 붙였다 하겠지만, 아무리 잘 붙어도 싸우지 않으려는 형제를 억지로 시킬 수는 없을 것이다. 속아서 그 앞잡이 된 것은 정권 쥔 자들이요, 속은 것은 욕심이 있기 때문이다. 더구나 그렇게 큰 전쟁이 일어나는데 그날 아침까지 몰랐으니 정말 몰랐던가, 알고도 일부러 두었는가. 몰랐다면 성의 없고 어리석고, 알았다면 국민을 팔아넘긴 악질이다. 그러고는 밤이 깊도록 서울을 절대 아니 버린다고 열 번 스무 번 공포하고 슬쩍 도망을 쳤으니 국민이 믿으려 해도 믿을 수 없었다. 저희들도 서로 살겠다고 도망을 한 것이지 정부가 피난한 것은 아니었다. 문서 한 장, 도장 하나 아니 가지고 도망한 것이 무슨 정부요 관청인가? 그저 나도 너도 피난가서 다시 거기서 만났으니 또 사무라고 하고 본 것뿐이었다. 민중이 신용 아니 하는 것은 당연한 일이었다.

형제 죽이고 훈장은 무슨 훈장이냐

전쟁이 지나가면 서로 이겼노라 했다. 형제 싸움에 서로 이겼노라니 정말은 진 것 아닌가. 어찌 승전 축하를 할까. 슬피 울어도 부족할 일인데. 어느 군인도 어느 장교도 주는 훈장 자랑으로 달고 다녔지, "형제를 죽이고 훈장이 무슨 훈장이냐" 하고 떼어 던진 것을 보지 못했다. 노자는 전쟁에서 이기면 상례喪禮로 처한다 했건만. 하기야 제2

국민병 사건[4]을 만들어내고 졸병의 옷·밥을 깎아서 제 집 짓고 호사하는 군인들에게 바라는 것이 과한 일이다. 그러나 그것이 나라의 울타리일까.

한 번 내리밀리고 한 번 올려 밀고, 그러고는 다시 38선에 엉거주춤. 전쟁도 아니요 평화도 아니요, 그 뜻은 무엇인가. 힘은 비슷비슷한 힘, 힘으로는 될 문제 아니란 말 아닌가. 이 군대 소용없단 말 아닌가.

전쟁 중에 가장 보기 싫은 것은 종교단체들이었다. 피난을 시킨다면 제 교도만 하려 하고 구호물자 나오면 서로 싸우고 썩 잘 쓴다는 것이 그것을 미끼로 교세 늘리려고나 하고, 그러고는 정부·군대의 하는 일, 그저 잘한다 잘한다 하고 날씨라도 맑아 인민군 폭격이라도 좀더 잘 되기를 바라는 정도였다. 대적을 불쌍히 여기는 사랑, 정치하는 자의 잘못을 책망하는 참 의義의 빛을 보여주고, 그 때문에 핍박을 당한 일을 한 번도 보지 못했다. 그 간난 중에서도 교회당은 굉장하게 짓고 예배 장소는 꽃처럼 단장한 사람으로 차지, 어디 베옷 입고 재에 앉았다는 교회를 보지 못했다.

종교인이나 비종교인이나 향락적인 생활은 마찬가지고 다른 나라 원조는 당연히 받을 것으로 알아 부끄러워할 줄을 알지 못할 뿐 아니라 그것을 잘 얻어오는 것이 공로요 솜씨로 알고, 원조는 받는다면서, 사실 나라의 뿌리인 농촌은 나날이 말라들어가는데 도시에서는 한 집 건너 보석상, 두 집 건너 요리집, 과자집, 그리고 다방, 댄스 홀, 연극장, 미장원. 아무것도 없던 사람도 벼슬 한번 하고 장교만 되면 큰 집을 턱턱 짓고, 길거리에 넘치는 것은 오늘만을 알고 나만을 생각하는 먹자 놀자의 기분뿐이지 어느 모퉁이에도 허리띠를 졸라매

4) 제2국민병 사건: 국민방위군 사건을 다르게 부르는 말. 6·25전쟁 중 1·4 후퇴 때 국민방위군의 일부 고급장교들이 국고금과 군수물자를 부정처분하여 약 9만여 명의 피난민과 군인들이 목숨을 잃었다. 국회는 사건의 진상을 조사한 뒤, 1951년 4월 30일 국민방위군의 해체를 결의하고, 관련된 국민방위군 간부들은 총살형을 받았다.

고 먼 앞을 두고 계획을 세워 살자는 비장한 각오한 얼굴을 볼 수 없으니 이것이 전쟁 치른 백성인가. 전쟁 중에 있는 국민인가. 이것이 제 동포의 시체를 깎아먹고 살아난 사람들인가.

그리고 선거를 한다면 노골적으로 내놓고 사고팔고 억지로 하고 내세우는 것은 북진통일의 구호뿐이요, 내 비위에 거슬리면 빨갱이니, 통일하는 것은 칼밖에 모르나? 칼은 있기는 하나? 옷을 팔아 칼을 사라고 했는데 그렇게 사치한 벼슬아치들이 칼이 무슨 칼이 있을까. 정육점의 칼 가지고는 나라를 못 잡을 것이다.

낙제한 국민

국민 전체가 완전히 낙제를 했다. 그러나 여기 우리의 낙제에도 불구하고 잊어서는 아니 되는 커다란 일이 드러난 것이다. 그것은 6·25 싸움에 유엔이 손을 내밀었다는 사실이다. 이것은 미래의 역사를 위해 크게 뜻이 있는 일이다. 역사상 일찍이 이런 일은 없었다. 어느 한 나라의 문제로 인해 세계 모든 나라가 단체적으로 간섭을 하여 국제 군대를 보낸 일이다. 만일 유엔이 재빨리 그의 있는 손을 내밀지 않았더라면 일은 어찌 됐을지 알 수 없다. 아니다, 모르는 것 아니라 뻔하다. 우리나라 전체는 공산화됐을 것이다. 그렇게 됐으면 일본·필리핀 문제가 아니고 그러면 미국이 태평양 저쪽에서 재즈 곡을 들으며 평화의 꿈을 꾸고 있을 수 있었을까? 우리는 그때의 일을 책임졌던 트루먼 대통령, 미국민의 여론, 그때 유엔 기관의 여러 사람들의 어진 결단에 감사를 하지만, 미국으로서도 유엔으로서도 그럴 수밖에 없었을 것이다.

참 이利는 의義다. 유엔군의 충돌은 역사의 명령이었다. 우리는 이것을 밝히 알아야 한다. 그러므로 덕을 본 것은 우리만이 아니다. 우리야 물론 덕을 입었다. 멸망을 면했으니 덕이요, 더구나 정신면에서 영향은 크다. 전쟁 후 무너져가는 민심을 이만큼이라도 거두고 우리

나라의 썩고 썩은 관료정신을 가지고도 그만큼 나갈 수 있는 것은 유엔군이 출동했다는 데서 그 의기가 고무된 점이 있다. 그렇게 우리야 물론 덕을 입었지만 그보다 뜻 깊은 것은 유엔 그 자체가 그것으로 인해 강해지고 그 걸음이 확실해졌다는 사실이다. 만일 유엔이 이때에 한국 일을 모른다 했다면 미국의 신용은 물론 유엔도 있느냐 없느냐 하는 지경에 떨어졌을 것이다. 우리는 유엔이 장차 올 역사를 위해 아주 완전한 것으로는 보지 않으나 이것이 내일의 세계를 낳는 산파역을 할 것을 믿기를 서슴지 않는데, 처음 일어서는 자신은 6·25에서 얻었다. 6·25의 중심되는 뜻은 하나되는 세계로 달리는 한 걸음이란 데 있다.

국민 전체가 회개를 해야 할 것이다. 예배당에서 울음으로 하는 회개말고(그것은 연극이다) 밭에서, 광산에서, 쓴 물결 속에서, 부엌에서, 교실에서, 사무실에서, 피로 땀으로 하는 회개여야 할 것이다.

누구를 나무라는 것 아니요 책망하는 것도 아니다. 나 자신을 보고 하는 말이지. 죽지 못하고 부산까지 피난을 갔던 나는 완전히 비겁한 자요, 미워하는 자요, 어리석은 자다. 거기에서 돌아와서도, 오늘까지 맛에 팔려 사는 나는, 평안을 탐하는 나는, 완전히 음란한 자요 악한 자요 속된 자요 거룩을 모르는 자다. 그러면서도 오히려 말을 하는 것은 말을 파는 자요, 진리를 파는 자요, 하나님을 팔아 더럽히는 자다. 만 번 죽어 마땅한 나, 오늘까지 살리신 것은 그 죄 속하라 함이 아닐까? 무슨 십자가를 거꾸로 못 박혀야 그 죄를 속할까?

하나님, 이 나라를 불쌍히 여기소서!

• 1958년 8월, 『사상계』 제61호

때는 다가오고 있다

8월 15일이다

광복절이라고 곳곳에서 기념행사가 있었다. 기념탑이 서고 꽃자동차가 달리고 화포가 올라가고. 허나 분명히 숨길 수 없는 사실은 민중의 무표정이다. 기념은 관공리의 기념이지 민중의 기념이 아니었다. 관공리는 저희가 맡아서 하는 정치이니 어쨌거나 형식으로라도 축하를 하려 할 것이다. 그러나 필요한 것은 민중이 감격하는 일이지 몇몇 관공리가 만족하는 일이 아니다. 양심 없는 벼슬아치들이 아침부터 서울운동장에 모여 저희 칭찬을 저희가 하고 있은들, 날마다 심해가는 생활고에 피가 쪽쪽 마르는 민중이 그 소리 듣고 정말이라 승인할까.

무슨 식만 하게 되면 늘 옛투대로 선열의 영령이 어쩌구저쩌구 하는 소리, 민중이 과연 그 발라맞춘 입술의 말을 기특히 여겨 빙그레 할까. 또 어리석은 일부 서울시민이 대낮에 술병을 차고 한강가에 줄을 짓기는 하더라마는, 시들어 마르는 시골 백성이 그 꼴 보면 무어라 하며, 또 마시는 저들인들 정말 광복이 된 살림을 축하해서 하는 것일까. 그보다는 견디기 어려운 시름, 분함을, 오늘 공장이 하루 쉬고 회사가 하루 노는 틈에 잠깐 잊어보자는 무너져가는 기분에서가 아닌가. 또 정신없는 지아비 지어미와 철없는 아이들이 기다리는 비는 아니 오고 흐트러진 구름에 별들만 깜박이는 밤, 그 별과 찬란을 다투려는 듯 쏘아올리는 화포를 손뼉 치며 바라고 백사장에 어리대지만 그것이 정말 축하될까.

잊을 수도 없는 1950년 6월 27일 밤, 무책임한 정치가들의 되는 대로 해팽개친 노릇 때문에 얼마나 많은 생명이 빠져죽고 밟혀죽고 했었는가. 그 시체의 썩은 냄새가 아직 채 가시지도 않은 한강, 바로 그 백사장에서, 또닥또닥 소리도 바로 그때 여의도 비행장을 폭격하던 청천벽력이요 뜻밖이던 적기의 그 소리 같아 가슴이 덜컥 내려앉는데 무엇이 좋다고들 야단인가.

좋다는 사람은 무어가 좋은지 좋다 하지만, 민중은 확실히 무표정 무감격이다. 그들이 나라를 사랑하지 않고 자유를 귀히 여기지 않아서가 아닐 것이다. 14년 전 이날, "해방이다!" 소리가 하늘에서 떨어질 때 그들은 한 사람도 빠짐없이 나와 외양간에서 나오는 송아지처럼 뛰어 삼천리가 들썩들썩했다.

민중이 왜 무표정일까

잊어버려서일까? 아니다. 결코 잊어버리지는 않았다. 민중은 흥분을 잘하는데 그 민중이 왜 광복절을 맞고도 감격이 없을까? 그 이유는 다른 것 아니고 현재의 살림이 조금도 시원한 것이 없기 때문이다. 민중은 흥분하지만 결코 내용 없는 빈말에 흥분하지는 않는다. 민중은 언제나 현실적이다. 실지에 감격할 만한 것이 있어야 한다. 민중은 역사를 가지지만 죽은 과거에만 살지는 않는다. 묵은 역사의 문구를 가지고 민중을 기르지는 못한다. 산 현재의 살아 있는 양식이 있어야 한다.

그러므로 맹자가 왕도정치를 가르침에, 먼저 양생송사(養生送死: 윗사람을 생전에는 잘 모시고 사후에는 정중히 장례를 지냄 – 편집자)에 유감이 없도록 해주는 것으로 그 시작을 삼은 것은 옳은 일이다. 산 가족 길러가고 죽은 어버이 장사 지내는 데 부족이나 없을 만큼 생활이 안정되어야 자유고 광복이지, 산 사람 먹지 못하고 죽은 시체 묻지 못하는데 광복이 무슨 광복인가.

오늘의 민중에겐 지난날 우리 조상의 광복이 문제가 아니라, 오늘에 살고 자녀를 낳아 길러야 하는 오늘의 자유를 찾아 빛냄이 더 문제다. 살림이 바로 됐으면 제사라도 잘 지낼 것이지만 살지도 못하는데 제사가 무슨 제사냐. 살림을 바로 하는 것이 정말 조상의 영에 제사함이지 바로 살지도 못하면서 빚을 내어 지내는 제사는 욕이지 영광이 아니다. 무표정한 민중을 놔두고 형식적인 문구를 엮어서 하는 축하, 그것은 빚낸 돈으로 하는 제사 아니냐. 민중이 감격 아니함은 감격할 만한 자유가 실지로 없기 때문이다.

살림은 싸움이다

싸우는 정신을 가진 자만이 감격할 수 있다. 감격할 만한 역사적인 날을 당하고도 민중이 먹먹히 무표정인 것은 그들이 정의와 인도를 위해 싸우잔 정신이 없어졌기 때문이다. 왜 싸울 맘이 없어졌을까? 희망을 잃었기 때문이다. 분명히 오늘 이 민중은 싸울 맘이 없는 사람들이요, 희망을 잃은 사람들이다. 고상한 문화창조욕은 그만두고 저들은 기업심企業心조차 없다. 그날 벌어 그날 먹는 주의로 나가고, 아끼는 생각도 절제하는 생각도 계획을 세우는 마음도 없다. 극장·다방·당구장이 자꾸 늘어가는 것은 이 민중이 일 없는 민중이요 일하려는 마음도 없는 민중인 증거다.

육체를 가진 담에야 누구라고 쾌락을 구하는 마음이 없을까만, 옳게 된 시대의 민중은 적은 쾌락을 희생해 큰 쾌락을 얻으려 하고, 일시적인 즐거움을 버려 영구적인 즐거움을 얻으려 한다. 거기서 기업이 나오고 가지가지의 문화활동도 나온다. 그런데 이 백성은 그 마음을 잃고 아주 근시적이고 고식적인 찰나주의자가 되어버렸다. 엄정한 뜻의 생활이 있다 할 수 없다. "자, 먹고 마시자. 우리는 내일을 모르느니라!"라는 말 그대로다. 내일을 모르는 민중, 그것은 민중이 아니다, 동물의 무리지. 그들에게 희망이고 싸움이고 있을 리 없다. 그러니 고상한 감격을 어찌 바랄 수 있을까.

왜 그렇게 됐나

적어도 14년 전 오늘엔 그렇지 않았다. 그건 해방이 됐다는 14년 동안의 일이다. 누가 그렇게 했나? 왜 그렇게 됐나? 여러 말 할 것 없이 그 책임은 정치가가 져야 한다. 물론 6·25전쟁이 원인이기도 하다. 허나 아무리 6·25전쟁이 참혹했다 하더라도, 아무리 그것이 밖에서 들어온 세력으로 인한 것이라 하더라도, 아무리 오늘 우리의 통일 문제가 우리 자신보다는 남의, 혹은 세계적인 정세의 옮겨감에 달린 것이 사실인 줄을 모를 사람이 없다 하더라도, 그래도 정치 맡은 사람들이 정말 천하의 근심에 앞서서 그 근심을 근심하고 천하의 즐거움에 뒤떨어져 그 즐거움을 즐기려 하는 맘을 가지고 민중을 길러 내려는 정성이 깃든 정치를 했다면, 민중이 이렇게는 되지 않았을 것이다. 10여 년 정치에 한 일이라곤 백성의 살을 깎고 그 정신을 짓밟은 것밖에 없다. 그래 이 꼴 된 것 아닌가.

산업의 발전은 신통한 것 없는데 벼슬아치들의 몸은 살찌고 집은 커졌으니 어디서 난 것들인가.

새로운 이상을 가르쳐줌 없이 그저 복종만을 강요하여 질서를 유지하려 했으니 민중에게는 정신을 짓밟히면서도 참는 것밖에 기른 것이 없지 않은가. 도대체 오늘 정치가 중에 우리가 추대해서 그 자리에 선 사람이 몇이나 있는가. 다, 다, 자기네가 스스로 표방하고 자천하고 매수하고 억지하고 해서 됐지. 민중은 참는 거요 민중은 묵인하는 거다. 죽지 않을 지경이면 참아두고 용허容許해둔다. 그래서 되는 정치 아닌가. 그렇다면 될수록 언론의 자유를 주어 그 진정을 듣도록 해야 할 것이다. 가뜩이나 우리 민중은 여러 백 년 압박 밑에 옹

졸해지고 겁 많아지고 수줍음이 많아진 민중이니 그 기운을 길러주
도록 특별히 맘을 썼어야 했을 것이다. 그런데 사실은 민주주의 시대
라는 이때에, 백성의 입을 틀어막고 장님같이 따라오기만을 요구했
으니 백성이 낙심이 아니 될 리가 없다.

　민중이 무표정인 것은 이성으로써 따라본다고 해야 도저히 이 현
실을 뚫고 나갈 가망이 없다, 하기 때문에 자포자기해서 되는 현상이
다. 그러니 정치 맡은 사람들은, 본시 이것이 민중의 추대로 되기보
다는 묵인으로 된 것이니만큼 그 민중이 자기네의 구호에 무표정일
때는 그것이 소극적으로 하는 반항인 것을 알아야 할 것이다. 스스로
나설 만한 교양을 가지는 사람들이니 민중의 그 뜻을 모르리만큼 경
우가 밝지 못하지는 않을 터이요, 그런데도 불구하고 물러서지 않으
면 그것은 일부러 하는 압박으로 알밖에 다른 도리가 없다.

그러니 그 벼슬아치들을 상대로 할 수가 없다

　그들에게는 그들의 광복절을 지키게 하고 우리는 우리의 광복절을
지켜야 할 것이다. 그들의 광복절은 축하식의 광복절, 유흥 기분의
광복절이겠지만, 우리의 광복절은 그래서는 아니 된다.

　이 어려운 판국에 풀 같은 네 목숨이 이리 같은 세력다툼꾼들의 발
에 밟혀 죽지 않은 것만도 다행인데, 그런 판에 뛰어들고 싶으냐? 삶
이 무조건이라면 또 모르지만 삶이 결코 무조건은 아니다. 목숨이 붙
어만 있으면 되는 것은 아니다. 또 목숨이 그저 붙인다고 해서 붙어
지는 것도 아니다. 삶은, 실상은 가림이요, 골라듦이요, 까다로운 한
조건이다. 그래 옛 사람들이 말하기를, "사람이 밥으로만 사는 것 아
니요, 하나님의 입으로 나오는 모든 말씀으로 산다"[「마태복음」, 4:
4], "생명으로 인도하는 문은 그 길이 좁고 험하여 찾는 자가 적다"
[7:14] 했다. 삶 중에서도 사람의 삶, 곧 인격은 모든 것을 다 내버린
대신 얻어드는 까다로운 한 조건이다.

막막한 우주에 한없는 전체를 다 잊고 그중 한 부분만을 본 것이 이른바 산 물건이라는 거며, 그중에서도 또 절반 이상을 내놓고 그 남은 것만을 든 것이 동물이란 것이요, 그 동물 중에서도 또 많은 것을 제쳐놓고 그 수를 다하여 겨우 30억에 못 차는 것을 가지고 사람이라고 한다. 30억이 많은 듯하지만 그것을 물속의 버러지, 바람 속의 박테리아에 비해보라. 그것이 과연 어떠한가? 30억이 많은 듯이 보임은 사람 노릇이 어려워서 그런 것뿐이다. 사람은 사람 노릇을 해야 하고 보람이 있어야 한다.

나는 저즘께도 경무대 앞을 지나갔다. 바른편엔 이조시대의 돌담이 그대로 있고 왼편에는 일제시대의 집이 그냥 서 있는 그 두 사이를 열어놓은 길, 이 더러운 서울에서도 거기만은 깨끗하고, 어딜 가나 벌거벗은 문둥이의 허리통 같은 강산에 그 동산만은 푸른 솔에 기름을 뿌렸더라.

길바닥은 우리집 방바닥보다 고운데 지키는 순경이 오가는 사람을 주의깊이 보고 있더라. 그런데 거기를 때마침 지나가는 소년이 이끄는 강아지가 정문 앞에서 오줌을 깔기고 가는데 그 순경이 아무 말도 아니 하더라. 아마 오줌이 급해 바지에 싸게 되는 경우라도 내가 그 개같이 했다면 따귀를 맞아도 단단히 맞고 유치장 신세를 져도 톡톡히 졌을 것이다.

똥구데기에서 난 파리는 장관의 콧잔등에도 맘대로 똥을 누지만 나는 침방울을 튀게 했더라도 욕을 볼 것 아니냐. 그렇게 보면 나는 강아지만도 못하고 파리만치도 자유가 없는 듯하다. 허나, 사람 노릇 하자니 그런 것 아니냐. 새나 버러지는 꽃 향기 맡아가며 대자연 속에서 대우주에 드러내놓고 누는 똥을 나는 사람 노릇 할라기에 변소랍시고 냄새를 맡아가며 가려서 하지 않느냐.

부자유는 부자유지만 그래서 사람이다. 정부는 한 변소요 문화는 한 밑닦음이다. 삶은 조건이다. 인격은 그저 살아서만 되는 것이 아니라 알 것을 알고 할 것을 해서만 있는 것이다. 그리고 나라가 무어냐? 모든 '나'들이 내로라, 사람 얼굴 들기 위해, 할 것을 하고 알 것을 알자 힘쓰는 힘씀이 짜여서 하나로 된 것 아니냐?

그럼 지금 나라가 이 꼴인데 해방은 무슨 해방, 축하는 무슨 축하냐? 나는 슬프다. 내 눈엔 나라 꼴 틀렸고, 내 지정머리도 틀려먹었다.

기쁜 사람들은 잘사는 거지! 정말 잘살까? 사람 노릇 그만두어서가 아닐까? 나는 사람 노릇 못 했다. 알 것을 알지 못하고, 할 것을 하지 못하고, 말할 것을 말도 못 한다. 못 해도 해보려고 애는 쓴다. 그러니 마음 아프지 않을 수 없다.

압록강 물 5천 년 설움에 목이 메는 곳, 거기 내 아버지 내 어머니의 백골이 비바람에 씻기고 있건만 그것을 내가 알면서 가서 흙으로 덮지 못한다. 거기 내 아들 내 딸을 두고 왔건만, 그것을 내가 꿈에 못 잊건만 그 살고 죽은 것을 알지 못한다. 아버지 어머니의 뼈를 못 가리고 만일 내가 한 사업이 있다면 그것이 무슨 사업이며, 제 새끼의 안부를 모르고 내가 아는 지식이 있다면 그것이 무슨 지식인가?

내 가고 싶은 곳에 가지 못하고 내 하고 싶은 말을 하지 못하는 나라, 그게 무슨 자유의 나라며 그 정치에 무슨 치하가 있겠는가? 돼지처럼 묻히고 구더기처럼 파먹고 강아지처럼 꼬리를 치는 것으로 잘살고 잘난 것으로 안다면 모르려니와 그렇지 않은 내게는 기쁨 없다.

내게 자유를 다오! 나를 사람으로 대접해주고 내 알 것을 남김없이 알게 하고, 내 할 것을 꺼림없이 하게 해다오! 그러기 전까지는 나는 울기를 그치지 않을 것이다.

우리의 광복절은 싸울 뜻을 돋우어주고 활동할 정신을 자아내는 것이어야 한다.

민중이 깨야 한다

무엇으로 이 맥 빠진 민중을 깨울까? 때로써 알려주어야 한다. "밤이 깊고 낮이 가까웠으니"〔「로마서」, 13: 12〕 "자다가 마땅히 깰 것"

〔13: 11〕을 일러주어야 할 것이다. 민중은 잠이 잘 드는 무리이다. 그러나 민중은 죽는 법은 없다. 때로써 그 맘을 때리면 깬다. 민중이 깨면 무섭다. 14년 전 광복의 첫 광선이 비친 이후 오늘에 이르는 동안에 파란은 참 많았다. 민중의 눈앞에 자유의 빛은 사라지고 어둠만이 덮치고 덮쳐왔다. 하지만 어둠이 짙으면 밤이 깊은 줄을 알아야 할 것이요, 밤이 깊으면 낮이 틀림없이 가까운 줄을 알아야 할 것이다. 믿어야 할 것이다.

우리가 사는 세계는 밤과 낮이 있는 세계다. 빛을 생명으로 하고 살면서 날마다 어둠을 경험하게 되는 것은 저녁에 어둠이 올 때마다 틀림없이 밝은 아침이 올 것을 경험에 의하여 믿음으로써 영원히 빛을 찾아 올라가도록 하기 위하여 그렇게 마련된 것일 것이다. 광복이 다른 것 아니다. 날마다 머리 위에 새로 올라오는 빛을 받고 일어나는 것이 곧 광복이다. 자연계가 그렇다면 정신계도 그럴 것을 쉬이 믿을 수 있다.

정의가 낮이라면 사악은 밤이다. 사악이 세상을 덮을 때마다 정의의 낮이 머지않아 올 것을 믿어야 할 것이다. 사실 인류 문명의 가장 시조라는 이집트의 종교는 다른 것 아니고, 곧 이 지는 해 돋는 해를 믿은 것이었다.

때를 기다리는 믿음이야말로 모든 역사의 내미는 힘이 되어왔다. 때에 대해 확신을 가지는 민족, 그것이 이기는 민족이요 강한 민족이다. 때를 참아 기다리지 못하는 민족, 그것이 엷은 민족이요 단기한 민족이요 악한 민족이요 못 견디는 민족이다. 일생의 절반을 어둠 속에 살면서도 태양이 죽지 않을 것을 믿는 인간은 죄악이 한때 날뛰더라도 정의가 반드시 이길 것을 믿어야 할 것이다.

14년이 긴 것 같지만 믿음이 있는 민족이면 1,400년도 긴 것이 아닐 것이다. 어둠은 태양 때문에 온 천하를 골고루 비치는 빛 때문에 생기는 것이므로 어둠이 오면 빛의 오는 첫 소식임을 알아야 하듯이, 죄악은 우주를 성립시키고 다스리는 참의 법칙, 정의의 법칙 때문에 일어나는 것이므로 언제든지 죄악은 스스로 자멸될 운명의 것임을 믿어야 한다. 가령 예를 들면 기생충이 주인의 피를 빨아먹음은 제가 살기 위해서지만 빨아 먹기를 심히 하면 주인이 죽고 주인이 죽으면 저도 어쩔 수 없이 죽는 것과 같다. 그것은 생명의 원리가 하나로 살고 하나로 죽음(共存共榮)이기 때문이다.

독재주의는 제 이익을 위해 독재주의를 쓰고 독재의 충실을 위해 점점 더, 그리고 필연적으로 독재주의를 아니 쓸 수 없지만, 사실 그것은 제 망할 시간을 독촉하는 것이다. 모든 독재자·압박자는 빤히 알면서도 그 길을 갔다. 악은 자멸하는 것이다. 민중의 할 일은, 아무리 일시적인 고통이 심하더라도 절대로 타협하지 않고 싸우는 데 있다. 모든 권력엔 끝이 있고 정의의 법칙을 믿는 믿음엔 끝이 없다. 믿음으로 이긴다. 때는 다가오고 있다.

때가 무어냐

때는 끝이요 시작이다.

때는 죽음이요 살아남이다.

때는 심판이요 구원이다.

때는 갈라놓음이요 하나로 만듦이다.

때는 좌우에 날선 검이다.

때는 하나님의 말씀이요 사자다.

때는 명命이다.

때를 안 자가 명을 받은 자요, 명을 받은 자가 하늘의 아들(天子)이요, 세계가 그 손에 달렸다. 때는 우주 만물의 뒤에 숨어 있어 그 근본이 되는 정신의 활동이다. 윤리적 질서의 작용이다. 그래 천운이 순환하여 무왕불복無往不復이라 한다. 사필귀정事必歸正이라 한다. 역사는 제가 해결하지 못할 문제를 제출하지 않는다 한다. "오실 이가 오실 것이니 잠깐 후에 오실 것"이라 한다(「히브리서」, 10: 37).

때에 관해 가장 깊이 안 것은 히브리의 예언자들이었다. 다른 민족들도 일찍부터 때가 인간의 모든 일의 결정적인 요소인 것을 알기 때문에 거기에 대한 생각을 많이 하였다. 옛날 역사에서 점치기가 중요한 지위를 가졌던 것은 이 때문이다. 그러나 그들은 때를 대개 순전히 객관적인 것, 자연법칙적인 것으로 보려 하였다. 그러므로 운명론·숙명철학이 발달했다. 그러나 운명이나 숙명은 아무래도 건전한 사상이 아니다. 그것은 인간의 힘쓰는 정신을 도리어 죽여버리는 폐단을 가져온다. 우리나라는 그 해독을 가장 많이 입은 나라다.

히브리의 예언자들의 생각은 그와 달랐다. 그들에게 때는 결코 자연적인 것이 아니었다. 그것은 하나님과 사람의 마음의 만남이었다. 그러므로 그들의 예언에는 틀림없이 늘 '그때' '그날'이란 것이 들어 있어 그것이 고갱이를 이루면서도, 반드시 사람을 불러 거기 응할 것을 명하기를 잊지 않았다. 간단히 말하면 그들에게는 하나님 편으로 하면 때는 언제든지 열려 있으나 사람 마음이 이러나저러나 하는 데 따라 변동이 있다. 그러기에 얼핏 보기에 모순인 듯하지만 그들의 하나님이 한번 명령했던 것을 고치기도 하고 뉘우치기도 하는 데, 그 깊은 뜻이 들어 있다.

동양적인 운명은 절대로 움직일 수 없는, 하나님 자신도 어떻게 하지 못하는 기계적인 것이다. 그러므로 그것은 종국에는 윤리적인 질서가 아니다. 히브리의 하나님은 자기가 거룩하므로 인간에게도 거룩을 요구하는 하나님이다. 때는 인간이 하나님을 믿는 데, 즉 그의 뜻에 완전히 합하는 데 있다. 그러므로 그때는 밖에 있기보다는 안에 있다. 예수의 전도를 그의 제자가 간단하게 요약하여 네 마디로, "때가 찼고, 하늘나라 가까우니, 회개하고, 복음을 믿으라" 했는데 예수는 그 하늘나라를 가리켜 "너의 안에 있다" 했다[「누가복음」, 17: 21]. 때가 하나님 편으로 하면 주어진 때지만 인간 편으로 하면 발견하는 때 깨닫는 때여야 한다. 맹자의 "천시불여지리 지리불여인화"天時不如地利 地利不如人和[1]란 말이 서로 합하는 말이다.

하늘 때가 물론 결정적인 것이다. 그 하늘의 때를 받아 쓰는 것은 인화人和에 의해서만 될 수 있단 말이다. 때는 다가오고 있다. 때는 언제나 다가오고 있지만 민중이 맘속에 때를 붙잡아야만, 때는 때가 된다. 여러 말 기다릴 것 없이 오늘의 우리 역사가 그러하다. 8·15의 광복이 이 모양이 되고 만 것은 이 민중이 하늘의 말씀에 응하지 못했기 때문이다.

역사는 하나님과 사람의 대화다. 공산주의자들의 유물변증법이라 하는 것은 공연한 소리고, 사실은 하나님과 사람과의 대화다. 이미 대화라는 이상, 주거니받거니 하는 말씀의 벌어져 나감이라는 이상, 그것이 물질일 수는 없다. 말씀이니 인격일 수밖에 없다. 그리고 꼭 같은 자격 사이의 대화라면 거기 발전의 가능성이 있을 수 없다. 역사는 인간의 인격과 거기에 절대적으로 대립되는 초월적인 인격과의 사이의 묻고 대답함일 것일 수밖에 없다. 그런데 8·15해방 선언은 먼저 하나님 편에서 온 말씀이었다. 그때 누구나 하는 말이 "이것은 하늘에서 온 떡"이라 했다. 자기네의 한 것 없이 하늘에서 온 것이기 때문이다. 하나님이 주신 때였다. 그랬으면 우리가 거기 대답을 했어야 할 것이었다.

해방 후 14년 동안의 역사는 우리의 실패 역사다. 하늘에서는 준 때인데 우리가 받지 못했다. 6·25에 재차 물었는데 또 옳게 대답하지 못했다. 부산의 정치파동[2]이요, 서울의 2·4파동[3]이요, 보안법 개

---

1) 天時不如地利 地利不如人和: "하늘이 주는 때는 땅의 이득만 못하고, 땅의 이득은 사람의 인화만 못하다"라는 뜻으로 인간의 노력이나 조화과 중요함을 강조하는 말이다. 『맹자』, 「공손추 하」.

2) 부산정치파동: 1952년 5월 26일~7월 4일, 임시 수도 부산에서 이승만 대통령의 재선과 독재정권의 기반을 굳히기 위해, 대통령직선제 정부안과 내각책임제 국회안을 발췌·혼합한 개헌안을 강제로 통과시킨 사건.

3) 2·4파동: 1958년 12월 24일 자유당이 언론규제와 야당탄압을 강화할 수 있는 법적 근거를 마련하기 위해 국회에서 보안법 개정안을 3분 만에 날치기로 통과시킨 사건.

정이요, 경향신문 사건[4]이요, 무엇이요 무엇이요 모두 하늘이 묻는 데 대하여 엉뚱강산의 대답을 한 것이다.

때는 다가오고 있다

하늘은 한번 묻고 마는 이가 아니다. 잘 대답하지 못하는 아들에 대해 아버지의 물음은 더 급하고 더 날카로워지는 법이다. 그것이 때는 다가오고 있는 것이다. 정의가 거꾸러질수록 때는 자꾸 급하게 다가온다. 다른 말로 하면 이러다가는 큰일이 나고야 만단 말이다. 이것은 이미 길거리의 소리다. 길거리의 소리가 하늘 소리다. 정치라는 말고삐 쥔 사람들! 분명히 알아들어야 할 것이, "이러다가는 큰일이 나고야 만다"는 길거리의 소리다.

때는 다가오고 있다. 어리석게 세상이 이만인가보다 하다가는 어느 놈의 모가지가 부러지고야 말 것이다. 이것도 한두 사람이면 좋다! 일이 일어나면 온 나라가 온통 결딴이 날 것이다. 내가 미친 놈이 되고, 이 말이 들어맞지 않기를 제발 바란다. 허나 알 것을 알기는 해야 할 것이다. 대답을 바로 못하면 못할수록 하나님은 급히 따갑게 물을 것이다. 물어도 물어도 대답을 아니 하면 하나님이 화를 내는 때가 온다. 인간의 대답을 기다릴 것 없이 하나님이 일방적으로 막아낼 수 없는 때의 거친 물결을 퍼붓는 날이다. 그때 민중은 판단을 잃고 오직 절대의지의 기계 노릇을 할 뿐이다. 민중이 미치는 날! 아아, 무서운 일이다. 너도 죽고 나도 죽는 날! 제발 그날이 오기 전에 너희 지혜의 주머니를 기울이란 말이다.

민중이 겸손한 맘으로 거기 대답을 하도록 해야 한다. 대통령 선거 때, 그때가 무슨 말씀을 품었는지 알 사람이 없다. 좌우에 날선 검을

4) 경향신문 사건: 『경향신문』을 폐간(1959년 4월 30일)하도록 명령한 자유당 정권 시절 최대의 언론탄압 사건.

이쪽으로 쓸 것인가 저쪽으로 쓸 것인가. 분명히 알아야 할 것은 그 것은 단순히 대통령이 누가 되느냐 하는 문제가 아니라 나라의 운명을 좌우할 수 있는 일집(말썽스러운 일이 생기게 되는 바탕이나 원인 – 편집자)이 거기 숨어 있다는 것이다.

선거란 곧 하늘 말씀에 대한 민중의 대답이다. 하나님이 혹은 도리道理가 이 나라의 다음 대통령으로 뽑아놓은 이는 자연히 있다. 선거는 이 민중이 능히 그것을 알아맞히나 못 맞히나 보자는 것이다. 그러므로 모든 선거자의 마음은 하늘 뜻에 맞는 이, 즉 공정한 정성의 사람을 뽑아야 한다는 데 집중되어야 한다. 그래서 과연 하늘의 뜻과 맞게(도리에서 볼 때 옳게) 뽑으면 우리나라에는 복이 있을 것이다. 허나 만일 민중의 맘이 밝지 못해 유혹이나 위협에 넘어가서 옳지 못하게 뽑으면 그때는 하늘의 무서운 질문을 받을 것이다.

또 미·소의 악수하는 때가 온다! 어느 날 될는지는 아무도 모르지마는 이 세계의 일이 저 둘 중의 어느 하나가 이기고 하나가 망함으로 해결될 수 없는 것만은 빤한 일이다. 누구도 이기지 않고 누구도 지지 않아서만 해결될 것이다.

어느 하나를 없애버리고 해결하려면 반드시 어려운 일이 아니다. 그렇게 아니 하려는 데 새 시대의 말씀이 들어 있다. 어렵기는 하겠지만 역사는 반드시 그리되고야 말 것이다. 그런데 그날이 오면, 둑을 막았다가 그것이 터지면 그 형세가 어떠할 것인가.

38선이 터지는 날(그날도 8·15같이 하늘에서 먼저 물을 것이다) 그때 어떠할 것인가. 우리는 평화적으로 하나가 될 자신이 있는가? 속에 그 준비를 했는가? 그야말로 공백이다.

나는 그날을 생각할 때 치가 떨린다. 이 백성이 과연 어떤 대답을 할까. 또 낙제하지 않을까? 그리 생각하고 나는 나 개인으로 통일이 이날까지 못 된 것을 한하면서도 민족 전체를 생각할 때는 차라리 하나님께 감사하는 것이 있다.

땅을 뺏기고 가족을 뺏기고 나왔던 사람들이 살아서 서로 만난다면 아무래도 좁은 감정의 복수심으로 기울어져 큰일을 그르치지 않을까?

6·25 때 이미 실증되지 않았나? 당장 당했던 사람이 분하지만 참는 중에 떠나가고 그런 감정 없는 다음 대의 아들들이 공정하고 넓은 마음으로 새 시대의 이상 밑에 큰일을 이루라고 일이 그리되는지도 모른다.

돈과 권세에 눈이 어둡지 않은 사람은 그것을 본다. 그날이 급하겠는지, 느즈럽겠는지, 무섭겠는지, 유쾌하겠는지는 아무도 알 자 없지만, 미리 맞혀보려는 것은 어리석은 일이다. 그러나 그것은 우리 마음에 달린 것이기도 하다. 우리 마음을 하늘 마음에 맞추어야 한다.

수없는 젊은이가 향락의 거리로, 날치기로, 강도로 헤매지 않나? 만나는 학생마다 "어떻게 해야 할까요?" "아무 의욕이 없어요" 한다. 왜 그러는가? 아무 이념도 없는 민중, 이것을 어떻게 할 터인가. 그러나 역사의 높은 봉에 올라가 외국을 내려다보면 우리 지위가 어디임을 알 것이다.

저즘날 나는 어떤 젊은 장교가 찾아와서 초면에 이야기를 하던 중, "젊은이들이 첨부터 그런 것은 아닙니다. 다 한 번은 이상에 불이 타봅니다. 무엇을 해보잔 의욕이 동합니다. 그러나 이 사회가 이렇게 해도 될 수 없고 저렇게 해도 될 수 없는 것을 볼 때 그만 자포자기해버립니다" 하는 말을 듣고 수건을 눈에 대지 않을 수 없었다. 그렇다. 처음부터 그런 것은 아니다.

처음부터 그런 것이 아니라면, 그러하다면 여기 말을 들어라! 때는 다가오고 있다. 다가오는 이 '때'란 처녀의 얼굴을 조용히 들여다보자!

• 1959년 10월, 『새벽』 10월호

민족통일의 종교

통일은 종교문제다

아무것도 아는 것도 없고, 하는 힘도 없고, 돈도 없고, 지위도 없고, 밤낮 잘못만 저지르고 있는 백성의 한 사람으로 통일에 대해 말을 해보자. 정치가 뭔지 모르는 네가 무슨 말을 하느냐. 네 집 하나, 네 몸 하나도 가누어가지 못하는 네가 말이 무슨 말이냐 할지 모르지만. 나 같은 것이야말로 통일 아니 되고는 살 수가 없기 때문에, 사람질을 할 수가 없기 때문에 더구나 말할 필요가 있다. 우리 같은 것의 의견도 좀 들어보라.

신문 잡지에 통일에 대하여 참 말이 많은데, 우리에게는 그 모든 이론이 맘에 차지 않는다. 다 다 저 가지 끝이나 잎사귀를 가서 건드리는 것같이 들리지, 정말 나무 밑둥이나 뿌리를 만지는 것 같지 않다. 뿌리가 어딘가? 종교다. 오스트리아식 통일이니, 스위스식 중립이니, 유엔안이니, 이북안이니 하지만 그것은 다 방법에 관한 것 아닌가. 왜 정치엔 종교는 관계가 없다는 듯이, 종교 없이도 나라 해갈 수 있기나 하다는 듯이 다들 그것은 빼고 고양이 목에 방울 달 토론하는 쥐 무리같이 방법론만 하는가. 그 말만 듣고는 우리 무지한 민중의 가슴은 뜨거워지지 않는다. 그리고 싸늘히 식은 시체에 옷을 입히고 작대기로 버티어 세워도 사람이 될 수가 없다면, 가슴이 뜨겁지 않은 민중을 가지고 통일도 할 수 없을 것이다.

사람은 종교적 존재다. 사람은 정치적 동물이라는 소리를 큰소리 나 되는 듯 외우고 또 외우지만, 그 정치란 것이 종교의 빛에 비치어 진 것이 아니라면 개미나 꿀벌의 무리와 다를 것이 무엇인가? 사람은 종교적 존재라는 것이야말로 잊어서는 아니 되는 큰 말이다. 세력 있고 지식 있어 다스리는 계급에 있는 사람들에겐 종교와는 관계없는 방법만이 문제인지 몰라도, 다스림을 받는 우리 민중에겐 종교 없는 정치, 그것은 어부의 그물이요, 목자의 작대기다.

사람은 종교적 존재라는 말은 정신이 주인이란 말이다. 정신은 영원하고 무한한 것이다. 우주의 밑바닥을 이루고 만물을 꿰뚫어 깔려 있고 그것을 이끌어가는 것이 정신이다. 우리가 잘나고 어진 사람을 보면 나라와 민족, 예와 이제의 차별이 없이 감격해 기뻐 존경하는 마음이 나며 위대한 자연을 보아도 또 감격하는 생각이 나서 혹 노래를 하고 혹 손뼉을 치게 되는 것은 모든 존재가 다 한 정신의 바탈로 되어 있는 증거다. 감격하는 것은 나 자신 속에 잠자고 있던 그 우주 적인 정신이 내 앞에 지금 나타난 그 대상으로 인하여 깨어나기 때문 이다.

산을 보고 기뻐할 때는 나 자신 속에 높음을 본 것이요, 바다를 보고 시원해할 때는 나 자신이 넓어진 것이며, 성인의 모습을 보고 눈물을 흘릴 때는 나 자신이 곧 거룩해진 것이다. 이것이 종교다. 종교는 한 나[一·元·同一我·大我]를 믿음이다. 만물이 다 한 바탈, 곧 생명 으로 됐고, 만물이 곧 한 몸임을 믿는 것이 종교다. 소위 종교란 것을 믿거나 말거나 이 종교는 누구나 다 살고 있다. 존재하는 종교다. 그 리고 민족을 통일하여 한 나라를 이루는 데 이 종교 없이 될 수 없다.

인생의 모든 문제가 종교에서 나오고 종교에까지 들어가고야 만 다. 종교를 부인하고 유물론을 믿는 공산주의자들의 공산주의는 사 실에서는 그들의 종교라고 하는 것은 이 때문이다.

그러므로 통일 문제도 마땅히 종교적인 데까지 들어가서 생각하고 다루고 실천하지 않으면 아니 된다. 나라란 한개 산 인격이지 결코 기관이나 기계가 아니기 때문이다. 그 산 몸에서 종교는 정신이요 정치는 행동이다. 그러므로 종교 없는 정치는 아주 옅은 수단이요, 종교를 생각하지 않은 통일론은 보잘것없는 껍데기 수작이다. 우리가 무식해 그런지 모르지만 적어도 우리에게는 그렇게밖에 아니 들린다. 그러므로 아무 열심도 나지 않고 신도 나지 않는다. 누웠던 사람이 벌떡 일어날 만한, 술잔 들었던 놈 술잔 내던지고, 화투목 쥐었던 놈 화투목 내버리고 "그렇담 나도 나서 볼란다!" 하게 되는 통일론을 해줄 사람은 없을까? 아아, 답답해!

모든 위대한 나라와 문화가 종교적 신앙 없이 된 것은 없지 않은가. 중국 옛날 춘추전국시대의 뒤를 이어 천하를 통일했다가 몇 해가 못 가서 곧 망한 진秦나라는 아무 종교 없이 칼로만 하려 했기 때문이요, 이른바 수탉 한 마리도 붙들어맬 힘이 없는 한고조漢高祖가 그 뒤를 이어 통일의 큰 사업을 이루어 중국 역사에 한 큰 금을 긋는 것은 그가 유교를 국교로 삼아 민심 통일을 했기 때문 아닌가. 당나라의 문화가, 동은 일본에서부터 서는 중앙아시아에, 북은 시베리아에서부터 남은 남양군도에까지 뻗었던 것은 불교신앙이 나타난 것 아닌가. 모세가 애굽의 학정 밑에서 종살이하는 이스라엘의 무리를 몰아 민족을 만들고 나라를 세우려 할 때 먼저 한 것이 민중에게 종교를 준 것 아니며, 마호메트가 아라비아 사막의 장사꾼떼를 모아 나라를 세우려 할 때도 먼저 한 것은 종교를 주는 일 아니었던가.

그런데 우리만이 종교 없이 통일을 할 수 있는 것인가. 우리 역사에 물어보라, 뭐라 대답하나. 삼국시대가 그나마 그만큼 된 것은 화랑과 새로 들어왔던 불교신앙 때문이 아니며, 그만큼까지 밖에 못 되고 만 것은 역시 그 종교가 민족 생명의 속에까지 들어가지 못하고 빌려다 입은 옷으로 그쳤기 때문이라 하는 것이 옳지 않을까. 고려가 고려밖에 못 되고, 이조가 이조밖에 못 되고, 오늘이 오늘의 이 꼴밖에 못 되는 것도 근본 원인은 다 참 우리의 종교가 없기 때문이다.

38선은 하나님의 질문이다. 하나님이라는 소리 듣기 싫거든 역사의 질문이라 하자. 마찬가지 말이다. 하여간 이 민족에 대한 한개 시험 문제다. 1945년에 생긴 것이라 하지 마라. 미국 소련 둘이 서로 물고 당기다가 찢어진 금이라 하지 마라. 하루아침 생긴 것이 아니요, 밖에서 힘이 들어와서 그리 만든 것이 결코 아니다. 38선이 생기는데 역사적 필연성이 있다. 운명의 신이 눈을 감고 장난으로 그은 금이 아니다. 이것은 대답을 할 때까지는 결코 풀어주지 않는 뜻의 주인이 까닭이 있어서 우리 앞에 내세운 시험 문제다. 까닭이 무슨 까닭이냐? 믿지 않았던 까닭이다. 무엇을 아니 믿었단 말이냐? 한 나를 아니 믿었단 말이다.

믿음 하나 없었단 말이다. 믿음이 하나요, 한 나 함이 믿음이다. 그 믿음이 나타난 것이 나라다. 그렇기에 38선 긋고 나라의 허리를 잘라 우리 생명의 대적으로 도둑해 들어온 것이 종교 없는 자들이라면 그것을 몰아내는 것은 종교로써만 될 것이다. 38선이 생기기는 정치적으로 생기었어도 해결은 종교로 해야 한다. 병이 날 때는 밖에서 병균이 침입해서 되어도 그 병이 나을 때는 내 속에서 힘이 나와서 물리쳐야 하는 모양으로 나라에 문제가 생길 때는 정치적 관계로 생기어도 거기 대한 대답은 국민의 정신으로, 신념으로 해야 한다. 그런데 통일 문제를 외교, 정책으로만 다루려 하니 무슨 일인가?

회개

통일 문제가 종교적 문제라면 우선 무엇보다 먼저 할 일은 회개다. 나라가 갈라진 것은 죄악이요, 또 죄악의 결과로 된 것이기 때문이다. 통일을 말하는 사람마다 이 나라가 이렇게 갈라진 것을 불행이라고는 하면서 한 사람도 이것이 큰 죄악이라고 하는 사람은 없다. 과연 불행만인가. 불행이라고만 하고 마음이 평안한가. 그만 것으로 혼의 아픔이 표시됐나. 혼의 아픔은 정말 없나. 그럼 무슨 불행일까. 정말 불행은 생명의 핵심에 칼이 들어오는 것이다. 이른바 치명상이다.

그런데 혼에 대한 치명상이 무엇인가. 죄악 아니고 무엇인가. 우리 혼은 근본에서 도덕적인 생명이기 때문이다. 한 사람의 허리를 자르면 살인자라 하겠지. 왜 한 나라의 허리를 자른 것, 삼천만의 허리를 자른 것은 살인이 아닌가. 38선의 잘라짐은 불행이 아니요 죄악이다. 세계적·인류적 큰 죄악이다. 만고에 이런 법이 어디 있나. 남의 집 강아지를 두 놈이 갈라 먹어도 용서할 수 없다 하겠는데, 청천백일하에 5천 년 역사 가지는 남의 나라를 허리를 잘라 두 동강이로 냈다. 이런 죄가 세상에 어디 있을까.

통일 문제를 정말 의논하려거든, 우리의 죽고 사는 문제로 의논하려거든, 의논이 아니라 외치고 부르짖으려거든, 악을 쓰고 기를 써 하늘 땅에 호소를 하려거든 우선 미·소를 대가리로 두 편에 갈라서서 이 불쌍하고 파리한 갈보 같은 이 민족을 벌거벗겨 두 다리를 맞잡아 당겨 가랑이를 찢어놓은 저 열강이라는 나라들을 책망부터 해야 한다. 듣는 놈이 제 죄가 무서워 치가 떨리고 뼈가 저려 하도록 무섭게 책망을 해야 한다.

옛날 우리나라 문장 최치원이는 남의 나라에서라도 역적하는 놈을 때리는 글을 써서 그놈이 읽다가 너무 무서워 저도 모르게 상에서 내려앉았다 하더구만! 아아, 이 나라에 이제 글이 말랐구나! 아니다, 글이 말랐겠느냐, 양심이 말랐지. 그것이 어찌 글재주로 될 일인가. 불붙는 정의의 정신이 있으니 그랬지. 남의 나라 일에도 그랬던 마음이 이제 어찌 제 나라 일에 이렇게 무신경해졌을까. 양키의 높은 코가 낮아지고 로스케(러시아 사람을 낮잡아 이르는 말 – 편집자)의 얼굴이 흙 같아지고, 모택동의 번대머리에 땀이 흐르게 하는 한 줄 글이 우리에게서 못 나온단 말이냐. 의기가 이렇게도 죽었느냐.

알았다. 의기가 죽어서만이 아니라 오히려 양심이 살았기 때문일 것이다. 책망을 못 하는 것은 미국의 일을 잘했다 아첨해서도 아니요, 소련·중공에 겁을 내서도 아님을 내가 안다. 그보다도 우리 자신도 그 죄악에 같이 참여했기 때문에 양심에 찔려 감히 책망을 못 하는 것이다. 세상에 도둑이란 도둑은 스스로 불러들이지 않는 도둑이 없고, 전쟁이란 전쟁은 다 내란 아닌 것 없다. 외손뼉이 울지 못하는 법이라, 죄는 다 양편의 합작인 것이다. 우리는 우리 자신 그 죄악에 죽기로 싸우지 못하고 구차한 생명을 탐해 거기 굴복함으로써 그 죄악에 참여하여 우리는 우리의 생명을 뺏는 도둑의 공범이 되어버렸다. 오히려 채 죽지는 않은 우리 양심이 스스로 그것을 알기 때문에 하늘을 같이 쓰고 있을 수 없는 원수들을 향해 입을 닫고 잠잠하고 겨우 한다는 소리가 빈말인 방법론뿐인 것이다.

그러나 이미 양심이 있어 그런다 할진댄 잠잠하지만 말고 국민적으로 회개를 해야 옳은 일일 것이다. 그래야만 새 힘이 날 것이다. 양심은 양지良知요 양능良能이다. 양지가 생기면 양능이 일어날 것이다. 참 자리에서는 앎과 행함이 하나일 것이기 때문이다. 참 회개를 해야만 참 앎이 생길 것이다. 지나간 역사에 대하여 깊고 날카로운 도덕적 자아비판을 해서만 새로운 역사의 이념은 얻어질 것이요, 새 역사의 이념을 참으로 붙잡으면 새 역사적 행동이 절로 나올 것이다.

죄악이 모두 다 합작이라면 회개도 합작이어야 할 것이요, 따라서 새로 한 나 됨도 합작으로 될 것이다. 그러므로 우리가 참 통일을 이루려면 우리만 아니라 저쪽도 회개를 하도록 되어야 하는 것이요, 저쪽이 회개를 하게 되려면 그것은 오직 우리의 회개에 의해서만 될 것이다. 우리는 울어서 울어서 그 울음이 돌 같은 저쪽의 가슴을 울려, 울음이 터져나오도록 되기까지 울어야 할 것이다. 이것이 만일 아니된다면 무기의 경쟁을 하여 저쪽을 이기고, 꾀와 선전을 더 교묘하게 하여 저쪽을 정복하여서 통일을 한다는 일은 그보다도 더 공상이다. 절대 될 수 없는 일이다.

미친 자식의 팔을 쳐서 그 손에 든 칼을 떨어뜨리게 하자는 것은 뿔을 바로잡으려다가 소를 죽이는 것 같은 어리석은 일이요, 그보다는 아직도 그 사람된 양심에 호소하여 그 양심을 때려 스스로 칼을 내던지게 하는 일이 가장 빠른 길이요, 가장 옳은 길이다. 통일은 정복이 아니요 인격적 통일인 이상은 오직 한 가지의 길이, 저쪽의 회개를 이끌어낼 때까지, 세계 모든 나라의 자책하는 마음과 동정하는 마음을 일으킬 때까지 우리가 진정으로 하는 회개의 울음을 우는 것밖에 없다. 그렇지 않으면 교섭과 토론은 하면 할수록 시비에 그칠 뿐일 것이다. 이것이 통일 운동의 기초되는 첫걸음이라고 우리는 생각한다.

38선은 정치적 분열의 선이 아니요, 사상의 경계선이며, 사상의 경계선이 아니요, 국민 성격의 분열선이다. 남북의 분열이 계속이 되면 우리는 죽는다. 육신은 설혹 어떻게 구차하게나마 살아 있는 일이 있을 수 있을지 모르나 양심은 반드시 죽는다. 그리고 사람의 사람됨이 도덕적인 데 있다면 양심이 죽고 사람다운 살림이 있을 수 있을까? 그러므로 통일은 우리에게 대하여 정치적 요청일 뿐 아니라 도덕적·종교적 요청이다. 생존의 필요조건일 뿐 아니라 보람을 위한 의무다.

그만이 아니다. 이것은 우리 민족 하나의 문제만이 아니요, 세계적 새 세기가 나오려는 산문產門이다. 민족 분열선만이 아니라 인류의 정신 분열선이다. 미친 인류가 아니고야 남의 나라를 몇 개씩 허리를 자르고 10년 20년이 되도록 있을까? 이것은 인류 명예의 문제다. 우리만 아니라 인류 전체가 이것을 바로 해결하면 살았다. 그러나 바로 해결 못 하면 죽었느니라.

그러므로 그렇듯 세계 역사적인 문제이므로 이 회개는 개인 개인의 마음속에서만 하는 것으로는 부족하다. 반드시 조직적으로 공적으로 표시를 해야 할 것이다. 사람은 감응하는 물건이다. 마주 느끼는 것이 사람의 마음이다. 이쪽에서 참 정성으로 생각하는 것이 있으면, 말로 하지 않고 행동에 나타내기도 전에 벌써 저쪽에 느껴지는 것이다. 전파가 아니요 영파靈波가 있다. 이 우주는 파동으로 되는 우주지만 그 파동의 오고 감이 사람에게서는 특별히 발달되어서 저는 어느 정도 영의 세계에 대한 것을 직접 느껴 알 수 있다. 그러므로 이쪽에 있는 생각은 반드시 거울에 비치듯이 저쪽의 마음에 알려지는 법이다.

그러므로 사람이 사람을 잠깐은 속일 수 있으나 아주 영구히는 속이지 못한다. 그러므로 정의는 반드시 이긴다. 참은 반드시 이긴다. 참은 마침내 이긴다 하는 법칙이 성립이 되는 것이다. 이것은 우리 바탈이 한 정신, 한 영으로 되어 있는 증거다. 그러므로 내 속에 품은 생각은 가만두어도 반드시 사방에 통하게 되는 것이지만 그것을 속임 없이 사사 마음 없이 발표할 때는 반드시 힘 있는 반응을 일으킨다. 우리가 회개를 조직적으로 공적으로 표시해야 한다는 것은 이 때문이다.

주체

그담 우리가 또 제각기 다투는 통일론을 보고 불만을 느끼는 것은 통일 주체를 도무지 밝히지 않는 일이다. 나라가 만일 기계가 아니요, 산 인격이라면 주체 없이 될 수가 없다. 국가 민족의 통일은 흩어진 돌이나 모래를 모아놓는 것 같은 모아놓음도 아니요, 산소 수소가 합해 물이 되는 것 같은 화합도 아니요, 물 속에 소금과 사탕과 가지가지 약품이 다 녹아버리듯이 풀어짐도 아니요, 나무 잎새가 동화작용을 하여 가지가지의 양분을 다 녹여 제 몸으로 만들듯이 동화해버림도 아니다. 지난날의 정치에서 그렇게 생각을 했던 시대가 없지 않으나 그것이 다 실패한 것을 우리는 안다. 그것은 도덕적·종교적 인격의 법칙에 어그러지기 때문이었다. 이제 우리가 통일이라 하는 것은 유기적 통일, 인격적 통일이다. 마치 우리 개인의 한 몸이 수많은 세포가 모여서 되는 것인데, 그 모든 세포가 다 각각 한 개의 생명체면서 또 합하여 한 몸을 이루어 한 주체 밑에 있듯이, 우리 각 개인이 각각 제 인격의 자주성을 가지면서 또 연합하여 한 주체 밑에 하나를 이루는 것이 나라란 것이다.

그러나 나라는 개인의 몸보다도 더 독특한 뜻을 가진다. 개인의 몸을 이루는 세포는 각각 한 개이기는 하지만 저라는 자아의식은 없는데, 나라를 이루는 개인은 제각기 다 분명한 자아의식, 자존성을 가지고 있다. 물론 세포에도 자아의식이 있는지 없는지 확실히 끊어 말할 수는 없고 이 다음 과학이 발달되면 그것까지 아는 날이 올는지도 모른다. 그러나 적어도 지금에 아는 것으로는 없다. 따라서 지금의 우리 정도로는 세포의 개성을 생각하지 않아도 된다. 그러나 나라에서는 개인의 개성을 절대로 대접하지 않으면 안 된다. 그러면서도 나라는 나라로서 전체를 주장하는 주체가 된다. 그러므로 어려운 점이 거기 있다.

　그러면 그것이 민주적 통일이라는 것 아니냐 할 것이다. 물론이다. 그러나 그저 한마디로 우리 통일은 민주적 통일이라 한다고 반드시 그 뜻이 밝아진 것은 아니다. 대체 민民이 무언가? 민주주의라는 제도를 취하였다 하여서 민주적 통일이 된 것은 아니다. 제도를 말한다면 이북도 민주주의 제도라 할 것이다. 인민이라 하거나 민중이라 하거나 민은 같은 민이다. 인민공화국은 훌륭하게 민의 나라라 할 것이다. 그러나 실제로 누가 그것을 민주주의라 할까. 사실 통일의 어려움은 여기 있다. 민을 어떻게 파악하느냐? 어떻게 내세우느냐?

　이것을 알기 위하여는 역사를 돌아볼 필요가 있다. 옛날로 올라가면 나라의 주체는 임금이었다. 다시 말하면 나라는 임금의 나라였고 나라 땅과 백성은 그의 한 소유였다. 그러다가 후에 오면 벼슬아치라는 한 단체가 나라의 주인 노릇을 하게 되었고, 그보다 또 후에 와서는 민족이 주체가 되었다. 그러다가 공산주의 나라에 오면 무산자 계급이 나라의 주권을 쥐게 되었다. 이제 민주주의라는 민은 어느 계급만도 아니다. 설혹 무산자가 국민의 대부분이라 하더라도 그것이 나라의 주체가 될 수는 없다.

　이제 민이란 것은 곧 전체다. 단일민족으로 되는 나라에서는 민족이라거나 민중이라거나 같은 말이지만 세계에는 단일이 아니고 여러 민족이 합하여 되는 나라가 많다. 그러므로 어느 민족이 주체라고는 할 수 없어졌다. 그러므로 민주주의에서는 나라라는 전체는 생리적이나 인위적으로 되는 아무 차별을 인정하지 않고 순전히 사람인 점에서 똑같이 자격을 가지는 사람에 있다. 그것은 수의 제한을 받지도 않는다. 한 사람만 있다 하여서 그 주체성이 약해지는 것도 아니요, 여러 사람이 있다 하여서 강해지는 것도 아니다. 개체면서 전체고 전체면서 개체, 여럿이면서 하나, 하나면서 여럿이다.

그런데 그 통일이 어떻게 제도, 기술 방책으로 이루어질 수 있을까? 민주주의는 사실은 종교다. 그것은 하나에 하나를 더하면 둘이 되고 둘은 하나보다 많다는 이 수리數理의 세계에서는 이루어지지 않는 일이다. 그것은 아흔아홉보다 하나가 더 중하다는 딴 수리의 나라에서만 가능하다. 민이란 맨 사람 곧 인간인데 순 인간이란 곧 차별 없는 인간이다.

그러나 현실의 인간에 어떻게 차별이 없을까? 차별이 없으려면 정신적일 수밖에 없는데, 육체는 없는 순정신적인 인간이 어디 있나? 그러므로 거기는 부득이 변화가 있어야 한다. 즉 정신에 의하여 꿰뚫린 인간, 살고도 죽은 인간, 사람이면서 하나님의 자녀인 인간이다. 다시 말하면 믿음의 인간이란 말이다. 나 속에 전체를 보고 전체 속에 나를 보아서만, 즉 다시 말하면 전체의식으로 꿰뚫린 개인들이 모인 데서만 민이 주체라 할 수 있는데 그것은 절대 신앙에 의하여 죽음으로 새로 난, 변화된, 초월한 인간에서가 아니고는 도저히 볼 수 없는 일이다.

우리가 통일을 말하는 데 종교적인 데까지 가지 않고 말하는 것은 빈 껍데기 수작이라 하는 것은 이 때문이다. 물론 현실에서 어느 나라가 완전히 이렇다는 말은 아니요, 또 완전히 이렇기 전엔 통일하지 말잔 말도 아니다. 그러나 적어도 이 정신이 원칙적으로 인정이 되고 목표로 세워지기 전에는 설혹 어떤 정책적인 활동으로 남북을 한 정치주권 밑에 놓는다 하여도 얼마 가지 못할 것이요 크게 혼란이 일어날 것이다. 독재정치로 민중을 누른다면 그것은 딴 말이다.

그런데 5천 년 역사를 가지면서 우리 민족같이 주체성 부족한 민족이 어디 있을까? 가령 한사군 하나를 실례로 든다면 중국이 강하기도 했지만 육지에 붙은 것도 아니요 바다를 건너왔고, 오늘같이 교통이 편한 것도 아닌데, 고구려·신라·백제 세 나라나 들러붙어 그것 하나 몰아내기에 4백 년 세월이 들었으니, 제로라 하는 생각이 강한 민족이면 어찌 그랬을까? 그러고는 고유한 생각·말·글·풍속을 다 내버리고 한갓 중국 문화의 한 갈래 모양으로 끌려내려오는 데 만족하고 있었으니 그 원인을 찾으면 깊은 종교 없기 때문이다.

유교도 불교도 기독교도 아직 남의 종교 그대로 받은 정도지, 이 땅에 들어와 우리 종교로 독특한 발달을 한 것이 없다. 깊은 종교 없었기 때문에 완전한 민족통일 못 했고, 굳센 민족정신 없었고, 그 때문에 힘 있는 독립국가 되지 못 했고, 38선은 그 때문에 생긴 것이라 해야 옳다. 그렇다면 새 통일의 주체의식도 깊은 종교적 노력 아니고는 안 될 것이다. 우리는 아직도 자기발견을 확실히 하지 못한 민족이다. 못 했으면 이제라도 해야지.

실력

주체가 서지 못했으니 실력이 없을 것 아닌가? 실력 없이 하는 말, 한낱 그림의 떡이다. 오스트리아식이면 어쨌고 스위스식이면 어쨌단 말인가. 그것 알 필요 없다는 말 아니다. 알아야지. 잘 알아서 택해야지. 허나, 어느 것이 먼저인가? 실력이 먼저 아닌가. 토론이 많은 것은 실력 없는 증거다. 실력 있으면 적당한 방법은 스스로 골라지게 되는 법이다.

그럼 힘이 무엇인가.

첫째 경제력이다. 이 경제로는 통일 못 된다. 남의 원조 받는 백성이 어떻게 통일을 할 수 있을까? 남북이 갈라진 것은 우리 사상이 본래 달라서도 아니요 이해가 달라서도 아니다. 남의 유혹에 끌리고 선동에 넘어가고, 위협에 못 견디었기 때문이다. 그리고 그것은 튼튼한 경제의 자립 없었기 때문이다. 밥 먹지 않고는 일을 할 수도 생각을 할 수도 없다면, 경제 자립 없이 정치 자립도 없을 것이다. "임연선어 臨淵羨魚가 불여퇴이결망不如退而結網이라", 못 속의 고기 보고 침 흘리지 말고 어서 집에 가서 그물 떠야지.

통일하고 싶거든 이제라도 어서 경제 충실하도록 그것부터 힘써야 할 것이다. 살림살이가 넉넉하면 간첩 오열의 걱정 없고, 문화 교류 할수록 좋고, 그러면 통일 저절로 될 것이다. 가난 없는 데 공산당 없다. 시체가 있으면 독수리가 모이듯이, 가난이 있으면, 잘살고 못살고의 차이가 있으면 공산당은 들끓는다. 북의 공산당을 물샐 틈 없이 막아도 남한 자체 안에서 공산당이 생길 것이다. 스스로 살아가는 힘이 강하면 저마다 친구되고 같이 살기를 원하나, 내가 나 노릇을 못하면 다 싫어하고 서로 떨어지는 것은 정한 일이다.

둘째는 사상이다. 아무 높은 정치적 이념 없이 통일이란 있을 수 없다. 생각 없이는 일의 바른 판단을 할 수 없다. 그러므로 남에게 속게 된다. 속으면 종이지, 통일하여 하나가 된 것은 아니다.

셋째 성격이다. 개인의 경우와 마찬가지로 국민도 성격이 서지 못하면 일을 실행하는 힘이 부족하다. 그리고 하는 일이 앞뒤가 맞지 않고 이랬다 저랬다 하여 남의 신용을 얻을 수가 없다. 저쪽의 신용을 얻지 못하면 어찌 하나될 수 있을까? 통일은 수단으로 될 일이 아니고 신용으로 될 일임을 첨부터 명심하여야 한다. 사실 38선의 뜻은 우리의 국민적 성격을 다듬어내는 데 있다. 이 슬픈 담을 사이에 두고 밖과 안에서 오는 여러 장애를 물리치려 애쓰는 동안 우리는 사랑〔仁〕을 베풀 수 있고, 슬기〔智〕를 얻을 수 있고, 날쌤〔勇〕을 길러낼 수 있을 것이다. 돌산을 사이에 두고 둘이 서로 맞뚫으면 마침내 서로 통하는 날이 올 수 있듯이 눈물의 38선을 놓고 애를 써 세 가지 덕을 충분히 기른 날 서로 만나 말하면 단번에 될 수 있을 것이다. 그러나 이것을 기술적으로만 생각하고 외국의 힘만을 기대하고 있으면 우리의 국민성격은 아무것도 다듬어지는 것이 없을 터이요, 그러면 수양 없는 형제 같아 한방에 넣어도 싸울 것이다.

넷째 신앙이다. 스스로 사는 힘이 있고, 높은 이념이 있고, 고상하고 굳은 성격이 있어도 신앙 없이는 통일은 될 수 없고 또 이 세 가지 힘도 신앙 아니고는 길러지지도 않을 것이다. 그것은 위에서도 말한 대로 한번 변화하지 않고는 되지 않기 때문이다. 신앙은 변화하는 힘, 초월하는 힘이다. 다 각각 자기 주장을 하고 자기 본위로 사는 개인들로 전체를 나타내게 하는 것은 신앙뿐이다.

어느 때에 가서도 통일이 되려면 민중의 가슴도 뜨거워지고 민중이 움직여야 될 것만은 분명한 사실이다. 통일은 정치가가 할 일이 아니요 민중 전체가 할 일이다. 그런데 민중이 움직이려면 어떻게 해야 하나? 우선 이 남한의 여론이 통일되지 않고는 아니 될 것이다. 그럼 남한의 국론이 통일되려면 어떻게 해야 하나? 올바른 정견이 나와야 할 것이다. 그럼 올바른 정견이 나오려면 또 어떻게 해야 하나? 그것은 스스로 제 인격 통일을 이룬 사람이 아니고는 될 수 없을 것이다. 인격이 통일되지 못하고 줏대가 없이 밖의 영향을 따라 이랬다저랬다 하는 사람으로서는 바른 생각을 할 수 없기 때문이다. 그럼 또 제 인격의 통일을 가지려면 어떻게 해야 할까? 제 속에 영과 육의 대립이 있어서는 될 수 없을 것이다. 영·육의 갈등이 있으면 마음의 평화가 있을 수 없고 마음의 평화 없으면 인격의 통일 없다. 그리고 속의 영·육의 갈등이 없으려면 하나님과 나와의 연락이 없이는 되지 않는다. 내가 하나님과 산 연락에 들어가는 것, 그것이 믿음이다.

그럼 모든 통일의 근본이 되는 것은 믿음이다. 나와 하나님이 서로 믿게 되어 내가 나를 믿게 되고, 내가 나를 믿으면 남이 나를 믿어주고 내가 또 남을 믿게 된다. 우리 사회에 물고 뜯고 의심하고 시기하는 싸움이 많은 것은 자신없는 사람, 따라서 절대적인 주체가 되는 하나님을 믿는 맘이 없는 사람끼리 모이기 때문이다.

모든 힘은, 힘의 근본인 전능자가 곧 나의 바탈이요 내 속에 있음을 믿는 데서 나온다.

세계평화 문제

통일 문제를 생각할 때에 반드시 잊어서 아니 될 것은 세계평화 문제다. 그것은 둘이 서로 한데 관련된 문제기 때문이다. 우리나라 통일 문제는 세계평화 문제의 한 부분이요, 세계평화가 이루어질 기운이 돌아오기 전은 우리나라 통일은 이루어질 수 없다. 그러므로 통일을 어서 빨리되게 하는 방법은 세계평화운동을 적극적으로 하는 데있다. 또 일을 계획할 때는 될수록 먼 앞을 내다보고 해야 하는 것인데, 인류 역사의 먼 앞을 본다면 반드시 평화는 오고야 말 것이기 때문이다. 그러지 않는다면 그때는 인류 전체가 망해버린 때일 것이기 때문에 우리나라 통일이고 뭐고 자연 문제될 것도 없다. 지금 이 앞으로 발달되는 무기를 써서 세계적인 전쟁이 일어나기만 한다면 너나 할 것 없이 망해버리고 말 것이라는 것은 전문 과학자들의 말이다. 그러므로 이제 인류는 무슨 사상, 어느 진영을 말할 것 없이 평화냐, 그렇지 않으면 멸망이냐 하는 둘 중의 하나를 택해야 하는 단계에 이르렀다는 것이다. 그러나 우리는 그 옳은 길을 택할 것을 믿는다. 그러므로 우리가 새 나라를 경륜함에서도 하나된 평화의 지구를 생각하면서 해야 할 것이다.

우리가 38선을 새 세기의 산문産門이라 하는 것은 이 때문이다. 그것은 우리나라의 금만이 아니고 세계의 한 금이다. 그리고 그 터진 금으로 유황불이 나올 것이 아니라 평화의 빛에 목욕한 새 시대의 아들이 나올 것이다. 우리는 애기를 낳으려는 어머니 모양으로 이 아픔을 기쁨으로 참아야 할 것이다. 우리가 잘 참는 것이 평화운동이다. 38선에 걸려 엎디어 허리가 끊어지는 고통을 하면서도 우리가 절대 폭력주의나 원망이나 미움이나 원수 갚음의 생각을 품지 말고 프로메테우스같이 영웅답게 참음으로써 우리는 세계 여러 나라의 양심을 때릴 수가 있다. 우리 과녁은 거기 있다. 우리가 평화주의의 살로 그 과녁을 쏘아 맞히는 날, 그들의 손에서 무서운 무기는 떨어질 것이다.

우리가 힘이 없는 것은 자포자기하기 때문이요, 자포자기하는 것은 아무 사명감을 가지지 못하기 때문이다. 세계 역사에서 낙오병같이 된 이 민족에게 새 동원령을 내려라. 그러면 그도 새 자부심과 용기를 얻어 달려나갈 것이다. 세계 역사에서 볼 때 큰일을 하면서 세계사적 사명으로 자부하지 않았던 국민 어디 있었나? 알렉산더의 대제국이 그렇고 당나라가 그렇고, 소련의 선전의 초점도 거기 있다. 역사에서는 공세를 취하는 놈만이 이기는 법이다. 우리도 살려거든 공세를 취하여야 한다. 공산주의자의 협잡으로 하는 것과는 같지 않은 참말 진정한 평화 공세다. 바빌론, 아시리아 이래 4천 년 내려온 무력국가에 종지부를 찍는 것이 우리가 돼야 한다. 이때껏 아무것도 이렇다할 만한 공헌을 한 것이 없던 우리도 전쟁이란 괴물에 끌려가다 가다 못해 이제 낭떠러지에 거꾸로 떨어지게 되어 얼굴이 파랗게 질리는 인류에게 "여기 돌아설 길이 있다. 전체, 우로 돌아 앞으롯!" 하는 구령만 걸어준다면 그에서 더한 영광이 없지 않은가? 사실 우리에게는 그것밖에는 달리 길이 없다.

중립론

이만하면 중립론에 대한 우리 생각은 자연 밝혀졌다 할 수 있다. 우리는 국민의 정신적 실력에 대하여는 조금도 생각지 않고 정책적으로만 하는 중립론은 찬성하지 않는다. 그것은 비겁한 자가 가지는 기회주의거나, 그렇지 않으면 실력은 아무것도 없이 큰소리만 하는 입장수의 소리다. 그러나 또 그렇다고 중립론 반대하는 의견에 찬성하지도 않는다. 중립 반대하면 그러면 어떻게 하겠다는 말인가. 이대로 언제까지나 남의 샀싸움만 하겠다는 말인가.

지리상으로 보아 우리가 대립하는 두 진영의 싸움에서 전략적 기지인 현상을 어떻게 하느냐 하는 의논을 우리는 잘 안다. 그러나 만일 미국이 자기네 이해타산으로 여기를 내버리는 날이 온다면 어찌할 터인가. 그리고 절대로 그런 일 없다고 단언할 사람은 누구인가. 나 스스로의 태도를 자주적으로 결정하지 않는 한은 불안은 언제나 늘 있을 수밖에 없고, 그런 한 통일은 바랄 수 없고 구차한 대로나마 이대로 가자는 말밖에 나올 것이 없을 것이다.

역사는 언제나 모험을 빼고는 생각할 수 없을 것이다. 그러므로 정신이 중요하다는 것이다. 우리 하고 싶은 말은 이것이다. 정책적 토론을 하기 전에 정신의 힘을 충실시키자는 것이다. 대세를 내다보면 알 것 아닌가. 가령 통일이 된다면 그것은 어느 한쪽이 저쪽을 정복하는 것이어서는 될 수 없는 일 아닌가. 공정하게 돼야 할 것이다. 정말 하나가 되어야 할 것이다.

그러므로 반드시 잊어서 아니 되는 것은 저쪽의 선을 충분히 인정해주어야 한다는 일이다. 힘이나 꾀의 비교로 되는 것이 아니라 양심의 화해로 인하여 되어야 할 것만은 사실 아닌가. 그러므로 단적으로 말해서 공산주의자 미운 생각이 없어져야 통일은 될 것이다. 공산당을 정복하여 될 일도 아니요 타협을 해서 될 일도 아니다. 정복한다면 전적으로 악한 것으로 규정짓고서야 할 일이니 아니 될 것이요, 타협이라면 서로 스스로 속이고 들어가는 것이니 그것도 종래는 파탄이 나고야 말 것이다. 굴복은 또 물론 아니 되는 일이다. 그러므로 통일은 반공이 아니라 두 주의의 대립을 초월하는 자리에서야 될 수 있을 것이다.

이것이 정말 중립이다. 이것은 약자의 중립이 아니요 강한 자의 중립이다. 이것은 제3자의 지위다. 싸움은 언제나 제3자가 나타나서야 해결되는 것이다. 그것이 변증법 아닌가? 또 이치가 그럴 수밖에 없다. 공산주의가 자유진영을 이겨도 아니 되지만 또 자유진영이 공산진영을 이겨도 아니 된다. 어느 놈을 죽이는 것이 하나님의 뜻이 아닌 이상, 죄가 혼자서 짓는 법이 없는 이상, 두 놈이 똑같이 책임을 져야 할 것이요, 또 똑같이 용서를 받아 구원이 되어야 할 것이다. 그럴 때 정신의 역사요 생명의 역사지, 역사에 의미가 있고 재미가 있지, 하나가 이기고 하나가 지면 무슨 의미가 있을까? 누구를 지게도 아니 하고 누구를 이기게도 아니 하고서 문제를 해결하는 데 하나님의 하나님된 까닭이 있을 것 아닌가?

우리는 그것을 꽉 믿는다. 이것이 공상 같은가? 그렇다면 싸움을 하여 이겨서 세계에 평화를 가져오겠다는 것은 그보다 몇 배 더한 공상이다. 인간이 믿음 없이 지혜로만 한다면 어차피 꿈이다. 세계를 다 정복해 악한 놈 다 없애고 이상적인 나라를 세우겠다는 것도 꿈이요, 무기를 다 내버리고 서로 악수를 하고 한번 새 세계가 되어보잔 것도 꿈이다. 그러나 그 어느 꿈이 더 아름답고 더 실현성이 있어 뵈나? 꿈을 한번 그려보자! 일찍이 레닌은 파리에 가는 길은 북경에 있다 했겠다. 그때 뭐라 했을까? 될듯하다 했을까? 그러나 지금 절반은 그대로 되지 않았나? 그 식대로 내가 말한다면 나는 만주에 가는 길은 인도에 있다, 그러고 싶다. 그리고 두고 보라. 파리 가려는 길은 아마 북경에서 끊이고 말아도 인도로 해서 만주 가는 길은 실현되고야 말 것이다.

자, 여기 우리 선 자리에서 한 팔을 뻗어 인도로 이집트로 발칸 반도를 거쳐 오스트리아로 하여 아프리카로 내려가는 한 선을 긋고, 또 한 팔을 뻗어 일본으로 하와이로 호주 뉴질랜드로 하여 남아메리카로 가 닿는 한 선을 그어보아라. 그리고 인도에서 새로 한 선을 일으켜 티베트로 몽고로 거쳐 만주에 간다 해봐! 그것이 다 창을 쳐서 낫을 만들고 검을 쳐서 보습을 만들고 사람과 사람이 참과 사랑으로 대하는 나라가 된다 해봐! 그때에 소련에 무슨 무기가 있고 미국에 무슨 무기가 있다면 감히 거기 대해 한 방을 쏠 수 있을 듯한가? 하늘에 은하수가 없어지면 몰라도 그것이 있는 한 그 땅 위의 인도人道의 은하수도 무너질 길 없을 것이다.

우리는 영원의 진리의 이름 밑에 이것을 믿는다. 더 믿으려 한다.

맺음

통일 언제 될까? 아무도 그날 그때는 모른다. 모르기 때문에 날마다 대기태세. 우리 할 일만 어서 바삐 하는 것이 문제다.

어서 회개해야지. 가난과 압박 없애야지. 우리의 자아발견을 해야지. 쉬지 않고 기도해야지. 5천 년 긴 역사에 이루 헤아릴 수 없는 희생 내고 다듬어낸 이 말, 이 도덕, 이 예술, 이 믿음을 건지기 위해 어서 한 나에 돌아가기를 눈물로 빌어야지.

또 막혔던 담이 무너지고 손을 서로 잡는 날 모든 부문에서 어떻게 할 것을 미리 짜두어야지.

그것도 아니 하고 통일 바라기는 염치없는 일이다.

• 1961년 3월, 『사상계』 제92호

우리의 살길

좁은 문

우리 살길은 어디 있을까? 살길을 묻는 사람은 어리석은 사람이다. 모든 시간, 모든 일이 다 삶인데 어디만, 어떤 일에만, 언제만 삶이 있을 수 있는 것같이 살길이 어디 있느냐 묻는 것은 어리석은 일이다. 삶이 자체요 생각은 부분인데, 삶이 생각을 낳지 생각이 삶을 이끌어 갈 것 아닌데 생각으로 알 수 있는 것처럼 물음은 어리석은 일이다.

살길 묻는 사람 한가한 사람이다. 정말 살 생각은 없는 사람이다. 삶은 급한 것이다. 감옥에서 뛰쳐나온 놈이 길을 묻고 있을까? 대적에게 쫓기는 피난민이 길을 묻고 있을까? 산 사람 제 살길 묻지 않을 것이요, 정말 죽음에 맞부딪친 사람 또 길 묻고 있지 않을 것이다. 채 살지도 채 죽지도 않은 사람, 바닷물결에 밀려들어왔다 나갔다, 강변에서 노는 마름 조박(물건을 실어나르는 배 – 편집자) 같은 마음이 살길 묻고 있는 것이다.

살길을 묻는 사람 내 가는 길의 방해꾼이다. 각자도생各自圖生으로 사람이 다 각기 제 살길 제가 찾는 것인데, 저만이 아는 것이요 제 길도 미처 못 찾는 것인데, 살길 묻고 있으면 저는 내 방해꾼이요, 나는 제 방해꾼이다. 길 묻고 있는 동안에 아마 호랑이에게 먹혀버릴 것이요, 적군의 총알에 넘어갈 것이요, 섰던 땅이 꺼져 둘 다 죽고 말 것이다.

그러므로 살길 묻는 사람도 어리석은 사람, 거기 대답하는 것도 어리석은 사람. 그러나 이미 물으리만큼 어리석었고, 물음을 당하리만큼 어리석었다. 내가 어질었다면 그런 실없는 질문 당하지 않았을 것이다. 이미 돼놓은 어리석음을 도망할 길도 없고, 어리석은 척 대답해보리라.

우리 살길을 묻는가? 너, 나가 문제 아니 되고 우리가 문제 되는가? 지금을 살았다 할 수 없고 참 살고 싶은가? 그럼 우리 살길은 오직 하나밖에 없느니라.

그것은 참 좁은 길이요, 참 험한 길이다. 그러나 하는 수 없다. 이것밖에 또 다른 길이 없기 때문이다. 절대로 없다. 이 길로 가면 사는 것이요, 반드시 살 것이요, 그 대신 이 길 아니 가면 망한다. 반드시 망한다.

그럼 그 길이 무슨 길일까?

모든 사람이 다 죽어버리고 하나만 남는 길이다. 둘만 남아도 아니 된다. 단 하나만 남아야 한다. 그러면 모든 사람이 다 죽고 한 사람만이 남는다면, 이 나라 이 겨레는 반드시 산다. 다른 나라는 몰라도(그것도 사실은 따지고 들어가면 마찬가지로 꼭 같지만) 적어도 이 나라 역사는 그 보여 주는 것이 결국 이것이다. 둘만 있어도 못 산다는 것, 나밖엔 아무도 있을 수 없는 것이 우리 역사다.

둘만이 남는대도, 단 둘이니만큼 대적이 분명하기 때문에, 반드시 저쪽을 없애려 지혜와 힘을 다 쓸 것이므로 둘 다 죽고야 말 것이다. 악으로 했거나 선으로 했거나 역사는, 결국 삶은 하나에만, 참은 하나 함에만, 길은 하나만이라는 것을 보여주는 것이다.

"좁은 문으로 들어가라. 멸망으로 인도하는 문은 크고 그 길이 넓어 그리로 들어가는 자가 많고, 생명으로 인도하는 문은 좁고 그 길이 협착하여 찾는 자가 적으리라" 한 예수의 말씀은 이것을 가르친 것일 것이다(「누가복음」, 13: 24). 예수의 이 말씀을 진리로 알고 믿어 오느라 한 것이 이미 50년이었어도 아직 안 것이 아니었다. 이제 나라일이 지경 되고, 세계 형편 저 모양 되고, 내 꼴 이에 이르러서야만 다시 생각을 했고, 다시 생각하니 그 뜻을 비로소 조금 알게 된 것 같다.

좁은 문이란 하나만이 들어갈 수 있는 문이요, 험한 길이란 두 발로도 설 수 없는 한 오리 핏길[一條血路]일 것이다. 그것은 출세의 길이 아니요, 부귀공명의 길은 물론 아니지만, 문화창조의 길도 아니다. 면장 하나만 낸다 해도 서로들 제가 하겠다 머리 싸매고, 또 제 머리 싸매는 것은 또 좋아도 남의 머리는 반드시 까야 되는 것으로 방망이 들고 나서는 사람이 열도 스물도 되는 민족으로서는 꿈도 못 꾸는 길이다.

단적으로 말해볼까. 이제라도 우리가 살려면, 통일이 되어야지. 남북이 하나로 되지 않고는 절대로 살 수 없다는 것은 알지. 그것은 누구나 다른 말이 없을 것이다. 허나 남북이 통일이 되려면 어떻게 해야 되나? 백 가지 이론, 천 가지 수단을 다 그만두고, 어린아이도 다 알 것이, 남한만이 우선 완전히 하나로 통일되지 않고는 아니 될 것이다.

여기서 국민의 뜻과 힘이 하나가 되지 못하고는 투표요, 교섭이요, 내세워서 일을 하게 할 대표자 뽑을 수가 없을 것이다.

그것도 저때의 대통령 선거, 민의원·참의원 선거 모양으로 돈 써가며 속여가며 하려나? 공산당도 이 미국 사람 밀 닭을 값어치도 못 되는, 지전에 팔리는 그런 따위 물건으로 아나? 그렇게 알고 그런 인물들을 또 이번도 대표라 교섭원이라 뽑아 세우고, 이런 꼴로 통일이라 했다가는 유엔 아니라 유엔의 할아버지 같은 세력이 감시를 한다 하여도, 일단 서로 만나만 놓으면 이 이론도 주의·주장도 아무 훈련도 없는 민중이 그 강력하고 지독한 조직에 부딪쳐 풀어져 나가기가 물속에 흙덩이를 던짐같이 쉬운 것을 짐작 못 할 사람이 없을 것이다. 그것을 다들 알지, 잘 알지. 그러기 때문에 편지 거래 하재도 아니, 물자교류 하재도 아니, 전기 주마 해도 아니, 투표해보자 해도 아니, 그저 아니 아니로만 우겨나간다.

제 실력 없는 것을 아는 것은 어진 일이다. 어리석게 넘어가는 것보다는 비겁한 듯은 하나 일체 거부하는 것이 차라리 낫다. 하지만 어느 날까지 그럴 수 있을까? 그렇게 실력이 없고서야 어떻게 정치를 할 수 있을까? 그럼 실력 어디서 나나? 영웅주의는 지나간 지 오래다. 실력은 민중의 뜻의 통일에서만 나오지 않나? 민중이 하나로 되기만 하면야, 중공인들 소련인들 못 당할까. 주지즉불가승주誅之則不可勝誅[1]라, 아무리 악독해도, 아무리 잘 죽여도, 하나로 된 민족을 다 죽이는 재주는 없다.

천지에 정의의 법칙이 시퍼렇게 살아 있다. 그럼 왜 그것을 하려 하지 않나? 그러기에 신문 잡지에 떠드는 통일론처럼 보기에 답답한 것은 없다.

한 나

통일은 마치 어느 정치가가 와서 해주기나 할 것처럼, 무슨 이론으로나 할 수 있는 것처럼, 무슨 재주로나 할 수 있는 것처럼 하는 그 말들은 다 한 손에 묶어 쥐고, "고양이 목에 방울"이라고 해도 좋다.

그 의론을 하는 동안에, 어서 주린 농가에 밥이라도 한 그릇 먹여, 불평을 풀어주어라. 토론 못해 통일 못하느냐? 실력이 문제다. 전 국민이 하나가 되는 힘이다.

달아야 방울이지, 달지 못하는 것이 무슨 방울이냐? 저는 달려 하지 않고, 누가 달면 될 거라는 말은 더 미운 소리다. 남북이 절반 절반이요, 수로는 여기가 더 많으니, 정말 하나되어 바른 살림을 하기만 하면, 우리가 북을 향해 얼굴을 돌이키기 전, 그 힘에 끌려 저절로 올 것이다. 그럼 이 천만을 어떻게 하면 한 뜻으로 만드나? 그러기 때문에 다 죽고 한 사람만 남아야 한다는 것이다.

그럼 독재자인가? 아니다. 남을 다 죽이고 억누르고 내가 하는 것

---

1) 誅之則不可勝誅: "그들을 죽이고자 해도 다 죽일 수 없다." 『맹자』, 「양혜왕 하」.

이 독재지, 모든 '내'가 다 스스로 죽어서 '한 나'가 일어서는 것은 독재가 아니다. 우리가 다 죽어 '한 나'가 된 '한 사람'이 하는 '한 나라'다. 그것이 정말 대한민국이다.

한 민족의 목적은 한 사람 되자는 데, 한 사람 내세우자는 데 있다. 마치 모든 뿌리가 다 땅속 깊이 죽은 듯 묻히면, 한 줄기가 우뚝 서고, 그 한 줄기 안에 억만 가지와 잎과 꽃과 열매가 다 있어 한 나무를 이루며, 동서남북의 사나운 바람이 불어도 넘어지기는 고사하고 하늘에 울리는 음악만 부르는 것과 마찬가지이다. 우리가 죽으면 '한 나라'가 선다. 죽어야 선다.

이 나라가 무슨 나라냐? 싸움하는 나라지. 이 겨레가 어떤 겨레냐? 서로 갈라지는 겨레지. 이 나라가 싸움해서 이 꼴 된 나라 아닌가? 둘만 있어도 싸우는 민족,

그렇게 몇백 년을 내리 싸웠으면, 이긴 놈은 다 어디 가고 망하기만 했나? 싸움은 밖에 대해 하는 것인데 우리는 우리끼리 했다. 우리는 밖에는 못 나가고 방구석에서 형제끼리만 싸우는 겁쟁이였다. 겁쟁이였으므로 방구석에서 형제 싸움만 했고, 형제끼리 싸움만 했으므로 점점 더 비겁해졌고, 남이 우리를 업신여겼고, 죽여도 좋다고 판단했다. 안에서 싸우려거든 안의 안인, 제 속에서 싸웠으면 차라리 됐지. 하지만 그럴 만한 참이 없었다. 그러고는 서로 하나가 되어 '한나'가 됐어야 할 제 지체끼리 싸웠으므로 약해질 수밖에 없었다. 기막히는 노래 못 들었나?

나랏일이 다급한 때
누가 곽리의 충성을 바치리오
서울을 떠난 것은 큰 계획 이루려 함인데
회복하는 것은 그대들에게 달려 있네
國事蒼皇日
誰能郭李忠

去邪存大計

恢復仗諸公

관산의 달 아래 통곡하고

압록강 바람에 마음이 슬퍼지네

신하들이여, 오늘 이후에

그대로 다시 동과 서로 다투겠는가

病哭關山月

傷心鴨水風

朝臣今日後

尙可更西東

이것은 잘 아는 선조宣祖[2]의 노래[3] 아닌가. 임진난에 백성의 호위
하나 없이 비를 죽죽 맞으며, 물에 빠진 쥐처럼 임진강을 건너 의주
로 도망한 그가, 나라일 그 꼴 된 원인이 당파 싸움에 있음을 아는데,
그 피난을 가서도 그 버릇은 아니 놓기 때문에 한 슬픈 호소 아닌가.
그런데 종시 고치지 않았다.

그때만인가? 부산 가서도 아니 고쳤지, 지금도 아니 고쳤지. 우리
는 싸움 속에서 시집 장가를 가고, 싸움 속에 밭을 갈고, 시비 속에 글
을 읽고, 시기 속에 아기를 만들고 기른다. 그러므로 이제 갈라짐은
우리 성격이 되고, 싸움은 우리 버릇이 되었다.

우리 핏대 속에 분열이 흐르고, 우리 신경 속에 음해가 떨고 있다.
그러므로 다 죽고 '한 나'만 남아야 한다는 것이다. 어느 의미론 6·25

2) 선조(宣祖, 1552~1608): 조선의 제14대 왕. 이이·이황 등의 인재를 등용하고
유학을 장려하는 따위의 선정에 힘썼으나, 재위시 사림정치가 확립되어 붕당
정치가 시작되었다. 이로 인한 국력의 약화로 임진왜란·정유재란이 일어났다.
3) 「용만서사」(龍灣書事)라는 제목의 시로, 선조가 당시 동서 붕당의 패거리정치
를 한탄하는 내용을 담고 있다.

도 좋고, 이북이 저 혹독한 독재의 종살이 밑에 고생하는 것이 차라리 좋기도 하다. 진시황의 만리장성이 그때는 학정이었어도 후일 중국에는 큰 도움이 됐듯이, 오늘 저 시련으로 인해 수백 년 역사의 고질이 떨어진다면, 이 다음 새 역사 지을 자격이 거기서 나올지 누가 알까?

여기서야, 이 미국 자본주의의 찌꺼기를 던져 주는 것을 서로 다투어 먹노라 끼고 있어, 그것이 이빨 틈에 끼어 썩고 있는 밥티 모양으로 모든 인간 관계, 사회 조직 속에 틈틈이 끼어 있어 썩고 있는데, 그 병이 더하면 더했지 어찌 낫기를 바랄 수 있을까? 4월 혁명을 했어도 여전히 사회에 맑은 기분이 없는 것은 이 끼어 썩고 있는 '달러' 때문이다.

외국 사람이 우리를 본다면, 오랜만에 종살이를 면하고, 새 역사를 지을 기회를 선물로 받은 우리를 밖에서 본다면, 할 일이 하나밖에 없을 것이다. 그런데 우리 정치업자 눈은 잠자리 눈처럼 복안復眼인가? 무엇이 그리 토론할 제목도 많고 대가리 내밀 쌈거리도 많고, 건질 명분도 무엇이 그리 많고, 따질 이유도 무엇이 그리 많아, 일처리는 하나 아니 하고 만년 국회만 열고 있을까? 물어보면 이유야 다 있겠지. 하지만 그것을 죽게 된 민중의 눈으로 보면 일본말마따나 방귀 같은 이론이 아닐까? 사람이 방금 죽는데, '장발장'이 있다면 예복이고 지위고 전과고 생각할 겨를 없이 마차 바퀴 밑에 어깨를 들이댔을 거야! 국민의 기분대로 한다면 "제발 이젠 싸움은 그만두고 사람 살려주오! 5백 년 서로 갈리는 바퀴에 치었어요."

우리나라에 인물 없는 것을 한탄하지만, 그것은 무식한 민중에게 하는 소리지, 나라 맡은(누가 맡기기나 했나? 백주에 저희가 날치기를 했지!) 사람들에게서 하면 인물이 너무 많아 걱정이다.

저마다 나라를 맡겠다는 것 아닌가? 나라는 하나인데, 맡겠다는 사람 많으니, 네 갈래 다섯 갈래로 찢어질 것만은 정해진 일 아닌가? 그런 아까운 인물들, 하나님이 만일 하신다면, 요새 우주선도 발달하는 이 시대에 저 항성계로나 하나씩 실어 보내어, 거기서 왕 노릇이나 하게 하고 이 못생긴 백성들은 저희끼리 민주주의로나 살아나갔으면 좋을 것인데, 그렇게도 아니 되고 이 좁은 틈에서 그 많은 영웅이 씨름하니 애매한 송사리만 못 살 지경이지.

알 수 없는 일이다. 그만둬라! 개성의 선죽교, 지금에 가볼 수 없고, 노량진 머리의 다섯 줌 흙 말하는 것 없고, 안국동 남산의 동상 티끌만 쓰고 잠잠히 서 있으니, 살길 묻고 말하는 것이 어리석은 일이다.

사람의 아들

모세는 과연 잘난 사람이었다. 그는 새 나라를 경영하는 데 있어 옛날 애굽서 종살이하던 것들을 빈 들에서 다 말리어 죽여버렸다. 묵은 버릇 새 나라에 물들까 해서 한 일 아닌가? 그러기에 애굽의 누룩 종자까지 가지고 오지 못하게 했지. 그뿐인가? 자기 자신까지 요단을 건너지 않고, 이쪽에서 죽기까지 기다렸다. 왜? 한 사람을 민중에게 주기 위해서다.

그랬기 때문에 어제까지의 심부름 젊은이가 오늘 나서면 손에 칼하나 잡지 않고 나팔만 불어 대적의 성을 무너뜨릴 수가 있었다. 하나님의 이적이라 하지 마라. 한 사람을 가진 민중의 힘은 그런 것이다. 그것이야말로 기적 아닌가? 그러고 보면 이스라엘 역사를 꿰뚫는, 어느 의미론 인류의 역사의 중축이 되는 '메시아'란 것은 다른 것아니요, 모든 사람이 다 죽어서 일어서게 되는 '한 사람'이라 할 수 있다. 그 뜻을 이날껏 몰랐다.

한 사람 안에서야 전체가 살게 되므로 그를 구세주라 한다. 예수는 그것을 깊이 깨달은 이요, 그대로를 산 이다. 사울도 모든 사람을 다 없애고 세운 한 사람이었고, 다윗도 온 백성을 다 보지 않고 세운 한사람이었다. 또 모든 민족의 모든 지도자가 다 그것이건만 다 힘이되지 못했다. 협잡꾼이 돼버렸다.

그들은 다 모든 사람이 죽어서 한 사람이 일어서는 것은 알았어도,

또 그 한 사람마저 죽어야 하는 줄은 몰랐다. 그 한 사람이 죽어서 전체가 도로 살아남을 몰랐다. 예수는 메시아, 곧 한 사람을 바로 알았으므로 그마저 죽어야 사는 것임을 알았으므로 그렇게 살았다. 그러므로 그 사람은 참 한 사람일 수가 있었다.

그러므로 그는 '나'를 바로 쓸 수 있었다. 그리하여 능히 "내가 길이오, 진리요, 생명이라"[「요한복음」, 14:6] 할 수가 있었다.

그러나 죽은 자의 말을 산 자들이 알 리가 없었고, 산 자의 말을 죽은 자들이 알 리 없었다. "내가 길이요" 하니 어리석은 그들이 "예수가 곧 길이요, 예수가 곧 진리요, 예수가 곧 생명이다" 하며 "천하 인간에 다른 이름으로는 우리가 구원을 얻을 수 없고 오직 이 이름으로써다" 하니 '예수'로 알아들었다.

그러나 어디 예수의 뜻이 그러했을까? 그는 다만 '나'라 했을 뿐이다.

내가 누굴까? 모든 사람의 다 죽음으로 서게 되는 내가 예수일까? 그러므로 그는 내놓은 살림을 하게 되면서부터 예수라는 이름을 스스로 부르지 않았다. 다만 '사람의 아들'이로다 했지. 모든 사람이 죽어서 내가 있으면, 또 내가 죽어 전체가 살아나야 할 것이다. 그것을 실행한 것이 그다.

그리고 그는 자기를 참 나라의 임금이라 했고, 하늘나라가 너희 안에 있다고 사람들보고 말하였다. 그것이 그가 인류에게 보여준 살길이었다. 우리가 바로 알아듣는다면 이렇게 말할 것이다.

내가 뭐냐?

끝없이 나감이 나요, 진리를 함이 나요, 삶이 곧 나다.

내 이름이 뭐냐?

길이 내 이름이요, 참이 내 이름이요, 생명이 내 이름이지.

구원이 뭐냐?

이름을 얻음이다.

이름이 어디 있느냐?

이름은 천지에 하나뿐이다. 내 몸에 붙인 이름을 버리고 '그 이름'

을 받을 때 나는 영원한 존재가 된다.

씨가 떨어진 자리에서야 싹이 나고, 알이 깨진 담에야 닭이 나온다면 죽는 자리, 죽는 시간에야 내가 살아날 것이다. 씨는 나무를 위해 죽은 것이요, 알은 닭을 살리기 위해 죽은 것이다. 나는 사람이 되기 위해, 전체를 살려내기 위해 날마다 자기를 십자가에 내주는 '그 한 사람'을 살리기 위해 날마다 죽어야 할 것이다. 벌써 죽었으면 벌써 살았을 것이다.

님이여, 살길을 찾는 나는 어리석은 자입니다. 살길을 가르치려는 나는 더 어리석은 자입니다. 만 번 죽어 마땅합니다.

죽지 못한 죄에 대한 벌 받음이 이 어리석음이요, 이 고집이요, 이 헤맴이, 이 욕심입니다.

말 못할 것을 말하려는 죄를 용서하옵소서!

아벨처럼 죽음으로 영원히 말하게 하옵소서!

삼손처럼 죽음으로 무한히 이기게 하옵소서!

예수처럼 죽음으로 영원히 용서해나가게 하옵소서!

• 『생활철학』 (일우사, 1962)

새해의 말씀

서로 믿읍시다

남한의 동포 여러분!

북한의 동포 여러분!

그 피에서 서로 다름이 없고, 그 말에서 서로 다름이 없고, 그 지키는 풍속·도덕에서 서로 다름이 없고, 미워도 한배 새끼요 고와도 한배 새끼요, 네가 잘했거나 내가 잘못했거나 살고 죽는 운명을 같이하는 한 겨레인 여러분!

그중에서도 빼앗김과 억눌림에 한숨짓고 우는 씨올 여러분!

1964년이 왔습니다. 새해가 됐습니다. 서로 새해의 인사부터 합시다. 우리 뜻도 아닌 밖으로부터 억지로 한, 문명했노라는 짐승들의 힘에 의하여, 안으로부터 속여먹은 정치한다는 도둑놈들에 의하여, 우리가 서로 갈라진 지 참 오래됐습니다. 이 슬프고 부끄러운 불행을 벗어버리지 못한 채, 벌레·짐승은 도리어 맘대로 넘나드는 국경선 아닌 국경선 하나를 못넘어, 서로 그리운 얼굴을 보지도 못하는 채 또 한 해를 보낸다는 것은 가슴이 미어지는 일입니다. 그러나 백두산이 서 있는 한, 동해바다 물결이 뛰노는 한, 그 근본 마음에서야 어찌 다름이 있으리까? 손을 서로 못 잡아도 마음을 서로 보내고 받읍시다.

무엇보다도 제발 이제부터는 그 '괴뢰'란 소리 그만둡시다. 가슴 아파 들을 수 없습니다. '괴뢰'라면 그 정권이 괴뢰겠지 5천 년 역사

내려오는 그 말을 그대로 하고 그 문화를 그대로 가지고 있는 우리가 괴뢰될 것이야 없지 않습니까. 우리 위에 씌우는 제도의 어떤 것을 들 것 없이, 우리 귀에 틀어박는 사상의 어떤 것을 관계할 것 없이, 우리 마음은 서로 믿읍시다. 그런 것은 영원히는 못 갑니다. 역사는 그것을 이기고 말 것입니다.

정치업자들이야 서로 욕지거리를 하거나 민중을 억누르고, 독재하기를 좋아하는 지배자들이야 서로 저만 잘났다 자랑하거나 말거나, 옛날에도 나라의 주인이요 이 담에도 나라의 주인이요 지금도 사실은 나라의 주인임에 틀림이 없는 우리는 굳게 하나된 생각을 가져야 할 것입니다. 우리 씨올끼리는 서로 싸우고 미워할 아무런 까닭도 없습니다. 새해는 우리를 한 나라로, 한 겨레로, 한 역사에 부릅니다.

새해가 왔습니다. 모든 빛, 모든 노래의 근원이 되는 해가 끝멀어지고 온갖 꿈틀거림, 온갖 춤을 다 눌러버리려는 추위가 끝매워진 때에 이 천지에 새해가 왔습니다. 사람의 마음에서 도리의 심장이 다 식어버린 듯하고, 사회의 뼈대에서 정의의 등골이 다 빠져버린 듯하며, 나라 터전에서 산과 냇물이 바짝 말라버리고, 그리고 폭악暴惡이 만년이나 해먹을 권력 구조를 다 완성해놓은 줄로 아는 때에, 이 나라에도 새해가 왔습니다. 이 '새'야말로 귀하고 중요한 것입니다. 이것은 무서운 것이요 이것은 고마운 것입니다.

새해의 새 마음

이 닥쳐온 새해를 우선 주목할 필요가 있습니다. 주목이 아니라 주심注心 혹은 주의입니다. 자연계를 보는 것은 눈인 대신 정신의 세계를 보는 것은 마음이기 때문입니다. 새해에는 새 마음이 필요합니다. 새 정신을 일으키려고 새해는 온 것입니다. 새해는 자연법칙으로 굴리던 것이 아닙니다. 사람의 주관으로 그려놓은 것도 아닙니다. 새해는 뜻으로 인하여 보냄을 받아서 온 것입니다.

뜻은 우주와 인생을 꿰뚫는 것입니다. 뜻은 맨 첨이요 나중이요 또 지금입니다. 모든 것이 뜻에서 나왔고 뜻으로 돼가고 뜻으로 돌아갑니다. 뜻을 깨닫는 것은 생각입니다. 생각하는 사람이라야 삽니다. 생각하는 백성이라야 역사를 지을 수 있습니다. 생각하는 마음이라야 죽은 가운데서 살아날 수 있습니다. 새해가 온 것은 생명이 스스로 하는 신비의 뜻으로 인하여 된 것입니다. 생명은 갱신하는 것입니다. 모든 것이 변하여서 되돌아가는 바퀴가 있고, 그러나 그 바퀴가 돌아감으로써 영원히 새롭고 자라는 뜻을 드러내며 번져나갑니다. 물은 흘러흘러 내려가다가는 피어올라 구름이 되고, 구름이 됐다가는 다시 비 되어 내려옵니다.

불은 타서 타서 올라가서는 막막한 허공 속에 흩어지고, 흩어졌다가는 다시 새 물질로 엉켜 내려와서는 또 탑니다. 그러는 동안에 생명이 나오고 식물·동물이 나오고 조화가 이루어집니다. 사람은 나서는 자라서 죽고, 죽고는 또 납니다. 나라는 일어나서는 퍼져나가다가 망하고, 망하고는 또 새 나라로 일어납니다. 그러는 동안에 생각이 나오고 학문이 나오고 예술이 나오고 뜻이 드러납니다.

물이 만일 김으로 피어오르는 일이 없다면 모든 시내는 다 썩었을 것입니다. 햇빛과 바람으로 인한 날려버림이 없다면 이 세계는 시체로 가득했을 것입니다. 인생에 나고 죽음, 역사에 흥하고 망함이 없었더라면 잘사는 놈 영 잘살고, 못사는 놈 영 못살아 문화의 발달이란 없었을 것입니다.

하루에는 밤낮이 있고, 한 해에는 사철이 있고, 지구는 365일 만에 한 바퀴를 돌게 생긴 이 세계요, 그 위에 사는 인간이요, 그 인간이 짓는 역사입니다.

그것은 생명이 자라고 역사가 발전하여 뜻을 드러내고 이루기 위하여서 있는, 스스로 하는 뜻의 신비의 법칙입니다. 이 새해는 그렇게 돼서 온 것입니다. 그러므로 이 새해는 무섭고도 고마운 것입니다. 무서운 것은 거기 심판이 있고 죽음이 있기 때문입니다. 고마운 것은 거기 불쌍히 여김이 있고 다시 하는 기회가 있으며, 모두 높은 새 생명으로 살아남아 있기 때문입니다.

새해는 우리를 용서합니다. 해방합니다. 새 출발을 명령합니다. 새해에 살게 된 것은 새 명령을 받은 것입니다. 스스로 하는 절대의 뜻이 하는 명령입니다. 새해는 어느 천재가 발명하여 오게 한 것이 아닙니다. 어느 강한 나라나 세력도 우리에게서 오는 새해를 뺏을 수는 없습니다. 세계에서 가장 부하다는 미국도, 가장 포악하단 공산당도, 외교 한답시고 나라의 이익과 정신을 파는 노력도 우리에게 오는 새해를 뺏을 수는 없습니다.

그리고 새해가 한 번 올 때 우리는 다 새 출발점에 같이 서게 됩니다. 역사에서 해방됩니다. 어제까지는 이긴 자였는지 몰라도 오늘은 우리와 같이 새 선에서 같은 자격으로 섭니다. 지난해는 실패자, 떨어진 자, 뺏긴 자였는지 몰라도 이 해는 우리도 한가지로 잘 하면 이길 수 있는 새 선수입니다. 우리에게 가장 나쁜 것은 후진국의식, 피압박의식, 피지배자의식, 패배감, 못살겠다는 생각입니다.

지난해의 대통령 선거전, 민의원 선거전에서 거짓은 또 한 번 이겼습니다. 그것을 생각하면 분통이 터지려 합니다. 그러나 그것은 지난해의 일입니다. 지금까지의 살림 형편을 보면 살길이 막혔습니다. 그러나 그것도 지금까지의 일입니다.

죽음은 먼저 정신에서부터 시작됩니다. '기가 차다' '기가 막힌다' '맥나 죽겠다'가 그것입니다. 365일 만에 새해가 오는 것은 바로 그 생각을 없애기 위한 하늘 뜻의 불쌍히 여김에서 온 것입니다. 잘나고 못난 놈에게, 있는 놈·없는 놈에게, 선한 놈·악한 놈에게 전에 한 것을 다 지워버리고 또 한 번 새로운 기회를 명하는 공평의 법칙입니다.

미래는 우리의 것

역사는 언제나 기적의 기록입니다. 눌린 놈은 꼭 영원히 망할 것만 같은데 새 시대의 주인이 되고, 권세 쥔 놈은 틀림없이 영원히 지배자일 듯한데 반드시 망하고야 마니 기적 아닙니까. 아무 계획 없이 애굽을 떠날 때 꼭 빈 들에서 죽을 것만 같았는데 살았습니다. 겁내지 않고 나가고 보면 바다 밑에도 길이 열리고, 남의 것 뺏어먹을 생각 말고 욕심 부리지 않고 하면 거친 들을 들여다봐도 거기 먹을 것이 있더라는 것이 역사의 가르침입니다.

미국이 독립할 때 반드시 이길 만한 예산이 있어서 한 것은 아니었고, 나폴레옹이 망할 때 반드시 계획을 잘못해서는 아니었습니다. 기적이라 했지만 아무 터무니없이 된다는 말은 아닙니다. 물적 계획을 없애버리는, 뵈지 않는 정신의 법칙이 있기 때문에 기적처럼 뵐 뿐입니다.

그러므로 역사를 메고 나가는 데는 믿음이 필요합니다. 믿음이 없고 제가 하는 물적 계산만 믿기 때문에 지배자는 교만하고 악독해지는 것이요, 눌린 자는 비관하고 낙심하고 마는 것입니다. 믿는다는 것은 사람의 조그만 이지를 뛰어넘은 영원한 뜻을 믿는 것입니다. 그 뜻에 몸바쳐 그와 하나되는 일입니다. 그러므로 믿음에는 결단이 필요합니다.

새해는 결단의 날입니다. 미래는 언제나 우리 것입니다. 자연으로 되는 것도 아니요, 운명으로 되는 것도 아니요, 우리의 결단으로 오는 것입니다. 종교에서는 하나님의 은혜라 하지만 은혜는 결코 짐승에게 주어지는 것이 아니고 스스로 결단을 하는 인격만이 따먹을 수 있는 열매입니다. 자유는 스스로 종살이 아니 하기로 결단하는 자만이 가집니다. 평등은 스스로 내 것이라 주장 아니 하기로 결단하는 자만이 누립니다. 사랑은 스스로 목숨을 잃으면서라도 사랑하기로 결단한 자만이 얻을 수 있습니다.

생명의 첫째 성격은 용감입니다. 우리 민족의 제일 결점은 비겁입니다. 죽을 줄 모르는 것입니다. 짐승만도 못한 구차한 생명을 위해 의를 내버리는 것입니다. 한 사람이 죽으면 전체가 살 수 있는 때에도 그 한 사람이 없어서 전체가 종살이를 하는 것입니다. 일본한테 먹히기도 그래서 했고, 민주주의 나라에 헌법이 죽은 것도 그리된 일입니다.

새해에 깊이 뼈에 새겨야 할 말은 미래는 우리 것이라는 이 말입니다. 얼마 전에 세상을 떠난 올더스 헉슬리의 말대로,

선택은 언제나 우리의 것이다
그럼 가장 긴 프로메테우스의 길을 택하자
그리하여 그 속에 품은 불길을 가꾸고 키우고 부채질하자
그 조그만 팔락거리는 불꽃을
켜느냐 꺼버리느냐에 따라 우리는
고상한 사람이 될 수도 더러운 사람이 될 수도 있으며
우리 사는 세계와 운명이 이리도 저리도 될 수 있고
우리의 별은 빛날 수도 껌껌할 수도 있다

1964년, 이해는 우리 역사에서 대단히 중요한 해가 될 것입니다. 이것은 이해에만 새해가 될 것 아니라 영원한 한 새해가 될 것입니다. 그 까닭은 한 개의 폭력 정변으로 시작됐던 5·16사건이 군사독재로 굳어져서 두 해 넘어를 가다가 형식상 지난해로 끝나고 이름으로는 이해부터 민정이라 하나 실지로는 그 계속이므로, 앞으로 민주주의가 뒷걸음을 하느냐 다시 새로운 발전을 하느냐가 이해에 달려 있기 때문입니다.

역사에서 배우는 것

이것은 제법 지금부터 바로 1천 년 전인 고려 광종[1] 때와 비슷합니

---

1) 광종(光宗, 925~975): 고려 제4대 왕. 이름은 소(昭), 자는 일화(日華)이다. 태조의 셋째 아들로, 노비안검법을 제정하고, 958년에 후주(後周)에서 귀화한 쌍기의 건의에 따라 과거제도를 실시했다.

다. 본래 신라가 하려다가 못하고 실패한 삼국통일을 다시 할 책임을 그 망한 뒤에 일어난 고려가 졌다 할 것인데 그래서 왕건 태조는 그 점에 뜻을 두어 예로부터 내려오던 선비의 정신을 불러일으켜서 거기서 새 힘을 얻으려 애썼었는데 그 후 20년도 못 돼 이 광종 때에 와서 유파儒派의 세력에 못 견디어 그 운동이 약해지기 시작하고 중국의 제도를 쓰기 시작했습니다. 고려가 그 맡은 역사적 책임을 다하지 못하고 민족의 운명이 뒤로 물러가기 시작했던 것은 이 때문이었습니다.

또 그것은 이조 마지막 끄트머리와도 비슷합니다. 지금부터 꼭 백년 전인 1864년에 이조의 마지막 막幕의 시작인 고종의 즉위가 있었습니다. 열두 살의 소년이던 그는 마침 연을 날리며 놀고 있다가 그대로 대궐로 태워감을 받았는데 그때 그 손에 쥐어져 있다가 끊어져 나가는 그 연줄은, 그때는 몰랐지만, 지금 와서 보면 그 이씨네의 집안과 또 나라의 운명을 상징하는 것이었습니다.

또 육갑六甲의 이름으로도 이해와 같은 60년 전 갑진년甲辰年에는 러일전쟁이 있었는데 요새 세상 형편은 어찌도 그때를 연상시키는 것이 많은지 모르겠습니다. 한 나라의 주권을 쥔다는 임금이란 것이 제 노릇을 못하고 오늘은 청국 군대의 손으로, 내일은 러시아 놈의 손으로, 또 모레는 일본 도카타(土方: 토목 공사장의 막벌이 일꾼을 부르는 속어로 행동과 성질이 거칠고 불량한 사람 – 편집자)파의 손으로 왔다갔다하다가 종당은 내 나라를 들어 남들의 전쟁터로 내놓았고, 그대로 아주 일본에 먹히기로 결정이 됐습니다.

그런데 오늘도 또 친러, 친중공, 친일하지 않습니까. 나라 망할 때는 언제나 나라 망하도록 만들기로 결심하고 나는 인물 있습니다. 고려 말년에 신돈辛旽이 있었지, 이조 말년에 이완용李完用이 있었지. 그런데 지금은 어떻습니까? 남의 나라 황태자 가르친답시고 볼모로 잡아가는 이토[2]란 흉측한 물건 있더니, 요새는 세계의 신문 라디오 앞에 서서, 남의 나라 대통령 취임축하 온다는 물건이, 친자의 관계가 있노라고 망언을 하는 오노大野[3]인가 뭔가 있지 않습니까.

그때에 일본은행권 가져다 팔아먹더니 요새는 새나라자동차라는 이름, 어업협정[4]이란 이름으로 하지 않습니까. 그때에 시골의 어린 애들까지 "니뽕 갔다, 니뽕 갔다, 로시아 마께다"[5]를 부르더니 요새는 젊은 놈마다 일본말 못 배우면 사람질을 못하기나 할 듯 미쳐 돌아가지 않습니까. 어쩌면 이렇게도 돼가는 것입니까. 그것들이 쫓겨 갈 때에 20년이면 도로 오겠다고 하는 것을 미친 놈의 소리로만 알았는데, 이제 그것들은 그만두고 이쪽의 입에서 일본의 경제적 식민지가 돼도 좋다는 소리를 하는 것들이 있지 않습니까. 그때도 동양평화라 하며 속였는데 또 동양의 발전 소리 하지 않습니까.

대원군처럼 쇄국정치하자는 말 아닙니다. 마땅히 한일 교통해야지요. 하루바삐 어서 해야 할 것입니다. 그러나 교통은 교통이고 정복은 정복입니다. 친자의 관계로라는 것과 맞서서는 정복·피정복의 결과가 생길 뿐이지 교통이 있을 수 없습니다.

---

2) 이토 히로부미(伊藤博文, 1841~1909): 일본의 정치가. 막부정권 타도에 앞장 섰으며, 총리대신과 추밀원 의장을 지냈다. 1905년 주한 특파 대사로 와서 을 사조약을 강제로 체결했고, 초대 조선 통감을 지내며 우리나라 국권 강탈을 준비하던 중, 1909년 하얼빈에서 안중근 의사에게 피살되었다.
3) 당시 일본 자민당 부총재였던 오노 반보쿠(大野伴睦, 1890~1964)를 말함.
4) 어업협정(漁業協定): 1965년 한일국교 정상화 의제 가운데 하나로 한국과 일본 간에 체결된 어선의 수, 어획량, 수역 등을 다룬 협정이다. 박 정권은 청구권 문제의 조속한 해결수단으로 어업문제를 이용했고, 일본 측도 평화선 문제의 해결을 청구권 해결의 전제조건으로 사용했다. 대체로 한국에 불리한 내용으로 체결되었을 뿐만 아니라, 주권 차원에서는 물론 경제적 차원에서도 매우 불리한 협정이었다.
5) "일본이 이겼다 일본이 이겼다, 러시아 졌다"라는 뜻.

민주주의 죽을 리 없다

박 씨나 오노 씨의 두 개인이나 두 가정 사이에 무슨 일이 있었는지 모릅니다. 그러나 사는 사고 공은 공입니다.

한 나라의 주권을 존중하는 생각이 있을진대, 정식사절로 온다는 인물이 감히 그런 소리를 속에는 어쨌거나 적어도 입 밖에 낼 수는 없을 것입니다. 잘났거나 못났거나 공정한 선거로 됐거나 어쨌거나 이름을 한 나라의 대통령이라 하면 그 나라를 대표하는 것인데, 그 사람에게 그런 업신여기는 태도를 취했다면 그것은 우리 국민 전체를 보고 한 것입니다. 몰라서 한 실수가 아니라 그것은 반드시 속셈이 있어서 일부러 한 것입니다. 그런데 국민이 거기 대하여 분개하는데도 불구하고, 혼자서 '용서'했노라는 것은 크게 잘못입니다. 그것은 비겁이요 굴종이지 용서가 아닙니다. 용서는 언제나 정신적으로 높고 강한 자리에 서서만 있을 수 있는 일입니다.

일본도 작고 우리도 못생겼습니다. 두 나라를 위해 다 불행입니다. 일본이 정말 옛 악을 뉘우치고 새 정신이 들었다면, 참 의미에서 동양의 지도자가 되고자 한다면, 마땅히 한국에 대하여 성의 있는 사과를 했어야 할 것입니다. 우리가 반드시 원수 갚는 의미에서 하는 말이 아니라, 공정한 제삼자적인 자리에서 두 나라의 장래를 생각할 때 그렇습니다. 그런데 그렇게는 못할망정, 친자의 관계란 그런 소리가 어디 있습니까? 그런 따위를 뽑아 보낸다는 데 그들의 국민적 자각의 징조가 나타나 있습니다. 제국주의적 옛 버릇 놓지 못했습니다. 그러나 우리는 남을 나무랄 것 없습니다. 스스로 우리 잘못을 책망하는 것이 마땅합니다. 우리가 비겁하지 않으면 남이 우리를 업신여길 수 없습니다. 오노 따위 제국주의적 잔재의식을 가진 물건이 어째서 사신이 되어 옵니까. 군사혁명이 아니라면 그런 일 없을 것입니다. 독재주의를 허락해둔 결과는 그렇게 되고 맙니다.

기다려 볼 것 없이 이 정부의 한일외교의 방침이 어떠하고 그렇게 관계를 맺게 되면 그 결과가 어떠할 것은 뻔한 일입니다. 공산주의로 몰락될 것밖에 없습니다. 저자세를 취하여서 조약을 맺고 나면, 이조 망하던 때와 마찬가지로 정치적 정복은 아니라 하더라도, 실질에서 그와 다름이 없는 경제적 식민지로 돼버리는 수밖에 없을 것이요, 그렇게 되면 일본의 특권계급과 붙어먹는 일부 특권층이 있는 대신, 대부분의 민중의 살림은 말할 수 없이 깨어질 것은 정한 일입니다. 그러면 공산혁명이 일어날 가능성밖에 남는 것이 없을 것입니다.

지난번 선거전에서는 누구누구의 사상이 의심스럽다는 말이 많이 떠돌았습니다. 한동안 서로 불공대천의 원수인 듯이 싸우던 사람들 한번 선거전이 끝나고 보니 그런 소리가 있었던가 하리만큼 서로 축사와 꽃다발이 왔다갔다하니 그 어떻게 된 일임을 알 수는 없으나, 그것이 사실이거나 아니거나 간 정권의 독재적인 성격이 만일 그냥 계속된다면 결과는 공산주의의 종으로 떨어져 들어가는 수밖에 없을 것입니다.

이제 1964년 이러한 때에 왔습니다. 그렇기 때문에 이것이 중요한 때라는 것입니다. 고려 광종이 유학자를 들어쓰고 귀화 중국인 쌍기雙翼의 말을 들어 중국의 제도를 본뜨고 송나라 연호를 받아쓰게 될 때 그것이 후에 국민이 두고 바라던 고구려의 옛터 회복의 뜻을 아주 잃어버리게 되는 시작이 될 줄은 몰랐을 것입니다. 그러나 그렇게 되고야 말았습니다.

왕족으로서 형편없이 간난한 살림을 하다가 갑자기 어린 소년으로 임금이 될 때 한 집안의 경사인 줄 알았지, 그것이 집안 망하고 나라 망하게 되는 시작인 줄은 몰랐을 것입니다. 그러나 그렇게 되고야 말았습니다.

이번에 아니 그러리라고 누가 잘라 말할 수 있습니까? 민주주의가 아주 죽어버리느냐, 했던 실패를 되돌려 다시 자랄 것이냐가 이 한 해에 달렸습니다. 이 한 해에 도로 찾지 못한다면, 아주 죽어버리지는 아니 한다 하더라도, 크게 뒷걸음질하여 다음에 도로 찾기가 퍽 힘들 것입니다.

민주주의가 결코 죽을 리는 없습니다. 그것은 역사의 대세입니다. 한때 독재주의의 뒷걸음질이 있다 하더라도 반드시 다시 살아나고야 말 것입니다. 그러나 그 이른 시기에 회복하지 못하고 늦으면 늦을수록 후에 내는 값이 클 것입니다. 반드시 많이 피를 흘리는 일이 있을 것입니다. 이것이 우리가 이해를 중대하게 보는 까닭입니다. 미래는 우리 선택에 달렸습니다. 역사가 앞으로 나가느냐 뒤로 물러가느냐는 우리가 오늘 아침 마음의 태도를 결정하기에 달렸습니다. 운명도 아니요 남도 아닙니다. 우리 자신이요 자신의 의지입니다.

오늘 우리의 문제를 따지고 들어가면 결국 종교문제에 돌아가 닿고 맙니다. 결국 정신이 어떠냐 하는 데 있단 말입니다. 이 점에 관해서 철저한 생각을 하여 분명한 깨달음에 이를 필요가 있습니다. 철저라니 밑바닥까지 뚫린단 말입니다. 분명이라니 환하단 말입니다. 생각이 뚫려야 속알이 환해지고, 속알이 환해지면 믿음이 일어나고, 믿음이 일어나야 결단이 생기고, 결단이 되면 행동은 나타나고야 맙니다. 그러면 살림이 새로워진 것입니다. 생명이 자라고 역사가 한 단 나간 것입니다. 위에서 미래는 우리 것이라, 선택은 우리 것이라 했지만, 오지 않은 미래를 믿음으로 이미 가지는 것이 종교요, 그 자리에 가려 뜻을 결정하는 것이 믿음입니다. 어떤 거듭남도, 어떤 진보도, 어떤 혁명, 역사적 비약도 이것 없이는 이루어진 일이 없습니다.

오늘 우리에게 사람은 있습니다. 미끈미끈한 재목 같은, 산 범을 맨손으로 잡을 만한 젊은이가 거리에 그득 찼고, 뒷골목에는 그들이 뒤를 이으려 조바심에 가만 못 있고 분주를 피는 어린 군대가 넘칩니다. 그들이 다 무쇠 같은 힘줄에 불같이 타는 핏대를 가졌고, 새로 빚어넣은 술처럼 폭발하려는 생의 본능과 충동을 품었습니다. 그러나 그 힘, 그 기운을 어디다 어떻게 써야 할지, 그것을 몰라서 헤매고 미칩니다. 이른바 '성난 젊음'입니다. 골목마다 가면 떠들고 싸움이 있고, 날마다 보면 강도·살인·날치기가 나고, 가다가 역심 난 놈은 자살을 하고, 썩 잘하노란 놈은 폭동이나 그 뒤치닥거리에 날뛰는 것은 이 때문입니다.

그들이 다 악해서가 아닙니다. 살고, 사람 노릇하잔 것이 참 자기를 모르고 참으로 깨닫지 못해 그렇습니다. 선을 하노란 것이 악이 됐습니다. 본래 악이 따로 있지 않습니다. 잘못한 선이 곧 악입니다.

오늘 우리에게 지식은 있습니다. 나라가 어떻게 갈라졌고, 민족이 어떻게 멸망에 직면했고, 역사가 어떻게 위기에 빠진 것을 아무도 모르지는 않습니다. 우리 강산이 다 말랐고 국고가 텅 비었고 도둑질하려는 심사를 가진 것들이 권세를 쥐었고, 이리 같은 다른 나라가 우리를 곧 삼키려 하고, 전쟁이 어느 순간에 터져 나라가 온통 불바다가 되고 말 것을 모르는 민중은 하나도 없을 것입니다. 그러나 그 지식이 그들에게 힘을 주지 못합니다. 지식은 힘이라지만 거짓말입니다. 그것은 마치 쌀이 칼로리요 장작이 뜨거움이라는 말과 같습니다. 쌀에 칼로리가 들어 있고 장작에서 뜨거움이 나올 수 있는 줄을 알지만 그대로는 아니 됩니다. 무슨 일이 있어야 그 변화는 일어납니다.

그리고 그 무슨 일이야말로 중요한 것입니다. 삭지 않은 밥이 배를 더 아프게 하고 타지 않은 장작이 맘을 더 떨리게 하듯이, 뚫리지 못한 지식, 그것은 도리어 힘을 먹어치우는 원인이 될 뿐입니다. 오늘 우리는 무엇 때문에 못살고 어떻게 해야 살 것을 빤히 아는 것 같은데, 빤히 알기 때문에 맥을 못 쓰고 죽을 데로 빠져듭니다.

양심을 가지는 것이 양민

오늘 우리의 느낌은 없지 않습니다. 다방마다 술집마다, 공원 모퉁이·기차·자동차 칸칸마다 기분의 지껄임으로 가득 찼습니다. 만나면 "큰일났습니다" "못살겠습니다"지, 마주 앉기만 하면 한숨이지 걱정이지 비평이지 분통이지 찡그린 눈썹이지, 때로는 불룩 일어선 핏대 불끈 쥐어진 주먹이기도 합니다.

종교모임에는 눈물로 드리는 흥분된 기도가 있습니다. 사회단체에는 애써 부르짖는 지당한 표어가 있습니다. 관청에서 하는 모든 예식

에서까지 하고 나면 다 그럴 듯한 축사를 들을 수 있습니다. 이따금
은 웅변가도 있고 데모도 없지 않습니다. 천재지변이 있을 때는 동정
금을 모으고 구호할 줄도 알고, 의리·인정을 강조하는 영화가 있을
적에는 극장이 만원이 됩니다. 그렇지만 측은·수오·시비·사양의
사단,[6] 희·노·애·락·애·오·욕의 칠정[7]이 다 있지만 그 느낌은 재
위에 서는 풀이 바람에 따라 그 방향을 바꾸듯이, 때를 따라 곳을 따
라, 일을 따라 사람을 따라 자꾸만 변하는 지향 없는 토막토막의 느
낌입니다. 그 피우는 담배의 연기를 따라 그들의 기분도 사라져나가
고, 그 모이는 모임의 시간이 지나가기 전 그들의 마음은 먼저 흩어
져버립니다.

　오늘 우리에게 의견은 없지 않습니다. 웬만한 성의에서 나온 말은
선동이라, 파괴적이라, 건설적이 아니다, 체계가 서지 못했다, 분명한
방안이 없다, 학교의 학생들도 찢고 까불고 비평을 해버릴 수가 있으
며, 돈 가지고 세력 가진 사람들은 종교가고 학자고 신문인이고 예술
인이고 심지어는 천하에서 다 아는 망나니 파렴치한까지 닥치는 대
로 사 내세워서 마음대로 공격하고 욕을 하리만큼 저마다 의견이 많
은 사회입니다.

　너무 많아 걱정입니다. 인격의 존중을 얻은 것도 아니요, 사사의
공명을 얻은 것도 아니요, 가진 것이 있었다면 다만 칼뿐이며, 안 것
이 있었다면 오직 비밀정탐과 책략선전의 기술뿐이었으면서, 전 정
권의 무능을 기화로 삼아 정권을 잡기에 성공했고, 하늘의 뜻이 어디
있을까는 찾아보려 하지도 않고, 고양이 소 대가리 맡은 듯한 문제를
한낱 고문정치라는 기변지교(機變之巧: 때에 따라 쓰는 교묘한 수단 -

---

6) 사단(四端): 사람의 본성에서 우러나오는 네 가지 마음씨. 『맹자』에서 유래한
　것으로, 인(仁)에서 우러나오는 측은지심, 의(義)에서 우러나오는 수오지심,
　예(禮)에서 우러나오는 사양지심, 지(智)에서 우러나오는 시비지심을 이른다.
7) 칠정(七情): 사람의 일곱 가지 감정. 기쁨[喜]·노여움[怒]·슬픔[哀]·즐거움
　[樂]·사랑[愛]·미움[惡]·욕심[欲]을 이른다.

편집자)로 해결해보려다가 완전한 실패를 하고 나서, 국민의 살림이 막다른 골목에 들었는데도 책임지려는 태도는 터럭만큼도 없고, 집안사람은 아닌 바깥 도둑의 말과 힘을 끌어들여 나라를 내몰기를 미치광이 운전사 브레이크 깨진 자동차 내몰듯 하려면서도, 제 의견이 있답니다.

의견은 틀림없는 의견일 것입니다. 물적·인적 자원의 철저한 과학적 조사도 없이, 내적·외적 발전의 면밀한 역사적 계획도 없이 5개년계획을 하며, 문화의 전통, 선배의 공로를 존경할 마음도 없이, 사회의 공론, 세계의 공안을 두려워할 겸손도 없이 사회단체를 맘대로 해체시키고 언론을 압박하면서도, 그리고 그 결과가 명령서의 잉크가 채 마르기도 전에 천하에 드러난 것을 눈으로 보면서도, 의견이 있노라면 있다 할 것입니다. 또 그것은 정치가 본래 사슴을 가지고도 말이라는 것이니, 그렇게 시키고 그렇게 시킴을 받아 하면서도 해놓으면 됐다는 것이니, 제 의견없이 살잔 것이 정치의 의견이니 할 말이 없지만 그렇지 않은 정말 의견도 결코 적지 않습니다. 대학의 교수들, 연구회의 회원들, 가지가지 클럽의 멤버들이 다 우리가 어떻게 하면 된다는 의견이 있습니다. 모든 신문, 모든 잡지가 그래도 쉬지 않고 날마다 일어나는 크고 작은 문제를 놓치지 않고 다루어 그 해결 방법이 어디 있다는 것을 말하기에 게으르지 않습니다. 다른 어느 나라 학자·전문가가 말한다 하여도 그 근본에서 별로 더할 것이 없을 것입니다.

또 그만이겠습니까. 정치한다는 사람들은 한낱 부려먹을 수 있는 짐승으로밖에 알지 않고, 맘대로 이리 놓고 저리 이끌어 자기네의 노름을 놀 수 있는 장기쪽으로밖에 여기지 않는, 썩 잘 대접해서 하는 말이, 후진국 백성이기 때문에 강력한 지도자의 지도가 필요하다는 저 무식·무지하다는 민중조차도 다 다 제 생각이 있고, 다 알고 있습니다. 그 의견이야말로 참 의견입니다.

본래 사람은 제 살길을 아는 법입니다. 벌레는 제 먹을 것이 무엇임을 알고, 새는 제 둥지를 틀 곳이 어디 있음을 알며, 짐승은 제 새끼를 어떻게 키울 줄을 알고, 사람인 담에는 제 의식주를 어떻게 해결하고 가정을 어떻게 이루며 자녀를 어떻게 기르고 사회와 어떻게 어울려 살 것을, 정치가라는 지나친 걱정하는 것들의 간섭을 기다릴 것 없이 알고 있는 법입니다. 생명의 근본되는 슬기에서는 누구의 가르침을 받을 것 없이 알 수 있게끔 마련이 돼 있습니다. "해제지동孩提之童이 무부지애기친無不知愛其親"8)입니다. "미유학양자이후가자"未有學養子而後嫁者9)입니다. 그것이 원元이요 그것이 인仁입니다. 불성이요 아가페입니다. 이른바 양지양능(良知良能: 교육이나 경험에 의하지 않고 선천적으로 사물을 판단하고 행할 수 있는 마음의 작용 – 편집자)입니다. 양심입니다.

그 양심을 가지는 것이 곧 양민良民입니다. 개인에게 양심이 있듯이 나라에는 양민이 있습니다. 양심 건드리지 않으면 선한 사람이요, 양민 건드리지 않으면 바로된 나라입니다. 그래서 "하늘나라 너희 안에 있다"는 것입니다. 개인의 수양에서나 나라의 정치에서나 요점은 건드리지 않는 데 있습니다. 잘못은 사의를 가지고 양심·양민을 가만두지 않는 데 있습니다. 그래 '죄막대어가욕'罪莫大於可慾10)입니다. 그래 '존심양성'存心養性11)입니다. 그래 "너희가 돌이켜 안정하여야 구원 얻는다"는 것입니다. 그래 적멸위락(寂滅爲樂: 불교 용어로, 생사의 괴로움에 대해 적정寂靜한 열반의 경지를 참된 즐거움으로 삼는 일 – 편집자)입니다.

8) 無不知愛其親: "어린아이라도 그 어버이의 사랑을 모르는 자가 없다."『맹자』, 「진심 상」.
9) 未有學養子而後嫁者: "자식 기르는 법을 배운 뒤에 시집을 가는 사람은 없다."『대학』, 제42장.
10) 罪莫大於可慾: "욕심을 내는 것보다 더 큰 죄는 없다."『노자』, 제46장.
11) 存心養性: "마음을 보존하고 성품을 기르면 하늘을 제대로 섬길 수 있다"(存其心, 養其性, 所以事天也)에서 나온 말이다.『맹자』, 「진심 상」.

민중에게 재갈을 물리지 말라

알지도 못하면서 무엇을 안 것처럼 여기에 대해 소극적이니, 비관론이니, 관념적이니, 비현실적이니 해서는 아니 됩니다. 그런 것 아닙니다. 정말 무서운 활동은 스스로 하는 마음입니다. 양심은 스스로 하는 씨올입니다. 깨닫지 못한 마음, 되지 못한 지도자란 것들이 양민의 양심을 가만두지 않고 돈으로 권력으로 선전으로 술책으로 건드리고 간섭할 때, 개인도 나라도 원기를 잃고 시들게 됩니다.

예로부터 유위有爲하단 인물은 스스로 자기를 도둑질한 것들이요, 영웅이라, 지도자라, 경륜가라, 내가 아니면 천하를 어찌하랴 하고 나왔던 자칭 정치가, 자칭 제세가는 모두 민중과 나라를 도둑질한 것들입니다. 그 도둑을 물리치고 양민의 양심이 스스로 활동하도록 하기 위하여 가만두라는 것입니다.

가만둔다는 것은 게으름장이 노릇을 하란, 모른 척하란, 책임을 모르란 말 아닙니다. 민중을 믿으란 말입니다. 나 자신 속에 절대의 뜻이 계신 것을 믿고, 그 뜻이 스스로 하게 하기 위하여 작고 못된 뜻을 물리치란 말입니다. 그래서 "무위이무불위無爲而無不爲"입니다. 백 가지 이론을 그만두고 우리나라가 이렇게 어렵게 된 것은 민중이 스스로 하지 못했기 때문이요, 민중을 그렇게 만든 것은 자칭하고 제가 무엇을 하겠다고 한 것들의 소위입니다. 지도자 필요하지 않다는 말 아닙니다. 다만 자칭 지도자는 지도자가 아니라 도둑이란 말뿐입니다. 정말 지도자는 결코 내가 지도자다 하고 민중을 구속하고 억지하려 하지 않습니다.

예로부터 정보망과 군대로 지도자된 일이 없습니다. 지도자는 민중이 스스로 따라오고 받들어서 되는 것이지, 결코 말에게 재갈을 물리고 소에게 멍에를 씌우듯이 민중 위에 강제하고 시켜서 되는 것이 아닙니다. 천지간에 환한 진리인데 이것을 아니라 하니 답답한 일입니다.

그러니 우리에게도 양민이 있고 양심이 있는 이상, 올바른 의견이 없을 리 없습니다. 있습니다. 개개인으로는 다 의견이 있고 다 알고 있습니다. 그런데 나라일은 바로되지 않습니다. 엉뚱한 데로 갑니다. 투표 결과가 국민의 뜻 그대로라고 믿을 사람은 아마 없을 것입니다. 관청에서 발표하는 것을 그대로 사실이거니 믿는 사람은 아마 없을 것입니다. 있다면 그것은 국민이 생활고에 아우성을 쳐도 그것을 못 들은 척 매달 10만 원 월급을 먹기로 작정하고 입을 헤벌리고 있는 소위 국회의원이라는 사람들이나, 그들의 사업주가 되는 어두운 데서 흥정하는 정체불명의 계급 몇 사람뿐일 것입니다.

그러니 이것이 어떻게 된 일입니까? 본능도 있고 충동도 있고 이지·감정·의지, 있을 것은 다 있는 듯한데 살지는 못하니, 살 수는 없다니 웬일입니까? 정치가에게는 정치 이론이 있고, 경제가에게는 경제 학설이 있고, 종교가에게는 경전이 여전히 있고, 교육가에게는 문화유산이 제대로 있는 듯한데, 앞으로 살길을 보여달라면 아무도 못 하니 웬일입니까? 어딘지 잘못된 데가 있지 않습니까? 무엇인가 부족한 것이 있지 않습니까? 그렇습니다. 분명히 부족한 무엇이 있습니다. 그 무엇 하나 때문에 이 사람들은 둘 것을 다 두고 가질 것을 다 가지고도 살지 못합니다.

사람은 많고 땅은 좁다 하지만 아직도 설 자리가 없을 지경은 아닙니다. 우리보다 좁은 땅, 파리한 흙, 사나운 기후를 가지고도 잘사는 민족도 있으니 우리도 하면 못 할 바가 아닐 것입니다. 생산기술을 고치면 지금 내는 수입의 몇 배를 낼 수 있을 줄을 알면서도 못 합니다. 바다에는 고기가 씨글거리는데('많이 모여 자꾸 움직인다'의 북한어-편집자), 그래서 옆집에서 탐을 내는데, 그것을 잡기만 하면 훨씬 넉넉히 살 줄을 알면서 못 합니다. 자본이 없다지만, 정치싸움 그만두고 사회에 안정감만 오면 자본을 빌려줄 이웃도 반드시 없지 않을 줄 아는데, 그 정치싸움을 그만두지 못합니다. 당파싸움의 나쁜 버릇은 어서 버려야 할 줄 뻔히 아는데, 너도 나도 다 아는데 못하고 있습니다.

협동정신을 일으켜야 한다 말은 하면서 못 합니다. 국민운동이 힘 있게 일어나야 한다 하면서 너도나도 서로 기다리고만 있습니다. 내

핍생활을 하자 구호는 부르면서 외국산 자동차는 또 1만 5천 대가 들어온답니다. 민족의 주체성은 가져야 한다 하면서 이에 신물 도는 옛날 원수의 턱 밑으로 기어들어갑니다.

살아도 이 나라에서 살고 죽어도 이 나라에서 죽을 줄을 뻔히 알면서, 이러다가 망하고 말 것을 뻔히 알면서, 그것이 누구 아닌 우리 자신에게 달린 줄을 잘 알면서, 마치 구경 온 사람처럼 서로 만나면 "어떻게 될까요"를 인사처럼 주고받고 있습니다.

참 혁명의 앞장을 서야 할 때

형문에 걸린 백성입니다. 그렇습니다. 우리는 현실이라는 역사의 주문에 걸려서 몸과 마음을 멀쩡히 두고도 일어나지 못하는 국민입니다. 이것을 깨쳐야 합니다. 이 현실만을 바라보고 이 테두리 안에서 후진국의 잠재의식을 가지고 생각하는 한, 생각할수록 그것은 더욱더 자기암시가 될 뿐입니다. 여기서는 비약이 일어나야 합니다. 이 현실의 악몽을 깨쳐야 합니다. 혁명해야 합니다. 정권을 도둑질하고 민중을 속이는 거짓혁명이 아니라, 인류역사에 보다 높은 한 단계를 보여주는 참 혁명의 앞장을 서야 합니다.

될 수 없던 일을 이루어야 합니다. 그것을 하기 위해 생활의 모든 내용 밖에, 정신의 모든 활동 위에 있는 어떤 무엇이 필요합니다. 그 하나가 없으므로 우리는 현실의 주문을 벗지 못합니다. 그 하나가 무엇입니까? 그것이 곧 믿음입니다. 오늘 우리에게 필요한 것은 이론이 아니고 기적입니다. 이론은 현실의 테두리가 여유가 있을 때까지는 소용이 있으나, 활동이 이미 포화 상태에 이르러 현실이 좁음을 느낄 때는 소용이 없습니다.

오늘 우리 현실은 소위 선진국이라는 나라들의 살림이 포화에 이르렀기 때문에 빚어진 것입니다. 그것은 결코 우리 편이 아닙니다. 우리를 몰아치는 독전관督戰官입니다. 우리 현실은 인류로 하여금 미지의 새 나라를 정복하려 적전상륙을 하게 하는 교두보입니다. 그러므로 거기는 믿음이 있을 뿐이지 타산이 있을 수 없습니다. 이성은 행정관이지 정복대가 아닙니다. 정복하고 개척을 하는 것은 믿음입니다. 그러면 이성은 그 뒤로 따라가며 행정을 하는 것입니다. 그러므로 오늘날 선진국이라는 후방 사람들이 안락한 생활을 하기 위해 필요한 이론은 우리를 구제할 수 없습니다.

우리에게는 한 단 앞선 것이 필요합니다. 경험을 자랑하는 노쇠 제국을 대변하는 『런던 타임스』는 우리를 보고 쓰레기통에서 장미는 필 수 없다 비웃을지 모르나, 쓰레기통에서 장미를 피워내는 것이야말로 우리 사명입니다. 그것을 못 하면 망합니다. 할 수 있습니다. 하기로 명령받은 것이니 할 수 있을 것입니다. 역사에 기적은 없다지만, 역사야말로 기적의 연속입니다. 사람은 기적을 행하는 것입니다. 이론으로 불가능한 것을 하는 것이 인간입니다. 역사가 우리를 막다른 골목에 몰아넣고 이리 같은 폭군으로 사정없이 몰아치게 한 것은 우리를 인간으로 대접했기 때문이요, 기적을 행하여 인류를 새 문화의 세계로 이끌게 하기 위하여서입니다.

사람으로 하여금 현실 초월을 하게 하는 것은 믿음입니다. 믿음으로 사람은 죽은 가운데서 살아납니다. 현실의 바닷물결을 보고 겁내어 못 살겠다 하면 우리는 죽을 것입니다. 그러나 본능·충동에 뚜렷한 목적을 주고, 지식을 오묘한 슬기에까지 이끌며, 감정을 신비로운 영감에까지 높이고, 의지를 무한히 하나에 일관케 하는 절대의 뜻을 믿어서, 살았다 하면 살 것입니다. 우리는 구 질서에서는 못 살 것입니다. 그러나 새 질서를 우리가 세움으로 살 수 있습니다.

가난한 민중에게 새 종교가

우리에게 희망은 있습니다. 민정으로 돌아왔다 해도 무표정한 민중들 얼핏 보면 낙망한 듯하고, 돈은 없이 명동 길거리 술집·다방을 채우는 사람들 물을 것 없이 화난 것이지만, 무표정한 것은 꼬리를 치는 강아지는 아니기 때문이요 화가 나는 것은 깊은 속에 오히려 무엇이 움직이고 있기 때문입니다. 멀지 않습니다. 조금 하면 될 수 있습니다. 일촉즉발입니다. 낙망, 희망은 금 같은 선에 방향을 서로 달리할 따름입니다. 명령 일하에 곧 새 세계의 혁명군으로 동원할 수 있습니다. 간난한 자가 하늘나라 주인이 될 것입니다. 그리고 무일물 無一物의 간난한 민중에게 필요한 것은 오직 하나 새 종교입니다.

그다음, 세계역사에서 종교문제를 생각해봅시다. 이때까지 역사는 각 민족, 각 나라가 따로따로 하는 역사였습니다. 그때는 국가지상·민족지상이라 했습니다. 그래서 제각기 이른바 '빛나는 조국의 역사'를 자랑하는 것이 일이었습니다. 그때에 '우리나라' '우리 민족'이라는 소리 들으면 피가 끓고 힘줄이 뛰었습니다.

그러나 이제는 달라졌습니다. 이제 그런 소리는 다 지나간 소리입니다. 그 소리 해서 흥분할 민중은 없습니다. 물론 지금도 몇 사람은 있겠지요. 마치 20세기의 문명 도시에 지게꾼이 더러 있는 것과 마찬가지입니다. 그러나 아무리 몇 사람의 지게꾼이 있어도, 지게를 더 발달시키고 지게꾼을 동원하여 서울의 교통·운수가 해결될 수 없는 것과 마찬가지로, 민족의 소리로 흥분하는 사람을 모아 역사적 현재의 문제를 해결할 수는 없습니다.

흥분하는 것은 어느 한 부분이지, 결코 전체가 아닙니다. 문제는 전체에 있습니다. 무엇으로 민중 전체를 동원시킬 수 있나? 오늘의 민중은, 아무리 무식하고 간난하고 타락했어도, 3, 40년 전의 민중보다는 훨씬 나아가고 훨씬 깼습니다. 왜 흥분하지 않습니까? 이 나라 사람이 아니고 이 민족이 아니어서는 아닙니다. 민중도 그것은 다 알고 있습니다. 그러나 '우리나라' '우리 민족' 하는 벼슬아치, 지도자, 애국자라는 사람들한테 늘 속아왔기 때문입니다. 그럼 그 애국자는 모두 거짓말쟁이였습니까? 그런 말이 아닙니다. 본래 정치한다 나서는 사람은 대부분은 거짓말쟁이기도 합니다. 자기도 양심으로는 이 나라를 어려운 판국에서 건져내지 못할 줄을 뻔히 알면서, "내가 대통령이 되면" 하고 나서니 거짓말쟁이 아닙니까. 하는 것은 하늘이지 결코 자기가 아닙니다. 그래서 자신만만했던 케네디도 죽었는데, 어떻게 "내가, 내가"랍니까. 그러니 거짓말쟁이 아닙니까.

그러나 그런 의미가 아니고, 보통 말로 정직한 사람이라 하더라도 어쩔 수 없이 민중을 속이게 됐습니다. 왜? 시대가 변했기 때문입니다. 민중이 나아가고 깼다 하지만 그것도 책에서 배운 것 아닙니다. 시대에 배웠지. 역사 자체가 가르친 것입니다.

내 민족 네 민족 따로 될 수 없다

이제 살고 죽는 것은 세계적으로, 인류 전체로 되게 됐지 결코 내 민족 따로 네 민족 따로 될 수 없이 됐습니다. 그러므로 '국가' '민족' 해서 민중을 흥분시켜서 정권을 쥐었던 애국자들이 민중에게 약속한 행복한 생활을 도저히 줄 수가 없어졌습니다. 민중은 그것을 몇 번씩 경험하여 알았으므로 이제는 흥분 아니 합니다. 그러므로 이제 와서 새삼스레 민족주의를 부르짖는 것은 그 까닭이 둘 중 어느 하나입니다. 또 한 번 속여보려 일부러 방법적으로 흥분시키는 것이거나 그렇지 않으면 역사에 대해 무식해서입니다.

아마 그 두 가지가 다 들어 있을 것입니다. 그러나 그 어느 편임을 물을 것 없이 결과는 나라의 도둑으로 떨어질 것밖에 없습니다. 이제 우리나라도 어떤 나라도 민족주의로는 건져질 수 없습니다. 사람들은 말하기를 우리는 떨어졌기 때문에 민족의식을 힘 있게 불러일으켜서 한데 묶어서 내몰아야 한다고 합니다. 그럴듯한 말입니다. 그러나 모르는 말입니다. 이제 우리 민족이 강해지면 미국·소련을 따라잡을 것 같습니까? 일본을 이길 것 같습니까? 다른 것을 다 그만두고 6억의 중국을 어떻게 하렵니까. 민족주의하면 나만 합니까? 작용은 반작용을 일으킵니다. 민족주의의 부르짖음은 너도 나도 민족으

로 대결하잔 말입니다. 그럼 무슨 재주와 무슨 힘으로 6억을 당하렵
니까?

그런 생각 아니 하고 민중의 무식을 기화로 감투나 쓰려 그런 소리
를 한다면 무책임한 말입니다. 이제 우리 사는 길은 따라잡는 데 있
지 않고 방향을 돌리는 데 있습니다. 세계혁명만이 살길입니다. 벌써
이미 돼가고 있습니다. 이것이 우리가 늘 말하는 "우로 돌아 앞으로"
해야 된다는 것입니다.

민족주의 부르짖는 사람은 적어도 두 가지 점에서 잘못하고 있습
니다. 하나는 민족의 주체성과 민족주의를 뒤섞어 생각하는 것이고,
또 하나는 생존경쟁 철학을 아직도 믿고 있습니다. 주체성은 물론 지
켜야 합니다. 민족은 한 인격입니다. 그러나 스스로 자주하는 것이
개인주의는 아닙니다. 한 집의 모든 일이 가정 본위로 되어가도 가족
각 사람의 자주성은 있습니다. 사실 가정은 가족 각 사람을 자주하도
록 하잔 것입니다. 그러나 개인주의를 부르짖어서는 가정이 돼갈 수
없고 가정이 깨지면 개인도 못 삽니다. 세계와 국가의 관계도 그와
같습니다. 세계주의는 민족의 주체성을 부인하기보다도 도리어 존
중함으로써만 될 것입니다. 그러나 인류의 살림이 어쩔 수 없이 하나
가 된 때에 민족주의를 부르짖으면 시대착오가 될 뿐입니다.

떨어진 민족이 경쟁의식을 가지려는 것은 당연한 것 같지만 여기
서 우리는 깊이 생각해야 합니다. 생존이 경쟁이라던 것은 옛날 소리
입니다. 그 철학을 믿은 결과 제국주의가 성했고, 우리는 그 희생이
됐고, 두 차례의 끔찍한 세계대전이 있었습니다. 이제는 그보다는 상
호부조, 협동이야말로 생명진화의 원리인 것을 알게 된 때입니다. 내
사는 길과 남 사는 길이 서로 반대가 아닙니다. 남 사는 길이 내 사는
길, 내 사는 길이 또 남 사는 길입니다. 뒤따라가서 될 것이 아니라 방
향을 바꾸어야 한다는 말은 이 때문입니다. 우리가 생존경쟁 문명에
서 희생이 됐으면 우리 살기를 위해서라도 새 문명을 부르짖을 필요
가 있습니다.

민족주의는 따지고 들면 경쟁주의입니다. 그렇지 않고 협동해야 할 줄을 안다면 새삼스레 옛 철학을 부르짖을 것은 무엇입니까. 우리는 떨어졌으니 너무 새것을 부르짖으면 공론이 되어 못 살 것 같아서 입니까? 거기가 생각이 부족한 데입니다. 사상은 일선을 걸어야 합니다. 약자일수록 사상은 앞서야 합니다.

사상의 일선이라니 무엇입니까? 스스로 정신적으로 자강·자중한다는 말이지. 그러지 않고 저 물질문명의 떨어진 차이를 무엇으로 메운단 말입니까. 그래서 생각해낸 명안이 일본의 짐꾼이 되잔 것입니까? 60년 전 러일전쟁 때 남이 하는 전쟁에 온 국민이 짐 져주고 얻은 것이 무엇이었던가를 잘 알지 않습니까. 군국주의 이기려면 군국주의보다는 힘이 더 강한 사상을 가져야 하고, 자본주의 이기려면 자본주의보다는 가치가 더 높은 철학을 가져야 하며, 공산주의를 이기려면 공산주의보다는 그 폭이 더 넓은 신앙을 가져야 하지 않습니까. 그런데 케케묵은 민족주의?

아십니까, 모르십니까. 오늘의 이 나라들은 고심하는 나라들입니다. 전쟁 이후 20년이 되도록 냉전으로 내려오며 회의 또 회의, 교섭 또 교섭으로 내려와도 해결을 못하고 있는 것이 그것을 말하는 것 아닙니까. 그러면 고민이 무슨 고민입니까. 산통産痛입니다. 새 시대의 아기를 낳으려고 그러는 것입니다.

이날까지 인류를 이끌어온 민족국가는 우리의 어머니였습니다. 서양 말로는 민족도 네이션, 국가도 네이션, 같은 말입니다. 이날까지 우리는 내셔널리즘, 곧 민족주의·국가주의 속에 자라왔습니다. 그러나 이제는 그 어머니를 버려야 하는 날이 왔습니다. 이제 우리는 태아로서는 다 자랐고 새 세상에 나와야 하게 됐기 때문입니다. 아무리 이날까지 그 속에서 자라왔어도, 아기가 다 자란 오늘에 그냥 있으면 둘이 다 망합니다. 나와야 아들이지 나오지 못하면 시체로 어머니를 죽이는 독이 됩니다. 아들을 낳아야 어머니지, 낳지 않으면, 아무리 이날껏 배고 키워왔다고 해도 자기도 죽는 수밖에 없습니다.

인류를 사랑하는 길

그전에는 국가지상·민족지상을 부르짖는 것이 애국이요 애족이었던 것같이 이제는 사정없이 그것을 버리는 것이 나라와 민족을 사랑하는 도리요 인류를 사랑하는 길입니다. 사람의 감정은 때로는 제 사는 목적에 반대되는 일도 있습니다. 깨달음이 필요하단 것은 그 때문입니다. 한때의 아픔을 못 견디어 아기 낳기를 피한다면 어리석을 뿐 아니라 용서할 수 없는 죄악입니다. 버려야 할 국가주의요 민족주의인데, 그것을 내놓으면 당장 죽을 것 같아 최후의 힘을 주어 낳기를 거절하는 어리석은 어머니가 현대국가들입니다.

미국은 뭐며 소련은 뭣입니까? 터지려는 골반의 두 쪽 뼈지. 죽을 듯이 아플 것입니다. 그러나 두려워함 없이 꺼림 없이 활짝 벌려야 할 것입니다. 남한에 손을 내밀고 북한에 손을 내미는 것은 무엇입니까. 열어야 하는 산문産門을 어떻게 아니 열어볼까 손가락을 거머쥐고 비트는 것이지. 그러나 그럼에도 불구하고 아기는 나오고야 말 것입니다. 이것은 후회해도 소용없고 피할 수도 없는 절대의 명령입니다.

그럼 그 산문이 어딥니까? 38선, 곧 그것 아닙니까. 지금으로 보고 겉으로 보면 불행의 상처요 패배의 자취지만, 미래로 보고 속뜻으로 보면 새 아들이 나오려 터지는 산문의 금입니다. 어리석은 동서 두 세력더러 몸부림칠 대로 치고, 누를 대로 누르라 하시오. 그러면 우리에게서 나갈 것은 새 시대의 아들밖에 없습니다. 그 가지는 뜻이 그런데, 한다는 소리가 민족주의라. 열리는 산문을 꿰매려는 것입니까. 이제 우리는 죽어도 국가주의 민족주의에 돌아갈 수는 없습니다. 밖에는 일월이 환한 새 세계가 기다리고 있는데.

오늘의 문제는 결코 지식, 기술의 문제가 아닙니다. 정신 문제입니다. 인생관, 역사관, 국가관이 근본적으로 새로워져야 하는 문제입니다. 이날까지 우리가 사는 이 문명이 기술문명이요, 이 시대가 과학 시대요, 그리하여 우리가 현실주의에 젖어왔기 때문에 이제 그것 아니고는 문제를 해결할 수 없는 듯하고 도저히 살 수 없는 것같이 보이나, 거기가 속는 데입니다. 속아서는 아니 됩니다. 역사는 늘 속입니다. 이날까지 늘 속아온 것이 인간의 문명입니다.

그러나 사실은 역사가 속일 리 없습니다. 인간이 스스로 속은 거지. 아닙니다. 인간이 속을 리 없습니다. 모든 문제를 스스로 제출하는 것도 인간 자신이요, 스스로 푸는 것도 역시 인간 그 자신입니다. 인간은 불멸체입니다. 그러니 스스로 속일 리 없고 속을 리도 없습니다. 속고 죽는 것은 인간이 아니고, 사람이 아니고, 물질에 붙어 반짝이는 조그만 '나'란 것입니다. 이른바 이기주의의 자기란 것입니다. 그것은 참이 아닙니다. 참인 뜻이 물질에 부대껴서 나온 것입니다. 그러므로 늘 무엇에 붙으려 합니다. 그러므로 자유가 없습니다.

그런데 그것이 늘 붙은 생각을 가지고 스스로 참이거니 하려 합니다. 그러므로 그것은 누가 속일 것 없이 늘 스스로 속습니다. 스스로 속기 때문에 또 남을 속입니다. 역사상에 참 아니면서 늘 참 노릇을 해온 우상인 자기·씨족·부족·민족·종족·나라·임금 하는 모든 것들이 다 그것입니다. 이것들이 이날껏 사람을 속이고, 절을 받아먹으며, 그들을 짐승처럼 부려왔습니다. 그러나 사람은 속으면서도 속지 않습니다. 그 자신 참이기 때문입니다. 이 세상에 참이 있다면 스스로 자기를 아는 이 사람緣과 또 저쪽 끄트머리가 되는 하나님입니다.

모든 전통의 구속에서 벗어나는 자유

어딘지, 누군지 알 수 없으니 하나님이라는 것입니다. 윌리엄 블레이크의 아름다운 비유가 옳지 않습니까. 황금실 모퉁이를 던져 받았다는 것입니다. 누가 던졌는지 어디서 온지 모르지. 하지만 그 황금실을 감아 톺아 가면 영원문에 이른다는 것입니다. 그 실의 이 끝은 분명 나고, 그 황금실이야말로 시간이요 역사 아닙니까. 모든 것은 다 지나갈 것입니다. 그러나 생각하는 사람과 그 자람은 영원히 같을 것입니다. 그리하여 그는 속고 속았지만 마침내 사람이란 생각을 하게 됐습니다.

　나는 이날껏 무슨 씨, 무슨 족, 무슨 종, 무슨 나라인 줄로 알았으나, 이제 그런 것이 아니고 나는 사람이랍니다. 태아가 첨에는 한 개 알이요, 그 담에 올챙이 같고, 그 담에 고기 같고, 차차 차차 돼지 같고 잔나비 같았다가, 열 달이 다된 나중에야 사람 모습이 나오지 않습니까? 인간의 발달도 그렇습니다. 우리가 말하는 나라요, 민족이요, 기술이요, 제도요 하는 모든 것입니다.

　어느 한 과정에서 가지는 모습이나, 그 근본 모습은 아닙니다. 모든 형태가 다 제때에는 그대로 없어서는 아니 되는, 참을 담는 그릇이었으나, 그때가 지나가면 물러서야 합니다. 아니 물러서려 하면, 스스로 참을 주장하면, 그만 거짓이요 악입니다. 이제 국가주의·민족주의가 악이 되어가고 있습니다. 새로 나오는 사람은 이날껏 제가 그 속에서 자랐고 보호를 받아오던 국가와 민족을 사정없이 박차려 합니다. 비극이람 참 비극입니다. 문명의 시작을 말하는 여러 옛날 신화가 대개 아들이 아버지 혹은 어머니를 반항하고 죽이는 것으로 되어 있는 것은 인류가 일찍부터 이 비극을 알았기 때문일 것입니다.

　이것이 우리가 말하는 세계혁명입니다. 모든 제도, 모든 전통의 구속에서 벗어난 자유하는 인간, 맨사람이 나오려 하고 있습니다. 물론 우리가 지금 말하는 인간이요 세계요 하는 것도 영원한 것일 수는 없습니다. 그것도 정신의 마지막 모습은 될 수 없습니다.

　생명은 무한히 자랄 것입니다. 우리 몸이 가지는 모습이 영원한 것이 될 수 없듯이, 그것도 생물 진화의 한 현상이듯이, 우리의 사상·도덕·종교 하는 것도 그럴 것입니다. 앞으로 더 자랄 것입니다. 그러므로 우리는 역사는 필연적으로 변증법적으로 변천한다 주장하다가도 자기네가 내세우는 프롤레타리아의 독재시대에 오면 그것이 마지막이라고 하는 공산주의자들같이 비겁해서는 아니 됩니다. 우리 주장도 상대적인 것을 솔직히 인정해야 합니다. 그러나 역사의 이 단계에서는 그것이 해방적입니다. 여기 반대하는 모든 주의·모든 사상은 반동입니다. 역사를 그르치는 말입니다.

이렇게 볼 때 이 세계는 무엇인가를 절실히 요구하고 있음을 알 수 있습니다. 산통에 허덕이는 어머니에게 요구되는 것이 있습니다. 무엇입니까? 키가 더 큼도 아니요, 체중이 더 불음도 아니요, 학문·재주를 더 배움도, 돈도 세력도 아닙니다. 뱃속의 아기가 더 큼도 작아짐도 아닙니다. 현실의 조건에서는 요구될 아무것도 없습니다. 필요한 것은, 죽으면서도 필요한 것은 아기를 내몰고야 마는 힘, 죽을까 겁을 내지 않고, 장차 낳을 아들을 위해 기쁨으로 참음으로 용감하게 온몸·온 맘의 힘을 하나로 하여 내모는 그 정신뿐입니다. 오늘의 세계도 그렇습니다.

새 종교를 요구하는 시대

기술의 더하기를, 학문의 더하기를 바라기보다는 이 고비를 넘는 믿음, 정신입니다. 지금은 새 종교를 요구하고 있는 시대입니다. 지식, 기술 문제 아니라 했지만, 그것은 지식, 기술이 소용없다는 말이 아닙니다. 그러나 현대는 지식, 기술이 발달한 결과, 정신적으로도 조절이 되지 못하여 막다른 골목에 든 시대입니다. 물론 이 고비를 해결하고는 앞으로 더 새로운 지식과 기술로 나갈 것입니다. 그러나 여기서는, 이 대목에서는, 이 막힌 것을 정신으로 뚫지 않고는 안 된단 말입니다.

체한 사람이 먹으면 먹을수록 더 중해지듯이, 이후에도 일생 두고 먹을 음식이나, 지금만은 살아나는 길이 밥을 그만두고 약을 씀에 있듯이, 현대의 살아가는 길은 기술보다는 정신의 일대 전환에 있습니다. 국가 없이 산다는 것도, 민족을 모르고 살 수 있다는 것도, 지식, 기술 아니고 산다는 것도 아니나, 역사의 이 단계에서 그런 주장을 해서는 새로 나려는 인간의 혁명의식을 둔하게 하기 때문에 반대하는 것입니다. 옛날에 듣던 달콤하고 그럴듯한 소리를 하면 할수록 역사는 거꾸로 갈 것입니다.

여러 말을 할 것 없이 현대의 혼란은 어디서 옵니까? 전쟁을 하지도 아니 하지도 못하는 데 있습니다. 지난날에는 문제 있을 때는 전쟁하면 그만이었습니다. 이른바 최후 수단입니다. 그러나 지금은 문제의 성질이 전쟁으로는 도저히 해결할 수 없다는 것을 알았습니다. 특히 제2차 세계대전 후입니다. 그러면 왜 그렇게 됐나? 한마디로 사람이 기계의 종이 됐기 때문입니다. 발명을 하다 하다 보니 기계의 규모는 놀랄 지경이고 무기의 파괴력은 엄청난 것이어서 잘못하다가는 더 나아가다 멸망하게 됐습니다.

그런데 그 쓰고 아니 쓰는 자유는 누구에게 있나. 어느 하나나 몇 사람에게 맡길 수가 없어졌습니다. 기계가 발달한 결과 사람이 사람을 못 믿게 된 것입니다. 오직 기계만이, 지·정·의가 없는 기계만이 정확하고 충실하고 믿을 만한 것이 됐습니다. 저들은 가족에게도 친구에게도 안심하고 일을 맡길 수 없고, 오직 기계에만 맡길 수 있게 됐습니다. 그리하여 모든 기계·조직·기구를 누구의 자유의사로도 할 수 없이 자동적으로 통제가 되도록 만들게 됐습니다. 그렇게 한 결과는 사람이 기계를 부리는 것 아니라 기계가 사람을 부리게 된 것입니다. 이것이 현대문명의 절정입니다.

자동기自動器, 그러고 보면 사람은 자유를 잃었습니다. 옛날에 전쟁으로 문제 해결이 된 것은 전쟁을 하면서도, 서로 원수 사이라 하면서도, 그래도 같은 종교를 가지고 있기 때문이었습니다. 반드시 같은 기독교도 불교도 회교도라는 말이 아니라, 그 제도 의식이야 어쨌거나, 그 근본 성격에서는 다름이 없는, 사람의 양심 위에 같은 권위를 가지는 어떤 절대적인 존재자를 가졌다는 말입니다. 서로 무슨 짓을 하면서도 같은 땅 위에 섰고 같은 하늘을 쓰고 있었습니다. 세계와 인간을 하나로 다스리고 있는 한 정신적인 통치자를 받들고 있었습니다.

그러므로 사람이 서로 믿을 수 있었으므로 서로 전쟁도 할 수 있었고, 또 하면 문제 해결도 됐습니다. 그러나 물질을 존중하고 정신을 업신여긴 결과는 정신의 다스림은 없어지고 기계만이 남게 됐습니다. 그러나 정신은 사람의 마음에 반영이 되니 인정·인심·도리에 호소할 수나 있지만, 기계는 어디까지 가혹·잔혹한 기계지 별수 없습니다.

이치는 모든 것을 풀어낸다

사람은 사람이기 때문에, 정의적情意的 존재이기 때문에, 인간의 문제라면 정의적으로 해결되어야 참 해결된 것인데 서로서로 차고 찬 기계의 종이 되어버리고, 정과 지와 의의 힘에 따라 감응함으로써 나오는 이해는 바랄 수도 없어졌으니, 세상은 어지러울 수밖에 없습니다. 이해라니 무엇입니까? 이치로 풀린단 말입니다. 너와 나 사이에 일이 가로 걸려서 맺혔는데 그 맺힌 것은 네 속에도 내 속에도 들어있는, 바탕 되는 이치를 생각함으로만 풀린다는 말입니다.

그 이치란 곧 정신입니다. 혹은 뜻입니다. 물질이 엉킨 것은 열로 풀리고 사람 마음이 엉킨 것은 사랑으로 풀립니다. 사랑이란 다른 것 아니고 우리 속에 다 같이 있는 정신대로, 뜻대로 하는 것입니다. 나라들이 서로 공통의 종교를 가졌을 때는, 다시 말하면 같이 절대의 명령을 하는 하나님을 가졌을 때는 전쟁이라도 할 수 있었고, 하면 일시나마 문제를 풀 수가 있었는데 종교를 버리고 '하나님이 죽어버린' 오늘엔 전쟁조차 할 수 없이 됐습니다. 전쟁은 물론 죄악이지만 전쟁이라도 할 수 있는 것은 사람의 특권입니다. "죄가 깊은 곳에 은혜도 풍성하지" 기계의 종이 되면 전쟁은커녕 죽습니다. 살아도 죽고, 죽으면 영원히 멸망입니다. 전쟁이라도 할 수 있었던 때는 오히려 행복이라 할 것이고, 이제는 아주 영원한 우울뿐입니다. 그런 줄도 모르는 인간들은 미친 것입니다.

이리하여 오늘 인류는 의식 중에 또 무의식 중에, 너 나 할 것 없이 새 종교가 나타나기를, 어떤 절대적인 새 권위가 자기네를 건져주기를 갈망하고 있습니다. 그런 증거는 다른 데보다도 여러 기성종교 안에서 볼 수 있습니다. 사람들은 다 막연하게나마 이제 자기네를 건져 자유하게 해주고, 그리하여 인간이 스스로 자기 운명을 열어가게 되는 것은 새로운 정신에 의해서만 될 수 있는 것을 알고 있습니다.

그러한 즈음에 처해 있는 우리입니다. 38선이 새 시대의 아들 나오는 산문産門이라 했지만 왜 그렇습니까? 이것이 세계 문제의 일선이기 때문입니다. 제3차 세계대전 나면 어디서 나겠습니까? 38선서 터졌지. 물론 아무도 그것은 단언 못 합니다. 그러나 현재의 형편으로 보아 가장 위험한 곳은 거기 아닙니까.

그러나 그렇기 때문에 새 길의 희망도 거기 있다는 것입니다. 이제 이 세계는 차원이 다른 사상이 나와야 구원될 것입니다. 그런데 그 산문이 우리라는 말입니다. 그렇게 믿고 새 종교를 우리 가슴에서 폭발시키면 우리도 살고 세계도 살 것이나, 만일 그렇지 못하면 온통 멸망할 것이요, 만일 멸망 아니 한다면, 그리하여 낡은 문명이 그냥 간다면, 국가주의가 일향 계속된다면 우리에게는 차라리 망친 것만 못할 것입니다. 이보다 더한 고난을 계속하여야 하겠으니.

무책임한 권력주의자, 앞을 못 내다보는 자칭 지도자라는 것들에게 속아서는 아니 됩니다. 절대로 아니 됩니다. 이따위 수단으로 절대로 건져지지 않습니다. 설마 설마의 요행철학을 믿어서는 아니 됩니다. 절대로 이대로 가지 않습니다. 38선을 가르는 것이 우리 뜻으로 된 것 아니고 밖에서 오는 힘으로 됐듯이, 좀더 분명히 말하면 세계역사적으로 됐듯이, 그것을 합하고 통일하는 것도 반드시 세계역사적으로 올 것입니다.

넓고 긴 것을 찾아봅시다

문제는 우리 정신에 있습니다. 정신으로 준비된 것 있으면 그때에 우리 노릇 할 것이나, 만일 정신적으로 아무 준비 없으면 그날이 와도 또 38선 가를 때와 마찬가지로 실패할 것입니다. 밖에 나타나는 조직제도가 문제 아닙니다. 우리 속으로 정말 통일이 됐나, 하나가 됐나가 문제입니다. 정신적으로 준비라니 무엇입니까? 겉에 나타나기 전 속에 벌써 하나된 나라를 가진단 말이지. 그러나 우리는 무슨 원리, 무슨 힘으로 새로 하나된 나라를 가질 것입니까.

제국주의의 결과 망한 나라를 제국주의로는 못 살릴 것입니다. 자본주의로 시달리는 나라를 자본주의로 바로잡지는 못할 것입니다. 공산주의에 도둑맞은 나라를 공산주의로 찾는다니 말이 아니 된 소리입니다. 강대국의 경쟁 결과로 된 분열을 그 강대국의 뒷물을 마셔가며 합하겠다는 것은 어리석은 소리입니다. 남들의 산업문명 따라가는 바람에 빠져든 이 구렁을 산업문명 발전시켜서 기어나오겠다는 것은 모르는 소리입니다. 그들보다 높은 것을 가져야 합니다. 생명의 역사는 적전상륙의 기록입니다. 공세를 가지는 놈이 이기지 수세를 지켜서는 아니 됩니다. 모험해야지 산판算板만 놓다가는 영원히 종살이를 못 면합니다.

왜 못 한단 말입니까? 왜 엄두를 못 낸단 말입니까? 왜 그렇게 비겁해졌습니까? 약소민족 후진국으로 자처를 하게끔. 역사는 공정합니다. 하나님은 정의요, 자비입니다. 실패·비참의 5천 년에다가 금을 긋고 "자, 이제는 다 다 오늘부터는 새날이다, 새로 해보는 거야!" 하는데 왜 우물우물하는 것입니까? 저희가 하는 생각을 우리는 못 한단 말입니까. 딴 해를 본단 말입니까, 딴 공기를 마신단 말입니까. 한 은하를 머리에 이고 한 우주에 맴을 도는데, 저희와 우리가 다를 것이 무엇이란 말입니까. 하물며 옛날같이 너 나 갈라서는 소꿉질이 아니라, '한나라' 배판하여 하나로, 한 얼로 살자는데, 못 할 것은 무엇이며 마다할 자는 누구입니까.

틀림없습니다. 경쟁세계에서 쫓겨난 것은 경쟁 없는 새 문명을 지으란 부름입니다. 옛 질서에서 떨어진 것은 새 질서에서 앞장서란 말입니다. 높고 긴 것을 찾아봅시다. 넓고 먼 것을 내다봅시다. 신비롭고 거룩한 것을 품어봅시다. 새것을 삽시다. 새로워질 것입니다. 철없는 욕심꾸러기가 혼자 먹는다 행패를 부려도, 어진 마음으로 참읍시다. 먹어도 다 못 먹을 것입니다. 또 썩어질 것을 먹지, 아무리 잘 먹어도 썩어지지 않을 보물은 못 먹는 법입니다. 설혹 삼킨대도 그대로 변함없이 남는 법입니다. 그 보물이 있는 한 새 나라 못 사겠습니까.

첫 아침의 인사가 너무 길어졌습니다. 말을 하자면야 이만이겠습니까. "유유아심우 창천갈유극"悠悠我心憂 蒼天曷有極12)이지. 하려던 말 많았지만 그만둡니다. 네 마음 따로 내 마음 따로가 아니니라, 그저 한마음이 있을 뿐이니라, 그 마음이.

• 1964년 1월 1~10일, 『동아일보』

---

12) 悠悠我心憂 蒼天曷有極: "끝없는 내 마음의 근심, 푸른 하늘인들 다하랴." 중국 남송 때의 충신인 문천상(文天祥, 1236~82)이 쓴 「정기가」(正氣歌) 가운데 한 구절로 원문은 '悠悠我心悲 蒼天曷有極'이다. 함 선생은 '悲'자를 '憂'자로 바꿔서 인용하고 있다.

우리나라의 살길

나라가 망한다

우리나라는 지금 아주 위태한 자리에 있다. 잘못하면 다시 아주 망하는 길로 빠져들 염려가 있다. 우리가 나라라 할 때는 이 남한만 아니라 북한까지도 넣은 전체를 가리켜서 하는 말이다. 그중 어느 하나가 빠질 것은 우리의 참 나라가 아니다. 우리는 잘못하면 나라가 망해버린다는 이 다급한 생각으로 마음을 깨우칠 필요가 있다. 그리하여 살길을 찾아야 한다. 나라가 망한다는 말은 좋은 말이 아니다. 될수록! 입에 올리지 않아야 한다. 개인의 경우에도 죽는다는 말을 헤프게 해서는 못쓰는 것과 마찬가지다.

첫째 그런 말은 스스로 방정을 떠는 말이다. 개인이나 나라가 스스로 방정을 떨면 정말 그렇게 되고야 만다. 제 입이 곧 하늘의 입이다. 스스로 복스런 말을 하면 복이 오고 방정을 떨면 화가 오고 만다. 방정은 곧 믿지 않음이기 때문이다. 삶은 무조건 긍정으로 시작해야 한다. 또 사람은 심리적인 존재다. 그러므로 자기 암시에 걸린다. 망한다는 생각을 자꾸 하면 마침내 제정신이 스스로 죽어버린다. 기도 그 자체가 곧 들어줌이다.

그리고 더 중요한 것은, 그런 삶의 중대한 일을 헤프게 말하면 정신이 그만 늘어져버려서 그 중대성을 느끼지 못하게 되고, 그 결과로는 정말 그 큰 순간이 닥쳐왔을 때 멍청해서 아무 반응도 못하게 된다. "어불가탈어심연魚不可脫於深淵이요, 방지이기불가이시인邦之利器不可以示人"[1]이다. 고기가 깊은 소에서 뛰어나와서는 아니 되는 것이요, 나라의 중대한 것을 남한테 내놔서는 못쓰는 것이다.

나는 우리 민족의 큰 결점 가운데 하나가 "죽겠다" 소리를 너무 헤프게 하는 것이라고 생각한다. 이래도 "죽겠다" 저래도 "죽겠다", 옳아도 죽는다, 글러도 죽는다, 그저 무의식적으로 하는 하나의 형용사가 돼버렸다. 깊이도, 무게도, 이를 악묾도, 속을 파고듦도 부족한 탓 아닐까. 아마 하도 많이 죽음의 선을 넘다가 그렇게 버릇처럼 죽음을 부르게 됐는지도 모른다. 그렇다면 참말로 눈물나는 일이지만, 지금의 일로는 우리가 확실히 평가가 절하된 삶을 살고 있다. 그래서 죽을 결심을 할 줄 모르는 백성이 돼버린 듯하다. 죽음을 밥 먹듯 했기 때문에 죽음의 맛을 모르게 됐고, 죽음의 맛을 잊었기 때문에 삶의 맛도 거의 잃어버린 것 아닐까. 그러기 때문에 죽는다, 나라 망한다 소리 될수록 아니 해야 한다.

그러나 이제 정말 죽을 목에 다다랐는데 어찌할까? 이제야말로 "나라 망한다"라고 부르짖어야 하지 않을까? 손톱 곯는 줄은 알아도 염통이 곯는 줄은 모른다. 하나는 뵈게 겉에 있고 하나는 뵈지 않게 속에 숨었기 때문이다. 그러나 뵈는 것이 중요한 것이 아니요, 뵈지 않는 것이 정말 없어서는 아니 되는, 뵈는 모든 것을 있게 만드는 중요한 것이다. 뵈는 것을 아는 것이 지혜가 아니라 뵈지 않는 것을 아는 것이 지혜요, 뵈는 것을 지키는 것이 의가 아니라 뵈지 않는 것을 지키는 것이 의다. 우리가 모르는 새, 어리석은 것들이 지킬 줄을 몰라 나라의 지성소가 그만 이방인에게 다 엿보여졌고, 모처럼 처녀성을 도로 찾으려 골방에 들어앉으려던 수난의 여왕이 다시 큰 길거리로 끌려 나가게 됐다.

1) 魚不可脫於深淵 邦之利器不可以示人: "물고기가 깊은 못에서 나와서는 안 되며, 나라의 중대한 그릇을 남에게 내돌려 보일 수는 없다." 노자, 『도덕경』, 제36장.

돌아보라. 우리 역사야말로 눈물과 피와 한숨과 몸부림으로 엮어진 역사 아닌가. 그러나 그렇게 파란 많은 고난의 역사라도 나라가 아주 망해서 남의 종이 되기는 일본 제국주의에서 처음이었다. 부끄럽고 분한 가운데서도 스스로 우리 자신을 달랠 만한 것이 거기 있다. 그러므로 다행히 나라를 다시 찾는 날이 올 수 있었다. 하물며 그것이 우리 혼자만이 아니고 세계의 여러 나라들이 힘을 아울러 도움으로써 된 것에 있어서일까. 거기 큰 뜻이 있고 우리 할 일이 크게 있어야 할 것이다. 그런데 이제 그 나라가 30년이 거의 다 되도록 완전히 일어서지 못할 뿐 아니라, 다시 잃어질 위험이 있는데 어찌할까.

스스로 서나감

무엇보다 먼저 생각할 것은 스스로 섬이다. 제 몸을 제가 가누지 못하고는 개인이 사람 노릇을 할 수 없고, 제 나라를 제 힘으로 세우지 못하고는 한 민족이 역사를 지어나갈 수 없다.

요새 미국이 아시아에서 물러나려 하는 정책으로 인해 중공과 일본이 우리 좌우 옆에서 크게 작용하게 되는 것을 보고 새삼 놀라서 걱정하기를 시작하는 것은 우리의 큰 부끄러움이다. 우리는 이날껏 미국에 너무 매달려 있었다. 본래 제2차 세계대전 후 미국이 세계의 주도권을 쥐기 시작한 것은 미국이 경제적으로 넉넉한 나라였기 때문이다. 그러나 나라는 어디까지나 제 속셈으로 하는 것이라, 남을 도와도 저 본위로 하는 것이었지 결코 인도주의에서만 하는 것이 아니었다. 그렇기 때문에 전쟁으로 피폐한 유럽 모든 나라들이 그 원조를 아니 받는 나라 없지만 그들은 본래 자립정신이 강한지라, 첨에는 원조를 감지덕지 고맙게 받았지만 급한 시기를 지난 다음에는 미국과 맞서게 됐다. 그러기에 보라. 오늘 미국이 후회하는 것을 보고 어느 유럽 나라가 섭섭하고 걱정스럽게 생각하는 나라가 있나? 그뿐 아니라 사실 미국으로 하여금 후회하게 만든 것은 그들의 압력이라 할 것이다.

그러나 그 유럽보다도 우리에게 더 좋은 거울은 일본과 자유중국이다. 전쟁 직후에 우리와 그들의 어려운 사정이 무엇이 다를 것이 있었나. 그런데 지금 일본은 미국을 떠밀어제치고 동양에서 맹주가 되려 중공과 맞서고 있고, 자유중국도 유엔에서 내쫓김을 당하면서도 우리같이 당황하지는 않는다. 그 원인이 무엇인가? 스스로 서자는 정신이 강했던 데 있다. 중공의 유엔 가입을 보고야 놀라지만 그것이 어찌 1971년 10월 26일[2]에 와서 된 일인가? 눈이 있고 생각이 있는 사람들은 벌써 몇 해 전부터 알았고 주장해온 일이 아닌가? 거기 반대한 것은 미국 정부와 거기 매달려 있는 우리나라 지배자들이었다. 왜 그들은 반대했나? 권력에 대한 애착 때문이었다.

요새 중공의 유엔 가입을 놓고 여러 정치인들의 논평이 있으나 그 일반적인 경향을 보면 돼진 역사를 어쩔 수 없이 인정은 하면서도 어딘지 잘못된 일로 보려는, 아쉬워하는 기색이 들어 있다. 나는 그것이 잘못된 생각이라고 본다. 아직도 미국체제를 떠나 우리는 우리로 스스로 서자는 결심이 분명치 못하기 때문에 일어나는 생각이라고 본다. 중공을 넣고 자유중국을 내쫓는 것을 유엔이 약해지는 것으로 미국 외교의 실패로 보려는 사람이 많지만, 우리는 그런 사고방식을 용감히 청산해야 한다. 유엔이 약해짐이 아니다. 미국 유엔에서 정말 세계의 유엔으로 발전하는 한 단계로 보아야 하고, 미국 지배층에는 실패인지 몰라도 미국 민중으로는 일단의 성공으로 보아야 한다.

이데올로기 시대는 지나갔다고, 실리주의 시대라고 하지 않던가. 그것이 무슨 뜻인가? 이데올로기란 기업국가 시대에 지배자들이 민중을 묶기 위한 한 구호였다. 그 동안에 역사는 나아가서 하나의 세계로 발전했으므로, 그 이데올로기로만 민중을 묶어둘 수는 없어졌다. 실리라지만 누구의 실리인가? 민중의 실리다. 사상이 서로 다르면 원수로 알고 서로 없애버리려는 생각을 이제는 할 수 없게 됐다.

2) 중국의 UN 가입일은 1971년 10월 25일이다.

생각이 서로 달라도 서로 다른 생각을 허용하면서 하나로 살아가는 데 보람을 느끼게 된 것이 오늘의 인류다. 한때 서로 적대국이었던 미국과 중공이 손을 잡는 것을 보고 모순된 일인 것같이 생각하지만, 모순이 아니라 한 단계 높아지는 일이다.

생각해보라. 어느 것이 더 합리적인가. 사상이 다르니 영 같이할 수 없다고 유엔 속에 넣지 않으려는 것과, 사상은 아무리 달라도 지배층의 그것 때문에 인류의 4분의 1인 중국 민중을 내놓고 세계의 일을 의론할 수는 없다는 것과 밉거나 곱거나 간에 서로 의론하지 않고는 살아갈 수 없고, 나와 같거나 아니 같거나 간 서로 하나로 화목하지 않을 수 없는 것이 오늘의 인류가 선 자리다. 그것은 전보다는 낮은 자리가 아니고 높은 자리다. 전보다 더 강한 주체성, 자주의식을 가지고야 되는 일이기 때문이다.

미국이 외국원조를 그만두기로 정책을 바꾸는 것을 걱정하는 사람들이지만 나는 그것을 우리를 위해서도 미국을 위해서도 잘되는 일이라고 본다. 물론 한때 어려움이 올 것이다. 그러나 그렇지 않고는 자립 못한다. 절처봉생(絶處逢生: 오지도 가지도 못할 막다른 판에 요행히 살길이 생김 – 편집자)이다. 궁내통(窮乃通: 궁하면 통함 – 편집자)이다. 막다른 골목에 들어야 길을 연다. 그리고 내가 여는 길이 정말 사는 생명의 길이다. 생명은 지독한 것이다. 무자비한 것이 역사다. 데모도 어서 더 악마처럼 탄압해주는 것이 자유를 위해 좋다!

스스로 서나감의 세 단계

스스로 서는 것은 서기만 하는 것이 목적 아니다. 서거든 나아가야 한다. 거기 세 단계가 있다.

개인의 경우를 예로 든다면 우선 제 발로 곧장 일어서야 사람이다. 그러므로 어린애가 나서 맨 첨으로 하는 공부는 이것이다. 말도 하기 전에 우선 일어서야 한다. 무쌍한 고생을 하며 그것을 배운다. 민족도 마찬가지다. 제 발로 서야 한다. 민족의 발은 서민층이다. 서민층이 튼튼해야 한 민족이 자립할 수 있다. '인지생야직'人之生也直이라〔『논어』, 「옹야」〕, 사람은 곧곧이 서야 한다. 곧은 몸이 건강한 몸이다. 한 나라도 사회구조가 공정한 정의의 법칙에 의해 어느 부분도 꾸부러짐이 없이 제자리를 차지할 수 있어야 한다. 그러한 나라를 어떤 대적도 넘어뜨릴 수 없다.

둘째 단계는 생활의 자립이다. 다리가 튼튼히 서면 손이 자유롭게 해방이 된다. 사람은 손을 자유롭게 쓰면서 동물의 지경을 벗어나 사람이 됐다. 손은 살림을 하기 위한 것이다. 손은 자유로 쓸 줄 알 때 제 살림을 제가 할 수 있게 된다. 서민계급이 튼튼히 서면 각층의 사람이 제 기능에 따라 활동하고 그러면 국민경제가 이루어진다. 국민경제 이루어지지 않고 자유 독립 있을 수 없는 것은 오늘 우리의 사실이 증명하고 있다. 왜 국민경제가 발달하지 못하나. 특권계급이 모든 물자와 기회를 독점하기 때문이다. 안으로 사회문제를 가지면서 밖으로 강한 나라 없다.

그담 마지막으로 정신자립의 단계다. 제 살림을 제가 할 줄 알아야 할 뿐 아니라 제 생각이 있어야 사람이다. 시비 선악의 판단을 제가 할 줄 알아야 비로소 인격적인 사람이다. 한 국민도 지적 데모크라시가 발달해서 활발한 여론이 작용하여야 참 자립하는 국민이다.

설명에 편하게 하기 위해 단계적으로 말했으나 사실로는 늘 같이 작용하고 있다. 마치 나선 운동과 같다. 몸의 자립에서 생활의 자립으로, 생활자립에서 정신자립으로 올라가지만, 또 정신의 자립 없이 몸의 자립도 생활의 자립도 있을 수 없다. 그 세 가지 자립 활동이 서로 작용하면 나아가는 것이 나라 살림이다.

이 셋이 서로 작용하는 것이 마치 한 사람이 씩씩히 걸어나갈 때 발과 허리와 머리가 잘 협력하여 걸음마다 달라지는 환경에 대해 중심을 잘 잡으면서 넘어지지 않고 나아가는 것과 마찬가지다. 요점은 그 중심에 있다. 중심을 잘 잡을수록 빨리 갈 수 있다.

나라의 중심이 어디 있나? 몸의 중심이 아랫배에 있듯이 나라의 중심도 씨울에 있어야 한다. 머리가 무거우면 몸이 곤두박질하고 지배계급이 저만을 위하면 나라가 곤두박질을 한다. 중공, 일본이 나오는 것을 보고 몸을 가누지 못하고 머리가 돌아 좌충우돌식으로 이 대학 부수고 저 대학을 부수는 것은 나라의 중심인 씨울의 지지를 받지 못하기 때문이다. 네 머리에 찬물을 끼어 얹고 피를 네 배와 다리로 보내라. 그러면 네가 똑바로 서서 세계를 정면으로 대하고 네 손을 자유로 놀려서 협조의 활동을 할 수 있을 것이다.

통일

그러나 닥쳐온 이 난국에 자립하지 않고는 아니 될 줄 알지만 국민적 자립은 민족의 통일 없이는 아니 된다. 그러므로 우선 남북 통일에 민족의 마음과 힘을 다 모아야 한다.

첫째, 민족이 둘로 갈라져 있으면 언제든지 외국 세력의 지배를 벗어나지 못한다. 본래 분열이 올 때는 외국 세력의 침입으로 시작됐다. 남한에 데모크라시가 있어서 미국을 끌어들이고 북한에 공산주의가 있어서 소련을 끌어들인 것이 아니라, 미군이 남한을 점령하고 소련군이 북한을 점령했기 때문에 생긴 일이다.

그러므로 문제의 요점이 민주주의나 공산주의에 있는 것 아니다. 남의 나라의 그 세력을 빌려서 정권을 쥐어보려 하는 그 마음에 있다. 그것은 외면으로 정치인 것 같고 나라일 하는 것 같지만 그 속 고갱이에서는 권력욕이요. 하나의 사사 마음이다. 그러므로 그 마음은 자기 세력을 위해 언제나 밖의 세력의 도움을 구한다. 그 이유는 자기네에게 민중의 동의와 신임으로부터 오는 아무런 힘도 없기 때문이다. 그렇기 때문에 야심적인 정치가는 언제나 외국 세력을 끌어들이는 법이다. 우리 자신의 일보다 베트남의 일을 보면 환하다. 키거나 티거나 다 믿을 놈이 못 된다.

둘째, 분열이 있는 한은 서로 제가 독차지하려 경쟁하기 때문에 국민은 거기 말려들어 물질적·정신적 모든 정력을 다 소모해버리고 만다. 그러면 자주 독립은 도저히 바랄 수 없다. 노골적으로 말하면 그러한 야심적인 군벌들은 언제까지든지 그런 긴장상태, 전시 기분 속에 있기를 바란다. 그래야 비상시라는 이름 아래 언론의 자유를 막고 민중을 눌러두기가 좋고, 국방이란 이름 아래 외국 원조를 얻어 호화로운 사생활을 하며 특권을 누리기 좋고, 나라를 망치는 부정부패를 행하고도 그것을 가려두기가 쉽기 때문이다.

남쪽 민중과 북쪽 민중 사이에는 언제나 분열될 만한 어떠한 이유도 없다. 그러므로 국방은 참 의미의 국방이 아니다. 그 권력구조에 대한 방위다. 그러나 그런 상태가 계속하면 할수록 군인계급은 살찌는 대신 나라는 파괴돼버린다. 보라. 우리가 지금 문화적으로 일본에 떨어진 것이 얼마나 큰가? 도리어 그 차이가 일제시대보다 더하다. 그 주되는 원인은 다른 것 아니고 남북 긴장으로 되는 민족적 정력 소모에 있다.

남북을 합해서 백만이나 되는 젊은이가 생산은 아무것도 없는 소모전에만 잡혀 30년이 되도록 있으니 그 손해가 얼마인가. 이러고는 경제부흥도 문화창조도 바랄 수 없다. 가장 우수한 두뇌를 쓸데없는 신경전에 써버려야 하고, 더구나 본래 평화적이던 성격을 아주 망가뜨려 서로 미워하고 의심하고 시기하는 데만 시간을 보내니 정신적 발달을 어떻게 바랄 수 있겠는가. 책은 하나 읽지 않고 퇴폐적인 풍조만 느는 것은 그 원인이 모두 여기 있다.

그러나 이것을 불행으로만 알고 서로 원망 한탄만 하는 것은 어진 일이 아니다. 이 불행을 발전을 위한 좋은 계기로 전환을 시켜야 한다. 이제 이 분열의 비극을 극복하고 다시 하나되는 자리에 가노라면 전에 없던 좋은 새것을 많이 얻을 수 있다.

사람의 모든 기관을 보면 대개 쌍으로 되어 있다. 눈도 둘인데 하나로 보고, 귀도 둘인데 하나로 듣고, 손도 둘인데 하나로 붙잡고, 발도 둘인데 하나로 걸어간다. 왜 그렇게 됐을까? 아마 하나로만 하는 것보다 둘이 합해서 하나로 하는 데 더 효과적인 것이 있어서 그랬을 것이다. 심리작용을 보면 한 쌍만이 아니다. 여러 가지로 복잡하다. 생각이 한없이 많은데 그것을 하나로 통일하는 데 정신의 발달이 있다. 본능적으로 자극 하나에 반응 하나, 지각 하나에 행동 하나로만 된 동물은 언제까지 동물에 머무는데 사람만이 고등한 지능의 발달을 한 것은, 그 생각이 서로 반대되는 여러 가지로 갈려서 그것을 통일하려는 가운데서 된 것일 것이다.

그러면 민족의 분열도 보다 높은 발전을 위한 계기로 만들 수 있지 않을까? 여기 남북 분열의 역사적인 의미가 들어 있다. 서로 다른 식의 생활, 다른 체계의 생각을 하는 동안에 불행도 있지만 이제 그것을 합하지 못하면 멸망에 이르고 말 것이니 그 어려운 종합을 이루노라면 남이 모르는 훨씬 귀한 것을 얻을 수 있을 것이다.

'부동동지지위대'不同同之之謂大란 말이 있다〔『장자』, 「천지」〕. 같지 않은 것을 같이하는 데 위대가 있다. 그것은 물질적 힘의 큼이 아니다. 정신의 큼이다. 우리는 조그만 땅에 넉넉지 못한 자원을 가지고 강대국 틈에 끼어 있다. 무엇을 가지고 중국의 큼, 일본의 큼, 러시아의 힘, 미국의 힘을 겨뤄낼 수 있을까? 그 네 이웃이 반드시 다 착한 마음만이 아니다. 이런 틈에서 무엇으로 버틸 수 있나? 정치적·경제적 힘으로 되지 못할 것은 너무도 뻔한 일이다.

대답은 오직 하나 위대한 정신으로밖에 갈 길이 없다. 그럼 우리 당하는 시련의 의미는 이런 데 있지 않을까. 같지 않은 것을 같이 해보려 하는 동안에 남의 가지는 물질적 위대보다 더 위대한 것을 얻을 수 있을 것이다.

네 개의 강한 대적이 총칼을 겨누고 있는 십자로에서 무사히 걸어나가려면 그 지혜는 무슨 지혜며 그 용기는 어떤 용기일까. 세상에 그에서 더한 재주와 위대가 어디 있겠는가. 옛날 승勝이라는 조그만 나라가 큰 제齊, 초楚 두 틈에 끼어 부대끼다 못해, 그 임금 문공文公이 맹자보고 "사제호事齊乎이까 사초호事楚乎이까, 제나라를 섬기랍니까 초나라를 섬기랍니까"하고 물었다. 요샛말로 하면 친중정책親中政策을 취하랍니까, 친일정책親日政策을 취하랍니까 하는 말이다.

보통말로 하면 참 어려운 대답이다. 그럴 때 맹자는 대답하기를 "그것은 저는 대답할 수 없습니다. 그러나 정말 하겠거든 한 가지가 있습니다. 백성으로 더불어 죽기를 각오하고 지켜서 백성이 도망가지 않는다면 해볼 만합니다. 천하에 왕 노릇 할 수 있습니다"했다.

그것은 인화人和를 가르친 말이다. 정책에 있는 것 아니라 국민이 하나되는 데 있다. 죽을 자리에서도 서로 살길 찾아 도망하려 하지 않고 같이 죽기를 달게 여기리만큼 인화가 되어 있다면 제, 초만 아니라 천하에 두려울 것이 없다. 그런 덕을 가지면 온 천하도 통일할 수 있다 하는 말이라. 그렇기 때문에 "천시불여지리天時不如地利요 지리불여인화地利不如人和"라 한다. 예와 이제가 아무리 달라도 인간이 인간인 이상은 그 점에서는 다름이 올 수 없다. 오직 하나됨뿐이다.

중립노선

통일이 중요하고 근본적이요, 시급한 문제인 줄은 알지만, 실지로 어떻게 그 통일을 이룰 것이냐 하는 데 이르면 대답이 쉽지 않다. 그러나 쉽지 않다는 것은 그 문제가 어려워서보다는 사람들이 꺼리는 것이 있기 때문이다. 만일 꺼리는 것이 아무것도 없이, 다만 사실만 바로 정면으로 들여다보고 내 마음을 직선으로 거기 연결한다면 대답은 지극히 간단하다.

꺼리는 것이 있다는 것은 통일이 아직 시급한 문제로 되어 있지 않는 심리다. 지금의 이 상황에 아직 붙어 있고자 하는 비겁한 생각이다. 그러나 지금은 상황이 급박하여서 그런 구차한 평안을 탐하는 비겁한 생각 속에 그냥 머물러 있을 수가 없어져가고 있다. 이제 조금만 있으면 좋건 언짢건 응하지 않을 수 없는 대세가 되고 말 것이다. 그러나 그러다가는 일을 그르칠 위험이 있다. 그러므로 그 다급한 자리에 가기 전에 미리 그 진상을 이해해두어야 한다. 그것이 선견지명이다.

몸을 아끼는 사람이 수술해야 할 줄 뻔히 알면서도 수술대에 누워 배를 째일 생각에 겁이 나서 오늘내일 연기를 하다가 죽고 말면 그 아낀 것이 정말 제 목숨을 아낀 것이 아니고 스스로 자른 것이 돼버린다. 외국군대 원조 밑에서 그날그날 평안을 탐하고 있는 것이 그와 다를 것이 무엇인가? 죽을 각오하고 문(門)의 복판을 가르는 것이 사는 길이다.

역사의 수술대가 어딘가? 미·소·중·일이 서로 으물고 서는 십자로다. 복부 수술을 하듯이 그 어느 편에 붙으려는 생각을 집어치우고 나대로 설 생각을 하잔 말이다. 한마디로 중립노선이야말로 살 수 있는 오직 하나의 길이란 말이다. 동서 대립에서 중립을 하면 남북 노선이 될 수 있고, 남북 대립에서 중립을 하면 동서 노선이 될 수 있으나, 이것은 동서남북의 교차이기 때문에 그 어느 것을 할 수도 없고 직상천(直上天: 곧바로 하늘로 올라감 – 편집자)을 하는 외에 다른 길이 없다. 글자대로 중립(中立), 가운데 버티고 서는 것이다.

다 마음에는 두고도 꺼리고 고려하고 주저하고 재고 사양하니 그렇지, 만일 누구나 있는 대로를 솔직히 말하라면 다 같은 의견일 것이다. 사실 이것밖에 길이 없으니 말이다. 지난번에 통일에 대한 말을 하면서 나는 통일이란 결코 한 지배권 밑에 들어가는 일이 아니라는 것과, 통일이 되려면 지금 있는 두 정권은 물러나야 한다는 말을 했다. 그러나 그 두 정권을 어떻게 물러나게 하느냐, 거기 문제가 있다. 여기서 지금 말하려는 것은 그 구체적인 방법에 대한 나의 의견이다. 세 단계로 되어 있다.

첫 단계는 남북이 불가침조약을 맺는 일이다. 이것은 충분히 가능성이 있다. 이북 김일성 정권이 항상 침략적인 것은 세상이 다 아는 사실이다. 그런데 그들의 선전은 늘 평화통일이란 것을 말해왔다. 물론 그것이 거짓 선전인 것은 모를 사람이 없지만, 생각할 점은 그런 거짓 선전을 왜 하느냐 하는 것이다. 두말할 것 없이 일반 국민은 누구나 전쟁에 의한 통일을 원치 않는다는 것을 알기 때문이라 해야 할 것이다.

그런데 거기 대해 남한에서는 어찌했느냐. 기회 있는 대로 그 평화 공세에 속아서는 아니 된다 했고, 평화 소리 하는 사람만 있으면 용공주의자로 몰아쳤다. 그러면 그것으로 미루어 결론을 짓는다면 남한 정부의 정책은, 말로는 분명히 하지 않지만, 통일은 무력에 의해 되는 수밖에 없다는 의견이었다고 해야 할 것이다. 그런데 근래에 오다가 언젠지 모르게 평화통일론으로 바뀌었다. 어째 그렇다는 분명한 설명 없이 그렇게 돼버렸다.

그러나 그러면서도 또 알 수 없는 것은 일향 군사열을 강조하고 있다. 모든 정치가 군사 일색인 것은 말할 것도 없고 위수령을 펴고 학원을 짓밟으면서까지 군사훈련을 강화하고 있고, 미국이 군사원조 중지한다고 눈이 휘둥그레져 걱정하고 국군의 현대화·자립화를 부르짖고 야단이고, 심지어 대통령이 고등학교에도 총쏘기를 열심으로 가르치라고 명령을 한다. 그럼 그 어느 것이 진짜인가? 평화통일 하잔 것이 진짜인가, 군사열을 올리잔 것이 진짜인가? 만일 군사열은 올리지만 통일은 평화로 하는 것이 목적이라면 고등학생까지 군사교육한 그 군대는 무엇에 쓰잔 말일까. 베트남전 때 모양으로 또 어디 삯싸움이라도 할 심산인가.

그 기괴한 현상을 놓고 판단을 해본다면 가장 그럴듯한 것이 이런 결론일 것이다. 즉 남북 두 정권이 군사정권이니만큼 그 군사적인 버릇은 절대 버리지 않는다. 그러나 세계의 대세가 평화적인 경향으로 나아가는 것만은 어쩔 수 없다. 그러므로 둘이 다 평화통일을 구호로 하면 갈 수 있는 데까지 현상 유지로 나가자는 생각이라고. 큰 나라들이 될수록 충돌을 피하려 하는 것은 사실이므로 우리 두 정권이 군사적 야심을 가지고 충돌하는 것을 허락하지 않을 것이라는 것만은 당분간 단언해도 좋을 것이다. 그렇다면 남북의 대화가 진심이건 진심이 아니건 시작이 된 이상, 어떻게서든지 서로 침략하지 말자는 약속에까지 이끄는 것은 노상 불가능한 것이 아닐 것이다.

둘째 단계는 군비 축소다. 사실 한 민족이 제 뜻으로도 아니고 남의 세력에 끌려 이데올로기 쌈으로 대립이 돼서 이 악몽에 벗어나지 못하고 몇십 년을 간다는 것은 가만 생각하면 우스운 일이다. 조금 이성을 활동시키면 쓸데없는 군비경쟁으로 민족을 자멸의 길로 몰아넣지 말고, 완전히는 몰라도 이 이상 더 군비경쟁은 하지 말자는 합의에는 이를 수가 있다.

마지막 단계는 아주 평화를 국시로 하는 단계다. 첫째·둘째 단계가 성공된다면 이 마지막 단계는 쉽지는 않겠지만 반드시 불가능하다 할 것은 아닐 것이다.

그런데 그 세 단계가 다 처음부터 중립노선 이외에 살길이 없다는 것을 길이 인식하지 않고는 할 수 없을 것이다. 반대로 중립노선밖에 살길이 없다는 것을 깨닫기만 하면 결코 못할 것 아닐 것이다.

내가 중립이라 하는 데는 두 가지 의미가 있다. 하나는 사상적으로 하는 것이요, 하나는 정책적으로 하는 말이다. 사상적으로는 민주·공산 두 주의 대결하는 태도를 버리고 그 둘의 대립을 지양한 보다 높은 자리를 찾자는 말이다. 이데올로기의 싸움은 어느 한 편이 다른 편을 내몰아서 될 것이 아니다. 그렇게 해서는 사상의 진전이 오지 못한다. 그러므로 그 싸움의 의미는 보다 높은 사상을 찾아 둘의 대립이 자연 해소가 되는 자리에 가야만 된다. 나는 그것을 믿는다. 이론으로 반드시 설명 못하더라도 신조로 그것을 믿는다. 그밖에 길이 없다. 역사는 이미 그 방향으로 들고 있다.

정책 면에서는 전쟁을 아주 내버리고 평화의 나라로 설 것을 선언하자는 말이다. 이상 이론이라기보다 사실이 그것을 요청하고 있다. 나는 이해할 수 없는 것이, 군비 강화를 하면 누구와 전쟁을 하겠다는 말인가. 이기지 못할 것을 미리 알고 군비를 강화하고 전쟁 연습을 하는 그런 모순이 어디 있단 말인가. 주위의 네 나라가 우리에 비해서는 너무도 엄청나게 크기 때문에 무력으로는 대가 되지 않는다. 이왕 무력으로 될 수 없는 것이라면 따라가다가 힘이 부족해 마지못해 포기하는 것보다는 일찍부터 내 편에서 자진해서 포기하고 나서자는 말이다. 그러면 정신적으로 주도권을 우리가 쥐어 역사의 방향을 한번 크게 돌릴 수 있다.

물론 이것은 한 큰 모험이다. 나라의 운명을 걸고서야 해볼 수 있는 모험이다. 그러나 모험인 점에서는 전쟁주의도 마찬가지다. 더한 모험이다. 폭력 경쟁은 인간을 의심하고 인간 속에 있는 악한 것을 상대하고 히는 것이지만 평화주의는 인간 속에 있는 선한 부분을 상대하고 하는 것이기 때문에, 하다가 예상대로 결과를 못 얻어도 멸망에 이르지는 않는다. 모험이지만 이날까지의 일로 보아 절대 실패하지 않는다. 평화주의가 만일 실패한다면 인류의 끝이란 것을 생각할 때 우리는 죽음이 두려워 그냥 있을 수만은 없다.

이러한 생각을 남과 북의 씨올들이 철저히 가져야 한다. 두 지배단체는 무력으로 된 것이니만큼 최후까지 무력주의를 버리려 하지 않을 것이다. 다만 남북의 전체 씨올의 힘에 의해서만 버리게 만들 수 있다. 사실 이밖에 우리 살길은 없다. 만일 이렇게 순전한 우리 민중의 자각으로 되지 못하고 또 해방 때 모양으로 밖의 세력의 영향으로 통일의 기운이 올 때 양편의 무력정권이 절대 양보하려 하지 않을 것이요, 그러면 6·25 때보다 더 참혹한 일이 일어나고 말 것이다.

지금 있는 남북의 기성 세력 그 정부와 정당과 군대와 재벌들이 그대로 있는 한 평화통일은 절대 되지 않는다. 그리고 만일 평화로 통일이 아니 된다면 죽는 사람이 많을 터인데 그 죽는 사람이 누구겠나? 권력계급은 죽기 위해 권력 싸움을 하지 않는다. 제가 살아남아 영화를 누리기 위해서지. 그러므로 죽을 것은 불쌍한 서민뿐이다. 서민이 망해서는 아니 된다. 나라도 역사도 문화도 이 서민이라는 씨올에 있다. 그러므로 절대로 씨올이 야심가들을 위해 개죽음을 해서는 아니 된다. 이왕 죽을진대 앞에 오는 역사를 위해 죽어야지 역사의 반역자를 위해 희생이 돼서는 아니 된다.

지금 가족찾기운동이 진행되고 있는 것은 참 좋은 기회다. 역사의 대세는 지배자들의 방해에도 불구하고 길을 터놓고야 말 것이다. 그러면 씨올의 하나되는 대화가 오갈 것이요, 그러면 이데올로기나 그것을 내세우고 민중을 속이는 지배체제가 문제 아니라 살아 있는 하나의 생명인 민족이 문제다 하는 큰 정신운동의 물결을 일으킬 수 있을 것이다. 그 큰 물결 속에서 모든 낡은 시대의 찌꺼기가 없어져버리고 새 시대의 싹틈이 일어날 것이다. 이 의미에서 앞에 오는 통일은 하나의 혁명이어야 한다.

오직 혁명만

중립노선은 곧 혁명노선이다. 혁명이란 모든 것을 근본적으로 갈아치우는 일이다. 그렇게 하지 않고는 우리나라는 살 수 없다는 말이다.

눈앞에 닥친 문제를 말한다면 세 가지가 있다 할 수 있다. 하나는 경제문제요, 하나는 남북 분단문제요, 또 하나는 이웃 나라와의 외교문제다. 이 셋이 다 우리의 생존을 위협하는 큰 문제다. 그러나 그 어느 것도 혁명 아니고는 해결할 수 없다는 말이다.

다시 말하면 문제의 근본은 우리 자신 속에 있단 말이다. 우리 자신은 문제삼지 않고 수단으로 방법으로 지혜로 해결하려 해도 될 수 없단 말이다. 왜? 우리 자신 속에 병이 들었기 때문이다. 혁명이라면 프랑스 혁명이나 러시아 혁명이나 같이 폭력을 써서 사람을 죽이고 들부수고 전쟁을 하는 것으로 이날까지 알아왔으나 이제 그것은 낡아빠진 방법이요, 그것으로 세상이 고쳐지지 않을 것이라는 것을 다 알고 있다. 우리 말하는 혁명은 바로 그런 식의 혁명을 혁명해버리자는 일이다.

혁명의 첫 단계는 제도의 혁명이다. 우리는 다 지금 있는 제도의 종이다. 이것은 세계적인 것이다. 지금 인간들이 하고 있는 정치제도, 사회제도, 경제제도, 종교·교육의 모든 제도가 인간의 자람을 방해하고 있다. 자본주의 밑에서 아무리 정직해도 그 정직은 정직이 아니요, 공산주의 밑에서 아무리 자유하려 해도 그것은 자유가 아니다. 그러므로 그 제도 자체를 고쳐야 한다.

다음 단계는 사상의 혁명이다. 지금까지의 사고방식이 우리의 닥친 문제를 해결해주지 못한다. 그러므로 생각을 근본에서 고쳐야 할 필요가 있다. 이것도 세계적인 문제다.

그러나 정말 깊은 마지막이요, 또 처음인 혁명은 혼의 혁명이다. 혼이 뭔지 설명할 수 없으나 사람의 개인적 또는 단체적·육체적 또는 정신적 모든 살림이 저 엄청난 전체 생명·미생물을 낳고 식물·동물을 낳고, 진화의 긴 과정을 낳은 그 생명과 어디서인지 직결되어 있는 것만은 사실이다. 그것을 혼이라 넋이라, 영이라 얼이라 여러 가지 이름으로 부른다. 그것이 얼마큼 씩씩하냐에 따라 모든 활동이 결정된다.

하수도가 제가 받아들인 구정물로 구멍이 메워버리듯이, 사람도 제가 살고 나는 찌꺼기로 제 혼의 숨통이 막혀버린다. 그것이 모든 병, 모든 약함, 모든 죄의 뿌리다. 그러므로 때때로 그 구멍을 확 열어버릴 필요가 있다. 그것이 혁명이다. 부족사회에서는 축제로 그것을 했고, 종교에서는 부흥운동으로 했고, 정치에서 말하면 보통 혁명이란 것이다. 그 방식도 여러 가지고 그 순수도도 제각기이나, 그 찌꺼기에 잡힌 생명을 뇌주어 한번 크게 산 기운을 불러일으키자는 데서는 마찬가지다.

긴말을 할 수 없으나 나는 우리 민족은 숨통이 멘 사람들이라고 생각한다. 모든 잘못이 거기서 나왔다. 그러므로 여러 가지 수단·방법도 필요치 않은 것 아니나 우선 이 멘 숨통을 여는 것이 가장 긴급한 일이라 생각한다. 우리의 모든 문제를 토론할 때는 매양 결론이 고양이 목의 방울에 이르고 만다. 이론은 옳지만 누가 하느냐가 문제다.

우리에게 필요한 것이 백 가지 천 가지지만, 필요한 것은 오직 하나 산 숨이다. 제 손으로 죽을 제 제자의 명단을 만들어 사형 집행자에게 넘겨주는 일이 차마 못할 일인 줄 모를 교수야 누가 있을까마는, 감히 자리를 박차고 목에 칼을 받을 각오를 하면서라도 "나는 그것은 아니 한다" 하는 사람은 하나요 둘뿐이다. 그 차이가 다른 데 있지 않고 그 혼 속에 숨이 통하나 아니 통하나에 있다. 숨은 곧 하늘숨, 다른 말로 하면 전체 한삶(大生命)의 입김이다. 지구 중심에 길이 트여 화산이 폭발하면 천하 어느 기계로도 막을 수가 없듯이, 한삶의 숨이 내뿜는 것을 막을 정권도 군대도 없다.

나는 그 혁명을 우리가 하잔 말이다. 역사가 우리에겐 그 길밖에 딴길을 허락하지 않았다. 나는 그렇게 본다. 우리가 한번 큰 혁명을 할 각오를 하고, 우리만 사는 것이 아니라, 중국도 살리고 일본도 살리고 세계의 모든 인류를 살릴 수 있다는 확신을 가지고 한번 완전한 중립노선으로 나갈 것을 선언할 때 나는 반드시 기적이 일어나리라고 믿는다. 기적이 무슨 하늘에서부터 내려와서가 아니라, 중공도 핵무기를 두고도 못 쓰고 일본도 재무장을 하고도 감히 한국에 발을 들여놓지 못할 것이기 때문에 기적이다.

혹은 이북 정권이 있는 한 어떻게 그것을 할 수 있느냐 할는지 모르지만, 그렇기 때문에 모험이다. 중립을 국책으로 세우려면 충실히 그것을 실행하고 이북에서 침입하는 경우에도 아무 무력의 대항이 없이 태연히 있을 각오를 해야 한다. 심하면 죽더라도 할 각오가 있어야 한다. 그러면 정말 그런 평화적인 태도로 맞으면 나는 이북군이 아무리 흉악하더라도 절대로 그 흉악을 부리지 못할 것이라고 믿는다.

첫째는 그들도 사람이요 한국 민족이기 때문이다. 우리가 죽음으로써 그들을 사랑했을 때 총칼이나 이론 가지고는 못 움직였던 그들의 양심을 움직여 우리 속에 있는 것과 같은 한삶의 숨을 마셔 인간 본래의 자세에 들어가게 될 것이기 때문이다.

둘째는 세계가 아무리 타락했다 해도 그래도 정의는 살아 있다. 결코 우리를 죽도록 그냥 두지 않을 것이다. 아마 중공이 가장 먼저 일어날지도 모른다. 그러기 때문에 목숨을 희생하는 사람이 있겠지만 그리 많지 않을 것이다.

또 이것도 저것도 다 실패되어 죽고 만다 해도 우리의 옳은 것은 남는다. 인류가 아주 멸망한다면 몰라도 적어도 인류가 생존하는 한 우리의 거룩한 희생으로 반드시 인류 운명에 바로 섬이 있을 것이다.

하나 덧붙여 말하고 싶은 것은, 나는 말할 때마다 이 정권들을 나무라고, 지배자라 압박자라 욕하지만, 결코 그 사람을 미워하자는 것 아니다. 내 말로 인해 감정이 일어났거든 천백 번 사과한다. 나는 그 제도, 그 자리를 미워할 따름이다. 그 자리를 내버리고 씨올로 용감히 돌아올 때 우리는 언제든지 얼싸안고 혁명의 큰길로 행군해 나아갈 것이다.

정예분자 기름

어떤 혁명도 혼자서는 못 한다. 전체가 일어서야만 된다. 저들의 강함은 날카로운 칼과 터지는 폭발력에 있지만 우리의 힘은 하나됨과 단단히 뭉침에 있다. 그러나 그 전체의 동전과 훈련은 정예분자 없이는 아니 된다. 우리는 우리 평화사랑의 정예부대를 길러야 한다. 그러나 우리 목적은 사람 죽이는 데 있지 않기 때문에 우리는 지하운동 비밀결사운동이 필요치 않다. 우리는 청천백일 아래 드러내놓은 운동을 해야 한다. 그러므로 우리는 운동과 생활이 구별돼서는 아니 된다. 생활을 통한 운동이요, 운동하는 생활이어야 한다. 정성이 단 하나의 밑천이다. 잘하면 우리를 따라오던 정보원이 우리 동지가 될 것이다.

사회에서 하다 아니 되면 학교로 가고, 학교에서 하다 아니 되면 교회로 가고, 교회에서 하다 아니 되면 가정으로, 가정에서도 아니 되면 다방, 캠프장으로 가서 저절로 되기를 바라지 말고 동지를 찾아내고 길러내야 한다. 악한 것들도 제 동지 하나를 찾아 바다와 육지로 헤매는데 선한 것을 위해서야 더구나도 할 것 아닌가.

　중무장과 법률의 장벽과 정보망을 다 녹여버릴 수 있는 사랑의 방사선을 네 숨에서 발사해라! 이 끓는 기도로 네 가슴을 앙축(仰祝: 우러러 축하함 - 편집자)하면 거기서 생명의 핵분열이 일어날 것이다.

　• 1971년 11월, 『씨올의 소리』 제6호

5천만 동포 앞에 눈물로 부르짖는 말

동포 여러분!

우리는 지금 민족적으로 하나의 큰 위기에 직면하고 있습니다.

우리를 오래 억누르고 짜먹었던 악독한 제국주의 일본이 역사의 정당한 심판을 받아 멸망하고, 그로 인하여 우리에게 해방이 와서 새 역사 창조의 좋은 기회를 만나면서도, 우리는 깊은 깨달음을 못 가져 통일된 정부를 세우지 못하고, 남이 그어놓은 죄악의 38선에 걸려 어리석게도 민족이 남북으로 분열되어 27년을 서로 의심과 미움과 공포 속에 맞서오는 동안에 세계 대세는 변해 갑자기 화해의 기운으로 돌아, 우리는 외나무다리에서 원수를 만나듯 통일 문제에 들이닥치게 됐습니다.

문제는 엄숙하고 다급해 에누리가 없습니다. 바로 풀면 살 것입니다. 못 풀면 민족이 온통 멸망하는 수밖에 없을 것입니다.

이제 한 번 생각을 깊이 하고 결심을 크게 하여 온 겨레의 마음과 힘을 한데 묶어 민족통일의 큰일을 이루도록 할 것이지, 결코 낡아빠진 나쁜 버릇과 소소한 이해·이론의 차이에 걸리고 빠져서 다시는 올 수 없는 시기를 놓쳐버리고 영원한 역사의 심판에 떨어져서는 아니 될 것입니다.

사랑하는 동포 여러분!

이 나라를 지켜야 합니다. 이 역사를 건져야 합니다.

우리는 역사적 민족입니다. 지구 위에 크고 작은 민족은 많고, 일찍이 있다가 이미 역사의 무대 위에서 사라져버린 것도 적지 않지만, 우리처럼 이렇게 길고 긴 역사를 가지고 늙으면서도 오히려 싱싱한 힘을 가지고 살아나가는 민족은 결코 많지 않습니다. 우리는 우리가 우리 어지신 조상의 나셨던 곳으로, 존경하고 사모하는 저 한배뫼같이 늙고도 젊은 민족이요, 그 꼭대기의 밑 모르는 소에 하늘의 신비가 깃들이듯이 우리 속에도 영원에 통하는 한 삶의 거룩한 역사의 의지가 자리 잡고 계십니다.

한 그루의 늙은 나무가 죽는 것도 아까워서 나라의 힘으로 보호하는데, 하물며 우주개벽 이래의 연륜을 가지는 민족의 거목巨木이 위급에 닥쳤는데 어찌 보고만 있단 말입니까.

누군가 늙은 나무를 읊은 시에 이런 것이 있습니다.

천 년 묵은 늙은 나무 가지는 다만 두어서넛
천연의 슬픈 빛 띠고 동으로 또 남으로
늙어갈수록 온몸 뚫려 빈 댓속 같고
봄 오면 산 기운 얼굴에 넘쳐 쪽보다 더 푸르다
평생에 눈비 맛을 다 겪고 났건만
머리 돌려 쓰다 달다 한마디도 없구나
古木千年枝二三
天然惆悵向東南
老去全身通似竹
春來一面活如藍
平生雨雪經過盡
猶不回頭說苦甘

읽을 때마다 나는 우리 민족의 기상같이 생각됩니다. 두서넛밖에 아니 되는 가지에 슬픈 빛 띠고 천연히 서는 나무, 독한 벌레에 속은 다 파먹히었지만, 그래도 그만큼 욕심은 없이 뚫린 속이요, 생명력은 날마다 스스로 새로워 푸른빛이 전신에 넘칩니다. 비바람에 시달린 그 나무같이 우리 역사는 고난의 역사입니다.

허물도 많고 부끄러운 데도 많지만, 그러면 그럴수록 쓰다 달다 한 마디 말 없이 태연히 견디는 모습이 얼마나 눈물겹습니까. 그런데 그 성스러운 늙은 나무를 그래 철없는 정치란 나무꾼 애들의 장난하는 도끼에 맡겨 찍혀버리게 둔단 말입니까? 사람인 담엔 못 할 일입니다.

우리 조상은 남북만주의 거친 풀밭, 반도의 자질구레하고 험한 골짜기를 다스려 사람답게 살 수 있는 터전을 만드는 동안, 또 자기네 속에서도 그 풀, 그 가시, 그 짐승, 그 버러지와 마찬가지로 솟아나는 여러 가지 사납고 더럽고 독한 본능 충동을 다스려, 밝고 의젓한 문화를 다른 누구의 것과도 다르게 독특한 식으로 닦아냈습니다. 잘못했던 일도 많고 실패했던 것도 많지만, 그러니만큼 그런 중에서도 지지 않고 이겨 남았으니만큼 그 점이 더욱더 귀하고 가꾸어낼 만하지 않습니까.

우리는 문화민족입니다.

이제 이 역사, 이 문화가 정치세력의 싸움으로 인하여 서느냐 넘어지느냐 하는 위기에 이르렀습니다. 지금은 극도로 발달하는 과학기술로 인해서 그전 어느 때보다도 정치적인 시대입니다. 그리고 그 정치에는 도리도 도덕도 없고, 노골적인 권력주의, 실리주의만 날뛰고 있습니다. 우리 이웃들은 결코 선한 사마리아 사람이 아닙니다. 물론 그 나라들의 민중이 그런 것은 아닙니다. 민중은 언제나 인간적이요 평화적입니다. 그러나 그들의 지배자들은 여전히 침략주의적입니다. 선진국이라는 나라도 그 점에서는 마찬가지입니다. 그러므로 그 틈에서 정치적으로 자주하지 못하고는 결코 민족의 생존도 문화 창조도 보장할 수 없습니다. 그리고 스스로 갈라져 싸우는 민족이 자주독립을 못할 것은 말할 필요도 없습니다. 오늘 우리는 민족과 역사를 이러한 위기에서 건져내야 하는 책임을 지고 있습니다.

어지신 동포 여러분!

나는 지극히 작고 알차지 못한 못난 씨올의 하나입니다. 본래 타고나기도 작게 타고났지만 정성이 모자라 공부도 하지 않았기 때문에, 아는 것도 없고 행하는 것도 형편없습니다. 그러한 나는 감히 큰 말을 할 자격이 없습니다. 천하 경륜의 포부와 재주를 품으면서도 제갈량諸葛亮은 "구전성명어남양苟全性命於南陽이요 불구문달어제후不求聞達於諸侯"[1]라고 했는데, 나같이 못난 것은 말할 것도 없습니다. 어지러운 시절에 났다가 내 조그만 분에 따라 조용히 살다가 가자는 것이 일찍부터의 내 소원이었습니다.

그런데 해방이 오니 사람들은 나를 가만히 두지 않고 기어이 밭고랑에서 끌어냈습니다. 감히 '삼고초려'三顧草廬의 정의에 감격해서 국궁진췌(鞠躬盡膵: 몸과 마음을 다하여 나랏일에 힘씀 - 편집자) 사이후이(死而後已: 죽은 뒤에야 일을 그만둔다는 뜻으로, 있는 힘을 다해 그 일에 끝까지 힘씀 - 편집자)하는 결심이라고 할 수도 없지만, 나는 내 딴으로 차마 저버리지 못하는 마음을 가지게 됐고, 그래서 주제에도 맞지 않게 격동하는 역사의 일선 가까이를 왔다갔다 하게 됐습니다. 그러나 받아서 난 약한 천성에, 이른바 "일을 해보자"는 생각은 감히 한 번도 해본 적이 없습니다. 그러나 그 후 이제 정말 꽃수레를 타는

---

1) 苟全性命於南陽 不求聞達於諸侯: "어지러운 세상에서 구차하게 목숨을 보전하고 출세하여 세상에 이름을 떨치기를 바라지 않는다." 『삼국지』, 「제갈량전」. 원문은 '苟全性命於亂世 不求聞達於諸侯'로 함 선생은 '亂世'를 '南陽'으로 바꿔 인용하고 있다. 1~2세기에 '남양'은 우아함과 사치의 대명사로 불렸고, 잠시 남부의 수도가 되었던 도시이기도 하다.

그날이 오나보나 했던 우리 수난의 여왕이 그 수난을 계속 감당하는 것을 보고는 그냥 있을 수가 없었습니다.

그날이 오기를 얼마나 바랐던 그날인데! 도둑놈들이 그 꽃바구니를 덮칠 때마다 우리가 울기는 얼마나 했으며 강도들이 그를 구박할 때마다 우리가 이를 갈기는 얼마나 했는데! 새 나라의 상징인 제주도를 바라며 남해의 사나운 물결 밑을 기어갈 때에 우리 다리는 얼마나 떨렸으며 우리 목은 말을 이루지 못하는 기도에 얼마나 메었는데! 그렇게 해서 온 그날인데! 어떤 불쌍한 거러지 처녀에게도 한 번은 얼굴에 꽃이 피는 날이 오는 법인데, 우리 수난의 아가씨에게만은 영원히 부끄럼뿐이란 말이냐. 그런 그날이 그래 오다 도로 간단 말이냐. 나는 먹던 밥술을 놓고 미美의 도시 하이델베르크의 땅을 박차고 그 수난의 여왕을 위한 항변의 길에 오를 수밖에 없었습니다.

이제 재주 있고 없고를 생각할 수도 없었습니다. 자격이 있고 없고를 걱정할 겨를도 없었습니다. 머리가 좋아서 나라를 국수처럼 단숨에 말아먹을 줄 알았던 누구의 말처럼 나는 미친 것인지도 모릅니다. 모르는 이들은 나더러 당치도 않은 정치에 입은 왜 내미느냐 하지만 내 마음으로는 정치가 아닙니다. 집에 불이 났는데 전문 소방부만 불 끄란 법이 어디 있습니까? 나는 내가 덤벼들다 차라리 죽을지언정 우리 여왕의 짓밟히는 꼴을 차마 그냥 보고 있을 수는 없습니다. 이래서 씨올의 앞에 나서서 말을 하게 됐습니다. 그런 지 이제 10여 년입니다.

그러나 나는 몰랐습니다. 여러분이 내 말을 그렇게까지 들어주시고 이 못생긴 나를 그렇게까지 밀어주실 줄은 몰랐습니다. 나를 미워하는 반대 세력이 육해공의 몇 사단을 풀어 나를 에워싼다 해도 여러분의 마음에 비하면 그까짓 것은 아무것도 아닙니다. 나는 확신합니다.

그럴수록 나는 내가 마땅히 해야 할 것을 다하지 못하고 하나의 말장이에 머물고 있는 것을 죄스럽게 생각하지 않을 수 없습니다. 나의 참이 모자라서 그럴 것입니다. 차라리 입을 다물어야 옳을 것입니다.

그러나 나는 내 부족·내 잘못을 알면서도 그냥 있을 수 없는 것을 느끼기도 합니다. 페스탈로치의 말을 빌려서, 영글지 못해 제철이 되기 전에 빨개 떨어지는 병든 과일이 떨어지면서도 그 마음은 그 뿌리를 가꾸자는 데 있다고나 하고 싶습니다.

나라의 주인인 씨을 여러분!

우리는 이제 하나의 전체운동을 일으켜야 합니다. 그것만이 참 통일입니다. 5천만 씨올이 한통치고 한데 들어, 마치 태풍 밑에 노하는 바다마냥, 하나의 강한 전체의식에 일어나, 거룩한 혁명의 부르짖음을 외쳐야 합니다. 역사 창조의 힘은 거기서만 나옵니다.

우리는 지금 남북의 대화를 시작하고 있습니다만 그 의미는 어디 있습니까? 이 전체운동을 일으키자는 데 있습니다. 대표가 오가는 것(1972년 7월 4일에 있었던 남북공동성명을 말함 ─ 편집자)은 그 실마리에 지나지 않습니다. 그 오가는 운동이 거듭되면 될수록 그 진폭振幅이 차차 넓어져 나중에는 어느 부류나 어느 종류의 사람만 아니라 한 사람도 빠짐 없는 전체 씨올이 그 속에 삼켜지게 돼야 합니다.

참 위대한 정치가는 민중을 휘두르는 사람이 아니라 민중 속에 자기를 잃어버리는 사람이요, 참 위대한 민족은 위대한 사람을 숭배하는 민족이 아니라, 바다가 철갑선을 맘대로 띄우고 놀리듯이 위대한 인물을 잘 들어 그 재주를 맘껏 발휘할 수 있도록 놀려 쓰는 민족입니다. 제 하는 일을 아는 것만이 사람입니다. 민중 전체가 제 하는 일을 알고 할 때 위대한 것은 나옵니다. 우리들의 시대입니다.

어떤 생명의 운동도 직선으로 올라가는 것은 없습니다. 그것은 마치 톱니 같은 오르내리는 굴곡을 그으며 올라갑니다. 모든 운동은 점점 줄어들고 내려가는 법칙이 있습니다. 어떻게 위대했던 종교도 정치도 시간이 가면 갈수록 차차 그 생명력이 내려가게 됩니다. 그러므로 역사가 나아가기 위해서는 자주자주 부흥을 할 필요가 있습니다.

그런데 그 부흥은 어떻게 되느냐 하면 전체에 돌아가서만 됩니다. 정말 생명은 물질적으로나 정신적으로나, 전체에만 있기 때문입니다. 개인이나 단체는 아무리 잘하노라 해도 개체이기 때문에 전체에서 떠날 수밖에 없고, 받은 생명을 쓰는 것이기 때문에 줄어들 수밖에 없습니다. 그렇기 때문에 개인적·단체적 모든 생명체는 다 때때로 전체의 발전소에 들어가 다시 충전을 해서만 그 기능을 발휘할 수 있습니다.

인류의 조상들은 일찍부터 이 원리를 알았습니다. 그래서 원시사회에서부터 때때로 축제일을 두어 전체운동을 해서 생명의 고갈을 방지했습니다. 고등한 종교에서 하는 부흥회도 이 전체운동이요 정치에서 하는 혁명도 이것입니다. 참 혁명은 전체운동에 이르러서만 될 수 있습니다. 전체 민중이 한통치고 들지 못하는 혁명은 참 혁명이 아닙니다. 이 의미에서 간디가 "혁명이란 제일원리에 다시 돌아가는 것"이라고 한 말은 옳은 말입니다. 전체가 제일원리입니다.

민족통일은 하나의 물리적인 운동이 아닙니다. 전체적인 정신운동이요 생명운동입니다. 민족이 분열됐다는 것은 결코 밖에서 오는 물리적인 힘 때문이 아닙니다. 안에서 벌써 이 전체가 깨지고 생명력이 쇠퇴했기 때문에 밖의 힘이 들어올 수 있습니다. 그렇기 때문에 반대로 분열된 민족을 다시 통일하려면, 결코 물리적인 힘의 운동만으로 될 수 없습니다. 민중 전체가 하나의 전체의식에 들어 강한 영감에 움직이게 돼서만 될 수 있습니다. 다시 말합니다. 영감에 사로잡혀야 합니다.

우리가 민중 전체가 일어서는 것을 강조하는 것은 결코 정치를 반대하기 위해서 하는 말, 반드시 지금 있는 정치가 잘못됐다 해서만 하는 말이 아닙니다. 일의 이치가 그럴 수밖에 없기 때문에 하는 말입니다. 정치로 통일하는 것이 아니라 통일이 돼서만 참 정치가 있을 수 있습니다. 인격의 통일을 무시하는 지식이 참 지식이 아닌 것같이 민족의 통일을 무시하는 정치는 정치가 아닙니다. 강제로 하는 지배

뿐입니다.

통일이라 하면 갈라졌던 것을 다시 합하는 하나의 복귀운동같이 알기 쉽지만 그것은 오해입니다. 생명에서 엄정한 의미의 복귀란 있을 수 없습니다. 지금 우리가 하려는 이 통일은 하나의 혁명입니다. 하나의 자람이요 발전입니다. 우리 민족이 갈라진 것은 사람의 몸에 마비가 일어나거나 정신 분열이 생긴 것처럼 하나의 병입니다. 그렇기 때문에 그 병의 원인을 제거하고 새로운 자람이 있기 전에는 하나됨이 있을 수 없습니다. 다시 말하면 우리가, 갈릴 수 없는 민족이 갈라진 것은 우리와 또 우리와 관계된 모든 나라의 정치악의 총결과입니다. 그러므로 그 정치악을 제해버리지 않고 통일은 있을 수 없습니다.

개인의 경우를 예로 든다면 새로남의 체험 없이 인격의 보다 높은 새 통일은 있을 수 없습니다. 그런데 새로남의 체험에 없어서 아니되는 중요한 요소는 속죄의 체험입니다. 지난날의 잘못됐다는 의식이 남아 있는 한은 새로남은 없고 인격은 항상 분열상태에 있습니다. 그러므로 어떻게 해서든지 내 죄가 씻어져버렸다는 확신에 들어가야 합니다. 그럴 때 비로소 평안과 기쁨이 오고 새 영감에 차게 됩니다. 그것이 새 통일입니다.

한 민족의 경우도 마찬가지입니다. 전체 국민이 한통치고든 감격 속에 지난날의 모든 정치악에서 청산되고 해방됐다는 느낌 없이 참된 새 통일에 들었다 할 수 없고, 그러한 통일의식이 없는 한 역사 창조는 절대 될 수 없습니다. 이것이 우리가 민중 전체가 일어서야 된다고 강조하는 가장 깊은 까닭입니다.

우리는 해방 때에 이것을 잘 경험했습니다. 아마 일제 말년의 민족정신의 상태를 가지고는 영영 남의 종노릇이나 했지 아무것도 할 수 없었을 것입니다. 식자·무식자를 구별할 것 없이, 지극히 적은 수의 사람을 제외하고는 모든 종교 신자까지를 넣어서, 마음에 결코 원치도 않고 옳다 생각도 않으면서 강제에 못 견디어, 다시 말하면 속의 정신적 나보다 육체의 생존을 더 중히 여겨서, 민족의 고유한 모든 전통을 버리고 양심을 짓밟고 거짓 살림을 했을 때, 우리의 개인적·민족적 자아는 여지없이 분열이 되고 말았습니다. 그러니 그 심리 가지고 무슨 정신적 보람 있는 활동을 할 수가 있었겠습니까?

그런데 갑자기 해방이 하늘에서 떨어져 전 민족이 아무 한 것 없이 모든 죄에서 벗어났음을 느끼게 됐습니다. 그러니 기쁘지 않을 수 없고 감사하지 않을 수 없고 감격하지 않을 수 없었습니다. 이리해서 새 역사의 창조를 위한 정신적 준비가 하루아침에 갑자기 이루어졌습니다. 이것이 무엇보다 중대한 일이었습니다. 그와 비슷한 경험은 또 3·1운동 때와 4·19 때에 있었습니다. 그 밖에는 별로 없습니다. 이제 오려는 통일은 그 어떤 때보다도 더 중대한 일입니다. 이것이 만일 못 이루어지면 위에 든 그 모든 귀한 역사가 다 허사로 돌아가고 말기 때문입니다.

결코 단순히 정치나 외교의 일이 아닙니다. 그것 가지고는 절대 될 수 없는 지극히 높은 도덕적·종교적 모든 정치활동을 총합한 생명운동입니다. 남과 북의 정치 당국에 있는 이들은 이 점을 특별히 깊이 생각하셔야 할 것입니다. "높고자 하는 자는 낮아지라" 한 예수의 말씀을 어디서보다도 더 깊이 여기서 생각하셔야 할 것입니다.

삶과 죽음을 같이하는 동포 여러분!

그렇기 때문에 이때에 이기심을 활짝 벗어버리셔야 합니다. 생명은 전체에만 있습니다. 전체가 약해질 때 사람은 점점 이기적이 됩니다. 그래야만 살 것같이 뵈기 때문입니다. 배가 깨지려 하면 각자도생이라, 제각기 제 살길을 찾습니다. 그러나 그러면 그럴수록 배는 더 빨리 깨지게 됩니다. 이것을 평시에 이치로는 잘 알건만, 정말 그 마음이 필요한 그 순간에는 못하게 됩니다. 이것이 사람의 약점입니다. 그러나 그것을 이겨야만 사람은 사람이 됩니다. 전체의 제단 위에 자기를 불살라야 합니다.

솔직히 말해서 우리 민족의 가장 나쁜 병은 이것입니다. 좋은 교훈이나 되는 것처럼 입마다 말하기를 "내 발등의 불을 끄고야 남의 발등의 불을 끈다" 합니다. 약은 듯하지만 이 약음이 우리나라를 잘못되게 만들었고 우리 개인을 못살게 만들었습니다.

물론 이것은 이 민족의 집에 여러 차례 불이 일어난 것을 겪는 동안에 생긴 생각일 것입니다. 동정도 가는 일입니다. 그러나 우리는 그것을 고치기에 마음이 약해서는 아니 됩니다. 사람마다 제 발등의 불을 털기 때문에 불은 전체를 삼키어버렸습니다.

오늘날도 뭐라 합니까? 공장은 망하는데 공장 주인은 부자가 된다는 것입니다. 사업을 하는 사람들은, 만일의 경우 이 나라가 파산하는 날 자기만이 잘살려고 외국 은행에 비밀저금을 한다 하지 않습니까. 또 이민이 자꾸 는다는 것은 무엇입니까? 괴상하게도 우리나라의 이민은 가난한 사람이 가는 것 아니라 제 것 가진 사람이 간다 하지 않습니까. 그런 심정으로는 통일은 절대 될 리 없습니다. 그런 현상이 심할 때는 사회의 혼란을 막기 위하여 강력하게 묶는 전체주의가 나오게 됩니다. 그것은 통일이 아닙니다. 우리나라가 밤낮 약한 것은 이 이기주의 때문입니다. 이 역사적 위기에서 우리는 한번 큰 결심을 하고 죽기 각오하고 이 나쁜 버릇을 고쳐야 합니다.

이 점은 특히 사회의 위층에 있는 분들에게 호소하고 싶습니다. 민족통일 되려면, 더구나 우리 민족같이 역사적으로 그런 폐습이 심한 나라에서는 경제면으로, 권력적으로, 또 지식적으로까지, 불평등이 있어서는 아니 됩니다. 절대평등을 바라기는 어렵지만 될수록 그 차이가 심하지 않아야 합니다. 위에서도 이미 말했지만, 이것은 하나의 보다 높은 단계로 올라가는 혁신운동입니다. 이미 가지고 있는 권리를 그냥 가지고만 있어서는 절대로 되지 않습니다.

그리고 민족이 새 통일로 다시 나지 못하는 날 여러분은 누구와 같이 살려 하십니까? 외국에 도피시켰던 재산으로 외국 나가서 안락한 생활을 할 것을 꿈꿉니까? 설혹 된다손 그것이 어찌 사람입니까?

사람이 어찌 먹고 입고 쾌락 누리는 것뿐입니까? 여러분은 이 긴 역사를 가지는 민족의 망하는 것을 밖에 나가 구경하면서 마음이 평안하리만큼 비인간적입니까? 그러지 않을 줄 압니다. 나라는 여러분의 분발을 기다립니다. 여러분은 약간의 지위와 돈을 희생해서 민족개조의 큰 사업에 공로자가 아니 되렵니까.

신기하게도 이 나라 이때에
같이 생을 받아서 나온 씨올 여러분!

우리는 뜻이 있어 이때에 났습니다.

우리를 내신 그 뜻이 무엇입니까?

우리는 우리가 아니고는 할 수 없는 일이 있어서 나왔을 것입니다.

그 일이 무엇입니까?

여러분 새 사상을 가져야 합니다. 새 이상을 가져야 합니다.

세계 역사의 방향을 한번 바꾸어보지 않으렵니까?

겨울이 만일 왔거든 봄을 어찌 멀다 하리오?

우리는 우리의 이 수난의 여왕을 업고 한번 무지개의 다리를 못 오른단 말입니까?

생각해보십시오, 놀랍지 않습니까? 어제까지 서로 꼭두각시라 욕을 하며, 서로 칼을 갈면서 적대하던 두 정권이 쥐도 새도 모르게 서로 의논을 하고 청천벽력같이 7·4공동성명을 하지 않았습니까?

거기 뭐라 했습니까?

자주적으로 평화적으로 이데올로기와 제도를 초월해서 민족통일을 하기를 힘쓴다 했습니다.

사람은 말을 하지만 제 하는 말의 뜻을 다 알지 못합니다.

말은 사람보다 위대합니다. 사람이 말을 하는 것 아니라, 말씀이 사람을 만들었고 또 만들고 있습니다.

7·4성명 하는 그 자신들도 그 하는 말의 뜻을 다 몰랐을 것입니다.

그 말의 참뜻을 아는 것은 씨올입니다. 그 말씀을 하게 하는 정말 주인은 씨올 속에 계시기 때문입니다.

그러면 우리더러 그 뜻을 풀게 하십시오. 이렇습니다.

민주주의 시대도 공산주의 시대도 지나가고 있습니다. 나는 벌써 몇십 년 전부터 세계 역사가 공산주의나 민주주의의 어느 하나의 승리로는 끝나지 않는다고 해왔습니다. 잘나서, 어째서, 그런 까닭을 알고 한 말이 아닙니다. 무식하기 때문에 뭔지 모르고, 그저 그렇게 마음에 비쳐서 한 소리였습니다. 구태여 설명하란다면 할 수 없이 이랬습니다.

"소설가가 소설을 써도 재미있게 쓰려면 원수를 갚아서 갚아지게 쓰지 않고, 갚지 않으면서 갚아지게 쓰지 않느냐. 그런데 하물며 우주극이 아무리 졸렬하다면 공산주의가 민주주의를 다 멸절을 시켜버리거나, 민주주의가 반대로 공산주의를 다 정복해버리는 그런 식으로야 되겠느냐. 반드시 공산주의보다도 민주주의보다도 높은 새것이 나와서 문제가 저절로 풀리게 될 것이다."

누가 누구를 이기는 것이 목적 아닙니다.

전체가 한층 더 올라가는 것입니다.

이제 우리 그 말이 들어맞은 셈입니다.

7·4성명은 결코 하늘에서 떨어진 운석이 아닙니다. 다 그전에 지나간 배가 있어서 이제 언덕에 와서 철썩거리는 물결입니다. 닉슨·모택동의 회담, 닉슨의 모스크바 방문이 없었다면 결국 나올 수 없는 말입니다.

그럼 닉슨·모택동이니 소련이니는 스스로 자주自主하는 것인가? 좀 크고 작은 차이는 있을지언정 그것들도 역사의 흐름 위에 뜨는 가랑잎인 점에서는 누구나 마찬가지입니다. 다 결코 하고 싶어, 잘나서 한 것이 아닙니다. 역사의 어쩔 수 없는 명령에 따라서 한 것입니다. 역사는 결코 개인이나 나라들이 합의해서 진행되는 것 아닙니다. 물론 사람 없이 아니 되지만, 마치 사지백체 없는 사람은 없지만 생명은 사지백체 이상인 것같이, 역사도 사람 이상인 뜻이 움직이고 있습니다. 그 뜻을 알 수 있는 데까지 아는 것이 사람의 일입니다.

이제 그 뜻으로 말미암아 대세가 변하고 있습니다. 아무도 그것을 정확히 말할 수는 없지만 변하고 있는 것만은 사실입니다. 그렇기 때문에 나는 언제부터 우리는 늘 후진국 의식만 가지고 남의 뒷 티끌만 뒤집어쓸 게 아니라 역사의 방향을 바꾸어 "우로 돌아 앞으로!"를 하자는 것입니다.

물론 어디로 갈지를 우리가 알 수는 없습니다. 그러나 두 가지만은 분명합니다. 하나는 지금 나아가는 방향일 수는 없으니 여기서 빨리 떠나야 한다는 것입니다. 이 방향이 무슨 방향입니까? 국가주의의 노선입니다. 오늘의 모든 국가는 그 이데올로기나 제도의 차이는 있어도 국가주의인 점에서는 마찬가지입니다. 그리고 오늘날 모든 문제의 근본은 그 속에 있습니다. 우리는 그것의 희생이 되었기 때문에 그 모순을 누구보다 잘 알고 있습니다. 그 담은 새로 갈 방향을 우리가 알 수는 없지만 그 방향을 결정하는 데 잊을 수 없는 한 가지 요소만은 알 수 있으니, 그것을 우리가 붙들어야 새 시대에 뽑힘을 받을 수 있다는 것입니다.

그 요소가 뭐냐? 역사적인 유산인데, 그것을 내버리고 역사 진행이 있을 수는 없는데, 그럼 그 역사적인 유산이 뭐냐 하면, 곧 인류적인 죄의 짐입니다. 사람이 최후까지 가지고 가는 보물이 뭐냐 하면, 곧 자기의 약함, 곧 자기의 병입니다. 유쾌했던 행복은 다 잊어도 좋지만 제 병은 마지막까지 놓을 수 없습니다. 그 병을 놓는 순간이 곧 자기의 최후인 동시에 새 생의 시작입니다.

인간 전체의 역사도 마찬가지일 것입니다. 인간은 최후까지 제 죄를 지고 갈 것입니다. 죄 벗자는 것이 목적입니다. 사는 한 죄가 있을 것이요, 죄가 있는 한 살 것입니다. 그러다가 그 죄의 짐을 겸손히 잘 지면 떨어지는 순간이 올 것이요, 그러면 새 시대에 들 것입니다.

씨올 여러분, 부끄러워 마십시오. 우리는 인류의 죄를 지는 역사의 속죄양입니다. 유교의 찌꺼기도 우리가 받았고, 불교의 찌꺼기도 우리가 받았습니다. 중국·인도의 문화가 중국·인도에서는 좋았는지 몰라도 우리에게 오면 짐이 됐고, 서양 문명이 서양에서는 혜택이 됐는지 몰라도 우리에게서는 화근만 됐습니다. 민주주의도 우리에게서 같이 병이 될 법이 어디 있으며 공산주의인들 우리에게서 악독한 것이 될 법이 어디 있습니까. 그러니 이것이 역사의 속죄양 아닙니까. 반드시 우리가 못나서만 아닙니다. 아니오, 병이 곧 사람의 삶이듯이, 우리 고난이 곧 우리의 보람이 있는 곳입니다. 이 비밀을 누가 압니까? 내가 보기에는 미래의 역사의 약속은 여기 놓여 있는 듯합니다.

속에 알갱이를 품은 씨올 여러분!

우리는 믿어야 합니다. 믿음이 창조입니다.
내 말이 너무 거칠다 책망하지 마십시오.
내가 짐을 졌습니다. 엎어졌습니다.
말을 못 다 합니다.
되지 못한 말을 쓰는 동안에 9월 밤이 다 샜습니다.
아!

• 1972년 9월, 『씨올의 소리』 제14호

제4부

들사람 얼

노벨평화상 후보로 추천받은 1985년 방문한 캐나다

"문명은 병이다.
역사상의 어느 문명도 제 속에서 난 원인 때문에
망하지 않은 문명이 없다.
……그럴 때면 반드시 소수의 들사람이 나타나서
썩어져가는 백성을 책망하며
맘속에 잃어버린 야성을 도로 찾도록 부르짖는다.
……지금 우리나라에 필요한 것은 들사람이다.
우리는 지금 문명의 해독을 가장 심히 받고 있는 나라다.
……그러나 이제라도 아니 늦다.
빈 들에 외쳐라!"
-「들사람 얼」野人精神

들사람 얼野人精神

호랑이 담배

옛날엔 호랑이가 담배를 먹었단다. 그때는 사람과 호랑이가 마주 앉아 맞불질을 했을 것이다. 이것은 싸움의 맞불질이 아니고 평화의 맞불질이다. 본래 담배는 평화의 심벌이다. 담배가 아메리카 인디언에서 비로소 나온 것인데, 그들의 신화에 의하면 사람의 자식들이 너무 파가 갈라져 쌈을 하기 때문에 천지 지은 신이 평화의 담배를 피웠다.

모든 족속이 무럭무럭 올라가는 그 연기를 보고 모여들자, 신은 엄숙하고도 간곡한 말로 타이르고 "너희는 다 한배 새끼니 싸움 말라. 가서 이 담배를 서로 피고 평화로 살아라" 했다는 것이다. 나는 담배는 싫어하는 사람이요, 깨끗이 길러낸 자식 담배 빠는 입엔 넘겨주기 싫어 사돈을 하려 할 때는 술·담배 먹나 아니 먹나 그것부터 물어, 만일 먹는다면 무조건 퇴짜를 놓으려는 사람이지만, 그런 평화의 담배라면 나도 이제라도 빨아도 좋다.

담배를 망우초忘憂草라 하기도 하고, 객대客對에 초인사初〔草〕人事라는 소리도 하지만, 담배에 확실히 사람의 맘을 가라앉히고 누그러뜨리는 것이 있으며 사람과 사람을 접촉시키는 것이 있다. 내가 세계 문제를 의논하려 외교회의에 간다 하여도 우선 담배를 끄집어낼 법도 하다. 싸움을 하려고 약이 털끝까지 오른 놈도 "우선 담배나 한 대

피우고 봅시다" 하면 좀 누그러지는 것이 있을 것이다.

그러나 담배에 또 나쁜 것이 있다. 담배를 피우고 맘이 맑을 수는 없다. 그 연기가 자욱한 것은 그 정신의 표시다. 나는 이런 의미에서 국제회의를 신용하지 않는다. 술 마시고 담배 피우면서 무슨 인류의 장래를 의논하잔 말인가. 취중에 된 교섭, 연막 속에서 나온 조약이 옳을 리가 없다. 언제 가서라도 정치가 술·담배 아니 먹는 입으로 되는 날이 오지 않는 한, 세계 문제는 결코 해결되지 않을 것이다. 그것은 취해서, 마비돼서, 한때 잊어서 될 일이 아니고, 똑똑한 정신, 심각한 생각, 기도하는 마음으로만 될 일이기 때문이다.

담배 그 자체에 있는 것 아니다. 사람은 맘에 있지. 담배가 인디언에게는 좋다. 하나, 문명인에게는 독이다. 백두산 천지 가에 단군 할아버지와 백두산 호랑이가 턱 마주 앉아 주먹만한 대통에 쓴 담배를 잔뜩 담아 산돼지 가죽 주머니에서 부싯돌을 꺼내어 제격 불을 쳐 맞불을 빨아 붙여 문 다음 퍽퍽 피는 연기를 길게 내뿜으며, 곤륜산·대행산·우수리·송아리를 뛰어다니던 이야기를 한다 해봐, 그 얼마나 시원하고 재미있고 신나는 일이겠나? 그 뒤에 이어 천하 일을 의논하면 어지간히 되지 않겠나? 담배가 우리나라에 들어온 지 불과 몇백 년이지만, 그때까지만 해도 '호랑이 담배 먹는 시절'을 그리던 것을 보면 아직 기상이 남아 있다. 그것은 평화요 관대요 침착이요 의 것이다.

하지만, 또 다른 한편 이런 것을 생각해봐. 스무 살, 서른 살 붉은 얼굴이 공부해 벼슬한답시고, 글 써 이름내고 돈 번답시고 책상에 엎디어 담배를 꽉꽉 피워 손가락은 새빨갛게 이빨은 시꺼멓게 타지, 토했던 것 먹는 개보다 더 더러운 놈들이 양담뱃값에 팔려 선거운동을 하지, 돼지같이 뚱뚱 살이 찐 것들이 달리는 자동차 창으로 반도 채 피지 않은 것을 내던지면, 또 사람이라고는 할 수 없는 형상을 한 물건들이 뒤로 따라가며 그것을 줍지. 제 영혼 구하고 남의 영혼 구하기 위해 독신을 지키노란 신부가 이미 버리고 난 향락이면 무엇이 또 연연해 눈시울이 붉게 술을 마시고 입술이 퍼렇게 담배를 피우지. (그래도 거룩, 정결, 곧음을 말하나?)

너나 나나 이게 무슨 꼴이냐. 담배의 종 아닌가? 아니 담배의 종이 아니다. 문명의 종이요 발달의 병이다! 호랑이가 담배를 피울 때는 "칼을 쳐서 보습을 만들고 창을 쳐서 낫을 만들며"[「이사야」, 2: 4], "사자가 풀을 먹고 어린이가 독사의 굴에 손을 넣고 놀"[11: 7~8] 것을 이상하며 살 수가 있었지만 담배가 문명인의 표가 된 오늘엔 그들의 얼굴에서 뵈는 것은 취함이요, 기운 빠짐이요, 간사요, 음험이요, 신경질이요, 비겁뿐 아닌가. 백두산, 히말라야 산, 로키 산, 우랄 산에서 담배를 피우던 호랑이들은 어디로 다 갔을까?

맞서는 두 계급

평화의 담배 벗 호랑이를 잃고 그를 무서워 피하게 된 것은 사람들이 산을 떠나 내려와 저희끼리 울타리 안에 살게 되던 때에 시작이 됐다. 그때부터 겁쟁이가 되고, 겁이 나기 때문에 꾀가 늘고, 꾀가 늘기 때문에 믿음성이 없어지고, 믿음성이 없기 때문에 속이 어두워지고 약해지게 되었다. 사람은 산에서 나서 골짜기에 내려왔고, 골짜기에서 버덩으로 뻗었다가 그만 성안에 갇히게 된 역사다. 성안에서는 그전의 평화와 슬기와 날쌤[仁·智·勇]의 하나됨을 다 잊어버리고 호랑이만 온다면 벌벌 떠는 겁쟁이가 되었다. 문명인처럼 겁쟁이가 어디 있나? 이야기가 이렇다.

요堯가 천하를 얻어 임금이 된 다음, 세상에서 자기의 다스림을 어찌 아나 알아보려고 한번은 시골을 나갔다. 밭에서 노래를 부르며 일하는 농사꾼을 보고 슬쩍, "당신 우리나라 임금을 아시오?" 했다. 농부가 그 말을 듣고 거들떠보지도 않고 흙덩이만 깨면서 하는 말이 "아, 내가 해 뜨면 나오고, 해 지면 들어가고, 내 손으로 우물 파 물 마시고, 밭 갈아 밥 먹고, 임금이고 뭐고 내게 상관이 뭐야?" 했다. 요堯

가 속으로 '내가 나 있는 줄을 모르리만큼 했으니 어지간히 하기는 했구나' 하면서도 아무래도 마음이 시원치 못했다.

어디까지나 백성을 위하자는 맘이요, 가르치잔 생각이므로 호강이나 세력을 부리잔 뜻은 없어, 집을 지어도 백성보다 나은 것이 겨우 흙으로 쌓은 세 층대에서 더한 것이 없음을 자기도 스스로 알지만 그래도 어쩐지 맘의 한구석에 불안이 있었다. 그래 사람을 영천潁川 냇가에 보내어 거기서 농사를 짓고 있는, 전에 도를 같이 닦던 시절의 친구인 소부巢父, 허유許由에게 가서, 나와서 벼슬을 하고 같이 일을 하자고 권했다. 그랬더니 허유가 그 말을 듣고는 "에이 더러운 소리를 들었군" 하고 영천수 흐르는 물에 귀를 씻었다. 소부가 송아지를 먹이면서 마침 송아지에게 물을 먹이려다가 그 모양을 보고, "야, 그 물 더러워졌다. 그것 먹이면 내 송아지 더러워진다" 하고 끌고 위로 올라갔다.

장자莊子가 초나라엘 갔다가 어느 냇가에서 낚시질을 했더니, 그 나라 임금이 듣고 신하를 보내어 예물을 잔뜩 가지고 와 하는 말이 "우리나라 임금이 선생님의 어지신 소문을 듣고 꼭 오시어 우리나라를 위해 일을 해주시기를 청합니다" 했다. 장자가 그 이야기를 듣더니 하는 말이, "이애, 여기 제사 돼지가 있다. 그놈 살았을 때 진창 속에 뒹굴고 있지만 제삿날이 오면 비단으로 입히고 정한 자리를 깔고 도마 위에 눕히고, 칼을 들어 잡는다. 그때 돼지가 되어 생각한다면 그렇게 죽는 것이 좋겠느냐. 진창 속에서나마 살고 싶겠느냐?

또 너의 나라 사당 안에 점치는 거북 껍질 있지? 그놈이 살았을 때 바닷가 감탕 속에 꼬리를 끌고 놀던 것인데 한번 잡힌즉 죽어 그 껍질을 미래를 점치는 신령이라 하여 비단보로 싸서 장안에 간직해두게 되니, 거북이 되어 생각한다면 죽어서 그 영광을 받고 싶겠느냐, 감탕 속에 꼬리를 끌면서라도 살고 싶겠나?" 했다. 왔던 사신의 대답이 "그야 물론 진창·감탕 속에서 뒹굴고 꼬리를 끌면서라도 살고 싶지요" "그렇다면, 가서 너의 임금 보고, 나도 감탕 속에 꼬리를 치고 싶단다고 해라. 천하니 임금질이니 그게 다 뭐라더냐?" 하고 장자는 물 위에 낚시를 획 던졌다.

마케도니아의 한 절반 야만의 자식인 알렉산더가 천하를 정복할 적에 당시 문화의 동산인 그리스를 말발굽 밑에 두루 짓밟았다. 감히 머리를 들 놈이 없었다. 오는 놈마다 말 앞에 무릎을 꿇었다. 들려오는 소문에 디오게네스란 유명한 어진 이가 있다는 말을 들었다. 젊은 아이의 영웅심·자만심에, 으레 제가 나를 보러 오겠거니 했다. 기다려도 기다려도 아니 왔다. 약도 올랐고, 호기심도 일어나서, 부하를 데리고 디오게네스 있는 곳을 찾아갔다. 가보니 늙은이 하나가 몸에는 누더기를 입고 머리는 언제 빗질을 했는지 메두사의 머리의 뱀처럼 흐트러졌는데, 바야흐로 나무통 옆에 앉아 볕을 쬐고 있었다. 이 나무통은 그의 소유의 전부인데 낮에는 어디나 가고 싶은 데로 그것을 굴려서 가고, 밤에는 그 안에 들어가 자는 것이었다.

디오게네스는 누가 왔거나 거들떠보지도 않았다. 젊은 영웅은 화가 났다. "너, 알렉산더를 모르나?" 제 이름만 들으면 나는 새도 떨어지고, 울던 애기도 그치는 줄만 아는 알렉산더는 맘속에 "저놈의 영감쟁이가 몰라 그러지, 제가 정말 나인 줄을 알면야 질겁을 해 벌떡 일어설 테지" 하는 기대를 가지고 한 소리였다. 그러나 디오게네스는 놀라지도, 코를 찡긋하지도 않고 기웃해 알렉산더를 물끄러미 보고 하는 말이 "너, 디오게네스를 모르나?" 그러고는 목구멍에 침이 타마르고 있는 젊은 정복자를 보고 "비켜, 해드는 데 그림자 져" 했다.

후한後漢 광무제光武帝가 한개 선비로서 일어나 어지러워가던 한나라를 다시 일으켰다. 전쟁이 다 끝나고 천하가 완전히 제 손아귀에 들어온 줄을 알게 된 다음, 마음에 좀 불안을 느꼈다. 이제 천하에 나를 칭찬 아니 할 놈이 없고 내게 복종 아니 할 놈이 없건만, 단 한 사내만이 맘에 걸렸다. 그것은 엄자릉이다. 그는 광무제의 동창 벗이었다. 한 가지 성현의 도를 닦는 시절 서로 마음을 알아주는 벗[知己之

友]으로 허락을 했었고, 높은 이상과 도타운 덕에 있어 그가 자기보다 한 걸음을 내켜 디딘 줄을 아는 광무제는, 처음의 선비의 뜻을 버리고 권세의 길을 탐해 천자가 되기는 했지만 자릉이가 자기를 속으로 인정해주지 않을 줄을 알았다. 그 생각을 하면 앞에서 네 발로 기며 아첨하는 소위 만조백관滿朝百官이란 것들이 보기도 싫었다. 그래 사람을 부춘산富春山에 보내 냇가에 낚시질하는 엄자릉을 데려오라 하였다. 자릉이 따라왔다.

대신이요 무어요 하는 물건들이 뜰 아래 두 줄로 벌려 서서 감히 우러러도 못 보는 데를 자릉이 성큼성큼 걸어 광무 앉은 곳으로 쑥 올라갔다. "아, 문숙文叔이, 이게 얼마 만인가?" 그 동안에 몇 해의 전쟁이요, 나라요, 정치요, 천자요 그런 것은 당초 코끝에 거는 것 같지도 않았다. 신하들은 어쩔 줄을 몰랐다. 광무도 도량이 넓다고는 하나 짐승처럼 부려먹는 신하들 앞에서 제 위에 또 권위가 있는 것을 허락해 보여주는 것이 그리 기분 좋은 일이 아니었다. 그렇다고 자릉이를 신하 대접을 했다가는 당장에 무슨 벼락이 떨어질지 모르고, 물론 자릉이 그럴 리도 없겠지만 광무의 마음에 그럴 수밖에 없었다. 그는 스스로 무엇인지 모르는 기氣에 눌림을 스스로 인정하지 않을 수 없었다.

그래 신하들보고는 "너희들은 물러가라, 내 친구를 오랜만에 만나 서로 정을 좀 풀련다" 했다. 밤새 이야기를 하다 잤다. 천문을 보는 신하가 허방지방 들어와 "큰일났습니다. 객성客星이 태백太白을 범했으니 무슨 일이 있삽는지 모르겠습니다" 했다. 태백이란 지금 말로 금성인데 옛 사람 생각에 그것은 임금을 표시한다 했다. 객성이란 다른 별이란 말이다. 임금은 절대 신성하여 범할 수 없다고 믿었기 때문이다. 알고 보니 엄자릉이 자면서 광무의 배 위에다 다리를 턱 올려놓고 자더라는 것이다. 그래서 후의 시인이 자릉의 그 기상을 대신 표현하여,

일만 일에 생각 없고 다만 하나 낚싯대라
삼공 벼슬 준다 한들 이 강산을 놓을소냐
평생에 잘못 봤던 유문숙이 너 때문에
쓸데없는 이름 날려 온 세상에 퍼졌구나[1]
萬事無心一釣竿
三公不換此江山
平生誤識劉文叔
惹起虛名滿世間

했다. 이것은 다 호랑이 담배 먹던 시대가 그리워서 하는 이야기들
이다.

누가 한 수 더 위냐

호랑이 담배를 먹는 이야기를 왜 이 우주시대라는 지금에도 하며,
하면 왜 '루니크' 제2호가 달에 갔다는 소리를 듣는 것보다 더 상쾌
함을 느낄까?

그것이 역사적으로 있었더냐 없었더냐가 문제 아니다. 없다면 없
을수록, 없는 일인데도 불구하고 자꾸 전해오게 되는데, 그 사실을
뛰어넘는 진실성이 있다. 사실, 사실은 사실의 전부가 아니다. 소위
사실이란 것은 현실을 가지고 말하는 것인데, 현실은 결코 참이 아니
다. 현실이라지만 現現이야말로 실實은 아니다. 씨는 언제나 뵈지 않
는 속에 있다. Things are not what they seem! 씨가 피어 나온 것이
잎이요 꽃이지만, 잎과 꽃이 그 씨가 품었던 전부는 아니다. 씨가 품

---

1) 남송 후기의 강호시인 대복고(戴復古, 1167~?)가 지은 「조대」(釣臺). 대복고
는 일생 동안 벼슬하지 않고 천하를 유람하며 시를 짓고 많은 시우(詩友)들과
사귀었다.

은 것은 영원이요 무한이다. 그러므로 꽃마다 잎마다 열매를 내기 위하여는 떨어져야 하고(현실은 없어지고), 그 씨는 또 더 많은, 더 새로운 씨를 위해 땅속에 들어가야 한다. 사실이 중요하지만 사실事實은 사실史實이 되어야 하고 사실死實에 이르러야 한다.

참에서 있음이 나오지만 '있는' 것이 참도 아니요 '있던' 것이 참도 아니다. '있을 것, 있어야 할' 것이 정말 참이다. 시始가 종終을 낳는 것이 아니라 종終이 시始를 낳는다. 신화는 있던 일이 아니요, 있어야 할 일이다. 신화를 잃어버린 20세기 문명은 참혹한 병신이다. 신화는 이상이다. 이상이므로 처음부터 있었을 것이다. 알파 안에 오메가가 있고, 오메가 안에 알파가 있다. 이 문명이란 것은 알파도 오메가도 잃은 중간이다. 중간은 죽은 거요, 거짓이다. 이 사실에 붙는 문명은 죽은 문명이요, 거짓 문명이다.

호랑이는 담배를 피웠을 것이요, 사람과 서로 맞불을 붙이고야 말 것이요, 지금도 어디서 피우고 있을 것이다. 호랑이가 담배를 피웠다면 사람은 선악과를 먹었다. 먹고야 말 것이다. 선악과를 먹던 에덴 동산 이야기를 그리워서 하는 것은 사람이 선과 악을 참 아는 지혜를 얻고야 말 것을 뜻한다. 사람의 딸들이 하나님의 아들들과 결혼을 했을 것이요, 네피림[2]을 낳았을 것이요[「창세기」, 6: 4], 또 낳는 날이 오고야 말 것이다. 모든 신화는 요컨대 하나다. 사람과 하나님과 만물이 서로 통했다는 것이다. 그것이 근본이요 또 구경究竟 이상이다. 그 신화가 타락하여 전설이 되고, 전설이 타락해 사화史話가 되고, 사화가 타락해 사건이 된다. 사건이 나면 죽는다. 문명은 사건의 공동 묘실 아닌가?

그러므로 소부·허유가 사실로 있었거나 없었거나, 자릉이 정말 광무의 배때기를 눌렀거나 아니 눌렀거나, 디오게네스가 과연 알렉산더를 눈깔로 꼴았거나 말았거나 그것은 문제가 아니다. 그것과는 별

2) 네피림(Nephilim): 『구약성경』에 나오는 거인족의 이름으로 장부라는 뜻.

문제로 이 이야기들은 참이다. 따지고 들어가면 다른 것 아니요, 두 편이 있다는 말이다. 요·초왕·알렉산더·한광무 등등으로 대표되는 소위 문명인과 소부·허유·장자·디오게네스·엄자릉 등으로 대표되는 '들사람'과, 그리고 이 세상이 보기에는 문명인의 세상 같지만 사실은 들사람이 있으므로 되어간다는 말이다. 그것을 주장하자는 것이 이들 신화 전설이 끊이지 않고 전해 내려오는 이유다.

중국 민족같이 실제적인 민족은 없다. 거기서 난 성인 공자는 주로 한 것이 집과 나라와 사회를 어떻게 받들어나갈 거냐 거기 관한 실지 도덕을 가르친 일이지, 우주의 근본이나 생명의 신비 같은 것을 그리 말하지 않았다. 그런데, 그리하여 그 가르침이 표준이 되어 임금을 하늘 아들이라 높였는데 그 중국 역사에 어찌하여 내리내리 잊지 않고 세상을 초탈하는 인물을 늘 그 위에 앉히는 사상이 있을까? 또 그리스도 역시 마찬가지다. '폴리스'란 말이 정치를 뜻하듯이 그들은 정치적인 민족이요 또 과학 발달이 그들에게서 나왔는데, 어찌하여 디오게네스 같은 인물을 알렉산더보다 높이는 사상이 있을까?

그렇게 보면 하필 중국이나 그리스만이 아니라 어떤 민족, 어떤 나라의 역사에도 이 두 인종의 대립이 있고, 그리고 현실에서는 하나 틀림없이 다 임금을 높이고 신이라고까지 하면서도 그 뒷면의 정신의 세계에선 늘 그 위에 관 없는 왕을, 왕 위에 왕을 앉혀놓는다. 이스라엘 역사에서 양치는 소년 다윗은 골리앗을 조약돌로 때려눕혔고, 그 다윗은 선지자 사무엘이 어린애처럼 데려다 왕 위에 놓았으며, 인도에서는 임금이 왕의 자리를 버리고 출가를 하여 거지 같은 고행자 앞에 겸손한 제자가 되는 일이 수두룩하였다. 맹자는 임금이 불러도 "저는 벼슬 한 가지 높지만 나는 나이도 높고 덕으로도 높으니 제가 어찌 나를 불러?" 하고 아니 갔고, 천작天爵·인작人爵을 말했다.

뼈다귀가 빠질 대로 다 빠지고 살이 썩을 대로 다 썩은 우리나라 이씨네 5백 년에 있어서도 그래도 무슨 기백이 남은 것이 있다면, 상투 밑에서 고린내는 났을망정 한 줌 되는 산림학자山林學者에 있지 않왔나? 정몽주를 때려 죽였는데도 불구하고 아직도 선죽교에 피가 흐른다는 것은 무엇인가? 이성계·이방원을 만고의 죄인으로 규정짓는 민중의 판단이지, 왕 위에 또 왕이 있단 말이지 무언가. 야차3) 같은 수양으로도 미친 녀석 같은 김시습을 어떻게나 모셔보려 애를 쓴 것은 무언가? 칼보다는 더 무서운 칼이 있고 곤룡포보다는 더 아름다운 옷이 있단 말이지.

이태조·세조는 왜 또 들추느냐? 그밖엔 할 말이 없느냐 하고 그의 자손과 그의 종들은 강아지처럼 앙잘거려 항의를 할 거다. 그렇다, 나는 무식해서 할 말이 그것밖엔 모른다. 나는 무지한 백성의 한 알이다. 내가 이 꼴밖에 못 된 것은 그들 때문이다. 한이 뼈에 사무쳤다. 그러나 내가 개인 이성계나 수양을 나무라겠느냐? 다 죽어 썩어져 백골도 없는 그들을 욕해서는 무엇하리오. 그들은 민중을 다스리는 권력, 구속하는 제도의 상징 아닌가. 그의 정신적 권속은 오늘도 씨글거리지 않나? 내 말도 못 알아듣는 가엾은 사람아, 너희 같은 것을 위해 최영이 목을 잘리고 정몽주가 맞아 죽고, 성삼문·박팽년이 죽고, 유응부가 서서 껍데기를 벗기우고, 김옥균이 총에 맞아 죽고, 시체도 평안치 못해 오차 당했단다.

개성에 가면 덕물산이란 조그만 산이 있어 거기는 무당만 몇십 호가 굿을 해먹고 살아갔는데, 그거는 뭐냐 하면 최영 장군의 영을 뫼신 곳이다. 지금은 물론 미신이지만 당초의 그 유래를 찾으면 태종 때에 비가 아니 와서 사방 기우제를 지내다 못해 누구 말이 최 장군의 영이 노해 그런다 하여 그 묘에 제사를 지냈더니 곧 큰비가 와서 그때부터 그리됐다는 것이다. 이태조와 최 장군이 원수로 대립이 되던 이상 태종의 맘으로 그 묘에 제사하는 것을 허하고 싶지 않았겠지만 민중의 생명이 관계되는데 어쩔 수 없었을 것이다. 그럼 뭐야? 목

---

3) 야차(夜叉): 산스크리트어 야크샤(Yaksa)의 음역으로 약차(藥叉)라고도 쓴다. 『베다』에 나오는 초자연적인 신적 존재.

은 잘랐지만 도리어 졌단 말 아닌가. 민중은 최 장군을 더 존경한단 말 아닌가. 과학적으로 보아, 비 온 것이 우연이거나 영검이거나 그것은 별문제로 민중의 맘이 최 장군을 위해 절대 받든 것만은 사실이 아닌가? 살고 죽는, 화복의 마지막 결정권은 민중에 있다.

또 김시습이 미친 모양을 하고 다니며 길가에서 오줌을 쌌다. 그것이 누구냐? 그가 길을 가다가는 주저앉아 "이 백성이 무슨 죄가 있소" 하고 통곡하던 바로 민중 그 자신이 아닌. 오줌을 쌌다니 어디다 싼 것인가? 세조의 정치에 대해, 바로 세조의 얼굴에 대고 싼 것이지 뭐냐. 칼을 뽑아 물을 잘라도 물은 오히려 흐른다고, 사람의 모가지는 자를 수 있어도 민중의 오줌인 신화·전설·여론은 못 자를 것이다. 봐라! 두고 봐라! 한이 뼈에 사무쳤다니 원수라도 갚을까봐 겁이 나 그러나? 비겁하다! 그게 아니다. 미친 체 오줌을 싸는 것은 원수 갚을 마음 없기 때문에 하는 것이다. 비겁하거나 미워하는 맘에서 싸는 오줌이 아니야. 오줌 쌈을 받는 놈보다는 스스로 좀 넓고 큰 것이 있기 때문에 하는 거야. 소원이야 예수처럼 죽으면서도 죽이는 놈을 위해 복 빌고 싶은 마음이지만, 그만한 얼의 실력은 없으니, 오줌이라도 싸는 것이다.

매월당梅月堂의 오줌 한 번 구경하려나? 서거정[4]이 그와 친구였다. 찾아온 김시습을 보고 그림 한 폭을 내놓으며 거기다 뭐라 글을 하나 써달라 했다. 그림은 강태공이 문왕을 만나기 전 위천에서 낚시질하는 것을 그린 것이었다. 시습은 붓을 들더니 곧 단숨에 내리갈겼다.

비바람 들이치는 위천 물가 낚싯돌에
저 고기 새 너를 배워 세상일 꽤 잊었더니

4) 서거정(徐居正, 1420~88): 조선 전기의 문신·학자. 호는 사가정(四佳亭). 단종 폐위와 사육신의 희생 등 어지러운 현실 속에서도 자신의 직분을 지키며 조정을 떠나지 않았다. 당대의 혹독한 비평가 김시습과 미묘한 친분관계를 맺은 것으로 유명하다.

어쩌다 늘그막엔 난다 긴다 장수되어
쓸데없이 백이숙제 굶어 죽게 했단 말가
風雨蕭蕭拂釣磯
渭川魚鳥識忘機
好何老作鷹揚將
空使夷齊餓採薇

거정이 이것을 보더니 "이거 나를 죄 주는 소리로구나" 했다. 옳은 말이다. 본래 벼슬이라도 해먹는 놈들에게 맞지도 않는 그림이었다. "내가 진리의 왕이다"는 못할망정 매월당이 썼던 대로 나도 세종로·종로에 대고 대낮에 오줌을 한 번 갈기고 싶은 일이다. 그만한 '들사람' 얼이 있었으면!

글월과 바탈

카를 마르크스는 계급 싸움을 주장한다. 즉 역사는 있는 놈 없는 놈, 다스리는 놈 다스림 받는 놈이 대립되어 싸우는 동안에 변증론적, 즉 묻거니 대답하거니 하는 식으로 번져나간다는 것이다. 역사를 묻고 대답하는 것으로 보아 그러는 동안에 자꾸 부정됨에 의하여 차차 높아진다고 본 것은 옳은 생각이다. 그러나 마르크스의 잘못 본 점이 있다. 역사는 묻고 대답함이지만 계급 사이의 문답은 아니다. 또 계급이란 말은 해도 좋다. 그러나 그것이 있고 없음, 누름 눌림의 관계가 아니다. 또다시, 있고 없음, 누름 눌림이라 해도 좋으나, 그것이 경제·정치적인 것은 아니다. 물론 겉에 나타난 것은 그거지만 그것은 속에 보다 깊은 것이 있어서 나오는 현상뿐이다. 그러므로 정치·경제의 싸움으로만 알아서는 해결될 수 없다. 역사에 맞섬이 있지만 그것은 평면적인 맞섬이 아니다. 묻고 대답함이 있지만 문답은 동무 사이에는 없다. 아버지와 아들, 선생과 제자 사이, 즉 위·아래

관계에서만 정말 발전시키는 문답은 있을 수 있다.

말씀은 구경에 있어서 윤리적일 수밖에 없다. 그러므로 이것은 바탈의 맞섬〔質的 對立〕이요, 영과 영 사이의 문답이다. 구경을 따져 말하면 역사는 하나님과 사람의 대화다. 정신과 물질의 대화라 할 수도 있고, 한〔全〕과 낱〔個〕의 대화라 해도 좋다. 마르크스는 유물변증법이라 해서 과학적이노라 하지만 그야말로 비과학적이다. 말씀은 물질에는 있을 수 없다. 뜻은 정신에만 있는 것이요, 문답은 뜻 때문에 나온다. 그러므로 물질이란 말과 변증이란 말은 맞붙을 수 없는 말이다. 역사는 영과 영의 문답이다. 어미 영과 새끼 영이 있어서 문답이 일어나는 것이다. 그러므로 그것을 사랑의 말씀이라 혹은 교敎라 하는 것이다. 그것은 브라만5)과 아트만6)의 문답이다. 절대와 상대의 문답이다. 하늘과 백성의 문답이다.

문답이 일어나는 것은 뜻 때문이다. 빤히 뵈는 형상을 물을 필요는 없었다. 뜻은 숨는 것이므로, 숨었기 때문에 뜻이므로, 그것은 현상을 뜯어보아야 안다. 그래 묻고 대답이다. 말씀은 현상을 뜯어 제낌이다. 현상을 뜯어 제끼면 뜻의 샘이 저절로 솟아 나오고 피어 나오고 자라 나온다. 그러므로 뜻엔 처음도 나중도 없기 때문에 처음과 나중을 지어낼 수 있다. 그것이 삶〔生〕이요, 숨〔命〕이요, 돼감〔歷史〕이다.

얼은 한 얼이지 둘이 있을 리 없다. 허나 무슨 까닭인지 이성으로는 알 수 없는 신비로운 법칙에 의하여 '한'인 얼은 갈라진 것, 맞선 것으로 보인다. 위·아래, 선·악, 고움·미움…… 이것을 왜 그러냐 물어도 소용이 없다. 그것은 그대로 '있음'이지 '왜'가 없다. '왜'의

---

5) 브라만(Brahman): 인도 정통 브라만교의 핵심사상으로 우주작용의 근본 원리를 일컫는다. 범(梵)이라고도 한다.
6) 아트만(ātman): 『베다』에서 숨(호흡)·영(靈)·아(我)의 뜻. 브라만이 우주 작용의 근거가 되듯이, 인간의 모든 행동의 저변에 깔려 있으며 브라만의 일부로 서로 통하거나 하나가 되기도 한다.

그물에 걸리는 것은 참이 아니다. 하지만 우리 이성은 이 할 수 없는 것, 소용없는 것을 묻는다. 옛날 말에, 대가리 둘 가진 뱀을 보면 죽는다 했다지만 있음이야말로 대가리 둘 가진 뱀인지 모룻다. 대가리가 둘이 아니고 꽁지가 둘인지 모르지, 얼은 '한'일 수밖에 없으니. 대가리거나 꽁지거나 간에 이것을 보았다 하는 순간 이성의 아이는 죽어버린다. 죽어버리건만 기어이 아니 보곤 못 견디는 것이 이성의 버릇이다. 먹지 말란 선악과를 혀가 갈라진(두말 하는) 뱀의 소리를 듣고 기어이 먹고 죽었다 하지 않던가? '한'인 얼이 스스로 하는 데서 이 이성이란 것이 나왔는데 요 당돌한 것이 감히 저 나온 근본을 알아보겠다는 데서 말썽이 생긴다. 역사요, 문명이요, 철학이요, 종교요.

이성은 빛이다. 빛이지만 그것이 하나님의 얼이 운동하던 그 깊음의 어둠을 비쳐낼 수는 없다. "빛이 어두운 데 비치되 어둠이 받지 않더라"〔「요한복음」, 1: 5〕. 사람의 모든 정신적 산물이란, 요 이성의 당돌한 등불이 바탈의 동굴 속을 더듬어보자고 애를 쓰는 데서 나온 것이다. 그러므로 그 하는 소리가 항상 모순이 있을 수밖에 없다. 아마 모르긴 하거니와 바탈의 얼이 두 얼굴이 아니고 이성, 제가 눈이 두 알이 돼서 모든 것이 이원二元으로 보일 것이다. 눈이 두 알이라 하는 것이 좋을지. 하나는 제 모양이고 하나는 그림자라 할지. 어쨌건 사람은 '한'을 찾으면서도 둘밖에 못 본다.

그리하여 모든 것이 맞섬으로 된다. 상대적이다. 우리는 반대적이다. 우리는 반대 없이는 생각할 수도 살 수도 없다. 이 소리조차도 이성이 할 수 없어 하는 말이다. 천 번을 되풀이해도 결국 무극無極이 태극太極, 태극이 양의兩儀라는 설명, '브라만'이 '아트만', '아트만'이 '브라만' 그 중간에 있는 구나스〔性〕에서 만물이 나온다는 설명, 하나님이 천지를 창조했고, 사탄의 유혹으로 잘못됐으며 그 중간에 하나님이면서 사람, 사람이면서 하나님인 인격이 서서 문제를 해결한다는 설명, 그 밖을 나갈 것이 없을 것이다. 사람의 몸이 돼먹음도 맞섬으로 되는 것은 우연이 아닐 것이다. 팔 다리가 대립, 왼편 바른편이 대립, 눈 둘, 귀 둘, 콧구멍 둘, 들어가는 구멍 나가는 구멍, 입 하나로 먹고 말을 하는가 하면 또 다른 하나로 배설과 생산을 겸해 그것도 대립, 그런데 이상한 것은 골통은 하나다. 인생과 역사는 대립에 있고, 구경은 하나됨에 있다.

이것을 사람의 문화사 위에서 말하면 문文과 야野 곧 글월과 바탈의 관계로 설명할 수 있다. 역사는 마르크스가 주장하듯 지배계급과 피지배계급과의 싸움이 아니라, 문인과 야인의 문답이요 싸움이다. 가진 놈 못 가진 놈의 대립도, 누르는 놈 눌린 놈의 대립도, 이 문과 야의 대립에서 나온다.

글월을 주장하느냐, 바탈을 주장하느냐? 물론 바탈이 있어서 글월이요, 글월 아니고는 모르는 바탈이지만 실지에서는 늘 싸움이 있다. 글월이란 무늬란 말이다. 비단을 짜고 거기 군데군데 무슨 형상을 그려놓으면 보기가 더 좋다. 그것이 무늬다. 한문의 문文자는 그 금을 이리저리 그어놓은 형상이다. 그러므로 글과 그림이 하나다. 우리말에 '글' '그림'이 한 말인 것은 이 때문이요, 옛날 글자가 그림으로 시작된 것은 우리가 다 아는 이야기다.

그림은 왜 그리나? 생각이 있기 때문이다. 사랑하는 사람을 그립다한다. 사랑하기 때문에, 생각하는 맘속에 그를 생각하기 때문에 그얼굴을 그려본다. 그래 그리운 사람이다. 그리우면 그 감정을 나타내고 싶어진다. 그것이 글이다. 노래·시·편지. 글은 그것 하기 위해 발달된 것이다. 그러면 글월은 속에 있는 뜻을 나타낸 것이다. 나타내는 것은 무엇으로나 나타낼 수 있다.

꽃이 물 위에 뚝 떨어지는 것을 볼 때 거기 말할 수 없이 좋은 것을 느낀다. "낙화수면개문장"落花水面皆文章[7]이다. 가을날 맑은 물 위를 바람이 슬쩍 불어갈 때 거기 아름다운 무늬가 나온다. 추수문장秋水文

---

7) 落花水面皆文章: 주자의 「춘일독서락」(春日讀書樂)의 한 구절로 천지 자연 모두에 문장의 아름다움이 깃들여 있음을 뜻함.

章이다. 어슬터슬한 도끼로 깎으면 나무의 결에 무늬가 돋혀 나온다. 두보가 「고백행」[8]에서 "불로문장세이경"不露文章世已驚이라 한 것은 이것이다. 이 모든 것을 보고 좋은 느낌을 갖는 것은 거기 무슨 보람을 느끼기 때문이요, 보람을 느끼는 것은 그 꽃·나무·물·바람을 타서 우리 속에 있는 무엇이 잡혀지고 나오고 자라기 때문이다. 즉 자아가 실현되기 때문이다.

그 실현되어 나온 것이 문, 곧 글이다. 하늘의 천체를 통해 나오면 천문天文, 땅의 것을 통해 나오면 지문地文, 사람 자기의 일을 통해 나오면 인문人文, 그러나 무엇을 알았든지 결국 안 것은 자기요, 드러낸 것은 제 속에 있는 얼이다. 자기의 실현이란 곧 참의 실현이다. 내가 곧 부처요, 하늘나라가 우리 안에 자리 잡고 있기 때문이다.

문文에 대해 야野는 뭐냐? 무늬에 대한 바탈이다. 질소質素라 하는데 질도 바탈이요, 소도 바탈이다. 질은 형形에 대해 하는 말이다. 나타나면 형, 나타나지 않은 것은 질, 소는 희다는 뜻으로도 쓰는데, 무늬 놓지 않은 비단, 그것이 소다. 회사후소(繪事後素: 그림 그리는 일은 흰 바탕이 있은 이후에 한다는 뜻으로, 본질이 있은 연후에 꾸밈이 있음을 비유하여 이르는 말 - 편집자)라, 그림은 바탈 뒤에 온다.

또 박朴〔樸〕이라는 자가 있다. 박은 다듬지 않은 나무다. 나무를 다듬으면 고운 무늬가 나오고 아로새기면 아름다운 형상이 되지만 그렇게 하기 전 나무대로 있는 것이 박이다. 또 순醇, 순淳 하는 글자들이 있다. 순醇은 진한 술이다. 순淳은 순醇과 통해 쓴다. 이 말들이 다 바탕이라는 뜻이다. 사람의 손질이 가지 않은 그대로 있는 것이란 뜻이다. 그 바탕이 좋다는 뜻에서 "질소質素·질박質朴·순박醇朴" 하는 말들이 있다.

---

8) 「고백행」(古柏行): 두보가 제갈공명의 묘 앞에 우뚝 선 오래된 측백나무〔古柏〕를 바라보고 읊은 시. '不露文章世已驚'은 아름다운 무늬가 드러나지 않아도 세상 사람들이 이미 놀란다는 뜻이다.

야野, 곧 들은 도都, 읍邑에 대해 쓰는 말이다. 사람이 많이 모여 사는 곳이 읍, 그 읍 중에서도 나라 임금 있는 곳이 도다. 야는 그 도읍 밖에 나와서 있는 들, 교외다. 시골·농촌이다. 야인, 들사람은 시골 사람, 두메 사람이다. 야인헌근野人獻芹이란 말이 있다. 시골 놈이 제 입에 가장 맛있는 것이 미나리니까 그것을 가지고 임금께 바치겠다고 가지고 간단 뜻이다. 야인은 또 벼슬하지 않는 사람이란 뜻으로도 쓴다. 여당·야당 할 때의 야는 그것이다.

야는 그렇듯 본래 문에 대한 바탕을 가리키는 말이건만 문을 좋게 여기는 사람이 바탕을 나쁘게 보기 시작하여서 "야비野卑·야심野心·야만野蠻·조야粗野" 하는 말들이 나왔다. 논어에 "질승문즉야 문승질즉사 문질빈빈연후군자"質勝文則野 文勝質則史 文質彬彬然後君子란 말이 있다〔『논어』, 「옹야」〕. 질이 문보다 지나친 것, 즉 글월을 돋히지 못하고 바탈대로만 있으면 야野해 못 쓰고 반대로 글월이 너무 지나치면 사史해 못 쓴다. 사는 지금은 역사란 뜻으로만 쓰이지만 본래는 관청에서 무엇을 기록하는 서류를 가리키는 말이다. 그런데 관청의 기록이란 언제나 형식적인 것이다. 여기 사라 한 것은 그런 뜻으로 쓰인 것이다. 그렇지 않고 문과 질이 빈빈彬彬해, 알맞게 조화해야 한다는 뜻이다.

그러나 그 공자로도 이상적인 지경을 못 얻을진대 차라리 질, 바탈 편이 낫다 했기 때문에 위에서 말한 '회사후소'라는 말을 했다. 그래 자공子貢이 그 뜻을 알아듣고 "네, 그럼 예禮가 뒤에 온단 말씀입니까" 했다. 그 뜻은 사람의 글월인 예가 중요하지만 아무래도 바탈 되는 충忠이요, 신信이요, 성誠이 있고 말이지, 그것 없이 해서는 도리어 해란 말이다. 그래서 공자는 또 다른 데서 "예여기사야영검"禮與其奢也寧儉이라 했다〔『논어』, 「팔일」〕. 사奢는 꾸밈이 너무 지나친 것인데, 예는 그것보다는 차라리 검儉한 것이 낫다는 말이다. 검이란 '검소·검약' 하는 말들이 표시하는 대로 수수한 바탈대로 함이다.

공자는 문을 퍽 중요하게 생각했으므로 사람의 정신적인 지음을 온통 문文 한자로 표하여 사문斯文이라 했고, 자기의 사명이 그 글월을 지키고 빛내 후세에 전하는 데 있다고 느껴서 어느 때 신변의 위험을 느꼈을 때, 제자들이 걱정하니, "하늘이 이 글월을 없애신담 몰라도 그렇지 않으면야 무슨 걱정이 있느냐"고 말한 일까지 있고, 사람을 가르치는 과목을 넷으로 나눠 하는데 문을 첫째로 넣어 '문文·행行·충忠·신信'이라 했다. 오늘날도 동양에선 문화·문명 해서 사람의 정신적·물질적 힘써 만든 모든 것을 문으로 표시하는 것은 이렇게 해서 된 일이다.

하지만 '문·행·충·신'에서 보면 아는 대로 문은 그 하나에 지나지 않고 그다음 점점 높은 지경은 다 사람의 속 바탈에 관한 것임을 볼 때 공자의 뜻을 짐작할 수 있다. 그래 그는 "술이부작"述而不作이라 한 것이다. 이것은 대단히 겸손한 말이다. 바탈을 중요시하기 때문에 하는 말이다. 문화활동이라 해서 현대 사람은 창작이란 말을 헤피 쓰지만 공자는 그러지 않았다. "내가 감히 짓는다 할 수 있느냐? 나는 본래부터 있는 것을 펴서 설명할 뿐이다" 하는 말이다. 본래부터 있는 것은 바탈이다. 천명이요 성性이다. 문文은 그것을 내 처지에 따라 내 힘대로 드러낸 것이다. 리얼라이즈realize한 것이다.

문명은 실현이다. 문명·문화의 명明이나 화化는 그 뜻을 표시하는 말이다. 바탈 곧 실實, 참이 있어서 그것을 드러내는 것이기 때문에 그것은 밝힘이요 됨이다. 서양 말에 컬처culture라는 말도 같은 뜻을 나타낸다. '길들이다' '재배하다'는 뜻인데 이것은 사람이 자연에 붙어 사냥질을 하며 왔다갔다하며 살던 것을 버리고 한 곳에 자리를 잡고 살며 짐승을 기르고 곡식을 재배하던 때부터 이른바 문명이 발달하기 시작했으므로 하는 말일 것이다. 야생의 식물·동물을 길들이고 기름으로 그 속에 들어 있는 바탈을 점점 드러내게 됐다. 그것이 발달, 그 발달을 시키므로 사람은 자기 속에 있는 무엇을 또 드러낸다. 모여 사는 가운데 사람과 사람 사이의 관계가 복잡해지고 그것을 알맞춰 고루어가기 위해 여러 가지 풍속·법·규칙·제도가 생겼다. 그것이 시

市, 시민 정치다. 시빌civil이다. 그래 시빌라이제이션civilization이다.

문명은 병이다

사람은 나르시스다. 저 한 일에 취하는 것이 대부분 사람의 일이다. 제게 취하지 않은, 제 지은 것에 종이 되지 않은 개인도 시대도 별로 없다. 문명인은 제 글에 취한 사람이요, 제 만든 기계에 종이 된 죄수다. 타고르가

죄수야, 말해봐, 이 끊을 수 없는 사슬을 만든 것은 누구냐?
죄수 대답하는 말, 나입니다. 내가 이것을 공력 들여 만들었습니다. 나는 아무도 내 힘을 당할 자 없다 생각했고, 그 힘으로 온 세계를 잡아 가두면 아무도 내 자유를 방해할 놈은 없으리라 했습니다. 그리하여 나는 밤낮으로 무서운 불길에 지독한 메질로 이 사슬을 만들었습니다. 마지막에 일을 다하고 고리를 끊어지지 않도록 다 이어놓고 보니 꼭 붙들어 매인 것은 나였습니다.

할 때 그것은 20세기 문명인을 그린 것이다. 에드워드 카펜터[9]의 말대로 문명은 병이다. 역사상의 어느 문명도 제 속에서 난 원인 때문에 망하지 않은 문명이 없다. 이집트가 그렇고, 바빌론이 그렇고, 아시리아가 그렇고, 아테네, 스파르타, 로마, 옛날의 인도, 중국이 다 그렇다. 그리고 그 원인은 언제나 다름없이 꼭같이 문명으로 인하여 정신이 약해지는 데 있다.

그럴 때면 반드시 소수의 들사람이 나타나서 썩어져가는 백성을

9) 에드워드 카펜터(Edward Carpenter, 1844~1929): 영국의 시인·사상가. 무정부주의적 사회주의자로, 정치적 혁명보다 사회개량과 전원적인 삶으로 복귀하는 데 더 관심이 많았다. 「영국의 이상」 「문명의 근원과 해결책」 등 다수 논문을 발표했다.

책망하여 맘속에 잃어버린 야성을 도로 찾도록 부르짖는다. 그 말을 들으면 살아났고 아니 들으면 죽었다. 중국의 노자·장자는 다 야인野人정신을 부르짖는 사람이다. 주나라 시대에 와서 고대의 소박을 잃고, 춘추전국시대에 온즉 점점 더 세상은 재주와 꾀만 숭상하고 형식적인 제도의 폐해가 심했다. 그러므로 그 풍을 고치려고 외친 것이 그들의 문명주의에 반대하는 무위자연이었다.

서양에서 하면 그리스의 옛날 씩씩한 정신이 없어지고 궤변만 늘어가려 할 때 불쑥 차고 일어난 것이 소크라테스였다. 허술한 옷에 발을 벗고 아테네 길거리를 큰 걸음으로 걸으며 만나는 젊은이거든 붙잡고 닦아세운 그는 확실히 야인이었다. 그는 제 손으로 기록도 아니 남겼다. 그랬기에 그도 문화의 저자 무리들한테 잡혀 독살을 당하지 않았나?

미국의 휘트먼, 소로도 야인이다. 맨발을 벗고 가슴을 풀어헤치고 큰길을 걸으며 운도 없이 곡조도 없이 부르는 「풀잎」 노래, 월든 호숫가에 막을 치고 사는 그 이야기를 들으면 지금도 원시림 속의 공기를 마시는 것 같다. 그들의 사상 아니었더라면 미국은 더 썩었을 것이다.

그러나 야인의 가장 좋은 역사는 이스라엘에서 볼 수 있다. 그 나라의 종교·정치·교육의 터를 잡아놓은 모세부터 야인이었다. 이집트 문명 속에서 40년을 자란 그건만 그것으로 민족 구원이 될 수 없음을 알자 그는 시내산에 가서 문화인의 때를 벗기고 명상 가운데 바탈을 찾아내기에 40년의 세월이 걸렸다. 완전히 들사람이 된 후 그는 지팡이 하나를 들고 이집트 문명에 맞섰으며 거기서 민족을 해방시켰다. 그러나 그는 그 이집트 문명의 폐해에 중독이 된 민중을 훈련하여 새 역사를 짓는 정신을 길러주고 목적지인 가나안에 들어가 이미 있는 문명과 싸워 이기게 하기 위하여 빈들에서 또 40년을 야인 생활을 시켰다. 그의 제도가 어떻게 간결한 것이며 그 정신이 어떻게 굳굳한 것임은 『구약성경』을 보면 알 수 있다. 거기서는 시내산 산화산의 연기와 아라비아 사막 냄새가 난다.

그랬건만 그래도 가나안에 들어가면 이미 있는 문화에 젖어 썩으려 했으므로 예언자가 이어 이어 일어났다. 예언자란 거의 다 야인이다. 예레미아·엘리야·아모스·호세아·세례 요한은 다 그중에서도 두드러진 사람들이요, 예수는 순수한 들사람이었다. 그는 들의 백합을 솔로몬의 옷보다 더 아름답게 보았고, 생활방식을 공중에 나는 까마귀에 배웠으며, 그의 눈엔 당시에 서슬이 시퍼런 헤롯도 한 마리 여우로밖에 아니 보였다. 무엇을 먹을까, 무엇을 입을까 걱정하지 말라 할 때 그는 온전히 문화인의 테두리 밖에 섰다.

그래 내 나라는 이 땅에 있지 않다 했다.

역사를 말하는 사람들이 매양 기독교를 말하려 할 때 유대의 위치가 이집트와 메소포타미아 두 문명의 통하는 길에 놓여 있는 것을 힘써 말하지만 옅은 소견이다. 기독교의 기독교된 것을 당시의 먼저 있던 문화를 배웠다는 데보다 능히 거기 물들지 않고 그와 전면적으로 겨뤄 싸워온 데 있다.

예언자의 공로는 거기 있다. 기독교가 서양 문명의 등어리뼈 노릇을 했다면 그것은 문명 긍정주의로서가 아니요, 문명 부정주의로서일 것이다.

들사람이여 오라

지금 우리나라에 필요한 것은 들사람이다. 우리는 지금 문명의 해독을 가장 심히 받고 있는 나라다.

그 원인은 우리가 급작히 남의 문화를 받아들이기 때문이다. 본래 문명은 제가 스스로 낳아야 하는 것이다. 문명은 정신이 아니고 지식이요 기술이기 때문에 남의 것을 받으면 반드시 해가 된다. 받아도 천천히, 언덕을 달리는 자동차 모양으로, 브레이크를 대면서 하지 않으면 안 된다. 남의 문명을 급작히 받고 망하지 않은 민족 있나 보라!

아시아가 물질 문명에서 떨어진 것이 죄가 아니다. 차이가 심한 서양 것을 급히 받게 된 것이 불행의 원인이다. 토인에게 총을 주면 그 토인은 반드시 망한다. 왜? 기술 지식이란 정신이 능히 그것을 자유로 쓰리만큼 발달한 후에 받아야 하는 것이다. 어린이에게 기계를 주면 상할 것은 정한 일 아닌가. 정신이 서기 전에 기술 문명이 먼저 들어오면 그 사회의 자치적인 통일을 깨뜨린다. 그러기 때문에 망한다. 간디가 물레질을 주장한 것은 그 때문이다. 기계가 덮어놓고 나쁘단 건 아니다. 원시적인 인도 사회에 영국의 고도로 발달된 기계와 공장 조직이 들어오면 반드시 인도 사회는 파괴될 것이므로 기계를 써도 물레질을 하여 자립하는 토대를 만든 후에 끌어오자는 것이다.

그것이 어진 일 아닌가? 지금 우리는 해방 후 급작히 미국 문명이 홍수처럼 들이밀렸다. 미국 기계를 가져다 공장을 시설하는 사람은 한때 돈을 모으겠지만, 우리 경제는 반드시 파괴된다. 사실을 보고 있지 않나? 미국 사교풍을 모방하는 사람은 일시 안락을 느낄 것이지만 우리 사회의 질서는 깨진다. 지금 우리 당하는 혼란은 이것이지 다른 것 아니다.

그럼 달리는 차 같은 이 시대 풍조에 어떻게 하나? 누가 죽을 각오를 하고라도 그 차에 브레이크를 대는 이가 있어야 할 것이다. 자기는 미쳤다는 소리를 듣다 죽더라도 휩쓰는 이 물결을 막으려 홀몸으로 나서는 야인, 들사람이 있어야 한다. 지금 우리나라엔 영리한, 약은 문화인만 있고 어리석은 들사람이 없어 이 꼴이다.

교사도 목사도 다 약다. 다 제 몸을 보호할 줄 안다.

"저봐, 저봐! 차가 내리닫는다. 저러다는 깨질 거야!"

하고 보고 서 있는 것이 우리 종교가요 교육가다. 소크라테스처럼, 세례 요한처럼, 예수처럼 어리석은 사람이 없다. 막 대드는 청년들이 강도·살인을 자꾸 하는데 막으려드는 사람이 없다.

이 백성만, 이 시대만 더 악해 그런 것이 아니다. 속에서 뒤끓는 혼을 누가 불러내주지 않기 때문이다. 그들은 다 바로 불리기만 하면 좋은 개척자가 될 사람이다. 산 범이라도 잡을 기운을 어디다 쓰게 해주지 않으니 그 사회에 대해 복수를 할밖에 없지 않은가? 학생놈들이 벌써 감투 싸움을 하고 권세 있는 집 문간 드나들고, 춤추러 다니고 그 꼴을 차마 볼 수 없지만, 학생이 본래 그런 것은 아니다. 아무도 고상한 사상을 주는 사람도 없고, 속에 자고 질식하려는 혼을 불러일으켜주지 않으니 그리되는 것이다. 사람의 혼은 아무리 타락이 됐다가도 정말 하늘 소리를 들으면 깨는 법이다. 하늘 소리까진 몰라도 나라의 목소리라도 들으면 좀 감격하는 법이다. 지금 우리나라 젊은이는 나라의 부르는 소리도 못 듣고 있다. 왜, 정부 관청의 명령이 날마다 쏟아져나오지 않나, 학교의 훈화가 시간마다 있지 않나, 종교가의 설교가 늘 있지 않나 할 것이다.

그러나 그래, 나라가 거기 있느냐?

하나님이 거기 있느냐? 나라도 하나님도 피 뛰는 심장 속에만 있다.

혼은 빈 말엔 아니 움직인다.

남의 혼을 부르려면 내 혼부터 나서야 한다.

혼은 어떻게 하면 나서게 되나? 혼을 가둔 몸이 찢어져야지. 간디가 죽어서 그 공명자를 더 얻고, 예수가 죽어서 그를 믿는 자가 세계에서 일어난 까닭을 모르나? 그 혼이 육신의 가둠을 터치고 완전히 해방됐기 때문이다. 들사람이란 다른 것 아니고 스스로 제 살을 찢는 자다. 그는 문화를 모른다, 기술을 모른다, 수단을 모른다, 꾀를 모른다, 인사를 모른다, 체면을 아니 돌아본다. 그는 자연의 사람이요, 기운의 사람이요, 직관의 사람, 시의 사람, 독립독행의 사람이다. 그는 아무것도 보지 않는 사람, 아무것도 듣지 않는 사람, 아무것도 거리끼지 않는 사람, 다만 한 가지 천지에 사무치는 얼의 소리를 들으려 모든 것을 돌아보지 않는 사람이다.

들사람이여, 옵시사!

와서 다 썩어져가는 이 가슴에 싱싱한 숨을 불어넣어줍시사!

사람의 삶이 싸움인 줄을 모르나 봐! 싸움을 주먹으로 하는 줄, 무기로 하는 줄, 꾀로 하는 줄만 알고 기氣로 하는 것인 줄, 얼로 하는 것인 줄을 모르나 봐. 삶은 싸움이요 싸움은 정신이다.

힘이 없고, 생각이 아니 나고, 지식이 떨어지고, 꾀가 모자라는 것은 정신이 죽었기 때문이다.

사람의 혼은 우주의 근본 되는 절대의 정신과 그 바탈이 하나이기 때문에 바로만 하면 거의 무한한 능력이 나올 수 있다.

그것을 믿어야 한다. 문명인의 잘못은 문명을 믿는 나머지 근본정신을 잊는 일이다.

시베리아에 있는 야만이라는 추크치족[10]의 말이 있다. 그들의 말이 옛날엔 사냥을 하면 몇십 리 밖에 있는 짐승도 보고 들을 수가 있고 창이나 활을 쏘면 백발백중이었는데 웬일인지 이놈의 흘레바(러시아 사람의 빵)를 먹게 된 다음부터는 도무지 잘 되지 않는다고 했다는 것이다.

문명, 더구나 제 마음이 연구해내지 못하고, 남이 한 것 받아들인 문명은 분명히 혼의 힘을 해친다. 생명의 법칙은 스스로에 있기 때문이다. 이제라도 자고 병들고 줄어져 있는 혼을 깨워 일으켜야 한다.

우주여행이라지만, 그것은 결코 기술 문제가 아니다. 정신의 문제지. 요 지구에서 생긴 곰팡이 같은 정신으로 달나라에 가서도 영토 운운하고, 국기고 뭐고 그런 것을 가지고 갈 생각을 해서는, 한동안 설혹 되는 것이 있다 하더라도 그것은 인류 멸망의 원인밖에 아니 될 것이다.

바벨탑 이야기를 모르나? 반대로 이제 우리가 아무리 지식·기술로 떨어졌다 하더라도 정말 우주적인 크고 높은 정신에 철저한다면, 소련이나 미국의 지금 앞선 것쯤은 문제가 아닐 것이다. 하면 이렇

---

10) 추크치(Chukch)족: 시베리아의 북동쪽 끝 추코트 반도에 사는 소수민족. 해수(海獸) 사냥과 순록 기르는 것을 생업으로 한다.

게 할 수 있는데, 생각과 정력을 몇 해나 더 민중을 누르고 짜먹을 수 있나 거기만 쓴단 말이냐. 너희 생각이 그렇게 작고 비루하니까 너희 자식들이 저렇게 망나니가 되지.

그러나 이제라도 아니 늦다!

빈 들에 외쳐라!

• 1959년 11월,『새벽』11월호

현대의 고민

형제들아, 어찌할꼬

지금 우리는 역사적 일대 전환점에 섰습니다. 이것은 한 사람이나 두 사람의 사상가가 말하는 것이 아니라 온 세계 사람의 상식입니다. 이제 불안과 고민은 세계의 공기가 되었습니다. 어떤 산골에 있거나 어떤 고도孤島 속에 있거나 이 공기를 호흡하지 않을 자는 없습니다. 베드로가 오순절에 성령 강림이 있은 후, 저 유명한 설교를 하매, 듣는 사람들이 마음에 찌르는 듯하여 사도들에게 나아가 "형제들아, 어찌할꼬" 했다 합니다.

그때의 그 사람들이란 자기네 말한 대로 "천하 각국에서 온 사람들"이었습니다. 그렇기 때문에 이 부르짖음은 당시의 세계의 부르짖음이었습니다. 막다른 골목에 든 고대 세계가 새 시대의 주인공인 기독교 앞에 나타나 자기의 무력을 폭로하고 구원을 구하는 호소였습니다.

현대가 바야흐로 마찬가지 막다른 골목에 들려 할 때 예민한 톨스토이의 양심은 이것을 먼저 느껴 『우리가 어찌할꼬』라는 제목으로 책을 썼습니다. 이제 이 말은 우리 군호軍呼가 되었습니다. 가두의 인사말이 되었습니다. 오늘 여기 모인 우리도 한 말로 그 마음을 표시하는 것이 있다면 이것입니다. "형제들아, 우리가 어찌할꼬?" 과연 가다가 길이 막힌 현대입니다. 나는 이제 한 번 더 분명히 절실히 느껴보기 위하여 이미 누구나 다 당하고 있는 사실이지만 생활의 각 부분에 걸쳐 그 불안상을 그려보기로 합니다.

먹어야 산다

먼저 경제, 사람은 아무래도 먹어야 사는 것입니다. 이렇게 말하면 나더러 크리스천이 아니라고 할는지도 모르겠습니다마는 어쩔 수 없는 사실인 것을 어떻게 할 수 없습니다. 떡으로만 살 것이 아니라 하나님의 입으로 나오는 모든 말씀으로 산다고 하신 그 인생은 참 영의 사람이고, 이 육신은 어쩔 수 없이 먹어야 삽니다. 금식기도 40일, 50일은 할 수 있지만 몇백 일도 몇 해도 할 수 있는 것은 아닙니다.

신앙은 자기 주관에 취하거나 속는 것이어서는 못씁니다. 그런 것으로 구원은 못 얻습니다. 경제생활은 이 상대생명의 인간에게는 변할 수 없는 철칙입니다. 철칙은 눈을 감아서는 못 면합니다. 볼 대로 분명히 들여다보고 알 대로 확실히 안 후, 보다 강한 것을 그 위에 새로 믿어서만 이길 수 있는 것입니다. 아무튼 오늘날 사람은 생활 걱정을 아니 할 수 없이 되었습니다.

첫째, 노임의 문제입니다. 세계 어느 나라나 이 노동과 자본의 대립 아니 된 나라 없고, 그 해결을 지은 나라도 없습니다. 그다음 거기 관련된 문제지만 실업문제, 간 곳마다 곳곳마다 일터를 잡지 못해 헤매는 무리입니다. 땅이 그대로 있고, 바다가 그대로 있고, 공장이 놀고, 광산이 쉬고 있건만 일은 못하는 것입니다.

지금 이 자리에 오신 여러분도 대부분 일이 없으니 강연이라도 들으러 왔지 만일 이익이 퍽퍽 나는 사업이라도 쥐고 있다면, 오지 못했을 사람이 많을 것입니다. 또 식량문제, 이 시간에도 쌀값이 올라갈 걱정만은 잊지 않고 하고들 있을 테지요. 그런데 우리나라는 비교적 조건이 좋다는 것이 이러니 우리보다도 더한 곳은 어떤 모양일지 알 수 없습니다.

그래 나라마다 인구 걱정을 합니다. 이웃 일본은 국법으로 피임을 공허公許하게까지 되었지만, 그렇지 않고도 세계 간 곳마다 인구 과다로 못 살겠다는 것입니다. 인류의 입에서 인구가 너무 많아 못살겠다는 탄식이 나왔다는 것은 이 문명 자체가 무슨 근본적인 잘못이 있다는 것을 말하는 것입니다.

자연계에서는 자연의 조화라는 것이 있습니다. 부분부분으로 보면 잡아먹는 놈이 있고 먹히는 놈 있고 하여 문제가 있는 듯하지만 자연 전체로 보면 하나로 어울려 삽니다. 참새는 벌레를 잡아먹고 살아도 벌레가 멸종이 되었다거나 참새가 인구 과다가 되어 굶어죽었다든지 하는 일은 없습니다. 자연계는 약한 놈은 새끼를 많이 낳고 강한 놈은 적게 낳고, 조건이 좋을 때는 번식하고 나쁜 때는 억제하여 자연히 조화되어가는 것이 있습니다.

그런데 오직 사람만이 만물의 영장이라 자부하는 이 인간만이 제가 낳은 제 자식 때문에 살 수가 없다는 것은 놀랄 일입니다. 이것은 그들이 스스로 의식적으로 노력하여 발달시켰노라는 소위 문명이란 그 자체에 무슨 잘못이 있는 것을 말하는 것입니다.

그런데 지금까지의 세계가 그 문제의 해결을 위해 취해온 방법은 무어냐 하면 물자의 획득이라는 것입니다. 제각기 생활에 필요한 물자를 많이 얻어야 하는 것입니다. 자본주의와 공산주의가 경제에 대한 해결이 다르다 하여도 물건에 본위를 두는 이 점에서는 다른 것이 없습니다.

크게는 국가전쟁으로부터 작게는 개인의 도둑질에 이르기까지, 정당한 말로 하면 산업장려로부터 부정한 것으로 하면 블록 간상奸商에 이르기까지 요컨대 물건을 얻어야 한다는 데서 벗어나지 않습니다. 그러나 지금은 그것이 막다른 골목에 들어갔습니다. 오늘날 경제란 자유거나 통제거나 기술적으로 어떻게 할 수 없다는 것입니다. 그리하여 무슨 근본적인 개조가 아니고는 인류의 장래는 암담하다는 것이 모든 사람의 말입니다.

근본적인 정치개혁을

그다음 정치, 19세기까지 세계 국가들을 지도해온 것은 제국주의였습니다. 그때 제국은 모든 국민의 자랑이었습니다. 그런데 지금 어떠합니까. 가장 불명예한 것은 제국입니다. 제국주의는 파산당하였습니다. 그것이 제1차 세계대전이요, 그 이래 세계는 점점 광범위한, 극렬한, 점점 악적惡的인 전쟁 속으로 휩쓸려 들어가고 있습니다. 그 사이에서 가장 고민하는 것은 약소민족입니다. 명의로는 독립국가의 수가 늘어가지 않는 것 아니나 실제에서는 위성국가니 블록이니 해서 소위 대국이라는 나라의 희생이 될 뿐입니다.

사실은 대국도 할 수가 없어서 그러는 것입니다. 19세기까지는 대국들은 각기 개발·개척을 하는 욕망에 서로 걸려왔지만 지금은 그 경쟁하는 점에서는 같거나 혹은 점점 더 열렬해가도 사실 내용으로는 적극적으로 개발을 한다기보다는 현재의 기구를 유지해가기에 급급하여서 하는 것입니다.

현대의 국가들은 그렇기 때문에 절정을 넘은 것입니다. 황금시대가 지났습니다. 이제는 쇠멸기에 든 것입니다. 오늘날의 국가 형태로는 이 이상 더 발전을 할 여지가 없습니다. 미국과 소련이 멀리 이 한국에까지 와서 전선을 벌이고 대치하는 것은 서로 이 나라가 귀여워서 하는 것은 물론 아니요, 여기까지 욕심이 나서 병탄을 하려고 하는 것조차도 아닙니다. 여기까지 와서 전쟁을 벌이지 않고는 제 나라를 유지해갈 수 없을 이만큼 일이 복잡하게 되었기 때문에 부득이 온 것입니다. 이것은 현 국가의 고민상입니다.

그러면 각 나라들이 이 문제를 해결하기 위하여 취할 방법은 무엇인가. 결국은 두 가지가 있을 뿐입니다. 민주주의와 독재주의, 이것이 오늘의 세계입니다. 그러나 겉으로 보면 민주주의의 진영과 독재주의 진영의 대립인 듯이 보이지만 실질에서 보면 마찬가지입니다. 현대 나라들을 지배하고 있는 원리는 둘 있을 뿐입니다. 하나는 군비확장이요, 또 하나는 세력균형입니다. 사상으로 하면 좌우의 다름이 있다 하여도 그 정치철학에서는 한가지입니다.

국가란 곧 '힘'의 표현이기 때문에 될수록 강한 실력을 기르자는 것이 첫째입니다. 그것이 곧 군비확장주의입니다. 그다음은 나라들 사이에 외교를 교묘히 하여 반드시 제 실력이 아니고라도 남의 힘을 끌어 유리하게 하려는 것입니다. 세력균형이란 곧 다시 말하면 나라와 나라가 서로 엇물려서 옴짝하지 못하도록 만들어 그것으로 평화를 보장해보자는 것입니다. 도덕적인 입장에서 보면 가장 졸렬한 방법인데, 사실 세계를 지배하는 것은 이 세력균형주의입니다. 이것은 힘의 철학에서 나오는 것입니다. 현대의 국가들은 본래 그 출발에서부터 그런 것이 있습니다.

그러나 정치의 도道가 그것만인가 하면 그런 것도 아닙니다. 가령 예컨대 맹자의 정치이론은 그것과는 아주 다릅니다. 그때도 지금과 같이 여러 나라가 서로 얼크러져 싸우는 전국시대였습니다. 그때 제齊, 초楚 두 큰 나라 사이에 등藤이라는 조그마한 나라가 있었습니다. 소국으로서의 쓰라림을 남김없이 받는 이 나라의 임금 문공文公이라는 이가 맹자에게 그 고정을 호소하여 현명한 지도를 빌었습니다. "사제호事齊乎이까, 사초호事楚乎니까" 하고 물을 때 그도 오늘날 국가와 한가지 노선에 서 있었습니다〔『맹자』, 「양혜왕 하」〕. 그럴 때 맹자는 탕왕湯王·문왕文王의 실례를 들어 전연 다른 왕도정치를 가르쳤습니다. 힘의 철학을 믿는 정치가로서는 도저히 될 수 없는 일이지만 맹자의 눈으로는 그렇지 않은 것이 있습니다.

현대도 마찬가지입니다. 국가라면 영·미·불·소 식의 것밖에 모르지만 제2차 세계대전이 우리에게 가져다주는 것은 도리어 그런 대국가보다는 소형 국가에 강미強味가 있다는 것입니다. 스위스와 북구의 여러 나라들입니다. 이들 소국은 대국보다는 훨씬 행복하게 살아갑니다. 그와 같이 정치에는 지금 국가의 노선만 아니라 다른 노선이 충분히 있을 수 있습니다. 또 그리고 한 가지 주의할 것은 이번 대전 후, 세계정부설이 대두하여 나온 것입니다. 그 실현이 언제 되겠는지는 알 수 없습니다. 그러나 그것은 정치사상에서 주의할 만한 일입니다. 아무튼 정치에서도 우리가 느끼는 것은 근본적 개혁입니다.

학문은 사회복지 추구의 수단이어야 한다

그다음 학문, 지금은 연구와 사회행복과 서로 별문제가 되어버렸습니다. 그러나 아무래도 이것은 정상상태는 아닙니다. 고대에서 학문이란 그런 것이 아니었습니다. 우리의 행복과 관련 없는 연구란 있을수 없었습니다. 그것은 분명히 정력의 불경제입니다. 연구는 연구요, 행복은 행복이라 하면 하나의 고상한 말인 듯 들리지만 이것은 기형적으로 된 현대에서의 말이지 본래로 하면 그럴 수 없는 일입니다.

그런데 이 경향은 이번 대전 후 더욱 분명해졌습니다. 연구열이 근세 이래 올라간 것은 과학만능을 믿는 사상이 있어서 된 것인데, 이번 대전은 그것을 무참히 부쉈습니다. 연구는 반드시 인류를 행복스럽게 못합니다. 행복의 여부는 지혜에 있다는 것을 순전한 과학주의에 선다는 러셀이 말하고 있습니다. 그리고 이것은 과학만능주의에게는 섭섭한 발견이 아닐 수 없습니다. 그러나 그 책임은 현대의 학문 그 자체가 지는 수밖에 없습니다.

현대 학문의 강점이 그 전문화에 있는 것도 사실이지만 전문화가 극단으로 나가고 전체적 통일을 잊어버린 결과 지금 같은 결함에 빠진 것입니다. 학문이라면 곧 천장에 닿기까지 책을 쌓는 서재를 연상하고 학자연한 것을 생각하리만큼 현대의 학문은 현학적인 것이 되어버렸습니다. 그리하여, 대학에 가면 하나의 도피소 같은 것을 생각하게 되었습니다. 대학은 학문의 연총淵叢이라는데 옳게 된 학문이라면 연구가일수록 사회에 관심을 가진 사람이어야 할 것입니다.

그런데 지금은 연구에 몰두하는 사람이라면 하나의 은둔적인 사회기피적인 그런 것을 생각하게 됩니다. 만일 사회가 싫어서 도피의 목적으로 학문을 연구하는 것이 학풍이라면 그러한 대학에서 사회를 행복하게 향상시키는 힘이 나오기를 기대하지는 못할 것입니다. 그리하여 우리는 학문 연구의 근본정신이 달라지지 않는 한 인류는 자기 연구한 학문의 결과로 미로에 빠지는 수밖에 없다는 것을 느끼게 되었습니다. 학풍도 근본적으로 일변하기를 요하고 있습니다.

인격도야가 앞서야

그다음 교육, 미래를 위해 가장 중요한 것은 교육입니다. 넓은 의미로 하면 정치니 경제니 하는 인간의 모든 활동이 교육적이 아니면 안 됩니다. 문화 그 자체가 교육이어야 합니다. 지금의 요구를 만족시키자는 것이 인간의 문화활동의 목표지만 지금의 만족만이라면 인간 생활은 없습니다. 지금의 요구를 만족시키면서 동시에 미래에 대한 준비가 되어야 할 것입니다.

인생의 목적은 무어냐 하면 사실은 아들 하나 낳자는 데 있습니다. 이 인간이란 영원한 존재가 아닙니다. 수십 년밖에 못 가는 한정된 것입니다. 그러나 그 속에 들어 있는 생명의 충동은 끝이 없는 것입니다. 그렇기 때문에 사람은 선천적으로 자기 후계자를 세우자는 욕망이 간절합니다. 이것은 보통 우리 의식에 떠오르는 정도의 것만이 아닙니다. 훨씬 더 강하고 근저가 깊습니다. 자손 번식이라든지, 친자親子의 애愛라든지, 교육애라든지 개체로 보면 다 자기의 운명과는 반대되는 것인데, 이 자기희생적인 충동은 유한한 존재가 자기의 의미를 그 후계자 속에서 이루자는 데서 나오는 것이라고 설명하지 않는 한은 알 수 없는 것입니다. "죽어도 눈을 감고 죽는다"고 하지만 사람이 가장 안심하고 눈을 감고 죽을 수 있는 경우는 미래를 위해 튼튼한 아들을 둔 때문입니다.

그 대신 가장 불안한 것은 미래를 위한 아무 보장이 없는 때문입니다. 동양 도덕에서 온갖 죄 중에 후계 없는 것을 가장 큰 죄라고 한 것을 이 의미에서 생각해보면 그럴 듯합니다. 아무튼 인간 사회의 가장 관심사는 교육에 있지 않을 수 없습니다. 그렇기에 자녀 교육을 위해 성까지도 가노라고 하지 않았습니까.

그런데 현대의 폐는 이 교육에서 가장 심합니다. 교육은 미래 사회를 위해 준비하자는 것인데 지금은 교육 받은 자가 사회생활에 가장 부적당한 자가 되어버렸으니 어떻게 합니까. 우리가 하는 말에 흔히 '책상물림'이라고 하는 것이 있습니다. 우리는 이것을 실사회에 가장 부적당하다는 의미로 쓰는데, 사실은 이렇게 비통한 일은 없습니다.

자녀 교육을 무엇 때문에 시키는 것입니까? 내일의 사회를 맡기기 위해서 하는 것인데 급기야 교육을 시켜놓은 결과는 사회생활에서 가장 멀다, 그리고 그 사회의 일원으로 '사람 노릇'을 하려면 이제부터 다시 새로 배워야 한다, 이런 비극이 어디 있습니까. 만일 그렇다면 교육을 시킬 필요가 없었던 것입니다. 사람되자는 것이 교육의 목적인데 받은 결과는 인간사회를 모른다! 참 모순입니다.

그런데 오늘날 사회는 이것을 응당 그런 것으로 알고 있습니다. 그렇게까지 병이 든 것입니다. 옛날에는 그렇지 않았습니다. 자식이 아버지 옆에서, 도제徒弟가 사장師匠의 옆에서 배울 때 저는 기술과 인격을 다 배우는 것이었습니다. 그렇기에 그 옆을 떠날 때는 둥지를 떠나는 새 새끼 같아서 스스로 혼자서 인생사회에 날아다닐 날개깃이 충분히 자라 있는 것입니다. 그다음부터 그는 곧 하나의 인간입니다.

그런데 지금은 그렇지 않아, 교육을 많이 받은 사람일수록 사회에서는 멀고 그것을 이해하고 지배하고 운전해갈 능력이 더 없어서 교문을 나오는 날부터는 실로 쓰라린 교육이 새로이 시작됩니다. 책상에서 물러나서 사회라는 학교에 다시 들어가서 거기서 실제생활이라는 엄격하고 잔혹한 사장 밑에서 여태까지 배웠다는 모든 것을 일일이 긁어치우고 재교육을 받지 않으면 안 됩니다. 나도 그 쓴 경험을 한 사람이요, 여러분도 그 쓴 경험을 한 혹은 하고 있는 가련한 사람들입니다. 그런데 그 교육을 못 시키면 큰일이라고 수십만 원을 들여 운동을 해가며 경쟁을 하니 이것이 대체 무슨 희극입니까? 깊이 생각하는 것이 있어야 합니다.

그러면 그것은 왜 그렇게 되었나. 기술과 인격을 갈랐기 때문입니다. 근세의 과학이 발달하고 기계가 발명이 되어 공업이 일어남에 따라 사람들은 기술을 퍽 존중하게 되었습니다. 이것이 비극의 시작이었습니다. 인간화가 발달된 것은 물론 기술이 발달된 것입니다. 그러나 언제든지 잊어서는 안 될 것은 기술은 인격의 발현이라는 것입니다. 기술 뒤에는 언제나 인격이 있어서 그 기술을 부려야 하는 것입니다. 그런데 기술을 존중하게 된 현대는 인격은 어느덧 잊어버리고 기술만이면 되는 줄로 생각하였습니다. 옛날은 공부라면 먼저 그 선생을 묻는 것이었습니다. 선생을 따라 불원천리한다는 것입니다.

그런데 지금 교육에는 선생은 없습니다. 입학을 하려 할 때는 선생을 묻는 것 아니요, 학교를 묻습니다. 그 설비, 그 기술이 문제지 선생의 인격 같은 것은 문제될 것이 없습니다. 그러면 그 결과 어찌되었느냐. 기술이면 만능인 것 같아 기술만을 배웠는데 기술을 배우고 인격을 무시한 결과는 그 기술이 도리어 인간생활을 해하게 된 것입니다. 마치 칼 쓰는 목적이나 법을 아니 가르치고 칼을 준 것과 같습니다. 현대란 손에 칼을 들고 거리에 난무하는 미친 사람의 일군一群 같습니다. 누가 제어할 수도 없고 사람을 해하다가 스스로 자기까지를 해하고 죽기를 방관하는 수밖에 없어졌습니다.

사실 교육이라고 정신없이 떠들지만 말고 가슴에 손을 얹고 생각해볼 필요가 있습니다. 이 사회를 해하는, 죄를 짓는 자는 교육받지 못한 자보다 교육받은 자들이니 이것이 웬일인가. 원래의 이치가 그럴 수는 없습니다. 교육이 실사회에서 멀기 때문에 재교육을 받아야 한다는 것도 큰일이지만 사회를 해하는 것이, 인류를 망하게 하는 것이 교육의 결과라면 그런 큰일이 어디 있습니까.

인류가 멸망을 면하려면 교육을 근본적으로 고쳐 하지 않고는 안 됩니다. 더구나 새로이 나라를 세운다면서, 무너진 역사를 다시 짓는다면서 남들이 쓰다가 망하고 남은 그 찌꺼기를 다시 주워 먹는다는 것은 참 한심한 일입니다. 독일이 망했다면 그 유겐트(Jugend: 나치스 독일의 청소년 조직 – 편집자)도 망한 것입니다. 그것으로 망한 것입니다. 일본이 망했다면 그 소위 대화혼[1] 식의 교육으로 망한 것입니다. 그런데 이제 그것을 주워 쓴다는 것은 무엇입니까. 새 나라면 이때까지 세계에 있는 어떤 것이라도 선진이라 해서 덮어놓고 모방할 것이 아닙니다. 제 스스로 새 교육을 연구하여 수립할 기백을 가져야 합니다.

현대인의 불안의식

그다음 도덕 방면을 보면 거기도 근본적 동요가 있습니다. 대체로 지금은 옛날에 비하여 도덕이 무력하여졌습니다. 한편으로는 자연과학의 발달에 따라 인간도 하나의 동물로 보는 경향이 늘어갔고 또 한편으로는 데모크라시 사상에 따라 자유를 방종으로 잘못 생각하는 풍조가 퍼져나가 사람들이 행동의 표준이니 규율이니 하는 것을 그리 생각지 않게 되었습니다. 물론 사람이 사람인 담에는 동물적인 생활만을 할 수 있는 것도 아니요, 자유가 제멋대로 자기 본위로 노는 것이 아닌 것도 말할 것 없습니다.

그러나 이 시대의 자라나는 청년·소년이 점점 이러한 심리를 가지는 것은 사실입니다. 지나간 날의 엄격한 도덕 교훈 밑에서 자라난 사람에게는 사람이란 도덕적 가치를 실현해서만 사람인 것이요, 자유는 자제에서만 얻을 수 있는 것이지만, 이 현재의 젊은 맘으로는 그런 말은 아무 구속력도 감격도 가지지 못하는 공어空語뿐입니다. 감격에 따라 이해에 따라 움직이는 것뿐입니다.

---

1) 대화혼(大和魂): 일본민족 고유의 정신이라 하여 강조된 관념. 집단정신과 협동, 단결심 등을 으리미한다. 근대 이전에는 중화사상의 대항논리였다가, 이후 일본 군국주의의 대회침략을 미화하는 슬로건으로 이용됐다.

그리하여 현대인의 한 특색은 그 양심이 대단히 안이해진 것입니다. 양심이라 말하면 곧 가책이란 말을 붙여 생각하게 되는데, 오늘날 사람에게는 가책이란 것이 별로 없습니다. 옛날 사람으로 하면 부르르 떨 만한 일을 능히 태연한 맘으로 하고, 남이 하는 것을 보아도 별로 분개도 미워도 않고 안연安然히 보고 있습니다. 양심이 마비된 것입니다. 양심이 점점 더 예민해가는 것을 인류의 향상이라고 한다면 현대는 그 질적 진보가 어떻게 있음에도 불구하고 분명히 퇴보의 시대라 할 수밖에 없습니다.

그런데 이상한 것이 있습니다. 양심적으로 그렇게 둔하여져서 안이한 맘, 도둑질을 하면서도 가슴도 두근두근 아니 할 만한 마음을 가진 이 현대인의 사회에 불안의 공기가 꽉 들어찼다는 것입니다. 이것은 이론상 모순인 듯하지만 사실입니다. 양심이 안이해진 사람들은 도리어 불안 속에 삽니다. 현대인같이 불안한 중에 사는 사람은 없습니다. 그들은 행복스럽게 살기 위하여 걱정을 아니 하려고 맘이 경쾌하려고, 양심을 누르고 마비시키고 설명을 붙여 달래어 속였습니다. 그런 결과 능히 담대히 도덕을 무시할 수 있게 되었습니다.

그러나 웬일인지 그럴수록 가슴은 불안하게 되었습니다. 늘 세상이 못살 것만 같고, 사람과 사람 사이가 더욱더 악화만 되어가고 기분은 갈수록 초조만 가게 되었습니다. 이것이 현대상입니다. 그리고 이는 역사를 돌아보면 볼수록 진리인 것이 판명됩니다. 개인으로나 사회로나 양심이 예민하여 눈이 눈물에 젖어 있는 때는 안심이 있습니다. 환란·불행 중에서도 침착하게 있어 꾸준히 할 것을 해나갑니다. 그러나 반대로 어떤 사람에게서나 어떤 사회에서나 불안한 공기가 하늘을 덮고 초조한 심리가 가슴을 태워 온 사회를 무력 속에 빠뜨리는 때란 언제나 도덕적으로 양심이 해이해진 때입니다.

또 하나 도덕상의 문제로는 개인도덕과 단체도덕의 서로 어긋남입니다. 극단으로 말하면 도덕은 개인에만 있지 단체에는 없습니다. 학교의 선생이 개인을 놓고 도덕을 가르칠 때는 겸손이 미덕이요, 자기희생이 고상한 도덕이지만 일단 단체 밑에 들어가면 문제는 달라집니다. 어떤 선생도 외국에 대해 겸손한 외교를 도덕이라 하지는 않고, 남의 나라를 위해 제 나라를 희생하는 일을 선善이라 하지는 않습니다. 그보다도 나라를 위해서는 교만하게 자랑하고, 잔인하게 침략하는 것을 충忠이라 하고 간교하게 책략을 써서 타국을 속이는 것을 선한 정치라 합니다.

이것은 현대 도덕입니다. 그러나 우리가 알아야 하는 것은 이 때문에 현대 도덕이 무력한 것입니다. 부모·선생이 가정과 학교에서는 최고의 도덕으로 청소년의 심리를 순화해놓지만 한 걸음 문 밖을 나가면 단체 생활이라는 보다 강한 알칼리 속에서 그만 다 빠져버리고 맙니다. 그리고 현대는 점점 더 인간생활이 단체화해가고, 그 단체의 자기주장성이 더욱더 강해갑니다. 이리하여 인간으로 하여금 생존권의 주장 이외의 어떤 보다 영원한, 보다 큰 정신적인 가치를 실현하는 것이 그 목적이란 것을 알게 하여 그리 이끌어보려 하는 도덕의 선생들은 마치 오리알을 깐 암탉 모양으로 안타까운 부르짖음만 함으로써 도도한 탁류 속에 제 스스로 빠져드는 세상을 보고 건지지는 못하고 우왕좌왕하게 되었습니다. 무슨 근본적인 변화가 여기서도 일어나지 않고는 될 수가 없습니다.

문명의 비극

그다음 근래의 과학자들은 그 연구의 결과 생리적·심리적 면에서도 이 문명은 비극이라는 것을 지적해줍니다. 생리적이란 것은 인간은 문명의 결과 신체적으로 저항력이 내려갑니다. 인간의 생은 곧 환경과의 싸움인데 그 싸움은 저항하는 힘이 강한 놈만이 이기게 됩니다. 환경에 적응이라 하지만 적응이란 그저 외래세력이 하자는 대로 밀려가는 것이 아니라 도리어 그 속에 들어 있는 내 생을 위협하는 세력과 맞서 이기는 것 혹은 내 자신 속에 들어 있는 부적당한 것을 개조하여 맞추는 일입니다. 그 어느 편이었든지 싸움입니다. 싸움은 물론 힘드는 것입니다.

문명이란 될수록 힘이 덜 들게 하자는, 고통이 없게 하자는 것입니다. 그러나 그 결과로는 도리어 생의 근본성격이 되는 그 겨뤄가자는 의지를 약하게 만들었습니다. 그러므로 "생어우환生於憂患이요, 사어 안락死於安樂"이란 말은 만고의 진리입니다(『맹자』, 「고자 하」).

또 그다음은 문명병이란 것이 들어가는 것입니다. 폐병·신경병은 점점 더 늘어갑니다. 또 그다음은 부적자不適者의 증산입니다. 문명이 발달하는 결과 그 문명사회를 유지 발전시키기에 적당한 재능을 가진 우수한 가계는 생산률이 점점 감하減下되고, 부적당하고 사회에 해독이 되는 악질의 소유자는 그 생산률이 강하기 때문에 이대로 가면 사회는 파멸하는 수밖에 없다는 것입니다.

그렇게 말하면 문명을 지지하는 자는 그것은 문명의 힘으로 극복할 수 있다 할 것입니다. 저항력이 약해지면 더욱더 기계를 발명하면 그만이요, 병은 의약의 발달로 면할 수 있고, 부적자는 더 교묘한 방법으로 인위적으로 도태하고 우생학적인 방법으로 적자만 증식시킬 수 있으리라고 주장하는 것입니다. 그러나 그것은 모르는 말입니다. 통계숫자를 보면 문명한 나라의 사망률이 내려가고 생산율이 올라가는 것이 사실입니다. 그것은 근시안에만 나타나는 일이요, 전체로는 그렇지 않습니다.

문명국이라는 어떤 일부분에서 병을 몰아내도 그 병은 지구상 다른 허다한 곳으로 몰려나가 퍼집니다. 그 경로가 매우 복잡한 곡절을 밟아오기 때문에 이 근시안의 문명인이 보지 못할 뿐입니다. 19세기 이래 온갖 사회문제란 모두 이렇게 하여 나타난 사회적 병환입니다. 신체의 병환은 억지로 내몰면 다른 병으로, 다른 곳 혹은 다른 사람에게 나타날 뿐만 아니라 반드시 신체의 병이 아닌 정신적 병환 혹은 그 밖의 헤아릴 수 없는 곳으로도 나타날 수 있습니다. 문명의 생리를 깊이 관찰하는 눈은 그것을 볼 수 있습니다.

아무튼 과학자들의 입으로 인간의 장래가 종족적으로 비관이라 하는 이 말은 주의하여 들을 만합니다. 우리 생활법이 근본에서 혁신되어야 합니다. 그다음 심리적으로 비관이라는 것은 사회가 발달되어 가면 갈수록 점점 더 군중심리화해간다는 것입니다. 군중이란 아무 통일없이 천박한 감정·기분에 따라 되는 대로 움직이는 것입니다. 그러나 수가 많기 때문에 일단 그것이 나타나면 어떤 정당한 이론이라도 이것을 이길 수는 없습니다. 그렇기 때문에 사회가 군중심리화해가면 갈수록 판단은 천박한 것이 되기 때문에 세계의 장래는 걱정된다는 것입니다. 그리고 이 현상이 사실인 것은 세상을 조금 주의하여 관찰해보면 알 일입니다.

다수결이 능사 아니다

대중, 대중 하지만 대중은 고상한 이상에 통일되지 않는 한 우중愚衆입니다. 자기 스스로가 자기 운명을 그르치고야 마는 무리입니다. 대중의 세기란 말은 그 인권에서만 할 일이지 그 정신이나 지능에서 할 말이 아닙니다. 대중이 반드시 자기를 알지는 못합니다. 그것은 우수한 심정과 지능의 소유자만이 가능합니다. 그런데 문명이 발달하여 교통·통신이 편해진 결과는 군중으로 하여금 점점 더 군중심리에 빠지게 하였습니다. 그리하여, 세상 형편이 어려워가면 갈수록 점점 더 감정으로만 움직이어 현대는 지도자란 것이 없게 되어갑니다. 지금 지도자란 것은 감정에 호소하여 한때 소동을 목적하는 야비한 정치가뿐이요, 참 의미의 인류의 사표師表는 아닙니다.

어느 시대나, 제일류의 인물은 정치에는 아니 나섭니다. 대다수의 의견이라 하지만 대다수란 최고는 아닙니다. 최고의 이상이란 어느 시대나 대다수의 군중에 의하여, 배척받고 타기唾棄당하는 것입니다. 예로부터 선각자·개척자의 운명이 이것을 증거합니다. 그렇듯 대다수의 운명이란 이상으로 하면 제2, 제3의 지위에 서는 것이기 때문에 어느 사회에서나 제일류의 인물은 정치계에 서려 하지도 않고, 세상이 그를 감당치도 못합니다.

그러므로 다수의 의견이란 항상 과오에 빠지기 쉬운 것이요, 소위 비상시라 하는 시기일수록 더욱 그러합니다. 그때에는 생의 위협을 느끼는데, 존재란 군중에게는 절대적이기 때문에 그것을 위하여는 이상이고 가치고 고려할 여지가 없습니다. 그 진급도가 점점 가속도적입니다. 그러므로 점점 더 군중심리화해갑니다. 그렇기 때문에 비관이라는 것입니다. 그러면 이 점점 더 열熱해가는, 점점 더 착잡해가는 세계 군중의 맘을 누가 능히 밝게 할 것인가? 어떤 근본적인 변동이 있어야 할 것이라는 것은 갈수록 분명한 일입니다.

• 『씨올은 외롭지 않다』(휘문출판사, 1971)

서풍의 소리

소리를 들을 때입니다

들에는 곡식이 누렇게 익어 겸손과 평화로 고개를 숙여 어서 거둬들여지기를 기다리고 있고, 서울 길거리에는 떨어지는 낙엽이 마치 싸움에 지고 쫓겨가는 무리같이 슬픔과 겁에 죽은 빛으로 허둥지둥 굴러가고 있습니다. 누리의 씨올들을 보고 말이라도 해주는 것 같습니다. 올이 들면 저렇습니다. 올이 못 들면 이렇습니다.

여러분 긴 여름 동안 더위도 사나웠고 폭풍우도 지독했습니다. 속을 올들이기에 얼마나 수고들 하셨습니까? 그러나 이제는 때가 늦은 가을, "요수진이한담청"遼水盡而寒潭淸이요 "연광응이모산자"煙光凝而暮山紫[1]라, 웅덩이 흙물은 말라 깊은 소 차갑게 가라앉았고 저녁 연기 햇빛에 뚫려 푸른 산 모습 하늘가에 뚜렷합니다. 우리 마음도 차게 뚫려 먼 앞을 내다볼 만한 때입니다.

그러나 그만입니까? 무엇보다도 서풍이 불어서 좋습니다. 소리를 들을 때입니다. 사나운 서풍이 가져오는 땅의 소리, 하늘의 소리, 그리고 역사의 소리, 거기는 심판이 있습니다. 예언이 있습니다. 씨올을 신이 나게 하는 동원령動員令이 있습니다.

셸리의 「서풍의 노래」를 또 한 번 생각하지 않고야 어찌 이 가을을

---

1) 당나라 시인 왕발(王勃, 650~676)의 「등왕각서」(騰王閣序)의 구절.

보낼 수 있습니까?

　오 사나운 서풍이여
　너 가을 생명의 입김이여
　……
　사나운 영이여, 아니 가는 곳이 없는 이여
　무너뜨리면서 또 간수해주는 이여
　들으라, 오, 들으라!

　그는 서풍을 보고 무너뜨리면서 또 간수해준다고 했습니다. 시든 잎새를 흔들어 떨어뜨려 요술쟁이가 도깨비들을 몰아치우듯 쓸어버리니 무너뜨리는 자란 말입니다. 그러나 동시에 여문 씨올들을 실어다 땅속에 고이 묻어, 오는 새봄 싹을 낼 때까지 고요히 기다리고 있게 하니 간수해주는 자란 말입니다.

　그는 유럽 천지에 낭만주의가 한창이던 때, 그중에서도 가장 찬란했던 영국에 나서, 어려서 벌써 굳어진 사회제도에 반항하여 '미치광이'라 별명을 듣다가 대학에서 쫓겨났고, 서른도 못 돼서 벌써 "너처럼 그렇게 억세고 날쌔고 굽힐 줄 모르던 내가" "인생의 가시밭에 엎어졌구나, 피 흘리는구나" "시간의 무거운 짐이 나를 얽매고 덮어눌렀구나" 하면서 서풍을 향해 부르짖었습니다. "나를 일으켜주려무나, 저 잎새처럼, 물결처럼, 구름처럼" "이 무서운 영아, 네가 내 영이 돼주려무나! 네가 나려무나, 야, 이 억척 같은 놈아!" 하고 애가 타서 했습니다. 그러다 못해 나중에는,

　내 이 죽은 사상을, 마치 시든 잎새처럼,
　하늘가에 몰아쳐, 새 생명을 넣어주려무나
　그리하여, 마치 꺼지지 않는 아궁이에서
　재와 불꽃을 한꺼번에 날리듯이

나의 말들을 인류 속에 불어 흩어주려무나!
이 내 입을 통해 깨지 못하고 있는 지구 위에
예언의 나팔이 돼주려무나!
오, 바람아,
겨울이 만약 온다면야, 봄이 어찌 멀었겠냐?

했습니다. 그는 정말 혁명의 시인이었습니다.

지금도 서풍이 붑니다. 땅 위, 나뭇가지 사이, 물결 위에만 아니라, 역사 위에, 씨올 사이에, 시대의 물결 위에 사나운 서풍이 불고 있습니다.

앞으로 백 년이면 지구 위에 사람의 종자가 155억이 될 것이라고 합니다. 이것이 "낳아라, 퍼져라" 하는 인류 위에 서풍 아니겠습니까?

반가운 소식을 기대하며 뜯는 편지가 손 안에서 폭탄으로 되어 터져 목숨을 뺏는 세상이 됐다지, 이제 핵폭탄이 깡패들의 손에 들어갈 염려가 많게 됐다지, 그러니 이것이 못할 것이 없다고 까불대는 기술 문명 위의 서풍 아니겠습니까?

정치는 어떻고 도덕·종교는 어떻습니까?

민주주의 미국에 닉슨, 맥거번의 대통령 자리 싸움이 뇌물·탐정·욕지거리의 싸움으로 돼간답니다. 라인 강가에 기적을 일으켰고 동서화해 외교의 첫돌을 놓았다 해서 자랑하던 서독에서도 브란트, 바젤의 싸움이 역시 돈과 흉계의 싸움으로 돼가고 있답니다. 그만입니까? 어느 나라도 다 마찬가지입니다. 극도의 타락입니다. 이제 도리도 이성도 없습니다. 이 문명의 앞길이 어디 있습니까? 셸리의 표현을 빌려서 한다면,

푸른 지중해의 여름 꿈이 깨지고
그(서풍) 오는 앞에 대서양의 균형된 힘들은
끊어진 낭떠러지로 갈려 일어서 길을 내고

바다 속의 해조의 가지와 꽃조차
그 소리에 놀라 갑자기 맥 빠져 빛을 잃고
벌벌 떨고 넋을 잃는다.

서풍, "아니 가는 곳이 없는 사나운 영"인, "그 답답한 기운 속에서
캄캄한 비·불·우박이 쏟아져나오는" 그 서풍은 혁명의 바람입니다.
그 소식을 듣고 낡아 죽어가는 시대와 그 속에 새처럼 깃들이는 권력
의 권속들이 무서워 떠는 모양을 그린 것입니다.

날 흐려 비 오려니 새란 놈들 지저귄다
늙은 나무 사정 알아 바람 절로 슬프구나
天陰欲雨鳥相語
老樹知情風自哀

취하는 것들은 세상이 늘 그런 줄 알아 취하다가 망할 때에 가서야
아우성을 치지만, 아는 마음은 압니다. 슬프지 않을 수 없습니다.
그러나 씨올에게는 걱정이 없습니다. 속에 올이 여무지게 찬 씨올
은 죽는 법이 없습니다. 도리어 서풍이 더욱더 사납게 불어주기를 바
랍니다. 혁명의 사나운 바람이 불게 되면 평소에 "친애하는 국민"이
라고 하며 씨올을 속이던 지배자들은 사정없이 씨올을 죽을 땅에 버
립니다. 그러나 그 죽을 자리가 사는 자리가 됩니다. 씨올이 정말 여
물기만 했다면 제 무게로 땅속 깊이 들어갑니다. 거기는 심판의 불이
들어오지 못하는 생명의 지성소가 있습니다. 거기 신비로운 지혜가
있습니다. 이것을 해주는 것이 서풍입니다. 그러면 오래지 않아 그의
여동생인 봄이 와서 나팔을 불어 자는 씨올을 깨워 천지를 새 생명의
빛과 향기로 덮게 합니다.
창조하는 힘은 씨올에게만 있습니다. 모든 시대를 죽음에서 건져
내어 새 문화로 부활하게 하는 영원한 역사의 메시아는 씨올 속에 숨

어 있습니다. 다만 하늘소리 땅소리가 그 속에서 결합되지 않으면 안 됩니다. 땅에서 올라온 양분과 하늘에서 내려온 빛이 열매 속에서 하나로 결합되듯 씨올은 지나간 역사를 씹어 그 의미를 깨닫고 영원한 앞을 내다보아 비전을 얻어 그것을 자기 속에서 결합시켜야 합니다. 그렇지 못하면 망하는 로마의 군대처럼 겉으로 아무리 강한 듯해도 낙엽처럼 떨어지는 수밖에 없습니다.

여름날에 영화를 누렸던 잎과 꽃은 썩어짐으로만 제 할 일을 합니다. 부자는 지옥으로 가는 것이 뜻입니다. 그 대신 구원의 메시아는 이 세상에서는 고난을 당하지 않을 수 없습니다. 씨올 속에 시대 구원의 역사적 메시아가 숨는 것은 그들이 여기서 천대를 받고 고난을 당하기 때문입니다. 그것을 그대로 참고 받는 것이 우리 속의 올들임니다.

위기에 빠진 세계 인류

우리는 이제 이 서풍의 소리를 바로 들어야 합니다.

일엽지추一葉知秋라, 오동잎 하나가 떨어지는 것을 보았으면 천지에 가을이 온 줄을 알아야 합니다. 하나의 사태가 갑자기 벌어집니다. 그것은 하나의 오동잎입니다. 떨어진 것은 하나의 물든 오동잎이지만 그 하나만을 보고 감상에 빠졌다가는 다가오는 겨울을 바로 넘길 수가 없습니다. 추위에 가장 재빠른 것이 오동입니다. 그러나 그 뒤에는 오동만 아니라 참나무, 전나무, 천지의 모든 숲을 뒤흔들어 그 헐을 벗기는 무서운 겨울이 서 있습니다. 눈 아닌 눈으로 내다보고 귀 아닌 귀로 뚫어 들어야 합니다. 그렇다면 서풍은 무섭지만 또 무서운 것만이 아닙니다. 천하의 숲을 헐벗기지만 또 그 대신 억억만만의 가지를 진동시켜 "슬프면서도 시원한" 하늘소리를 내게 합니다. 그것을 알고 그것을 하는 것이 씨올입니다.

우리는 이 나라를 건져야 합니다. 우리밖에 없습니다. 세월 좋을 때에 나무통같이 서던 것들, 거기 붙어 잎같이 꽃같이 영화를 누리던 것들, 그 속에 새처럼 나비처럼 지저귀던 것들, 혁명의 폭풍 오면 다 그 존재가 없습니다. 물에도, 불에도, 칼에도, 약에도, 죽지 않고 남는 것은 하늘소리를 속에 간직했던 낮고 약하던 씨울들뿐입니다.

그러나 위기에 빠진 것은 우리나라만이 아닙니다. 온 세계 인류가 다 그렇습니다. 홀로 사람만 아닙니다. 모든 생명의 씨가 한가지로 위급한 운명에 빠졌습니다. 생각하는 이 인간의 장난 끝에 잘못하다 가는 10억 년 자라서 오늘에 이른 큰 진화의 생명나무가 씨째 망해버리게 됐습니다. 이 나라의 어려움은 그래서 온 것입니다. 전신에 들어 있는 피가 썩어서 곪아 터진 것이 우리 한국이라는 나라입니다. 그러므로 세계를 구원함 없이 이 나라를 구원할 수 없고 이 나라를 살리지 않고 우주를 살려낼 길이 없습니다. 여기 우리의 거룩한 사명이 있습니다.

알아야 합니다. 앞으로 더 심한 환란이 올 것입니다. 일이 차차 어려워질 때 이른바 강대국이라는 것들이 가만있지 않을 것입니다. 지금보다도 더 노골적으로 저만 살겠다 몸부림칠 것입니다. 정치란 것이 무엇입니까? 따져 들어가면 한마디로 어려움을 남에게 떠밀고 나만 살겠다는 것입니다. 그러므로 정치로 문제해결 절대 되지 않습니다. 정치는 욕심의 총결산입니다. 욕심 있는 사람 문제를 바로 볼 수 없습니다. 그러므로 어리석습니다. 더구나 오늘의 정치는 점점 더 폭력주의이기 때문에 인류의 멸망을 재촉할지언정 결코 해결할 수 없습니다. 그 주도권을 쥐는 나라도 그렇거늘, 하물며 따라지 노릇을 하는 약소국가들의 정치란 참말 가엾이 어리석은 것입니다. 보십시오. 오늘날 월남처럼 세계의 비극이 어디 있습니까. 그러나 또 그처럼 미친 희극이 어디 있습니까. 정치란 참 악독한 것입니다. 남을 망하게 만들어놓고 그리고는 또 그 망하는 것을 비웃습니다. 정치만능주의로 줄달음을 쳐온 이 문명이 멸망에 빠지는 것은 당연한 일입니다.

그러므로 우리의 첫째 할 것은 결코 정치에 기대를 걸지 않는 일입니다. 기대를 걸기 때문에 거기 종이 됩니다. 종이 돼서는 우리 거룩한 사명을 다하지 못합니다. 자유해야 합니다. 내가 거기 기대를 걸지 않는데 어떤 놈이 나를 지배합니까. 떨어져야 합니다. 무엇에도 붙어 있어서는 아니 됩니다. 떨어져 나대로 스스로 서는 것이 자유입니다. 씨올은 떨어지는 것입니다. 자라기 위해 한때 붙어 있는 데가 있습니다. 그러나 영원히 붙어 있을 것이라고는 하나도 없습니다. 열매는 나무에서 떨어지는 것입니다. 가을이 와도 떨어지지 못하는 것은 열매가 아닙니다. 쭈그렁 밤송이 3년을 달립니다. 우리는 우리가 생겨났던 어머니 탯집도 버리고 배꼽의 줄이 떨어져버렸는데 그 밖의 또 무슨 줄이 우리를 영원히 매둘 것이 있습니까? 배꼽줄이 떨어져야 사람이 되듯이 정치의 줄도 떨어져야 사람입니다. 영원히 놔주지 않으려면 어머니도 원수입니다. 하물며 사람이 만든 정치겠습니까.

정치는 이날껏 우리의 탯집 노릇을 했습니다. 그러나 이제는 인간은 자랐습니다. 그러므로 이제는 거기서 나와야 합니다. 온 세계의 젊은이들이 반항주의로 나가는 것은 이 때문입니다. 당장 보기에는 혼란인 듯하나 그것이 자라는 길입니다. 오늘 인류의 중심 문제는 정치에서의 해방입니다. 그 문제를 대표적으로 받아든 것이 우리입니다.

오해해서는 아니 됩니다. 씨올이 정치와 싸우는 것은 원수같이 뵈지만 절대로 원수가 돼서 하는 일 아닙니다. 그것이 오묘한 생명의 법칙입니다. 아이가 태 속에서 요동을 치는 것은 어머니가 미워서도 어머니를 죽이기 위해서도 아닙니다. 생명의 절대의 아버지가 명령을 하기 때문입니다. 이때까지는 생리적으로만 아버지요 어머니였지만 이제부터는 더 높이 깊이 정신적으로 아버지 어머니 아들이 되기 위해 그러는 것입니다. 우리 지각과 감정은 생리에 붙은 것이므로 옅을 수밖에 없습니다. 탯집에 혁명이 일어나면 서로 원수같이 생명을 걸고 싸웁니다. 그러나 한순간 후에 아기가 나오면 새 질서 속에서 서로 기쁘고 보다 높은 사랑이 나옵니다. 우리 국가 살림도 꼭 같습니다. 우리가 하면서 하는 일의 의미를 모르는 일이 많습니다. 그러나 나이 많은 할머니의 가르침을 받아 젊은 어머니가 참고 아들을 낳듯이 우리도 지나간 시대의 교훈을 받아 이 위기를 넓은 도량과 참는 마음으로 이겨야 합니다.

씨올의 정치에서의 해방, 정치만능주의의 역사 무대에서의 퇴각, 여기에 오늘의 나갈 길이 있습니다.

용감하게 절망합시다, 새 길을 엽시다

가장 경계할 것이 근시가 되는 일과 조급한 생각을 가지는 일입니다. 혁명은 매양 이 때문에 잘못됩니다. 땅 밑에 들어가서, 아닙니다. 하늘 위에 올라가서, 또 아닙니다. 하늘 땅이 따로 있는 것이 아니고 아래 위가 서로 다른 것 아닙니다. 다 우리 속에 있습니다. 우리 속에 들어가서 조용히, 프랑스대혁명을 지도했던 당통, 로베스피에르, 마라에게 물어보십시오. 반드시 한숨 쉬면서 옷깃을 여미면서 그러나 또 빙그레 웃으면서 우리가 잘못했어…… 할 것입니다. 프랑스대혁명에서 이미 그렇거든 다른 것을 말할 것 있습니까? 사람은 사람이기에 발 앞을 볼 수밖에 없고 현실에 매달릴 수밖에 없습니다. 그러나 또 사람은 나로만 사는 것 아니고 이제만 사는 것 아니기 때문에 전체를 생각하고 영원을 생각해야 합니다. 그것이 바로 사람입니다. 먹어야 살지만 먹으려면 맛을 알아야 하지요, 맛을 알려면 까닭을 알아야지요. 사람은 결국 뜻에 사는 것입니다. 뜻을 위해서는 참아야 하고 비어야 합니다.

다급한 우리 일이지만, 우리밖에 우리를 위해줄 사람 없는 듯이 뵈지만, 절대로 잔재주나 그때그때를 넘겨가는 정책적인 생각만 해서는 아니 됩니다. 생명은 물론 귀하지만, 천금일신千金一身 신외무물身外無物이라지만, 결코 급한 생각을 해서 금새 먹을 곶감만을 찾아서는 아니 됩니다. 인생의 가로 자른 토막만을 보아서는 아니 됩니다. 높은 데 올라 세계 대세의 굽이치는 흐름을 굽어봐야 합니다. 씨올은 첨부터 누리의 씨울이지 골짜기 씨울이 아닙니다. 지금은 과학이 발달해서 극대와 극소의 세계를 다 보여줍니다. 이왕 가까이 보려거든 생명의 슬라이드를 갈아 현미경에 놓고 보십시오. 그러면 골목의 현실이 참이 아닌 것을 알 것입니다. 현미경을 볼 대로 보고, 시험관을 흔들 대로 흔들고, 역사의 페이지를 뒤집을 대로 뒤집고 나서 까만 하늘을 무심코 바라고 앉을 때 여러분은 자신 속에 움직임을 느낄 것입니다. 어반중한 중간만이 잘못입니다.

현대사가 우리에게 대해 이렇게까지 잔인하고 냉혹한 것은 우리를 정치적으로 절망에 빠치기 위해서인지 모릅니다. 내가 늘 말하듯이 우리는 세계사의 속죄양입니다. 우리 죄, 저의 죄, 긴 것, 아닌 것을 모두 몰아다가 우리 등에 처싣고는 우리를 역사의 빈 들로 차 내몰았습니다. 절망을 어떻게 아니 합니까. 나는 이제 어리석게 담대해집니다. 절망합시다! 사람 살리는 것이 아니라 죽이는 정치에서 절망해서 죄될 것이 무엇이며 부끄러울 것인들 무엇입니까. 용감하게 절망합시다. 그리고 새 길을 엽시다. 이만큼 해봤으면 민주주의고 공산주의고 간에 도대체 근대식의 이런 정치로 인류를 멸망으로 이끄는 것밖에 없다고 잘라 말한다 해서 감히 무식하다 책망할 사람 없을 것입니다.

절망하자 하면 정치하는 사람들은 나더러 민족의 용기를 떨어친다 욕할지 모릅니다. 그러나 솔직히 말해봅시다. 이런 식의 정치 30년 동안 해보아서 얻은 것이 무엇입니까? 일이 잘된다면 이렇게 어려운 문제만 뒤에 뒤를 이어 나오겠습니까? 이제야말로 정말 용감해질 때입니다. 멸망의 도시에서는 용감히 절망하고 물러나는 것이 사는 길입니다. 내가 보기에는 민족의 용기는 줄어들었지 늘지 않았습니다. 그리고 그 책임이 어디 있느냐 하면 주로 정치에 있습니다. 정치하려는 사람들이 나쁘다기보다 이런 식의 정치가 사람을 그렇게 만듭니다.

정치에 절망하자면 도무지 정치 없이 사는 유토피아를 바라서 하는 말 아닙니다. 정치는 또 있을 것입니다. 그러나 이런 따위 정치는 아닐 것입니다. 민중을 희생시키면서 나라를 강하게 만들자는 이런 따위 정치 말고 새로운 정치가 나오기 위해 이것을 깨끗이 버리자는 말입니다. 이날껏 어느 나라에서나 정치는 씨울들을 무시하고 버리는데 씨울들은 그래도 정치를 버리지 않았습니다. 처음에는 그래서 좋았는지 모르나 지금은 그럴수록 악을 길러주는 것밖에 없습니다. 지금 정치를 직업으로 하는 사람들은 이미 거기 굳어졌고 거기 개인적인 이해까지 뗄 수 없이 붙었기 때문에 그들은 아마 그 낡은 배와 운명을 같이하려 할 수밖에 없을 것입니다. 그러나 역사의 주인인 씨울은 그런 잘못된 의리에 종이 돼서는 아니 됩니다. 이날껏 배를 잘못 저어 파선케 한 그들을 불쌍히 여겨 구해주기 위해서라도 정치는 근본적으로 달라질 필요가 있습니다.

지금 세계 역사의 나가는 방향, 과학의 발달해나가는 앞날의 모양, 기술문명의 장래가 어떠할 것이냐 하는 내다봄, 이런 것들을 생각하지 않고, 제 나라 남의 나라의 수출입의 숫자, 군비경쟁의 관계, 외교방침, 국제회의에서 얻는 투표수, 스파이 싸움, 이런 데만 신경을 쓰고 국민에게서 받은 세금을 쓰고, 인적 자원을 거기 소비하고, 이런 식으로는 절대로 살길은 오지 않습니다. 이것으로 복잡 가혹한 국제관계를 우리에게 유리하도록 풀 수가 없을 것입니다.

생명의 역사를 건집시다

새 문명, 새 세계관, 새 인생관, 새 국가를 세우지 않고 우리 살길만을 찾을 재주가 없게 됐습니다. 그런데 이것은 정치에서는 나올 수 없습니다. 이것은 인간의 근본적인 혁명을 의미하는 일입니다. 지금의 정치에서 해방이 돼서만 될 수 있는 일입니다.

인간이 질이 달라졌습니다. 그 때문에 사람을 다스리는 것을 목적으로 하던 옛날의 정치는 이제 인간의 나가는 길을 방해하는 악이 돼버렸습니다. 태 안의 아기와 태 밖에 나온 아기는 가죽 한 꺼풀의 사이지만 질적으로 다릅니다. 나온 후에도 배꼽줄이 아니 떨어지면 아기도 어머니도 다 죽습니다. 지금 인류가 직면한 것은 이러한 진통입니다. 이 글을 쓰고 있는 이 순간 책상 앞에 떨어지는 신문은 노벨문학상을 받을 사람으로 뽑힌 것이 하인리히 뵐이라고 보도하고 있습니다. 그런데 그를 소개하는 제목을 '대중과 전쟁반대의 세계'라고 붙였습니다. 이에서 더 현 정치와 정반대의 입장은 없을 것입니다. 그런데 이런 작가가 세계적으로 유명한 노벨상의 수상자로 뽑혔다는 것은 오늘의 인간이 어떤 방향을 지향하고 있다는 것을 단적으로 가장 잘 표시하는 일이라 하겠습니다. 거기 비추어보면 정치가들은 열심은 열심이지만 말을 거꾸로 타고 앉은 사람들입니다.

이날까지 인간을 속여온 큰 허깨비가 있다면, 그것은 정치가 역사를 만들거니 하는 생각입니다. 이것은 완전히 망상입니다. 정치가 역사를 만드는 것 아니라 역사가 정치를 낳습니다. 아직도 정치가는, 더구나 우리같이 남에게 한 걸음을 뒤진 나라의 정치가는, 그 허깨비에 잡혀 있습니다마는 세계의 씨올에게는 벌써 해가 올라와 그 허깨비들이 달아난 지 오랩니다. 그렇기 때문에 눈이 있는 사람에게는 정치가는 모두 돈키호테같이 보입니다.

그런데 그 돈키호테에게 붙잡혀 나갈 길을 못 나가고 있으니 우리야말로 돈키호테 이상의 웃음거리입니다. 이 웃지 못할 일의 까닭은 이것입니다. 세계의 악의 세력은 세계적으로 협력을 잘하는데 선의 세력은 협력을 못하고 있다는 사실입니다. 악은 제가 악인 줄을 알기 때문에 제 목숨을 위해 최후까지 발악을 합니다. 그렇기 때문에 서로 손을 잡습니다. 선은 스스로 선인 것을 믿습니다. 믿는 나머지 구구한 꾀를 쓰려 하지 않는 것은 좋은데, 어쩌면 모래알같이 서로 따로 돌기가 쉽습니다. 이것이 아직 완전히 깨지 못한 증거입니다. 선은 혼자서 못합니다. 지금같이 세계가 하나된 오늘에는 더욱 그렇습니다. 그러나 인간이 질적으로 달라져서 전체에서 떠난 개인이란 이미 없다는 것을 아직 알지 못하기 때문에 그러한 잘못에 빠집니다. 그렇기 때문에 근시가 되고 조급한 생각을 가지는 일이 없도록 주의하는 동시에 또 하나 반드시 할 일은 세계의 씨올이 어서 손을 잡는 일입니다. 이제 세계적 혁명만이 혁명입니다. 선이야말로 세계적으로 협력하고 과학적으로 조직될 필요가 있습니다.

물론 지금 세계의 지배권을 쥐고 온갖 수단 방법을 다해서 자기네의 자리를 지키려는 낡은 정치와 싸우려면 많은 희생자를 내야 할 것입니다. 그러나 그 희생은 세계를 이 정치에 하는 대로 맡겨두어서 고등 기술로 하는 전쟁을 마음대로 할 때에 있을 그것에 비하면 비례가 못 되리만큼 적은 것입니다. 10억 년 동안 느리고 느린 길을 걸어 이루 헤아릴 수 없는 희생을 값으로 내며 겨우 해서 오늘날 이 정신이요 도덕이요 하는 데까지 간신히 추어 올라온 이 생명의 달팽이를 생각 옅은 싸움꾼들의 장난으로 인해 하루아침에 멸망에 빠지도록 차마 그냥 보고 있을 수는 없다는 생각을 하면 그만 희생을 못 감당할 것도 아닙니다. 이제 생명은 귀하다는 것, 정신은 절대 죽지 않는다는 것, 정의의 법칙은 영원히 살아 있다는 것을 몸으로 증거할 때가 왔습니다.

나는 이때야말로 정말 우리가 우리의 가지는 민족적 개성을 살려서 세계 역사에 이바지할 수 있는 때라고 합니다. 속올 없는 죽은 잎새나 마른 가지에게는 서풍이 무서운 죽음의 음성이겠지만, 억만 년 진화의 총결산과 미래 영원한 발전의 설계를 한데 합한 신비의 말씀인 알갱이를 속에 품고 있는 산 씨올에게 그것이 신나는 복음입니다. 그렇기에,

겨울이 만일 온다면이야
봄이 어찌 멀었겠냐!

하는 것입니다. 이 시대는 아직 우리에게 긴긴 엄동설한인지 모릅니다. 이제 그 사나움이 절정에 오른지 모릅니다. 그러나 그렇기 때문에 우리가 한몫할 날이 가까워졌을 것입니다. 멀지 않아서 3천 년

전에 이사야가 외쳤던 "그날, 창을 쳐서 보습을 만들고 창으로 낫을 만드는 날이" 올지 모릅니다[「미가」, 4 : 3]. 평화의 새 역사입니다. 나는 우리가 지루한 고난의 역사에서 닦아낸 우리의 특성은 여기 있다고 봅니다. 교만으로가 아니라 겸손으로, 강함으로가 아니라 사랑으로 사는 것입니다. 이것이 우리의 알갱이요, 또 인류의 알갱이, 따지고 보면 우주 진화의 알갱이입니다.

　이것을 부끄럽게 알아서는 아니 됩니다.

　이것을 살려 써서 생명의 역사를 건져야 합니다.

　서풍이 붑니다. 가슴을 헤쳐 마음껏 들이마십시다.

• 1973년 11월, 『씨올의 소리』 제28호

세계구원의 꿈

씨올이 새 저녁에 꾸는

일대 변화

인류는 지금 일대 변화 중에 있다. 지금만 아니라 근본적인 의미에서 우주는 영원한 변화의 과정이다. 그렇지만 지금은 그전 어느 때보다도 그 변화가 심하기 때문에 전에 없는 변화라고 느껴진다. 그런 의미에서 일대 변화라고 한다.

동양사상의 근본인 역易의 역이란 말은 달라진다는 뜻인데, 그 역의 목적은 사실은 불역不易 곧 달라지지 않는 것을 찾는 데 있었다. 그리고 그것은 당연한 일이다. 서로 상대적인 말이기 때문이다. 달라지지 않는 것이 없이는 달라지는 것이 있을 수 없고, 달라지는 것이 없이는 달라지지 않는 것이 있을 수 없다. 천지만물은 끊임없이 달라진다 하고 보았을 때에 어디서 반드시 달라지지 않는 것을 찾지 않고는 불안해서 살 수가 없었다. 그래서 천운天運이 순환하여 무왕불복無往不復이라[주희朱熹], 부물夫物이 운운芸芸하야 각귀기근各歸其根이라[노자老子] 했다. 그것이 동양적인 것이다. 거기 대하여 서구적인 생각은 매우 동적이어서, 그 달라지는 것 달라지지 않는 것을 상대적으로 놓고 보는 데서는 같으면서도, 그들은 달라지는 편에 치중하고 보아왔다. 그것이 서구문명이었다.

그런데 지금은 그 문명이 달라지다 달라지다 못해, 그 어디가 닿을지를 알 수 없는 지경에를 들어가서 아찔한 느낌이 들기 시작했다.

그것이 현재다. 마치 비유한다면 회오리바람을 따라 돌아가는 것과 마찬가지다. 그 중심에 가까이 있을 때는 그 돌아가는 원이 작기 때문에 맴을 돌기는 하면서도 미구에 제자리에 다시 돌아온다 하고 안심을 했는데 그래서 시비성패전두 공청산의구재是非成敗轉頭 空靑山依舊在라고 했는데, 그래서 세상 모든 일을 도부소담중都府笑談中이라, 웃음으로 이야기하고 갈 수 있었는데〔『삼국지』〕, 이제는 돌다보니 점점 가속도적으로 돼서 중심이 아주 없어진 듯한, 저 명왕성冥王星의 궤도보다도 먼 데로 나가버렸다. 그러면 돌아올 데가 없어졌다. 그것이 오늘의 인간의 마음을 휩쓸고 있는 혼란감 아닐까.

그러나 인간이 인간인 이상은, 생각하는 존재인 이상은, 어딘가 가닿는 데가 없을 수 없다. 마음은 유성流星일 수는 없다. 아니다, 유성도 닿는 동안 공기와의 마찰 때문에 불이 일어 타버리지만, 그 풀어졌던 물질은 또 어느 억만 년 후 또 다른 새 천체가 될 것이다. 그러기 때문에 인도의 철학은 우주의 낮, 우주의 밤을 벌써부터 말해왔다〔『바가바드 기타』〕. 하여간 생명은 살아야 한다. 생명은 불사조다. 제 타버린 재 속에서 새 생명으로 나오는 것이 생명이다.

일대 변화란 그래서 하는 생각이다. 변變도 화化도 다 달라진다는 뜻인데 변은 달라짐 중에서도 갑자기 달라짐을 가리키는 말이다. 변자 밑에 있는 '문'攵이 그것을 표시한다. 그것은 작대기를 들고 두들기는 것을 그린 것이다. 즉 힘을 넣어서 급히 달라지게 만든다는 뜻이다. 거기 대해 화는 질적으로 아주 전의 모습이 없이 달라짐, 물리적이 아니라 화학적인 변화를 뜻한다. 화의 한 편의 '인'亻은 사람이라는 인人 자인데, 이쪽의 '匕'는 인을 뒤집어놓아서 죽은 것을 표시하는 자다. 죽으면 아주 달라진다. 우리말로 뒈졌다는 말이다.

사람의 일은 따지고 보면 결국 달라진 환경에 맞추어져도, 또 남도 의식이 달라지도록 하자는 것인데 그러려면 그 상대가 되는 환경을 될수록 깊이 알아야 할 것이다. 오늘의 이 자리에서 살아나려면 이 자리가 죽을 자리란 것을 알아야 할 것이다.

일대 변화란 곧 "이 자리는 죽는 자리다" 하는 말이다. 인간존재는 위기적으로 파악해서만 구원된다. 그 의미에서 숨이 넘어가는 자리에서 "혁명상미성공革命尙未成功, 동포잉수노력同胞仍須努力"이라고 한 손문은 혁명가다운 사람이었다. 상미성공이지, 아직 멀었지, 언제면 "됐다"가 있을 수 있겠나. 없다. 영원한 미완성의 혁명이다.

갈수록 태산이란 말이 있지만 인간역사야말로 갈수록 태산이다. 전에도 그것을 아노라 생각했지만 이 시점에 와보니, 그때 태산이라던 것은 개미둥지도 못 되더란 말이다. 궤도라 법칙이라 하는 말이 있지만 이제 앞을 내다보면 전에 보던 궤도란 것, 법칙이란 것이 이제 적용될 것이 거의 하나도 없다.

그런데 어떤 사이비 혁명가들은 말하기를 "이 앞으론 혁명은 없다" 한다. 그것은 전체를 살려내는 참 혁명을 하자는 것이 아니라 씨올을 잠들여놓고는 도둑질을 하려는 속임수의 말이다. 그런 구차한 평안을 탐하는 생각부터 버려야 한다. 그리고 콜럼버스 모양 전에 가본 일이 없는 폭풍의 바다에 조각배를 내는 모험을 해야 한다. 창조하는 것이 마음이다.

고민하는 국가

오늘이 이 일대 변화의 위기를 몰고 온 것은 무엇인가. 제2차 세계대전이다. 모든 전쟁이 다 그런 것이, 전쟁만 아니라 모든 사건이 다 그런 것같이, 제2차 세계대전도 지나간 모든 역사의 결과인 동시에 또 앞으로 올 역사의 출발점이다. 그 쓰던 말을 잠깐 생각해보면 잘 알 수 있다. 그 전쟁이 일어나려 할 때 이편 저편을 구별할 것 없이 다 같이 한 소리가 '가진 나라' '못 가진 나라'였다. 그래 서로 싸웠는데, 오늘날은 가지고 못 가지고가 문제 아니다. 천연자원 그 자체가 문제된다.

그때만 해도 모든 나라가 제 인구의 많은 것을 힘으로 자랑했는데,

지금 많으냐 적으냐가 문제 아니라 인구폭발을 걱정하고 있다. 그때에는 유일의 대적이 파쇼[1]였는데, 오늘날 경찰국가 정보국가 아닌 나라가 도대체 어디 있는가. 제1차 세계대전만 해도 민족자결이니 어쩌니 하며 지도를 놓고 그 국경선을 고쳐 그리는 것으로 종국을 지을 수가 있었는데, 오늘날 국경선이 어디 있나. 사실상 없어졌다. 오늘의 표어는 'inter'다. 사실 네 국민 내 국민이 서로 섞여 있는 것이 오늘의 국가다. 공산나라에서는 계급투쟁을 내세워왔는데 지금은 계급도 알 수 없이 됐다.

한마디로 말해서 오늘의 국가들은 모두 그 일체감을 잃어버렸다. 제 나라 국민을 전적으로 믿는 나라가 어디 있을까. 남의 나라를 무조건 적국으로 아는 나라가 어디 있을까. 국제적 협력을 하는 반면, 국제적 폭력단이 문자 그대로 횡행 천하하고 있다. 오늘의 국가는 다 고민하는 국가다. 나라에 도둑이 많다면 결국 나라 자체가 도둑이 됐단 말 아닐까. 폭력단이 많다면 결국 국가 자체가 폭력단이 됐단 말 아닐까. 지난날의 모든 국가의 멸망한 역사를 보아서 그것은 증명될 수 있다.

그러나 국가인 이상 도둑을 막지 않을 수는 없다. 사실 국가의 시작은 커다랗게 정치철학으로 설명할 것 없이 간단명료한 것이었다. 도둑 막자는 것이었다. 국國 자의 구조가 그것을 말해준다. 口는 사람이고 그 밑의 一은 땅인데 거기다 무기인 戈를 더해서 무기를 가지고 일정한 지역에 사는 사람들을 지켜 도둑이 못 들어오게 하는 것이 나라였다. 그래서 본래는 혹或 자로 나라라는 의미를 가졌었다. 그런데 무기를 가지고 지키면 안전한 듯하지만 아무래도 안심은 할 수 없어서 '혹시라도' 하는 생각을 한다. 그래서 혹 자로, 나라 뜻도 되지만, 또 혹시라도 하는 뜻으로도 쓰게 됐다. 그러나 그러면 혼돈이 생기기

---

1) 파쇼(fascio): 이탈리아의 파시스트당. 또는 파시즘적인 운동, 경향, 단체, 지배체제를 이르는 말.

때문에 혹시라도 할 때는 그래도 혹或으로 쓰고 나라를 말할 때는 거기다 큰 테두리 곧 口를 더해서 국國으로 됐다는 것이다.

그러고 보면 천자天子니 왕이니 하는 소리, 정치니 교화敎化니 하는 수식은 후에 그 밑에서 얻어먹는 학자들이 붙인 것이고 본래는 아주 간단 분명하게 실제 필요에서 나온 것임을 알 수 있다. 그것이 그 후 국가로 돼버린 것은 손에 무기를 들었기 때문에 그것을 지나쳐 써서 모든 권력을 독점하는 가운데서 나온 것이다. 그런데 그와 같이 국가가 충실히 그 본래의 의무에 충실했으면 문제가 없는데, 그 도둑 막아주는 것을 기화로 삼아서 자체가 국민의 것을 도둑질하게 되면 문제가 달라진다.

사람은 근본적으로 무사평안을 원하는 것이기 때문에 웬만치 손해를 보면서도 참을 수 있는 데까지는 참지만, 그 한계선을 넘게 되면 그때는 너만 도둑질해 먹겠느냐 하는 생각에 천하가 어지러워지기 시작한다. 오늘 국제 강도가 대낮에 횡행하는 것은 모든 나라가 도둑 성격을 띠게 된 것을 증명해주는 것이다.

그러나 국가는 역시 국가기 때문에 도둑을 막지 않으면 아니 되므로 부득이 자기 하는 일은 교묘히 위장하며 오로지 힘과 법을 써서 막으려 하게 된다. 그러니 도둑질로 도둑을 막으려니 어찌 잘 될 수 있겠는가. 학자들의 천만언千萬言이 소용없고 이것이 현단계의 세계의 국가들의 형편인데 그 의미에서 자체 모순이다. 오늘 모든 나라는 다 고민하는 국가다. 국가가 이미 나라가 아닌데 나라 노릇을 해보려니 고민이 없을 수 없다. 이렇게 말하는 것은 정치가들이 반드시 보통 옅은 의미로의 부도덕에 빠져서 그렇다는 말 아니다. 제도적으로 그렇게 타락됐다는 말이다.

그러면 그 타락의 원인은 무엇인가. 한마디로 인간이 자랐기 때문이다. 옷이 아기를 해하는 가시가 됐다. 옷에 가시가 반드시 돋아서가 아니다. 아기는 자랐는데 옷은 커지지 못하기 때문이다. 낡은 옷을 벗기고 새로 큰 것을 입혀야 하겠는데, 그러려 하지 않는 데 가시

아닌 가시가 있다. 가시보다 더 악독한 가시다. 거기 대한 반항이 곧 폭력범의 유행이다. 물론 그 반항이 정당하단 말은 아니다. 그 방법은 잘못됐다. 그렇지만 그 반항 이유를 인정하지 않고는 나라를 건질 길은 없을 것이다. 작은 옷을 마다고 몸부림치는 아기의 울음을 들어주지 않을 수 없는 것과 마찬가지다.

인류의 지식과 에너지가 낭비되고 있다

지금은 국가주의가 그 모순을 드러내는 시대다. 이것을 말할 때는 편의상 나라와 국가를 구별해서 말한다. 나라는 사회적으로 존재하는 인간의 운명공동체이고, 거기 대해 국가는 어떤 권력구조가 법적으로 그 나라를 대표하려 하는 것이다. 물론 이상은 그 둘이 일치하는 것이지만 실지로 정말 나라 노릇을 하는 국가는 없다. 이름은 나라지만 그것은 어느 집단이 힘으로 그 나라를 지배하고 있는 것이다. 즉 사심私心이 끼어 있다.

그런데 자라나는 아이가 어릴 때는 그 의지가 완전히 발달하지 못했기 때문에 어느 시기까지는 어른이 후견하는 것이 필요한 모양으로 인간사회도 그렇다. 이날까지 국가는 나라의 소학 선생이요 후견인이었다. 그것 없이는 인간은 야만의 지경을 벗어나지 못했을 것이다. 그러나 지금은 그 인간이 성인지경에 이르렀다. 물론 거기까지 오는 데 국가의 공이 있는 것은 사실이지만, 마치 부모라도 자식이 성인이 되면 물러서서 자식에게 자유를 허해야만 사랑인 모양으로 정치도 그리해야 할 것이다. 그것이 자유·인권의 부르짖음의 나오는 까닭이다.

인간의 성인화에는 두 가지 원인이 있다. 하나는 심리적인 것이고, 하나는 문명의 결과다. 개인이 자라는 모양으로 역사도 자란다. 그것은 생리적으로 태아에 조상 반복이 있는 사실로 미루어 인정해야 한다. 오늘 인간은 이미 제가 저를 알아 자립할 수 있는 단계에 이르렀다. 씨올의 시대다. 그런데 더구나 그것을 촉성시킨 것이 과학기술 발달에 의한 매스컴이다. 제2차 세계대전 이후 세계가 급속히 달라진 것은 주로 이 때문이다.

그런데 문제는 정치가 거기 따라오지 못하는 데서 일어난다. 더구나 그것은 권력 관계기 때문에 한번 잡은 후에는 놓으려 하지 않고, 또 거기 전통적인 감정이 겹쳐서 순수한 자연성장을 방해하게 된다. 모든 진보를 쓰라린 자기경험에 의해서 쟁취한 선진국에서도 그렇지만 남의 것을 따라서 모방하는 후진국의 경우는 더욱 그렇다.

일대 변화의 위기는 이러한 적응을 잘하지 못하는 데서 온다. 선진·후진 할 것 없이 문명에 급격한 변화가 왔기 때문에 인간의 생활은 벌써 국가를 넘어서 인격, 종교, 지난날의 역사적 모든 차별을 넘어서, 하나로 세계적이 되지 않고는 살아갈 수 없이 됐는데, 그래서 벌써 사실로는 많이 그렇게 하고 있는데, 정치만은 지배집단이 자기 이익을 위해서 비교적 후진적인 감정에 호소해가면서 옛날의 국가기구를 그냥 지켜가려 한다.

그런데 묘하게도 거기에 일을 복잡하게 만드는 것이 고등기술의 발달이다. 인간생활로는 세계 공통적인 운명을 자진해 져야 하는 성인에 도달했는데, 개인적인 이기적 감정은 아직 뿌리 깊이 가슴속에 있다. 그래서 그 고등기술을 악용하여 자기 욕망을 채우자는 야심이 발동하고, 모든 사람이 서로 그러면 사회는 혼란에 빠지게 된다. 거기다가 더욱 나쁜 것이 종래의 좁은 애국심을 악용하는 옆에 나라가 있는 일이다. 사실 지금까지 이데올로기 토론이 많았으나 걱정되는 것은 이데올로기가 아니요 케케묵은 지배주의의 국가사상이다. 그리해서 내우외환이 있고 보면 정치가에게는 안녕·질서를 위한다는 이유 아래 옛날보다 더한 지배주의의 정치를 정당화하기가 아주 좋아진다.

그렇기 때문에 인간의 지식과 에너지가 쓸데없이 낭비되고 있다. 생각해보면 이론으로 명약관화인데, 이 자원문제·공해문제·인구

문제·핵무기문제 등 치명적인 문제 앞에서 인류가 살아남아 발달을 계속하려면 국가 간의 경쟁전쟁을 즉시 그만두고 협력하는 길밖에 없는데, 그것을 다 알면서도 실현을 못하는 것은 낡아빠진, 좁아서 입을 수 없는 옷 같은, 이 국가주의 때문이다. 어느 국가가, 더구나 선진 대국이 인류 구원의 모험적 의협심을 가지고 그것을 실행하기 시작하면 뜻밖에 쉽게 될 수 있는 것인데, 대국일수록 좁은 생각에 집착하여 믿지지 않으려는 데 안타까운 고민이 있다. 그 때문에 물질도 정신도 쓸데없이 소모되고 있다. 각국의 여권계나 공항에 가보면 그것을 곧 피부로 느끼게 된다. 동아시아의 도전 소리도 사실은 보다 못해 이 생각에서 나오는 안타까운 부르짖음이다.

새 종교개혁

나는 제2차 세계대전이 일어날 때부터 종교는 다시 개혁된다는 생각을 해온다. 왜 그런가. 인류를 이 문명의 위기에서 건지려면 종교의 힘으로 할 수밖에 없는데 지금 있는 기성종교가 도저히 그 책임을 다하지 못할 것이라는 생각에서다. 왜 못한단 말인가. 한마디로 정치와 너무 깊이 붙어 있기 때문이다. 30년 전 당시의 내 기분으로는 '야합'이라고 했다. 왜냐하면 종교는 본래 우주의 근본이신 지극히 높은 영을 섬김으로 사회를 영화靈化시키잔 것이지 정치를 섬기잔 것이 아니기 때문이다.

위에서 나는 국가주의라고 했지만 더 분명히 말한다면 대국주의 혹은 국가지상주의, 그보다도 더 분명하게 하려면 정치주의 혹은 정부주의라 해야 할 것이다. 운명공동체로서의 나라는 자연적으로 있는 것, 더 깊이 말한다면 지극히 높은 우주적인 의지의 발로에 의해 있는 것이지만, 그것은 국가적인 데까지 발달하지 않으면 안 된다. 개인에서 말할 때 나면서 본능적으로 하던 것을 의식적으로 깨달아서 하는 데 인격의 성장이 있는 모양으로, 나라로도 그렇다. 사회적인 민중일 뿐 아니라 국민에까지 가야 한다.

그 의미에서 국가는 잘못일 것 없다. 잘못은 그 국가를 대표하는 정부다. 정부가 스스로 겸손히 자기의 온전치 못함을 인정하면, 불완전하면서도 나라를 대표할 자격이 있지만, "내가 곧 국가다" 하면 모든 능한 것이 악이 돼버린다. 그런데 이때껏 내가 곧 국가다 하지 않은 정부는 없다. 정부주의란 자기가 곧 국가요 모든 것은 곧 자기를 위해서 있는 것으로 생각하는 정부다. 즉 정부의 우상화다. 종교는 그런 정부를 섬겨서는 아니 된다는 말이다. 거기 대해 싸워 씨을 자유하게 하는 것이 책임이다.

그런데 지금 있는 종교치고 정부 섬기지 않는 종교가 있을까? 이름은 하나님을 섬긴다 하지만 그 실지를 보면 다 권력 밑에 엎디어 있다. 일제 말년 모양으로 일단 일이 있어서 하나님이냐 정부냐 하고 그 어느 것에 전적인 충성을 바쳐야 한다고 강요할 때 과연 세계 어느 민족 어느 나라의 종교가 능히 그것을 할 수 있을까. 물론 절대 단언은 못하지만 현재의 모양으로 보아서 못할 것이라는 말이다. 물론 이제라도 하나님이냐 가이사냐 진지하게 생각해서 깨끗이 하나님한테 돌아가면 되지만, 그렇게 하기에는 너무 깊숙이 관계하고 있다는 말이다. 물론 이것은 조직체로서의 종교를 두고 하는 말이다.

중세는 또 몰라도 근세 인간 살림은 종교·비종교를 말할 것 없이 너무 정치적이 돼버렸다. 그것은 근세 이래의 문명이 과학과 기술 위주의 힘 숭배의 문명이요, 물질주의를 토대를 하는 행복 추구의 문명이었기 때문이다. 옛날에는 반드시 그렇지 않았다. 확실히 큰 착각이 문명을 덮어놓고 진보다 하는 생각이다. 이제 그 잘못된 철학의 결과를 거두기 시작한 것이다.

옛날에 올라갈수록 태고의 성대^{聖代}를 그리워하는 생각이 있는 것은, 현대주의에 병든 생각이 하는 모양으로 반드시 미개해서만이 아니요, 또 그렇지 않으면 낡은 기와집마냥 역사의 고색창연한 데 향수를 느껴서만도 아니다. 까닭이 있는 말이다.

당초에 사람은 스스로의 속에 있는 영성靈性에 지금보다도 더 깊은 생각을 기울였다. 그것은 모든 고전을 고쳐 읽어보면 알 수 있다. 사람은 반드시 강제해야만 듣는 것이 아니었다. 인간이 동물에서 스스로 자기를 구별해낸 것은 힘만은 아닌 인간적인 것을 개발해냄으로써 된 것이다. 즉 강약 없이 사랑과 도리로 살자는 생각이다. 그런데 그렇게 해서 이루어진 고대의 소박한 국가에 지나친 권력관계를 넣어서 법과 무기로써 지켜나가는 나라를 만든 것은 그 소박한 마음을 팔아먹은 지知와 역力의 추구자들에 의해서 된 것이었다.

지교知巧는 발달하게 마련이다. 그렇게 해서 온 것이 유사 이래의 일이요, 더구나 근세 이래의 일이므로, 정치적인 것이 인간관계 속에 너무 깊숙이 들어왔다. 그에 따라 종교는 기복은 있으나 대체로 그 밑에 굴복해왔다. 그리고 소수의 순교정신에 의해서만 그 본래의 정신을 살려왔고, 그것으로 세상을 건져왔다. 그러한 내림이 지금 오늘에 이른 것이다. 그러므로 그것이 모든 종교의 거의 습성이 됐으므로, 더 어려울 것이라는 말이다.

그렇기 때문에 종교의 사는 길, 문명의 구원되는 길은 다시 개혁되는 것밖에 없다. 이론보다도 사실로 제1차 세계대전 때에도 각 나라 종교들이 그 인간 대량학살하는 자기네 나라를 위해 각각 축복했고 제2차 세계대전 때에도 하필 독일 교회만 아니라 다 그 정치에 복종했다. 그리고 그 참혹한 것을 지나고 나서야 회개했다. 그 후 또 냉전도 멈추지 못했고 그 후에 오는 산업전·자원전에서도 마찬가지다. 그러나 역시 종교 아니고는 길이 없기 때문에 종교는 개혁돼야 한다는 것이다.

국가가 낡은 깍지를 벗지 못하기 때문에 이 위기인데, 그것을 멸망에서 건지려면 종교 자체가 먼저 깍지를 벗어야 할 것이다. 정교분리는 이래야 되고 의미도 있다. 이날까지 몇천 년을 동서를 물을 것 없이 인류는 너무 정치적이었다. 물론 사람은 정치적만 아니요, 크게 긴 역사를 굽어볼 때는 정치가 그 가장 중심적인 것도 아닌데, 지금 인간의 내적·외적 생활의 갈피갈피에 정치가 먹어들어가 있다. 이 의미에서 문명은 병이요, 타락이라 해야 옳을 것이다.

그것을 고치고 일대 변화를 일으키지 않는 한 인류는, 석탄기의 파충류가 제 몸의 비대무기화肥大武器化 때문에 멸망했던 것같이 정치 때문에, 거기서 필연적으로 오는 전쟁 때문에 멸망하고 말 것이다. 이것을 우리같이 정치 문제가 몽마夢魔처럼 가슴을 눌러서 정신을 차리지 못하는 우리로서는 생각하기가 매우 어렵지만 그래도 조금 정신의 안정을 가다듬어서 보면 곧 어렵지 않게 알 수 있다.

진리 위해 자기를 부정할 수 있어야

구원은 자아에서부터다. 스스로 믿으면 살고 또 남을 살릴 수 있지만 믿지 않으면 망하는 수밖에 없다. 믿음은 의지요 결정이다. 도전하는 것이 믿음이다. 신은 감상주의자는 아니요, 자기가 감상주의가 아니기 때문에 감상주의 안에는 구원이 없다. 마음은 작은 것이지만, 혼은 마음보다도 더 작은 것이지만, 작다 못해 이夷요, 희希요, 미微라 할 수밖에 없고 현玄이라 묘妙라 할 수밖에 없는 것이지만, 감히 우주악宇宙惡에 대해 '아니' 할 수 있는 것은 혼이요 믿음이다.

그저 믿는 것이 믿음이 아니라 진리를 위해 자기를 부정할 수 있어야, 적어도 부정하려고 노력해야 믿음이다. 자기가 죽어야, 완전히 죽지는 못하더라도 적어도 죽을 수 있기 위해 진지한 기도를 올려야 믿음이다. 만일 개인에게서 죽음에 의해 사는 것이 진리라면 나라에서도 마찬가지일 것이다. 도덕에 두 가지가 있을 리는 없기 때문이다. 그런데 오늘 어느 종교가 과연 감히 진리 앞에 국가가 자기부정을 할 수 있어야 참 국가란 말을 할 수 있을까. 그런 의미에서 모든 종교는 결국 현실주의 아닐까. 그들은 하나님과 집단을 겸해 섬기려는 것 아닐까. 네가 능히 진리를 위해서는 나라도 버릴 용기가 있으면 그 진리가 너와 네 나라를 구원해줄 수 있겠지만 만일 그렇지 못하고 나라 있고서야 종교 아니냐 운운하는 그런 따위라면 네가 갈 곳은 안개 속밖에 없을 것이다.

나라는 쳐들어서 구원할 수 있는 것도 아니요 이끌어서 되는 것도 아니다. 나라 밖에 또 누가 있는 것 아니다. 그러한 말이 다 협잡꾼의 말이다. 그렇기 때문에 참으로 구원하는 정성과 사랑이 있는 이는 '나보다' 전에 온 놈은 다 도둑이요 강도라고 했다.

앉은뱅이를 업고 다니는 것이 구원이 아니다. 하물며 자동차를 사주는 것이겠나. 소경을 위해 대신 보아주는 것이 구원 아니다. 하물며 사람을 사서 대주는 것이겠나. 전신 마비자를 여럿이 메고 다니는 것이 구원 아니다. 하물며 국립병원에 수용하는 것이겠나. 구원은 스스로 일어서고, 보고, 뛰고, 일할 수 있는 힘을 주는 일이다. 주는 것 아니라 가지고 있으면서 모르는 것을 알려주는 일이다. 죽은 제가 살아나서 스스로 살 수 있게 하는 것이다. 그러므로 성인무공聖人無功이다. 스스로 나라 구원의 공이 제게 있노라는 것은 도둑만이 하는 소리다. 누구의 힘으로 사는 것 아니라 제가 제 힘으로 살 수 있는 것이 생명이다.

그런 것을 제 스스로가 먼저 죽음을 이기지 않고 어찌할 수 있을까? 죽음을 스스로 즐거워서 우선 죽지 않고 어찌 이길 수 있을까. 무슨 일을 해서 어떻게 사람을 건질 수 있겠나. 하물며 개인이 아니고 나라일까. 무슨 방법으로 한다면 우리는 영 절망일 것이다. 여기서 무슨 방법이 나오겠나. 방법이 아니다. '목격이도존'目擊而道存이라, 턱 보기만 하면 되는 것이 구원자 아니겠나. 볼 것이니 있느냐. "가라, 네 믿음대로 되리라" 하면 죽었던 아이가 사는 것이다. 만일 하는 어떤 일이 있다면 스스로 높여 매달려 모든 사람이 다 보고 믿을 수 있게 하는 일뿐일 것이다.

그러므로 개혁이 따로 있을까. 없다. 스스로 제 말씀을 받는 것뿐이다. 새 말이 따로 있는 것 아니라 내가 '이제 받은 것'이 새 말씀이다. 모든 시대가 제 말씀을 가진다. 죽음에 절박한 시대일수록 제 말씀이 있을 것이다. 그것을 먼저 받는 사람이 시대를 건지는 사람이다. 그러나 죽음의 잔을 완전히 들이켜지 않고 시대의 죽음을 어떻게 알 수 있을까. 6천 년 문명이 죽는다. 5백만 년 인간이 죽는다. 그 정치와 종교가 혼이 다 죽어버리는 오늘이다. 그것이 정말 살았다면 역사가 이렇게 숨이 가쁘겠는가.

죽은 자를 선선히 죽은 자들로 장사케 하는 잔혹한 아들만 생명의 주를 따를 수 있다. 네가 이 하나님의 이름을 부르기 시작한 이 석기시대 이래의 역사가 운명하는 것을 능히 옆에서 볼 용기가 있느냐. 능히 평온한 마음으로 그 조사弔辭를 쓸 여유가 있느냐. 그렇지 않고는 시대 구원의 이야기를 하지 마라. 그래야 온전히 산 새 문명이 일어난다. 나사로²⁾처럼 썩은 냄새가 나다가도 일어서 나올 것이다. 이제 지구와 그 과학은 다 절망 아니냐? 그러면 네가 절망하지 않고는 그 살길을 모를 것이다. "어찌 나를 버리시나이까" 없이는 "다 이루었다"가 있을 수 없다. 너는 네 과학을 최후까지 정직하게 지켜라. 그래야 말씀이 올 거다.

빛은 동방에서

역사에 되풀이란 없다. 우리 조상들이 그것을 있는 것처럼 생각했던 것은 스케일이 너무 작아서 그런 것이었다. 자전하는 지구를 타고 해 아래 있었기 때문에 그랬을 것이다. 그러나 이제는 좀 컸으니 좀더 크게 봐야 할 것이다. 태양의 궤도만 해도 아니 뵈는데 은하의 궤도, 더구나 대우주의 궤도가 뵈겠는가? 영靈에 이르면 궤도 아닌 궤도지.

그러니 되풀이는 아닌 되풀이의 자리에서 옛말을 다시 한 번 생각해보자. 말이 있어 이르되 "빛은 동방에서"라 그랬지. 그것이 무슨 소리일까. 눈이 열린 사람은 뵈지 않는 것을 보는 법이요 귀가 열린 사

───

2) 나사로(Lazaros): 『신약』에 나오는 인물로, 죽은 지 4일 만에 예수가 회생시켰다.

람은 들리지 않는 것을 듣는 법이다.

빛은 동방에서라! 잠깐 두고 이런 것부터 생각해보자. 일찍이 지금 숨 거두려는 이 근대가 푸른 옷을 입고 오려 할 때 어쨌던가. 문예부흥이란 것이 있었고, 과학의 발명, 지리상 발견이란 것이 있었고, 그리고 종교개혁, 산업혁명 그런 것들이 있었지. 그러면 지금은 수레바퀴같이 도는 것이 아니라 부챗살같이 번져나가는 역사에 되풀이란 것이 있을 리 없지만, 제 버릇을 못 놓고 개미 쳇바퀴 돌 듯 제 마음의 바퀴를 도는 우리 마음에서 한다면, 물론 이것이 참 마음이 못 되고 가짜인 줄을 아는 이상 가짜인 자리에서 그대로 말을 해본다면, 그래서 그때와 마찬가지로 또 한 번 뱀처럼 허울을 벗는 일이 있다면, 역시 고전연구라는 머리, 그다음에 발견·발명이라는 목구멍이 있고, 또 그다음 종교개혁이라는 가슴통, 그런 후에 산업혁명의 대장大腸·소장小腸이 오지 않을까.

그런 다음에야 으앙 하고 우는 울음소리로 새 시대의 아들이, 또 나오는 산문産門이 있지 않을까. 만일 그런다면 우선 이번의 고전연구, 문예부흥이란 어떤 것일까. 나오지 않은 태아의 얼굴을 알 수 있는 예언자는 없지만, 그래도 모르고도 알 것은 새로 날 아기 얼굴 아닌가. 왜냐하면 사실은 그 새 몸은 무한번 다시 하는 새 몸이기 때문이다. 우리 생명 속에 조상 반복이 있지 않은가. 그래서 온고지신溫故知新 아닌가.

그러면 이런 말은 할 수 있지 않을까? 새것을 붙잡는다 해도 이 해 아래서는 땅 위의 것을 들추는 것밖에 없는데, 아무리 잘 들춘다 해도 다시 소크라테스·플라톤·아리스토텔레스가 아닌 것은 분명하지. 그것은 그때에 벌써 들출 대로 다 들추고 써먹을 대로 다 써먹었으니 말이다. 그렇다면 고전이라야, 아프리카나 아메리카에 찾을 것은 없으니, 있는 것은 자연 동양고전밖에 없지 않은가. 그리고 이것은 서양문명 바람에 잘 써먹지도 못하고 남들이 동양엔 철학도 없고 종교도 없다는 바람에 우리도 엉겁결에 정말 그렇거니 하고, 천연자원을 두고도 깔고 앉아 모르고 있었던 중국·인도같이, 내버리고 돌아보지도 않았는데, 도리어 그 제 숨에 구역질이 난 서양서 어떤 특별한 정신 가진 마음들이 더러 그것을 캐서 아주 산삼으로 팔아먹는 형편 아닌가. 그러니 그것을 한번 이제 먼지를 털고 다시 읽어보면 어떤가. 그래도 이 동양의 티끌로 된 우리니만큼 우리가 보면 역시 그들보다는 좀 깊이 볼 수 있지 않을까? 이것이 이 둔한 나의, 기독교는 믿는다면서도 이단자 소리를 들어가며, 30년 동안 해온 생각이었다.

불교는 깊이 배우지 못해 모르지만 기독교는 어려서부터 알거나 모르거나 간 그 속에서 자랐는데, 기독교를 믿는다면서 동양 것은 미신이요 잘못된 것으로 일언하에 잘라버리는 데는 도무지 이해할 수가 없었다. 나로서는 기독적인 것이 좀더 넓게 좀더 깊게 좀더 내 것으로 가깝게 이해되기 시작한 것은 동양 것을, 지극히 작고 옅은 정도에서지만, 스스로 좀 읽어보는 데서부터 시작됐다. 동양에 대한 눈이 넓어지면 질수록 내 기독교 이해는 뿌리가 조금씩 더 깊어가고 가지가 조금씩 더 높이 올라갔다. 그래서 마침내는 범위는 좁지만 그래도 앞을 내다보는 뚫린 눈들을 가진 몇몇 서양 선배들의 생각에 접하게 됐다.

부버요, 테야르 드 샤르댕이요, 올더스 헉슬리요, 제럴드 포드요, 다 그런 사람들이다. 타고르, 간디는 물론 말할 것도 없고, 내 생각으로는 아마 인류의 앞날을 내다보면서 생각을 한다면 이들을 모르고는 될 수 없을 것이다. 그러기에 어느 의미로는 기독교는 서구로 가서 오해됐다고 말할 수도 있을 것이다. 그러나 오해라기보다는 모두 다 제 날을 가졌다고 해야 옳을 것이다. 이제 동양적인 것에 접함으로 정말 자기를 더 깊게 폭넓게 실현할 수 있을 것이다.

믿는 자에게는 모든 것이 합동해서 선이 된다. 가령 『성경』에서 말한다면, 물론 다 진리를 말하는 것이지만 바울을 써먹을 때가 있었고 요한을 써먹을 때가 있다. 바울은 이 이상 더 될 여지가 없는지 몰라도 요한은 이제부터 더욱 말을 하지 않을까. 그리고 『성경』 중에서 가장 동양적인 것이 오직 요한이다. 그 모양으로 당초에 소아시아로 가려는 바울을 마케도니아로 가라고 할 때에 세계 역사의 방향은 결정이 됐다. 그러나 가는 때 있으면 또 오는 때가 있다. 이제부터 기독교적인 것을 밝혀내는 것은 동양에 있지 않을까. 그런 의미에서 제 날을 가진다는 의미다. 나는 불교는 모르나 거기서도 마찬가지 아닐까.

진리의 올바른 체득은 인생의 입장에 서는 동시에 또 역사의 입장에 서야 된다. 하늘나라를 수정으로 아로새긴 나라처럼 생각하는 사람은 아마 천만뜻밖에 '외벌 암흑한 데로' 떨어지는 날이 올 것이다. 하나님은 다 된 하나님이 아니요 영원히 자라는 영원한 미완성이다. 인간을 구원하러 인간 속에 내려와서 같이 짐을 지는 하나님이 자라는 하나님 아니고 될 수 있을까.

이 생각이 정통적인지 이단적인지 그것은 상관 아니 하지만, 이것이 종교를 역사적인 자리, 더구나 동양적인 자리에서 보려고 노력하는 가운데서 얻어진 것만은 사실이요, 그럼으로써 문제를 풀어가는 데 좀더 힘을 얻었다고 자신하는 것도 사실이다. 불교도 이 위기적인 역사의식을 가지고 보아서만 새로 살아날 수 있을 것이다.

복리주의에 떨어진 종교

그런 의미에서 요즘에 우리가 당하는 있는 문제는 매우 의미 깊은 문제라고 생각한다. 더구나 이번 유엔에서 당하는 문제, 세계적으로 한국이 문제의 초점이 돼가는 문제, 그런 것은 깊이 생각해야 할 것이다. 종교가 본래 세계구원을 위해 일어난 것인데, 언젠지 복리주의로 떨어져버린 것은 참 한심한 일이다. 더구나 세속인은 현실에 섰으니 복을 추구하는 일이 당연하지만, 종교는 영계에 목적을 두고 있다면서 말로는 아닌 척 정신적인 용어를 빌려서 하면서, 세속적 복리를 추구하고 있는 것은 그 위선주의를 잘 드러내는 일이다. 종교인이라고 현세 살림 아니 한다는 것은 아니다. 하되 영적 생명의 실현으로 하는 데 다름이 있다.

내 빵 생각을 하면 물질적이지만, 남의 빵 생각을 하면 정신적이다. 그리고 지금 이 시대에는 내 빵이란 건 있을 수 없어졌다. 이제는 인간이 성인되어 전체인에 들어갔기 때문이다. 이제 인격이란 것을 끝내 개체적인 견지를 떠나지 못하고 생각하는 것은 말은 아무리 영원한 생명이라 해도 사실은 순물질적인 사심私心이다. 현대의 고민이 바로 여기 있다. 성인 지경에 갔는데, 아직 어린이 시대의 치기를 못면하고 있다. 그러면 잘하노란 모든 열심이 죄가 될 뿐이다.

왜 세계의 많은 나라 중에 하필 이 나라만이 고난이 심하며 기독인만이 고난을 겪어야 하나. 맹자孟子의 말대로 그 져야 하는 특별한 사명 때문일 것이다. 전체가 다 몸이로되 잘못되는 것이 있으면 고통당하는 것은 심장이다. 기독인이 고통당하는 것도 이 시대 이 나라의 심장이기 때문일 것이다. 그랬기 때문에 우리보다 전에 있었던 사람들도 자기네가 고난을 당하는 것은 자기네를 통해 전에 믿고 환란만 당하다가 간 사람들이 완성됨을 얻기 위해 그러는 것이라 하면서 [「히브리서」, 11장] 목 위에 내리는 칼을 기쁨으로 받으며 견디었다. 사실 그랬기 때문에 그 시대는 건짐을 입었다. 이제 정말 때가 가까웠기 때문이다.

전에 어떤 시대도 이런 전 세계적인 위기를 당해본 일은 없었다. 이제 지구를 건지란 말이 나돌지 않나. 동양의 지혜가 오랜 티끌 속에 버림을 당했던 것도 이 때문이요, 가장 연약한 우리가 뽑힌 것도 이 때문이다. 우리의 가난, 우리의 연약이 우리의 자격이다. 왜냐하면 우리의 가난, 주림, 목마름은 곧 다른 것 아니요 지금까지 세계에 판을 쳤고 그 물러가라는 역사적 경고가 왔는데도 오히려 물러갈 생각을 아니 하는 정치만능주의·국가지상주의의 희생이 된 값이기 때문이다. 우리가 아니고는 그 악을 완전히 드러낼 자가 없기 때문이다.

수난의 여왕의 꿈

나는 우리나라를 수난의 여왕이라, 역사의 한길에 앉은 늙은 갈보라 하는데, 그러한 수난자·수욕자受辱者의 심정으로서 생각할 때 하나의 꿈이 있다. 그것은 제2차 세계대전을 겪고 난 직후에 꾼 것이다. 아직도 그 시대는 완전히 지나가지 않았으니 그 꿈은 아직 품고 있을 가치가 있다 할 것이다. 그것은 동남아의 연방을 한번 제창해봤으면 하는 것이다. 물론 정치를 알지도 못하고 좋아도 아니 하는 나이니, 이것은 하나의 정치적 기도로 하는 말은 아니요, 다만 하나의 환상처럼 생각해보는 일이다.

앞을 내다볼 때 가장 걱정되는 것은 중국의 민족주의 혹은 국가주의다. 지금 중국은 공산국가요 아직 세계는 자유주의 대 공산주의의 긴장 속에 있지만 나는 공산주의는 그리 두렵지 않다고 한다. 그것은 하나의 사상인데 사상은 아무리 험악하다 하더라도 멀지 않아 변하는 날이 올 것이다. 두려운 것은 민족 감정 혹 국가주의적 횡포. 그것은 좀처럼 없어지지 않을 것이다. 사실 지금도 세계 여러 약소민족을 괴롭히는 것은 이데올로기가 아니라 그들의 국가주의다. 국가라는 이름 아래 민중을 완전히 그 수단으로 삼고 지배하려는 생각이다. 그 점에서는 두 진영이 일반이다.

그런데 중국은 이제 강력한 폭력 밑에 놓여 있고, 남들은 거의 바닥이 난 천연자원을 풍부히 가지고 있고, 그 동안 오래 서구세력에 눌렸던 반감은 불길같이 솟으려 하기 때문에, 그것이 큰 나라로 강해질 때 주위에 대한 그 교만과 횡포가 얼마나 할까. 지나간 긴 역사에 비추어보아 거의 확실한 것 아닐까. 그렇다면 그 턱 밑에 있는 우리 운명은 어떤 것일까. 그래서 그것을 일찍이 곤륜산崑崙山에서 내리구르는 바위 앞에 놓인 달걀로 비유했던 것이다. 그 점을 생각한다면 남북이 이렇게 갈라져 싸우는 이 민족은 참으로 어리석은 민족이다. 예로부터 생각 있는 선인들이 우리의 소량少量과 천식淺識을 걱정해 지적해오지만, 참말 새삼 걱정되는 일이다. 그러나 그 세력을 힘과 꾀로 당해낼 수 없는 것은 너무도 분명한 일이다. 그렇기 때문에 나는 우리의 살길을 위해서라도 우리가 탈민족주의 탈국가주의의 앞장을 서야 한다는 것이다.

신강新疆·서장西藏·귀주貴州·운남雲南·만주滿洲가 다 중국 지배하에 있고 세계평화는 있을 수 없다. 소련도 미국도 인도도 일본도 다 걱정 아니 되는 것은 아니지만, 아마 중국이 그 누구보다도 무서운 것일 것이다. 그렇기 때문에 우리 이상대로 한다면 세계가 한 나라 되고 그다음 각 지역별로 자치하는 공동체가 생겨나는 것이지만, 세계적으로 이루어지기 전 우선 그 중간 과정으로 몇 개의 연방이 있어서 마치 미합중국 모양으로 대소에 관계없이 한 표의 권을 가지고 연합해나가야 할 것인데, 그중에 우리에게 관계되는 것은 동남아의 군소국이 그것을 만들어야 한다고 생각한다.

그것이 중국을 해방시키는 가장 좋은 길이라고 나는 생각한다. 사실 앞날을 생각하면, 일대 변화의 날을 생각하면, 지금의 대국일수록 해방이 필요한 노예 나라요, 약소국일수록 유리한 자리에 있는데 그런 중에서도 중국이 가장 어려울 것이다. 그러므로 그 짐을 벗겨주는 것이 무엇보다 필요한 인도주의요 또 우리의 살길이다. 그런데 그것을 앞장서는 데는 우리를 내놓고 더 적격자가 없을 것이다. 왜냐? 우리의 역사적 희생자로서의 경력이 그 자격을 준다. 돌아온 탕자처럼 영예자가 어디 있나.

「창세기」에 의하면 천지만물 창조가 있으려 할 때 하나님의 영이 깊은 혼돈 위에 운동하고 있었다고 한다. 그 깊고 캄캄한 혼돈이 지상에서는 어딘지 몰라도 역사 위에서 분명히 알 수 있는 것은 이 수난의 여왕의 가슴 아닐까. 어둠과 슬픔의 심연이지만 영광과 기쁨과 사랑의 창조는 거기서만 쏟아져 나올 수 있다. 그러기 위해서는 하나님의 영이 그 위에 운동할 필요가 있다. 그 운동이란 암탉이 그 알을 품듯 도둑이 큰일을 저지르려 골똘히 생각하고 있듯 예술가가 영감을 얻으려 할 때 얼빠진 사람처럼 앉아 있듯 앉아 있는 태도다. 그보다도 『바가바드 기타』의 그림은 더 좋다. 거기는 자연은 자궁이요 우주의 영은 아버지여서 그 자궁 속에 수정을 할 때에 만물은 창조되어 나온다고 했다. 참 아름다운 그림 아닌가.

가장 미운 것이 가장 아름다운 것을 낳고 가장 더러운 것이 가장 영광스러운 것의 자궁이 된다. 그럼 이 역사의 한길에 앉은 노창녀는 새 시대의 아들을 배기 위해 앉은 것 아닌가. 다만 그 가슴을 뚫어지게 들여다보아야 한다. 우주적인 압력을 가지고 충만시키도록 그 속을 진공으로 비워야 한다. 그것이 곧 일대 변화, 역사적 "우로 돌아 앞으로 가"이다. 세계구원의 첫 발걸음이다.

동정녀 아닌 동정녀, 거러지 갈보야 일어나 모든 권력주의·물질주의의 욕뵘에서 네 자신을 씻고 준비하라.

"너를 죄주는 자가 다 어디 갔느냐? 나도 너를 죄주지 않는다."

• 1976년 1·2월, 『씨올의 소리』 제50호

한민족과 평화

현실의 모습

한민족과 평화라는 문제를 주고 글을 써보라는 부탁을 받아 한 달을 두고 생각을 했는데도 좀처럼 실마리가 잡히질 않았다. 밥을 먹으면서도 생각, 길을 가면서도 생각인데 그래도 잡히는 것이 없으니 아, 내가 정말 늙었구나! 심사가 좋지 않아 스스로 나를 달래려고 앉았는데 갑자기 전화가 왔다. 건국대학 안에 여러 대학 학생들이 몰려 벌써 며칠째 농성 투쟁을 벌이고 있는데, 그것을 해산시키려 수천 명의 군경대가 투입됐고 헬리콥터까지 뜨고 있다는 소식을 알려주었다. 붓을 놓고 어찌 그럴 수가 있을까 혼잣소리를 하며 앉았노라니, 이번에는 학생들이 굶은 지가 여러 날 되어 안으로부터 먹을 것을 좀 넣어달라는 소리도 나왔고 또 부형들이 음식을 가지고 간 것도 있어 들이게 해달라고 요청도 했는데 군경들의 태도가 아주 강경해 절대로 허락할 수 없단다고 하는 소식이 이어 왔다. 그뿐 아니라 물길까지도 아주 끊어버렸다고 했다.

그것을 듣고 그게 무슨 소리야 하며 목구멍에서 치밀어 올라오는 것이 있는데 또 전화가 왔다. 수화기를 드니 이번에는 담당 기관원이 아닌가? (소위 우리들 반체제 인사라는 사람들에게는 기관들로부터 담당이라는 직원이 각각 있어서 이따금씩 찾아오는 일이 있다.) 긴 세월이 가는 동안 법은 멀고 인정은 가까워 나는 그들과도 친구로 알고 지내는데, 그의 음성을 듣는 순간 내 감정은 자동적으로 폭발할 수밖에 없었다. 그래서 그 사람에게 화풀이를 하였는데 그때 나는 내 속에서 다른 음성을 들었다.

네 원수를 사랑하라!
너를 대적하는 자를 위해 기도하라!
•「마태복음」, 5: 43~44

그다음 날이 원고 마감날이라 이젠 다 틀렸다고 생각하면서 잡지사에는 무슨 말을 할까 생각하고 있는데 편집부 여직원으로부터 전화가 왔다. 차라리 아니 쓰게 됐으면 하는 생각을 하면서 "약속 못 지켜 죄송해요" 했더니 그는 주저하지도 않고 "이삼 일 연기해드려요?" 했다. 아무 소리도 못하고 그대로 승낙할 수밖에.

이제 놨던 붓을 다시 들고 무거운 마음으로 책상 앞에 앉으면서, 나는 병자호란 때에 나라의 재상 노릇을 했던 최명길을 생각하지 않을 수 없었다. 싸움에는 지고 임금 이하 모든 신하가 남한산성에서 농성을 하고 있을 때 이제는 양식도 다 떨어지고 하는 수 없이 전날에 오랑캐라고 업신여겼던 청나라 군대 앞에 나가 항복을 하지 않을 수 없게 됐다. 그 항서를 누가 쓸까 옥신각신 말이 많았다. 도저히 아니 쓸 수는 없고 쓰기는 해야 하므로, 그때 누구누구였던지 이름은 모르나 몇이서 글을 지어 썼다는 것인데, 반대파 강경론자들은 죽으면 죽었지 어찌 항복을 할 수 있느냐 하면서 그 초고해놓은 항서를 잡아당겨 모두 찢어버렸다. 그랬더니 최명길이 그 찢어진 조각들을 하나씩 다시 모아 붙여놓으면서 "쓰는 이는 없어서는 아니 되고, 찢는 이도 없어서는 아니 되며, 다시 모아 붙이는 이도 없어서는 아니 된다"고 탄식을 했다는 것이다.

역사란 그렇게 어려운 것이다. 왜냐? 삶 그 자체가 어려운 것이기 때문이다. 감정만으로 안 되고, 이성만으로도 안 되고, 불덩이 같은 치욕도 꿀꺽 참아 삼켜 넣는 참음도 있어야 한다. 생명이란 것이 어찌 그러냐? 네가 항의를 한대도 별수 없고, 분신자살을 해도 별수 없다. 믿음으로 하는 복종이 있어야 하기 때문이다. 사람에게 복종이 아니라, 절대자에 대해서 하는 복종이다.

평화의 뜻

평화란 말을 한문으로 平和라 쓴다. 平자는 본래는 丂 이렇게 썼는데, 그것은 亐을과 八팔 두 자를 합한 것이다. 亐은 기운이 땅에서 올라와서 퍼져나가는 것을 그린 것이요, 八은 여덟이라는 글자인데, 여덟은 잘 갈라지는 수다. 여덟을 갈라 넷이 되고, 넷을 갈라 둘, 둘을 갈라 하나가 되듯, 平자는 골고루 갈라놓아서 많고 적고가 없도록 고르게 한다는 말이다.

和자는 본래는 龢라 썼는데 음악에서 여러 가지 소리를 골고루 잘 조화되도록 낸다는 뜻이다. 후에 오다가 그것이 사람과 사람 사이가 고르게 되는 것을 가리키는 것이 되면서 龠[피리를 그린 것] 대신 사람을 표시하는 口[입 구]로 바꾸게 됐다. 음악에서 화음和音이라는 것이 그것이다. 또 한 사람이 노래를 하면 그것을 듣고 이쪽에서도 맞부르는 것을 화답和答이라 한다.

그것을 한데 붙여서 생각한다면 사람과 사람 사이, 집과 집, 단체와 단체 사이, 나중에는 나라와 나라 사이, 하늘과 땅 사이를 고르게 하는 것이 평화다. 그렇지만 그중에도 가장 중요한 것은 나라와 나라 사이에 전쟁을 하지 않도록 하자는 일이다.

옛날 공자는 『대학』에서 할 공부를 세 가지로, 明明德[밝은 속 알을 밝힘], 親民[씨울을 사랑함], 止至善[지극한 선에 머무름]이라 했고, 그것을 실지로 하는 순서를 格物[모든 것을 연구함 혹은 나 자신을 바로잡음], 致知[참 지식을 얻음], 誠意[뜻을 참되게 함], 正心[마음을 바르게 함], 修身[제 인격을 닦음], 齊家[가정을 올바르게 함], 治國

〔나라를 다스림〕, 平天下〔온 세상을 고르게 함〕의 여덟 단계로 해서 사람의 개인적·전체적 최고의 의무가 평화세계를 이룩하는 데 있음을 밝혔다〔『대학』,「경」, 제1장〕.

나는 여섯 살부터 기독교 교육 속에서 자라면서도, 최고의 문명에 이르렀노라 머리를 내젓는 오늘의 국가들을 보고야 예수가 하늘나라를 선포했던 뜻이 무엇임을 어렴풋이 짐작하게 됐다. 그것을 다른 말로 바꾸어 한다면 이 국가란 것이, 이 정치란 것이 세상을 잘못 만들고 있단 말이다. 예수가 복음전파를 하기 위해 나서려 할 때 40일 동안을 사탄에게 시험을 받았다고 했는데 그 마지막 조목이 무엇이냐 하면 천하 만국을 한순간에 보여주면서 이것이 내 권세 안에 있으니 내게 절만 하면 다 준다고 했다 하지 않나. 세상 권세를 다 내가 쥐고 있다는 것이, 정치가 최고라는 것이, 그래서 모든 인간을 그 권세 아래 두자는 것이 그 목적이었다.

민족의 비극

지금 우리 민족에게 가장 걱정스러운 큰 문제는 새삼 말할 것도 없이 남북으로 갈라져 두 나라가 됐다는 사실이다. 4천 년 넘는 역사를 가진 하나의 당당한 민족으로서 한때나마 자유를 잃고 남의 식민지가 됐던 것도 부끄럽지만, 참말 천우신조天佑神助, 하늘이 돕고 하나님이 붙들어 해방이 됐는데, 그것을 잘 받아 누리고 키우지는 못할 망정 도적에게 뺏기고 둘이 서로 원수가 되어 욕지거리로 날을 보내면서, 뉘우쳐 다시 하나될 생각을 하지도 않고 있으니 이런 안타까운 일이 어디 있으며, 이런 부끄러운 일이 어디 있으며, 이런 죄스러운 일이 있을까? 사람은 동물이 아니요, 민족은 그저 무리지어 있는 짐승이 아니다. 생각에 살고, 뜻에 살며, 보람을 쌓고, 의무를 다하는 것이 사람이다.

찬탁은 무엇이고 반탁은 무엇이냐? 도대체 탁이 무슨 탁이냐? 누구에게 무엇을 맡긴단 말인가? 아기는 나왔으면 제 어미가 젖을 먹이면 그만이다. 먹으면 크고, 크면 일어서고, 일어서면 사람이다. 스스로, 저절로, 사람 노릇 하는 것이 사람이다.

그런 것을 너희가 왜 간섭했단 말이냐. 그러나 도적 보고 네가 왜 도적질하느냐 물을 필요도 없다. 할 일은 그저 막는 거요, 내쫓는 거다. 씨올 전체가 하는 거다. 씨올은 본래 제 할 일을 아는 거다. 중국 전국시대 4백 년, 5백 년을 소위 정치한다는 놈들이 서로 휘두르고 돌아갔을 때 그것을 보고 안타까워했던 노자老子가 뭐라 했던지 아느냐.

거룩하게 나신 이는 제 맘이란 것이 없고
씨올의 마음으로 제 마음을 삼는다.

聖人無常心

以百姓心爲心

•『도덕경』, 제49장

당초 잘못은 씨올을 제쳐놓고 누가 시키지도, 청하는 것도 아닌 것을 제가 하겠다고 자청하고 나왔던 그 정치꾼들에게 있었다. 그들은 씨올을 믿은 것도, 자기를 믿은 것도 아니요, 양키를, 로스케를 믿고 나온 것들이었다. 거기서부터 잘못이 시작된다.

그럼 어떻게 할까? 대답은 간단하다. 씨올을 못살게 굴지 말고, 이래라 저래라 간섭하지 말고 가만두는 일이다. 평화에서 시작하잔 말이다. 정치한다는 사람들은 왜 그렇게 남을 믿지 못할까? 본래 남을 못 믿는 것은 도둑이다. 내 속에 도둑질할 생각이 없는데 왜 남을 믿지 않겠나? 도둑놈은 남을 도둑하기 전에 자기 자신을 도둑질해버린다. 그러므로 눈을 바로 뜨지 못하고, 생각을 올바르게 하지 못한다. 마음이 제대로 있지 않고, 속이 편안하지 못한 법이다. 평안치 못한 속에서 지혜와 힘은 절대로 나오지 못한다. 힘, 남 속이고 뺏는 것이 힘이 아니고, 사람 죽이는 것이 지혜 아니다. 참 힘은 내 생명 또 남의 생명을 살리는 일이다. 그 힘은 누가 주는 것도 아니요, 제가 내자 해서 내어지는 것도 아니다. 참 힘은 본래부터 주어진 것이다. 사람 노릇할 수 있는 힘, 그것을 믿지 않으면 그것은 사람이 아니요 살인귀다. 그렇게 볼 때 현대의 대부분의 정치는 악마에게 붙잡힌 사람 아닌 사람들에게서 나오는 것이다. 그렇기 때문에 이 나라 안에 평화가 이루어지지 않는 한, 이 민족은 망할 수밖에 없을 것이다.

사랑이 변하면 원수가 된다. 남보다도 더 무서운 것이 원수된 제 형제다. 형제가 서로 원수가 되면 그 집안은 망할 수밖에 길이 없지 않은가. 미움이 불타면 아무것도 못한다. 그러기에 전쟁 잘하던 나라는 다 망하지 않았는가. 그것을 모른다는 것은 말이 아니다.

죄를 지으면 죄의 종이 된다. 지금 우리 민족은 거의 전부가 미움의 종이 되어버린 상태다. 시간을 다 그 불길 속에 던지지, 돈·물질을 다 그곳에 던지지, 다른 데서 빚까지 내다가 그 원수 갚겠다는 미움의 불길 속에 던져버리니 문화고 역사고 있을 여지가 없지 않은가. 미쳐버리면 정신 잃고, 정신 잃으면 가족이고 친척이고 민족이고 나라고 없다. 아무것도 없다. 아직 절망은 아니지만 이대로만 간다면 어쩔 수 없이 그 절망에 빠지고 말 것이다. 그러므로 시급한 것이 평화다, 남북의 화해다.

유교의 옛날 가르침에 이런 말이 있다. 군자와 같이 있으면 마치 난초꽃 있는 방에 들어간 것 같아 처음에는 그 향기를 알다가 나중에는 그 향기를 모르게 되고, 소인과 같이 있으면 마치 썩은 생선가게에 들어간 것 같아 처음에는 그 구린 냄새를 알지만 나중에는 그것을 모르게 된다. 왜냐? 거기 화해버리기 때문이다. 그럼 우리는 난초꽃 방인가, 썩은 생선가게인가?

사람은 변(化)하는 것이다. 선 속에 있으면 선에 화하고, 악 속에 있으면 악에 화한다. 정치에서 소위 표어니 이데올로기니 하는 것은 무엇이냐? 그 안에 있는 사람을 그렇게 만들어버리려고 일부러 그렇게 만들어 속이는 것이다. 지배주의자가 자기의 지배를 영구화시키기 위해 그럴듯한 말로 속이는 것이다. 도대체 오늘날 국가치고 지배주의 아닌 국가가 어디 있나? 그러나 말이나 제도의 힘은 한때 있을 것이지 결코 영구한 것은 아니다. 영구한 것은 오직 하나이니, 그것은 처음부터 주어진 것이요, 누가 만든 것이 아니다. 그러므로 하늘이 주신 양심이라 하지 않나?

국가주의의 죄

인류의 역사를 처음부터 자세히 더듬어볼 필요가 있다. 국가란 무엇인가? 어떻게 돼서 이루어졌으며 그 속살은 무엇인가?

국가란 한문으로는 國家인데, 家는 집이란 뜻으로 처음에는 핏줄이 같은 것들이 모여 살다가 그것이 커져서 나라가 됐으므로 붙여 썼을 것이고, 國이 정말 그 뜻을 나타내는 것인데 옛날 글자의 뜻을 설명해주는 『설문』說文이란 책에 보면 나라를 표시하는 글자를 처음에는 或이라고 썼다 한다. 或은 지금은 혹시라도 하는, 무엇을 걱정하는 뜻이 들어 있는 글자로 쓴다. 그래서 나라를 지키노라니 혹시라도 무슨 일이 있지나 않을까 하기 때문에 그 或자를 쓰고 戈는 그 들고 지키는 쟁기를 말하는 것이고, 口는 입 구 자로 나라 안에 있는 사람을 나타내는 것이라고도 하고, 혹은 그 땅을 표시하는 것이라고도 하며, 또 어떤 이는 그 아래 있는, 이 땅을 나타내는 것이라고도 한다. 어쨌거나 무기를 들고 지킨다는 뜻이다. 후에 와서 나라가 점점 커지게 되자 그 국경을 의미하는 테두리를 다시 크게 만들어 國으로 쓰게 됐다는 것이다. 우리 말로는 나라인데 그 말뜻은 알 수 없다. 여러 십년 전에 잠깐 신문에서 안재홍[1] 씨가 그 어원을 '나곧'〔自我〕이라는

---

1) 안재홍(安在鴻, 1891~1965): 독립운동가 · 정치가. 호는 민세(民世). 3 · 1 운동 이후 대한 청년 외교단을 조직하여 활약하고, 1923년 『시대일보』를 창간했다. 광복 후 국민당을 조직했고, 『한성일보』 사장 · 미군정청 민정장관 · 제2대 국회의원 등을 지냈다.

말에서 나온 것이 아닐까 하는 말을 했던 것을 기억하지만 그 밖에는 들은 것이 없다.

어쨌거나 나는 國과 나라를 서로 구별해 쓰고 싶다. 나라는 무리지어 다니며 살던 때의 평화로 이루어진 단체를 말하는 것이고, 國은 몇이서 만들어 씨을 위에 가져다 씌운, 지배적인 정치를 해가는 단체를 말하는 것으로, 거기는 무기가 들어 있는 것을 주의할 필요가 있다. 저절로 된 자유로운 단체가 아니고 강제하는 단체다. 그래서 먼저 것을 사회적이라 한다면 후의 것은 정치적이다. 아마 그것은 역사에 따라 그렇게 변했을 것이다. 수가 적을 때는 서로 자유롭게 하면서도 하나되어 갈 수가 있지만, 수가 늘어나면 질서를 유지하기 위해 그냥 있을 수는 없을 것이다.

그러나 그 나라 사람의 인구가 늘어가는 것만 아니라, 그 강요하는 무기를 쓰게 되는 데 다른 더 큰 이유가 있을 것이다. 이것은 물론 무슨 기록이 있는 것은 아니지만 사람의 정신면을 살펴보는 데서 아마 그렇지 않을까 하고 단정할 수 있는 것이 있다. 어느 민족 어느 나라를 보아도 그 먼 옛적의 이야기는 다 신화, 전설로 시작된다. 어떤 사람들은 눈에 뵈지 않는 것(形而上的)은 부정해버리려 하지만 그것은 사람 자신에 대한 캐어 들어감에서 좀 잘못된 것이 있다. 공상이라 하거나, 망상이라 하거나, 사람은 생각하는 존재이고, 생각은 할수록 자꾸 깊어가고, 높아가고, 늘어가서 무한이라는 데까지 가는 것은 부인할 수 없는 사실이다.

모든 사람이 다 소크라테스가 아니더라도 한 사람의 소크라테스가 나오면 인간은 형이상의 세계를 가진 것이다. 사람은 개인이면서 전체요, 전체이면서 하나이다. 그렇기 때문에 자기가 형이상의 세계에 들어가보지 못했다 해서 형이상의 세계를 아예 부인하는 것은 어리석은 일이요 건방진 일이요 비과학적인 일이다.

신화, 전설은 그때 그 사람들의 살림이다. 만일 진화에서 인간은 어느 시기에는 잔나비와 비슷한 때가 있었다 하는 것이 인간에 대한 모욕도 아무것도 아니라면 신화, 전설의 시대를 역사의 시작으로 보아도 아무 잘못이 아닐 것이다. 단군신화가 그대로 사실이라는 말이 아니라 그것이 그때의 사실을 무엇인가 이해할 수 있게 해준다는 말이다.

내가 말하고 싶은 것은 신화로 남아 있는 그 시대에는 소위 그들에게서(후대에서 말한다면) 성인이라 할 만한 인물들이 있어서 일반으로 한다면 짐승의 지경을 채 벗지 못한 인간들을 불쌍히 여겨 가르치고 지도했다는 것이다. 오늘의 지배욕을 가지는 정치인들 같지 않아, 초창이니만큼 높고 낮고도 없고, 지배 피지배도 없었다. 비가 많이 올 때 어떻게 해서 홍수를 면하며, 가뭄이 심할 때 어떻게 해서 냇물을 끌어올 수 있는지를 가르쳐주었으며, 개개인으로 떨어져 있는 사람을 설득해 하나가 되어 큰일을 하게 하니 어떻게 그들을 존경 아니 할 수 있으며, 절을 하거나, 혓바닥을 내밀거나, 무엇으로든지 고맙다는 표정을 하지 않았겠나? 그래서 '검'[□] 하는 칭호가 아니 생겼겠나? 선에서 시작 아니 된 악이 어디 있으며, 참에서 시작되지 않은 거짓이 어디 있겠나? 인간을 만든 것은 틀림없이 인간 이상인 이가 있어서 된 것이다.

노자는 "잘하는 선善은 물과 같다. 물은 만물에게 그저 좋게 해주면서도 남이 다 싫다는 저 낮은 데로 내려간다. ……그저 다투는 법이 없다" 했다〔『도덕경』, 제9장〕. 그것이 곧 왕검王儉 아니겠나? 검은 금, 곧 신이란 말이다. 그런데 그것이 나라의 시작일 것인데, 세월이 흐르노라니 내 생각을 하는 것 아니고 백성의 마음을 제 마음으로 하는, 그런 어진 이는 나기 쉽지도 않지만, 그런 덕은 없으면서도 재주와 꾀는 있어 성인의 흉내를 내며 그 자리를 꾀로 뺏어보려는 놈은 나기가 쉽다. 그래서 후대로 오면 올수록 임금이다, 영웅이다 하는 놈은 많아졌고, 글줄이나 읽고 지을 줄 아는 것들을 신하로 써서 제도를 갖추고 법을 만들어 씨울의 자유를 구속하며, 나라를 지킨다 하면서 군사를 뽑아 제 집의 종으로 쓰게 됐다.

그래서 부족정치였던 것이 봉건의 계급정치로 되고, 유럽에서는

18세기에 큰 놈들이 민족이란 말을 내세워 봉건군주들을 없애버리고 아주 민족주의의 대국이 되게 됐다. 이것이 소위 위하여 목숨을 바치면 호국의 영웅이라면서 대대적으로 전쟁을 하여 부귀를 누리던 민족국가 제왕들의 역사다.

그러나 자라는 것이 생명의 본 성격이요, 확산돼나가는 것이 정신이라 마침내는 그 제국주의, 군국주의가 민중의 비판을 받는 날이 오고, 성명 없던 백성이 나라의 주인은 우리라 하는 날이 오게 됐다. 그것이 민주주의 아닌가? 무슨 영문인지 알지도 못하고 그저 영광의 조국을 위해서라니까 꾹 참고 답답한 참호 속에서 짐승처럼 뒹굴던 군인도 번쩍이는 빛이 있어 영국과 독일의 졸병이 겨누던 총부리를 내리고 서로 건너다보며 "야, 너와 내가 왜 이래야 하지?" 했을 때 역사의 새 페이지는 넘어오게 됐다. 제1차 세계대전 때의 이야기다.

마음은 자라는데, 그 마음의 표시로 인하여 만들었던 제도나 법은 자라지 못한다. 아기는 크는데 그 입은 옷은 못 자란다. 아무리 비싼 옷이라도 버티는 수밖에 없다. 본래 잘못 생각 아닌가? 옷이 아기를 위해 있지, 아기가 옷 위해 있는 것 아니듯이, 국가가 씨올을 위해 있는 것이지 어찌 씨올이 국가를 위해 있다 하겠나? 씨올이 스스로 "이제 우리가 나라의 주인이다" 하는 이때에 왜 시대착오의 국가를 위해 죽는 것이 영광이라고 할까?

실지로 작용 못하는 것은 우상이다. 우상에 찬란한 옷을 입히고 음악을 하며 거기 절하라 하는 것은 그러는 동안에 그 순진하고 깨지 못한 사람의 수고한 결과를 가로채며, 자기가 하기 싫은 고된 일을 시켜 먹기 위해 하는 것 아닌가. 앞으로 나아가는 것이 문명이지 뒤로 물러가는 것이 문명은 아니다. 이제 남북 모두가 시대에 떨어진 것임은 틀림없다. 지금 씨올은 저를 스스로 알고 제 할 일이 무엇임을 아는 나라의 주인이지, 옛날 임금의 종 노릇하던 어리석은 백성이 아니다.

옛날에는 임금이 주인이요 백성은 그 종이어서 전쟁을 빌미로 나가서 싸워 죽으라면 죽었지만, 지금 이 씨올은 눈이 하늘의 별처럼 또렷또렷 깨어서 무엇이 참이며 무엇이 거짓이며, 어느 것이 사는 길이고 어느 것이 죽는 길임을 다 안다. 그런데 그 씨올을 옛날같이 소경인 줄 알고 뺏어가도 모르고 죽는 데 넣어도 가만있는 줄 아니, 아, 참으로 슬퍼라. 그 옛날의 어리석었던 그 사람보다도 더 어리석고, 시대에 역행을 하려 하기 때문에 죄인들이다. 오늘날 이 세계가 이렇듯 어지러운 것은 고집스런 국가지상주의의 자칭 정치인들이 그 옛날 잠이 아직 달콤한 듯 깨려 하지 않기 때문이다.

초국가주의

이제 우리 씨올의 할 일을 말해보자. 우리는 이 지배주의의 국가관을 벗어버려야 한다. 오늘날 평화의 소리가 높은 것은 무엇 때문이냐? 핵전쟁이 일어날까 무서워서가 아니냐? 국가인 담에는 나라란 나라는 모두 다 잡아먹고 내 나라만이 남아야 한다는 것이 민족주의 국가, 제국주의 국가들의 믿어오던 종교였고, 그 때문에 예로부터 있던 영원 무한의 참 생명을 믿어오던 종교는 다 퇴색해버리거나, 그렇지 않으면 그 포악한 제국주의의 시녀로 떨어져버리고 말아 인류는 허탈감에 빠졌는데, 이 강대국이라는 나라들의 하는 일이 무엇이냐 하면 잔뜩 만들어 쌓아놓은 핵폭탄을, 말로는 한 번 터지기만 하면 지구 위의 모든 생명을 다 태워버린다 하면서 없애버리지도 않고 군비축소 소리는 해가면서 아주 영리하고 악질적인 전쟁을 하고 있다.

아주 꾀가 늘어 이제는 쏘지 않으면서 쏘는 방법을 쓰고 있다. 평화를 존중하는 체하면서 속을 꿰뚫어본다면 사람을 오래오래 두고 두고 죽어가도록 한다. 터뜨리는 핵무기는 한 번에 망하게 하지만, 뒤두고 없애지도 않고 두고두고 심리적으로 쏘는 핵무기는 더 잔인한 것이다. 어째서 그런 악독 잔인한 일을 할까? 무엇을 믿고 그럴까? 소위 국가라는 것 때문이다. 「요한계시록」에서 최후까지 발악한다는 괴물이 뭘까? 이것, 이 국가란 것 아닐까? 제국주의는 변함없는 제국주의인데 이제 변색을 한 것이라 인류를 최후까지 놓지 않고 아주 씨도 없이 하려고……. 아, 문명이 이런 것일까?

우리는 그런 우상적인 국가주의를 초월해야 한다. 세계의 모든 씨 올을 믿기만 한다면 그 간악하고 잔인한, 우리로 하여금 아파도 아프다는 소리를 못하고 죽어도 죽노라는 비명도 내지 못하게 하던, 그 큰 우상은 봄이 올 때의 눈사람처럼 스러질 것이다. 칼을 쓸 필요도 없다. 우리 스스로를 믿으면 태양이 따로 오는 것이 아니다. 우리 스스로를 믿고 서로 사랑하면 그것이 곧 그 우상을 녹여 없어지게 하는 태양이다. 이 말을 공상이라 해서는 아니 된다. 의심이 곧 우상을 불러들이는 악마의 겨울바람이다. 그러기에 냉전이라 하지 않던가? 스스로를 믿지 못하는 공포의 찬바람이 우리 모두를 얼어죽게 만들었던 것이다. 서로서로 믿지 못하고 미워했을 때 우리 혼은 모두 얼어 국가주의라는 우상의 종이 되어 서로서로를 욕하고 미워하여 서로서로를 시체로 만들었다. 생명은 죽는 법이 절대 없다. 우리 스스로가 생명의 자녀임을 잊어버리고 악마의 국가주의의 거짓 선정에 속아서는 안 된다.

자본주의니 공산주의니 하지만 문제는 거기 있는 것이 아니다. 자본주의는 물론 죄악이지만 공산주의도 마찬가지로 잘못이다. 그 두 가지는 수단으로 하는 선전이요 싸움이지 근본문제가 아니다. 보라, 지금 계급투쟁을 그렇게 외치던 공산주의도 돈 벌려고 미쳐 돌아가지 않던가? 정말 속셈은 독수리도 곰도 똑같이 국가지상주의에 있다. 내가 모든 것을 주장하겠다는 것이다. 보라, 평등이니 뭐니 하면서도 인간을 짐승으로 만들어 영구히 지배하겠다는 욕심을 그대로 지니고 있다. 둘이 다 둘만 아니라 모든 강대국이 똑같이 지배주의다. 우리가 거기 속아 약자인 우리끼리 서로 의심했기 때문에 우리는 속아 얼어죽은 시체가 되었지만…….

이제 봄이 온다.
겨울이 만일 왔다면야
봄이 어찌 멀다 할 수 있으리오.
 • 셸리, 「서풍의 노래」

　악한 것을 두려워 마라. 악은 거짓이므로 실지 있는 것이 아니다. 우리 속에, 우리 가운데 죽지 않는 생명이 있음을 믿었을 때 우상은 어디론가 사라져버렸고, 새 하늘 새 땅의 그림이 뚜렷이 나타나지 않았던가.

우리의 사명

　나는 우리 역사를 고난의 역사라고 하지만 왜 고난이냐. 지난날의 잘못을 깨달으라고, 깨닫고 아픔과 잘못됐음을 증거하라고. 증거해온 천하 만백성을 건져내야지. 잘못이 무슨 잘못이냐. 국가주의, 폭력주의의 종이 됐던 것이 잘못이지. 그 책임은 뉘게 있느냐. 지배했던 자와 지배에 못 견디었던 자가 다 같이 책임이지. 지배자가 만일 제 잘못을 깨닫지 못한다면 우리가 당하는 아픔으로 양심을 깨우쳐야지.

　앞으로는 남을 지배하는 큰 나라는 없어질 것이고, 서로 취미를 같이하는 조그마한 공동체가 늘어갈 것인데, 우리가 그 본때를 보여주어야지. 잘못의 근본은 인간의 교만에 있으니 작은 것이 아름답고, 낮은 것이 좋고, 다툼이 없고, 강하기보다 부드러워짐이 이기는 길임을 실지로 모범을 보여주는 것이 우리 살림이 돼야지.

　• 1986년 12월, 『기독교사상』 제30권 8호

제5부

인생은 갈대

자택에서 늘 즐겁게 가꾼 화훼

"생명은 변화하여 한 단 더 높은 데 올라야 한다.
자라야 생명이다.
소년은 청년 되고 청년은 노년 되고
노년은 죽음 되지만 죽음은 정신화하여야 한다.
……우리가 죽음을 잘 받아들여
우리 속을 깨끗이 비게 하면 자연 거기서
영의 음이 흘러나오게 된다.
그것은 영원한 음악이다.
……예수도 한 곡조 음이요, 석가도 한 곡조 음악이다.
나의 이 노래는 그 영원한 노래의 한 연습이다"
-「갈대」

새 삶의 길

참, 길, 한, 나

새 삶의 길이라는 말 속에는 세 가지 뜻이 들어 있다. '새'라는 것이 하나, '삶'이라는 것이 하나, 그리고 '길'이라는 것이 또 하나. 길은 도道 혹은 진리란 말인데, 새 삶의 길, 즉 새롭게 사는 진리를 찾자면 우선 이 세 가지 뜻을 밝혀야 한다. 그런데 이 세 가지 말이 또 각각 여러 가지 뜻을 가지고 있다. 그러므로 밝히 말하기가 대단히 어렵다.

길이란 바로 가자는 것이지만, 길이야말로 헤매는 물건이다. 어떤 의미론 바른 길 곧 도(진리)란 애초에 있지 않다고 말할 수도 있다. '객관적 진리'라는 말처럼 우스운 것은 없다. 참을 하려면 할수록, '나'도 깜짝하는 동안에 있는 것이고 '너'도 깜짝하는 동안에 있는 것인데, 나도 아닌 너도 아닌 언제든지 그대로 변함없이 보는 눈이란 뉘 눈일까? 제삼자의 눈, 하나님의 눈이라 할는지 모르지만, 하나님의 눈을 내가 어떻게 보나? 하나님의 눈을 보는 눈은 하나님 눈 자체밖에 없을 것이다.

그러면 "길을 길이라 할 수 있는 것은 참 길이 아니요" 하는 노자老子의 말은 옳다. 대낮에 아들을 행길에 내놓으며 사랑하는 어머니, 조바심내는 아버지가 "허튼 데로 가지 말고 길만 꼭 보고 가는 거야!" 하지만, 가엾을 손 그 길은 스승 집 문에도 가 닿았고 술집 문에도 가

닿았으며, 그 길로 가서 뉴욕을 갈 수 있고 모스크바도 갈 수 있다. 이때껏 사람이 잘못된 것은 길 때문이었지, 다른 것 때문이 아니었다. 그래 양주[1]가 갈래길을 보고 통곡을 했고 묵적[2]이 물들인 실을 보고 슬퍼했다는 것이다.

길이 길에 있지 않고 목적에 있다. 갈 곳이 서울로 결정만 되면 논두렁으로도 갈 수 있고 밭두렁으로도 갈 수 있다. 그리고 목적은 내 마음속에 있다. 마음의 결정에 있다. "선비가 도에 뜻한다"〔士志於道〕하지만, 뜻은 곧 '먹은 마음', 결심이다〔『논어』, 「이인」〕. 맘속에 한길이 나타나야 발 밑에 자연히 행길이 열린다. 이것을 다른 말로 하면, 진리를 찾는 자는 문제의 단순화單純化에서부터 시작해야 한단 말이다. 단單도 하나, 순純도 하나, 문제를 하나로 만들어야 한단 말이다. 문제는 여럿이지만, 여럿이기 때문에 문제지만 문제는 정말은 하나다. 여럿을 하나로 보여야 하는데 문제가 있다. 이리도 갈 수 있고 저리도 갈 수 있으니 길이다. 길이 만일 한 곳으로만 가는 것이라면, 한 사람이 한때 한 일에밖에 쓸 수 없는 것이요, 따라서 길이 아니다.

그러나 또 이리 가고 저리 가는 것은 길 감이 아니다. 문제는 무한한 문제지만 그 무한한 것을 내 마음에 하나로 보는 데 진리가 있다. 그럼 문제는 하나다. 무한히 많지만 하나다. 뿌리만 가지고는 나무가 아니요, 줄기가 있고, 많은 가지가 있고, 이루 헤아릴 수 없는 잎과 꽃

---

1) 양주(楊朱, 기원전 440년경~기원전 360년경): 중국 전국시대의 도가 철학자. 어느 날 양주의 이웃집 양 한 마리가 달아났다. 그런데 양이 달아난 곳은 갈림길이 많아 결국 양을 놓치고 말았다. 이를 본 양주는, 학문이란 본래 근본이 하나인데 배워나가는 과정에서 다방면으로 학습이 뻗쳐 오히려 그 본성을 잃는다며, 하루종일 입을 열지 않았다고 한다. 『열자』, 「설부」.
2) 묵적(墨翟, 기원전 470년경~기원전 390년경): 중국 춘추전국시대 초기의 사상가. 보편적 사랑, 즉 겸애(兼愛)를 기본 이념으로 삼았다. 어느 날 묵적은 흰색 실에 물들이는 것을 보고는 탄식했다. 청으로 물들이면 청색이 되고 황으로 물들이면 황색이 되니, 나라(國)도 이와 같다는 데 생각이 미쳤기 때문이다. 『묵자』, 「소염」.

이 피어서만 산 나무가 되는데 그 많은 잎과 가지를 하나씩 따려는 자는 종당 실패할 것이요, 그 잎과 가지를 내버리고 밑동을 붙드는 자만이 그 나무를 차지할 수 있다. 문제의 근본을 찾는 것이기 때문이다. 길이란 흘러가는 무한 속에서 한 점을 지킴이다.

참은 맞섬이다. 어떤 무엇에 맞서는 것, 직면하는 것이 진리다. 맞서지 않고는 하나도 모른다. 직면하는 것이 정말 무엇[實在]인지 직면하기 전은 아무것도 아니다. 맞서[直面]면 들여다본다[凝視]. 들여다보지 못하는 것은 눈이 아니요, 들여다보는 눈엔 하나밖에 없다. 참이다. 장자莊子가 "천지가 아무리 크고 만물이 아무리 많아도 매미 날개 이외에 생각이 없고" "돌이키지도 비키지도 않아 온갖 것을 다 준대도 매미 날개와 바꿀 맘이 없는 담에 왜 못 잡을 리가 있겠느냐"[3] 하는 것이 이것이다.

알겠다 모르겠다 하는 것, 좋으니 언짢으니 하는 것은 벌써 맘속에 딴 생각 든 것이다. 밖에서 고장이 나서 내 마음이 헤매는 것 아니다. 내 마음이 벌써 헤매기 때문에 밖에 여러 가지가 생기는 것이다. 맘은 스스로 하나일 수 있고 스스로 여럿일 수 있다. 창조도 하고 인식도 한다. 그러므로 맞섬은 하나만 아는 일이다. 아는 것 아니라 하나를 하는 일이다. 하나는 하나 해서만 볼 수 있고 알 수 있다. 그러므로 맞섬은 마주섬[對立]이 아니다. 비슷한 말이요, 한 뿌리 달린 말이지만 다르다. 마주 서는 고로 맞서게 되지만 마주 서는 정도로는 참을 모른다.

"너는 내 사랑이지" "나는 당신 것이야요" 따위 가지고는 참이 아니다. 반드시 갈라지는 날이 오고야 말 것이다. 그것은 마주 서서 하는 흥정이요 교섭이지 사랑은 아니다. 사랑은 하나됨이다. 둘이면서 하나됨이다. 둘이면서 둘인 줄을 모를 뿐 아니라, 하나면서 하나인 줄을 모를 만큼 하나여야 할 것이다. 두 몸이 한 몸이 된다는 것은 그

---

3) 공자가 매미잡기 달인과 나눈 이야기에 나오는 대목. 정신집중의 중요성을 강조하고 있다. 『장자』, 「달생」.

래서 하는 말이다. 맞선다는 것은, 들여다본다는 것은, 몸[全心]이 몸[全體]에 대함이다. 몸[全心]이 몸[全體] 안 전체에 있고 몸[全體]이 몸[全心] 안에 '있음'이다. 전심全心은 나요, 전체全體는 님이다. 내가 하나님 안에 있고 하나님이 내 안에 '있음'이다.

진리는 체험해야 한다는 것이 그것이다. 체험은 몸으로 앎이다. 몸으로 하기 전엔 참이 아니다. 마음이 옹근[純一] 것이 함[行動]이요, 함에 맺힌 것이 몸이다. 눈이 있어서 보는 것 아니라 보아서 눈이며, 귀가 있어서 듣는 것 아니라 들어서 귀다. 공경이 지극하면 자연 머리를 땅에 대어 절을 할 것이다. 생각이 없이 절을 하는 것만은 물론 공경이 아니지만, 생각만 하고 빳빳 섰는 것으로도 공경이라 할 수 없다. 내 몸 하나를 뚫지 못하는 마음이 저쪽의 몸을 뚫고 그 마음을 움직일 수 있을 리가 없다.

체험이란 몸소 경험한단 말인데, 그 경經자의 뜻은 '지난다'는 말이다. 내가 불을 경험했다는 것은 불 속을 지나왔다는 말이다. 내가 불 속을 뚫고 왔다. 내가 불 속을 뚫고 지나왔으면 불은 내 속을 뚫고 지나간 것이다. 내가 불을 알았고 불이 나를 알았다. 그럼 이제 불과 나는 남남 사이가 아니다. 불이 내 마음이요, 내가 불의 몸이다.

그런데 재미있는 것이, 그 경經자의 뜻이다. 그 자를 '날 경' 하기도 하고 '글 경' 하기도 한다. 날이란 베를 짤 때에 처음에서 끝까지 길이로 늘어놓은 실이다. 그것이 끊어져서는 베를 짤 수 없다. 그 날이란 말은 날 일日이란 데서 나왔는지도 모른다. 날 일日이 끝이 없는 것과 같이 날 경經도 끝이 없는 것이다.

이 끝 없다는 뜻, 늘 있다, 변함 없다, 떳떳하다는 뜻에서 종교의 가르침을 경經이라 한다. 베에서 그 '날'에 대해 가로 왔다갔다한 것을 '씨'라 한다. '씨'를 쓰지 않고는 또 베를 짤 수 없다. 처음부터 끝까지 끊임없이 날아 놓은 날[經, 日] 사이를 씨실이 될수록 쪽쪽이 왔다 갔다(지내) 해서만 좋은 베는 있을 수 있다. 날이 영원히 변하지 않는 선험적인 진리라면 씨는 말씨·솜씨·맘씨 같은 말이 표시하는 대로 우리의 행동이다. 씨가 날 사이를 왔다갔다 하듯이 우리 몸·맘이 날〔日〕마다 날〔經〕 사이를 틈 없이 지내나가야 우리 삶이 있다.

그것은 진리를 체험함, 드러냄이요, 하나님께 영광 돌림이다. 괴테가 "만물이 쉬지 않고 운동하여 하나님의 산 옷을 짠다" 한 것은 이런 뜻일 것이다. 『중용』에서 "도는 잠시도 떠날 수 없다. 떠날 수 있는 것이면 도가 아니다" 하였는데, 떠난다는 것은 어제하고 오늘 아니하며 집에서는 하고 나가서는 아니 하는 것을 가리키는 것이 아니라, 내 몸에서 마음이 떠나고 마음에서 뜻이 끊어지는 것을 가리킨 것이다.

마음이 하나를 지키지 못하고 틈이 가고 끊어짐이 오면 내가 나대로 있지 못하고 갈라짐〔自我分裂〕이 일어나고, 너 나의 마주섬〔彼我對立〕이 생기고, 따라서 모든 어지러움이 온다. 그러므로 무릇 진리를 찾는 자는 하나를 함으로부터 시작하여야 한다. 참을 함이 곧 길이요, 길을 찾음이 곧 나요, 내가 곧 하나요, 하나가 곧 참이다.

살아, 있음, 문제

문제를 간단히 해놓으면 삶〔生〕이 있을 뿐이다. '새'라는 것과 '길'이라는 것은 다 '삶'이라는 안에 들어 있다. 새것이라 함은 물론 낡은 것에 마주 세워서 하는 말인데 새것이란 살았다는 것을 미리 생각하고 하는 말이다. 새집, 낡은 집 하지만 그것은 그 안에 살 사람이 있을 때 하는 말이다. 살 사람이 없으면 새집, 낡은 집이 없다.

이쪽에서 굴러 저쪽으로 간 돌멩이에 새집, 낡은 집은 없다. 그러나 이 구멍에서 저 구멍으로 옮겨간 버러지에는 새 구멍, 낡은 구멍의 구별이 있다. 새 옷, 낡은 옷 하지만 그것도 사람이 살았을 때 말이지 죽은 자에겐 새 옷, 낡은 옷의 차별이 없다. 그러고 보면 우리가 천지만물 사이에 새것, 낡은 것의 구별을 하는 것은 우리가 생명이기 때문에 하는 말이다. '새로움, 낡음'은 삶에서 자연적으로 필연적으로 나오는 나타남이다.

길도 그렇다. 살았으니 뜻이 있고, 뜻이 있으니 움직임에 겨눔이 있고, 겨눔이 있으니 길과 한데가 있지, 삶 하나만 없다면, 죽었다면, 길이요 다른 데요, 바로요 그름이요, 있을 여지가 없다. 옳으니 그르니는 움직임 자체 속에 이미 있는 것이고, 감〔行〕은 삶 속에 벌써 있는 것이다. 세계란 것이 먼저 있어 그 한 모퉁이에 내가 버섯 돋듯 나온 것이 아니라, 세계 속에 벌써 내가 있었고 내가 있음으로 세계가 있다. 나 가기 전에 먼저 누가 낸 길이 있어서 그것을 내가 걷는 것 아니라 천지창조하기 전에 아버지 안에 내가 벌써 있었고 내가 있을 때 내 안에 길이 있었다. 길 위에 내가 떨어진 것이 아니라 "내가 길이요, 진리요, 생명이다"〔「요한복음」, 14: 6〕.

그러면 새 삶의 길이라 하지만 바른 뜻에서 하면, 삶이 어떤 것임을 밝히기만 하면 새와 길은 자연히 그 안에 있다. 새것, 낡은 것 때문에 걱정이 되고 바른 길 그릇된 길 때문에 의심이 되는 것은 삶에 다부지지 못하기 때문에 일어나는 문제다. 문을 활짝 열고 빛을 받으면 그저 밝음뿐이요 빛인 줄을 모르는데, 좁은 틈으로 가는 광선을 받으면 여러 가지 빛깔, 여러 가지 선, 여러 가지 그림자가 나타난다. 그러므로 문제가 많을수록 먼저 돌이켜 삶을 충실히 하도록 힘씀이 옳다.

그러나 삶을 충실히 한단 말은 알속 있게 한단 말인데, 삶은 물질이 아니므로 알속 있게 함은 무슨 물건을 가져다 채워서 될 일이 아니다. 참〔眞〕은 참〔滿〕이지만, 빈틈없이 가득한 것이 참이지만, 그것은 채워서 될 것이 아니고 도리어 참 참은 빔〔虛〕으로야 될 수 있다. 허즉실虛則實이라, 비면 찬다. 그러므로 삶을 다부지게 한단 말은 보이는 살림에 달라붙으란 말이 아니다.

허실생백虛室生白이라, 방 안을 비워야 환해진다〔『맹자』, 「인간세」〕. 참 삶은 내 속에서 될수록 모든 것을 내쫓아버려서만 될 일이다. "누구나 제 생명을 잃는 자는 얻을 것이요, 얻는 자는 잃을 것이다"〔「마태복음」, 10: 39〕. 그러면 새 삶의 길은 새것을 따르고 길을 찾아서 될 것 아니라 삶을 지켜서야 될 것이요, 삶은 지켜서 지켜지는 것이 아니라 내버려서 지켜지는 것이다. 살아 있음이 문제요, 내버리면 된 것이다. 왜 그런가?

맞춤, 대듦, 지어냄, 삶

삶이 무엇인가? 삶이 무엇임을 알 수 없다. 안다는 것은 나의 이성의 등잔불 밑에서 하는 일이요, 이성의 등잔은 생명의 태양에 내 등을 돌이키고 내 그림자 속에서만 켜지는 반딧불이기 때문이다. 그러나 나는 그 등불로, 어느 구석을 비쳐봐도 그것이 태양 아님을 밝힐수는 있다. 빛이 어둡히는 것이나, 어둡힘으로 참 빛을 드러낼 수 있다. 이성은 마음의 빔〔虛〕을 할 수 있다. 내 등불을 켜 들고 이 동굴의 벽을 더듬어볼까?

먼저, 삶은 맞춤〔適應〕이다. 살았다 할 때 우리는 어쩔 수 없이 터전〔境〕을 보게 된다. 어디를 향하거나 언제나 그 터는 있다. 삶을 시간적으로 공간적으로 둘러쌌기 때문에 환경이라 한다. 그 환경은 여러 가지로 갈라볼 수 있다. 자연환경, 인문환경, 물질적 환경, 정신적 환경, ……그리고 그 환경은 끊임없이 변하고 있다. 아무도 이것이 왜 변하는지 그 이유는 알 수가 없다. 그러나 산 것은 그 변함을 무시할 수 없고 그 변한 환경에 맞추어가야만 한다. 잘 맞추면 살고 잘못 맞추면 죽는다. 이래서 적자생존이라는 법칙이 나온다.

생물학은 과거에 이 지구 위에 얼마나 많은 식물·동물의 종류가 환경의 변천에 따라 멸종이 돼버렸으며 지금 있는 생물의 각 종류가 어떻게 많은 진화의 과정을 밟아왔으며 이 앞으로도 변해갈 것을 가르쳐준다. 식물의 뿌리와 잎, 물고기의 비늘과 지느러미, 새의 날개와 깃, 짐승의 털과 발이 다 그 터전의 변함에 맞추어가는 데서 발달된 것이다. 사람이 갖고 있는 높은 정신도 넓은 뜻에서 보면 변해가는 환경의 선물이라 할 수 있다.

둘째, 생명은 대듦(拒否)이다. 맞춰감으로만 보면 생명은 순전히 수동적이다. 그러나 생명은 결코 수동이 아니다. 맞추어가려는 성질 밑에는 힘 있는 능동적인 것이 늘 움직이고 있음을 알 수 있다. 순전한 받아들임만이라면 우리가 말하는 무생물밖에 있을 수 없다. 맞추어간다는 것은 사실은 밖에서 오는 힘의 지배를 받지 않으려는 힘이 속에 있기 때문이다. 그렇게 보면 생명은 대듦이라고 보아야 옳다. 변하는 가운데서 변하지 않으려 하는 것이 생명이다. 생명은 자기 주장이다. 나는 나대로 다 하자는 힘이 생명이다. 온 세계에 대하여 나는 나다, 나는 너와는 다르다 하는 것이 생명이다.

그러므로 삶은 스스로 따로 함(自別)이다. 무한대의 우주에 대하여 나는 나다, 나는 너의 한 부분만은 아니다 하고 맞섬으로 생명은 거룩한 것이다. 그 좋은 한 실례로는 우리의 체온을 들 수 있다. 고등동물은 온혈동물인데, 온혈이란 밖의 기온의 변화에도 지지 않고 늘 일정한 체온을 가진단 말이다. 여름에 땀이 철철 흘러 괴롭고, 겨울에 추위 벌벌 떨려 견디기 어려운 것은 여름 겨울 할 것 없이 37도 체온을 가지고 있자는 것 때문인데, 사실 모든 문화의 발달은 이 37도 체온 유지하자는 것 때문에 되어 나온 것이 많다. 그것만 아니라면 겨울엔 뱀처럼 가만히 땅속에 자다가 여름에 나오면 그만일 것이다. 그러나 볕이 쪼여도 37도는 가져야 하고 눈이 날려도 37도는 가져야 하는 데서, 굴 속에 들어감도, 불을 씀도, 옷을 입음도 필요해졌다. 그것을 하자는 데서 온갖 경제 활동, 나아가서는 모든 기계 발명, 과학 연구도 나왔다 할 수 있다.

그렇게 보면 모든 문화는 37도 체온의 산물이라 할 수도 있다. 온혈동물이 어째 생겼는지, 언제부터 생겼는지 알 수 없으나 그것이 생명의 역사상에서 한 큰 혁명이었던 것만은 사실이요, 따라서 우리 지혜로는 설명할 수 없는 강한 힘이 저 아메바라는 단세포 생물 속에 이미 들어 있었던 것을 알 수 있다. 우리가 높은 정신 생활에서 말하는 정조貞操니 지조志操니 하는 것도 그 같은 힘에서 나오는 것이라 할 수 있다. 도덕 중에서도 가장 귀히 아는 참음·견딤·극기·체념·포기, 이런 것도 다 변하는 환경에 대해 결러내고 대드는 정신에서 나온 것이라 할 수 있다.

생명은 '노!'다. '아니' 함이다. 수전노의 심부름꾼 같은 벼슬아치와 그의 추김꾼이 되는 보수주의 철학자가 뭐라거나, 사나운 임금의 첩 같은 도덕 신자와 그의 왕초가 되는 직업 종교가가 뭐라거나 생명은 맞댐이다, 결러냄이다, 들이댐이다. 역사에서 반항·항의·항쟁·투쟁·혁명의 글귀가 없어질 날은 영원히 없을 것이다. 만일 없어진다면 우주는 영원한 어둠의 멎음일 것이다.

인자人子는, 사람의 새끼는 율법을 깨뜨리는 마리아의 뱃속 37도 체온에서 까나온 알이다. 헬라의 역사는 제우스의 것이 아니라 프로메테우스의 것이요, 이스라엘의 문화는 에서가 아니라 야곱⁴⁾의 것이며, 인류의 갈 길을 비추는 불기둥은 애굽이나 메소포타미아에서 일어난 것이 아니라 빈 들의 모세 앞에서였다.

셋째, 생명은 지어냄〔創造〕이다. 맞춤〔適應〕 뒤에 대듦이 있듯이 대드는 바탈〔性〕 뒤에는 끊임없이 새것을 지어내려는 줄기찬 힘이 움직이고 있다. 생명은 자람이요, 피어남이요, 낳음이요, 만듦이요, 지어냄이요, 이루잠이다. 하나님은 나타내〔啓示, 實現〕는 이다. 절대의 뜻〔意〕이다. 끊일 줄을 모르는, 다할 줄을 모르는 의욕이다. 의욕보다도 의미다. 의미기 때문에 의지요, 의의意義다. 그것은 영원히 된 것〔完成〕이면서 또 영원히 되자는, 되고 있는 것〔未完成〕이다.

오늘날의 여러 가지 사조는 직접으로 간접으로 베르그송⁵⁾의 생명

---

4) 야곱(Jacob): 히브리 족장 아브라함의 손자. 쌍둥이 형 에서에게서 팥죽 한 그릇에 장자권(長子權)을 넘겨받고, 아버지에게서 장자의 축복까지 받아냈다.

5) 베르그송(Henri Louis Bergson, 1859~1941): 프랑스의 철학자. 전통적인 유심론(唯心論)을 계승하면서도 진화론을 받아들여, 생명의 창조적 진화를 주장했다. 그에 따르면 진화는 기계적 인과법칙을 무시하고 창조적 비약을 지속하는 방식으로 이루어진다.

철학의 영향을 입지 않은 것이 없을 것이다. 그는 창조적 진화를 써내어서 알짬가짐〔純粹持續〕을 말하고 달려나감〔躍進〕을 말하였다. 알짬가짐이란 아무 환경의 건드림을 받지 않고 저 제대로 제 속에서 솟아나는 힘이라 할까 뜻이라 할까, 이름지을 수 없는 그 무엇의 제 바탈로 피어나가는 일이다. 그 본체되는 것을 그는 엘랑비탈elan vital 이라 불렀는데 요컨대 알짬되는 생명이다. 그것은 끊임없이 변해나가지만 원인 결과의 법칙으로 설명할 수 있는 것이 아니다.

원인이요 결과요 하면 벌써 바깥의 건드림을 받는 것이기 때문에 그것은 참이 아니다. 이것은 로켓처럼 제 스스로 터져남〔爆發〕으로 나가는 나감이다. 구름 속에서 구름이 피어나듯이 생명은 피어나는 것이다. 그러면 우리말에 피〔血〕라는 말은 재미있는 말이다. 피〔發〕는 것이 피다. 그것은 우리 할아버지들의 생명철학을 알려주는 말이다. 피는 것이므로 터져나는 것이므로 '이제'는 '옛'의 껴붙은 것이 아니다. 그러므로 나중에 말할 것이지만 '새'〔新〕 것이다. 그렇기 때문에 껴붙지 않은 껴붙음〔不連續의 連續〕이다. 달려감, 뛰어감이다.

이것은 현대의 생각의 특색이다. 옛날의 철학·종교는 아무래도 많이 정적靜的이었다. 가만있는 우주, 고요한 진리였다. 깊이 들여다는 보았으나 그것은 생명의 단면만을 본 것이었다. 그것은 흘러가〔流動, 流轉〕는 현상의 물결에 못 견디어 하는 인생의 반동에서 나온 것일 것이다. 그러므로 그들은 현실을, 역사를 완전히 부정해서만 참을 볼 수 있었다. "인생은 덧없다"는 한 마디로 세계를 사정없이 잘라버렸다. 자르면 이른바 참신斬新이라, 묵은 딱지를 떼고 생살이 나온 듯이 새것이다.

석가는 삶의 흐름을 잘라서 참을 본 이다. 제행무상(諸行無常: 우주만물은 항상 변화하여 한 모양으로 머물러 있지 않음 – 편집자) 하나 그것은 새것은 새것이라도 아픈 새것이었다. 참은 참이라도 무리가 있는 참이었다. 잘라진 살이 늘 말을 하지 않을 수 없었다. 그들은 참을 변하지 않음에서 찾은 나머지 자람을 무시했다. 그래, 현실이 차차 다시 문제되고 역사가 새로이 생각거리가 됐다. '시간'이 말을 하기 시작한 것이다. 지금은 역사는 인생의 하는 일, 그 지나간 자취만이 아니다. 당당히 '인생'이란 것과 본질적으로 맞서면서 하나를 이루는 한 요소다.

인생이 역사를 낳는 것 아니라 도리어 역사가 인생을 낳는다고 해야 옳을 지경이다. 물론 거기 먼저·나중의 다름이 있을 수 없고 무겁고 가벼움의 차가 있을 리 없지만 지금은 역사가 그만큼 문제되어 있다는 말이다. 우주는 움직이는 우주요, 인생은 자라는 인생이다. 하나님은 영원히 되자는 이, 되어가고 있는 이다. 완성의 천당, 안식의 하나님, 적멸寂滅의 부처를 믿는 보수주의·지배주의·통치주의 묵은 술에 취한 종교가 그 귀족주의의 젖은 눈에, 채 되지 않은 미완성 하나님은 아주 점잖지 못한 부정자·파괴자로 뵐 것이요, 이런 말을 들으면 약이 털끝에 오를 것이다. 그러나 뉘 하나님이 이기나 보자! 모세가 하나님더러 이름을 물었을 때 하나님은 자기는 이름이 없고 "있어서 있는 자"라 했다〔「출애굽기」, 3: 14〕. "나는 '나다'하는 자다" I am that I am 하는 뜻이다. 그것은 더 똑똑히 말한다면 차라리 "나는 있으려는 자로 있으려는 자" I shall be that I shall be라는 뜻이다.

"내가 세상을 이겼노라"〔「요한복음」, 16: 33〕 하던 나자렛 목수의 아들은, 그 산 하나님을 산장〔生葬〕을 지내는 종교가 미워서, 벌써 2천년 전에 손바닥에 밀알을 비벼 그 겨를 벗기듯이 안식하는 하나님 몸에서 낡은 가운을 벗겨 내버리면서 "내 아버지는 지금까지 일하시는 아버지"〔5: 17〕라 외쳤다. 그러고는 나는 영원히 자라는 아기요, 일하는 일꾼이다 하는 듯이 쪽 발가벗고 십자가에 달렸다.

인생은 결코 선녀가 졸고 앉았는 산 속의 고요한 호수가 아니다. 끊임없이 물결 짓고 아우성을 쳐서 새 폭풍, 태풍을 일으키면서 영원히 변함없는 푸름과 수평을 가지고 영원의 미완성곡을 아뢰는 바다다. 역사는 결코 옛 사람이 생각했듯이 닦아놓은 거울이나 꿰어놓은 구슬 꿰미가 아니다. 그보다는 차라리 거품조차 일 수 없이 끓는 도가니요, 용암의 꿰미를 허공에 뿜어내는 화산이다. 그것은 꼭 같은 알을 꿴 구슬 꿰미라기보다는 자라는 구슬이다. 무한히 자라는, 영원히 자라는…….

아인슈타인의 사차원의 세계관이 이제 와서야 나온 것은 놀랄 만큼 이상한 일이다. 고기가 물을 못 보듯이 시간 속에 난 인생이기 때문에 시간을 그렇게 알기 어려웠던지 모른다. 그러나 고기가 참 고기 노릇을 하려면, 즉 고기 이상이 되어 물만 말고 물의 세계를 정복하려면 물을 이겨야 했듯이, 사람이 참 사람이 되어 사람을 뛰어 넘으려면 시간을 이겨야 할 것이요, 이기려면 알아야 할 것이다.

'노' 부정은 모르는 자가 하는 것 아니요, 아는 자가 한다. '아니' 하면 '안다'. 우리는 변함을 이기기 위해 시간을 타야 한다. 지금은 사차원의 우주지만 이제 몇 차원, 무슨 차원이 나올는지 모른다. 어서 "이루어지이다" "이젠 다됐다" 식의 고린내 나는 종교가들을 내몰아라! 우리는 터져 나가는 우주에 산다. 우리가 터져 나가는 우주다. 우주의 씨올이다. 우주의 한없는 겨레가 터져 나올 씨올이다.

켕김, 뚫, 돎, 옳음, 곧음, 바퀴

삶의 바탕이 그런 것이기 때문에 그 삶이 몸이 되어 나타나는 숨을 태워 쉬는 꼴은 늘 두 가지 서로 마주서는 법칙으로 잡혀진다. 마심과 내뿜, 삶과 죽음, 있음과 움직임, 몸과 마음. 이것을 통틀어 말하면 쉬자는 버릇(安息性)과 짓자는 버릇(創造性)의 마주침, 혹은 지킴(保守)과 나감(進步), 혹은 몸(體)과 씀(用), 또 혹은 구심과 원심, 수렴과 확산, 유전과 변이의 대립으로 부를 수 있다. 삶의 온갖 꼴 뵘(現象)은 온통 다 이 두 법칙이 모여 된 것이다. 삶을 한 오리 실로 비긴다면 이 두 법칙은 두 끝인 셈이다.

그러므로 삶은 한개 켕김(緊張)이다. 텐션tention이다. 힘 있게 살려 할 때는 "차렷!" 하는데, 차렷은 두 끝을 쥐고 켕김이다. 영어로 어텐

션at-ten-tion은 이 뜻이다. 잘 켕기면 힘 있게 살고, 켕기지 못하고 늘어지고 풀어지면 죽는다. 못 살겠다는 것은 문제가 풀리지 않기 때문이요, 풀리지 않는 것은 얽혔기 때문인데, 얽히는 것은 생명의 실이 켕기지 못하고 늘어졌기 때문이다. 무슨 일이나 어떤 물건이나 두 끝이 반드시 다 있는데, 그 한끝만을 알고 다른 한끝을 내버려두면 풀어진 실 같아 이리 가 감기고 저리 가 꼬이고 하여 얼크러진다.

줄은 같은 생명의 줄이건만 살 줄만 알고 죽을 줄 모르며, 달랄 줄만 알고 줄 줄 모르며, 사랑할 줄만 알고 미워할 줄 모르며, 혼자 할 줄만 알고 같이 할 줄 모르며, 일할 줄만 알고 놀 줄을 모르면 못 산다. 옛사람이 나라를 다스리는데 "두 끝을 쥐고 그 가운데를 백성에 쓴다"〔執其兩端, 用其中於民〕라 한 것은 이 때문이다〔『중용』, 제6장〕. 가운데란 곧 곧음, 바름이다. 삶은 곧〔直,貞〕이다. 인지생야직人之生也直이라, 천성은 곧은 것이다. 원元·형亨·이利·정貞은, 천도지상天道之常이라, 하나님은 참이다〔『소학』, 「제사」〕. 그 끝을 쥐었기 때문에 바르고 곧다. 하나만 알고 둘을 모르는 사람은 바로 할 줄 모른다. 이른바 고집불통이다.

켕긴다는 것은 둘이면서 하나가 됨이다. 곧은 바늘은 어디 가도 걸리지 않고 어디에 떨어져도 찾을 수 있다. 몸이 켕기면 어떤 방해물 속에서도 빠져나올 수가 있고 마음이 켕기면 어떤 복잡한 문제도 풀 수가 있다. 삶과 죽음을 다 알면 둘이 아니다. 그래 생사일여生死一如다. 생·사가 하나가 못 되고 둘이기 때문에 살까 죽을까 혹하고 걱정하는 것이다.

나만 알고 전체를 모르며 전체만 말하고 나를 잊어버리기 때문에 공公이냐 사私냐 번민을 한다. 나 속에 전체가 있고 전체가 곧 나임을 안다면 공·사의 충돌이 있을 리 없다. 빙공영사(憑公營私: 공적인 것을 빙자하여 사익을 꾀함 – 편집자)하는 것이 참 나를 위하는 것이 아니지만 멸사봉공滅私奉公도 참 공이 못 된다. 정말 공은 사가 되고 정말 사는 공이 된다. 그것은 공·사의 대립을 초월해서만 되는 일이다.

그리고 공·사를 초월하는 사람이면 그는 두 손에 공과 사를 다 쥐는 사람이어야 할 것이다. 정말 산 생명은 생사를 똑같이〔公平〕 두 손에 쥐는 사람에게 있다. 그렇기 때문에 그것은 삶도 아니요 죽음도 아니다. 삶도 죽음도 아닌 고로 살 수도 죽을 수도, 마음대로 할 수 있다. 열자列子의 말을 빌려 하면

삶을 가진 자는 살지 않고 됨〔化〕을 가진 자는 되지 않는다. 살지 않는 자가 능히 삶을 누릴 수 있고 되지 않는 자가 능히 됨을 되게 할 수 있다. 산 자는 능히 살지 않을 수 없고 되는 자는 능히 되지 않을 수 없다. 그러므로 늘 살고, 늘 된다. 늘 살고 늘 되는 자는 어느 때나 살지 않는 때 없고, 어느 때나 되지 않는 때 없다.
• 『열자』, 「천서」

그러나 삶을 실로 본 것, 곧게 보는 것은 평면적인, 공간적인 그림이다. 가만있는 생명이다. 그것을 그리면 이와 같다(그림1).

이 줄이 가만있어서는 역사는 아니 나온다. 무한히 올라가자는 줄이다. 사탄은 반대는 하면서도 하나님께로 간다. 그래, 줄이 켕겨 켕겨서 끝점에 이르면 진동이 일어난다. 그 진동의 중심점은 '나'다. 여기가 생명의 신비다. 왜 그러냐는 아무도 설명할 수 없다. 그러나 그 사실을 우리는 안다. 여기가 하나님의 영이 품고 앉아 운동하는 깊은 혼돈이다.

절대의 하나님, 안식의 하나님이 왜 천지와 만물을 창조하게 됐는지 그것을 아무도 머리로 알아 설명할 수는 없으나, 한 오리 활줄을 켕겨봄으로 누구나 그것을 가슴에 느낄 수는 있다. 아래 위로 죽은

듯 켕기는 줄의 가운데가 왜 그런지 바르르 떨게 된다. 떨면 그것은 수직에 대해 수평운동이다. 운동을 하면 음악이 나온다. 수평운동을 하면서, 함으로, 위로 올라간다. 그것이 사회요, 역사요, 종교요, 윤리요, 문화다. 그림을 그리면 이렇다(그림2).

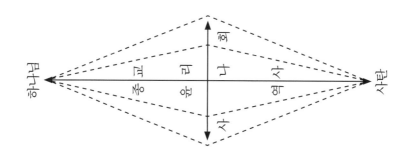

하나님과 나와의 관계는 곧〔直〕아야 하고 사회와 나와의 관계는 반듯〔平〕해야 한다. 종교는 수직운동이요, 도덕(문화)은 수평운동이다. 곧은 것은 참이요 거룩이요, 반듯한 것은 사랑이요 옳음이다. 종교·도덕·과학·예술이 요컨대 참과 사랑에 통일된다. 두 운동이 똑바르게 90도로 사귀어서만, 크로스cross해서만, 십十자 돼서만 참 삶이 있다. 그리고 그 십자의 이루어지는 점이 '나'다. 그래서,

내 주를 가까이 더 가까이 오르는 길 비록 십자가여도[6]

하는 것이다. 우리말 번역에 "십자가 짐 같은 고생이나" 하지만, '같은'이 아니다. 곧 십자가 그대로지. 나는 십자가를 져서만, 즉 '삶·죽음'의 두 끝에 나를 끊어질듯 켕겨 메고, '너·나'의 두 끝에 터질 듯이 폭넓은 진동을 해서만 하나님에게 가까이 갈 수 있다. 즉 영원한 오름〔上昇〕을 할 수 있다. 오름이 옳음이다. 십자가는 가만히

6) 「내 주를 가까이 하게 함은」(『찬송가』, 제364장).

세워놓은 십자가가 아니라 오르는 십자가요, 죽음의 십자가가 아니
라 산 음악의 십자가다. 그래서,

　내 늘 부를 노래 주께 더 가까이 더 가까이

하는 것이다.

　그런데 그림2를 가지고도 부족하다. 그것은 산 역사의 한 단면뿐이
다. 인생과 역사를 하나로 한 생명의 운동을 표시한다면 차라리 아래
와 같이 그려야 할 것이다(그림3).

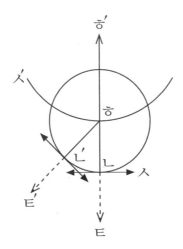

　ㄴㄴ′/은 순간순간의 나요, ㅎㅎ′/은 하나님, ㅌㅌ′/은 사탄, ㅅㅅ′
/은 사회를 표시한다. 그때그때에 있어서 참과 사랑을 다하면 ㄴ은
ㄴ′으로 옮겨가서 ㅎ을 중심하고 원운동을 한다. 이른바 위로 하늘에
부끄럽지 않고 아래로 사람에게 부끄럽지 않은 원만무결한 살림이
다. 그것이 낱사람의 일생 혹은 한 시대다. 그러나 그 원은 보다 높은
ㅎ′를 중심으로 하고 더 큰 원운동을 한다. 그것이 역사다.

　작은 둘레만을 보면 인생과 시대는 늘 되풀이하는 것 같으나 그것
은 무한대의 반경을 두고 영원의 행진을 한다. 이 관계는 혹 나선운
동으로 표시할 수도 있다. 높은 산일수록 곧추 올라가는 일은 없고

빙빙 돌아 늘 제자리에 되돌아오는 듯하면서 천천히 올라간다. 생명의 가는 길은 나선운동이다.

혹은 우리 태양계의 그림이 더 재미있는지도 모른다. 나는 달, 나라는 지구, 세계는 태양, 나는 지구를 돌고, 지구는 태양을 돌고, 그리고 태양은 또 은하계의 한 알, 그 은하계는 또 우주에서 보면 한 점, 그 우주는 또 몇백억으로 헤는 큰 우주의 한 알, 그것을 간단히 하면 생명은 자전을 하면서 공전을 한다. 그러나 그것은 우리 이성이 부족하여 할 수 없이 그리는 그림이요, 참으로는 자전·공전이 따로 있는 것은 아닐 것이다. 삶은 되풀이인 듯하면서도 늘 새롭고, 한없이 많은 듯하면서도 하나다.

새로움

새롭다는 것은 무엇인가? 낡은 것의 반대다. 낡지 않은 것이 새것이다. 그럼 '낡았다' 혹은 '늙었다'는 것은 어떤 것인가? 위에서 '새롭다, 낡았다'는 산 것에 두고 하는 말이라 했다. 낡았다는 것은 생명이 닳아져버린 것을 말하는 말이다. 우리는 위에서 생명을 '맞춰가는, 대드는, 지어내는 힘'으로 말했다. 그러면 낡았다는 것은 그런 힘이 줄어진, 혹은 없어진 것을 말하는 것이라 할 수 있다. 원기가 모자람, 그것이 늙은 것이다.

그러면 새로움이란 첫째로 힘 있음이다. 힘 있다 함은 밖을 이김이다. 생명은 스스로 끊임없이 피어나고 지어내는 것이기 때문에 늘 어디 가든지 막아냄, 건드림, 잡아당김을 느낀다. 그것을 이기고 제대로 하는 것, 자유하는 것이 생명이다. 새롭다는 것은 자유하는 힘을 가졌단 말이다. 갈아놓은 칼날은 새것이다. 장자가 양생養生의 도를 말하면서 포정庖丁의 입을 빌려 자기가 한 칼을 가지고 열아홉 해를 소를 잡으며, 하루아침에 열아홉 마리는 잡는데, 그래도 그날이 오히려 새로 숫돌에서 갈아낸 듯하다 한 것은, 이 생명의 자유하는 힘이 낡아지지 않은 것을 표시한 말이다. 생명이 정말 새 생명이면 파랗게 갈아낸 칼날 같아 못 자를 것이 없고 못 들어갈 데가 없다. 그러므로 새로움을 형용할 때에 참신斬新이라, 신예新銳라 한다.

그다음 새것은 맑다. 이른바 청신清新이다. 새벽바람처럼, 골짜기 물처럼 맑은 것이 새것이다. 맑다는 것은 다른 무엇이 섞여 들어가지 않았단 말이다. 섞인 것이 있으면 제 본바탈을 잃는다. 바탈을 잃으면 죽은 것이다. 바람은 숨을 살리는 원료인데 그 바람에 먼지가 섞이고 가스가 섞이면 숨을 살릴 수 없고, 물은 피를 돌리는 바탕인데 그 물에 모래가 들고 티끌이 뜨면 마실 수가 없다.

정신은 아무것도 섞인 것이 없이 맑아야 정신이다. 정신이 못 움직일 것이 없다는 것은 맑기 때문이다. 흐리면 아무것도 못한다. 정신을 흐리게 하는 것은 욕심이다. 욕심이란 정신 속에 들어온 외물外物이요, 물질이란 정신의 운동이 무디어 엉킨 것이다. 산소와 수소가 엉키면 물이 되고, 물이 또 엉키면 얼음이 된다. 얼면 모든 생명이 죽는다.

피가 맑기 때문에 근육 속을 돌고, 돌기 때문에 몸이 살지만, 도는 동안에 여러 가지 노폐물이 섞이면 걸어지고, 피가 걸어져 걸리면 병이 난다. 정신이 맑기 때문에 빈 것이기 때문에, 만물을 짓고 살리고 움직일 수 있으나, 돌아가는 동안에 엉켜 걸림이 생기면 그만 그 가는 길이 막힌다. 기氣가 막혀 죽겠다는 것은 그것이다. 피가 노폐물로 인해 걸어지면 섭섭이(폐 - 편집자)와 콩팥으로 보내어 그 섞인 것을 걸러내야 하고, 걸러내면 다시 새 피가 되듯이 정신도 흐려지면 그 속에 끼인 물욕物欲을 덜어내야 하고, 물욕에 달라붙기를 그만두면 다시 정신의 제 본바탈에 돌아온다. 그것이 새로움이다.

그다음 새것은 밝다. 생명은 빛이다. 모든 것을 비추는 것이 생명이다. 모든 것에 그 생김(形)을 주고, 자리를 주고, 움직임을 주어 서로 고르게(調和) 하는 것이 빛이다. 빛은 지혜요, 영광이다. 만물을 뚫고 만물을 아름답게 한다. 생명이 활발하게 살아 힘 있고 영광스런 것을 형용해 "약화지시연 천지시달"若火之始然 泉之始達[7]이라 한다. 불이 첨 붙음에 그 형세가 맹렬하여 뜨거워 가까이 가는 모든 것을 사르고 빛이 하늘 높이 올라 사방을 비춘다. 그러나 점점 붙어가는 동안에 재가 쌓이고 연기가 서리면 그만 그 빛이 어두워진다.

생명의 가는 길도 그러하여 자신이 낳은 찌꺼기를 잘 제除하지 못함으로 제 빛을 어둡게 해버린다. 그때는 그 재 속에 부지깽이를 넣어 그 재를 들추어버리고 굴뚝을 쑤셔 연기를 뽑아버려야 한다. 그리하면 다시 그 처음의 빛을 내게 된다. 새것이란 생명의 비추어 밝히는 힘이 강해진 것을 말한다. 그래서 정신의 새로운 것을 형용하여 '광풍제월'光風霽月[8]이라 한다.

모세가 시내산에서 불 붙는 것을 보는 가운데 새 계시를 얻었고, 기독교가 처음 일어날 때 오순절에 불이 내렸다 하며, 바울이 회심할 때에 강한 빛을 만나 눈이 어두웠다가 사흘 후에 다시 떴다 하며, 모든 종교적 경험에 늘 빛이 들어 있는 것은 이 속생명의 새로워짐을 말하는 것이다.

그런데 생명은 물·불로 형용한다. 물과 불은 비추는 것만이 그 성질 아니라 깨끗하게 한다. 정화한다. 변화한다. 맑고 밝으면 깨끗하다. 옷이 몸에 필요하나 오래 입으면 때가 묻어 더러워진다. 더러워지면 도움이 못 되고 만다. 살이 내 살이나 세포가 죽으면 때가 돼버린다. 때가 되면 시각 바삐 떼어버려야 한다. 더러움은 생명 안에 용납될 수 없다. 더럽다는 것은 내 본바탈에 방해되는 그것을 변동시키는 것이다. 그것이 독이다. 그러므로 가장 더러운 것은 죽음이다.

이사야가 계시를 받으려 할 때 숯불로 입에 대임을 입혔다는 것은 정신을 깨끗이 함을 뜻한 것이다. 예수께서 "내가 불을 땅에 던지러 왔노

---

7) 若火之始然 泉之始達: "불이 타오르는 것과 같고 샘이 솟아오르는 것과 같다." 『맹자』, 「공손추 상」.
8) 光風霽月: "맑은 날의 바람과 비갠 날의 달"이라는 뜻으로, 훌륭한 인품이나 세상이 잘 다스려진 상태를 말한다.

라"한 것도 주로 깨끗하게 한다는, 새 생명으로 살려낸다는 뜻에서 한 말이다〔「누가복음」, 12: 49〕. 옛날 종교에 특별히 더러움 탄다는 생각이 강했는데 이것은 정신은 그 본바탕을 가리는〔擇〕 것이기 때문이다. 생명은 순수하잔 것이다. 모든 것의 건드림, 끌림, 묻음, 물듦을 받지 말잔 것, 그리하여 저대로 나가자는 것이 깨끗이요 삶이요 새로움이다.

그러므로 자연히 '깨끗'이라는 속에는 성하다는 뜻이 들어 있다. 새것은 성한 것이다. 낡은 것은 성하지 못한 것이다. 성하다 함은 '건전'健全이란 뜻이다. '전'全은 옹근 것, 흠이 아니 간 것, 이지러짐이 없는 것, '건'健이란 활동이 씩씩해 조금도 부족함이 없음이다. 새 옷은 더럽지 않은 동시에 또 성한 옷, 떨어지지 않은 옷이다. 새 마음은 깨끗한 맘인 동시에 또 씩씩해 피곤할 줄 모르는, 병들지 않은 마음이다. 귀한 손님에게 이 빠진 그릇으로 음식을 드리지 않고, 제사를 지냄에 병신 짐승을 쓰지 않으며, 기도를 하려 할 때 목욕재계沐浴齋戒를 한다. '재'齋란 맘을 빔으로 정신을 옹글게, 성하게 하는 일이다.

새것은 또 숫것이다. 처음이다. 시작이다. 아무리 좋은 물건이라도 숫으로가 아니면 귀하지 못하다. 하나님께 바침에 첫 열매, 첫 새끼, 한 그릇에서도 먼저 뜬 것을 택하는 것은, 숫은 처음인 동시에 전체를 대표하는 것이기 때문이다. 정말 신랑은 숫총각이요, 정말 신부는 숫처녀다. 숫이 아닌 것은 더러운 것, 깨진 것, 낡은 것, 죽은 것, 거짓 것이다. 참 산 것은 숫으로 있는 것이다. 그러므로 정신은 으뜸이다. 이른바 원기元氣다. 근본되는 생명을 원기라 한다. 원기는 하나님께 받은 그대로 숫으로 있는 것이다. 건乾이 원元이라는 것은 그것이다.

새것은 그러므로 자연히 거룩한 것이다. 거룩은 아무도 손을 댈 수 없고, 마음을 거기 붙일 수 없고, 비평을 할 수 없고, 건드릴 수 없는 것이다. 힘 있고, 맑고, 밝고, 깨끗하고, 옹글고, 성하고, 숫인 것, 원元인 것은 거룩할 수밖에 없다. 영어에 거룩이라는 holy가 전부라는 wholly와 통하는 것은 이 때문이다. 거룩한 것은 절대적인 것이다. 모든 물건, 모든 일, 모든 뜻이 다 거기서 나오는, 이름 질 수 없는 것이다.

노자가 그래서 '도충이용지'道沖而用之9)라 하고, '유물혼성'有物混成10)이라 하고, 비었다 하고, 없다 하고, 하나〔一〕라 하고, 이름 질 수 없다 했다. 그래서 중中이라 하고, 태극太極이라 하고, 무극無極이라 하고, 브라만이라 한다. 그것은 음도 아니요, 양도 아니요, 음이면서 양, 양이면서 음이다. 생이 거기서 나오고 사가 거기서 나오나, 그것은 생도 아니요, 사도 아니요, 생도 사도 아무도 아니다.

그러나 그러한 생명이 생명으로 나타난즉 늙을 수밖에 없다. 낡을 수밖에 없다. '새롭게'라는 것은 생의 그 본래 면목을 회복함이다. 절대성을 도로 찾음이다. 하나님이 상대계에 대하여 자기를 다시 주장함이다. '나다' '나련다' 함이다. 하나님이 만물을 새롭게 한다는 것은 이것이다. 이 세계의 특질은 낡음이다. 그러므로 그것은 하나님의 절대 거룩의 풀무에 끊임없이 들어가서만 그 생력生力을 가질 수 있다.

그러므로 새로움은 낳음이다. 상한 것, 고장난 것을 고치는 동시에 또 자기 속에서 자기를 벗고 자기 이상 것으로 새로 남이다. 새는 낳음이요, 낳음은 새로움이다. 새로움은 자람이다, 핌이다, 완성함이다. 생은 자기완성을 위하여 자기부정을 하는 것이다. 죽지 않기 위하여 죽어서 아들을 낳는 것이다. 하나님이 영원 무한한 생명이라면 하나님은 늘 새롭게 하는 이다. 그래서 생명을 약진이라 하고 불연속의 연속이라 한다.

따라서 종교 믿는 자는 거의 다는 허망한 신기루를 바라고 있다. 그들은 영원한 생명을 바란다 하지만 그들이 바라는 것은 생명이 아니고 죽은 껍질뿐이다. 그들은 시간을 모른다. 그들의 영생은 끊이지 않고 돌아가는 시계다. 그러나 그것은 공간이지 시간이 아니다. 그들의 하늘나라는 사실은 땅의 나라다. 영원은(삶은) 차라리 순간적인

---

9) 道沖而用之: "道沖而用之 或不盈"에서 나온 말로, "도는 비어 있어서 써도 넘치는 일이 없다"라는 뜻. 『도덕경』, 제4장.

10) 有物混成: "혼탁하게 뒤섞여 이루어진 뭔가가 있다." 도에 대해 묘사하는 구절이다. 『도덕경』, 제25장.

데서 보지 않으면 안 될 것이다. '새'라는 생각, '자란다'는 생각 없이 생명을 알 수 없는데, 그것은 이 세계를 한없이 끊임없이 토막을 쳐서만, 썰어서만, 부정해서만, 알 수 있는 일이다.

하나님은 영靈이기 때문에 안식하면서 창조하고, 창조하면서 안식할 수 있다. 쉼이 곧 일함이요, 일함으로 쉰다. 그러므로 그는 주어도 다함이 없고 받아도 더함이 없다. 유무有無의 법에 살지 않는다. 해도 피곤할 줄 모르는 생명이요, 아니 해도 빈틈이 나는 법 없는 영이다. 그래서 영원히 스스로 새로움이다. 그것은 마치 빨리 돌아가는 팽이 같이 어느 순간도 쉬지 않고 움직이건만 어느 순간도 까딱이 없다. 동動이면서 정靜, 정이면서 동이다. 그렇기 때문에 절대 평화다. 마치 자이로스코프가 어느 모로 놓여도 안정한 것과 같다. 자이로스코프가 돌아가기를 늦추는 순간 그만 흔들림이 오고 넘어질 것이다.

하나님이 절대의 평화인 것은 쉬지 않고 스스로 새롭게 하기 때문이다. 종교 신앙의 구경究竟의 지경인 영원의 삶은 곧 절대 평화인데, 그것은 영원히 스스로 새로워지는 하나님을 믿지 않고는 있을 수 없다. 새롭지 못한 순간 죽음이 보이고, 죽음이 보이면 불안이다.

삶을 스스로 새로워지는 것으로 보는 것은 절대와 상대를 다 살리는 일이다. 절대와 상대는 서로 마주 서는 것이지만 마주 서서만 가지고는 다 죽는다. 이것을 종교상의 말로 하면 하나님은 초월적이면서 내재적이요, 내재적이면서 초월적이라 말이다. 하나님이 정말 초월적이면 우리에게 안식은 줄 수 있으나 창조하는 생명을 줄 수는 없고, 반대로 내재적이기만 하면 창조하게 할 수는 있어도 안식을 줄 수가 없다. 절대는 상대를 떠나서 볼 수 있는 것이 아니라 상대 속에서 볼 것이요, 상대는 절대를 아주 모르는 것이 아니라 절대를 나타내는 것이다. 세계는 시시각각으로 낡아가는 세계지만 그것으로 하나님의 영원을 드러내고, 하나님은 거룩한 하나님이지만 시시각각으로 그 세계에 사랑의 손을 대기를 아끼지 않는 하나님이다. 이리하여 영원히 새로워지는 생명의 역사 바퀴는 구른다.

'길'

삶이 스스로 새로워지는 삶이라면 삶의 길이란 스스로 새로워지는 생명의 불도가니 속에서만 있을 수 있는 일이다. 그래서 맨 처음에 도道란 애초에 있지 않는 것이라 했다. 그러나 그것은 절대에서 하는 말이고, 현실의 상대 세계에는 사람이 걸어야 하는 길이 뻔히 있는 것을 부인할 수 없다. 이 세상은 도덕의 세계다. 덕德은 절대의 살림은 아니다. 아무리 높아도 덕이 덕인 이상 상대계의 일이다.

이런 의미에서는 노자가 말하는 "실도이후덕失道而後德, 실덕이후인失德而後仁"[11]이란 말은 옳다. 성인은 하나님은 아니요, 하나님은 도덕은 아니다. 그러나 사람은 아무리 뛰어도 발이 땅에서 떨어질 수 없듯이 아무리 높은 생각을 가져도 도덕률을 벗어날 수는 없다. 그래서 "인의예지仁義禮智는 인성지강人性之綱"[12]이라 한다.

그러나 그렇듯 도덕적이 됨으로 구원이 될 수 있는가 하면, 즉 완전해질 수 있느냐 하면, 아니다. 도덕이 요구하는 것은 지상선至上善이나 사람을 지상선에 이르게는 못한다. 그리하여 어쩔 수 없는 모순에 빠진다. 그것은 이 삶의 바탕이 그렇기 때문이다. 그래서 나오는 것이 종교다. 도덕적인 태도를 상대적인 길이라 하면 믿는 태도는 절대적인 길이다. 우리가 도를 말할 때는 반드시 이 두 길을 생각하지 않으면 안 된다.

『중용』에는,

하늘이 명한 것을 이론 바탈이요,
바탈대로 함을 이론 길이요,

---

11) 失道而後德失德而後仁: "도를 잃은 다음에 덕이 나오고, 덕을 잃은 다음에 인이 나온다"라는 뜻으로, 노자는 인 다음에 의(義), 의 다음에 예(禮)가 나온다 하여 절대이니 도가 점차 타락하는 과정을 보여주었다. 『도덕경』, 제38장.
12) 仁義禮智 人性之綱: "인의예지는 사람됨에서 가장 주가 된다." 인의예지는 천도(天道)의 벼리인 원형이정(元亨利貞)과 대비된다. 『소학』, 「제사」.

길을 닦음을 이론 가르침이라.

•『중용』, 제1장

했고, 불교에서는,

사람의 마음을 사뭇 찔러,
바탈을 보아서 부처가 된다.

했다. 목적은 한가진데 방법은 서로 자못 다르다. 하나는 윤리요, 하나는 종교다. 도를 닦아서 바탈을 찾고 바탈을 찾아서 하늘 뜻을 알자는 것은 옳은 태도다. 그러나 언제 닦아서 본바탈에 갈까? 쥐고 닦는 그 손 자체가 상대적인 다음에는 아무리 닦아도 절대 반듯한 것은 아니 나올 것이다. 그렇기 때문에, 그것으로 아니 되는 줄을 알기 때문에 "마음은 사뭇 찌른다"는 말이 나오게 된다. 이것은 모든 도덕적인 힘씀을 다 내던지는 태도다.

그러나 그 불교에는 도덕이 없는가 하면 그렇지 않다. 역시 별수 없이 수도修道라 하지, 닦는다 하지, 그저 되는 것 아니다. 바탈을 보아서 부처가 되자는 참선이야말로 높은 도덕을 미리 생각하고 하는 것 아닌가? 도덕이 없이, 무슨 신비의 지경에 들어가고 신통력을 얻는다 하여도, 그것은 술術이지, 기술이지, 재주지, 도는 아니다. 도는 아주 평범한 말이지만, 별수 없이 선을 행함이요, 선은 다른 것 아니요 남을, 전체를 위하는 일이다. 그러므로 모든 율법과 예언자를 간단한 두 구절로 요약하여,

첫째는 네 마음을 다하고 목숨을 다하고 뜻을 다하여 주 너희 하나님을 사랑하라 하였으니 이것이 크고 첫째 되는 계명이요,
둘째는 그와 같으니 네 이웃 사랑하기를 네 몸과 같이 하라.

•「마태복음」, 22: 37~39

고 한 예수의 말씀은 영원히 변할 수 없는 진리다. 하나님과 민중이 지 다른 것 없다. 첫째는 믿음이요, 둘째는 도덕이다. 그런데 주의할 것은 예수께서 그 둘째 조건을 말씀하실 때에, "둘째는 그와 같으니" 하는 귀절을 넣고 말씀하신 것이다. 하나님 믿음이 물론 근본이지만, 이웃 사랑하는 것도 그와 다른 것 아니요, 못한 것도 아니란 말이다. 그뿐 아니라 둘째 없이는 첫째도 없다. 이것을 「요한 일서」〔2:9〕에 더 분명히 설명했는데, 하나님을 사랑한다 하면서 형제를 미워하는 자 는 거짓을 하는 자요 어두운 가운데 있다 하였다. 종교·도덕은 다른 것 아니란 말이다. 다른 것 아니면 왜 둘로 갈라 말하나? 그렇게 해야 만 서로 합하여 온전히 되기 때문이다. 믿음의 속살은 도덕이요, 도 덕의 힘과 목적은 믿음에 있다. 믿음에까지 이르지 못한 도덕은 뿌리 없는 나무요, 도덕적이 아닌 믿음은 '미친 바람에 밀려가는 안개'다.

이것은 올바른 가르침에서는 어디서나 볼 수 있는 가르침이다.『중 용』에도 "자성명自誠明이요 자명성自明誠"이라, 참을 하여 밝아지고 밝힘으로 참이 된다. 혹 "성즉명誠則明이요 명즉성明則誠"이라 하여 아래서 위로 올라가는 길과 위에서 아래로 내려오는 길의 두 길이 있 음을 말하였고〔『중용』, 제21장〕, 맹자는 이것을 좀더 쪼개서 "성자誠 者는 천지도天之道요, 성지지誠之者, 혹은 思誠者는 인지도人之道"라, 참은 하늘 도요, 참을 함은(혹은 참을 생각함은) 사람의 도라 했다〔『맹자』, 「이루 상」〕. 두 길이 한 길이다.

이것을 다른 말로 해서 '진인사 대천명'盡人事 待天命이라 한다. 사람 의 할 것을 다하여서 하늘 말씀을 기다린다. 사람의 할 것은 도덕이 요, 하늘 말씀 기다림은 믿음이다. 그러나 기다림이 따로 있는 것 아 니라 인사 다함이 기다림이요, 인사를 다하는 것은 하늘 말씀을 받아 서만 할 수 있는 일이니, 그러면 둘이 아니요 하나다. 그리고 보면 믿 음과 행함을 서로 떼서, 믿음으로 구원이 되느냐, 행함으로 되느냐 싸우는 것은 우스운 일임을 알 수 있다.

『대학』에서는 공부의 목적을 셋으로 말하여, 대학의 길은,

1. 밝은 속알〔德〕밝힘에 있으며,

2. 씨올〔民〕 사랑함(새롭게 함)에 있으며,

3. 다시 더없는 잘함〔至善〕에 머무름에 있다.

•『대학』,「경」, 제1장

이것을 일러 세 벼리〔三綱領〕라 하는데 이 세 벼리를 위에 말한 절대, 상대 두 길로 나눠보는 데 맞추어보면 1, 2는 상대적 길이요, 3은 절대적 길이다. 혹은 이렇게 말하는 것이 더 적당할지도 모른다. 1은 떠남, 2는 길 감, 3은 목적에 이름이다. 이 중에 실지로 중요한 것은 둘째의 씨올을 사랑함이다. 왜 그런고 하니, 밝은 속알 밝히는 것은 내 속에 근본 타고난 바탈 찾는 것인데, 모든 종교 도덕은 어쩔 수 없이 '나'에서 시작하는 것이니 물론 다시 말할 것 없다. 모든 것의 터는 낱사람에 있다. 그러나 내 속알 밝힘이 산골짜기나 골방 속에서 되느냐 하면 절대 아니다. 옛날에는 또 어쨌든, 적어도 오늘엔 그것은 아니 되는 일이다. 밝은 속알 밝힌다는 것은 본래는 밝은 것이 잘 못되어 그 본래의 바탈이 가리워졌기 때문에, 혹은 고장이 생겼기 때문에 그것을 도로 찾음인데 그 가림 혹은 고장이 어떻게 됐느냐 하면 남과의 관계에서 된 것이지, 나 혼자 저절로 된 것 아니다. 그러므로 어두워진 속알 밝힘은 반드시 그 어두워진 역사적 사회 살림 속에서 해야만 할 것이다.

'씨올은 친한다, 사랑한다, 혹은 새롭게 한다' 함은 건전한 사회정신 혹은 국민정신을 세움이다. 아무도 제 인격을 온전히 이루고 혼을 기르는 데 역사적 사회를 떠나 외톨이로 할 사람은 없을 것이다. 또 셋째의 다시 더없는 잘함에 머무는 것이 마지막 목표인 것은 틀림없지만, 그 다시 더없는 잘함의 속살이 무엇이냐 하면 결국 씨올 사랑함밖에 될 것 없다. 위에서 이미 본 대로 하나님 섬김은 실지로는 이웃 사랑에 있다. 하나님은 이웃에 와 계시다. 하나님이 내 마음에 있는 것으로 하면 명명덕明明德이요, 이웃에 있는 것으로 하면 친민親民이요, 통틀어 말하자면 지어지선止於至善이다.

그리고 이것을 시작이요, 끝이요, 중가운데요 하고 갈라 말하지만 그것이 시간적으로 먼저·뒤가 있는 것도 아니다. 속을 밝혀서 씨올을 새롭게 하고, 씨올을 새롭게 한 후 다시 더없는 지경에 간단 말이 아닐 것이다. 셋은 한때에 같이하게 돼야 할 것이다. 내 속에 전체를 발견하며, 전체 속에 나를 발견하고, 한 개 한 개의 행동을 쌓아 완전에 이르기도 하지만 또 완전을 한 개 한 개의 행동 속에서 나타내기도 해야 할 것이다. 그러므로 이것은 도덕과 종교가 한데 만나는 일이다.

다시 더없는 잘함에 머무는 것은 내 작은 뜻 먹음만으로 되는 것 아니다. 그것은 믿음으로 말미암아 이루어지는 은혜의 지경이다. 그러나 내 뜻의 힘을 써 속알을 밝히고 씨올을 사랑해 새롭게 함 없이 그 은혜에 들어갈 수 있느냐 하면 아니다. 그러므로 도덕 없이 종교 없고, 종교 없이 도덕 없다. 머무는 것은 상대적 힘씀이 아니고 절대의 되어짐, 받아짐이다.

그러나 되어짐, 받아짐은 되려고 힘쓰고 받으려고 원함 없이는 아니 된다. 그러므로 머무름에 둘이 있다. '지어지선'止於至善의 지止와 그다음 곧 나오는 '지지이후유정'知止而后有定13)의 지가 서로 다른 것은 이미 옛날 사람들이 말한 것이다. 첫 번 지止는 절대적인 지止요, 둘째 번 지止는 상대적인 지止, 머물려는 힘씀의 머무름이다. 3이 1, 2에 대하면 믿음의 길이기 때문에 절대적인 길이지만 믿음 안에도 또 절대·상대를 나누어볼 필요가 있다. 절대의 믿음은 믿어지는 믿음, 위에서 주시어서 받아서 되는 믿음, 상대의 믿음은 믿자는 믿음, 믿어질 줄을 믿고 힘쓰는 믿음이다. 사람이 누구나 절대적인 믿음을 가진 자는 없다. 믿자는 믿음이지. "주여, 내가 믿으니 내 믿음의 부족함을 도우소서!" 이대로 사실이다.

---

13) 知止而后有定: "그칠 데를 안 뒤에 정함이 있다." 『대학』, 「경」, 제1장.

그러나 믿자는 믿음만으로는 또 아니 된다. 종당엔 믿어지는 믿음에 가야한다. 그러나 거기는 아무도 갔다 할 수 없다. 내 믿음을 내가 인정하는 순간 그것은 벌써 타락이다. 믿어지는 믿음은 믿는 줄도 모르는 믿음이다. 거기는 가서 가지는 것이 아니요, 가지 못하면서 갈 수 있는 믿음으로 가지는 곳이다. 가지 못함으로 가는 감이다.

다시 말하면 사람이 절대에 들어갈 수는 없으나, 일체의 상대를 근본적으로 부정함으로써 절대적인 태도에 들어간단 말이다. 믿기는 믿으면서도 내 믿음조차 부정함으로, 다시 말하면 그 믿음조차 제단에 잡아 바침으로 절대적인 믿음에 들어간단 말이다. 절대가 돼서 절대가 아니라 못 된 이 상태대로, 이대로 절대 속에 있음을 믿어 절대라는 말이다. 옳은 사람이 다 되어서 의인이 아니라 자신에게 도무지 옳음이 있을 수 없음을 인정함으로, 즉 자기를 죄인으로 규정함으로 옳다 여겨주심을 받는다.

내가 내 책임을 다했다 하는 종은 충성된 종이 아니요, 내 믿음이 옳다 하는 믿음은 구원 얻는 믿음이 아니다. 믿음 있는 자가 구원 얻는 것이 아니라 믿음 없는 자가 구원 얻는다. 있는 것은 믿음이 아니다. 믿음이 있음도 없음도 아니다. 내가 믿음 있다 해도 믿음 아니요, 믿음 없노라 해도 믿음 아니다. 있는지 없는지 모르는 것이 믿음이다. 믿음으로 구원 얻는다는 믿음은 이런 믿음일 것이다.

그러나 그 말은 결코 잘 믿으려고 힘쓰지 말란 말은 아니다. 도덕적 힘씀의 태도를 버리란 말 아니다. 도덕적 힘씀이 없이 사랑이 어찌 될 수 있을까? 힘쓰면서 힘쓰기 때문에, 철저히 도덕적이려 하기 때문에, 힘쓰면서도 부정하라는 말뿐이다. 하나만 알고 둘을 모르는 정통 신자는 곧 말하기를 "제 믿음을 부정하려거든 믿을 필요 없지 않느냐? 믿지 않는 자가 구원 얻는다면 믿는 자는 어떻게 되느냐" 하겠지만, 그런 속이 빽빽 멘 사람과는 진리를 토론하지 못한다.

"쓸데없는 종입니다" 할 자격은 사실은 죽도록 일한 자가 아니고는 못 가지는 것이요, 반대로 정말 제 할 일을 다하는 참된 종이면 반드시 "저는 쓸데없는 종입니다" 할 것이다. 교회를 스스로 부정하여 "이것은 진리를 어둡히는 존재다" 하면 거기 진리가 깃들어 있을 수 있으나 "꼭 우리 교회에 들어와야만 한다. 이밖의 것은 다 거짓이다" 하면 그 교회야말로 참은 하나도 없는 거짓이다. 인생의 일이 어느 것이든 버리기 위해 하지 않은 것 있나? 모든 함(爲)은 다 헛것이요, 내 한 것을 능히 스스로 버리는 일만이 참으로 내 한 것이다. "나는 죄인입니다" 할 자격은 마음을 다하고 생명을 다하고 생각을 다하는 자만이 가졌고 저를 죄인으로 철저히 알면 그것이 곧 마음과 뜻과 힘을 다해 하나님을 섬김이다.

길을 말하던 데서 너무 멀리 멀어졌는데, 이제 다시 그리 돌아가면, 길은 둘이 있다. 둘이면서 하나인 데 있다. 비행기가 땅 위를 달려나가 어느덧 공중에 뜨듯이 분명히 두 길이면서 한 길이다. 두 길이 합함이 아니다. 길이 길인데 버림으로 길이 된다는 뜻에서 둘이란 말이다. 정말 길 감은 길 밟아버림이 아닌가?

새 깃발

그러므로 새 삶의 길은 역사적으로 붙잡아져야 한다. 새 삶이 제출되는 것을 역사적으로 되기 때문이다. 스스로 새로움이 삶의 근본 바탈이지만 그것이 우리 앞에 명령으로 올 때는 현실문제를 타고 온다. 그러므로 새로움이란 것을 이상적으로만, 철학적으로만, 인생 문제로만, 오는 세상 문제로만 다루어서는 아무 박력 없는 회색빛의 추상이 돼버리기 쉽다.

현실적으로 역사적으로 붙잡아야만 피가 도는, 펄펄 뛰는 힘을 가진다. 하나님의 명령을 전하는 사신은 역사적 현실이다. 모든 예언은 역사적 비판으로 시작되어 역사적 내다봄으로 끝맺는다. 시대란 하나님의 편지가 쓰이는 종이 폭이다.

그럼 우리의 역사적 현실은 어떤 것인가? 이 역사적 현실의 성격을 붙잡기 위하여 우리는 먼저 역사적 현재의 경계선을 밝힐 필요가 있다. 그것은 무엇이 이때까지의 세계에 금을 그어서 그 전前을 낡은 것으로 규정짓나, 무슨 사건이 우리를 전 시대에서 내쫓아 역사적 프롤레타리아로 만드느냐, 하는 그 사건 속에 바로 새것과 낡은 것을 구별하는 요소가 들어 있기 때문이다. 원래 계속되는 역사에 시대의 경계선을 긋는 일은 쉬운 일이 아니다. 그러나 현대처럼 그것이 쉬운 일은 아마 없을 것이다.

현대 역사가 제1차 세계대전으로 시작이 된다는 데는 아마 어떤 역사관을 가지는 사람에게서나 거의 물을 필요 없이 일치할 것이다. 그러면 현대의 뜻은 세계대전이란 그 이름 속에 물을 것 없이 분명하다. 물론 한 시대의 뜻은 그 시대가 마무리를 지어 지나가기 전엔 분명히 알 수 없다. 그러나 그것은 후대의 역사가의 일이고, 이 시대를 짓고 있는 우리는 우리대로의 붙잡음이 있어야 한다. 현대의 특색은 역사에 관심이 깊은 데 있다. 사람들이 오늘날처럼 역사에 관해 주의를 한 일은 없다.

그런데 그 역사의 뜻이 또 전과 다르다. 이때까지 역사라면 지나간 일을 말하는 것이었는데 지금은 역사라면 지나간 것보다 지금 되어지고 있는, 앞으로 되어질 일을 더 많이 생각하게 된다. 그러므로 역사는 살았다. 시시각각으로 자라는 것이 역사다. 그다음 또 하나 현대의 역사관이 다른 것은 이제는 역사가 하나라는 것이다. 전의 역사에 나라와 민족을 각각으로 생각했다. 물론 그때도 각 나라 민족의 역사 사이에 관련이 있는 것을 모른 것은 아니었다.

그러나 오늘은 관련 정도가 아니다. 아주 하나가 돼버렸다. 이제 역사라면 세계 역사 혹은 인류 역사, 또 혹은 생명의 역사 하나가 있을 뿐이다. 따로 떨어진 국가 역사, 민족 역사는 사실상 거의 없어져간다. 그것은 이 큰 한 역사의 한 장, 한 절에 지나지 않는다. 우리는 지나간 역사를 그렇게 다시 읽고 고쳐 쓰게 되었다. 그것은 이 앞으로 될 역사가 그것을 요구하고 있기 때문이다.

그런데 그 시대의 뜻을 온 인류가 다 알 수 있도록 내건 것이 누구냐 하면 제1차 세계대전이다. 이제 인류 역사의 행렬이 나가는 앞의 깃발에 쓴 문구는 '세계적'이라는 것이다. 제1차 세계대전이 지나간 후 역사전문가도 아닌 H. G. 웰스[14]가 『세계문화사 대계』*The Outline of History*란 책을 썼다. 책 제목이 말하는 대로 그것은 세계 역사를 하나로 보고 쓴 것이었다.

일찍이 그런 역사를 쓴 사람이 없었다. 역사라면 그저 임금의 신성, 민족의 신성을 우선 내세우는 것들이었다. 웰스는 세계국가주의자로서 일부 사람에게는 공상가라는 말을 들었으나, 그의 책이 나오자 날개가 돋힌 듯이 여러 말로 번역이 되어 온 세계에 퍼졌다. 그것은 인류가 무엇을 보았으며, 무엇을 생각하고, 무엇을 하려 하고 있는지를 말하는 것이었다. 그는 종교가가 아닌 속인(俗人) 예언가였다.

세계대전의 뜻은 이러하다. 끝장에 오른 민족국가주의의 결과로 일어난 그 전쟁은 민족국가주의에다 끝맺음표를 붙였다. 모든 역사적 행위는 자살 행위다. 그리고 스스로 죽는 자는 스스로 살아난다. 자람의 걸음은 무덤으로 나가고 익어 떨어지는 씨올은 새 이삭의 씨 뿌림인 이 상대계에서, 아니다, 어머니의 배를 가르고 아들이 나오고 아들의 머리를 숙여 죽은 아비의 무덤에 절을 하라는 이 인생에서 그것은 어쩔 수 없는 법칙이다. 비극이람 비극이요, 희극이람 희극이다. 누가 그랬나? 비극이란 생명이 한 단 더 높은 데 오르는 그 모양을 표시한 거라고.

하여간 제1차 세계대전은 사실상 여러 제국주의 민족국가의 깃발을 끌어내리고 '세계'의 새 깃발을 올리기 시작했다. 둘째 번 세계 싸

---

14) H. G. 웰스(Herbert George Wells, 1866~1946): 영국의 문명비평가、작가. 국제연맹의 이념을 신봉했던 웰스는 정치가들이 제1차 세계대전 후 평화를 정착시키지 못하자 이에 분노해, 인류에게 세계질서의 불안정함을 일깨우는 활동을 시작했다.

움에서 그 깃발은 훨씬 더 높이 올랐다. 오늘날은 유럽에서나, 아시아에서나, 아프리카 원시림의 어느 정글에서도, 태평양 군도 어느 떨어진 섬에서도 그 깃발이 아니 뵈는 곳은 없으리만큼 높이 올랐고, 어떤 무서운 전쟁의 폭탄 소리 속에서도 그 부르는 북소리가 아니 들리는 곳은 없을 것이다. 역사는 '세계에로!' 하는 직선 코스를 잡았다. 이제는 어떤 개인도 어떤 민족도 세계적이지 않고 살아갈 수는 없이 되었다. 살림살이는 벌써 각 나라가 원하거나 아니 하거나 어쩔 수 없이 세계적으로 됐다. 정치까지도 어느 정도 거기 걸음을 맞추려 애쓴다.

유엔이라든지, 각 나라의 모든 양심적인 인물이, 더구나 영국같이 가장 보수적이라고 하는 나라에서, '세계정부'를 세울 것을 힘 있게 주장하게 된 것은 참으로 놀라운 일이다. 인류는 종교의 말은 듣는 듯하면서도 실제는 멀리하고 역사적 현실의 명령만은 어기지 못한다. 아니다. 참 종교가는 역사적 현실의 대변인이다. 그런데 오늘 종교의 명령은 아니 듣기는 고사하고, 듣는다 하여도 말려야 하게끔 종교의 형편은 보수적이다.

참 이상한 일이다. 지난날의 민족신民族神은 몰라도, 적어도 세계적인 종교는 그 본래 가르침이 세계가 하나되라는 것인데, 그 종교가 도리어 오늘날 역사적 현실의 명령을 아니 들으려 하니! 물론 종교도 같은 이 역사의 배를 탄 이상 그 대세를 아주 모를 리는 없으니 종파적인 정신을 버리고, 사느냐 망하느냐 하는 갈래길에 다다른 인류를 위해 하나 돼야 하겠다는 운동이 전혀 없는 것은 아니다.

그러나 열심 있다는 대부분의 종교인의 말은 과학자는 말할 것도 없고 정치인의 말에 비하면 도리어 고루하기 짝이 없다. 그들이 말하는 천국이나 정토는 완전히 현실에서 유리된 것이다. 그들의 관심은 인류역사보다는 종교에, 교회에 있다. 지금 인류는 세계가 하나되느냐, 그렇지 않으면 망하느냐 하는 길목에 다다랐는데, 그들은 저가 믿는 종교만이 진리라는 묵은 교리를 지키기에만 급급하다. 교리를 지키겠다는 것은 또 좋다. 그 교리 속에는 고쳐서 쓸 만한 것이 들어 있기 때문이다. 사실은 교리보다도 훨씬 더 낡은 문화의 아직 남아 있는 찌꺼기를 서로 같이 먹는 반동 계급의식이 저도 모르게 굳어져서 그 클럽으로서의 교회를 지키는 것이 목적이다.

종교가 왜 그럴까? 그것은 예수나 석가의 잘못은 아니다. 그 가르침이야 역사를 꿰뚫은 예언이니 그 정신은 낡을 리 없다. 문제는 종교단체 속에 복잡하게 얽히어 있는 감정적인 전통 때문이다. 사람은 감정적인 동물인지라 한번 그것이 굳어지고, 다음엔 예술로, 풍속으로, 소위 민족정신이란 이름으로 신성화하여 관념적인 교육을 통해 제2의 천성 모양으로 굳어지면 이성이 아무리 말해도 좀처럼 듣지 않는다. 그러고는 문화를 지키는 계급으로 자처하고 새것에 대하여는 낮다, 점잖지 못하다, 속되다, 거칠다, 건방지다, 심지어는 파괴적이라는 이름까지 붙여 일부러 반대하게 된다. 생각이 대단히 좋고 교양이 많은 사람도 많기 때문에 이 잘못을 면하지 못한다. 가난한 자의 친구가 되기는 참 어려운 것이다.

오늘날 세계의 고민은 여기에 있다. 정치·경제·과학 등등 현실의 실리적인 면은 벌써 긴 다리가 됐는데〔長足進步〕, 정신문화라는 다리는 아직 무지개 타고 내려오는 선녀 만나 살기를 꿈꾸던 시대의 그 어린이 다리를 면하지 못한 데서 나오는 절름발이의 고민이지 별것 없다. 혁명은 이런 때에 일어난다. 혁명이라니 다른 것 아니요, 깨지 못하는 감정의 잠을 깨우기 위해 주는 하나의 기합이다. 고집쟁이는 때려야 안다. 제발 그 자리엔 가지 말고 깨닫기를! 혁명은 인간의 모욕이다.

그러고 보면 우리 눈앞의 문제는 씨올 새롭게 함에 있다. 새로운 역사정신, 혹은 사회의식을 일으키는 데 있다. 그것을 하기 위하여 세 가지 일이 필요하다. 위에서 한 말을 다시 하는 것이지만, 첫째 나를 새롭게 함, 둘째 씨올을 새롭게 함, 셋째 종교를 새롭게 함이다. 『대학』에는 신민新民을 세 귀절로 해석했다. 즉 일신日新, 작신민作新民,

기명유신其命維新이다[『대학』, 「전」, 제2장]. 모든 새로워지는 운동은 다 혼을 새롭게 함에서 시작하여 민중을 통해 믿음에까지 이른다. 동양에서 그랬던 것같이 서양에서도 그랬고, 중세기의 개신운동이 그랬던 것같이 앞으로의 그것도 그럴 것이다.

이 운동을 비유해서 말하면 삼단식의 로켓 쏨과 같다. 혼을 새롭게 함이 첫 번 쏨이다. 모든 운동은 개인의 마음에서 시작한다. 그러나 주되는 것은 씨올을 새롭게 함이다. 새 국민 성격을 일으키는 것이 큰 일이다. 그러므로 작신민作新民이라 했다. 작作이란 스스로 하는 정신을 일으킨단 말이다. 그것이 둘째 번 발사, 그 둘째 번 운동을 잘하면 셋째 번 마지막 발사가 잘될 수 있다.

새 백성 만들면 새 말씀을 받을 수 있다. 하나님 말씀은 민중의 입을 통해 오기 때문이다. 이른바 혁명이다. 말씀을 새롭게 함이다. 이것은 셋째 번 발사를 하여 지구 인력권을 뛰어넘어 제대로 돌아가는 인조 달 모양으로 영원히 스스로 새로워지는 자신自新운동에 들어간 것이다. 종교개혁을 이룬 것이다. 그것을 하려면 이때까지의 모든 것을 온통 부정하지 않으면 안 된다.

로켓의 목적은 첫 단에서나 둘째 단에서나 셋째 단에서나 한결같이 지구 인력권을 떠난다는 데 있다. 그와 마찬가지로 새 삶의 운동은 언제나 그 목적이 이 세계의 법칙을 완전히 떠나는 데 있어야 한다. 그래『대학』에서는 "시고是故로 군자는 무소불용기극無所不用其極"이라 하여 그 극極을 내세웠다[『대학』, 「전」, 제2장]. 극이란 절대다. 절대란 모든 상대를 부정한 자리다.

새 술

이 글을 마치려 하면서 우리는 잠깐, 중세기의 정적이었던 데 대하여 매우 동적인 성질을 띠었던 근대 자유사상이 어찌하여 오늘날의 수렁에 빠져, 이 급격한 변동 속에 새 시대의 교두보를 쌓으려는 인류의 지침이 되지 못하고 문명의 몰락이라는 소리를 듣게 되나 하는 것을 생각해볼 필요를 느끼지만, 그 크고 복잡한 문제를 여기서 밝힐 수는 없고, 다만 그 책임은 주로 기성 교회에 있다는 것만을 한 마디로 지적해두기로 한다.

사실 고전 부흥, 여러 가지 과학 발명, 지리상의 발견으로, 산업혁명을 거쳐 종교개혁에 이르는 자유 운동은 자못 활발한 것이었다. 한동안 유럽 문명은 '진보' '발전'이 그 표어였다. 그러나 그것은 본래 그 시작이 교회의 압박에 대한 인간의 반항에 있었더니만큼, 옅은 인본주의·감성주의에 떨어지려는 경향이 많은 데다가, 이에 이어 발견되는 여러 가지 자연계의 비밀은 인간 이성에 지나친 자신과 교만을 주어 우주는 한개 기계에 지나지 않는다고 생각하게 되었다. 그리고 과학적 방법을 인간 자신에 적용하여 얻은 생리적·심리적 모든 법칙과, 그 과학 발명의 결과를 산업에 이용한 공장 조직의 생산에서 오는 가지가지의 향락자료는 인간을, 복잡은 하지만 머지 않아 그 본체를 드러내고야 말, 여러 가지 본능·충동의 한 묶음으로밖에 아니 뵈게 만들어버려, 사람들의 생각은 스스로 새로워지는 생명의 불도가니에 들어가지 못하고, 한껏 물질적 현상의 겉을 달리게 되었다.

이제 문명을 대표하는 것은 공장이다. 모든 것이 공장식으로 돼버렸다. 지금은 참 의미로 하면 관청도 학교도 교회도 일터도 없고, 있는 것은 다만 공장뿐이라고 함이 마땅하다. 거기서는 사람이나 정신이 문제 아니라 인격은 될수록 빼고 제품을 생산하기 위한 노동력만을 내놓는〔提供〕것이 필요하다. 몰아치는 듯 분주한 현대문명은 사람에게서 지어냄〔創作〕을 빼앗아버렸고, 그 결과로 모든 일이 힘들고 지리하게 돼버렸다. 그러나 사람은 취미를 요구하는 것이요, 기쁨을 찾는 것이다. 그것이 없으면 생명은 말라버린다. 어린아이들은 소꿉을 놂으로써 자라는 것이요, 그것을 못 놀게 하면 들부숨이 나오고 그것도 못하면 앓는다. 공장 생활에서 취미와 기쁨을 잃어버린 인간은 생명의 소성蘇盛을 다른 데서 구하지 않으면 안 되었다.

그리하여 나온 것이 소설이요, 활동사진이요, 드라이브요, 스포츠다. 스스로 새로워지는 일함이 곧 쉼이요, 쉼이 곧 자람이다. 깊은 정신적 생명의 활동이 없이 신경의 끝머리로 달린 결과로는 자연히 종국에 이르지 않을 수 없다. 그런데 터져 나오고 싶어하는 생명의 내찌르는 힘을 그러한 오락 따위로 아주 만족시킬 수 있을 리가 없다. 그래서 터지는 날이 오고야 만다. 그것이 전쟁이다.

어느 시대나 그렇지만 근세 사람에겐 더구나 전쟁은 생활의 한 부분이었다. 전쟁을 하지 않으면 엉덩이에 군살이 나와 못 견디는 것은 반드시 유현덕劉玄德만이 아니다.[15] 사람이 다 그렇고, 생명의 법칙을 일부러 무시한 현대문명은 더욱 그럴 수밖에 없었다. 그들이 개인적으로 더 악해서 세계대전을 일으킨 것이 아니다. 아니 싸울 수 없어서, 자기네도 어떻게 할 수 없는 필연에 몰려서 한 것이다. 그렇지 않으면 이해 타산 밝은 문명인들이 그 수지 아니 맞는 전쟁을 왜 하며, 지금도 하지도, 아니 하지도 못하고 있을까?

현대 전쟁은 무시당한 생명의 원수 갚음이다. 하나님의 빚 받음이다. 지어내는〔創作的〕 정당한 일을〔勞動〕 무시하면 전쟁을 하고야 말도록 마음이 미치는 것이다. 그래서 나온 것이 제1차 세계대전이요, 제2차 세계대전이요, 오늘의 냉전이요, 내일에 올 세계대전이다. 오늘도 아편을 맞지 않으면 몸에 경련이 일어나 못 견디는 아편중독자 모양으로 전쟁을 하지 못하면 살 수 없어 하는 전쟁중독자가 있지 않은가? 이것은 근세 인간의 피상적 활동주의 문명의 결과로 오는 병적 현상이다. 이 시대가 막다른 골목에 들었다는 것은 이렇게 하여 되어진 일이다.

그런데 그 책임을 누가 져야 하느냐 하면 기성종교에 있다 할 수

15) '비육지탄'(髀肉之歎)의 고사. 유비는 한 연회에 참석했다가 우연히 자기 넓적다리에 살이 찐 것을 발견한다. 그 무렵 딱히 하는 일 없이 신야(新野) 성에서 4년간이나 지냈던 탓이다. 유비는 이에 슬퍼하며 눈물을 흘렸다 한다.

밖에 없다. 종교는 본래 문명에 앞장을 서잔 것이지, 뒤에 따라가잔 것이 아니다. 지도자요 개척자지, 소유자나 향락자가 아니다. 그런데 근세에 종교는 문명의 지도를 못하고 뒤에 안락한 자리만을 찾았다. 무엇보다 그 화려한 교회당과 종교가들의 입은 긴 가운이 그것을 증명한다. 중세에서 근세로 넘어온 것은 큰 변동이어서 사회 틀거리가 온통 바뀌는 변동이었다. 그때야말로 정신적으로 올바른 지도가 참 필요했는데 종교는 그것을 못했다. 그 일을 하려면 시대를 초월하는 자리에 서야 할 것이다. 물론 그것은 힘든 일이다. 자기부정, 자기희생이 따르는 십자가의 길을 걷지 않고는 아니 되는 일이다. 그들이 그것을 회피해버렸다.

이때의 교회의 잘못을 두 가지로 말할 수 있다. 하나는 반동적 보수주의요, 하나는 타협적 추종이다. 먼저 것은 가톨릭이요, 뒤의 것은 프로테스탄트다. 사람들이 교회의 압박에 반항해 어두컴컴한 성당 문을 박차고 나왔을 때 종교가 정말 참이 있고 사랑이 있었다면, 버리고 나가는 아들을 찾는 어머니 모양으로 재빨리 따라나가 앞질러 높은 데 올라 그 가는 길을 보고 외쳐 지도를 했어야 할 것이다. 그런데 가톨릭의 한 짓은 참혹한 종교전쟁과 지독한 저주로 그 나간 자를 반역자라 규정하고 강제로 끌어들이려고만 했다. 그러나 이미 까나간 병아리가 알 속에 도로 들어가는 법은 없다. 가톨릭의 마음엔 교회만이 묵은 때꼽처럼 끼어 있었지, 자라는 역사는 없었다.

개신교는 어쨌나? 그들은 따라나간 것은 옳았다. 그러나 앞을 서지 못했다. 얼마 못 가서 곧 떨어졌다. 인간이 봉건제도를 깨뜨리고 나왔을 때 어디로 갈 바를 몰랐다. 개신교가 참 자유하는 믿음을 가졌다면 일어나는 민족주의와 싸워가며 그것을 지도했어야 할 것이다. 그런데 개신교는 반동적인 가톨릭을 깨뜨리기 위해 일시 손을 잡았던 민족국가의 군신軍神에 속아 넘어가 그만 타협하고 거기 따라가기 시작했다.

근세는 결코 기독교의 시대가 아니다. 이 몇백 년 동안 인류의 하나님은 사실은 민족신이었다. 문명·야만 할 것 없이 세계 모든 나라에서 정신적·물질적 모든 사건의 결정권을 가지고 인간살림에 마지막 지도를 하는 권위는 기독교가 아니요, 민족국가였다. 종교가 있기는 했지만 사私에 지나지 않았다. 세계사적인 공公에 대하여는 스스로 발언권을 포기했다. 그들은 구차한 생존을 자유와 바꿨다. 이 몇백 년 동안 기독교가 발전한 것은 식민지적 발전이었다. 결코 초대 기독교 모양으로 세속적 세력과 싸워 순교를 함으로써 얻은 것이 아니었다. 타협·추종·굴복으로 얻은 것이다.

'신앙의 자유'라 하지만 그것은 국가 편에서는 아량이요, 문명일는지 몰라도 종교 편에서는 자랑될 것 없다. 기독교주의가 이겨서 얻은 것 아니다. 개 모가지의 패 같은 것이지. 군국주의가 종교를 이용해왔지, 종교가 문명을 지도한 것 아니다. 그러고 보면, 전도한다 선교한다 하고 물론 신앙의 열심에서 했지만 아시아·아프리카의 원시림 속, 무인도 끝머리를 두루 코를 끌고 맡아 찾아다니며 태고 시절의 소박한 살림을 하는 이교도의 기러기·꿩을 들추어 날려, 알지 못하는 동안에 제국주의 침략자·사냥꾼의 미끼로 만들어준 것은 생각하면 부끄럽고 분한 일이다.

복음이 땅끝까지 퍼졌다면 듣기는 좋지만, 자본주의로 노동자를 착취해 얻은 돈의 한 부분을 선교사업으로 빛나게 쓰는 재벌 앞에 훌륭한 보고거리는 되겠으나, 이교도·약소민족·원시 토인에겐 조금도 복될 것이 없다. 그 기독교 아니더라도, 그들이 가지고 온 유럽 문명 아니더라도, 그들이 오늘보다는 더 행복하게 살 수 있을 것이다. 예수는 그러한 기독교를 땅끝까지 전하라고 한 것은 아니었을 것이다. 지팡이도 돈주머니도 가지지 말고 가란 예수가, 전도 가는데 공사관·대사관·교황사절단 끼고 가라 했을 리가 없다. 오늘의 교회는 한 기업체요, 한 상사회사요, 한 클럽이요, 한 보수진영이요, 한 착취기관이지, '혈과 육'—정치와 권세와 이 어둠의 세상 주관자들과 하늘에 있는 악의 영들에게 대하여 씨름하는— 과 진리의 군대가 아니다.

이날까지 언제나 교회의 역사는 붙어먹은 역사다. 씨족 시대에는 씨족 족장의 첩으로 붙어먹고, 봉건 시대에는 임금의 첩으로 붙어먹고, 민족주의 시대에는 민족신의 첩으로 붙어먹었다. 더러운 것은 교회요, 간사한 것은 종교가다. 종교는 언제나 그것을 버리고 스스로 천하고 무식한 자가 되어 민중의 친구가 됨으로만 자기와 민중을 살렸다.

이제 이날껏 하나님인 줄 알고 섬겼던 국가주의가 낡아지는 때가 왔다. 이제 인간은 너무 좁은 그 테두리 속에 갇혀 있을 수 없이 되었다. 이때껏 귀히 여긴 것이 이제 똥과 같아지게 됐다. 국가지상·민족지상·국수주의·피의 자랑·빛깔 자랑·말의 자랑·역사 자랑·생존경쟁·세계 정복 …… 이런 따위가 모두 골리앗을 때려 넘으러 나가는 다윗에게 사울의 갑옷과 무기가 쓸데없는 거치적거림이 되고 짐이 되듯이, 새 역사의 군대에게 방해가 되는 낡은 것이다.

옛날 무기는 들면 도리어 짐이요, 벗어서 박물관에 두면 새 정신을 일으키는 역사 교육의 자료가 된다. 낡은 종교는 벗어서 역사의 박물관에 걸어라! 그리고 무기는 지금 건너는 역사 일선의 냇가에서 주워 드는 두서너 개의 조약돌이면 충분하다! 가톨릭의 조직이 훌륭하대도 요컨대 봉건 시대의 작품이요, 프로테스탄트의 교리가 날카롭대도 아무래도 국가주의 시대의 산물 아닌가? 그것을 벗어라! 벗고 나서면 새 종교는 발 앞에 있을 것이다.

벗어버려야 할 봉건제도·민족주의의 낡은 옷을 못 벗기 때문에, 이번에는 종파 대 종파 아니요, 아주 모든 종교를 한데 몰아 내세우는 무신론의 공산주의란 것이 나서서 그것과 대결을 하게끔 일이 된 것 아닌가? 거기에 생각을 깊이 해야 할 점이 있다. 언제든지 구원의 길은 보다 높은 새 단段에 있음을 알아야 한다. 종교, 더구나 가톨릭은 공산주의 반대하는 것을 큰 행세거리나 되는 듯 내세우지만 거기가 가톨릭의 낙제하는 점이다. 싸움은 맞서는 자가 있기 때문에 되는 줄 모르나?

공산주의는 반대만 해서는 못 이긴다. 공산주의가 큰 소리를 하게 만드는 것은 누구 아닌, 계급주의를 지키는 가톨릭 그 자신이다. 권선징악이라, 잘하는 건 추어주고 모진 것은 박아주라 하지만, 선과 악이 싸워서 악이 없어지지는 않는다. 그렇다면 예수가 십자가에 죽지 않았게? 계급타파, 공평분배를 외치고 오는 공산당은 싸워서만은 아마 막을 수 없을 것이고, 말썽거리 되는 당파주의(따져 들어가면 폭력주의), 물질주의를 내 편에서 먼저 청산해야만 될 것이다. 그렇지 않는 한 모든 반공운동은 불을 키로 끄려는 듯 도리어 점점 더 일으킬 것이다.

사실 공산주의의 역사적 의미는 기존 종교에 선고를 내리는 데 있다. 공산주의 있는 한 모든 종교는 낡아빠진 것이다. 이론의 가장 높은 것은 천당에 두고 실천의 가장 두터운 것은 자선사업에 두는 종교를 가지고서는 아마 공산주의를 이기지 못할 것이다. 무신론을 이기는 것은 유신론이 아닐 것이다. 보다 높은 자리에 서야만, 유신·무신이 문제되지 않는, 유산·무산이 문제되지 않는, 천당·지옥이 대립이 되지 않는 자리에 서야 될 것이다. 예수가 미리 가르쳐주지 않았나.

"네 원수를 사랑하라!"

원수 사랑이 무엇이겠나? 원수 생각 없는 거지!

붙어먹는 자와 싸우는 자는 붙어먹고 싸우라고 해라. 그것이 꼭 같은 것이다. 붙이고 싸우게 하는 것은 한가지 묵은 술의 장난이다. 그들로 묵은 술에 취해 붙다가 싸우다가 한가지로 역사의 쓰레기통으로 들어가 썩어지라 해라! 새 시대의 '가난한 자' '형편없는 젊은 자'는 그 쓰레기에서 부풀어 오르는 누룩씨를 얻어, 새 술을 빚어 새 역사의 군대에 먹여, 그 폭발하는 힘으로 당파주의·폭력주의자들의 개미성 같은 모든 성벽을 단번에 불어 날리고 새 나라를 세울 것이다.

시온의 영광이 빛나는 아침 어둡던 이 땅이 밝아오네
시온의 영광이 빛나는 아침 매였던 종들이 돌아오네.

오래 전 선지자 꿈꾸던 복을 만민이 다 같이 누리겠네
싸움과 죄악의 참혹한 땅에 찬송이 하늘에 사무치네.[16]

• 『새 시대의 전망』(백죽문화사, 1959)

---

16) 「시온의 영광이 빛나는 아침」(『찬송가』, 제248장).

나의 인생노트

바보새

「나의 인생노트」라는 제목을 받았지만 나는 이날까지 노트가 없이 살아온 사람입니다. 젊어 학생 시절에는 일기를 썼습니다마는 후에는 그것을 그만두어 버렸습니다. 격언이니 좌우명이니 하는 것은 옛날 위대한 분들의 것이거나 나 스스로가 만든 것이거나 간에, 한 번도 책상 앞에 붙여본 일이 없습니다.

말은, 학교의 선생질을 해보기도 했고, 강연을 하기도 하고, 정치 비판을 하는 연설을 하기도 했으니, 몇백 번을 했는지 천 번을 했는지 모르겠습니다마는, 그 초고를 만드는 일도 퍽 드물고, 하고 나서 그것을 정리해둔 것도 하나도 없습니다. 책으로 낸 것도 있습니다마는 그 책도 집에 꼭 다 보존이 돼 있지 않습니다. 그 모든 것이 다 잘된 일이라는 생각은 없습니다. 내 의지의 약한 것 때문, 내 생각이 짜임새 없는 것 때문, 내 게으름 때문이라 끊임없이 반성합니다. 그러나 또 그것만도 아닙니다. 나는 나 자신을 실패의 사람이라고 합니다. 생각은 없지 않습니다. 그러나 이거라고 할 만큼 이루어놓은 것은 하나도 없습니다. 그렇지만 되는 대로 살자는 생각은 아닙니다. 그런 생각은 한 번도 해본 일이 없습니다.

나는 인생의 줄을 놓쳐버린 일은 없습니다. 넘어지고 헤매이면서도 다시 찾고 다시 일어나려 애를 써온 일생입니다. 나는 찾는 자입니다. 그래서 뒤를 돌아보며 나는 스스로 하나님의 발길에 채여 굴러어왔다고 합니다.

생각은 있습니다, 그렇습니다. 나는 이상주의자입니다. 그러나 그것을 어떻게 실현하느냐 하면 용기가 나지 않습니다. 반드시 도중에서 만날 고난이 무서워서가 아닙니다. 그보다도 그 이상대로 아니 될 것이 뻔하기 때문입니다. 그러나 그렇다고 타협을 하거나 어느 정도로 만족하고 싶지는 않습니다. 그래서 주저합니다. 내가 보기에도 나는 확신이 없습니다. 내 판단을 양보하고 싶지는 않습니다. 그러나 그렇다고 그것을 남에게까지 명령하고 강요할 생각은 터럭만큼도 못합니다. 그러노라면 사태가 벌어져서 일은 가야 할 대로 가고 맙니다. 가서 보면 역시 내 판단이 옳았구나 하는 생각은 있습니다. 그러나 나는 남을 휘둘러 몰아칠 용기가 없었습니다. 그러니 하나님의 발길에 채여 굴러왔다고 할밖에 없습니다.

나는 어느 선생님이나 친구가 내게 자字나 호號를 지어준 일도 없고 나 자신이 만들어본 일도 없습니다. 그런데 누가 시작했는지 내 이름 아래 옹翁 자를 붙이기 시작했습니다. 이날까지 그것을 들을 때 한 번도 평안한 마음을 가지고 들어본 일이 없습니다. 쥐구멍이라도 들어가고 싶지만 또 그러면서도 거기 항의할 용기도 가지지 못합니다.

그래서 그 옹 자를 생각하다가 신천옹信天翁이라는 새 생각이 났습니다. 그런데 그 새를 일본 사람은 '아호도리' 곧 '바보새'라고 합니다. 그래서 바보라면 내게도 들어맞는다 할 수 있다 해서 어떤 때에 호 아닌 호로 스스로 바보새, 아니면 신천옹이라고 하는 때가 있습니다. 아무리 실패는 했더라도, 하나님의 발길에 채여 오느니만큼 하늘을 믿었다고는 할 수 있기 때문입니다.

생명은 그 근본이 역사적인 것입니다

뜨뜻미지근한 성격인지라 극적인 변화란 것은 없지만 그래도 내게도 시기를 짓는 변화가 없지는 않습니다. 그것은 3·1운동으로 인해 이루어졌습니다. 그것은 나만이 아니고 그때의 모든 젊은이가 그러했다고 해야 할 것입니다. 3·1운동이 아니었더라면, 그때에 도저히 벗어볼 수 있는 것같이 뵈지 않던 일본의 멍에 아래 있어서, 나는 아무 역사적인 사명감 없이 그저 하나의 사적私的인 인생을 살다 갔을는지 모릅니다. 그러나 그 큰 운동으로 인해 꺼져버릴 수 없는 역사의식이 생겼습니다. 나는 이것을 무한히 고맙게 생각합니다. 그러나 역사의식이 생기고 보니 번민이 닥쳐왔습니다. 무엇을 가지고 우리나라를 건지느냐 하는 문제입니다.

나는 어려서부터 가문적으로 강한 민족주의와 기독교 교육 속에 자랐습니다. 그러나 3·1운동이 일어났다가 예기했던 대로 독립이 되지 않고 또 그 후 사회상황이 변천되고 보니 공산주의가 강력하게 일어나고 있는데 필연 기독교를 가지고 나라를 건질 수 있겠느냐, 아니면 공산주의 혁명이겠느냐 하는 문제가 강압적으로 다가왔습니다. 오랜 번민 끝에 기독교적인 신앙을 다시 붙잡았고 그것으로 내 인생의 대체의 방향은 결정이 됐다 할 수 있습니다.

그러나 역사적 관심이 깊어졌기 때문에 내 종교적인 태도는 많이 달라지지 않을 수 없었습니다. 『성서조선』사건으로 일본 경찰에 잡혔을 때 우리를 심문하던 형사는 "너희가 인생의 종교를 믿는다면 누가 너희를 방해하겠느냐? 종교라는 이름 아래 독립운동을 하니 그냥 둘 수 없다" 했습니다마는 바로 그 문제입니다. 나는 그때부터, 오늘도 변함이 없습니다마는, 우리나라 종교가 무력한 것은 역사 이해가 없기 때문이라고 생각하게 되었습니다. 역사를 잊어버린 종교는 인생이라는 이름 아래 삶의 단면밖에 보지 못하고 있습니다. 그러나 생명은 그 근본이 역사적인 것입니다. 나는 그래서 역사를 통한 선악의 싸움에 대해 눈을 감고 죽은 후의 천당·지옥만을 생각하는 종교에 대해서는 흥미를 잃게 되었습니다.

씨앗을 제 속에 여물게 하는 일

나는 결코 이날까지 목적 없이 아무 방향도 없이 살아온 것은 아닙니다. 나는 나대로 보는 것이 있습니다. 그러나 감히 어떤 확신에 이르렀노라고 할 수는 없습니다. 내가 아는 것은 나로서는 생각할 수 있는 데까지 생각해서 나 된 판단입니다. 그러나 그것을 남에게까지 강권하고 남의 판단을 내 표준으로 비난할 마음은 없습니다. 다만 두 가지만은 말할 수 있습니다.

첫째는 자유입니다. 나는 내 마음에 깨달아서 인정하지 않는 한 무엇의 구속을 받거나 눈감고 따라가고 싶지는 않고, 또 남을 그와 같이 구속하거나 따라오라 하고 싶지도 않습니다. 그 의미에서 나는 정치는 반대합니다. 정치가 없을 수는 없을 것입니다. 그러나 예로부터 있는 어떤 정치도 긍정할 것은 없습니다. 나는 권위와 싸워서만 내 정치적 의무를 다할 수 있습니다. 내 양심을 건드리지 마라, 내가 또 누구의 양심도 건드리지 않을 것이다, 이뿐입니다.

그다음 자란다는 것입니다. 나는 생명의 본질은 자람으로 생각합니다. 그러므로 우주는 영원의 미완성입니다. 이것이 나의 모든 생각의 밑바닥입니다. 그렇기 때문에 진리는 끊임없이 다시 체험되고 항상 새롭게 발표되어야 합니다.

요사이 많이 생각하는 것은 인류의 하는 일이, 특히 주로 정치적인 데서 이러다가는 이 인류는 멸종하고 말지도 모른다는 생각입니다. 지금 우리가 유일의 인류는 아닙니다. 지난날에도 살았다가 멸종된 인류들이 있습니다. 이 인류라고 영원하다는 법은 없습니다. 생명은 스스로 하는 진화의 큰 과정에서 맞지 않는다 생각할 때는 사정없이 잘라버립니다. 종교적인 말로 하면 하나님의 심판입니다. 현대과학의 첨단을 걷는 사람들이 하는 말의 가장 주의할 것은 '통제 불가능'이라는 말입니다. 이 문명은 미쳤습니다.

그렇다면 생각하는 존재인 나로서 할 일은 어떻게 하면 이 미친 운전수의 차에서 내려뛰느냐 하는 것입니다. 이 인생이 지금 할 일은 이 문명이라는 큰 나무가 거꾸러지는 날 다시 새로 날 수 있는 씨앗을 제 속에 여물게 하는 일일 것입니다.

나는 생활신조니, 규칙이니 하는 것을 만든 일이 별로 없습니다마는 일찍이 이런 생각을 해본 것이 있습니다.

살림

영원무한 생명에서 짤라내인 이 한 토막
인생이라 이름하니 다시 없는 사람이라

다시 없는 이 살림을 없이 봐온 오천 년에
쭈그러져 쪼든 생명 어이 다시 살려낼꼬

푸른 하늘 우러러서 잊음 없이 바랄 거니
한이 없이 높이높이 끝이 없이 넓이넓이

하늘로다 머리 두고 허리 펴는 대장부라
몸 하나를 꼿꼿이함 근본 인생 면목이요

배에 중심 앉고 나면 태산 갖다 심어논 듯
보기 싫게 눕기라곤 잠깐 자는 밤 동안뿐

닭울기에 일어 앉아 하룻살림 준비할 제
이백스물 뼈마디를 고루고루 놀려보고

이삼백만 털구멍을 맑은 물로 닦아낸 후
꿇어앉아 명심으로 새는 날을 맞이하자

만물 주인 이 몸이요 우주 중심 이 맘이니
손끝 발끝 가는 곳을 허수하게 하지 말고

내 몸거둠 내가 하여 남의 힘을 빌지 마라
남의 질 짐 겹쳐짐이 종살이의 시작이라

먹고 입음 간단하게 낮음하게 절약하야
남는 거로 남을 돕고 넓이 동무 사귈 거요

술 담배에 빠져들어 더럽는 일 분히 알아
한 방울에 한 모금도 입술에다 대지 마라

일이거나 운동이나 하루 한 번 맘껏 놀려
이마 위에 흘린 땀에 얼굴 빛을 낼 것이요

있다 잘을 믿지 말고 하루 한 줄 맛봐 읽어
끊임없는 독서로써 마음 닦기 잊지 마라

높은 산에 올라가기 깊은 바다 나가보기
넓은 세상 돌아보기 때로때로 할 것이요

풀이거나 꽃이거나 생명 불꽃 타고난 것
사랑하여 보호하고 쓸데없이 해치 마라

세상 갖은 모든 죄악 돈에 팔려 나는 거니
빚지고서 구차하게 살잔 생각 꿈에 말고

천하처럼 모아놓고 문화라고 취해 살다

멸망하는 도시 불집 어서 바삐 도망하라

열두 가지 조목조목 어렵다야 하랴마는
꾸준하게 이어감이 산 생명의 줄이더라

산 생명의 그 줄 잡아 날로날로 닦아내면
굽이치는 그 물결이 온누리에 넘치리라

• 1973년 4월, 『새생명』 제134호

인생은 갈대

갈대, 갈 때, 갈 데

나는 일찍이 「인생은 갈대」라는 노래를 부른 일이 있다. 그것은 나와 남의 살아가는 일을 생각해보아서, 사람의 나서부터 죽을 때까지의 일생을 어림, 젊음, 일함, 찾음, 깨달음, 날아올라감의 여섯 토막으로 나눠서 그 뜻을 씹어본 것이다.

내가 그것을 읊조릴 때는 6·25전쟁으로 인해 바람에 밀리는 마름처럼 밀려내려가서, 운명은 하늘과 전쟁에 맡겨놓고, 날마다 시름 속에서 낙동강가 흐느적이는 갈대만 바라보고 있던 때였다. 육신의 운명은 돼가는 대로, 밖의 일에 맡길 수밖에 없지만 속까지 그럴 수는 없었다. 그래서 시름이요, 그래서 읊조림이다.

이제 20년이 지나갔다. 나는 더 늙었고 세상은 그때보다도 어느 의미로는 더 답답해졌다. 이 노래를 다시 한 번 인생이 한창인 학생들과 같이 되씹어보고 싶다.

제목은 물론 저 유명한 파스칼의 말에서 나왔다. 그는

인생은 갈대다.
그러나 그것은 생각하는 갈대다.

했다. 갈대라는 말은 약하다는 뜻으로 한 말이다. 세상 흔히 돌아가

는 노래가

　바람에 불리는
　갈대와 같이
　여자의 마음은……

　하는 것도 그 뜻에서요, 예수가 그 제자들을 보고 영대靈臺를 그냥
두지 않는 어조로

　너희가 무엇을 보려고
　빈 들에 나갔더냐
　바람에 흐느적이는 갈대냐
　그렇지 않음 예언자냐
　•「마태복음」, 11 : 8

　했던 것도 마찬가지로 그 힘없이 연약한 것을 두고 한 말이었다.
　그러나 약하지만 또 약하지 않은 데가 있다. 그것은 생각하는 힘으
로 인해서 되는 것이다. 그래서 나는 그 힘을 갈대라는 내 속에 보려
고 했다. '갈대'를 실지로 발음할 때는 '갈때'로 하는데 그 때를 시時
에다 걸어두고 인생은 갈 때다, 사람은 살다가는 갈 때가 있는 것이
요, 그 갈 때를 생각하는, 밖의 힘으로는 건드릴 수 없는 힘이 나온
대서다.
　또 갈대는 갈 데라는 발음과도 가깝다. '데'라면 곳을 표시한다.
인생은 갈 데, 갈 곳, 곧 목적이 있다. 그 목적을 생각하는 데서 또 힘
이 나온다. 대는 본래 힘이다. 꼿꼿하게 서는 것, 버티는 것, 올바른
것, 지키는 것이다. 그래서 '대 바른 사람' '대가 센 사람'이라는 말
이 있다.

어림

인생은 연한 갈대 연한 순 날카론 맘
쓴 바다 노한 물결 단숨에 무찌르자
끝끝이 뜻 머금고서 다퉈가며 서는 듯

어린 때의 의미는 그 생기, 원기에 있다는 말이다. 이른 봄 바닷가에 나가보면 연한 갈 순이 날카로운 창끝같이 기운차게 돋아난다. 그것은 마치 자기네가 서 있는 그 바다의 노한 물결을 단숨에 무찔러버리려 하기나 하는 듯하다. 그 날카로운 끝에 그 뜻이 소리를 내고 있는 듯하다. 인생도 그렇다. 세상은 험하지만 어린 마음은 산 기운이 넘치기 때문에 겁낼 줄도 물러갈 줄도 모르고 의기양양하게 나선다.

젊음

인생은 푸른 갈대 비바람 치는 날에
자라고 자라잔 맘 하늘에 달 듯하건만
떠는 잎 한데 얽히어 부르짖어 우는 듯

그다음 청년 시대다. 갈이 자라서 대가 서고 잎이 무성할 때는 여름이다. 비가 오고 폭풍이 부는 때다. 그 갈대의 기운찬 모습을 보면 하늘에도 닿을 듯하지만 사나운 비바람이 치니 견디기 어려워 우수수 소리를 내며 떨고 갈피를 잡지 못한다. 사람이 젊을 때는 아직 분명히 의식은 되지 않으나 자기를 무한히 발전시켜 위대해지자는 억누를 수 없는 충동이 속에서 치솟고 있다. 그러나 안에서 일어나는 여러 가지 감정, 욕심의 갈등, 밖에서 오는 여러 가지 위험, 유혹 때문에 그 깊은 속의 뜻대로 제대로 올라가지 못하고 가지가지의 번민에 떤다. 그 모양이 마치 여름날 폭풍에 흔들리는 갈대 같다.

떠는 잎 한데 얽혔다는 것은 아직 자기와 역사와 우주의 뜻을 깨닫지 못해 여러 가지 생각이 뒤섞여 고민하는 것을 말하는 것이다. 소년 시절의 즐거움은 어디로 가고 이제 인생은 문제다.

일함

인생은 누런 갈대 바람에 휘적휘적
거친 들 저문 날에 외로운 길손보고
풀어진 머리 흔들어 '가지 마소' 하는 듯

여름이 지나고 초가을이 될 무렵은 갈대도 자랄 대로 다 자라고 그 꽃이 핀다. 그 누런 갈꽃이 고개를 수굿하고 바람에 흔들리는 것을 보면 마치 장년기에 든 사람이 사업에 열중하지만 벌써 인생에 지쳐서 갈 곳을 몰라하며 인생의 허무를 느끼기 시작하는 것과 같다. 바람에 휘적휘적이라는 데 세속주의에 휩쓸린 모양이 있고, 그렇게 되면 벌써 인생의 마지막이 내다뵈는 듯해서, 저녁 때 빈 들에 서는 갈대같이 누가 이 앞으로 가는 길이 어디 있느냐 하고 물어도, 앞으로 나간대야 이런 거친 들뿐이다, 가지 마라 하게 되는 것과 같다. 풀어진 머리란 갈꽃이다. 피어 풀어진 것이 장년기 사업에 지친 사람의 생각이 풀어진 것과 같음을 말한다.

찾음

인생은 굽은 갈대 망망한 바닷가에
물소리 들어보다 쓴 거품 마셔보다
다시금 하늘 우러러 생각하고 서는 듯

가을이 되면 그 곧추섰던 갈대도 그만 구부러져 누런 갈풀이 물에 닿게 된다. 그 모양이 쓸쓸하다. 사람이 나이 60이나 되면 젊어서 품었던 이상도 다 잃어버리고 세속주의에 완전히 굴복해서 돈 벌어야겠더라, 세력 있어야겠더라 하는 것이 마치 그 갈꽃이 다 흐린 물에 닿아 꾸부리고 있는 것 같다. '물소리 들어보다, 쓴 거품 마셔보다'라는 데 완전히 현실주의의 종이 돼버린 모습이 있다. 그러나 바람이 한 번 획 불어 그 꾸부렸던 갈대가 다시 꿋꿋이 일어설 수가 있다. 그리고 하늘을 향해 선다.

인생도 그렇다. 아무리 현실주의에 종이 되어 이상이고 정신이고 다 잃어버려도 사람인 담에는 그 속에 역시 영원을 향해 끝없이 올라가자는 그 본성의 요구가 남아 있다. 다만 잠을 자고 있을 뿐이요 질식이 되어 있을 뿐이다. 그러므로 어느 때 무슨 종교 경전의 가르침을 통해 혹은 남의 훌륭한 사실을 보아, 또 혹은 시대의 외침으로 인해 정신이 깨게 된다. 그래서 이때까지의 돈과 권력의 세속주의가 쓸데없는 것임을 깨닫고 다시 하늘을 우러러 일어서게 된다.

여기 다시금 하늘 우러러 생각하고 선다고 하는 데가 가장 중요한 데다. 이것을 해서 반성이 생기면 사람이고, 못하면 그저 짐승처럼 썩는 것이다. 여기가 갈림 대목이다.

깨달음

인생은 마른 갈대 꽃 지고 잎 나리어
파리고 빈 마음에 찬 물결 밟고 서서
한세상 쓰고 단맛이 다 좋고나 하는 듯

생각하면 깨닫게 된다. 깨닫고 보면 인생관이 달라진다. 세속주의에서는 잘 먹고 잘 입고 명예를 누리며 권세를 휘두르고 살잔 것이 목적이다. 그러나 인생의 인생 된 참 모습을 깨닫고 나면 그 모든 것이 다 떨어져나간다. 그것이 마치 초겨울 갈대 같다. 그래서 마른 갈대라고 했다. 말라버리면 꽃도 떨어지고 잎도 내리고 몸은 가늘어지고 속이 텅비게 된다. 욕심을 버린 사람도 그렇다. 파리하고 비었다는 것이 그것이다. 비면 속이 뚫려서 진리를 알게 된다.

진리가 뭔가? 상대적인 모든 차별에서 초월한 것이다. 그것을 쓰고 단 맛을 다 좋아한다는 말로 표시했다.

보통 사람은 단 것은 좋고 쓴 것은 싫다 한다. 그러나 참을 깨닫고 나면 그 쓴 것 단 것이 참이 아님을 알게 된다. 그러므로 쓴 것도 좋다, 단 것도 좋다. 다시 말하면 성공이니 실패니 명예니 욕이니 하는 것으로 마음이 움직여지지 않는 지경에 간다. 사람의 어려움은 결국 밖에서 오는 자극 때문에 마음이 흔들리는 데 있다. 그런데 그것이 없어졌다. 그러므로 마음의 평안이 있다. 그 평안은 밖에서 오는 것이 아니라 속에서 솟는 것이다. 그러므로 확실하고 참이다. 그러므로 참 기쁨 참 행복이 있다. 그래 다 좋다 했다. 모든 것이 다 의미를 가진다는 뜻이다.

보통 사람은 맛에 살려 한다. 그래서 툭하면 "그건 무슨 맛에……" 한다. 그러나 사람은 정말은 맛에 사는 것이 아니라 뜻에 산다. 어떤 보람에 산다. 보람을 느끼기만 하면 굶고 헐벗어도 즐거움을 느낀다. 죽어도 즐거워할 수 있다. 그러나 반대로 모든 향락의 조건을 다 가지면서도 자기 사는 일에 보람을 못 느끼면 향락 속에 있어서도 슬프고 외롭다. 모든 것이 다 좋다는 말은 참 인생이 겉에 있지 않고 속에 있다는 말이다.

날아올라감

인생은 꺾인 갈대 한 토막 뚫린 피리
높은 봉 구름 위에 거룩한 숨을 마셔
처량한 곡조 한 소리 하늘가에 부는 듯

그러나 아무리 깨달아도 사람은 나중에 죽고야 만다. 죽음을 이기지 못하면 모든 것이 소용이 없다. 종교니 정신의 수양이니 하는 것은 결국 죽음을 이기잔 것이다. 사람이 죽음을 이기지 못하면 어떤 일을 하고 어떤 지식, 깨달음을 가졌어도 결국 허망에 빠져버리고 만다.

그럼 어떻게 죽음을 이길까?

꺾인 갈대란 말은 죽음을 의미한 것이다. 갈대는 결국은 꺾어지고야 마는 모양으로 모든 사람은 결국 다 죽고야 만다. 예로부터 혹은 약으로 혹은 무슨 술로 죽음을 면하고 영원히 살아보려 했다. 그러나 그것은 다 실패다. 사람은 다 죽고야 만다는 것은 과학인 철칙이다. 이것을 어찌하나?

꺾어진 갈대를 어떻게 할까? 그것으로 피리를 하나 만들자는 말이다. 한 토막 뚫린 피리란 그것이다. 한 토막이다. 유한한 인생이다. 사람의 몸이 영원할 수는 없다. 전환을 해야 한다. 갈대로 영원은 얻을 수 없지만 음악이 되면 영원하다.

그러므로 죽으면 죽는 것을 불행으로 알지 말고 그것으로 하나의 음악적인 정신을 만들잔 말이다. 음악 소리를 내려면 속을 다 쑤셔내서 뚫리도록 해야 한다. 우리 죽음을 그 하나의 쑤셔내는 작업으로 알자는 말이다. 죽으면 허망하다는 것은 갈대대로 영원히 있자는 어리석은 생각이다.

생명은 변화하여 한 단 더 높은 데 올라야 한다. 자라야 생명이다. 소년은 청년 되고 청년은 노년 되고 노년은 죽음 되지만 죽음은 정신화하여야 한다.

갈대 통을 뚫으면 피리가 된다. 사람이 죽어 모든 육체적인 것이 소제되면 영원 무한한 것이 그것을 통과할 수 있다. 그러면 음악이 나온다. 거룩한 숨을 마신다는 말은 그래서 했다. 사람의 '나'는, 나 대로 길이길이 있기 위한 것이 아니라 그것으로 영원한 것, 절대의 것을 나타내기 위한 것이다. 공기가 나가면서 진동이 되어야 음악이 나올 수 있듯이 우리 마음은 그 속으로 영원의 숨이 지나가야 참 생명이 될 수 있다.

그것은 차원이 다른 세계다. 그래서 높은 봉 구름 위라고 했다. 갈대 통이 비면 바람이 저절로 그곳으로 나가며 소리를 내듯이, 우리가 죽음을 잘 받아들여 우리 속을 깨끗이 비게 하면 자연 거기서 영의 음이 흘러나오게 된다. 그것은 영원한 음악이다. 하늘 곧 영원 무한에서 영원 무한으로 흐르는 노래다. 예수도 한 곡조 음이요 석가도 한 곡조 음악이다. 나의 이 노래는 그 영원한 노래의 한 연습이다.

연습을 잘해서 저절로 할 수 있게 되면 날아올라가는 시간이 온다. 그때에 죽음은 슬픈 듯하면서도 즐거운 것이다. 처량이란 그런 뜻으로 한 것이다. 우리는 다 무한히 높은 지경으로 영원히 날아올라가잔 것이다. 아직 날카론 창끝 같은 마음으로 이 세상 바다를 기운차게 대하고, 떠는 잎이 한데 얽혀 울며 싸우는 데에도 미리미리 이 영원한 목표를 잊어서는 아니될 것이다.

• 1973년 7월, 『진학』 제9권 5호

제6부

역사 속의 민족관

1969년 삼선개헌 반대시위에 참가한 함석헌

"우상 없이 종교가 있을 수 없지만
우상은 반드시 부쉬버려야 하듯
모든 정치는 지배하는 것이지만
지배자는 반드시 때려부숴야 한다.
피지배자의 할 일은 지배자를 때려부수는 일이다.
……참 권위는 뵈지 않는 권위다.
그 권위에 복종하기 위하여 모든 방해물인
뵈는 우상을 사정없이 때려부수어야 한다.
……내 말만이 옳다 하는 것은 다 가짜다.
절도요 강도다."
-「지배자와 피지배자」

아름다움에 대하여*

이 들사람의 벗이 되기를

사랑하는 벗들아, 나는 너희를 만나기를 참 바라고 기다렸다. 내가 너희를 이렇게 부르면 너희는 적잖이 놀랄 줄을 안다. 그러나 놀라지 말라. 너희는 모르리라마는 나는 늘 너희를 지키는 눈으로 보고 있었다. 너희들이 이 문화의 저자의 넓은 길거리를 아무 생각 없이 나비처럼 나풀거리고 참새처럼 재재거리며 지나다니는 동안에도 나는 끊임없이 한 모퉁이에서 두근거리는 가슴으로 바라고 있었다. 저 중에는 하나도 없을까? 길목이 메게 다니는 저 많은 사람 가운데 정말 하나라도 없을까? 단 한 사람이라도 보았으면 좋겠는데 하는 마음으로 지키었다. 내가 너희를 바라보며 중얼거린 소리가 이것인 줄을 안다면 어떠냐?

터지는 꽃봉 같은 너 보고 내가 취해
길가에 얼빠진 듯 해 가는 줄 모르노라
젊음아 네 더운 가슴 나를 열어주렴아

정말 내 생각에도 얼이 빠진 듯하다. 어리석기도 하다. 그러나 양을

*1949년 이화여대 강연을 정리한 것.

치다가 갑자기 전장으로 붙들려 오는 다윗 모양으로 내 머리 위에는 흙먼지를 뒤집어썼어도 내 눈은 오히려 아침 이슬에 젖어 있고, 줄은 비록 굵어도 내 마음의 거문고에는 골짜기 백합의 향기로운 송이가 끼어 있다. 물결에 떠내려가는 복숭아꽃 살구꽃의 떨어진 꽃잎 같은 너희떼 중에도, 하나둘쯤은 버티고 서는 바위 같은 혼이 있지 않을까? 그리하여 우리로 하여금 그 위에 앉아 우리가 저 말 없는 친구들을 동무하여 사는 동안에, 구름 위에 솟은 바위로부터 내리부는 하늘 바람에서 배운 곡조를 아뢰어, 이 동산의 구석구석으로 보내어, 거기 눕던 지친 혼들을 불러 새 싸움터로 내보낼 수 있게 해주지 않을까 기대를 하고 있다. 그리하여 물속의 제 그림자를 들여다보고 서 있는 늙은 버드나무 모양으로 이 흘러가는 문화의 흐름을 들여다보며 그 언덕 위에 서 있다.

그러나 들여다보는 것은 사실은 내 그림자가 아니고 너희 모양이다. 그런 줄이나 알아라. 너희밖에 또 내 마음을 둘 곳이 어디냐? 그러나 내가 얼이 빠져 해가 저물도록 서면 섰지, 밤이 다 깊도록 기다리면 기다렸지, 결코 내가 너희에게 가지는 않는다. 나는 자존심이 많은 사람이다. 자존심이라기보다도 부끄럼이 많다. 아니다, 부끄럼이 바로 자존심이지 뭐냐? 부끄럼 다 팔아먹은 너희는 자존심도 없느니라. 하여간 너희가 나를 더럽다 보는 날까지는, 즉, 들 냄새를 싫어하는 때까지는 나는 가지 않는다. 흙 냄새를 향기롭다 맡으리만큼 너희 코가 낮아지고 눈서리에 찢긴 나무통 같은 나를 안으리만큼 너희 가슴이 넓어지지 않는다면 나는 너희에게 결단코 가지 않는다. 너희 마음을 차지하자는, 차지함으로 기르자는 내 마음이기 때문에.

그런데 오늘은 너희가 나를 불렀다. 너희도 모르게 불렀지. 그러나 너희와 나 사이에는 알지 못하는 손이 있어 줄을 매어 끄는 줄을 너희는 알아야 한다. 너희를 알뜰히 생각하는 너희 동무가, 이미 이 들사람의 노래에 취한 이가 있어 이것을 한 것이다. 그의 생각은 자기와 마찬가지로 너희도 이 들사람의 벗이 되기를 바라서다. 그러고 보면 너희와 나의 만남은 알지 못하는 사랑으로 된 것이다. 그렇단다, 사랑은 알지 못하게 자라는 것이란다. 아는 사랑이 참 사랑이 아니란다. 아무도 사랑의 뿌리를 볼 수도 없고 그 손끝을 만질 수도 없단다.

너희와 나는 만나기는 했으나 적어도 겉모양으로는 어울리지 않는다. 나는 어디까지나 들의 사람이요, 너희는 어디까지나 문화의 사람이다. 나는 꽃 중에서도 들국화를, 새 중에서도 기러기를, 나무 중에서도 전나무를 좋아하는데 너희는 다듬은 화강암의 전당에, 문화의 장식 속에, 자연의 소리가 아니고 일부러 꾸며서 하는 노래에 취하고 있다. 너희는 여자 중에서도 처녀요, 나는 남자 중에서도 귀 밑에 흰 털이 날리는 사람이다. 너희를 한마디로 아름답다면, 나는 한마디로 추하다.

그러나 정말 아름다움은 어디 있는지 아느냐? 도리어 강한 대조에 있지 않느냐? 푸른 잎에 붉은 꽃, 시커먼 구름에 반짝이는 샛별 모양으로. 비극을 감격하지. 비극이 무엇이냐? 극단의 대조 아니냐? 도저히 어울릴 수 없는 것을 맞대놓음으로 아름다움을 나타내자는 것이 비극이다. 우리 마음은 하나됨을 얻는 때에 가장 즐거움을 느낀다. 그러므로 하나될 수 없는 것을 맞대놓고 거기서 하나됨을 찾으려 하는 때에 아름다움을 느낀다. 그러고 보면 아름다움의 감정은 결국 불쌍히 여김의 감정, 곧 사랑이라 할 수 있다. 미美와 선善이, 또 선과 진眞이 다른 것이 아니다.

오늘 우리 이 장면도 비극이람 참 비극이다. 나는 마음이 슬프다. 나는 비참하고도 분한 생각을 품고 이 자리에 선다. 그러나 비극인 대신 그만큼 아름답다. 이 우뚝 솟은 봉우리처럼 서는 내 발 밑에 벌어지는 꽃밭같이 너희는 아름답지 않으냐? 그 꽃밭을 굽어보고 서는 이 나도 아름답지 않으냐? 서로서로는 저 때문만이 아니고 남 때문에 아름다워진다.

내가 분하다는 것은 왜 분한지 아느냐? 미워서가 아니다. 또 미움이 무언지 아느냐? 갚아지지 못한 사랑뿐이다. 향기로운 들국화를 발 밑에 두고 키와 몸집이 서로 어긋나 앉지도 못하고 떨기만 하는 늙은 소나무 모양으로 나는 너희와의 사이에 메우지 못하는 골짜기가 있어 분을 품고 슬픔을 발하는 것이다. 나는 믿게 생긴 늙은 솔인 양, 나의 슬픔을 이 맑고도 향기로운 가을바람에 부쳐 너희 위에 퍼부으리라. 그렇다, 퍼부을 것이다. 아낌없이 퍼부어 너희 가엾은 혼을 진동시키고야 말리라.

아름다움은 배경과 하나됨에 있다

사랑하는 벗들아, 우리는 처음으로 만났다. 내가 너희보고 하고 싶은 말이 하나만이요 둘만이 있겠느냐? 이때껏 나 혼자서 쌓고 쌓은 것이 몇 날이면 끝이 나고 몇 해면 끝이 날 줄 아느냐? 그러나 내가 오늘 너희를 보고 있는 말을 다할 수는 없다. 너희와 나 사이에는 막힌 것, 떨어진 것이 있다. 우리는 서로 무장을 하고 있다. 그 무장을 먼저 풀어버리지 않으면 안 된다.

나는 나대로 내 체면을 보고, 너희는 또 너희대로 너희 모양사리를 지키면, 우리는 서로 말이 통할 수 없는 적국 사이다. 서로 제 인격의 속알을 드러내 보이지 않기 위하여 갑옷과 총칼보다 더 어마어마한 경계로 몸을 두르고 있어 한 발걸음을 그 안에 들여놓지 못하게 하고 있다. 그렇게 만나는 것은 은하수 양쪽의 견우 직녀와 같은 것이다. 먼저 피차에 껍질을 벗어야 한다. 너희의 너희 이상으로 잘 뵈잔 모든 허영심의 화장을 긁어치우라. 내가 언젠가 누구를 (그도 너희와 같은 사람이었는데) 보고 이런 소리로 빈정댄 일이 있다.

둥근 그대 얼굴 능라도 수박인가
붉고도 단 그 속을 쪼개서 낼 줄 거지
어쩌다 속은 안 주고 걸 핥으라 하는고

내가 너희에게 노래를 해준다면 너희는 어찌할 터이냐? 쓸 것을 가져오라면 무엇을 가져오겠느냐? 모조지? 참지? 옥선지? 그건 그만두고 네 치마폭을 내민대도 싫다. 배꽃 동산이라니, 이 동산에서 짜내인 너희 배꽃 같은 치마 위에 너희 노래로 점점이 무늬를 놓는다면 그도 예술품으로는 그럴듯할는지 몰라도 그것이 나의 바라는 것은 아니다. 내가 바라는 것은 바람에 나풀거리는 너희 치마폭이 아니다. 내가 쓴다면, 내 사는 골짜기의 긴긴 가을밤에 울어 새는 저 슬픈 친구 모양으로 목구멍에서 뱉는 붉은 피를 잉크 삼아 쓸 터인데 그까짓 비단 치마가 다 무어냐? 헤쳐야지, 네 그 빌려온 향으로 꾸민 옷을 헤쳐야지. 그리하여 뜨거운 피 뛰는 심장을 내놔야지. 그 심장의 육비(肉碑)에 금강석 촉으로 폭폭 박히도록 써야지.

가리고 꾸미는 옷을 벗어야 한다. 그래야 마음이 통할 수 있다. 서로 벗이 될 수 있다. 서로 말을 할 수 있다. 그러기 위하여 나는 오늘 너에게 "아름다움이란 어떤 것이냐?"를 말하려 한다. 옷은 결국 아름다움을 위해 입는 것이기 때문이다. 옷 입는 목적을 물으면 만 입이 한 입같이 추위·더위 막기 위해서라 하겠지만 그것은 빨간 거짓말이다. 사실은 모양을 내기 위한 것이다. 문화를 과학적으로 연구하는 학자의 말도 사람이 당초에 옷을 입게 된 것은 실용을 위해서보다는 장식의 목적으로 했다고 한다. 옷의 걱정이 아름다움을 위한 데 있는 것만은 다툴 수 없는 사실이다. 또 다른 사람은 다 몰라도 적어도 지금의 너희야, 그게 사실 아니냐? 그럼 참이 드러나도록까지 네 옷을 벗기기 위하여 아름다움에 대한 내 생각을 밝히기로 하자.

너희만 아니라 사람이란 본래 아름다움을 찾는 물건이다. 그렇기에 너희 있는 집에도 진·선·미로 이름을 붙였지. 먹는 것에서나 입는 것에서나 사는 집에서나 또 말에나 생각에나 행동에나 사람은 아름다움을 찾는다. 아름다움을 찾을 줄 모르면 사람이 아니다. 그럼 아름다움이란 뭐냐? 아름답다는 것은 '앎답'다, 남이 알아줄 만큼 값이 있단 말이다. 어린이의 살림을 보면 그들의 목표는 전혀 실용에 있지 않고 아름다움에 있다. 소몰이 아이들이 소 잔등에서도 피리를 불고 나무꾼 아이들이 나뭇단에도 한 가치 꽃을 꺾어 꽂는 것은 얼마나 보기에도 갸륵한 것이냐?

너희가 옷고름 하나에도 마음을 쓰고 말 구절 하나에도 주의를 하는 것은 그와 같은 충동에서 나오는 것이다. 그것은 다 좋은 일이지 결코 나쁜 일이 아니다. 그러나 이탈리아 사람의 옛말 모양으로, 사람이란 잘못이라, 옳은 일 중에도 잘못이 들어 있다. 생각없이 본능 충동에만 따라 노는 동안에 옷만 잘못되는 것이 아니라, 사람 온통이 껍데기를 씌우는 옷으로만 되어버리고 만다.

그럼 무엇이 아름다움이냐? 첫째 알아야 할 것은 아름다움은 하나를 나타냄이라는 것이다. 너희는 옷이 아름답다면 곧 그 옷감이 무언지 그 빛깔이 어떤지 그것부터 생각하지만 아름다움은 그 내용되는 자료에 있는 것이 아니요, 그 나타내는 방법에 있다. 조화에 있다. 조화란 다른 것이 아니고 하나됨이다. 전체의 각 부분 부분이 서로 어긋나지 않고 잘 어울려 하나를 이루는 것이 곧 조화다. 조화調和의 화和는 하나됨이다. 저고리와 치마가 따로 놀아서는 아니 되고, 옷과 신발이 서로 어울리지 않으면 아니 된다. 양복에 미투리를 신어도 보기 싫거니와 일하는 베잠방이에 구두를 신어도 보기 싫다. 그래 짚신엔 제날(짚신을 삼는 재료와 같은 재료로 댄 날 – 편집자)이 제일이라는 것이다. 말을 타면 경마 잡히고 싶은 것은 당연한 일이다.

그러나 어울림, 하나됨 중에서도 더구나 생각해야 할 것은 배경과의 어울림이다. 이 작은 아름다움보다 큰 아름다움이 정말 아름다움이요, 부분의 아름다움보다 전체의 어디랄 것 없이 아름다운 것이 참 아름다운 것인데 그것은 그 배경이 결정한다. 꽃병을 책상머리에 놓으면 아름다워 보이지만 들 가운데 내다 놓으면 보기가 싫고, 반대로 초초한 들국화 한 대를 병에 꽂아 책상머리에 놓아서는 그리 고운 줄을 모르겠으되, 온 세상이 다 찬서리의 습격을 받아 눈에 뵈는 것이 오직 쓸쓸한 것뿐일 때, 흐트러진 풀 속, 꾸부린 소나무 혹은 찡그린 바위틈에 그 청초한 한 송이가 외로이 서는 것을 보면 말로 할 수 없는 아름다움을 느낀다. 달리아·모란 같은 것을 단으로 묶어준다 한들 어찌 바꾸겠나?

그러고 보면 들국화의 아름다움은 그 자체에 있지 않고 배경에 있다. 그 서는 동산, 그 가을, 그 하늘, 그 바람에 있다. 또 기러기를 그 깃이나 소리로 볼 때에는 아름답달 것이 별로 없지만, 푸르고 한없이 넓은 가을 하늘가에 날려놓고 그 한 소리 길게 뽑는 것을 들을 때는 공작이, 봉황이, 꾀꼬리가 떼로 몰려든다 해도 비길 바가 되지 못한다. 그러고 보면 기러기의 아름다움도 그 자체에 있는 것이 아니요 그 사는 배경에 있다. 장엄한 아름다움을 드러내려거든 장엄한 배경이 있어야 하고, 그윽한 아름다움을 보려면 그윽한 배경이 있어야 할 것이다.

아니다, 사람의 마음속에 도덕 정신, 그보다도 무한에 대한 종교적 애탐이 없다면 아름다움은 있을 수 없다. 들국이 아름답고 기러기가 아름다웠던 것은 우리 속에 깊이 깃들어 있는 도덕성 때문이다. 하나란 곧 그것이다. 남들이 무슨 옷을 입었나, 무슨 양산을 들고 무슨 가방을 팔에 걸었나에만 정신을 쓰는 이 사람들아, 그렇지 않은가? 너희는 거울 앞이나 쇼윈도 앞에만 서려 하지 말고 천지 앞에 하나님 앞에 서보려 하면 어떠냐?

역사에 새긴 위대한 아름다움

사랑하는 벗들아, 옷만 아니라 인생 그것이 곧 한개 예술 아니냐? 그림을 그리고 시를 쓰고 조각을 새기는 동안에 그것들이 도리어 우리 혼의 얼굴을 그려내고 써내고 아로새겨내고 있지 않느냐? 그것들도 아름다워야지만 이것도, 이것도가 아니라, 이것이야말로 아름다움을 드러내야 하지 않느냐? 그렇기에 우리 혼도 아름답기 위하여 위대한 배경을 요구한다. 한 사람을 한 사람으로만 보아서는 참 값을 알 수 없고, 반드시 사회적·역사적·우주적 배경 속에 놓고 보아야 한다. 전체를 내놓고 저만이라는 개체는 없다. 개체는 전체의 한 예술적 표현이다. 사람을 그 가정에 놓고 그 사회에 놓고 그 시대에 놓고, 영원 무한에 놓고 봄을 따라 그 값이 점점 더 커감을 느끼게 된다.

정몽주를 한개 먹고 자는 낯사람으로 볼 때는 무슨 생각을 했거나 무슨 말을 했거나 반드시 크다 할 것을 발견하지 못하되, 그를 고려 5백여 년 역사라는 큰 배경 속에 놓고 볼 때, 그 큼을 알게 된다. "이 몸이 죽고 죽어 일백 번 고쳐 죽어……" 하는 노래는 반드시 정몽주만이 할 수 있는 것 아니다. 뉘 입에서나 나올 수 있다. 사실 술 파는 계집도 "열네 번 죽어도 나 못 놓겠네" 하고 부르지 않더냐? 그러나 그 계집들이 불러서 어디 아름다움을 느끼느냐? 아름답기보다는 더럽지. 같은 '님'이라도 그 계집들의 님은 흙탕 속에서 보는 님이요, 정몽주의 님은 고려 5백여 년 역사의 높은 봉, 그 밑에 설레는 혁명의 물결을 배경으로 세워놓고 보는 님이다. 그보다도 하늘 땅 사이, 영원의 흐름가에 세워놓고 보는 영원의 님이다.

그러므로 그 노래가 그때만 아니라 오고 가는 모든 시대의 모든 마음을 울리지 않고는 마지않는 비장하고도 거룩한 아름다움을 드러낸다. 고려 일대의 역사 없이는 정몽주의 인격의 아름다움은 모르는 것이다. 반대로 전체의 배경은 산 혼이 없이는 그 뜻을 드러내지 못한다. 이조 5백 년 역사가 길다면 길고 더럽다면 참 더러운 역사지만 성삼문이라는 한 인격을 거기 점 찍어놓고 보면 그 더러운 것이 도리어 눈물겨운 시가 된다.

이 몸이 죽어가서 무엇이 될고 하니
봉래산 제일봉에 낙락장송 되었다가
백설이 만건곤할 제 독야청청하리라

이렇게 품격이 높은 시가 어디 있느냐? 개량 양산도[1]를 무슨 자랑이나 되는 양 부르는 너희의 이른바 상아탑 속에서는 꿈도 못 꾸는 높음이다. 상아탑이냐? 개뼈다귀 탑이지. 이 노래는 이조 5백 년의 풀무간에서만 울려낼 수 있다. 서양 문화에서 얻어온 찌꺼기로 소꿉을 노는 부엌간에서는 결코 나오지 못한다. 높은 산지대에 올라가면 거기 피는 꽃이란 각별히 아름다운데, 그 아름다움을 평지에서 볼 욕심에 떠서 내려오면 그만 몇 날이 못 가서 죽어버리고 만다.

높은 산 식물의 아름다움이란 몇천 자 이상의 높음과, 강한 햇빛과, 날카로운 공기와, 한없이 넓은 하늘이 합하여 지어낸 것이지, 결코 그 풀씨가 만들어낸 것이 아니다. 마찬가지로 인격의 아름다움도 그 사는 자연·사회·역사·정신적 체계를 배경으로 삼고서만 이루어질 수 있는 것이다. 제 한몸을 제 소유로만 알 것 아니라, 커다란 사회·역사적 배경 속에 자기 자신을 놓는 사람인 담에야 위대한 아름다움을 나타낼 수 있다.

영원 무한한 정신, 아름다운 혼과 짝하라

그러나 배경 중에 가장 큰 것은 사회나 역사가 아니다. 그것은 정말 큰 배경의 한 부분에 지나지 않는다. 온 우주를 배경으로 삼아야 정말 아름다운 살림이다. 배경으로 삼는다는 것은 결국 그 배경과 하나가 되는 일이다. 배경 속에 녹아버림이다. 잊어버림이다. 하나에다 자기를 비춰버림이다. 둘을 한 개 산 전체로 살려내어 그 산 하나 속에 자기를 다시 발견함이다. 사람은 우주를 배경으로 삼지 않고 위대할 수도 없고 하나님과 하나되지 않고 아름다울 수도 없다.

너희는 "들의 백합화를 보라!" 하는 예수의 말씀을 들었지. 그보다 더 아름다운 시가 어디 있느냐? 그 말의 뜻을 아느냐? 많은 목사들이

---

1) 양산도(陽山道): 세마치장단에 맞추어 부르는 경기 지방의 흥겨운 민요.

먹을 것 걱정, 입을 것 걱정하지 말란 뜻이라 한다. 하나님의 전능하심을 가르치는 것이라 하여 천백 번 되풀이, 틀에 박힌 설교를 하는 것을 너희가 못 들었을 리는 없지. 그러나 그 말은 그렇게 옅은 것이 아니다. 예수님은 놀라운 시인이다. 시를 하자 해서가 아니라 참이시기 때문이다.

참 사람은 자연히 시인이다. 시란 곧 참이다. 참의 말이 시다. 그가 "들의 백합화를 보라!" 하실 때는 그 말씀의 중심점이 들에 있는 것이다. 그것을 잊어선 아니 된다. 들이란 말로 온 우주를 대표하신 것이다. 그 백합이란 우리 고장의 백합같이 고운 것도 못 되는 코스모스 비슷한 변변치 않은 풀꽃이다. 그런데 그 꽃이 한때 천하에 영화를 자랑하던 솔로몬의 옷보다 아름답다는 것이다. 왜 그러냐? 그들때문이다.

솔로몬의 영화는 사람들이 보기에 놀라운 듯하지만 궁궐 속에서나 볼 것이지, 푸른 하늘을 병풍으로 삼고 넓은 들을 돗자리로 삼는 대자연의 전당에 나가 서면 도리어 한 송이 코스모스에 대해 낯이 없다. 코스모스가 제 생활의 배경을 잃고 솔로몬의 궁궐에 들어가면 보잘것이 없는 듯할지 모르지만 제 자라나는 대자연의 동산에 놓고 본다면 솔로몬의 영화란 게 다 무어냐?

사랑하는 벗들아, 너희도 솔로몬이지. 솔로몬의 황후가 돼봤으면 하는 것이 너희 꿈의 절정이지. 너희 사는 이 집도 자랑의 궁전이지. 가엾어라! 이 속에서 꾸미는 너희 단장과 다듬는 너희 목청이 아름다움이 될는지 모르지만 대우주의 전당에 내다놓을 때 그것이 무엇이냐? 네가 참말 아름답고 싶으냐? 아름답고 싶거든 산 위에 서야 하고, 바다 앞에 서야 하고, 하늘가에 서야 한다. 현실의 평지를 높이 떠난 이상의 높은 봉에 설 때, 그리하여 햇빛이 강한 광선으로 너희 두 뺨에 키스할 때, 그때는 너희가 분을 발랐거나 연지를 찍었거나 못 찍었거나 그것이 문제도 아니 된다.

70 인생의, 그것도 반도 못 되는 이른바 청춘의 시절이라는 좁은

시냇가를 내버리고 영원한 생명의 무한의 바닷가에 설 때, 그때는 그 우렁찬 물결 소리 앞에서는, 너희가 늦은 봄 짙은 숲 사이에서 발악을 하는 암꾀꼬리 모양으로 목청을 가다듬어 소리를 지르거나 말거나 그것은 문제도 되지 않는다. 억만 년이나 살듯 문화주택을 지어 단꿈에 취해보자던 이 땅을 박차고 너희가 정말 영원 무한한 정신의 우주에 머리를 하늘가에 대고 높이 선다면 해·달이 너희 귀고리가 되고, 수없는 별들이 너희 머리에 보석이 되고, 흐르는 구름이 너희 어깨에 숄을 던지는데, 옷은 무슨 옷이 걱정이 되며 단장은 무슨 단장이 문제가 된단 말이냐?

이 배꽃 가지 속에 한철 봄날 옅은 꿈을 맺어보자는 가엾은 처녀들아, 네가 위대하고 싶거든 위대한 배경을 가져라. 모든 가까운 경치를 무시하라, 무한을 배경으로 하여라. 발 앞의 꽃밭을 짓밟으면서야 저 하늘의 구름 꽃송이를 만질 수 있다.

그러나 사랑하는 벗들아, 아름다움은 또 너희 마음에 있는 줄을 알아야 한다. 배경을 밖에서 찾는 한은 너희는 헤매고 헤매다가 거친 들에 보기 싫은 구걸을 하는 수밖에 없을 것이다. 아름다움은 사실은 너희 안에 있다. 아름다움이란 결국 너희 맘씨의 아름다움이다. 아름다움을 나타낸다 했지만 나타내는 것은 결국 너희 마음밖에 되는 것 없다. 너희 혼의 자기실현이다. 하늘가에 선다 하여도 하늘을 빌려 쓸 뿐이요 바닷가에 선다 해도 바다를 빌려 쓸 뿐이다. 나타나는 것은 물건이 아니요 너희 맘씨, 너희 혼이다. 위대한 혼, 그것은 자기를 위해 위대한 우주를 찾아내고, 아름다운 혼, 그것은 자기를 나타내기 위해 아름다운 배경을 찾아낼 것이다.

아름다운 심정을 그럼 어떻게 하면 가질 수 있나? 심정은 감응感應하는 것이요, 감화感化하는 것이다. 너희가 만일 아름다운 심정이 되고 싶을진대 아름다운 혼과 짝하지 않으면 안 될 것이다. 짝하여 놀고, 짝하여 일하고, 짝하여 생각하고, 짝하여 살아야 할 것이다. 난초를 짝하면 향기로워지고, 썩은 생선을 짝하면 냄새가 난다. 혼은 짝

하는 것에 따라 자란다. 너희는 그럼 누구를 짝하느냐? 위대한 심정
이란 곧 고상한 심정이다. 고상이란 곧 영원한 무한이다. 재주에 있
지 않고 기술에 있지 않다. 이 문화의 전당 안에서 너희 사모하는 짝
은 누구냐? 괴테냐? 괴테보다는 차라리 톨스토이가 나을 것이다. 바
이런이냐? 하이네냐? 그렇지 않음 워즈워스냐? 테니슨이냐? 브라우
닝이냐? 베토벤이냐? 단테냐? 그보다도 간디를 알아야 하지 않을까?
그러나 너희가 정말 아름답고 위대한 혼이 되고자 하거든 짝할 이는
오직 한 분 '그이'뿐이니라.

'그이'라는데 너희가 왜 이상한 눈을 하느냐? 그것도 모르느냐? 참
사람이라면 오직 한 사람이 있을 뿐 아니냐? 자기 스스로는 이름도
없이 그저 사람의 아들이노라 했고, 남에겐 하나님의 하나이신 아들
이란 일컬음을 듣는 그이 하나뿐 아니냐? 아, 이제야 너희가 빙긋 웃
는 것은 알아들었단 말이냐? 너희는 그리 둔한 심정의 소유자가 아
니로구나. 너희에게 아름다워질 가능성이 있구나. 그렇지, 아무렴 그
렇지, 너희가 여왕이 돼야지.

예수를 짝하여서 아름다워지지 않은 인격 없다. 들어보려느냐. 갈
릴리 바다의 어부였던 베드로를 못 들었느냐. 세관에 앉았던 마태를
못 들었느냐. 그보다도 일곱 귀신이 그 속에서 나갔다는 막달라 마리
아를 모르느냐. 그 마리아가 아름다워진 이야기를 너희는 못 들었느
냐. 향 기름을 아낌없이 깨쳐 사랑하는 님의 몸에 바르고 제 눈물로
그 발을 씻고 머리털로 닦던 그 마음씨의 아름다움을 너희는 모르느
냐. 왜 그랬는지 아느냐? 베드로도, 요한도, 그 밖에 어느 제자도 다
모르는, 말하지 않는 그 님이 죽기로 결심한 눈치를 그만은 알았기
때문이었다.

그래 그 장사할 준비를 저도 말없이 한 것이었다. 그랬기 때문에
그 님도 그것을 알아주셨다. 괴테가 이런 시나 소설을 쓴 일이 있다
더냐? 요새 사르트르라든가, 카뮈라든가, 그건 말도 말아라. 그렇기
때문에 그 님이 죽은 가운데서 영광의 몸으로 살아났을 때 그 아름다

움, 그 영원한 영광의 몸을 가장 먼저 알아본 것은 그였다. 아름다움은 아름다움만으로 알 수 있다. 마리아의 그전의 더러움은 어디로 갔고 아름다움은 어디서 왔느냐? 얼마나 많은 심령이 이 예수라는 놀라운 혼의 광채에 접하여 그 흙같이 흐렸던 것이 수정처럼 뚫려 비치게 되었는지 너희는 아느냐?

저는 그 자신이 아름다움 자체이기 때문에 남을 아름답게 변화시킬 수 있다. 너희가 아름답고자 하느냐? 옷에 맘을 썩이고 화장에 정신을 쓰기보다는 이 영원의 젊은이에게 약혼을 청하여라. 너희가 너희 몸 걱정, 마음 걱정을 말고 빛나신 그이에게만 맘이 홀려 너희 혼을 들어 그에게 바치기로 결심한다면, 너희는 그 순간부터 전에 없던 허다한 아름다움이 너희 자신에게서 방사선처럼 쏟아져나감을 깨닫게 될 것이다.

너희 속의 아름다움을 왜 잊었느냐

예수는 또 그 혼의 아름다움을 어디서 길렀는지 아느냐? 내가 너희를 위하여 간단히 설명하리라. 첫째 일함에서다. 그는 서른이 될 때까지 손수 일하였다. 그것이 그의 혼의 아름다움을 닦아냈다. 세상에서는 예수라면 귀공자같이 얼굴이 희고 손결이 고운, 거의 여자 같은 인물을 생각하는 것이 보통이다. 그것은 저희의 생각이 귀하고 높다면 일하지 않는 것으로 아는 잘못 때문이다. 사실의 예수는 그렇지 않았을 것이다. 그는 노동자였다. 귀족이 아니다. 그리하여 노동에서만 얻을 수 있는 겸손의 아름다움이 있었다. 온유의 아름다움이 있었다. 그리하여 죄인의 친구가 될 수 있었고, 모든 수고하고 무거운 짐 진 사람을 특히 위로하고 동정해줄 수가 있었다.

그다음 그는 자연을 퍽 가까이하였다. 위에서 말한 백합화 시도 유명하지만 그 밖에도 복음서에 나타나 있는 것을 보면 그는 놀라운 자연 시인이었다. 자연은 큰 것이요 맑은 것이요 신비로운 것이다. 그는 자연 속에서 크고 깊고 맑고 그윽한 것을 벗하고 배우고 맛보며 살았다. 사람에 피곤하면 산으로 가고 세상에서 쫓기면 바다로 갔다. 낮에는 사람들을 가르치며 고쳐주느라고 바빠도 밤이면 자기 혼을 기르기 위해 골짜기, 시냇가, 별 밑에서 명상하고 기도했다. 그는 그속에서 숨 쉬고 울고 부르짖으며 자랐다. 그러므로 그에게 크고 넓고 깊고 맑고 그윽함이 있다. 참됨이 있고 사랑스럼이 있다. 자연이란 곧 하늘 아버지의 살림 아닌가.

그다음 그는 『성경』을 가까이하였다. 자연이 눈에 볼 수 있는 물질로서 하나님의 위대와 아름다움을 드러낸다면, 보이지 않는 정신적인 것은 사람의 마음을 통하여 나타난다. 그리하여서 된 것이 『성경』이다. 『성경』은 하나님 편에서 하면 그 뜻의 계시요, 사람 편에서 하면 아름다운 혼들의 하나님 뜻의 체험이다. 예수는 어려서부터 사람이 그것 없이는 되지 않을 줄을 알아 늘 가까이하여 하나님의 뜻을 찾으려 애썼다. 그리하여 거룩한 아름다움, 영광의 아름다움을 얻었다.

그러므로 너희가 오늘날 이 영원의 젊은이를 너희 혼의 짝으로 택함에 있어서도 이 세 가지를 내놓고는 할 수 없다. 일을 하는 것, 자연을 사랑하는 것, 『성경』을 배우는 것. 사랑하는 벗들아, 내가 왜 너희들을 보고 듣기 싫은 말을 하느냐? 너희를 미워하여서 하는 것이 아닌 줄을 너희도 알지. 너희 얼굴에서 화장을 긁느라고 하는 말이지, 너희 몸에 휘감은 옷을 찢느라고 하는 말이지, 너희 생각에는 아름다운 듯 뵈는 그것이 영원한 참에서 볼 때는 추하고 보기 싫기 때문에.

사랑하는 벗들아, 너희 이름이 무어냐? 너희 이름이 '한' 아니냐? 배꽃 동산의 처녀가 아니라, 무궁화 동산의 동산지기지. 이 동산을 지키라, 가꾸어라, 이 동산의 여왕이 되어라. 하나님이 너희를 이 생명의 큰 행렬의 지나가는 큰길에 앉히신 것 아니냐? 너희 몸집도 미끈하게, 너희 살갗도 곱게, 너희 얼굴도 의젓하게, 눈은 샛별 같고 입은 열리려는 연꽃 같고 말소리를 들을 땐 시냇가에 서는 것 같고, 걸어가는 것을 볼 젠 하늘가에 흐르는 구름을 우러르는 것 같고, 너희에게 부족한 것이 무엇이냐? 창조의 아침부터 너희 이름을 여왕이라 하지 않았더냐. 그런데 지금의 너희 모양은 무어냐. 그 얼굴에 바른 것은 또 무어냐. 그것이 아름다우냐? 보기 싫어, 더러워, 누가 너희더러 그것이 아름다움이라 하더냐.

누가 너희더러 타고난 살갗 내놓고 남이 입고 떨어진 것을 가져다 몸에 감으라고 하더냐. 누가 너희더러 타고난 목청이 나쁘다 하더냐. 그리고 길거리 계집의 노랫가락을 배우라 하더냐. 너희 얼굴이 무엇이 부족하냐? 그 얼굴 하나 아로새기기에 영원의 작업실에서 십억 년의 세월이 든 것인데, 이제 그것이 부족한 듯하여 거기 돌가루, 기름찌끼로 덧붙이하는 거냐. 너희 마음, 너희 마음대로 키울 생각 왜 못해보고 남의 하는 꼴 흉내만 내려느냐. 배움이라고? 그것이 어찌 배움이냐. 너희의 스승이 누구냐. 스승은 하나밖에 없다고 벌써 언제부터 가르쳐준 것 아니냐?

그러므로 더럽다는 것이다. 덧붙이면 덧붙일수록 더럽고, 흉내내면 흉내낼수록 더 보기 싫다. 제 것을 내놓고 무엇이 아름다우냐. 스스로야말로 아름다운 것 아니냐. 너희 가슴속에, 너희 살 속에 너희 눈동자 속에, 너희 음성 속에, 너희 자신 속에 넣어준 아름다움을 왜 잊었느냐. 왜 다 팔아먹고 빼앗겼느냐. 그리고 거지가 되었느냐. 너희가 속았구나, 미쳤구나. 너희도 정신이 들면 너희 몸에 두른 것이 누더기임을 알 것이다. 너희 눈엔 좋다지만 내 눈엔 뚫려 뵈는 것을 어찌하느냐. 비단 치마 밑에 살이 썩었구나.

너희는 저 유명한 로댕의 조각 「갈보였던 여자」를 아느냐? 서양 문화라면 무엇을 팔아서라도 사자는 너희가 그것을 몰라서는 아니 되지. 나는 너를 볼 때마다 그것을 연상하지 않을 수 없다. '한국'아, 네가 젊었노라지만 어디가 젊었느냐? 너는 아름다우노라지만 무엇이 아름다우냐. 네가 처녀라지만 어디가 처녀냐. 중국·일본·러시아·미국이 네 역사를 말하지 않느냐? 오늘은 여기 팔고 내일은 저기 팔기에 네가 늙었지, 늙어빠졌지, 네게 어디 순결이 있느냐. 어디 참 사

랑이 있느냐. 어디 참 살림이 있느냐. 인생을 놀아먹은 것 아니냐. 그
렇기 때문에 네 마음이 더러워졌기 때문에 그것밖에는 없는 단 하나
의 보배를 잊어먹고 팔아먹었기 때문에, 갈보 노릇을 했기 때문에,
네게서 모든 아름다움이 다 빠져나가고, 네가 추함을 가리고 꾸미려
하면 할수록 점점 더 더럽고 보기 싫은 것이 된다. 나는 그것을 보기
에 못 견디어 하는 마음이다.

영광의 님을 사랑하여 하늘가에 서라

내 사랑아, 그래도 내 사랑 아니냐. 버릴 수는 없는 너 아니냐. 아름
다우려거든 마음을 아름답게 하여라. 본래 착하던 네 마음 아니냐.
원래 슬기 있던 너 아니냐. 근본이 깹들성 있던 너 아니냐. 처음엔 용
맹할 줄도 알고, 느낌도 많던 너 아니냐. 그런데 네가 왜 그렇게 속이
좁아졌느냐. 왜 그렇게 모질어졌느냐. 왜 그렇게 비루해지고, 둔해지
고, 옅어지고, 얼빠졌느냐.

네 마음이 다부지지 못함이 크게 걱정이다. 깊지 못하고 정성스럽
지 못함, 이것이 참 큰 걱정이다. 그렇기 때문에 남들이 너를 꾀고 건
드리고 속이어, 네 옷을 다 빼앗고 네 꽃바구니를 다 도둑하고, 너를
구덩이에 넘어뜨리고 욕보인 것이다. 네가 네 노릇을 못한 것이 죄이
니라. 너를 잃어버린 것이 모든 불행의 근본이니라. 너는 너대로 네
힘으로 살자는 마음을 먹어라. 그 마음이 바로서면 모든 잃어진 아름
다움이 다 회복될 것이다.

내 사랑아, 네가 우느냐? 이제 네 마음이 슬프냐? 눈물이 나느냐?
울어야지. 울어서 목청을 맑혀야지. 눈물을 흘려 그 보기 싫은 분성
적粉成赤이 다 씻겨나가야지. 발을 구르고 몸부림을 쳐야지, 그리하여
그 부끄럼의 옷이 다 떨어져나가야지.

내 사랑아, 그러나 네가 늙은 것을 어찌하느냐? 더러움이 묻은 것
이 아니라 네 살 속에 박힌 것을 어찌하느냐? 이 답답한 음란에 늙

어빠진 가엾은 형상아, 네가 아름다움을 찾기 위하여 어디로 가려느냐? 아름다움은 그만두고 그 늙은 추함을 감추기 위하여 어디로, 그래 어디로 가려느냐? 갈 곳이 있느냐? 서양식 교육에? 정치에? 문화에? 아니 될 말이다. 땅에 들어가도 땅이 그 더러움을 받지 않을 것이요 물에 들어가도 물이 그 추한 것을 받지 않을 것이다. 네가 어찌하려느냐. 이 무자비한 역사의 심판대 앞에서, 너는 장차 어쩌려느냐.

길은 단 하나밖에 없다. 갈 곳은 오직 한 곳밖에 없다. 인간의 모든 쓰레기와 찌꺼기를 다 받는 바다보다도 넓은 가슴. 모든 더러움, 모든 죄악을 다 태우고 녹여버리는 땅속보다 더 뜨거운 마음속. 버릴 생각도 씻을 생각도 다 내버리고 그대로를 안고, 두 눈을 딱 감고, 감는다기보다는 차라리 번히 뜬 채로 저 영원한 님의 가슴으로 뛰어드는 일이다. 내가 뭐라더냐? 영원의 젊은이에게 약혼을 하라 했지. 그만이 네 잃어진 젊음을 회복해줄 수 있고, 네 없어진 아름다움을 다시 창조해줄 수 있다.

씻어도 씻어도 희게 할 수는 없는 타고난 까마귀가 저녁 영광 속으로 사뭇 날아들면 그 그대로가 영광의 사자 아니더냐? 너도 그렇다. 영광의 님 품속으로 사뭇 날아들어! 너를 보지 말고 그만 보고, 너를 생각 말고 다만 그만을 사랑하고 사모하고 그리워하고 공경하고 그를 위해 애타는 마음을 가져! 그 속에 죽어버려, 녹아버려, 타버릴 생각을 해! 그러면 그가 너를 그냥 두시지 않는다. 녹여버리지, 자기 영광의 성명性命 속에 녹여버리지. 그 성명의 불도가니에 녹아버린 막달라 마리아의 아름다움을 너는 이미 보지 않았느냐?

내 사랑아, 마음을 아름답게 가져야지. 어떤 마음이 아름다운 마음이냐? 무한을 안은 마음이 아름다운 마음이지. 어떤 마음이 무한한 마음이냐? 참된 마음이지. 허영심이, 가장 적고 추한 마음이다. 네 마음속에서 허영심을 버려라. 네가 바라는 것이 무엇이냐? 대통령의 짝이냐. 어리석은 사람. 대통령의 짝보다도 그 어머니가 더 위대하지 않느냐. 네 속에서 세상을 다스릴 임금이 나온다면 어떠냐? 너는 마리아 될 생각은 없고 클레오파트라가 될 생각만이냐? 이 가엾은, 스스로 업신여길 여왕!

너는 영원의 젊은이, 영광의 님을 사랑하여 하늘가에 서라. 서서 바라라. 그러면 새 시대의 주인이 네 허리에서 번개처럼 방사되어 나올 것이다.

이제부터 네 이름을 마리아라 불러라.

• 1949년 12월, 『성서연구』 제19호

역사 속의 민족관

보라! 보지 못하면 죽는다!

주어진 제목이 '역사에 나타난 민족관'이라고 그랬으니 될 수 있으면 단군시대로부터 시작해서 각 시대마다 우리 민족이 스스로를 어떻게 생각해왔나 그런 것을 실례를 들면서 말을 해가야 옳은 걸로 생각합니다. 그러나 그렇게는 아니 하겠습니다. 하려 해도 내 준비도 못 됐고, 그뿐 아니라 내 생각이 조금 다른 것이 있기도 하므로, 여러분이 그런 문제를 생각해가시는 데 준비될 만한 조건만 내 생각 있는 대로 말해보렵니다.

우선 관觀 자입니다. 관觀 자는 민족관이라고 할 때 관觀 자인데, 물론 말하지 않아도 '관觀'이라는 건 눈으로 보는 건 아닌 것을 아실 줄 압니다. 그런데 사람에게는, 사람만 아니라 도대체 생명에게 '본다'는 건 굉장히 중요한 일입니다. 테야르 드 샤르댕의 『인간현상』을 읽으셨기 바라고, 못하셨거든 반드시 한 번 읽으시기를 권합니다. 우리나라 말로는 이효상 씨가 번역해서 내셨답니다. 나는 영어본으로 읽어봤는데, 벌써 읽은 지도 오래됐습니다.

거기 맨 처음에 그이가 'see, 본다'는 걸 대단히 중요시해서 얘길 합니다. 본다니, 사람이 본다는 건 어떡하는 거냐? 『성경』을 읽으시는 분들은 곧 생각이 날 것입니다. '보는 사람'이라고 하는 말이 있지요. 'seer, 보는 사람', 한문으로는 '선견자'(先見者: 먼저 보는 이)라고 번역을 했지요. 본래는 '먼저'라는 말은 없이 그저 '보는 사람'인데 한문으로는 그것을 선견자, 혹은 선지자(先知者: 먼저 안 이)라 하기도 합니다. '앞서 본다, prophet'이라는 말은 본래 뜻으로 하면 '대언'代言이라, '하나님을 대신해서 말한다'는 뜻도 있습니다. 하여간 많이 번역된 말이 'seer, 보는 사람'입니다.

觀 자는 그렇게 생각해야 할 것입니다. 그래서 테야르 드 샤르댕은 "보라! 보지 못하면 죽는다!" 그랬어요. 보지 못하면 망한다는 말입니다. 개인으로도 그렇지만 민족으로는 더구나 그렇습니다.

본래 觀 자 왼편에 있는 것은 올빼미[雚]인데, 그 위에 있는 것은 올빼미 눈이에요. 아래 있는 것은 새 추隹니까 새를 표시하고. 올빼미는 낮에는 못 보고 어두운 데서 봅니다. 그래서 관이라는 것은 나타나 보이는 것을 보는 게 아니라 나타나지 않는 것을 보는 것입니다. 그래 견見이 아니고 관觀입니다. 인생이 뭐냐 하고 인생의 속을 보는 것, 인생을 이해한 것이 본 것입니다. 쉽게 말하면 의식이라든지 이해라든지 그래야 할 거예요.

민족관이라 그러면, 말하자면 우리 민족으로서의 자아의식, 혹은 자기이해, 자성이라고 해도 좋고, 그런 의미로 취해야 할 것입니다. 우리 조상들이 옛날부터 자신들을 어떻게 알아왔나 그것입니다.

오늘 우리도 우리를 봐야 합니다. 정말, 나 자신을 봐야 합니다. 알아야 합니다. 그러지 않고는 역사를 창조할 수가 없습니다. 일은 역사를 창조하는 데 있는데, 그러기 위해서는 우리가 우리를 알지 않고는, 이해하지 않고는, 즉 민족을 보지 못하고는 아니 됩니다.

지금 테야르 드 샤르댕 얘기가 나왔으니 조금 더 말하겠습니다. 한마디로 그의 목적은 새로운 종합을 하려는 데 있습니다. 종합이 굉장히 중요하다는 말이 그 책 처음부터 쭉 나오는 말입니다. 보시면 자연히 알겠지만 그는 제수이트파의 신부면서 또 과학자입니다. 그래서 줄리언 헉슬리[1]가 거기다 서문을 쓰면서 "아주 놀라운 사람에게서 놀라운 책이 나왔다"고 그렇게 첫머리에 시작을 합니다. 여러분이 읽어보시면 그 말이 참인 것을 알 것입니다. 저서는 다른 책도 있는데, 그는 참 매력 있는 사람입니다. 아주 고상한 인격의 사람입니다. 제일로 그 사진을 보면 어찌 얼굴이 그렇게 맑을까? 신부로 늙었으니까 그럴는지 모르지요, 나는 읽은 지 오래입니다.

이건 딴 얘기가 됩니다마는, 우리나라에서는 내가 제일 처음 그를 읽었는지 몰라, 알 수는 없지만. 언제 읽었는고 하니 6·25 때 부산 피난 가 있는 때에 『타임』지에 소개가 났어요. 내가 뭐 테야르 드 샤르댕이 누군지 알 수 있어요? 또 『타임』지를 보는 것도 아닌데, 어쩌다 보니까 그 사람 소개가 났어요. 그런데 대번에 보통사람 아닌 것을 알겠어요. 그래서 그의 『인간현상』을 읽었는데, 참으로 놀랍다 느꼈지요. 그 사람의 영향을 많이 받았습니다. 본래 사람을 첫째다 둘째다 하는 것은 어리석은 일이지만 확실히 그는 근래에 있었던 위대한 사상가 중의 하나입니다. 물론 전문적으로 사상가라고 할 수는 없지만 하여간 그에게 놀라운 사상이 있는 것은 사실입니다.

어리석은 것들을 알게 하신다

이것도 또 여담이 되지만, 제2차 세계대전이 났을 때 나는 40대였는데, 그때부터 내 속에 나타나기 시작한 생각이 있습니다. 감히 종교적인 계시라고 그럴 수는 없습니다만, 나더러 그 기분을 말하라면 거의 계시라고, revelation이라고 하고 싶은 것이 있습니다. 그 내용이 뭐냐. 한마디로, 이 전쟁으로 인간사회는 그 구조가 근본적으로 달라질 거라는 것이었습니다.

난 여러분보다 한 세대 앞서서 산 사람입니다. 인생은 릴레이 경주

---

1) 줄리언 헉슬리(Sir Julian Sorell Huxley, 1887~1975)영국의 생물학자·유전학자. 생물의 상대 성장에 관한 연구로 알려졌으며, 계몽적인 활동가로 유네스코 사무국장 등을 지냈다. 저서에 『진화란 무엇인가』 등이 있다.

인데 사람이 죽을 때는 바통을 넘겨주고 죽어야 합니다. 지금 하려는 말은 나의 바통을 넘겨주는 것입니다. 시원치 못한 넘겨줌일는지도 모르지만 잘났건 못났건 먼저 뛰었으니까 마땅히 바통 넘겨주어야 할 것입니다. 여러분도 이 바통 안 받아쥐면 뛰어도 소용이 없습니다.

10년도 더 전에 서울대학 문리대에서 했던 말 다시 합니다. 여러분들은 우리나라에선 수재로 뽑혀온 사람들이지만 아주 불쌍한 사람입니다. 왠고 하니 수재기 때문에 일류대학에 들어왔고, 졸업하면 관청으로 취직하든지 회사에 취직하든지 아주 높은 자리로 들어갑니다. 그렇기 때문에 인간사회에 어떤 문제가 있는지 실지 접촉을 해보지 못하고 그저 탄탄대로를 밟아서 인생의 길을 올라가서 잘살고 말거니까 불행한 사람들입니다.

사람이 뭔지, 사회가, 역사가 뭔지 모르고 말 거니까, 재주 있는 놈을 골라서 골라서 못쓰게 만들고 마니까, 참 아깝다 그 말입니다. 그런데 반대로 일류대학에 못 들어갔기 때문에 변두리로 돌던 것들, 찌꺼기로 났던 것들은 그 때문에 도리어 생각을 하게 되어 혁명에 참가하게 됩니다. 그렇잖아요. 그러니까 경제적으로만 프롤레타리아가 새 시대의 주인이 되는 것 아니라, 정신적으로도 프롤레타리아가 역사의 주인 되는 법입니다.

나는 그래서 씨올을 자주 강조하는 것입니다.

씨올이란 뭐냐? 말 그대로 지위도 없이 권력도 없이 그저 땅을 딛고 서서, 전체라는 걸 의식도 못하면서, 전체를 위해서 봉사하다 가는 사람들입니다. 난 대로 있는 사람, 못났기 때문에 하나님이 만들어준 그 본성을, 그 바탈을 비교적 깨뜨리지 않고 가지고 있는 사람들입니다. 그러니까 나라의 주인 노릇 할 수 있는 거예요. 지위가 있는 사람은 지위가 있는 대신에 그 바탈을 다 팔아먹었어. 지위라는 건 자기 육신이 살아 있을 동안밖에 못 갖는 건데, 그게 있기 때문에 바탈 다 팔아먹었어. 높아가면 갈수록 그걸 팔아먹어. 이런 말 왜 하겠어요? 요새는 그런 사람이 차차 많아가잖아요. 우리 사회가 그렇게 됐어. 이치대로 이론대로 한다면야 학문도 있고 재주도 있는 사람들이 중요한 지위에 올라서서 나라를 맡아서 하면 좋겠지만, 실지로는 그렇게 안 됩니다. 그러니 슬프고 분한 일입니다.

얼마나 답답하면 예수께서 "그렇습니다. 이거 좋습니다. 지혜 있고 잘난 사람에게는 가리어서 모르게 하시고 세상에 아무것도 모르는 것들에게, 어리석은 것들에게 알게 하셨으니 감사합니다" 했겠습니까? 예수님도 처음에는 아마 안 그러셨을는지 몰라. 예수님도 사람이니까.

맹자가 뭐라고 했어요? "세상의 즐거움 중에 가장 즐거운 하나가 재주 있는 사람 모아서 가르치는 것보다 좋은 것 없다", "득천하영재이 교육지 삼락야"得天下英才而 教育之三樂也 했지요. 나도 여기 이런 데와서 강연이라도 하면 신이 납니다. 말 들으러 오는 사람 많으니까. 세상에 나서 뭘 하겠어요. 아무 지위 못 얻더라도, 뭘 좀 알아보려고 하는 사람들을 놓고 얘기라도 해본다면 그렇게 신나는 일이 어디 있겠어요. 그런데 나라를 쥐고 한다는 사람들은 취미가 그것보다는 권력을 누리는 데 있기 때문에 그만 사람된 바탈이 부서지고 만단 말이야. 하나님이 공평해 그런가. 공평도 불공평도 없지. 인간이 그렇게 하는 거지요. 하여간 역사는 그렇게 역리적으로 진행이 돼갑니다. 사람의 마음에 역리적인 것 같지만 그게 본래 진리인걸. 그렇습니다. 그것이 진리입니다.

자유사상가가 나와야 한다

그 얘기는 이제 그만하고, 본다는 얘긴데, 이스라엘의 선견자라고 하던 사람들도 그런 사람들이었습니다. 사회적으로 지위가 있던 사람 별로 없습니다. 이사야 같은 사람도 나기는 귀족 집안에 나서 아마 훌륭한 정치가가 될 수 있었을 텐데, 정치가로서의 생애를 보내지 않았습니다. 그리고 예레미야 같은 사람은 청년시대부터 일생을 비분강개하다가 비참하게 죽어간 사람입니다. 위대한 예언자들, 인생을 보고 역사를 보고 우주를 본 사람들은 모두 다 사회 바닥의 씨울과 더불어 산 사람들이었습니다.

사람이 세상에 인간으로 살아야 하니 정부요, 교회요, 제도요, 규칙이요, 그런 것도 없을 수는 없습니다. 또한 임금·귀족·법왕·감독하는 직업·정치가·종교가도 있기는 하지만 사실 세상이 돼가는 것이 그 사람 때문이냐 하면 결코 그렇지 않습니다.

내가 설명할 것도 없이 신학하시는 선생님들에게 물어보시면 잘 알 거예요. 두 갈래가 있지 않아요? priest냐, prophet이냐. 이스라엘 역사의 등뼈가 예언자인 것을 누가 감히 부인할 수 있습니까? 그들은 정치가·지도자·경륜가·학자가 아니었을 뿐 아니라, 문화인조차 아니었습니다. 야인생활을 하면서 자꾸 말과 글로 문명을 비판한 사람들입니다. 요샛말로 하면 그런 사람들은 자유사상가라고 그래야 할 겁니다. free thinker, 아무 데도 걸림이 없이 자유롭게 생각하는 사람입니다. 이것이 역사가 발달해나가는 단 하나의 좁은 길입니다.

자유사상가를 못 나게 하는 국가는 망하고 맙니다. 그건 나도 확신을 가지고 예언하겠어요. 망하고 말 겁니다. 여러분이 스스로 판단해 보면 압니다. 지금 우리 시대는 자유롭게 사상할 수 있는 시대인가, 그것을 인위적으로 자꾸 막으려고 하는 때인가. 그것은 뭐 내가 판단 내리지 않아도 여러분도 잘 알 거고 그 일을 하는 사람 자신들도 잘 알 겁니다. 결과는 역사에 비추어보면 환합니다.

자신을 보지 못하는 민족, 망한다! 왜 그런고 하니 표면에 선 사람들은 참 의미로 나라에 봉사하는 사람이 아니고 나라에서 뜯어먹는 사람들입니다. 섬김 받으려는 사람입니다.

사람은 두 세계에 삽니다. 속세계냐, 겉세계냐? 속으로 사는 사람은 전체를 섬기며 사는 것이고 겉세계의 주인 노릇하는 사람들은 남에게 섬김 받자는 것이니 자연 생각 같은 것은 하려 하지 않습니다. 사람이 본래, 생명이 본래, 그렇게 생겼어. 동물도 그렇고 식물도 그렇고, 물론 사람과 같이 정도가 높지는 않지만…….

보는 놈은 살고 보지 못하는 놈은 망합니다. 그런 생각을 해가시려면 진화의 과정을 주의해 잘 보세요. 반드시 학자로 전문적으로 아니더라도 상식으로라도 거기에 대해서는 알아야 합니다. 현대에 목사노릇을 한다, 교사 노릇을 한다, 정치를 한다면서 이 우주의 진화가 어떻게 되는지 모른다면 말도 안 되는 소리입니다.

왜 그런고 하니, 작게 보면 정치요, 학교요 그렇지만 그것이 다 진화의 한 현상이요, 구절입니다. 그렇기 때문에 테야르 드 샤르댕이 책 제목에 'phenomenon'이라, 현상이라 그랬어요.

현상, 아주 과학적인 말입니다. 예수회의 신부 노릇을 하는 사람으로서 그가 자기 개인으로는 얼마나 온건한 믿음을 가졌던지 아세요? 놀라운 그런 사실을 가졌지만, 법왕청에서 금했기 때문에 본래 카이로에 가서는 대학에서 가르치기도 했고, 북경에 와서는 20년씩이나 있으면서 지질학회 회장으로 근무했던 사람이요, 북경인北京人, Sinanthropus Pekinensis 파내는 데 공로도 많았던 사람인데, 그 사상이 위험하다고 해서 교수도, 저술도 못하게 금지해버렸습니다. 그랬더니 그는 그저 겸손히, 고스란히 생전에 책 내지도 않았습니다. 죽을 때까지 내지 않았습니다. 어쩌면 비밀인쇄를 해서라도 내려고 그럴 법도 한데 그러지 않고 가만히 있었습니다. 죽은 다음에야 친구들이 "이런 말을 묻어둘 수가 없지" 해서 출판을 하게 됐는데 일단 나오니 큰 파문을 일으켰습니다. 그걸 무슨 인연으로 한국의 한 구석에 있는 나 같은 사람도 보게 됐는지 참 알 수 없는 일입니다. 아니오, 당연한 일입니다. 사상은 묻혀 썩는 법 없습니다.

다른 사람은 모르나, 서남동[2] 교수는 많이 말씀한 줄을 내가 압니

---

2) 서남동(徐南同, 1918~84): 장로교 목사·교육가. 한국신학대·연세대 신학과 교수를 지냈으며 기독교선교연구원을 운영했다. 제3세계 신학의 모델로 널리 알려진 민중신학을 창출하는 등 독자적 신학노선을 구축했다. 저서에 『전환시대의 신학』 『민중과 한국신학』 등이 있다.

다. 처음의 제목과는 너무 딴 얘기가 돼버렸습니다. 너무 테야르 드 샤르댕 광고만 하는 것 같군요. 그러나 여러분이 이 민족을 봐가는 데 준비는 많이 될 겁니다. 눈이 좀 밝아질 것입니다. 눈이 밝아지면 돼! 이래라 저래라, 나는 그런 건 아니 합니다. 밥 다 만들어주지는 않습니다. 제가 만들어서 먹도록 하지. 더구나 먹기도 싫다는 걸 강제로 속여서 넣어주지는 않습니다. 그래 그 책을 보고 생각이 많이 계발된 것이 있어서 좋았습니다. 또 본래 있던 내 생각에 공통한 것도 있고. 그래 그 책을 보면서 좋아서 한 시비가 "신학한다는 사람들이 어째서 이것도 우리나라에 소개 안 해줄까?" 했던 것입니다. 나는 스스로 늘 공부 떨어지고도 남 나무라기를 잘해요.

그 후 미국 퀘이커의 수양처의 하나인 펜들힐에 갔더니, 예순이 넘은 할머니들이 많이 와 있는데 말끝마다 마르틴 부버[3]가 어떻고 테야르 드 샤르댕이 어떻고 그래요. 도대체 지식 정도가 이렇게 됐나, 놀랐습니다. 3년 지나서 거기를 다시 갔는데 그때는 『인간현상』이란 책이 펜들힐에서 교과서처럼 쓰이고 있었습니다.

사탄의 비밀을 안 현대 종교

세상에서 쓸데없는 것이 독점주의입니다. 무엇을 얻으면 홀로 하려고 하는 것이 인간 버릇이지만, 그 삶이 독점을 하고 나한테 알려주려고 하지 않거든 구태여 보려고 하지 마시오. 소용없습니다. 독점될 수 있는 것이라면 참으로 귀한 것 아닙니다.

아무리 훌륭한 미술품이라도 제집에만 가둬두고 안 뵈주려고 하면 안 봐도 돼. 그까짓 것 괜찮아요. 정말 좋은 것은 가둬두지 못해서 이

---

3) 마르틴 부버(Martin Buber, 1878~1965): 독일의 유대계 철학자 · 성서 번역 및 주석가. 인간과 다른 존재의 만남 또는 대화에 중점을 두었으며, 아랍인과 유대인이 팔레스타인에서 공존할 것을 제창했다. 저서에 『나와 너』 『하시디즘에의 길』 등이 있다.

사람에게 자랑하고 저 사람에게 자랑하고, 그러는 것이 정말 귀한 것입니다. 그런 것은 가서 보고 들으세요. 참 진리에 관한 건 감춰두는 놈 없지 않아요? 보고 나서 좋으면 난 요새 이런 책 봤다, 참 좋다 합니다. 좋은 책을 보고도 친구에게 말도 안 하는 사람은 친구 아닙니다. 그 대신에 돈 많은 사람이 자기 집에 비장품으로 해두고 이것이 우리집의 보물이라고 할 때, 그런 건 안 봐도 괜찮아.

쓰면 쓸수록 늘어가는 것이 참 보배입니다. 사람도, 진리도, 자유도, 양심도, 다 그렇습니다. 어느 것이 하늘에서 나온 것이고, 어느 것이 인간의 욕심에서 나온 것인지, 자연히 그렇게 구분이 되어서 누가 간섭할 수 없이 판명이 되는 겁니다. 자연히 그렇게 알게 되지 않아요?

왜 그렇게 본다는 걸 강조하나? 그 말 하기 전에 역사에 왜 종합이 필요한가, 그것을 좀 생각해볼 필요가 있습니다. 왜 그런고 하니 19세기까지는 사람들이 아주 낙관해왔습니다. 잘된다 잘된다, 발달이다 진보다 하면서 문명은 자동적으로 이상적인 상태에 도달한다고 생각했습니다. 그러다가 제2차 세계대전을 지나고 난 담부터 아주 달라지기 시작했습니다.

아까 말했다가 그만 잊어버렸습니다마는 제2차 세계대전부터, 그때는 샤르댕의 이름 알지도 못하던 땐데, 내 나름대로 한 생각이 뭐냐 하면, 이번 전쟁이 끝나는 날이면 그전처럼 단순히 국경선의 변동에만 그치는 것이 아니라, 인류사회의 구조가 아주 근본적으로 달라지기 시작할 거다 하는 것이었습니다. 그 생각은 지금도 그대로 계속되고 있습니다. 그런데 그때나 지금이나 내게는 종교가 가장 중요한 것이기 때문에, 그다음에 당연히 따라 일어난 의문이 종교는 어떻게 될 것이냐 하는 것이었습니다.

종교는 어떤 형태를 취할까? 시대에 앞설 것인가, 뒤따라갈 것인가? 종교라는 건 본래 시대에 앞서가는 건가, 뒤따라가는 건가? 모든 종교는 공통으로 인류구원을 내세우는데, 종교가 정말 유물론자들이 주장하는 것처럼 생산기구의 기초 위에 서는 상부건축에 지나지 않는다면, 나는 그것을 믿을 생각이 조금도 없었습니다. 그래서 나는 시대의 앞장을 서는 것이어야만 참 종교라고 단안斷案을 내렸습니다. 그러고 나니 당연히 일어나는 문제가, 그럼 이번 제2차 세계대전이 끝나고 인류의 사회구조가 근본적으로 달라질 때 기성종교들이 과연 제 사명을 다할 수 있을 것이냐 하는 것이었습니다.

거기 대해 감히 깊이라고는 할 수 없지만 좀 생각했습니다. 어려웠습니다. 그 문제에 대답하려면 제일 먼저 인류문화의 각 분야에 대해 넓고 깊은 지식이 있어야 할 것인데 그것이 없습니다. 그러나 그것을 잘 알면서도 그저 그만두고 싶지 않은 일종의 압력을 느꼈습니다. 문제의 제기부터가 학문적인 열심에서라기보다는 신앙적인 긴장에서 된 것이기 때문에 나는 지식의 부족을 알면서도 대답을 피하고 싶지는 않았습니다. 도리어 일반 씨올을 상대로 하는 말은 학문적인 것보다 통속적일 때에 판단도 더 정확할 수 있고 호소력도 있다고 생각했습니다.

내 나름대로 대답을 내려보기로 했습니다. 생각한 끝에, 대답은 부정적으로 나왔습니다. 기성종교는, 기독교까지 포함해서, 격변하는 역사에 앞장을 서서 인류를 구원하는 그 사명을 능히 다하지 못할 것이라는 대답이었습니다. 어째서 그러냐고 누가 질문한다면 대답할 말은 없습니다. 그러나 그렇게 말하지 않을 수 없었습니다. 구태여 대답을 한다면 다만 이렇게 말할 수밖에 없었습니다. 즉, 오늘의 기성종교들은 다 국가주의와 붙어먹고 있기 때문이라고, 『성경』에 있는 말로 한다면, 그들은 사탄의 깊은 데를 알아버렸기 때문이라고 했습니다.

옛날에는 남녀간의 비밀 정교 관계를 '본다, 안다' 하는 말로 표시했습니다. "아무 남자가 어떤 여자를 보아다닌다" "아무 여자가 누구누구를 알아서" 그런 식으로 말을 했는데, 여기서 내가 사탄의 깊은 데를 알았다는 것은 그런 의미로 하는 말입니다. 정교는 사람의 겉의 행동만이 아닙니다. 인격의 내부 핵심에까지 영향을 미치는 행동입니다. 그러므로 일단 관계하고 나면 결코 전의 나대로일 수가 없습니다. 오늘의 종교들은 다 국가주의와 그런 관계에까지 들어가 있다, 그 말입니다.

나는 오늘날 세계를 지배하고 있어서 인류의 장래를 위협하는 것은 국가지상주의라고 단정하는 사람입니다. 국가는 인류의 소년기에 그것을 돌봐준 후견인의 공로가 없지 않았지만, 이미 성인기에 든 오늘에 와서까지 후견인의 옛 버릇을 놓지 못하고 간섭한다면 이제는 은인이 아니라 망쳐주는 원수입니다.

예수의 말씀대로 인간은 이미 소년기 이후부터 하늘아버지 집에 있어야 하는 것입니다. 그래야 사상 행위의 완전 자유가 있고, 그래야 정신적 존재로서 성인 노릇을 할 수가 있습니다. 그런데 이날까지의 역사에서 국가가 후견인으로서의 자격을 넘어서 간교하게 인간을 제 것으로 만들어버렸습니다. 그래서 일어난 폐해가 오늘의 세계의 고민입니다. 이제라도 인류가 멸망하지 않으려면 그 잘못을 크게 깨닫고 그 국가주의의 이빨과 발톱에서 벗어나야 합니다. 그것을 못하는 이유는 너무 깊이 관계하여 혼의 핵심에까지 병이 들었기 때문입니다. 내가 사탄의 비밀이라 하는 것은 그것을 말하는 것입니다.

새 종교가 나와야 한다

나의 이러한 생각은 물론 위험한 생각이라는 비난을 받을 수 있는 것입니다. 나 자신 그것을 충분히 알고 있습니다. 그러나 이 점에 관해서만은 자신이 있습니다. 다른 여러 면에서 나는 형편없이 부족한 사람입니다. 나 스스로 그것을 속일 수 없습니다. 그러나 적어도 이 점에 있어서만은 조금도 흐리터분한 사심이 없습니다. 그러므로 이것을 분명히 말하지 않을 수 없습니다.

나는 물론 예언자는 아닙니다. 나나 누구만 아니라, 도대체 이 시대에 예언자는 없습니다. 지금은 '말씀의 가뭄' 시대입니다. 그러나 예언자가 오지 않는다고 가만히 멍청하게 있을 수는 없습니다. 예언자는 못 되더라도 될수록 마음을 고요하고 정결히 하여 귀를 기울이고 서로 토론을 하는 시간은 있어야 합니다. 임갈굴정(臨渴掘井: 목마른 자가 우물을 판다는 뜻으로, 준비없이 있다가 일을 당하여 서두른다는 말 – 편집자)이라지만, 늦게나마라도, 늦었을수록, 파다가 죽을 각오를 하고라도 우물 파기를 시작하지 않으면 안 됩니다. 그러면 우리는 시원한 구원의 말씀을 못 받고 죽더라도, 우리 뒤에 오는 사람은 예언을 받는 기회가 올 수 있습니다.

내 뒤에 오는 사람이 살면, 그 속에 나도 살아난 것입니다. 사람은 나만이 아닙니다. 전체에 삽니다. 사람은 역사적입니다. 어떤 위대한 예언자도, 그래요, 예수·석가도 역사적 배경 없이는 없습니다. 반대로 나는 예언자가 못 되더라도 예언을 기다려 귀를 기울이고 입을 여노라면 하다가 말라 쓰러진 나의 죽음이 예언의 자궁이 될 수 있을 것입니다. 그래서 무식하다, 건방지다 하는 비난을 들을 줄 알면서도 감히 해오는 소리가 "사탄의 비밀을 이미 안 현대 종교는 아마 그 불의의 연인 국가지상주의와 운명을 같이하여 역사의 쓰레기통으로 들어가고 말 거다" 했습니다. 종교는 일단 죽어서 다시 살아나야 합니다.

그담에 당연히 나오는 결론은 "새 종교가 나와야 한다" 하는 말입니다. 나는 제2차 세계대전이 일어나던 때부터 새 종교를 찾아오던 사람입니다. 새 종교란 말을 하면 사람들은 곧 그것이 어떤 것이냐, 특징은 무엇이냐 묻습니다. 당연한 질문이지만 그것은 너무 성급하고 너무 겉으로 도는 말입니다.

아들을 낳고 싶으면 속 깊이 가만히 기도하는 것이고, 아기를 뱄다 느껴지면 먹는 것, 입는 것, 말하고 듣는 것, 생각하는 것, 몸가지는 것, 행동하는 것을 하나하나 조심조심 하는 겁니다. 기뻐도 기쁜 빛을 아니 나타내며, 두려워도 두려워하는 기색을 감추며 참고, 아기가 자라서 저절로 나오기를 기다리지, 누가 첫날부터 그 어떻게 생긴 것이나 그 어떻게 나올 것을 알려고 서두르겠습니까? 그것은 반드시 제 부모는 아닌 남, 점쟁이·관상쟁이, 그것을 팔아먹으려는 것들만이 하는 짓입니다. 아기 하나도 그렇거늘 전 인류 역사를 건질 새 종교는 더구나도 그럴 것입니다.

종교는 되어나오는 것이지, 주어지는 것이지, 누가 생각해서 지어내고 짜내는 것 아닙니다. 이른바 신흥종교라는 것들을 보면 환합니다. 환한 것이기 때문에 나는 그 잘못을 해본 일은 없습니다. 박태선이고, 문선명이고, 그 외에 또 무엇이고 나는 언제 기웃해본 일도 없습니다. 그럴 필요를 터럭만큼도 느껴본 일이 없습니다.

그런데 어째서 목사라는 사람, 학자라는 사람들이 거기를 기웃거립니까. 호기심은 진정한 바람이 없는 데서 나옵니다. 장터 한모퉁이에서 이제 선 자리에서 옥동자를 낳아 보여준다 한다면 어린애가 아니고야 누가 기웃해볼 사람이 있겠습니까. 그런데 선 자리에서 새 종교를 보여준다는 데는 어찌 그리 속는 사람이 많습니까. 속는 것은 속에 욕심이 있기 때문입니다.

생명은 욕심으로는 낳지도 못하고 보지도 못합니다. 애기 하나가 누구가 아닌 생명 자체가 낳는 것이듯이, 그리고 그것을 받으려면 적어도 한 남자와 한 여자가 몸과 마음과 혼 전체를 합하여 격동을 통해 하나가 되지 않고는 불가능하듯이, 종교도 그렇습니다. 우주 전체의 물질적·정신적인, 이루 알 수 없는 여러 가지 힘이 합해지지 않고는 불가능합니다. 그렇기 때문에 새 종교는 간절히 바랄지언정, 절대로 만들어보려 해서는 아니 됩니다. 그것을 하는 자는 절도요, 강도입니다.

지금 세계는 고민하고 있다

그러나 한 가지만은 말할 수 있습니다. 역사에는 반드시 금새가 있습니다. 큰일이 일어나려 할 때 눈이 있는 사람은 반드시 그것을 미리 알 수 있습니다. 그래 예수님도 "하늘의 얼굴은 볼 줄 알면서 왜 시대의 금새는 보지 못하느냐"고 책망을 하셨습니다. 금새는, 움직이는 금새지 결코 죽어서 가만있는 금새가 아닙니다. 그러므로 또 "사람의 아들의 날을 찾아도 보지 못한다" 했고, 그것은 여기 있다 저기 있다 할 수 없고 번개가 동에서 번쩍하면 동시에 서에서도 번쩍하는 것 같다 하기도 했습니다. 다시 말한다면, 그것은 보지 못하면서도 볼 수 있고, 볼 수 있으면서도 못 본다 그 말입니다. 그것은 모든 것에 초월해서 있는 것이지만, 또 우리 믿음에 달리기도 했습니다.

역사는 자라는 것이고, 자라기 때문에 변하고, 변하는 것이기 때문에 금새가 나타나는 것인데, 금새가 보이면 말씀이 옵니다. 모든 시대는 제 말씀을 가졌습니다. 그 말씀을 받은 사람이 예언자입니다. 그렇기 때문에 먼저 봤다, 먼저 알았다, 먼저 말한다, 혹은 대신 말한다 합니다. 대신은 누구 대신입니까. 물론 하나님 대신입니다. 하나님은 말씀하시지만 입으로 하는 말이 아니기 때문에 그것을 옮기는 입이 반드시 있어야 합니다. 그것이 예언자입니다.

그러나 또 그는 하나님만 아니라 씨올 곧 민중을 대신한다고도 할 수 있습니다. 하나님은 권세잡은 자에게 있지 않고 씨올에게 있기 때문입니다. 해가 올라올 때 그 영광을 먼저 보는 것은 낮에는 숨어 있다가 밤에만 나와 강도질을 하는 사자나 호랑이가 아니고 처마 끝에 둥지를 트는 참새입니다. 그렇듯이, 시대가 갈리려 할 때 그 새벽을 먼저 보는 것은 지배자가 아니고 지붕 위에 지저귀는 참새 같은 씨올들입니다. 그 지저귐 속에 새 시대의 말씀이 들어 있습니다.

그것을 대신 통역해주는 자가 예언자입니다. 그래서 지치다 남은 씨올의 눈동자에서 희망의 빛을 본 이사야는 "기쁜 소식"이라 했고, 헤매는 양떼 같은 무리의 발걸음 속에서 새 나라의 행진곡을 들은 예수는 "하늘나라 가깝다" 했고, 음울한 중세기의 교회당 문을 박차고 나오려는 현대 민중의 중얼거림을 들은 루터는 "믿음만"이라고 했습니다. 이제 오고 있는 시대의 말씀은 무엇일까? 아직 모르겠습니다.

새 종교란 생각이 내 머리를 스치고 지나갔을 때 그것이 어느 민족에서 먼저 일어날까 하는 생각을 해본 일이 있습니다. 유럽일까, 아시아일까, 신대륙일까, 검은 대륙일까, 독일일까, 프랑스일까, 영국일까, 인도일까, 여러 가지 생각을 해봤지만, 별로 분명한 것이 보이지 않았습니다.

지금 와서는 거기 대한 생각은 많이 달라졌습니다. 제2차 세계대전 이후 급속도로 발달하는 기술은 물질적·정신적 경계선을 모두 많이 휘저어놓았습니다. 그렇기 때문에 이제 나라니 민족이니 하는 것을 전날처럼 생각할 수가 없어졌습니다. 우리가 역사 속의 혹은 세계사 속의 민족관이라 했을 때도 그런 것을 이미 느껴서 한 것일 것입니다. 위에서 말한 것같이 국가관이 크게 달라지지 않으면 안 되는 때이므로 민족관도 크게 달라져야 할 것입니다.

민족이나 국가가 영원불변하는 것처럼 생각하는 것은 잘못입니다. 그런 생각은 옛날에 지배자들이 씨알들을 묶어놓고 강제하기 위해 만들어서 씌웠던 신화입니다. 이제 보는 눈을 가지고 스스로가 역사의 주체라는 의식을 가지는 씨알에게 그것은 이미 깨어진 신화입니다.

병은 예방을 해야 이기는 것이고 사상은 앞질러서 해야 바로 하는 것입니다. 아직도 우리에게 구식적인 민족주의 사상, 국가주의 사상이 있는 것은 우리가 오랫동안 남의 식민지로 매여 있었던 반동으로 일어나는 현상이지만, 거기서 따라잡으려는 후진국 심리를 면치 못하다가는 영 역사의 낙오자가 되고 말 것입니다. 이른바 선진국이라는 나라가 가는 방향을 볼 것 아니라, 선진 후진의 차이가 없어지는 딴 방향 혹은 딴 차원을 보아야 합니다. 그것이 정말 보는 것입니다. 내가 말 시작할 때에 "나는 좀 달리 생각하는 것이 있어서"라고 했던 것은 이래서 한 말이었습니다.

이제 "우리 민족도 세계의 경쟁장에서 지지 않아야지" 하는 것은 케케묵은 국가주의 도덕입니다. 이제는 적국이 있을 수 없는 시대에 들었습니다. 지금 세계는 고민하고 있습니다마는, 그 고민은 다른 것 아니고 시대에 뒤떨어진 국가관·민족관을 버리지 못하는 데서 오는 고민입니다. 국가도 민족도 변하는 것입니다. 역사가 나아가고 인간이 자라기 때문입니다. 국가 민족을 우상화하려고 애쓰는 것은 지배주의자들이 하는 간악한 수단입니다. 그들은 그렇게 하여서 씨올을 동원, 전쟁을 시키고는 그것으로써 자기네 권력의 자리를 유지해가는 방법으로 삼습니다.

모든 인간이 다같이 충성을 다해 섬겨야 하는 예배의 대상은 오직 한 분 절대자가 계실 뿐입니다. 창조 이래 영원히 있을 오직 하나의 나라는 그 절대자의 뜻을 땅 위에 실현하는 그 나라뿐입니다. 땅 위에 서로 적국이 있을 수 없습니다. 사람은 모두 한 생명의 아들이기 때문입니다. 모든 거짓 임금들이 인간을 노예로 지배하기 위해 그 사이에 적의를 불어넣었습니다. 그들은 거짓의 아들입니다. 우리에게 싸움이란 사랑으로써 그 싸움시키는 거짓을 이기는 싸움이 있을 뿐이지 그 밖에 또 형제가 서로 미워하는 싸움이 이 이상 있을 수는 없습니다.

오늘날 그 심판은 벌써 내려져 있습니다. 하나님이 내리신 것이 아니라 거짓하는 자들이 하는 일이 그 스스로 거짓임을 드러내서 이루어진 심판입니다. 그래서 오늘의 권력주의·지배주의 국가들은 스스로 고민하고 있습니다.

다시 전체의 시대가 됐다

이 소리 저 소리 하다 보니 말이 산만해졌습니다. 차차 말을 끝내야 하겠는데, 내 말의 요점, 내 보는 초점, 내 생각의 핵심은, '보자는 것'입니다. 인생과 역사를 뚫어볼 줄 알아야 한다는 것입니다. 국가라는 제도에 기계처럼 매여 있는 것 아니라, 종으로서 하는 일의 목적도 의미도 모르고 그저 심부름을 하는 것 아니라, 뜻을 알고 살아가자는 것입니다. 생각을 하되 지난날처럼 개인 개인이 제 나름으로 생각을 하는 것이 아니라 전체로서 생각을 해야 한다는 말입니다. 씨 올 소리를 하는 것도 이 때문이요, 새 종교를 찾는 것도 이 때문이요, 새 시대의 말씀을 받자는 것도 이 때문입니다.

그 '전체'라는 데 관해서만은 좀더 말하고 싶습니다. 당초에 모든 문제가 여기서 일어나기 때문입니다. 내가 테야르 드 샤르댕에게서 배운 것 중 가장 중요한 것은 이것입니다. 이 앞으로 오는 시대는 전체의 시대라는 것입니다. 히틀러나 무솔리니가 말하는 의미의 전체주의는 물론 아니지만, 이 앞은 전체주의가 아니면 안 된다고 말합니다. 또한 히틀러나 무솔리니의 것 같은 가짜 전체주의가 나왔던 것은 이제 앞으로 정말 참 의미의 전체주의 시대가 오는 증거라고 합니다. 다만 그들이 잘못한 것은 사랑으로써 실현해야 할 것을 폭력으로 강제로 하려고 했기 때문이라고 합니다.

나는 그가 히틀러, 무솔리니에게 역사 위에 설 자리를 지적해주는 것을 보고 참 위대한 사상가라고 놀랐습니다. 히틀러, 무솔리니를 미워하기는 쉽습니다. 그들에게 죄를 지워 지옥으로 보내기는 어렵지 않습니다. 누구나 할 수 있습니다. 그러나 그를 그저 정죄할 뿐 아니라 역사상에서 그가 설 자리를 옮겨 골라서 지적해주어야 참으로 역사를 뚫어보는 사람이요, 미래를 살피는 사람입니다.

과거를 살리지 않고 미래를 살릴 수 없으며, 죄인에게 설 자리를 주지 않고 의인이 서는 자리를 알 수 없습니다. 흉악한 잘못을 하기는 했지만 너희도 이 영원한 역사의 바퀴를 매노라니 저지른 잘못이다 할 때 우리는 너 나 할 것 없이 다 죄 사함을 받고 살아납니다. 새 역사 창조의 영감과 능력은 거기서만 나올 수 있습니다.

역사가 나아가는 과정에는 언제나 세 단계가 있습니다. 변증법에서 말하는 정반합正反合입니다. 맨 첨은 미발未發, 아직 갈리지 않은 통일의 단계, 그 담은 발發해서 발전하여 갈라지는 단계, 나중에 다시 화합해서, 혹은 종합되어서 보다 높은 통일에 이르는 단계입니다.

인류의 역사의 처음은 원시공동체의 시대입니다. 그때는 전체가 있을 뿐이지 개인은 없었습니다. 다음에 개인이 차차 깨는 시대가 왔습니다. 사람이 '나'를 알고 자기 인격을 주장하기 시작했습니다. 기록이 시작되던 때부터 현대에 이르는 시대가 그것입니다. 그동안 인간은 개인적으로 많이 자랐습니다. 그래서 영웅주의가 나왔고 이상주의가 나왔고 영혼 구원의 신앙이 섰습니다.

그러는 동안에 문명은 점점 발달이 됐고, 그 결과 개인과 개인의 교통이 아주 잦아져서 이제 인간관계가 전면적으로 유기적인 것이 돼버렸습니다. 다시 전체의 시대가 됐습니다. 그러나 이것은 생각하는 개인이 깨지 못함으로써 있었던 원시적인 전체가 아니고, 개인이 깰 대로 깨어서 자기 존재가 본래부터 서로 고립된 것이 아니라 하나이었던 것을 알고자 하는 것이 전체주의의 살핌입니다. 그러므로 오늘의 인간을 성인기成人期에 들었다는 것입니다.

사람은 본래 공동체 속에 사는 것이기 때문에 그가 하는 생각과 행동은 의식적으로 또 무의식적으로 전체의 규정을 받고 있습니다. 우리의 생김새·모양부터 말·생각·행동에 이르기까지 전체의 것 아닌 것이 없습니다. 그런데 또 이상하게도 생각은 각 개체가 하게 되어 있지 전체로서 하는 생각이란 것은 없습니다. 여기가 문제의 근본입니다. 인간관계처럼 복잡한 것은 없지만 따지고 들어가면 그것은 결국 개체 대 전체, 개체 대 개체의 두 가지에 귀착되고 맙니다.

사람은 일찍부터 하늘을 알고 하나님을 믿어왔지만 그 하나님이 나타나는 곳은 전체입니다. 자연 속도 생각할 수 있고, 꿈속, 환상 속도 생각할 수 있지만, 그 모든 것도 결국 생각하는 사람의 심정을 통해서만 알 수 있는 것입니다. 그 생각함의 배후에는 언제나 역사적·사회적 전체가 작용하고 있습니다. 그래서 인심이 천심이라는 것인데, 그 인심이란 결코 개인의 것이 아니고 곧 전체의 인심입니다. 모든 도덕, 모든 법률, 모든 풍속에서 사람의 사상과 행동을 규정하는 권위는 그 전체에 있습니다. 인간만사라지만 그 복잡한 만사의 고민거리는 이 전체와의 관계가 잘 되지 않는 데서 나오는 것입니다. 예로부터 나라가 절대의 권위를 가지고 사람의 충성을 요구한 것은 이 때문입니다.

참 나라는 하나로 사는 공동체

거기 한 가지 중요한 것은, 그 전체는 결코 고정된 전체가 아니고 자라는, 부단히 자라는 전체입니다. 처음에는 아마 몇 개의 원시인이 들어사는 동굴 속이었는지 모릅니다. 그러다가 차차 자라는 동안에 굴에서 골짜기로, 골짜기에서 버덩으로, 버덩에서 더 큰 강 유역으로, 반도로, 대륙으로 나간 것입니다. 그동안에 이름은 언제나 '나라'라 불렀지만, 그 나라는 자꾸 변한 것이지 가만있는 것이 아니었습니다.

커가면 커갈수록 이날까지 대적·원수 하던 이질적인 분자를 그 속에 넣지 않으면 안 되게 됩니다. 전쟁으로 됐거나 평화적으로 됐거나 간에 통합이 되면 그 권위에 문제가 일어나지 않을 수 없습니다. 계급이란 것도, 종이란 것도 이렇게 해서 생겼습니다. 그러니 도덕·종교에는 늘 문제가 없을 수 없습니다.

이 자라는 전체야말로 늘 문제입니다. 그 전체는 늘 하나님이란 이름으로 불렸고, 그래서 그 나라의 우두머리를 하나님의 아들이라 불렀지만, 그가 하는 일과 뜻은 늘 분명한 것이 아니었습니다. 그러는 동안에 개인주의가 발달했고, 생각하는 개인이야말로 모든 것을 규정하는 것이라 주장하여 그 하나님의 이름을 쓰고 앉아 있는 개인이 제멋대로 하는 정치가 종교를 비판하기 시작했습니다. 그러는 동안에 자유와 정의의 사상이 발달했고 혁명사상·해방주의가 왕성해져 가게 됐습니다. 그것이 근대입니다.

제2차 세계대전 이후 대변동이 오기 시작했습니다. 제2차 세계대전 그 자체는 이때까지 절대적인 권위를 주장하며 자라오던 대국가들의 경쟁이 포화상태에 든 결과로 제 속에 있는 모순을 드러내면서 시작된 충돌입니다. 그런데 결과는 엉뚱한 데 떨어졌습니다.

본래 모든 나라는 다 가짜 나라입니다. 참 나라는 그 하나로 살아가는 공동체 자체입니다. 그것을 대표하노라 자칭하고 나선 나라가 참으로 그 공동체를 대표하느냐 하면, 그렇지 않습니다. 전체의 의사를 대표한 주권자란 한 번도 없었습니다. 다 개인 혹은 집단이 짜고 들어서 전체의 이름 아래 도둑질을 해먹는 것입니다.

히틀러가, 저도 마찬가지지만, 전체주의를 내세우고 일어난 것은 모든 국가가 다 전체를 속여먹고 있는 집단임을 알기 때문에 한 것이었습니다. 모든 강대국이 결속하여 반대한 것은 자기네의 죄상을 드러내주기 때문이었습니다. 그런데 전쟁을 하고 나니 결과가 어떻게 됐느냐 하면, 나라란 것의 의미가 더 희박해졌습니다. 전쟁은 과학을 급속도로 발달시켰습니다. 목적은 전쟁에 이기기 위해서 한 것이지만, 그 과학의 발달로 국경선은 점점 더 의미가 없어졌습니다. 그래서 역사상 처음으로 괴물의 냉전이란 것이 등장했습니다. 모든 나라는 정도의 차이는 있지만, 더 경찰국가, 스파이 국가로 전락했고, 외교는 흥정으로 돼버렸습니다.

이것은 무엇을 의미합니까. 어느 국가도 제가 대표하고 있는 그 전체를 대표하기에는 다 부족하다 그 말입니다. 발달은 했는데 갈수록 불편한 세상입니다. 거의 매일같이 일어나는 비행기 납치란 무엇입니까. 가장 문명했다는 유럽 대도시에서 백주에 폭력단이 날뛰는 것은 무엇입니까. 권위도 질서도 인도도 없습니다. 그러면 그것은 무엇입니까. 모든 국가란 국가 아니다, 모든 전체, 그 전체가 제정하는 도덕·질서란 도덕도 질서도 아니다, 모든 하나님의 이름을 빌려서 하는 종교도 종교 아니다, 그 말 아니겠습니까.

민족관은 전체관으로!

이제 나라는 세계라는 나라 하나밖에 없게 됐습니다. 전체란, 우주라는 전체 외에 또 다른 전체가 없이 됐습니다. 본래부터 그런 것인데 이날껏 그것을 가리고 속여먹던 우상이 흔들리기 시작한 것입니다. 제2차 세계대전 후의 가장 큰 소리는 아무래도 제3세계라는 것밖에 다른 것이 없을 것입니다. 그런데 나는 그 제3세계, 혹은 비동맹 진영을 생각하면서 아쉬운 마음을 금치 못합니다. 이때껏 제국주의 밑에서 종살이를 하다가 해방이 됐으니 민족주의를 부르짖는 것도 무리가 아니라 할 수는 있습니다. 그러나 그것만 하잔 것이 그 고난의 의미는 아니었는데!

이제 민족주의 시대는 지나갔습니다. 부자의 등쌀에 고생했으면, 돈 없이 사는 세상을 만들어보자는 것이 목표가 돼야지, 나도 이젠 부자가 돼보련다 그래서야 이때껏 한 고생이 너무 아쉽지 않습니까. 나는 우리나라에서도 젊은 학생들이 민족주의를 부르짖는 것을 볼 때는 답답한 생각을 금치 못합니다. 왜 좀더 멀리, 좀더 깊이 보려고 하지 않을까. 뒤늦게나마 '나도 한동안 부귀를 누려보고, 민족중흥의 인물이란 공적을 남겨보겠다' 하는, 묵은 역사의 찌꺼기 주워먹는 사람들은 그런 소리를 할지 모릅니다. 그렇지만 영원히 새로우려는, 자라가는 역사의 기수이려는 젊음이 그래서야 됩니까.

이제 우리는 가장 새 일, 가장 큰 일을 해야 합니다. 생각을 전체로서 하는 일입니다. 우리가 사람 노릇을 하는 것은 생각하는 주체이기 때문입니다. 그런데 그 생각하는 힘은 어디서 나옵니까. 아마 우리 몸을 이루고 있는 몇백조 되는 세포 알알이 다 제 나름대로 하는 생각이 있을 것입니다. 생각은 세포에서부터 시작됐을 것입니다. 그 생각하는 능력은 세포 속에 있을지 모르지만, 사람은 언젠가부터 한몸으로써 생각하기 시작했습니다. 늘 하고 있는 일이므로 별로 신기하게 알지 않지만, 반성해본다면 진실로 놀라운 기적입니다.

이 개인이라는, 세포로 조직되는 인간이라고 전체로 생각하지 못할 것 있습니까? 만일 그 일을 못한다면 이때까지 십만 년 백만 년 해온 생각·수양·요가·참선·기도·성령이 다 무의미합니다. 역사 속에서의 민족관이 문제 아닙니다. 전체관입니다. 스스로 사는 전체,

생각하는 전체, 그래서 자기초월을 하는 전체입니다.

내가 아버지 안에 있고, 아버지가 내 안에 계시고, 너희가 내 안에, 내가 너희 안에, 그래서 모두가 하나라고 했습니다. 이 세상과 거기 있는 나라란 그 자리에 갈 공부를 하는 곳입니다. 다 못한 말은 다음 어느 세계에서 합시다.

• 1978년 5월, 『씨올의 소리』 제73호

지배자와 피지배자[*]

타락한 정치

지배·피지배 하는 말은 치·피치와 같은 뜻의 말로 쓰인다. 옳게 말한다면 지배는 결코 치治는 아니다. 우리말로 한다면 치는 지배같이 다스린다로 옮길 수밖에 없겠지만, 지배는 결코 제대로 하는 다스림만이 아니다. 차라리 휘두름이라고 할까. 그렇지 않으면 이래라 저래라 함이라고 할까. 길다랗고 간찰하지 못해서 그대로 쓸 수는 없으나, 뜻을 말한다면 그런 것일 것이다.

오늘날의 정치를 치라 할 것이냐, 지배라 할 것이냐 묻는다면 아무도 치라 할 사람은 없을 것이다. 정치라 해서 치자를 그대로 쓰기는 하지만 그 성격을 분명히 하고자 한다면 지배라 할 수밖에 없을 것이다. 우리나라만 아니요, 어느 나라들만이 아니요, 세계의 모든 나라의 정치가 그렇다. 잘못돼서만 아니라 역사의 필연의 형세가 그렇다. 이제 인간의 정치 살림은 지배·피지배의 관계가 돼버리고 있다. 정치의 타락을 말하는 것이지만, 반면에 인간의 자람을 뜻하는 말이다.

사람들이 정치 속에 무엇이 있는지를 뚫어보기 시작했다. 정치를 비판하기 시작했다. 정책의 잘잘못을 비판할 뿐만 아니라, 정치 그

[*] 이 글은 1976년 분도출판사의 청탁으로 썼으나 게재되지 못하고, 1992년에 처음 실렸다.

물건, 인간관계 그것을 비판하기 시작한 것이다. 사람들은 한동안 "사람은 정치적 동물이다" 해서 정치를 무조건 긍정하려 해봤다. 그러나 사람들은 강아지가 걸어다니는 식물이 아니듯이, 사람은 결코 생각하는 동물만이 아닌 것을 알았고, 정치가 결코 개미나 꿀벌의 살림같이 영 벗어지지 않는 본능만이 아닌 것도 알았다. 사람들은 정치를 싫어하기 시작했다. 세대가 분노하기 시작했다. 마치 태아가 어머니의 탯집을 박차듯이.

지배와 치리

지배란 말의 역사를 더듬어보면 잘 알 수 있다. 옛날에는 다스림을 가리켜 지배라고 한 일이 없다. 근래에 와서 된 일이다. 중국 사람이 쓴 『사해』[1]를 찾아보면 "일본에서 시작된 말인데 근래 우리나라에서도 따라 쓰게 됐다"고 되어 있다. 일본 모로하시諸橋의 『대한화사전』大漢和辭典에는 그 출처로 중국의 『북사』[2] 「당파전」唐邕傳에 있는 "야중소파 지배 조차변료"夜中召邕 支配 造次便了라는 구절을 인용했다. 그것뿐이요, 그밖에 없는 것을 보면 근래에 와서 된 말임이 분명하다. 뜻에 대한 설명을 보면 지휘분배 또는 구분분배로 되어 있다.

본래 지支는 가른다는 뜻이다. 위의 십十은 죽竹자의 한쪽이 변형된 것이고, 아래의 우又는 손을 표시하는 것이어서 댓가지 또는 잎을 손에 든 것을 나타낸다. 그래서 갈라낸다는 뜻이요, 거기서 또 한 번 변해서 주되는 것에 대해 버티고 고이는 것이라는 뜻이 나온다. 지주支柱, 지지支持 따위다.

배配는 본래 술빛이라는 뜻이다. 주酉는 술병 모양을 그린 것이고

---

1) 『사해』(辭海): 1937년에 중국의 서신성·장상 등이 편찬한 사전. 어휘의 수록 범위를 송·원나라의 희곡과 소설까지 확대하고 출전을 밝혔다.
2) 『북사』(北史): 당나라 시대 이연수(李延壽)가 편찬한 역사책으로, 북조(北朝) 여섯 왕조의 역사를 기전체로 기술해놓았다.

기匕는 음을 표시하는 것인데 비妃와 음이 비슷하므로 그 자로 빌려써서 짝이라는 뜻을 가지게 됐다. 그래서 지배라면 지휘, 즉 사람을 이래라 저래라 시키고, 분배, 즉 물건을 갈라 여기 이만큼 저기 저만큼 골고루 갈라놓는다는 뜻이다. 그러므로 거기는 다스린다는 뜻은 없다.

다스린다는 뜻의 글자는 치治와 이理다. 옛날에는 나라를 혹은 백성을 치리治理한다고 했다. 치治는 시냇물 이름인데, 옛날에는 물을 다스린다는 것이 나라의 큰일이었으므로 그것이 곧 물 다스린다는 뜻으로 쓰이게 됐고, 이理는 옥돌에 가늘고 아름다운 줄이 있는 것을 말한다. 우리말로 하면 '갈'이다. 빛갈, 물갈 하는 갈이다. 그런데 그런 옥의 아름다운 갈, 곧 무늬는 첨부터 나타나 있는 것이 아니고 잘 갈아야 나온다. 그래서 간다는 뜻이 나왔고, 그렇게 가는 것은 옥을 다스린다고 했다.

그러고 보면 치나 이라 하는 말에는 원리적인 것, 근본 바탈인 것이 들었음을 알 수 있다. 물을 잘 빠지게 하려면 물길을 따라서 들어 있는, 곧 문리文理, 곧 무늬를 드러나게 함이다. 맹자는 우禹의 치수를 말해서 "우지치수 수지도야"禹之治水 水之道也라, "우가 물을 다스려 세상에 사람이 살 수 있게 만든 것은 되는 대로 한 것이 아니라 물의 길을 따라 한 것이다"라고 했다〔『맹자』, 「고자 하」〕. 단설문段說文에서는 이理를 설명하면서 치지득기새리治之得其䚡理라고 했다. 새〔䚡〕는 산양의 뿔에 있는 가는 줄들이다. 옥을 쪼개고 갈아서 그러한 무늬가 나오도록 하라는 말이다.

정치라, 치리라 하는 까닭을 알 수 있다. 정政이란 정야正也라, 바로잡음이다. 인간관계를 바로잡음이다. 사람은 첨부터 공동체 살림을 하는 것이었지 개인이 따로따로 떨어져 사는 것이 아니었다. 사람은 공동체 살림에 의해 사람이 됐다. 첨부터 자각해서 바로 한 것은 아니었다. 여러 가지 쓰라린 체험을 하는 동안에 차차 알게 됐다.

그렇게 해서 정치는 있게 됐다. 그러나 물을 아무리 산꼭대기로 끌려 해도 할 수 없고, 돌을 아무리 갈아도 옥이 될 수 없듯이, 인간의 근본 바탈을 모르고, 원리를 무시하고는 될 수 없었다. 그랬기 때문에 인간관계를 바로잡아 문文을 드러내게 하는 그 일을 치治, 이理, 곧 다스림이라고 했다. 정치의 근본은 도덕에 있다.

그런데 왜 몇천 년을 내려오다가 문명이 발달했다는 후세에 와서 지배라고 불러야만 하게 됐을까. 한마디로 정치에서 근본 요소인 도덕이 차차 없어지게 됐기 때문이다. 까닭은 또 무엇인가. 기술문명의 발달 때문이다. 지휘분배라고 했지만 지휘란 상대의 인격을 인정하지 않는 말이다. 장군이 졸병에게 하듯, 상전이 종에게 하듯, 저쪽의 목적의식도 판단능력도 가치의식도 인정하지 않고, 다만 이쪽의 목적을 위해서 이래라 저래라 하는 것이다. 또 분배란 물건에서 하는 말이지 사람에 대해서는 할 수 없는 말이다. 휘두름이라고 한 것은 이 때문이다.

이름은 문명이라지만 문文도 명明도 아니다. 문도 명도 속에서 밖으로 나오는 것이지, 밖에서 가져가 붙여서 되는 것이 아니다. 그런데 2, 3천 년 이래의 문명, 더구나 서구문명은 까마귀에다가 학의 깃을 가져다 꽂듯 붙이는 문명이었지, 꽃에 물을 주어 피게 하듯, 옥을 갈아 무늬가 나오게 하듯 하는 문명이 아니었다. 수단방법 일변도로 나왔다. 인간의 외적 관계는 점점 더 복잡하고 미묘해져가는 대신, 인격적·정신적 관계는 점점 거칠어지고 어두워져갔다. 정치는 아주 내놓고 정치만능·국가지상을 부르짖었다. 국가지상이란 인간은 없다는 말이다. 그러한 결과가 오늘날 눈을 감고도 볼 수 있는 현실이다.

지배·피지배 속에 인간은 있을 수 없다.

정치의 부정

그러면 치리는 지극한 것이냐 하면 아니다. 그럴 수 없다. 치리가 잘못되어 지배로 타락한 것은 아니다. 치리는 필연적으로 지배로 타락하게 마련이다. 마치 이 생에서는 삶이 필연적으로 죽음에 이르고야 마는 것과 마찬가지다. 살면 살수록 죽음에 가까워진다. 그와 마찬가지로 다스리면 다스릴수록 휘두름에 떨어지고야 만다. 이 생의 성격이 그렇고 이 세계의 구조가 그렇기 때문이다. 이런 의미에서 "목숨을 얻고자 하는 자는 잃을 것이요, 나를 위하여 목숨을 내버리는 자는 얻을 것이다" 하는 예수의 말씀은 모든 진리의 근본이다.

공자는 도를 가르치면서 세 가지로 요약했다. 명명덕明明德, 친민親(新)民, 지지선止至善이다. 명명덕은 개아個我의 실현을 위한 것이요, 친민은 사회아社會我의 실현을 위한 것이요, 지지선은 우주아宇宙我의 실현을 위한 것이다. 그 가운데 지지선의 지止가 중요하다. 그렇기 때문에 그 아래 곧 말을 이어서 멎을 줄을 안 후에 능히 정定한다고 했고, 정定해야 정靜하고, 정靜해야 안安하고, 안한 다음에야 여慮할 수 있고, 여해야 득得한다고 했다〔『대학』, 「경」, 제1장〕.

지止라는 생각은 서구문명의 사고방식으로는 알기 어려울 것이다. 수단에 또 수단, 방법에 또 방법을 추궁해서 무한의 과정을 달리는 그들에게 지는 있을 수 없다. 서구의 생각도 지금은 어떤 벽을 느끼고 있지 않을까. 공자가 옛 도를 자꾸 말한다 해서 상고주의尙古主義니 보수·퇴영이니 하는 것은 너무 옅은 판단 아닐까.

노자·장자는 그보다 훨씬 더 깊고 대담하게 말했다. 절성기지(絶聖棄智: 성스러움을 끊고 지혜를 버리라 - 편집자)라 했다〔『도덕경』, 제19장〕. 무위자연이라 했다. 도를 잃어서 덕이요, 덕을 잃고 나서 인仁이요, 인을 잃고 나서 의義요, 의를 잃고 나서 예禮라고 했다〔『도덕경』, 제38장〕. 예는 공자에게는 정치의 알짬이었다. 장자는 문재유천하聞在宥天下요 불문치천하不聞治天下라〔『장자』, 「재유」〕. 천하를 뒤둔단 말을 들었지 천하 다스린단 말 못 들었다 하고 한마디로 부정을 해버렸다.

왜 그런가. 다스린다는 데 벌써 지배의 싹이 들어 있기 때문이다.

『구약성경』의 「창세기」는 이것을 잘 설명하고 있다. 거기 보면 하나님이 천지만물을 창조하고 자기는 영원한 안식에 들어가면서, 말을 바꾸어 하면 이 세계에 자치권을 주면서, 자기의 형상대로 만든 인간을 보고 "생육하고 번성하여 땅에 충만하라, 땅을 정복하라……모든 생물을 다스리라" 했다[「창세기」, 1: 28]. 그런데 결과는 인간의 타락이 됐고, 그 결과 만물을 다스리려던 인간은 우선 남편이 아내를, 다시 말하면 자기가 자기를 다스려야 하게 됐고, 땅은 반항을 하여 가시덤불, 엉겅퀴를 내게 됐다. 땅을 다스리는 것이 아니라 그것과 싸워야 했다. 마지막에는 그 인간을 보고 "죄의 소원은 네게 있겠지만 너는 그것을 다스려야 한다"고 명령했다[4: 7].

놀라운 것은 그러한 인간 치리의 세계가 돼가는 꼴을 보고 하나님은 자기가 창조한 것을 뉘우쳤다고 했다. 하나님이 하나님인 이상 무슨 뉘우침이 있겠나. 삶으로 죽고 죽음으로 사는 이 생의 성격, 긍정함으로써 부정이 되고 부정을 통해 긍정에 이르는 이 세계의 구조를 체험해 깨우친 인간이 절대의 벽에 부딪쳐 울려오는 제 소리의 메아리를 듣고 한 소리다. 그럼 정말 하나님이 자기 모습대로 사람을 만든 것이 아니라, 사람이야말로 제 모습대로 하나님을 만들었단 말인가. 우선 그렇다. 그것으로는 됐다 하지 못하는 것이 인간의 마음이다. 그럼 내 속에서 그 외침은 왜 나오느냐. 그는 다시 묻지 않을 수 없다. 다음은 현지우현玄之又玄이요 요요명명窈窈冥冥이다. 알 수 없다. 묘妙다. 신비다. 무언이다. 할 수 없이 다시 하나님에게 돌아간다.

사람은 죽게 마련이요, 역사는 타락하게 마련이요, 세계는 멸망하게 마련이다. 거기서 정치는 무슨 정치요, 다스리기는 무엇을 다스리며, 문명은 무슨 문명이란 말인가. 그러면서도 살지 않을 수 없고 다스리지 않을 수 없고 짓지 않을 수 없는 것이 인생이요 역사다. 그렇기 때문에 무위는 손을 묶고 돌부처처럼 앉아 있는 것이 아니라 무사無私한 마음으로 한다는 말이요, 도를 깨닫는다는 것은 세상 밖으로 나간다는 것이 아니라 다시 세상에 돌아옴이라고 한다. 무사無私

란 뻔히 살면서도 나를 나 아니라 함이요, 세상으로 돌아온다 함은 다 버리고 났으면서도 아니 버렸다 하는 것이다. 이理는 역리逆理다. 이理를 깨우쳐야만 이가 되고 부정해야만 다음 시대의 알갱이가 생긴다.

참 지배자는 오직 하나

마르틴 부버는 인간의 기본적인 말은 나와 너라고 했다. 나와 너의 산 관련은 필연적으로 나와 이것으로 떨어져버린다고 했다. 옳은 말이다. 누구나 자기반성을 깊이 해보면 알 수 있다. 참된 기도도 오직 한순간뿐이다. 나와 하나님이 대면을 하는 지성소至聖所는 순간 속에만 있다. 그러나 그 대면은 곧 대면의 의식으로 떨어져버린다. 의식하는 순간 벌써 나와 너가 아니라 나와 이것이다. 기도가 참 기도가되려면 나는 나를 무한히 죽이지 않고는 될 수 없다. 기도는 기도의 순교다.

시詩도 마찬가지다. 내가 꽃을 보는지 꽃이 나를 보는지 모르는 순간 시다. 내가 시를 읊는 것이 아니라 아름다움이 나를 붙잡아버린 것이다. 시는 순간이요 다음에 반드시 아름다움의 의식으로 죽어버리지 않을 수 없다. 시는 시를 자꾸 죽여야만 있을 수 있다.

하나님이 사람을 창조한 것을 뉘우쳤다는 말은 그래서 있다. 하나님은 결코 자기의 아름다움에 취해 한없이 물의 낯만 들여다보고 있는 나르시스는 아니다. 하나님은 무한히 창조하는 이요 나르시스가아니다. 또 하나님은 무한히 창조하는 이요 무한히 그것을 뉘우치는이다. 무한히 죽음으로써 무한히 살아나는 영靈이다. 세상은 무한 창조에 무한 심판이다.

정치는 있을 수밖에 없었다. 나와 너는 끝없이 낙원 속에만 있을수 없다. 국國은 부서지게 마련이요 쫓겨나게 마련이다. 나와 너는 '것'으로 타락하게 마련이다. 정치는 거기서 나온다. 정치는 아무리

착하게 하는 덕치德治와 인정仁政이라 해도 벌써 나와 너의 산, 순수한 인격의 관련이 아니다. 나와 것의 관계다. 너가 아니고 것인지라, 인격이 아니고 물건인지라 강제가 있을 수밖에 없다. 정치의 길은 지배와 피지배의 관계로 타락하게 마련이다. 그것을 아는 것이 지혜요, 모르고 끝없이 그 길을 가보려는 것이 어리석음이요, 악이다. 그것이 정치도政治道다.

예수는 제자들에게 기도를 가르쳐주었다. 모든 기도의 기본적인 모형이다. 해야 할 것이다. 인간의 근본 소원은 하늘나라가 임하는 데, 즉 오게 되는 데 있다. 그러기에 인간은 뜻이 하늘에서와 같이 땅에서 이루어지도록 노력해야 한다. 그를 위해 첫째로 필요한 것은 하루를 살 수 있는 양식을 구하는 일이다. 모든 악은 계속하자는 마음에서 나온다. 이 자리를 계속해서 차지하고, 이 즐거움을 잃지 않고, 이 권력을 놓치지 않고 계속 누리자는 데서 모든 악이 나온다. 그것이 지배다. 모든 정치의 자랑은 장기집권에 있다. 오래 누렸다는 것이 지배자의 자랑이요 즐거움이다. 하늘의 뜻은 그것이 아니다. 하루를 충실하게 살라는 것이 명령이다. 누림은 누리의 주인에게 있다.

다음은 용서해주라는 것이었다. 사람은 잘못하는 것이기 때문이다. 들보가 들어 있지 않은 눈은 없기 때문에, 남의 눈에 티가 박혔다 할 자격도 없고 뽑아줄 자격은 더구나 없다. 사람은 엄정한 의미에서 교사 될 자격이 없다. 교사 자격도 없는데 지배할 자격이 어찌 있을 수 있을까? 교사 노릇은 교사 자격이 없는 줄 알아야만 할 수 있고, 정치는 지배할 자격이 없는 줄 알아야만 할 수 있다.

다음은 우리를 시험에 빠지지 않게 하고 악에서 해방시켜달라고 했다. 인간관계의 기본문제는 자유, 평등에 있지만, 인간이 스스로 자아에서 자유롭지 않고는 될 수 없는 일이다. 모든 자아는 매여 있거나 싸여 있다. 무지에 싸여 있고 악에 매여 있다. 거기서 놓여나서 스스로 자유로운 참 자아가 되는 것이 근본문제다. 그러므로 악에서 해방시켜달라고 하라 했다. 이것이 정말 참 다스림이다. 나를 다스림이 모든 다스림의 근본이요, 마음이 악에서 해방됨이 모든 해방의 기초다. 이것을 안다면 인간사회는 지배와 피지배의 참혹한 싸움으로 피에 물들지는 않았을 것이다.

옛날에는 있었지만 근래에는 오래되고 권위 있는 원본에는 없다 해서 떼어버린 구절이 있다. 나는 그것이 예수의 입에서 나왔건 후대 사람이 써넣었건 상관할 것 없이 의미는 매우 중요하다고 생각한다. "그것은, 나라와 권세와 영광은 영원히 당신의 것이기 때문입니다." 그것은 무슨 뜻일까? 사람은 사람을 다스릴 권세가 없단 말이다. 이 문명 6천 년, 7천 년에 인간이 크게 잘못한 것은 나라를 제 것이라 주장해온 일이다. 우리나라, 내 나라 하고 얼마나 자랑하고 뽐냈던가. 참혹했던 모든 전쟁은 여기서 나왔다.

나라를 제 것인 줄 알기 때문에, 제가 할 수 있는 것처럼 생각하기 때문에 제게 권위가 있다고 주장했고, 권權을 쥐었기 때문에 교만했으며, 모든 영광을 독차지하려 했다. 예외가 없다. 모든 임금, 모든 정치가, 모든 영웅, 모든 민족이 그렇게 생각하고 자랑하고 주장해서 서로 경쟁하고 싸웠다. 그래서는 안 된다는 것이 예수의 가르침이다. 예수가 직접 그 같은 문구로 말씀했거나 아니 했거나 간에 예수의 가르침이다. 복음 전체를 보면 알 수 있다.

나라도 내 것이 아니요 권세도 내 것이 아니요 영광도 내가 누릴 것이 아니다. 창조의 근본인 하나님에게 있다. 내가 할 일은 역사를 만드는 것이 아니라 오늘을 참되게 삶이요, 권위를 주장할 것이 아니라 이웃의 잘못을 용서하고 손을 잡음이요, 영광을 누릴 것이 아니라 시험에 빠지지 않고 악에서 해방이 되기 위해 끊임없는 기도와 노력을 하는 일이다. 하늘나라는 그렇게 해야만 땅 위에 실현이 될 수 있다.

다른 면에서 생각하면 역사를 짓는 것도 사람이요, 나라를 하는 것도 사람이요, 교육을 하고 사업을 하는 것도 사람이요, 장엄하고 숭고한 정신을 발휘해내는 것도 사람이다. 사람 내놓고 아무것도 없다. 사람이 하지 않으면 안 된다. 하지 않을 수 없다. 누가 대신해줄 수 없는 것이 사람이요, 역사요, 나라다. 그럼 어떻게 할까? 거기 지혜가 있고 신비가 있다. 예수는 믿음이라 했고, 노자는 무위라 했고,『바가바드 기타』는 무사無私라 했다.

피지배자의 사명

오늘의 말로 하면 전체다. 할 수도 없고 아니 할 수도 없는, 해도 잘못이고 아니 해도 잘못인 이 인간 스핑크스의 물음에 대답을 해줄 수 있는 것은 오직 전체뿐이다.

하나님은 전체 안에 계신다. 내 안에 있다 해도 잘못이고 내 밖에 있다 해도 잘못이고, 볼 수 있다 할 수도 없고 볼 수 없다 할 수도 없으며, 변한다 해도 잘못이고 변하지 않는다 해도 잘못이 되는 하나님은 전체에 계신다.

나라도 그 안에 있고 권세도 영광도 그 안에 있다.

정치는 전체의 자리에서 해야 한다.

나와 너의 관계는 곧 전체와 개체의 관계다.

전체는 산 것이다. 유기체다.

그러므로 전체는 명령한다. 전체만이 명령할 수 있다.

사랑과 힘이 하나가 되어 살아 있는 것은 전체다.

전체는 개체 안에 있고 개체는 전체 안에 있다.

전체 안에서는 벌도 상 줌이요 죽음도 살림이다.

전체는 내 것이요 나는 전체의 것이다. '것'이면서 곧 너다.

그렇기 때문에 전체는 지배한다. 전체만이 지배할 수 있다.

전체에서는 지배가 곧 키움이요 가르침이요 데리고 놂이요 창조이다.

이 전체를 감히 제가 지배해보겠다는 것이 지배주의다. 가장 교만한 것이요 가장 앙큼한 것이요 가장 더럽고 능글맞은 것이다.

지배자는 이 전체의 자리를 더럽히는 자요 피지배자는 그의 이름을 망령되이 일컫는 무리다.

인간이 감히 지배욕을 가지는 것은 제 속에 전체를 품고 있기 때문이다. 하나님의 모습을 가졌다 해서 하나님이 되려고 하는 것이 에덴동산에서 쫓겨나는 죄가 되듯이 제가 전체의 자리에 가려는 것은 내쫓겨 마땅한 죄악이다.

『구약성경』을 보면 하나님이 내세웠던 모든 인물은 다 끝에 가서 실패했다. 내세울 만큼 잘났기 때문에 내세웠건만 예외 없이 실패했다. 비통한 일이다. 인간 역사는 근본성격에서 비극이다. 원인은 하나님이 샘하는 하나님이기 때문이다. 그렇게 해야만 하나님의 이름은 거룩할 수 있었다.

정치는 하나님의 상징이다.

닮았기 때문에 상징으로 쓰지만 제가 기라고 하기만 하면 그 순간 망했다.

나를 본 것이 아버지를 본 것이라고 했던 단 하나밖에 없는 형상조차 남겨두지 않고 부숴버렸다.

하나님은 영원히 못 보는 이요 못 만지는 이다. 못 보고 못 만진다 하기 때문에 기어이 만지고 싶고 보고 싶다. 그 충동이 우리를 몰아 소멸해버리는 불산으로 기어오르게 한다.

그렇지만 보아선 아니 되고 만져서도 아니 된다. 아니 봄으로 보고 아니 만짐으로 만져야 한다.

그것이 정치의 비결이다.

전체는 본래 있으면서도 자기를 직접은 나타내지 않고 많은 개체 속에서만 나타낸다. 나타나지 않음으로써 보여주고 만지게 못함으로써 접해준다. 그렇다면 개체도 마땅히 그 도를 배워 지켜야 할 것이다. 겸손한 자가 땅을 차지한다는 것은 이 때문이다. 그렇기 때문에 우상 없이 종교가 있을 수 없지만 우상은 반드시 부숴버려야 하듯 모든 정치는 지배하는 것이지만 지배자는 반드시 때려부숴야 한다.

피지배자의 할 일은 지배자를 때려부수는 일이다. 바울이 공연히 오해하기 쉬운 말을 해서 어리석은 것들이 "모든 권위는 하나님이 세우신 것이니" 복종해야 한다 하지만, 아주 옅은 수작이요, 사실은 속 깊이 제가 한번 권위 있는 자리에 섰으면 하는 잠재의식이 있어서 하는 소리다.

참 권위는 뵈지 않는 권위다. 그 권위에 복종하기 위하여 모든 방해물인 뵈는 우상을 사정없이 때려부수어야 한다.

눈더러 보라 하고 발더러 달리라 하는 권위가 언제 나타나 뵈게 하던가. 대뇌가 언제 골통 밖에 나와 명령하던가. 명령하고 지배하는 전체도 그렇다. 나서서 내가 기다, 내 말만이 옳다 하는 것은 다 가짜다. 절도요 강도다.

씨올의 사명은 지배하려는 모든 우상을 때려부수어 뵈지 않는 전체가 우리 속에서 명령하게 하는 데 있다.

• 1992년 8월, 『살림』 제45호

제7부

그 사람을 가졌는가

"자유 너 영원한 활화산이여"라는 시구가 새겨진 목판

"온 세상의 찬성보다도
"아니" 하고 가만히 머리 흔들고
그 한 얼굴 생각에
알뜰한 유혹을 물리치게 되는
그 사람을 그대는 가졌는가"
ㅡ「그 사람을 가졌는가」

어머니

옥창에 해 기울어 오늘도 다 갔구나
기다리는 어머님 몇 번을 속으셨노
낙엽에 놀라시는 양 뵈옵는 듯하여라

바람아 부지 마라 낙엽을 날릴랐다
공연히 부석이어 드신 잠 깨울랐다
오경五更에 뜨새시는 양 차마 못봐 하노라

서창에 기운 햇볕 어머니 얼굴인 듯
두 볼에 주름살을 눈 감고 그려보네
가슴에 시든 젖부리 또 만질 날 있을까

어머니 날 기르며 오늘을 뜻했을까
무릎에 어르실 제 천하론 바꿨을까
살창에 밥 받는 꼴을 보면 어떠하시랴

우물가 세우신 듯 늘 염려 못 놓는 맘
일마다 애태워서 주신 목숨 얼마실까
그 죄를 풀 길 없으니 천지 아득하구나

어머니 날 생각해 긴긴 밤내 실 잣신담
눈물 어는 늙은 눈에 바람인들 잘되리만
실보단 정이 더 길어 끈치실 줄 몰라해

천사 날개 가졌으면 이 밤엔 못 가볼까
잠 못 자고 울어 비는 어머니 앞 날어가서
가만히 숙인 그 머리 덮어드려 보련만

• 1945년, 『편지』(1954)

그 사람을 가졌는가

만리길 나서는 길
처자를 내맡기며
맘놓고 갈 만한 사람
그 사람을 그대는 가졌는가

온 세상 다 나를 버려
마음이 외로울 때에도
"저 맘이야" 하고 믿어지는
그 사람을 그대는 가졌는가

탔던 배 꺼지는 시간
구명대救命帶 서로 사양하며
"너만은 제발 살아다오" 할
그 사람을 그대는 가졌는가

불의不義의 사형장死刑場에서
"다 죽여도 너희 세상 빛을 위해
저만은 살려두거라" 일러줄
그 사람을 그대는 가졌는가

잊지 못할 이 세상을 놓고 떠나려 할 때
"저 하나 있으니" 하며
빙긋이 웃고 눈을 감을
그 사람을 그대는 가졌는가

온 세상의 찬성보다도
"아니" 하고 가만히 머리 흔들고 그 한 얼굴 생각에
알뜰한 유혹을 물리치게 되는
그 사람을 그대는 가졌는가

• 1947년 7월 20일, 『수평선 너머』(1953)

추석1

오늘은 추석날
한가위 대명절날
차디찬 가을비가
들창 밖에 뿌리네

오늘은 명절날
올벼떡 쳐 먹는 날
새 옷도 못 내 입고
가을비만 나리네

오늘은 가윗날
밤 대추 따먹는 날
보름달 어디 가고
궂은비만 나리네

오늘은 추석날
옛 어이 생각는 날
차디찬 궂은비만
무덤 위에 뿌리네

차디찬 궂은비
무덤에 나리어서
슬프고 슬픈 눈물
가을 풀을 적시고

차디찬 가을비
창 밖에 뿌리어서
슬프고 슬픈 생각
내 가슴에 떠도네

• 1947년 9월 28일, 『수평선 너머-함석헌저작집 23』(2009)

붉은 산

발 벗고 수건 벗고 젖가슴 들내놓고
허리를 못 가리어 떨고서 섰는 엄마
그 꼴을 차마 못 보아 얼굴 돌이키노라

그 가슴 찢은 네가 어디 가 젖먹으며
그 치마 벗긴 네가 어디 가 자려느냐
이 강산 버린 자식아 네 어디로 가려나

형아야 누나들아 늬 웃고 돌아오자
땀 흘려 눈물 뿌려 터진 살 다시 닦아
푸른 옷 붉은 치마로 우리 엄말 입히자

• 1947년, 『수평선 너머』(1961)

싸우는 생生

언덕 위에 바라는 꽃
향기 바다에 별처럼 반짝이는 꽃
날 보고 벙글거려 웃는 듯건만
내, 제 몸 뇌어 본다면
그저 좋은 낯에 웃는 것만은 아니더라

낮에는 낮을 태우는 뜨거운 볕에
밤에는 맘을 녹이는 차디찬 이슬에
쉴새없이 싸우는 그 싸움으로
붉게, 푸르게, 누르게 타는 그 얼굴
별 보고 호소하는 된 싸움의 얼굴이지
간신히 드는 믿음의 깃발이지.

멀리서 우러르는 낭떠러지의 솔
거꾸로 매달려 흔들거리는 늙은 솔
날 보고 우쭐여 춤추는 듯건만
내, 제 자리에 서서 본다면
그저 기쁜 흥에 미치는 것만은 아니더라.

굳은 바위 발붙일 자리 하나 안 주어

모진 바람 숨 한번 내쉴 틈 빌리지 않아
밤낮 없이 겨루는 그 씨름에
꼬부라지고 비틀린 그 허리, 팔, 다리
구름보고 허우적이는 절망의 몸부림이지
내리다 다시 드는 희망의 손짓이지.

매끄러운 꾀꼬리 소리
파란 실버들 사이에 드나드는 금 북의 소리
긴 봄날 취한 노랜듯건만
내, 제 뜻 품고 들어본다면,
그저 얼빠진 꿈 속에 부르는 노래만은 아니더라

겨울엔 눈보라 치는 어둔 골짜기에서
봄에는 안개 끼는 깊은 숲 사이에서
끝없이 그리운 사랑을 헤매어
애타다, 안타깝다, 쓰라려 부른 그 소리
바람결에 부치는 애끊는 곡조지,
끊다가 겨우 잇는 사랑의 하소연이지.

인생人生의 바다 건너다보면
살고 죽음의 끝없는 물결 일고 꺼짐 바라보면
어지러이 피는 꽃 동산인 듯건만
내, 내 몸 잊고 빠져들어 본다면
그저 날뛰는 욕심에 미칠 곳만은 아니더라

웃음 밑에 숨는 시내 같은 울음
기쁨 속에 잠기는 암초暗礁 같은 슬픔
노래 뒤에 감추인 폭풍 같은 크나큰 한숨

사나운 물결 미치는 바다 같은 이 세상에 노질하다가
하늘의 영원한 님 향해 울부르는 기도지
그래, 오 그래, 절망에 부르는 이김의 노래지.

• 1947년, 『수평선 너머』(1953)

봄은 왔건만

봄은 왔건만
강산에 봄은 제대로 왔건만
이 나라에는 봄이 아니 오니
내 백성은 일어설 줄도 모르니

봄은 왔건만
봄바람은 들을 건너 옷깃을 떨치건만
이 겨레는 얼음이 아니 녹으니
내 백성의 맘은 풀릴 줄을 모르니

봄은 왔구나
봄날은 이리도 맑아 하늘이 비치는구나
이 동산에는 티끌이 왜 아니 자니
이 백성은 왜 아직 어둠에 더듬니

봄은 왔구나
봄노래는 바다를 건너 봉 우에 요란쿠나
이 골짜기에는 왜 아직도 눈물이 엉켰니
내 사랑은 왜 아직도 슬픔에 목이 메니

갔던 봄 왔는데
제비도 제 집을 찾아오는데
대자연의 바퀴는 어김없이 굴러오는데
우리 맘에는 어이해 신생新生이 돌아올 줄 모르니

봄이야
슬픈 봄이야 기막히는 봄이야
꽃이 웃고 새가 노래한대도
내 백성에는 애가 끊기는 봄이야

봄아 오지 마라
이 저주 받은 동산에 영 오지마라
네 얼굴 차마 못 보리라 오지마라
네 노래 차마 못 들으리라 영영 오지마라

깨지도 않는 이 살창에
찾기는 누굴 찾아
웃지도 않는 그 찡그린 얼굴에
입은 무슨 입을 맞춰주니

자식들아 이 갈보의 새끼들아
봄노래 아니 부르려나
낡은 옷 벗어버리고 낡은 맘 부셔내버리고
얼싸안고 쫙 울며 이 터지려는 생명의 춤 아니 추려나

• 1948년 3월, 『수평선 너머-함석헌저작집 23』(2009)

인생은 갈대

인생人生은 연한 갈대 어린 순 날카론 맘
쓴 바다 노한 물결 단숨에 무찌르자
끝끝이 뜻 머금고서 다퉈가며 서는 듯

인생人生은 푸른 갈대 비바람 치는 날에
자라고 자라난 뜻 하늘에 닳듯건만
떠는 잎 한데 얽히어 부르짖어 우는 듯

인생人生은 누런 갈대 바람에 휘적휘적
거친 들 저문 날에 외로운 길손 보고
풀어진 머리 흔들어 가지 마소 하는 듯

인생人生은 굽은 갈대 망망한 바닷가에
물소리 들어보다 쓴 거품 마셔보다
다시금 하늘 우러러 생각하고 서는 듯

인생人生은 마른 갈대 꽃 지고 잎 내리어
파린 몸 빈 마음에 찬 물결 밟고 서서
한 세상 쓰고 단 맛이 다 좋고나 하는 듯

인생人生은 꺾인 갈대 한 토막 뚫린 피리
높은 봉 구름 위에 거룩한 숨을 마셔
처량한 곡조 한 소리 하늘가에 부는 듯

• 1948년, 『수평선 너머』(1953)

삶·죽음

삶은 얼마나 즐거운 일인가?
퍼져나가는 가지같이 그칠 줄 모르는 삶의 음악을
손에, 발에, 소리에, 얼굴에 넘쳐흐르게 하는 일은
그 얼마나 아름다운 일인가?

그러나
한 맘을 묶어 정성껏 바친 한 사람을 위해
맘껏 일하다가 힘껏 싸워 죽을 수 있다면
그는 얼마나 행복한 일인가?

그보다도
흘러가는 세상 물결 속에 흐르지 않는 사업을 쌓아
바위 위에 서서 죽는 등대지기같이 그 위에 서서 죽는다면
그것은 얼마나 영광스러운 일인가?

그러나 그보다도 또
영원히 실현될 길 없는 이상의 맑은 불꽃을 안고
새파란 날개째 부나비 되어 그 안에 뛰어들어 타죽고 만다면
그것은 그것은 얼마나 눈물나는 일인가?

즐거움, 아름다움, 행복, 영광을 다 모르고
그저 타, 타, 타, 영원한 불길로 타오르고만 마는 그 일은
아, 그 일은 얼마나 눈물나게 거룩한 일인가?

• 1951년 9월 16일, 『수평선 너머』(1953)

참배꽃

그리운 내 고향 우리 옛집 뒷 울에
늙은 참배나무 하나 서 있었네.
어느 할아버지 심은지 할아버지도 모른 나무.
아버지 따라 나도 거름 주던 큰 늙은 참배나무.

세기와 싸운 몸통 꾸부러지고 주름살 가고,
썩고 버러지 파먹어 거문고 소리만 나도,
그래도 봄 되면 꽃 피었네,
하얀 꽃 구름처럼 피었네.

늙은 그 나무 꽃 필 때면,
할아버지 백발처럼 하얀 꽃 피면,
검은 구름 늘 꼭 떠돌았지,
돌다간 종내 모진 비바람을 묶어 박곤 했지.

비바람 들이쳐도 겁도 안 내고
해마다 해마다 꽃 피었다
피어선 꺾이곤 해도 낙심도 않고
꺾여도 꺾여도 하얗게 피었다.

살구 복숭아 세월 좋게 먼저 피어
웃음으로 한세상 지내다 가건만,
장미 함박꽃 녹음의 궁전 속에 늦게 일어
높은 노래 부르며 사랑에 취타 가건만,

때 바꾸는 영의 큰 행군의 큰길 가에 피는 꽃아,
그 속에도 하필 흰 옷 입은 천사야,
너는 생명의 혁명군의 여신이더냐?
대륙의 속 마른 심정을 흔들잔 새 시대의 시인이더냐

몰아치는 폭풍우의 밤, 떠는 너를 차마 못 놓아
내 너를 안고 한 밤을 같이 울어 새자 했지.
아침 햇빛 속에 눈물에 어린 네 옥 같은 얼굴 보아
나도 내 눈물 네 뺨에 비비며 한데 섞었지.

나 지금 따 끝에 헤매는 나그네 남해에 낚시 드리우고
내 그리운 옛집 어디로 가 꿈 속에 거래去來하고,
늙은 너 그립건만 그대로 서 있는지 없는지,
지금도 그대로 비바람에 울며 꽃 피는지 안 피는지.

배꽃은 흰 꽃이야,
이 나라의 꽃이야,
눈같이 흰 그 꽃,
흰 옷 입는 이 나라 사람의 꽃.

배꽃은 웃지 않는 꽃,
이 나라 사람의 꽃.
흔드는 봄 폭풍 속에 피는 꽃이야,

삶의 즐거움 모르는 이 나라의 꽃이야.

배꽃은 비바람에 울며 피는 꽃,
이 나라의 이 사람들의 꽃이야.
꺾여도 꺾여도 울면서 피는 꽃,
울면서 울면서 살아오는 이 역사 동산의 꽃이야.

바람 들이치고 간 동산 돌아보자
떨어진 꽃 눈 같구나, 이거 봄이냐?
봄은 속절없이 왔다 속절없이 갔구나,
구름처럼 피는 꽃 공연히 피었었구나.

속절없이 오고 간 봄 한숨 쉬고 울건만
퍼진 가지 밑에 한여름 자고 나면 가을이로다.
붉게 누렇게 물든 잎조차 떨어져 엉성하건만
가지마다 줄렁줄렁 달리느니 참배 알이다.

크기 사발 같고
향기 취하는 듯하고
서리 맞아 누른빛 황금보다 더한 듯
입 속에 녹아드는 맛 죽지 않은 생명의 영약인 듯.

이 열매 저 눈물 엉킨 것일까?
이 빛 저 흰빛 영광에 뚫린 것일까?
저 풍파 겪고난 맘 그 맘 이 향기 아니냐?
저 님이 그 참뱃속 보시고 주신 키스 그 맛이 이 맛 아니냐?

참배 꽃은 이 나라의 꽃이냐?

참배 알은 이 나라 사람의 얼이냐?
꺾여도 꺾여도 피어 눈물 속에 열매짓는 배꽃 같은 맘
쓰고 신 것 다 맛본 후 제 맛 드러내는 참배 같은 마음.

우리 옛 집 울타리 안에 서 있던 참배나무
그 나무 지금 있는지 없는지 나 모르네.
그러나 내 가슴 속에 뿌리 박는 늙은 참배나무
늘 거문고 소리 나건만 흰꽃 피고 참배 열기 잊을 길 없네.

남해에 낚시 드리우자, 비바람에 졸자.
이 밤이 다 밝도록 물결과 싸우자.
봄 되어 하얀 꽃 또 구름처럼 필 때까지
그 눈물 엉켜 익은 참 열매 님의 제단에 향기롤 때까지.

• 1952년 3월 2일, 함석헌, 『수평선 너머』(1953)

칠월 그믐밤

님, 당신이 오셨습니다. 칠월 장마 이 그믐밤에 당신은 오셨습니다. 님이 나를 깨우셨습니다. 흔드셨어요? 소리지르셨어요? 내가 잠이 들었었습니다.

비는 자꾸 오고, 아무도 사람은 없고 무서운 생각도 나고, 쓸쓸하기도 하고 혼자서 마루 끝에 앉아 당신 생각을 하다가, 그래도 오시려니 생각은 감히 하지도 못하고 앉았다가, 언젠지 그대로 쓰러져 그만 잠이 들었었습니다. 우리집엔 불도 없어요. 올라오셔요. 지금이 어느 때나 됐을까? 아, 저 집의 시계가 3시를 막 칩니다.

님, 칠월 장마 이 음암한 밤, 당신은 오셨습니다. 내가 자는 새 오셨습니다. 내가 잠 속에 뭐라지 않아요? 오, 시원해. 님, 이 내 등살에 땀 좀 보세요.

님, 부끄러워요, 웃지 마세요, 불쌍히 여기셔요. 내가 못나서 그래요.

들어보세요, 꿈을 꾸었습니다. 38선의 전선이 무너졌다는데, 동부고 서부고 중부고 할 것 없이 일시에 공산군이 고지 위에서 눈사태 내리듯 내리 밀려오는 것을 보았습니다. 어떻게 많은지 국군이고 유엔군이고 난물속에 막서리 무너지듯 그만 단숨에 삼키워버리고, 이 대통령이고 국회의원이고는 어디로 갔는지 형적조차도 없고, 또 사람들이 그 생각은 할 겨를도 없어요, 그저 제각기 살겠다고 어쩔 줄을 모르고 쫓기면서 서로 떠밀고 짓밟고 엎으러지며 꼬부라지며 아우성을 치고 울고불고 해요.

그래도 꿈에도 무서운 중에도 정신은 똑똑했습니다. 우선 무엇보다 당신 생각부터 나서 이젠 님께로 가야 한다 하는데 어디 빠져나갈 수가 있어야지요, 그래 애를 쓰다 쓰다 소리를 고래고래 지르다 지르다 깼습니다. 오 시원해.

님, 칠월 장마 이 비 오는 그믐밤 운암한 들길에 당신은 나를 찾아오셨습니다. 그 손 들어 나 좀 만져보세요. 땀이 어떻게 빠진지 어떻게 야비달을 했는지 대가리가 하나두 없습니다. 오, 님, 당신이 아마 나를 깨우셨지, 만지셨지?

그렇게 기를 쓰고 야단을 하는데 한편으로 맘은 든든하기는 하면서도 그래도 이제 정말 죽었구나, 이 시간에 님은 어쩌고 계실까, 죽을 바엔 죽는 그 순간에라도 님을 내 맘에 꼭 안자 하고 가슴에 손을 대는데 갑자기 무엇인지 사람인지 누군지 알 수 없는데 무슨 큰 손 같은 것이 나를 섬쩍 들어 뽑아내리려는 것을 느끼는 그 순간 깨어버렸어요, 그런데 눈을 떠보니 당신이 거기 서 계시지 않아요?

오, 님, 당신이 오셨어요. 나를 만지셨지 뭐래요, 그때 꿈속에 내가 뭐라 해요? 아이 부끄러워, 웃지 마세요, 님.

님, 이 칠월 장마 귀신이 울 듯한 밤에 당신은 오셨습니다. 아이, 비를 함빡 맞으셨네, 옷이 다 젖으셨구면, 아랫도리엔 흙이 왼통 튀고, 오, 님, 어디로 오셨어요?

이마에는 구슬 같은 땀을 흘리시며, 막 달려오셨구면. 아이구 이 손이 왜 이러셔요? 다치셨네, 피가 막 흘러요. 넘어지셨어요? 아니, 발도? 오 님, 내 님, 아프세요? 이 비 오는 밤 미끄럽고 빠지는 길에 어디로 오셨어요? 어찌 오셨어요? 어딜 넘어지시며 오셨어요?

글쎄 당신이 이 밤에 날 보러 오셨어요? 올라오세요, 그 옷을 벗으세요. 내가 몸을 닦아드리지요, 옷을 빨아드리지요, 상한 몸을 싸매드리지요.

님, 칠월 장마 먹같이 캄캄한 밤, 진흙 길을 타시고 날 찾아오신 님, 왜 말씀도 한 마디 않으시고 거기 서 계시기만 해요? 왜 움도 쿰도 않고 고개만 수그리고 계서요?

어서 말씀해 주서요, 내 속이 타 죽을 것 같아요.

아, 우시네, 당신 우세요? 자꾸만 자꾸만 왜 눈물만 흘리세요? 님, 내가 눈물 닦아드리려요, 오, 이 손이 녹을 듯합니다.

오, 내 님, 내가 잘못했어요, 내 맘이 둔해 그래요, 미처 생각 못했어요. 나를, 이 몰라보는 미련한 나를 노여워 마시고 불쌍히 여기서요, 내 당신을 안으오리다, 그 젖은 옷째로 그 흙 그 피째로 안으오리다. 왜 말이 없으서? 왜, 님, 왜?

님, 칠월 장마 운암한 그믐밤, 나 홀로 앉아 밤이 다 새어가는 이 새벽에 당신은 오셨습니다.

마루 끝에 괴로운 꿈에 우는 나를 깨우셨습니다.

말씀 없이 울고만 계십니다.

떨어지는 눈물이 이 장마에 젖은 땅을 말릴 듯이 스며듭니다.

쓸어안은 이 가슴에 지진하듯이 진동이 옵니다.

비를 맞아 하부룩해진 그 머리 위로 저 하늘가에 구름이 잠깐 터지고 별이 하나 반짝합니다. 날이 개려나 봅니다.

열에 잠기는 어린이 눈동자같이 잠깐 반짝하더니 도로 짙은 구름 속에 빠졌습니다.

또 반짝합니다. 또 가리어집니다. 아무래도 날은 밝습니다. 동이 틉니다.

님, 말씀 좀 해주서요.

님, 칠월 장마 운암한 그믐밤 당신은 오셨습니다.

• 1953년 7월 5일, 『편지』(1954)

한국의 도전 The Challenge of Korea

1

나는 실패의 사람, 어떤 일에서도 지고 산 사람

나는 늘 패배자요 희생자

여기 미국에서는 전쟁포로

집을 떠나 망명 온 사람

나는 죄인, 저주받은 자

2

나는 도덕, 물질 할 것 없이 법이란 법은 다 어기는 자

성·속을 넘나들며 모든 체제에 반기를 드는 반골

내 이야기 하나 하리라

수난의 여왕 이야기

들어라, 다가오는 세계의 시민들아

세계혁명에 뽑힌 자들아

3

"예루살렘 여자들아 내 비록 검으나 아름다우니 게달^{kedal}의 장막

같을지라도 솔로몬^{Solomon}의 휘장과도 같구나

　내가 햇볕에 쬐어서 거무스름할지라도 흘겨보지 말 것은 내 어머

니의 아들들이 나에게 노하여 포도원지기로 삼았음이라 나의 포도

원을 내가 지키지 못하였구나"〔「아가」 1 : 5~6〕

4

당신네들은 나를 '코리아'라 불렀지만, 그건 내가 고른 이름이 아니야
모든 이름은 다 가짜라, 이것도 그렇지
내 이름은 '한^{Han}, 큰^{大; The Great}, 하나^{一; The One}'
내가 하늘에서 받았지, 하늘은 내 집이요 주님
나를 또 '조선'이라 부르기도 해, '아침 고요^{Morning Calm}'의 뜻으로
누군가 날 비하하듯 "은자^{隱者; The Hermit}"라 하지만
난 당당하게 스스로 '수난의 여왕'이라 부르노라

5

난 첫 닭 우는
역사의 새벽에 태어나

6

동해의 맑디맑은 물결 속에서 목욕하고
'서쪽 뽕나무 나라'〔西桑國〕 비단으로 옷 해 입고
북풍이 불어와 내 머리는 은빛 왕관을 쓰고
남해의 섬들로 내 두 발을 진주로 장식했노라

7

내 몸은 그리도 아름다웠노라
두 눈에는 미소가, 입술에는 노래가 떠나지 않았고
마음은 지혜로워
진리, 불멸의 신비를 알았노라
가슴은 고와서
모든 인간, 만물을 사랑하고 해치지 않았노라

8

태어나기 전에 나는 하나님과 짝했다고 들었노라
난 그를 잘 몰라, 본 적도 없고, 하지만 사랑했어
내가 하는 일이란 꽃을 기르고 아름다운 정원 가꾸어
영원히 꺼지지 않은 등불로 밝혀놓는 것
도둑처럼 그가 오는 밤까지
온갖 것 가운데 가장 유명한 1만 2천 다이아몬드 박힌 의자
세계 각지에서 온 손님들이 앉을 자리

9

왜 그런지 그 까닭을 알 수는 없지만
애초부터 난 신데렐라 될 운명
지루한 겨울밤이 얼마나 길었던고
어두운 의상실 구석에서 기다리고 있는 동안
많은 나라들 내게 눈길 한번 주지 않고 오가며
날 발밑에 짓밟고 밀쳐냈네
떨리고 졸면서 나는 마냥 앉아 기다리기만
아무 말 없이, 그이만 믿으면서
드디어 무대에 들라 호명하는 소리
허나 그건 영광스러운 부름 아닌 수치와 분노로의 초대

10

"침상에 누워 밤마다
내 영혼이 사랑하는 그를 찾았건만
찾고 또 찾았건만, 찾지 못해
이름을 불렀으나 님은 대답도 없어
순찰꾼들이 나를 보았기로
그대들이 성안을 돌아다니면서

내 영혼이 사랑하는 그이를 본 적이 있는가?

그들을 지나자마자

내 영혼이 사랑하는 그이를 내가 찾아냈노라

그이를 단단히 붙잡아 놓지 않고

끝내 내 엄마 집으로 데려와

나를 잉태한 엄마의 방으로 들어갔노라"〔「아가」 3:1~4〕

11

"보라, 내 사랑, 어여쁘고 어여쁘다

너울 속에 도사린

네 눈은 비둘기 같고

네 머리는 길리아드^{Gilead} 산기슭을 누비는

염소 떼 같구나

네 이는 목욕하고 나오는 털 깎인 암양

곧 새끼 없는 것은 하나도 없이

쌍둥이를 낳은 양 같구나

네 입술은 새빨간 실 같고

네 입술은 이쁘기 그지없다

너울 속의 뺨은 석류 반쪽 같구나

네 목은 무기를 두려고 건축한 다윗^{David}의 망대

곧 일천 방패

용사의 모든 방패가 달린 망대 같고

네 두 유방은 백합화 가운데서

꼴을 먹는 쌍둥이 노루새끼 같아

날이 기울고 그림자가 달아날 때

나는 몰약 산과 유향의 작은 산으로 가리라"〔「아가」 4:1~6〕

12

누구였던가, 처음 나를 속이고 내 지참금까지 빼앗은 자가

중국이었지, 대지주의 아들

부유하고 빼어난 언변, 하지만 욕심 사나운 자

빈말로 내 보물을 몽땅 다 가져갔네

다음에 누가 들이닥쳤나, 야생 사냥꾼 몽고

내 가슴을 더듬고 온갖 수치를 안겨

다음에는 또 누가? 반 유목민 만주가

이 땅을 훑고 다 털어갔네

마지막으로 온 건 속 좁은 일본

그네들은 내 사촌, 내가 가르쳤지

글 쓰기와 읽는 법 가르쳐 줘

거기다 유교, 불교, 미술까지

서양인들로부터 무기 빌려다

날 정복하다니, 선을 악으로 갚은 배은망덕한 자들

13

궁핍은 나의 운명

비탄은 나의 일상

내 얼굴은 멍들고

내 의상은 찢겨졌노라

내 꽃바구니는 비었다

텅 빈 내 가슴

이 길 위에 먼지 일고 저녁이 오는데

그러나 아직도 그이는 오지 않네

14

무릎 꿇고 나는 기도하고 있었네,

갑자기 들리는 소리 "신랑이 온다!"
두 발 껑충 뛰며 그를 맞으려 달려갔네,
그런데 슬프도다, 그건 다만 꿈이었네.
오랜 원수들이 내 영광을 시샘해
그리고 함께 작당하여 날 쓰러뜨렸네.
그리고 회담을 열어
날 사형을 내리고
중공이 내 오른팔 붙잡고,
러시아가 왼팔 붙잡고,
미국이 내 두 다리를 붙잡고,
그네들이 나를 십자가에 못 박아,
하지만 나무 아닌 십자가
산과 강들의 십자가
지금 나는 장백산長白山 고지 위에 못 박혀 있는 신세,
프로메테우스Prometheus가 사슬에 매인 것처럼.
서른여덟 마리 독수리가 내 가슴을 밤낮으로 쪼아 먹듯
내 비밀스러운 곳이 야비한 눈앞에 온통 노출되어 있도다

15
아, 나의 고통, 이 고통, 끝없는 아픔!
나의 하나님 나의 하나님, 당신은 왜 나를 버리시나이까?
아니, 하나님이 계시기라도 하나요?
누군가 하나님이 죽었다고 말했지!

16
하지만, 이천년 전 예수처럼,
나의 십자가 위에서, 난 말하리라
당신네들은 스스로 무엇을 하고 있는지 몰라요

당신네 미국인들, 러시아인들, 중국인들 그리고 인도인들.

17
바로 그날처럼
지금 두 죄인이 내 양쪽에서 십자가 벌 받고 있네
나를 믿으면 당신네들이 천국에서 나와 함께 있으리니
나는 세상의 심판관이라

18
바로 그가 말했듯이, 내 말하리
이이가 이날부터 여러분의 엄마
내 나라는 내 나라가 아니고 여러분의 나라
엄마, 그가 이날부터 당신의 아들이요.
내 역사는 내 역사가 아니고 당신네들의 역사

19
나를 심판하면, 당신이 심판받고
당신네 민족주의자, 당신네 공산주의자, 당신네 파쇼주의자
나를 죽이면, 당신이 죽지
당신네 정치가들, 병사들, 경제인들

20
자유가 어디 있어?
다른 사람의 집을 침략하는 짓이 자유라고?
정의가 어디 있어?
산 몸을 두 조각 내는 게 정의라고?

21

난 당신네들, 모든 종교를 고발하노라

기독교, 불교, 이슬람교, 힌두교, 도교

이 모두 쓸모가 무엇이랴

나의 죽음을 바라보며 방관하고 있는 종교들

22

나는 모든 인본주의자들을 고발한다,

당신의 이성은 어디에 있는가?

당신의 감성은 어디에 있는가?

당신의 양심은 어디에 있는가?

피 흘리는 시신 앞에서 일부러 눈 감고 있는 당신네들

23

내 죄 때문에 나를 비난해?

그래, 난 죄인이야, 난 짐승

만약 내가 짐승이라면, 그건 당신네 죄를

내 등에 지우려 한 것 아니냐?

24

난 광야에서 울부짖는 희생양

당신들의 죄를 깨끗이 씻어내려고.

난 갖가지 더러움으로 가득 찬 하수구,

당신들의 방 깨끗게 하려.

난 온갖 쓰레기로 가득 찬 쓰레기들,

당신네들 몸과 마음 건강하게 만들고자.

난 더럽고 냄새나고 역겨운 갈보,

모든 당신들의 짐승 같은 욕구를 만족시키고 영원히 잠재우려.

25

당신들은 문명한 사람이 되어라,

난 야만인이 될 테니

당신은 고귀하고, 고상하고, 거룩하여라

나는 기꺼이 무지랭이, 거러지, 바보가 될 테니.

26

날 경멸하지 마, 날 비난하지 마

나를 위해 울지 말고, 당신과 당신 자녀를 위해 울어라

27

난 역사의 제단이 되어 왔어

모든 나라들이 내 가슴에 자기들 희생을 바치고 불살랐지

난 인류의 공동묘지가 되었네

모든 인류가 자기를 사랑하는 세대들을 내 가슴 속에 묻었노라

모든 왕국, 모든 연방들이 내 속에서 하나 되었네

28

나는 '한Han, 하나the One, 위대한 왕국the Great Kingdom'

29

나는 당신들을 모두 용서할 것이다

당신의 모든 죄와 짐을 내게 내려놓고 나를 저주하라

그러고선 나로 하여금 옛 노래 듣게 하라

30

"그는 실로 우리의 질고를 지고 우리의 슬픔을 당하였거늘

우리는 생각하기를 그는 징벌을 받아서 하나님에게 맞으며 고난을

당한다 하였노라

그가 찔림은 우리의 허물을 인함이요 그가 상함은 우리의 죄악을 인함이라

그가 징계를 받음으로 우리가 평화를 누리고

그가 채찍에 맞음으로 우리가 나음을 입었도다

우리는 다 양 같아서 그릇 행하여 각기 제 길로 갔거늘

여호와께서는 우리 무리의 죄악을 그에게 담당시키셨도다

그가 곤욕을 당하여 괴로울 때에도 그 입을 열지 아니하였음이여

마치 도수장으로 끌려가는 어린 양과 털 깎는 자 앞에 잠잠한 양같이

그 입을 열지 아니하였도다"〔「이사야」 53: 4~7〕

31

죽은 예수Jesus, 전설적인 크리슈나Krishuna 믿지 말고

피 흘리는 역사적인 산 메시야Messiah를 믿어라

나는 구세주, 고통 받는 인간

세상의 죄를 짊어지고 속죄하노라

32

내 옆구리를 네 창으로 찢어라

물과 피가 흘러 나올 터이니

나는 고뇌 속에서 죽으리라

그러나 당신은 기쁨 속에서 살라

하나님은 나를 버렸네

난 죽은 하나님을 버리리라

32

그렇지만 난 다시 일어나리라

나는 생명이요, 나는 부활이요

난 이 오랜 죄로 가득찬 생명을 끝장내리라
그리고 나의 영원한 처녀성을 회복하리라

33
나는 죽어가는 세월과 더불어 죽어가고 있어
에밀레종[1]을 울려라, 내가 죽게 하라
오는 해와 더불어 나도 오고 있으리라
에밀레를 울려라 내가 있게 하라

• 1962년 12월 10일, 김영호 옮김

---

1) 에밀레종: 이것은 한국 경주 봉덕사의 동종에 얽힌 전설을 가리킨다. 종은 마
을 주민들이 보시하여 만들어졌으나, 막상 걸어놓고 보니 크기는 인상적이었
으나 소리는 울리지 않았다. 이웃 절의 한 승려가 꿈을 꾸었는데 한 사자가 나
타나, "그 마을에서 '용 시간'[辰時]에 태어난 여자아이를 붙잡아다가 용해된
철에 던져 넣고 종을 다시 주조하면 소리를 내리라"고 말했다. 아이의 어머니
인 과부가 슬픔을 참고 아이를 절에 시주했다. 그래서 말대로 이제 종은 울리
는데, 그 소리에는 "에밀레, 에밀레" "엄마, 엄마 때문에" 하는 외침이 들어
있었다. 아이와 엄마의 인간희생이 종으로 하여금 참된 소리를 내게 만들었
던 것이다.—저자 주

함석헌사상의 갈래와 특성

김영호 인하대학교 명예교수 · 철학

함석헌사상의 이해를 위해

함석헌사상의 특징은 방대함과 깊음이다. 종래에는 함석헌사상을 전체적 · 체계적으로 파악하기보다 '장님 코끼리 만지기식'으로 단편적 · 부분적으로 이해하는 데 그치기 쉬웠다. 예를 들어 「새 시대의 종교」처럼 주제를 직접 제목으로 언급한 글도 있지만, 대부분은 주제와 다른 제목의 글 속에 말하고자 하는 주제가 산재해 있다. '국가주의의 극복'〔초국가주의〕, '세계주의' '전체주의' '한'〔사상, 철학〕 같은 주요한 주제들이 다양한 글 속에서 변주곡처럼 반복되고 있다.

따라서 독자는 본문을 읽기에 앞서 사상 전체를 갈래지어 해설한 이 전체 해설과 각 권의 해설을 먼저 읽는 것이 도움되리라 본다. 각 권의 해설은 함석헌선집편집위원 세 명이 담당했다. 해설은 글이 나오게 된 시대적 · 사상적 배경을 밝히고 내용을 요약하며 주요한 개념과 글귀를 설명하는 식으로 씌어졌다. 세 가지 해설에 일관성과 통일성을 억지로 부여하지는 않았다. 해설자의 전공 분야가 각기 다르기도 하거니와 관점의 차이가 있는 것이 독자에게 오히려 도움이 될 수 있다고 보았다. 한 사람이 모두 해설하는 것보다 오히려 더 다양하고 폭넓은 통찰을 보여줄 것이다. 그렇다고 함석헌의 실체를 다 드러냈다는 건 아니다. 어차피 코끼리를 만지는 세 장님이다. 실체의 나머지 부분을 보는 것은 독자에게 달려 있다.

그 대신 이 전체 해설은 한 사람이 쓴 것으로서 일관성을 다소 보충했다. 전체 해설이 필요하다고 본 이유는 선정기준에 따라 선정되었더라도 제목이 가리키는 주제를 충분히 다루지 않은 글이 많을뿐더러 제목이 내용을 반영하지 않은 글도 적지 않기 때문이다. 따라서 차례만 봐서는 주요한 사상이 다 망라되어 있지 않다고 여길 수 있다. 이러한 단점을 보완하기 위해 쓴 전체 해설은 사상의 갈래와 전체적 윤곽을 어림잡을 수 있도록 도와줄 것이다. 물론 함석헌사상의 원천자료는 함석헌의 글과 말 자체다. 해설이 이해를 도울수 있지만 보조자료일 뿐이다.

앞에서도 언급했지만 함석헌의 글을 읽을 때 먼저 이해해야 할 것은 그 구조적인 성격이다. 가장 대표적인 글이라도 제목에 들어맞는 한 가지 주제만을 집중적으로 다뤘다고 할 수 없는 글이 많다. 제목이 꼭 정확하게 글의 내용을 반영했다고 볼 수도 없다. 왜인가. 함석헌의 글은 전문학자의 논문과는 달리 대중교육을 위해서 쓴 계몽적인 글과 강의록이 대부분이다. 종교개혁, 정치개혁, 교육개혁 등 사회개혁의 문제는 물론 민주화, 통일 등 시사적 · 시의적인 글이 많다. 당장의 화급한 문제를 다루는 글이니만큼 주제와 방법이 다양해질 수밖에 없었다. 그의 글은 한국사회와 문명의 병폐를 치유하기 위한 사회적 처방전이다. 암이 온몸으로 퍼지고 깊어져서 단방약이 아닌 종합처방을 내릴 수밖에 없었던 것이다.

따라서 선정된 글이라도 사상과 주제별로 엄격하게 분류하기가 어려운 점이 있다. 함석헌의 주요한 사상을 글 제목만으로 망라하기는 불가능하기 때문에 차례는 주요 주제를 부분적으로밖에 반영할 수 없다. 예를 들어 함석헌이 강조한 초국가주의, 세계주의, 종교다원주의, 전체주의 같은 주제를 따로 설정할 수 없었다. 매우 중요한 사상인데도 그 주제를 명시적으로 내세우거나 중점적으로 다루는 글이 없기 때문이다. 여러 글들 속에 흩어져 있다. 함석헌이 중시한 언론에 대한 글도 따로 설정할 수 없었다. 그가 크게 강조한 정치도 마찬가지다. 하지만 산재된 자료를 수집하면 언론개혁, 정치개혁의 청사진을 그리기에 충분하다.

경제도 마찬가지다. 여러 글 속에서 언급된 내용을 모아보면 그만의 특이한 비전이 드러난다. 자본주의, 중산층, 대기업 등의 문제가 포함된 독특한 경제관이다. 이렇듯 다양한 글 속에서 사회의 주요 분야를 종횡으로 세밀하게 다루고 있다. 다만 한두 개의 논문으로 집약되어 있지 않다는 것뿐이다. 그 대신 몇몇 글만 읽어도 큰 주제들을 부분적이나마 파악할 수 있다는 장점이 있다. 주제에 상관없이 선집 전체나 큰 주제로 묶은 한 권을 정독하면 결국 특정 주제나 분야에 대한 기본적인 또는 충분한 정보를 얻을 수 있다.

생애의 전환점

함석헌이 통과한 시련의 과정은 20세기 우리 민족이 겪은 고난의 역사를 고스란히 밟아간 험로였다. 시대마다 감옥에 들락거리고 탄압당한 사실이 그 증거다. 불의에 조금도 타협하지 않고 꼿꼿하게 살았기 때문이었다. 그것은 기독교 정신이기도 하고 선비 정신이기도 하다. 이처럼 함석헌이 독창적인 사상을 배태하게 된 배경을 알기 위해서는 먼저 생애의 주요한 대목과 전환점을 살펴볼 필요가 있다. 다음처럼 갈라볼 수 있다.

1. 민족의식의 발현: 3 · 1운동[1919]
2. 오산학교: 민족과 신앙[1921~23], 교사 생활[1928~38]
3. 동경 유학: 관동대진재와 무교회 신앙[1923~28]
4. '인생대학': 장기 투옥 두 차례와 단기 투옥 여러 차례[1940~]
5. 해방공간: 신의주학생사건[1945], 월남[1947]
6. 민중의 수난과 사회참여: 6 · 25전쟁[1950], 4 · 19혁명[1960],
   5 · 16쿠데타[1961], 5 · 18민주화운동[1980]

7. 퀘이커 신앙: '달라지는 세계' 관찰1962~, '펜들힐의 명상' 체험1970
8. 민주화운동1961~87

  함석헌은 생애의 전환점마다 독특한 체험을 하게 된다. 이 과정에서 하게 된 깊은 사유가 사상의 씨를 배태했다. 함석헌의 생애를 규정하는 특징이 있다면 그것은 철저한 공인公人정신이다. 그의 생애는 민족과 세계에 대한 사유와 관심, 봉사를 위주로 한 공생활의 도정이었다. 사인私人이나 개인으로서보다 공인으로서 산 부분이 훨씬 크다. 선공후사先公後私, 대공무사大公無私의 공공公共한 이타주의적인 생애였다. 대하大河 같은 함석헌의 사상은 이러한 정신의 산물이다. 그가 남긴 글과 말은 그가 어떻게 공인으로 살아갔는지를 보여주는 기록이다. 민중(씨올), 민족, 세계, 생명, 전체 같은 주제가 평생의 화두였다. 세계공동체를 향한 민족공동체의 건설이 그의 주요 관심사였다.
  공인정신은 무엇보다 민족의식 속에서 드러났다. 함석헌은 1910년 한일합방의 충격과 1919년 중학생(평양고보) 시절 앞장서 참여한 3·1운동으로 민족의식에 눈떴다. 3·1운동은 그의 삶과 사상 모두에서 하나의 큰 전환점이었다. 사적·개인적인 가치보다 공적·사회적 가치를 우선하는 시각이 여기서 싹트기 시작했다. 정의와 평등 의식을 심어준 부모의 영향도 컸다. 또한 3·1운동으로 퇴학당한 뒤 결벽주의적인 성격으로 복학의 명분을 못 찾고 2년간 방황하다가 뒤늦게 편입한 오산학교는 민족의식과 신앙을 고취시켜주었다. 그 정신이 졸업 직후 일본으로 떠난 유학생활1923~28을 흔들림 없이 견디게 했다.
  유학 초기 동경고등사범학교 입학시험을 준비할 때 일어난 동경대진재의 체험은 그에게 일본(인)과 인간의 실상 그리고 본인의 탐욕심까지 드러내주었다. 생사를 넘나드는 과정에서 평생 그를 따라다닐 감방생활을 미리 맛보기도 했다. 미술, 철학 같은 분야를 전공

하고 싶었지만 사범학교에 입학한 것은 민족에 봉사하는 도구로서 우선 교육이 필요하다고 판단했기 때문이었다. 유학 기간 귀중한 인연도 맺었다. 김교신 등과 함께 무교회주의 제창자 우치무라 간조의 『성서』연구회에 참여한 것이다. 무교회주의는 함석헌의 내면에서 일찍부터 꿈틀거리던 기성교회에 대한 비판적인 관점과 일맥상통하는 것이었다. 1950년대 초 신학적인 이유로 모임과는 결별했지만 그 정신은 그의 신앙의 밑바닥에 계속 흐르게 된다.

유학을 마치고 귀국한 함석헌은 곧바로 모교인 오산학교 교사로 취임했다. 일제의 탄압으로 사직할 때까지 10년간 맡은 교직은 그가 평생 가져본 유일한 직업이었다. 오산학교 창설자이자 존경하는 스승 남강 이승훈을 모시며 열정을 쏟아부은 교사 함석헌은 지덕知德 양면에서 인생교사의 역할을 충실히 수행했다. 이런 모습이 학생들에게는 파격적으로 여겨져 '함 도깨비'라고 불리기도 했다. 오산학교를 사직하게 된 것은 일본말 전용, 창씨개명 등 날로 조여오는 일제의 탄압으로 제대로 학생들을 가르치기 어렵다고 판단했기 때문이다. 다른 형제와 달리 끝까지 창씨개명을 거부했던 것도 그가 얼마나 철저한 저항자로 살았는지를 말해준다.

교사를 그만둔 함석헌은 오산학교 부근에서 두어 해 과수원농장을 하면서 신앙수행과 독서, 사색에 열중했다. 그러다가 1940년 평양 부근 송산에 있는 농사학원을 인수했다. 오산학교 교사 시절부터 꿈꾸어온 종교, 교육, 농사가 삼위일체로 융합된 생활공동체를 꾸리게 된 것이다. 참여한 무리는 스무 명쯤 되었다. 단순한 공동체가 아니라 일제에 대한 일종의 (비폭력주의를 내세운) 소극적 저항운동이었다. 그런데 몇 달 못 가서 독립운동(계우회) 사건에 엮여 1년 동안 경찰서 유치장에 갇히게 되었다. 석방되고 나서 집안 농토를 일구며 지냈는데 이번에는 신앙동인지 『성서조선』의 필화사건에 연루되어 1942년 서대문 감옥에서 1년을 살았다. 나와서 다시 농사를 짓다가 밭에서 해방 소식을 들었다.

그야말로 자유와 독립이 따라오는 해방인 줄 알았던 해방은 진정한 해방이 아니었다. 기쁨도 잠시 그는 미국과 소련의 합의에 따라 북한에 진주한 소련군정 밑에서 지역자치 대표자로 봉사하며 지냈다. 그러다가 신의주학생사건의 조종자로 몰려 50일간 소련군 감옥에 갇히는 등 생사의 문턱을 넘으며 공산주의 이론과 현실 사이의 괴리를 체험했다. 이때 처음으로 '시라는 것'을 써보게 되었는데 어머니를 두고 읊은 사모곡이었다. 공산주의는 정신과 종교를 부정하는 물질주의여서 함석헌의 가치관과 세계관에 정면으로 배치된다. 더구나 폭력을 수단으로 사용한다. 그런 이념에 목숨을 걸고 살 수는 없어서 월남을 감행했다.

한일합방부터 신의주학생사건을 거쳐 월남에 이르기까지가 함석헌의 생애 전반부를 구성한다. 특히 교직을 벗은 이후 7년간은 파란 많은 힘든 기간이었지만 농사와 투옥 생활은 사색하기 좋은 환경이기도 했다. 이후 전개될 그의 깊고 다양한 사상의 토대와 기초가 이 기간에 구축되었다. 그것은 월남 후 폭포처럼 쏟아낸 글들을 보면 짐작할 수 있다. 그의 내면에서 오래 갈무리된 생각이 광야의 소리가 되어 봇물 터지듯 터져 나온 것이다.

이처럼 함석헌은 1901년부터 1947년까지 생애 전반부는 북한에서, 이후 1989년까지 생애 후반부는 남한에서 살았다. 거의 비슷한 기간이었다. 사상의 형성과정도 두 단계로 나눌 수 있다. 앞 단계는 주로 신앙을 중심으로 민족과 역사를 관심 있게 다뤘다면 뒤 단계는 문명, 세계, 씨올, 전체 등 거대 담론과 대하 사상을 전개했다. 두 기간 사이에 연속성이 없는 것은 아니다. 예를 들어 그는 제2차 세계대전이 끝나면 인류가 지금까지와는 전혀 다른 새로운 틀걸이paradigm를 갖게 될 것이라고 전망했는데 이는 후반기의 본격적인 문명비평으로 이어진다.

이제 복합적인 함석헌사상을 하나하나 살펴보자. 어떤 점에서 독특하고 보편적인가.

'하나됨'의 종교

함석헌의 일차적인 관심사요 사유의 주제는 종교다. 그의 사상 형성과정에서 사유의 기조가 되는 것도 종교와 역사다. 종교가 초월적인 가치를 대표한다면 역사는 그 현실적인 전개에 해당한다. 역사의 발전은 종교가 상징하는 정신적 가치의 실현으로 측정된다. 그가 추구한 자기개혁, 사회개혁, 세계혁명의 원리는 종교에 바탕을 두고 역사가 가리키는 방향과 이상을 반영하는 것이다. 그 점에서 함석헌은 (역사철학자로 볼 측면도 있지만) 무엇보다 종교철학자다. 그는 정치나 교육 등 다른 모든 분야도 종교적 원리와 가치관에 근거해야 제 기능을 할 수 있다고 보았다.

그렇듯이 함석헌에게 '종교는 사람 살림의 밑동이요 끝'이며 '문제 중에도 가장 긴〔要〕한 문제'다. 종교는 궁극적 가치를 대표한다. 종교가 다루는 정신(영)이 빠진다면 인간이라 할 수 없는 것처럼 종교를 떠나서 역사를 올바로 해석할 수 없다. (역사가 토인비도 문명의 열쇠를 종교에서 찾았다.) 눈에 보이는 현상만이 존재나 실체의 전부는 아니다. 과학자는 신을 증명해야 할 가설로 여기지만 함석헌은 누구도 반증할 수 없는 실체나 진리로 인식한다. '하나님'은 특정 종교가 받드는 신의 범주로 한정할 수 없는 우주를 지배하는 원리다.

함석헌이 처음부터 종교철학자나 종교사상가로 출발한 것은 아니다. 그는 평생 충실한 크리스천으로 산 신앙인이다. 그 신앙은 어느 시점부터 교회 중심의 정통적인 신앙에서 벗어났다. 유소년 때 다니기 시작한 교회는 북미 선교사들이 가지고 들어온 보수적인 교파인 장로교에 속해 있었다. 거의 누구나 그렇듯이 함석헌에게도 종교는 자기가 선택한 게 아니고 환경적으로 주어진 것이었다. 당시 그의 태생지 평안도는 유교나 불교 등 전통적인 종교가 제 기능을 잃어버려 외래종교인 기독교가 급속히 파고든 지역이었다.

평양고보 재학 중 3·1운동에 참여한 함석헌은 이후 복학하지 않고 뒤늦게 오산학교에 편입했다. 3·1 독립선언을 주도한 이승훈이 사재를 털어 설립한 오산학교는 함석헌의 신앙심과 민족정신을 고양시켰다. 그의 교회관은 일찍부터 비판적인 방향으로 흘렀고 동경 유학 시에는 우치무라 간조가 이끄는 무교회주의 신앙에 경도되었다. 이후에도 비정통적인 퀘이커 교단에 들어갔다. 퀘이커 교단은 신앙의 내면성을 강조하고 평화주의 사상을 실천한 기독교 소수교파로서 성직자가 따로 없고 조직이 매우 느슨한 친우회 모임이 그 특징이다. 이는 무교회주의 정신과 먼 것이 아니었다.

이러한 과정에서 함석헌의 신앙과 종교관은 확대되어갔다. 그의 기독교는 서구의 정통기독교와는 다른 독특한 형태로 전개되었다. 그의 신관은 일신론적인 모습만이 아니라 신의 초월성을 강조하는 범신론pantheism, 내재성을 강조하는 범재신론汎在神論, panentheism, 하늘〔天〕이나 도道, 브라만Brahman 같은 비인격적 절대까지 아우르는 포괄적인 것이었다. 그러면서도 함석헌 자신은 인격신을 선호했다. 인격을 통해서 신과 인간의 본질적 일치를 찾고자 하는 뜻에서였다. 그는 사람이 자라서 하나님까지 도달할 수 있다고 믿었다. 신의 형상으로 창조된 인간은 다 신의 아들이라 할 수 있다. 하나님 아들(독생자)은 예수만이 아니다. '사람의 아들'〔人子〕이라고 한 것도 그 때문이다.

함석헌은 역사적인 예수Jesus보다 그리스도Christ를 더 중시했다. 말하자면 '우주적인 그리스도'다. 그것은 진보적인 현대 서구 신학자들이 말하는 개념인데 그는 이를 일찍부터 품어온 셈이다. 함석헌은 그리스도—중심보다는 신(하나님)—중심God-centered 신앙을 위주로 삼았다. 이와 같이 그의 기독교관은 포괄적이다. 동서 종교관을 융화한 그의 해석으로 정통 서구 기독교의 지평이 확대되고 보편성이 더 확보되었다고 볼 수 있다. 한국기독교의 토착화와 한국신학의 수립이 요청된다면 그것은 함석헌의 해석을 통해서 될 수밖에 없을지도 모른다. 그러나 근본주의적·보수적인 주류 한국교회가 그를 이단시하는 시각은 여전하다. 그가 새로운 종교개혁을 부르짖은 것도 놀랄 일이 아니다.

여기서 살펴볼 것은 '종교'의 범주 문제다. 종교개혁이 기독교에만 해당하느냐는 것이다. 루터^{Martin Luther}가 발단시킨 종교개혁의 대상은 기독교였다. 당시 서구에서 종교는 바로 기독교를 지칭했다. 함석헌에게도 유소년 시절의 환경에서는 사실상 기독교가 유일한 종교나 마찬가지였다. 당시 유교, 불교 등 전통적인 종교들이 온전한 종교로서 기능을 하지 못하던 틈새를 기독교가 파고 들어왔기 때문이다. 하지만 다른 전통과 사상에 개방적인 함석헌은 교회의 보수적·배타주의적인 타종교관에 갇혀 있을 수 없었다. 그의 종교는 더 이상 특정한 조직종교가 아니고 '보편종교'였다.

함석헌은 신앙에는 주격(주체)도 목적격(대상)도 없다고 주장한다. 신앙은 수식할 수 없다. 주체와 대상을 한 가지로 못 박거나 한정할 수 없다. 기독교 신앙, 불교 신앙으로 구분할 필요가 없다. 올바른 신앙이라면 다 한 가지다. 이것은 하버드 대학교의 스미스^{Wilfred Smith} 교수 같은 서구 종교학자의 생각과 일치한다. 기독교니 불교니 하는 명칭은 근대 서양학자들이 만들어낸 개념이라는 것이다. 그렇다면 함석헌의 종교개혁은 모든 종교에 해당한다. '무교회'는 '무종교'로 확대된다. 물론 여기서 종교는 종교조직(사원, 승단, 모스크 등)이나 조직종교를 가리킨다.

함석헌에게 종교는 개인적인 신앙의 대상만이 아니다. 더 중요한 뜻을 지니고 있다. 그것은 사회적·우주적 통합의 원리다. 종교가 지향하는 일차적인 목표는 '하나됨'이다. 신과 인간(나), 너와 나, 종교와 종교, 인간과 자연, 동과 서, 남과 북, 문명과 문명 등 모든 상대적 대칭을 연결시키고 조화시키는 사랑과 자비의 원리가 곧 종교다. 그런데 현실은 너와 나, 가진 자와 못 가진 자, 민족과 민족, 종교와 종교, 남과 북의 대립과 양극화, 갈등과 전쟁으로 편할 날이 없다. 종교 간 대립이 세계를 '문명충돌'로 몰아넣고 있다. 모든 갈등과 분열의 단초를 제공하는 종교 속에 해결의 처방도 들어 있다. 종교가 제 기능을 다하기 위해서는 '하나됨'을 지향해야 한다. 이를 실천하지 못한 낡은 종교들을 대치하는 새 종교가 출현해야 한다. 제2의 종교개혁이 필요하다.

'하나됨'은 종교만이 아니라 사회와 학문 등 모든 분야가 지향해야할 목표와 사명이다. 특히 현실을 지배하는 정치가 중요하다. 종교는 하나됨의 근거와 원리를 제공하고 정치는 그 현실적인 실천을 주도한다. 따라서 종교와 정치가 긴밀한 관계를 맺을 수밖에 없다. 종교를 떠난 정치는 원칙 없이 독주하다가 분열과 갈등을 일으키기 마련이다. 통합과 조화의 원리는 종교에 내포되어 있다. 사회갈등과 민족분단의 극복도 종교적인 지혜와 덕성의 실천으로서만 가능하다.

함석헌의 종교사상에서 두드러진 것은 타종교에 대한 종교다원주의적인 관점이다. 전반적으로 서구 종교학자들보다 앞선 이해를 보여준다. 이는 학술자료에 의존하기보다 오랜 체험적 통찰과 폭넓은 독서를 통해서 얻은 결과다. 생애 초반에는 『성경』의 독해에 열중한 신앙생활이었으나 이후 인도와 중국의 고전에 눈뜨면서 그의 종교 지평은 점차 확대되어갔다. 특히 '인생대학'은 독서와 사색의 호기였다. 서대문 감옥에서 '사상의 테두리'가 확대되는 것을 느꼈다. 거기서 그는 몇 가지 주요한 불교 경전을 읽고 기독교와 불교의 취지가 다르지 않음을 인식했다. 종교관의 확대가 구체적으로 표명된 사례는 그의 독창적인 한국사 저술 『성서적 입장에서 본 조선역사』[1950]를 『뜻으로 본 한국역사』[1961, 1965]로 개칭한 일이다. 시각을 『성서』에서 범종교적·보편적인 범주로 확대하면서 그는 "내게는 이제 기독교가 유일의 참종교도 아니요 『성경』만 완전한 진리도 아니다"고 선언했다.

함석헌은 그의 종교가 '보편종교'라고 당당히 밝히기도 했다. 종교관의 보편적 확대는 종교 간의 평화와 공존의 필요성에서 나온 것만은 아니다. 인식론적으로 진리의 인식과 관련된 문제다. 그는 진리나 실체는 한 종교나 경전만으로 인식하기에는 너무 크고 타 종교를 통해서만 온전히 파악할 수 있다는 시대를 앞선 신념을 지녔다. 이것은 오늘날에야 깨닫고 진지하게 논의, 실천되고 있는 뮐러^{Max Müller}의 '하나만 알면 하나도 알지 못한다'는 비교종교의 원리와 일치하는 통찰이다.

종교담론에서 함석헌은 늘 예수, 석가, 공자를 병렬시키면서 이야기한다. 기독교의 사랑, 불교의 자비, 유교의 인仁을 동의어처럼 동렬에 놓는다. 특정한 개념을 해석하거나 한 경전의 문장을 주석하면서 기독교, 힌두교, 불교, 유교, 노장(도교) 등 다종교(경전) 사이를 넘나들며 자유자재로 인용하고 해설한다. 이것은 기독교, 힌두교, 노장, 유교 경전의 주석에도 해당한다. 진리가 하나인 것처럼 그에게 종교는 하나다. 이 같은 생각은 모든 종교전통에 두루 노출된 한국인만이 지닐 수 있는 것일 수도 있다(물론 이러한 모습은 인도, 중국 등 동양 종교전통에서도 찾을 수 있지만 대개 특정 종교를 중심으로 삼는 경향이 강한 형태였다. 그리고 한국에서처럼 서구종교가 전통종교와 평등한 위치를 점유하지는 못했다).

함석헌의 주석은 세계종교사에 전례 없는, 동서를 넘나드는 다종교적 모델이다. 게다가 그의 주석은 경전에 나오는 개념이나 표현의 문의만 밝히는 정도에 그치지 않는다. 당면한 사회 현실, 세계, 현대문명에 대한 예리한 비판적 관찰과 미래의 비전이 주석의 백미가 된다. 문자 중심의 주석은 여느 주석과 다를 바가 없지만 이 시사적·시대적인 의미를 밝히는 해석이 그의 주석의 특징이다. 여기서 삶의 교훈을 얻을 수 있다.

실천수행에서도 함석헌은 범종교적인 실천에 도달했다. 이미 그의 사상 속 실천의 정점인 사랑(기독교), 자비(불교), 인(유교)의 일치, 깨달음과 계시 사이의 무경계에서도 일차적으로 나타났지만 구체적인 실천에서도 종교들은 만난다. 바로 '나'(자아) 개념이다. 그는 예수의 십자가 희생이 보여준 사랑의 구체적인 실천을 이기적인 '나'의 버림, 즉 부정[無我, 沒我]에서 찾는다. 바로 불교의 수행 원리다. 그것은 또한 노장의 무위, 힌두교의 무집착, 『바가바드 기타』의 무욕

행無慾行, nishkamakarma과도 마주친다.

결국 종교들을 관통하는 실천의 요체는 '나'의 인식과 실천에 들어 있다. 이기적인 나(소아)만이 아니라 주체적인 나와 실체적인 나(대아, 참 나)를 판별해야 한다. 그 연장 선상에서 우리는 또 하나의 획기적인 해석을 만난다. '나는 길이요 진리요 생명이다'의 나는 예수 자신을 가리키지 않는다. 주체적 또는 실체적 '나'다. 불교의 '천상천하유아독존'天上天下唯我獨尊도 마찬가지다. '나'는 석가가 아니다. 신학적으로 혁명적인 해석이다. 함석헌의 종교는 '보편종교'임이 확연하다.

서구에서는 20세기 후반부터 '세계종교'world religions를 종교학의 주요 주제로 삼고 대학교 교육에 편입시켰다. 인문학 중심 교양과목의 주축이 되어 있다. 전통적인 7대 종교뿐만 아니라 샤머니즘과 원시종교에 이르기까지 모든 종교를 다루는 세계종교 서적이 쏟아져 나오고 있다. 대학교에서 그 과목을 비껴간 것이 틀림없는 미국의 부시George Bush 전 대통령은 이슬람을 악마(사탄)의 종교로 규정하고 이라크를 악의 축으로 낙인찍었다. 이러한 배타주의적 종교관과 헛된 근거로 이라크를 침략함으로써 미국과 세계에 입힌 천문학적인 피해를 생각하면 종교 교육이 얼마나 중요한지 짐작할 수 있다. 세계의 화약고가 된 중동국가 간의 갈등 또한 다 잘못된 종교 인식에서 말미암은 것이다.

역사적으로 다양한 종교를 접해온 한국인, 한국사회가 이와 멀리 떨어져 있다고 장담할 수 없는 현실이다. 배타주의적인 교파신학으로 인한 종교 간 갈등과 사회갈등은 드러난 것보다 훨씬 심각한 수준이다. 갈등의 문제 못지않게 중요한 것은 참 신앙과 미신의 경계선이 무너졌다는 사실이다. 이 책에 실린 함석헌의 종교 강론을 읽어보면 명료해질 것이다.

종교과학Religionswissenschaft, 비교종교comparative religion, 종교사학history of religions 등 여러 이름으로 불러온 종교학이 이제는 세계종교로 불린다는 사실은 서구에서 일어나고 있는 세계종교와 다원주의에 대한 뜨거운 관심을 잘 보여준다. 이 분야의 석학인 스미스는 '세계종교'를 단수world religion로 취급해야 한다는 주장을 내놓았는데 이는 함석헌이 주장한 종교의 단일성과 일원성에 다름 아니다. 이렇듯 함석헌은 종교다원주의와 세계종교의 선구자였다. 그런데도 우리는 서구 사상에만 몰입하느라 우리 속의 선각자를 모르고 있었던 것이다.

전체의 시대를 꿈꾼 인식론

함석헌의 종교 담론에는 인식론적인 요소가 큰 비중을 차지한다. 그의 인식론은 인도철학처럼 철학적 인식론만이 아닌 종교적 인식론이다. 함석헌이 뿌리를 둔 동양철학은 종교의 영원한 전통이다. 두드러진 점이 있다면 그의 진리관, 실체관의 중심에는 신(하나님)이 있다는 것이다. 동서 전통을 수렴, 융합한 관점을 보여준다. 그가 중시한 인식수단은 종교와 철학 그리고 동서 전통을 망라한다. 사유(생각), 이성(추리), 지각(직관, 깨달음), 경전(권위) 등 전형적인 인식도구뿐만 아니라 믿음, 계시, 양심까지 아우르는 포괄적인 인식론을 전개했다. 종교나 신앙에서 그는 생각과 이성을 유난히 강조한다.

생각은 이성의 활동인 추리를 포함하지만 그것을 넘어서는 명상적인 차원까지 내포한 확장된 범주를 갖는다. 생각은 부정적·긍정적 측면, 상대적·절대적 차원, 역기능·순기능 등 양면성을 지닌 양날의 칼이다. 깊은 생각(명상)은 깨달음으로 이끌지만 그것은 생각을 초월한 무념무상의 경지다. 함석헌은 종교와 신앙에서 이성의 역할을 중요시한다. 감정을 앞세우고 이성을 통과하지 못한 신앙은 미신으로 간주한다. 그는 이성이 큰 역할을 하는 과학이 언젠가는 종교와 마주치는 경지에까지 이르리라고 전망한다. 이성의 확장은 종교와 갈등하지 않는다. 그것은 신이 인간 속에 심어준 바탈(성품), 즉 신성의 발휘이기 때문이다.

함석헌의 포괄적이며 독창적인 인식론을 보여주는 한 가지 사례로 계시와 깨달음의 경계를 허물었다는 점을 들 수 있다. 두 가지는 문화적·종교적인 차이 때문에 구분되었을 뿐 사실 똑같은 종교체험을 가리킨다. 유신론적인 기독교는 계시를 말하고 무신론적인 불교는 깨달음을 말한다. 함석헌의 인식론 속에서 계시와 깨달음의 경계, 즉 기독교와 불교의 벽은 허물어진다. (한국종교사에서 계시와 깨달음의 일치는 동학의 창시자 최제우의 '대각' 체험에서 증명되었다.)

함석헌의 인식론에서 또 하나 혁명적인 발상은 인식의 주체가 개인에서 전체로 바뀐다는 것이다. 발단은 개인이라 하더라도 전체의 처지에서 사고하고 전체를 대변하는 것이어야 한다. 개인이 주체가 되는 개인주의 시대는 지나가고 전체의 시대가 도래했다. '생각하는 백성이라야 산다.' 백성(민족)이 하나의 전체로 생각해야 한 나라로서 갈 수 있다. 민족주의 시대는 가고 세계주의 시대가 왔으므로 이제 전체는 민족에서 세계로 확대되었다. 하나의 세계가 생각의 주체가 되어야 한다. '하나가 된 전체에만 진리가 있다.'

이에 따라 종교적인 차원에서 구원론도 혁신해야 한다. 구원의 주체와 대상도 개인에서 전체로 달라진다. 이제 개인구원이 아니라 전체구원이라야 한다. 종교가 더 이상 개인주의적 사고에 머물 수 없다. 기존 조직종교들과 교리는 다 개인주의적 사고의 산물이다. 소승적으로 자기만의 구원과 해탈을 추구해왔다. 물론 불교에서 소승불교는 대승불교로 진화했지만 현실은 아직 소승적 해탈에 머물러 있다. 한국불교(조계종)에서 가장 활용하는 참선수행도 개인주의적인 방법이다. 진정한 참선은 자리만 공유하는 것이 아니라 모두 내면적인 일체가 되어 참여하는 집합적·전체주의적 참선이라야 한다. 함석헌이 귀속한 퀘이커 모임은 함께 추구하고 공유하는 측면이 있다. 진보적인 기독교 교파가 한때 전체구원과 유사한 사회구원을 주장하기도 했지만 개인주의와 그 변형인 국가주의가 지배하는 현실에서 더 나아가지는 못했다. 불교든 기독교든 함석헌의 전체주의 원리를 원용하면 새 시대에 맞는 새로운 실천수행 방법론을 개발할 수 있다.

함석헌은 전통적인 인식론을 넘어선 포괄적인 인식론을 전개했다. 예를 들어 인식도구로 양심을 중시한다. 양심은 모두가 공유하는 천부적·생래적 요소다. 개인에게서 발동하지만 사회적 양심으로 확대되어야 한다. 이성의 확대인 지성도 사회적 지성으로 개발할 수 있다. 근래 대두된 '집단지성'도 그 한 조짐으로 볼 수 있다. 또한 함석헌은 믿음을 타당한 인식수단으로 강조한다. 믿음은 진리인식을 초래하는 필수적인 전제조건이다.

민중사관으로 본 새 문명의 탄생

종교철학자로서 두드러진 독창성을 보인 함석헌에게 종교 다음으로 중요한 관심사는 역사였다. 역사와 사회는 개인의 삶의 좌표를 결정하는 두 요인이다. 어느 하나라도 무시한다면 생각하거나 살아가는 것이 무의미하다. 특히 그는 역사가 어떤 뜻을 지닌 채 절대적인 원리(섭리)에 따라서 진행한다고 보았다. 그것을 읽어내는 것이 사회를 이끌어가는 지도자와 지식인들이 필수적으로 해내야 할 사명이다. 특히 역사교사로서 그는 역사를 어떻게 가르쳐야 하느냐 고민하지 않을 수 없었다. 자료나 연구물 등 모든 것이 결핍된 척박한 풍토에서 더구나 일제의 압제와 감시 속에서 역사가의 상상력을 총동원하여 엮어낼 수밖에 없었다. 그 결과가 소박하지만 오히려 독창적인 한국사와 세계사 저술이었다.

저술과정에서 함석헌만의 독특한 역사관이 형성되었다. 그것은 복합적인 것으로 그 가운데 몇 가지(종교, 섭리, 민중, 고난)가 두드러진다. 종교를 가장 궁극적인 원리와 가치로 설정한 그의 사상에서 종교사관은 당연한 설정이다. 종교사관은 섭리사관으로도 표현된다. 역사 속의 사건들이 우연으로 보이더라도 절대자의 섭리가 작용한 결과라고 이해하는 관점이다. 섭리라고 해서 인간의 자유가 배제된다는 것은 아니다. 섭리는 절대의 차원이고 상대적 차원에서는 자유의

지가 발동할 여지가 남아 있다.

역사의 주체가 누구인가 하는 문제에서 함석헌은 획기적인 전환을 시도했다. 그것이 민중사관이다. 그는 역사를 주도하는 주체를 군주와 소수 지배층에서 민중으로 대치했다. 종래 기술된 역사가 사실상 왕조사, 군주사였지만 올바른 역사는 민중의 사회사여야 한다는 것이다. 웰스Herbert Wells, 마치니Giuseppe Mazzini 같은 서구사상가의 저술에서 영감을 얻기도 했지만 함석헌의 관심은 늘 개인이나 소수 집단보다 공동체 구성원 전체에 있었다. 이때 전체를 구체적으로 대표하는 주체는 민족이나 민중이었다. 민중사관은 그러한 통찰의 자연스러운 귀결이었다. 이제 장군이나 영웅이 할거하는 시대는 지났다. 장군 한 사람이 존재하기 위하여 민중 수만 명의 뼈다귀가 쌓여야 했다. 이때도 역사의 실제 주체는 민중이었다(그 사실이 「행주산성」과 「남한산성」에서 절절하게 묘사되고 있다).

진정한 지도자는 전체의 의지를 고스란히 발현하는 사람이다. 한국사의 기술에서 함석헌은 민족의 숙원인 옛 터전 만주 고토를 회복하려고 노력한 장군과 군주를 민족사에 기여한 역사의 영웅으로 내세웠다. 이러한 민중의식으로 무장한 함석헌은 1960년대 이후 사회참여에 적극적으로 나섰다. 그러면서 민중운동의 불길이 한국사회에 번지기 시작했다. 오랜 세월과 많은 희생 끝에 결국 군사독재를 종식시키고 민주화를 달성하는 역사를 이루었는데, 그 과정의 이론(민중사상)과 실천(비폭력 투쟁) 양면에서 함석헌의 기여가 적지 않았다. '민중'은 나중에 '씨올'로 진화했다. 두 말이 혼용되기도 하지만 씨올은 종교철학적인 의미가 덧입혀진 개념이다.

한민족 특히 민중의 역사에서 함석헌이 가려낸 특성 하나는 유별난 고난이었다. 역사의 주축인 민중의 수난사에서 의미를 찾는 과정 가운데 배태된 관점이 고난사관이다. 주변 열강의 틈바구니에서 겪은, 유례가 드물 정도인 수난의 역사가 새로 해석되지 않으면 '수난의 여왕'이 헛고생한 것이 된다. 그는 예수의 수난에서 힌트를 얻어 민족이 당한 고난의 역사에는 신의 섭리 같은 깊은 뜻이 있다는 데 도달했다. 고통은 개인만 당하는 것이 아니고 인류 전체가 공유하는 보편적인 현상임도 인식했다. 이러한 고난(고통) 개념은 석가모니의 발견과도 우연히 일치한다. 석가모니가 고통의 원리를 명상 중에 찾아냈다면 함석헌은 이를 역사 속에서 찾아냈다. 석가모니와 달리 함석헌은 개체적인 고난보다 고난의 집단성과 전체성에 주목했다. 그래서 수난의 민족에 큰 의미가 있다고 보았다.

이 밖에도 함석헌이 역사 기술에서 중요하다고 보는 요인이 더 있다. 글 속에서 자주 마주치는 표현으로 '생장' '진화' '생명' 같은 개념들을 들 수 있다. 함석헌은 역사 속에서 그러한 가치들이 어떻게 나타나고 보존되었느냐에 초점을 둔다. 이것을 진보사관 또는 진화사관으로 묶을 수 있다. 인류의 역사는 생물처럼 생장, 진화, 발전하도록 창조되었다. 창조도 일과성의 과거사가 아니고 새 창조가 계속된다. 역사는 반복, 순환하는 것 같지만 동시에 뜻(목표)을 향해서 나아간다. 지구가 자전하면서 공전하는 것처럼 인류는 앞으로 나아간다. 역사는 나선형처럼 진보하는 과정이다. 동양사상에서 말하는 윤회와 다른 역동적인 나아감이다.

역사가로서 함석헌은 또한 문명비평가의 안식으로 문명의 상태를 짚어내고 그 비관적인 미래를 예측한 예언자였다. 그는 서구 물질문명이 이제 막다른 골목에 이르렀다는 판정을 내렸다. 물질에 치중한 만큼 그보다 더 중요한 정신도 퇴보했다. 이것은 기독교 종말론과 맞물려 그의 확신이 되었다. 서양의 물질주의 가치관 대신 그는 물질의 발달보다 정신에 관심을 더 쏟은 동양의 고전과 사상에 희망을 걸었다. 함석헌은 서구문명의 몰락을 점친 슈펭글러나 문명의 부침을 강조한 토인비 같은 문명비평가가 더 이상 등장하지 않는 것을 아쉬워했지만 바로 본인이 그 자리에 서 있었다. 그는 현대문명을 넘어서는 새 문명의 탄생을 예견하고 그러기 위해서는 그 토대가 될 새 종교가 나와야 한다고 거듭 역설했다.

비폭력과 평화

거의 한때도 영일이 없는 한 세기를 통과하면서 함석헌이 전쟁 없는 평화세상을 꿈꾼 것은 당연한 일이다. 평화는 마음의 평화부터 세계평화에 이르기까지 광범하지만 함석헌은 국가 간의 평화, 즉 세계평화가 가장 화급한 문제라고 판단했다. 평화를 위협하는 전쟁과 대립이 주로 국가 간, 민족 간 그리고 이와 맞물려 종교 간, 사상·이념간에 발생하기 때문이다. 더구나 큰 문제는 갈등과 대립이 핵무기의 발달로 국가 간 범위에서 끝나지 않고 지구의 파괴와 인류 공멸까지 초래할 위기에 직면해 있다는 사실이다. 이러한 위기 앞에서 함석헌이 사명으로 삼은 인류구원은 퇴색해버린다. 그가 예측한 문명의 종말이 현실로 다가오는 형국이다.

임박한 종말을 막기 위해서 어떠한 원리가 필요한가. 결국 종교에서 찾을 수밖에 없다. 인간의 종교적 감성과 원리를 동원하지 않고는 모두 임시방편일 뿐이다. 이제는 개인이 할 수 있는 여지는 없고 '평천하', 즉 세계평화가 우선한다. 유교원리로 말하면, 이제는 옛 질서를 대표하는 '수신-제가-치국-평천하'修身齊家治國平天下의 공식이 통하지 않는다는 것이다. 역순으로 읽어야 한다. 개인주의, 민족주의, 국가주의가 대표하는 옛 질서의 산물인 고전과 경전도 고쳐서 읽어야 한다. 새 사상, 새 종교가 요청된다. 함석헌은 세계평화를 갈구한 나머지 1988년 서울올림픽 당시 (일부 인사들의 반대에도) 노태우 정권이 추진한 서울평화대회 위원장을 맡아 '서울평화선언'을 발표했다.

함석헌은 세계대전을 두 번이나 치른 인류가 공존의 새 틀걸이를 찾을 줄 알았지만 큰 진전이 없었다. 역사발전 과정에서 이미 초극되었어야 할 민족주의, 국가주의가 아직 세계를 지배하고 있다. 영국의 역사학자 웰스가 제창하고 함석헌도 기대했던 세계정부나 세계연방은 아직도 요원하다. 그나마 국제연합United Nations, UN이 결성되어 연합군이 6·25전쟁에 참전한 것은 획기적인 의의가 있는 일로 평가되었다. 하지만 그 이상 더 나아가지 못했다. 결국 씨올이 할 수 있는 일은 평화운동이었다. 그래서 함석헌은 '평화운동을 일으키자'고 제창했다. 이는 '같이살기 운동'과 함께 그가 적극적으로 제창한 두 가지 운동 중 하나다. 퀘이커로 개종한 것도 평화운동에 적극적인 태도를 고려했기 때문이었다.

평화 달성에 중요한 것은 그 방식이다. 평화를 얻으려고 폭력을 사용하는 것은 맞지 않다. 폭력적으로는 달성하기 어렵고 달성하더라도 진정한 평화가 될 수 없다. 함석헌은 역사를 봐도 폭력적인 수단으로 일어난 모든 혁명은 다 실패한 혁명이었다고 규정했다. 폭력적인 쟁취는 다른 폭력에 길을 터준다. 악순환이 반복될 뿐이다. 그가 5·16쿠데타와 군사정권에 한사코 반대한 것도 그런 이유에서였다. 그 후의 역사는 그의 주장을 증명해준다. 반세기가 지난 오늘날에도 정치가 아직 그 여파에서 헤어나지 못하고 있는 현실에서 함석헌의 예지는 돋보일 수밖에 없다.

평화가 폭력이나 무력으로는 강제할 수 없다는 것이 드러난 이상 남은 것은 비폭력적인 길밖에 없다. 비폭력ahimsa, nonviolence은 종교의 보편적인 계율인 '죽이지(다치지) 말라', 즉 불살계不殺戒 또는 불상해不傷害로 표현되었다. 불교에서는 폭력의 영역을 신체〔身〕만 아니라 언어〔口〕와 생각〔意〕까지 포함해 세 가지〔三業〕로 나타낸다. 이것을 톨스토이는 예수의 가르침인 '악에 저항(대적)하지 말라'에서 찾았다. 이를 '무저항'주의라고 소극적으로 표현하는 것은 오해를 일으키기 쉽다. 상대방의 폭력에 똑같은 폭력으로 맞서지 말라는 뜻이다. '이에는 이로' 맞대응을 요구하는 유대교의 윤리를 뒤엎는 원리다. 폭력보다 비폭력적인 사랑의 정신을 품고 불의에 적극적으로 대응하라는 것이다.

간디는 비폭력의 원리를 힌두교(그리고 자이나교, 불교)에서 찾아 예수(산상수훈)에게서 확인했다. 그는 비폭력을 추상적인 '사랑'의 구체적인 표현으로 해석하고 '목적은 수단을 정당화한다'는 주장의 오류를 논증했다. 사랑이나 자비는 오직 비폭력의 실천을 통하여 실현된다. 톨스토이와 간디는 비폭력(불살) 계명이 개인 수준에만 적용되어온 것을 지적하고 집단적 수준으로 확대했다. 종래 개인적인 살상행위를 처벌하면서도 국가나 공권력이 저지른 살상행위는 정당화되어왔던 것이다. 법과 군대는 그러한 집단폭력을 합법화시켰다.

만약 아무런 사족이나 수식어를 달지 않고 비폭력을 진리로 받들어 실천하면 세계평화가 저절로 달성될 것은 자명하다. 집단폭력의 원인 제공자인 국가에 결자해지하라고 하는 것은 현실적으로 불가능하다. 그렇기 때문에 개인과 민중이 주도하는 비폭력의 철저한 실천만이 진정한 평화를 달성하는 길이다. 이 실천에서 중요한 열쇠는 예수가 십자가에서 보여주고 간디가 주장한 자기희생이라는 요소다. 남을 해치는 대신 자기가 희생하는 길이다. 그것이 진정한 사랑의 실천이다. 자기를 희생하지 않는 사랑은 진정한 사랑이라 할 수 없다. 함석헌은 이와 같은 비폭력의 참뜻을 이해하고 특히 간디와 톨스토이의 비폭력 사상을 전폭적으로 수용해 한국사회의 현실에 적용했다. 그는 비폭력이 아니라면 승리할 수도 없고 성공했다고 해도 참다운 승리가 아님을 주지시켰다.

비폭력의 실천에서 함석헌은 간디를 따라 자기희생이라는 종교적인 요소를 무엇보다 강조했다. 그런데 그 적용범주에서 간디보다 한 걸음 더 나아간 점이 있다. 그 외연을 더욱더 확대하여 끝내는 민족, 특히 한민족의 자기희생까지 제안한 것이다. 세계평화가 이루어지기 위해서는 민족의 희생까지 스스로 감수해야 한다는 주장이다. 간디가 내세운 비폭력의 집단적 적용에서 원리상으로 집단은 국가나 민족까지 함의한다고 볼 수도 있지만 사실 간디에게 인도민족은 성역이었다(간디가 남긴 많은 말을 다 뒤지면 민족까지 암시하는 대목도 없지 않지만 함석헌처럼 드러내놓고 공언하지는 않았다).

함석헌이 모든 민족을 다 가리킨 것은 아니다. 그는 자기가 속한 우리 민족으로 특정화했다. 한민족은 유별나게 수난을 받아온 민족인데 그것은 신의 섭리에 따라 예수처럼 인류를 위한 희생양의 위치에 있었기 때문에 주어진 특별한 역할이라고 그는 주장했다. 자기희생의 극치를 보여준다. 현실적으로 국민이 이 수준까지 나아가서 수용할 준비가 되었다고 볼 수는 없지만, 비폭력 사상이 함석헌에 와서 더 심화되었음을 보여준다. 결국 남북분단의 극복과 한반도 평화의 성취도 이 길 밖에 딴 길이 없다는 것이 그의 소신이었다. 이제 왜 우리가 비폭력과 평화를 함께 이야기해야 하는지 분명해졌다.

개혁과 혁명으로 이룰 진화

함석헌은 생명의 특성을 자람(성장)과 자유로 규정한다. 그것은 신이 생명을 창조하면서 부여한 특성이다. 특히 인간에게는 자유의지를 심어주었다. 다른 피조물도 성장, 진화한다. 그는 창조론과 진화론을 양립, 조화시키는 관점을 세웠다. 자유로운 성장을 방해하는 외적 요소들을 물리치고 끊임없이 저항하며 나아가야 하는 것은 인간의 특권이자 의무다. 따라서 사회적 제도나 조직, 형식들은 고정된 틀 속에 갇혀있지 않고 늘 변화하는 것이어야 한다. 자람의 다른 이름인 변화와 개혁, 혁명은 삶과 사회의 본유한 속성이다. 변화해야 다음 역사단계로 진화할 수 있다. 민중과 양식 있는 지식인이 변화에 반동하는 세력에 저항해야 온전한 사회가 될 수 있다. 함석헌 자신이 시대마다 유치장과 감옥을 들락거리며 평생을 저항자로 일관하여 살았다. 힘들 때마다 영국 시인 셸리가 저항을 노래한 「서풍에 부치는 노래」를 읊었다.

개혁과 혁명은 역사발전의 단계를 따라서 진행되어야 한다. 그렇지 않고는 진화하지 못한 생물처럼 인류도 멸종할 수 있다. 서구문명의 희생양이며 쓰레기통이 된 한민족과 한국사회가 살아남으려면 근본적인 탈바꿈이 필요하다. 그래서 함석헌은 일제에게서 해방된 후 38선을 넘고 6·25를 겪으면서 구상한 생각을 사회 모든 분야에서 '새' 것을 주장하는 글로 정리해 1950년대 후반을 전후한 시점에 발표했다. 새 나라, 새 윤리, 새 교육, 새 혁명의 구체적인 청사진을 하나하나 제시했다.

함석헌은 모든 분야의 변화를 추동하는 밑바탕이 될 새 종교를 무엇보다 대망했다. 탈바꿈의 비전은 민족사회의 개혁과 민족의 개조를 넘어 새 문명과 새 인류(인간)로 이어졌다. 그것은 가치관의 패러다임이 물질 중심에서 정신 중심으로 전환하는 것을 의미한다. 새 문명은 물질보다 정신에 집중해온 동양의 사상전통에서 씨를 찾아낼 수밖에 없다. 특히 물질문명에서 뒤처져온 한민족이 '한' 사상을 기조로 제3의 사상을 창출하여 그 앞장을 설 수 있다고 확신했다.

민족주의 · 국가주의를 넘어 세계주의로

함석헌은 세계의 위기와 문명의 종말을 재촉하는 근본원인을 인류가 구조적으로 민족주의 · 국가주의의 낡은 틀에 갇혀 새로운 역사단계로 상승하지 못하는 데서 찾았다. 국가, 민족이라는 허울 속에서 인류는 압제, 전쟁, 인종 말살, 차별 등 각종 제도적 폭력과 악행에 시달려왔다. 인류는 원시공동체에서 개인의 정체성을 자각한 개인주의 시대로 이행하였고 그 변형인 집단주의의 한 형태로서 민족주의가 발흥하였다. 역사의 발전과정에서 한때는 효용성이 있었을지라도 인류는 이미 극복했어야 할 국가조직과 배타적인 민족중심주의를 이제라도 타파하고 하나의 세계를 지향하는 세계주의로 비약해야 할 시점에 이르렀다. 함석헌 자신도 민족주의를 넘어선 세계주의자임을 선언했다.

함석헌이 채용한 이와 같은 역사단계설은 사실 서구학자들의 공식이며 엄밀하게 말하면 한민족에게 그대로 들어맞는 것은 아니다. 개인성의 자각을 일깨운 르네상스 같은 변동을 겪지 못한 민족이기에 개인주의 시대를 거칠 수 없었고 따라서 민족주의 단계도 제대로 통과하지 않았다. 빈번한 외침과 악독한 군주정치 속에서 개인과 민족을 자각할 틈이 없었던 것이다. 지금 한국사회는 타자의 권리를 존중하는 개인주의 이전의 이기주의 시대를 벗어나지 못하고 있다. 경제, 교육, 종교 등 모든 분야에서 급격한 사유화가 진행되고 있다. 현실적으로 무엇보다 중요한 정치에서도 정당이 개인 중심, 지도자 중심의 사당私黨이지 공당이라 할 수 없다.

함석헌은 이제라도 민족주의의 충실한 과정을 속성으로라도 이수해야 한다고 역설한다. 이 점에서 그는 민족주의를 떠난 것이 아니다. 민족과 민족주의를 구분해야 한다고 말한 함석헌은 우리 민족의 역사와 문화에 대해서 남다르면서도 정당한 애착을 갖는다. 독특한 자기정체성을 갖지 않고 세계무대에 나아갈 수 없다는 것이다. 세계는 하루아침에 용광로같이 단일한 문화가 될 수 없다. 다원적인 세계와 세계관이 될 수밖에 없다. 경계가 무너진 지구촌에서 응분의 대접을 받기 위해서는 민족으로 바로 서야 한다. 그러려면 분단된 민족이 하나가 되는 일이 급선무다. 분단은 민족의 정신분열증을 나타낸다.

역사가로서 역사의 교훈을 찾는 함석헌에게 민족의 광활한 무대인 만주 땅을 잃고 이룬 삼국통일은 애당초 그릇된 일이었다(중국 땅이 바라다보이는 평안도 압록강 하구에서 자란 그로서는 민족의 잃어버린 고토에 대한 집착이 고구려인의 후예이기도 한 본인의 피 속에 잠재된 한(恨) 같은 것일 수도 있다. 그가 펼친 사상에도 고구려인의 대륙적인 웅혼함과 호방함이 배어 있다). 이후에 민족이 겪은 비극도 여기에서 말미암은 것으로 해석한다. 역사의 영웅은 잃어버린 고토를 회복하려고 노력한 장군들과 소수 군주다. 그 흐름을 꺾고 새로운 정권을 세운 이성계는 역사를 거스른 반동적인 반역자였다. 조선 500년은 결과적으로도 빈약하고 궁핍한 역사였다. 비현실적으로 들리지만, 이제라도 고토회복의 방안을 찾는 것이 좋다는 얘기다.

한편 함석헌은 중국의 민족주의가 더 강해져서 과거처럼 한민족의 자유와 발전을 방해할 것을 염려했다. 그래서 이에 맞설 동남아연방이나 동아시아연맹 같은 방안 그리고 중립국가를 구상하기도 했다.

함석헌에게 세계주의는 모두가 지향해야 할 이상이고 민족은 씨름해야 할 현실이었다. 그의 예언대로 세계는 하나의 공동체로 향하고 있지만 국제연합의 한계에서 나타나듯 아직도 민족주의·국가주의의 망령에 시달리고 있다. 그 극복, 즉 초국가주의 사상은 함석헌의 후기 저작과 담론을 관류하는 주요 주제가 되었다. 마치 국가주의가 세상을 그르치는 악의 주범인 양 그 극복을 거듭 외쳤다.

개인·개인주의를 넘어 전체·전체주의로

민족·국가주의를 통과하여 세계주의로 상승, 발전해간다는 역사단계설과 아울러 함석헌이 또 강조한 원리가 바로 개체와 전체의 관계를 규정하는 전체주의 또는 전체론holism, wholism이다. 전체는 개체의 산술적인 총합 이상의 독특한 자기정체성을 지닌다. 사회학에서 의미하는 '사회'처럼 개인의 총합과 다른 독립적인 위상을 갖는다. 역사발전 과정에서 전체는 한 범주로 고정되지 않는다. 삶과 의식의 범주가 점차 확대되는 과정에서 더 큰 범주로 옮겨간다. 민족주의가 세계주의로 이행하는 과정에서 민족이 개체라면 세계는 전체에 해당한다. 민족주의 시대에는 민족이 전체를 대표했다.

전체주의 시대에는 사고의 주체가 더 이상 개인이 아니고 전체다. 개인이 사고의 단초를 제공한다 하더라도 그 사고는 전체의 뜻을 반영하고 전체의 승인을 받아야 한다. 시대가 바뀌면서 전체의 범주는 점차 확대된다. 함석헌의 세계관 속에서 전체는 세계에서 전체('온') 생명으로, 다시 우주로 넓어진다. 그만큼 인간의 의식도 넓어져야 하는데 현실은 좁아진다. 그 책임은 누구보다 권력욕에 사로잡힌 정치인들에게 있다. 시대의 전환을 인식하지 못할뿐더러 한술 더 떠 국민을 우중화시켜 지배한다. 지역(남/북, 동/서) 간, 계층 간, 이념(진보/보수) 간 분열을 부추기면서, '갈라놓고 해먹는다'divide and rule. 여기에 언론이 거든다. 개인이 영웅이 되는 시대는 지났는데도 이들은 영웅을 만들어 우상화하면서 시대착오적인 정치행태를 일삼는다. 함석헌에게 정치인은 다 '도둑'이다. 물질보다 정신과 영적 가치를 앞세워야 하는데 그야말로 정신 빠진 정치인들이 나라를 망쳐왔다.

함석헌의 전체 개념에서 중요한 요소는 바로 이 전체가 문자 그대로 하나도 빠져서는 안 되는 완전한 전체라는 것이다. 『성서』에 나오는 양의 비유에서 길 잃은 한 마리는 나머지 아흔아홉 마리보다 더 중요하게 간주된다. 소수가 배제된 다수는 온전한 전체라고 할 수 없다. 여기서 그가 지향하는 전체주의는 최대다수의 최대행복을 내세운 서양의 공리주의utilitarianism와 다르고 다수결 원칙에 의존하는 민주주의와도 갈라선다(함석헌은 그가 나중에 개종한 퀘이커 신앙에서 채택한 만장일치 제도를 높이 평가했다).

이런 맥락에서 '사회' 개념도 전체보다는 덜 완전한 뉘앙스를 지닌 말이다. 사회학에서의 '사회'는 함석헌처럼 소수도 배제되지 않고 예외 없이 일사불란한 전체를 가리키지는 않는다. 일부 진보적인 미국기독교인들이 주장한 사회구원도 그 완전성에서는 전체구원에 미치지 못한다. 영국의 고전진화론 논쟁에서 허버트 스펜서 등이 주장한 사회진화론도 생존경쟁과 우승열패를 인정하는 이론이므로 함석헌의 전체주의와는 구분된다. 생물진화처럼 인간사회의 진화를 인정하는 함석헌도 일종의 사회진화론자라 할 수 있지만 엄격하게 말하면 전체진화론자라 할 수 있다.

함석헌의 전체주의를 이해하는 데 하나의 걸림돌은 히틀러식 정치적 전체주의totalitarianism와의 혼동이다. 후자는 사이비 전체주의이며 자발적이 아닌 '강제적' 전체주의다. 정신적 차원을 갖지도 않는 사이비 전체주의다. 다만 그것은, 샤르댕Pierre Chardin이 말한 대로, 진정한 전체주의 시대의 도래를 알려주는 전조의 역할을 했을 뿐이다. 영어로도, 윌버Ken Wilber도 사용하는, 'wholism'으로 바꾸는 것이 좋다. 'holism'이 있어왔지만 새로운 말로 더 구분될 수 있다. 그래서 혼동하기 쉬운 '전체주의' 대신에, 함석헌이 찾아낸 '씨올'처럼, 새로운 말을 찾아낸다면 그의 사상을 이해하는 데 큰 도움이 될 수 있다. 가령 '온몸주의'라 하면 어떨까. '전일全一주의'라 해도 차별화가 될 수 있다. 그가 제창한 '한' 사상과도 바로 잇댈 수 있다. '전全'은 '한'의 한 가지 뜻이기 때문이다. 결국 전체주의 사상은 '한' 사상의 변형이라 볼 수 있다.

그렇다면 함석헌의 독특한 사상 체계는 고유한 한국사상의 흐름 속에서 발현된 것이라 봐야 한다. 전체주의 사상은 독특성뿐만 아니고 동시에 보편성을 갖추고 있다. 윌버가 종합했듯이, 근래에 서구에서도 역사와 의식의 발전단계를 개인, 즉 '나'me→ '우리'us→ '우리 모두'all of us로 설정하고 있다. 여기서 다시 함석헌의 선견지명이 드러난다. 진정한 정신적 전체주의는, 그의 다른 사상들처럼, 종교적 가치관과 세계관에 토대한 것이다. 이제는 개인구원이 아니고 사회구원조차 넘어선 전체구원이 가능할 뿐이다. 구원이 이끄는 초월적인 영의 세계는 강물처럼 모두가 합류하는 바다다. 영이 하나이기 때문이다. 따라서 전체는 함석헌 구원론의 열쇠가 된다. 함석헌의 신학에서 전체는 신의 위상으로까지 승화된다. 보이는 하나님은 보이는 전체로 나타난다. 신과 전체는 동격이다. 전체주의를 체계화한다면 서구신학적 구원론의 대안으로 혁명적인 구원론을 제시할 수 있다. 아직도 개인구원을 외치는 기성종교는 시대착오적인 낡은 신앙이다.

전체와 전체주의에 대한 사유는, 아마 자신도 미처 의식하지 못했지만, 함석헌 속에서 오랫동안 숙성된 결과물이다. 그는 1970년대 초 프랑스의 신부이며 고생물학자인 샤르댕에게서 영향을 받았다고 하지만 사실을 추적해보면 생애의 전반부 심지어 1930년대까지 거슬러 올라가서 일찍부터 그의 사유의 중심에 의식적으로 늘 개인보다 전체가 자리 잡고 있었다. 이러한 생각이 샤르댕을 통해서 확증을 얻고 사상으로 영글어진 것이다.

이 과정에서 하나의 결정적인 계기는 1962년 가을 퀘이커 센터 펜들힐에 머물며 한 학기를 보내는 중 가진 명상체험이다. 여태까지 배신자로 낙인 찍혀온 예수의 제자 유다의 환상을 본 사건이다. 이 사건은 함석헌을 선악 이분법의 틀에서 빼내 전체론적으로 새롭게 해석하게 했다. 정통 서구 신학을 뒤집어놓은 혁명적·획기적인 발상이었다. 권선징악의 질서를 무너뜨린 통찰이다. 함석헌은 성서를 다시 읽고 해석했다. 예수는 '하늘나라'가 지상에 임재하기를 고대하는 무리에게 '하늘나라가 너희 안에 있다'고 그 위치를 알려주면서 새로운 전략을 세워 열두 사도를 하나의 전체의식으로 훈련시키는 프로그램을 진행했다. 그런데 한 사람의 배신자가 나오면서 사도들의 전체의식이 흐트러졌다. 가까스로 나머지 사도들을 묶어 바통을 잇게 했지만 완벽한 전체는 되지 못했다. 그 상실한 전체성을 회복하기 위해 예수가 지옥문 앞에서 유다가 나오기를 기다린다는 것이 함석헌의 환상적인 해석이다. 이 체험의 기록은 전체주의 사상의 한 정점을 이룬다.

사회사상

함석헌은 삶의 좌표가 역사와 사회라는 두 가지 요인으로 결정된다고 본다. 인간으로 성실하게 살려면 어느 하나도 무시할 수 없다. 누구나 둘이 교차하는 지점[十]에 서 있다. 말하자면 십자가를 지고 있는 셈이다. 이 짐을 누구에게도 떠넘길 수 없다. 역사가 가르치는 교훈을 되새기면서 사회 속에서 역할을 해야 한다. 역사를 의식하는 사회인이 되어야 한다. 역사가로서 사회운동가로서 그는 두 가지에 충실하려고 노력했다. 역사를 통찰하고 배운 지식과 지혜를 사회에 전달하는 데 힘썼다. 역사와 사회를 떠나 상아탑에 갇혀 홀로 공허한 사유를 일삼는 철학자가 아니었다.

총론적으로 함석헌은 한국사회에서 가장 중요한 분야를 단기적으로는 정치와 언론, 중장기적으로는 종교와 교육으로 꼽는다. 현 상황에서는 이 네 가지 모두 문제덩어리로 개혁과 혁명의 대상이다. 각기 제 노릇을 하면서 서로 견제해야 하는데 오히려 서로 '붙어먹고' 합세하여 민중을 우중愚衆으로 만들어 '짜먹는' 도구가 되었다. 이와 같은 혼탁한 현실을 정화할 맑은 물을 공급해야 할 종교와 교육(학교)도 독립적인 기능을 잃고 함께 탁류에 휩쓸려가고 있다. 요컨대 사회 각 분야가 공공성을 상실하고 사사로운 탐욕의 도구로 전락했다. 누가 고양이 목에 방울을 달 것인가. 함석헌은 민중이 고양이 목에 방울을 다는 쥐가 되어 자기희생을 하는 수밖에 없다고 말한다. 이것이 비폭력의 원리다.

정치

각론적으로 함석헌은 다양한 글과 강연을 통해 분야별로 하나하나 구체적인 대안을 제시했다. 먼저 정치에 대해서 그는 일관되게 불신의 눈길을 던진다. 근거 없는 비판이 아니고 역사 속에서 드러난 사실로 논증한다. 정치는 '도둑질', 정치인은 '도둑' '정치업자(놈)들'이다. 5·16쿠데타 주도자들은 '정치 강도'로 불렀다. 사회혼란의 주범은 정치인이다. '뒤집어엎어야 해!' '민중이 정부를 다스려야 한다.' 정치인의 태생적인 문제는 누가 하라고 시키지도 않았는데 자기들이 하겠다고 나서는 후안무치함이다. 이는 선거제도의 맹점을 말하는 것이다.

이러한 단점에도 민주주의는 여태까지 인류가 실험한 최상의 정치제도로 다른 더 나은 대안이 출현할 때까지는 지켜가야 할 제도인 것은 틀림없다. 그런데 현실은 어둡다. 남북이 다 민주주의를 정체로 내걸었지만 진정한 민주국가라 할 수 있는가. 국민(인민)이 실질적인 주인이 된다면 민족통일도 저절로 이루어질 것이다. 그래서 함석헌은 60대 이후 여생을 민주화에 투신했다. 4·19혁명으로 복원한 민주체제를 뒤엎은 5·16쿠데타와 연이은 군사독재는 역사를 거스른 반동이었다. 쿠데타가 일어나자마자 그 엄혹한 분위기에서 함석헌은 날카로운 비판의 포문을 열었다. 5·16쿠데타는 '헛총'을 쏜 '실패한 혁명'이라 심판했다. 그 포문은 한 세대 가깝게 계속된 군사정권 내내 거침없이 쏟아졌다.

그는 독재에 저항하는 학생 편에 설 수밖에 없었다. 데모가 온당한 항거운동임을 인정하고 비폭력저항의 원리로 계도했다. 결국 비폭력이 폭력을 물리친 결과가 되었다. 학생들이 중심이 된 민주화 투쟁의 약점으로 그는 단순한 정권교체를 넘어선 높은 이상과 정신적 목표의 부재를 지적했다. 정치도 종교적 이상과 세계관을 떠나서는 나아갈 수 없다. 간디가 보여주었듯이 정치는 종교적 진리와 가치에 충실해야 순기능을 발휘할 수 있다. 그 점에서, 사회의 다른 분야도 그렇지만, 함석헌은 정치와 종교의 밀접한 관계를 강조했다.

함석헌은 일반적인 원칙론에 머물지 않고 구체적인 방법론을 제시했다. 투표에 참여할 때 인물 중심이 아니라 정책과 이념을 기준으로 더 나은 정당에 투표할 것을 권고했다. 후보 단일화의 필요성도 역설했다. 심지어 정당에 가입하여 옥중 출마한 장준하를 도와서 당선시키기도 했다. 1970년 전태일 분신 사건이 일어나자 그는 이 희생을 매년 기리고 그 의의를 크게 홍보하여 민중운동의 기폭제가 되는 데 앞장섰다. 전두환 주도의 군부가 벌인 '광주사태'에 대한 진실을 아무도 말하지 못할 때도 그는 이른바 '내란음모설'의 허구성을 폭로, 규탄하고 그 수정을 정부에 강력하게 요구했다.

민주화운동 과정에서 함석헌은 구체적인 운동을 제안했다. 하나는 '같이살기 운동'이다. 그는 생활고를 못 이긴 한 가장의 삼 남매 독살 사건을 보고 1964년 「삼천만 앞에 또 한 번 부르짖는 말씀」을 발표하며 '살아도 같이 살고 죽어도 같이 죽자'고 호소했다. 또한 민주화 투쟁 중 자기희생을 감수하는 젊은이들을 보고 상부상조하는 방안으로 이 운동을 거듭 제창했다. 이 운동은 당시 정부에서 주도한 '새마을운동'과 우연히 시기적으로 겹쳐서 오해의 소지가 있으나 함석헌의 내면에서 오랫동안 숙성한 열매였다. 새마을 운동이 관변주도의 강제적인 운동이라면 이것은 자발적인 민중운동이다.

'같이살기'는 한국의 전통 속에서 근대에 발흥한 민족종교의 '상생'相生 개념과 일치한다. 선각자 김일부는 중국의 고전『주역』이 강조하는 (오행五行 간의) '상극'相剋 질서를 뒤엎고 상생을 새로운 질서로 정립했다. 이것이 증산교와 원불교 등 근대 민족종교로 전승되었다. 그러므로 '같이살기' 개념은 고유한 한국정신을 상징한다고 할 수 있다. 이 점에서도 함석헌의 사상과 사유방식은 어디까지나 한국정신의 발현이라고 규정할 수 있다.

함석헌은 정치를 주로 현실상황 속에서 다루었지만 동시에 이상적인 정치제도와 통치형태를 늘 머릿속에 그리고 있었다. 가장 바람직한 제도는 도가적인 무위의 통치〔無爲之治〕다. 무정부주의에 가깝게 보이지만 그렇다고 무정부주의도 자유방임주의도 아니다. 최소정부일수록 좋다. 개인의 평등성이 보장되지 않는 미국 공화당식 보수주의 정부도 아니다.

그는 대국보다는 스웨덴처럼 강하고 작은 나라(강소국)를 선망했다. 북구의 나라들은 사회민주주의체제를 통해 사회주의적 복지와 민주주의적 체제를 함께 갖춘 나라들이다. '사회'를 중시한 함석헌에게는 이상국가로 보였을 법하다. 그는 점진적인 사회주의를 추구하는 (그가 크게 영향을 받은 역사가 웰스를 포함한) 영국 지식인들의 운동인 '페이비언 협회'의 취지에도 일찍이 동조한 바 있었다. 함석헌은 청년 시절 신앙의 길이냐 사회혁명의 길이냐의 기로에서 신앙을 택했는데 당시 사회혁명은 사회주의적 혁명을 의미했다(그렇다고 그가 공산주의에 동조한 적은 없었다).

그는 인류가 이제 정부지상, 국가지상을 부르짖는 국가주의, 대국주의를 벗어나야 할 단계라고 주장했다. 일종의 초국가주의로의 진입이 세계가 당면한 과제다. 지금은 민족주의·국가주의를 넘어서 세계주의로 이행하는 과정이다. 통치형태는, 웰스도 주장했던, 세계정부나 세계연방이 바람직하다. 함석헌은 아직 세계를 지배하는 국가주의 통치형태에서는 지방자치의 강화와 연방제가 최선의 방식이라고 보았다.

통치권은 백성, 민중, 국민(인민)이 위임한 것으로 종교적으로는 하늘(신)의 뜻이다. 왕권신수설王權神授說이 그 표현이다. 중국사상에서는 그것을 천명天命이라 한다. 이 개념을 함석헌은 보편적으로 적용한다. 정권은 민중이 원하면 바꾸는 것이 당연하다. 함석헌이 높이 평가하는 맹자도 왕도정치에서조차 민의를 거스르는 통치자는 바꿀 수 있다고 혁명을 정당화했다. 4·19혁명도 그 한 가지 표현이었다. 그러나 5·16쿠데타는 폭력에 의한 가짜 혁명이었다. 그래서 그는 5·16쿠데타와 군사정권을 처음부터 끝까지 반대하고 저항했다. 한 세대 가까이 이어진 군사통치는 끝났지만 그 어두운 그림자가 여전히 짙게 드리워진 우리 사회와 정치의 현실은 함석헌의 통찰이 얼마나 정확했는지 말해준다.

경제

경제는 정치만큼 함석헌이 자주 다루는 주제는 아니다. 하지만 사회담론에서 그의 경제관이 단편적일지라도 여기저기 구체적으로 거론되는 것을 엿볼 수 있다. 경제학자가 경제에 관련된 함석헌의 발언을 보면 그의 경제관과 이상적인 공동체를 그릴 수 있으리라 본다. 구체적인 예를 하나 들면, 함석헌은 경제제도에서 공산주의 국가의 통제도 아니고 자본주의 시장경제의 자유방임도 아닌 제3의 길을 꿈꾸었다(정치체제에서도 제3의 길을 말한다). 그는 현대를 지배해온 두 이념인 자본주의와 공산주의는 생산방식을 다루는 물질 위주의 체제라는 데 그 태생적 한계가 있다고 본다. 따라서 서구에서 기원한 두 이념이 물질주의 문명을 구축하여 이제 인류를 공멸의 위기로 몰아넣었다고 역사가다운 판정을 내렸다.

사회적 현안문제인 노동에 대해서도 경제학자는 간과하기 쉬운 근본적인 문제를 짚어낸다. 물질주의인 두 경제체제는 모두 노동을 당연한 필요사항으로 여기는데 이에 함석헌은 근본적인 문제를 제기한다. 두 체제는 노동자 계급을 만들고 지배층을 유지하기 위한 생산의 도구로 이용한다는 것이다. 잉여 이득을 놓고 늘 다툼이 일기 마련이므로 노사의 갈등은 불가피하다. 노동을 팔고 사는 과정에서 불평등이 발생하기 마련이다.

여기에 근본적인 문제가 있다. 노동과 일의 구분에서 문제가 시작되었음을 인식해야 한다. 인류가 생겨나면서 자연스레 있어온 일은 삶의 일부로 즐거이 받아들여야 하지만 노동은 지배자와 소유자가 착취의 수단으로 발명한 것이다. 일은 물물교환과 품앗이로 거래할 수 있지만 노동에는 값이 매겨지고 돈이 거래된다. 황금만능주의가 그 산물이다. 돈이 척도가 된 물질주의 때문에 현대인은 물질보다 중요한 정신을 잃게 되었다. 삶의 윤활유인 인정과 공동체의 뼈대인 도덕이 없는 사회가 되었다.

함석헌은 무소유, 무위의 삶을 지향했다. 돈 없는 세상을 꿈꾸었다. 천국에도 돈이 있다면 가고 싶지 않다고 했다. 돈은 사회적 갈등을 유발하는 주범이고 인류가 초월해야 할 국가주의를 유지하는 도구다. 돈이 대표하는 사유재산제도에도 문제가 있다. 이것은 일부일처제처럼 전체가 하나의 공동체가 되는 시대에 맞지 않는 개인주의 시대의 유물이다. 새 시대에 맞는 새 경제제도가 나와야 할 때다.

이처럼 함석헌은 이상적인 사회를 꿈꾸었지만 그렇다고 필요악처럼 된 노동 현실을 무시한 것은 아니었다. 그는 노동자의 현실에 눈과 귀를 바짝 열어놓고 있었다. 함석헌은 청계천 노동자 전태일의 분신을 사회운동의 중요한 사건으로 여겼다. 그래서 귀국하자마자 전태일의 집에 들러 어머니를 위로하는 등 두고두고 그를 이 시대의 영웅으로 기렸다. 그 사건은 그가 오래 앞장서온 민중운동의 한 기폭제가 되었다. 또 김재준과 함께 쓴 사회 각계각층에 보내는 호소문에서 노사 양측이 상생의 정신으로 상대방의 필요성을 인정하고 한발씩 양보하면서 사회적 책무를 다할 것을 당부하기도 했다.

함석헌이 보기에 한국사회가 당면한 또 다른 문제는 같은 자본주의라도 대기업 중심의 물량확대만 중시하고 정작 시장경제 활성화에 필요한 중산층의 유지와 보호에 실패하고 있다는 것이었다. 그것은 서민층을 기르지 않고 '짜먹기'만 한 군주시대의 전통을 답습한 것이다(가축도 길러서 잡아먹지 않는가). 과도기적으로라도 자본주의가 보존되려면 중산층의 확대가 필수적인데도 눈앞의 이익에만 혈안이 되어 있는 것은 자본가나 정치권력이나 똑같다(근래에도 중산층이 점점 더 엷어지고 있다는 통계가 나왔다).

함석헌은 농업정책도 중요하다고 역설한다. 전통적 경제 기반인 농업을 희생한 군사정권의 산업화는 애초부터 무리한 정책이었다. 농업이 기반이 되는 자연친화적 사회라야 각종 사회문제, 환경문제에서 자유로운 건강한 사회로 남을 수 있다. 도시화는 각종 육체적·정신적 문제를 유발하고 비인간화한 사회를 낳는다. 함석헌은 정부의 국토개발보다 마음 밭〔心田〕 가꾸기가 더 중요하다고 일갈했다. 행복의 척도는 물질보다 정신에 있다.

농사일을 몸에 밴 천직처럼 여긴 함석헌은 마치 간디의 아슈람같이 정신적 가치를 대표하는 종교와 교육을 함께 엮은 농장공동체를 여러 차례(평양 송산, 양양 안반덕, 천안) 실험하고 운영했다. 해방된 날에도 밭에서 똥통을 메고 있었다(평생 그의 유일한 취미는 화단 가꾸기였다). 문명도 사회도 자연을 떠나서는 유지, 발전될 수 없다. 경제에서도 녹색경제로 나아가야 한다는 것이 함석헌의 이상이었다.

교육

정치와 경제가 인간생활의 외면적·물질적인 틀을 규정하는 요인이라면 내면적·정신적인 성격을 결정하고 함양하는 요인은 교육과 종교다. 속 살림이 든든해야 겉 살림도 탄탄해진다. 시간이 더 걸리는 일이지만 교육과 종교로 인성의 뿌리를 다져놓아야 온전한 사회가 이루어질 수 있다. 두 분야는 '가르침'(敎)이라는 점에서 공통성을 갖는다. 인류의 훌륭한 종교 스승들은 다 교육자였다. (정치도 그렇지만) 교육은 그 근거를 절대적 가치를 다루는 종교에서 찾아야 한다. 따라서 교육의 주체를 사람(교사, 정권)보다 하늘(절대 인격, 생명, 씨ᄋᆞᆯ)에서 찾아야 한다. 교육은 진선미를 찾고 인식하는 과정이다.

학교는 조화, 협동, 종합, 통일(하나됨)을 배우는 곳이다. 교육의 목표를 한 가지로 요약한다면 '하나됨'이다(종교의 목표도 똑같다). 구체적으로 실천해야 할 세 가지는 나라의 통일, 자아의 인격적 통일, 세계의 통일이다. 이들은 함께 이루어져야 한다. 인격의 분열은 나라와 세계의 분열을 초래한다. 인격을 함양하는 곳이 학교다.

지금의 학교교육은 어떠한가. 사람을 육성하기보다 효율적인 기계부품을 만들어내는 것이 목적이 되었다. 학교는 주문받은 제품을 양산해내는 공장이다. 사제 간 정의情誼도 없고 스승도 제자도 없는 곳(장소)만 남았다. 인격적 교육과는 거리가 먼 공리적인 가치만을 가르치는 서양식 학교제도를 도입한 탓이다. 사회 각 분야가 다 개혁을 필요로 하지만 민족의 장래를 위해서 무엇보다 교육개혁이 시급하다.

교육과 학문연구를 병행하는 대학교도 제 기능을 올바로 수행하지 못하고 있다. 학자는 학문연구와 더불어 사회적 책임을 지고 있는데도 사회행복과 무관한 현학적인 지식만 얻는 데 열중한다. 옛 선비정신은 찾기 힘들다. 함석헌은 대학교에서 철학과, 철학 강좌가 사라지는 풍조를 개탄했다. 대학교는 공도公道, 한 배움('대학'), 유기적인 통일을 찾고 습득하는 곳이다. '대학교'를 뜻하는 영어 단어(university)처럼 대학교는 보편적인universal 가치와 진리를 찾는 마당이어야 하는데 실용 위주의 교육만 있다. 이른바 '일류학교' 출신은 창조적 사고도 못 하고 불의에 저항할 줄도 모르는 사람이 되고 만다.

학풍으로 말하자면 서양사상의 기조가 되어온 정보information에만 치중하는 풍조를 우리 대학교들도 그대로 뒤따르고 있다. 이 역시 근본적인 개혁의 대상이다. 개혁의 방향은 전통적 동양 학풍에서 찾을 수 있다. 동양에서는 정보보다 정신적 탈바꿈transformation, 즉 영적 해탈, 깨달음에 초점을 두는 전통이 강하다. 인과논리에 기초한 서구적 사고방식과 의식구조는 위기에 봉착했다. 이에 대한 대안을 동양사상 특히 노장철학에서 찾을 수 있다는 것이 함석헌의 소신이다.

지금 우리 사회는 어떠한가. 급속도로 서구화되었으며 앞장서서 정보취득과 정보산업에 몰두함으로써 동양적인 뿌리를 그만큼 망각하고 있다. 동양이 중요시한 지혜는 무시하고 서양이 중요시한 지식을 전부로 여기는 풍조가 지배한다. 이는 특히 청소년 문화와 교육에서 두드러지는 우려스러운 현상이다. 예언자 함석헌의 경고를 되짚어봐야 할 때다.

언론

사회분야에서 단기적으로 가장 중요한 공적 기관이 언론이다. 우중화한 민중과 사회지도층의 계몽 그리고 사회개혁에 언론만큼 효율적인 도구는 없다. 교육과 종교는 영향력이 클 순 있지만 당장 효력을 미치는 언론보다 긴 시간이 필요한 중장기적인 도구일 뿐이다. 옛날에 종교가 차지하던 영향력을 오늘은 언론이 차지하고 있다. 특히 신문은 '씨올의 눈과 입', 즉 오늘날의 『성경』이다. '예수, 석가, 공자가 있던 자리에' 신문이 있다. 그래서 함석헌은 무엇보다 언론의 역할에 주목했다. 그러나 언론은 독재의 압박과 회유에 굴복하여 불의한 권력에 대한 비판과 파사현정의 사명을 포기하고 권력에 완전히 예속되면서 스스로 권력화하는 길을 걸었다(그 상황은 정권의 기복 속에서 오늘날까지 지속되고 있다).

이제 신문은 대부분 함석헌의 표현대로 '광고지'나 특정 정파의 홍보지로 전락했다. 신문, 잡지, 텔레비전 등 모든 매체는 '온통 거짓말'만 쏟아내며 민중에게 '독약'과 '마취약'을 먹인다. 언론다운 언론, '대바른 언론'이 없는, 언로가 꽉 막힌 상황에서 함석헌은 '언론의 게릴라전'을 구상했다. 비판의 통로로 주로 이용하던 『사상계』가 폐간되자 참다못한 함석헌은 1970년 월간지 『씨올의 소리』를 발간하는 용기를 발휘하면서 민중의 양심이 살아 있음을 시현했다. 엄혹한 그 시절에 이 잡지는 민중의 유일한 신문고가 되어 정간, 복간, 폐간을 오가면서 민중시대를 열고 이끌어갔다.

이 과정에서 함석헌은 (한때는 그의 글을 실어주곤 했던) 신문들에게 함께 싸워줄 것을 누차 호소했으나 이미 국가권력에 순치된 그들은 침묵으로 일관했다. '미운 것이 언론'이라고 격노한 그는 불매동맹까지 제안했다. 이렇듯 언론은 한국사회에서 권력의 실체적 폭력에 못지않은 언어폭력의 도구가 되어버렸다. 이것은 경제적인 면에서 선진국으로 분류되는 경제협력개발기구OECD의 회원국으로서 드문 일이다. 사회의 모든 분야가 제 기능을 잃더라도 언론만 살아 있으면 된다는 신념을 지닌 함석헌은 4·19혁명 때처럼 언론이 사회개혁의 촉매제가 되기를 기대했지만 이번에는 언론과 내내 싸우는 처지에 서게 되었다. 이제는 민족사에 위대한 교훈을 남긴 그의 언론관을 되짚어볼 때다(이 밖에 종교도 사회의 주요 분야이지만 사상의 첫 주제로서 앞에서 세밀하게 다루었으므로 여기서는 생략한다).

사회윤리

지금 한국사회는 전반적으로 도덕의 붕괴와 윤리의 진공상태를 겪고 있다. 전통적으로 도덕윤리의 원천은 종교였다. 신라 화랑도의 '세속오계'世俗伍戒가 그 증례다. 그것은 불교, 유교, 선교仙敎의 계율을 종합한 윤리체계였다. 조선 시대 이후는 충효가 대표하는 유교 윤리와 사상이 민중의 삶을 지배했다. 그러나 서구의 사상과 종교가 문물과 더불어 유입되면서 전통적인 윤리관은 무너져갔다. 물론 각종 종교가 규정한 도덕윤리는 기본적으로 보편적인 기초윤리를 공유하고 있다. 그러나 오로지 개인의 신앙과 기복, 구원에만 치중한 나머지 윤리적 실천은 무시하거나 경시한다. 종교의 계율이나 사회적으로 남아 있는 윤리체계는 어차피 개인주의 시대의 유물이다. 전체가 함께 가는 전체(주의) 시대에 적합하지 않다.

그래서 야기된 중대한 문제가 있다. 바로 낡은 윤리체계나 계율들이 개인윤리에 머문 채 사회윤리로 발전하지 못했다는 점이다. 개인으로서 살인이나 상해나 살인은 범죄이지만 국가가 저지르는 살상은 죄가 아니다. 군대를 그 도구로 삼는 폭력기관이다. 인류역사는 군대와 전쟁이 좌우해왔다. 세계평화를 이루고 인류가 발전하려면 그 잘못된 질서를 무너뜨려야 한다. 간디와 톨스토이는 이것을 지적하고 병역거부 등 구체적인 실천방법을 제시했다. 그 대표적인 계율이 '불살계'다. 그 계명이 '비폭력'으로 표현된다. 그 실천의 요체는 남이 다치는 대신 자기를 희생하는 데 있다. 함석헌은 한 걸음 더 나아가서 자기희생의 대상을 민족으로까지 확대했다. 작은 전체(민족)는 큰 전체(세계)를 위하여 희생할 수 있어야 한다. 이것이 우리 민족이 보여줘야 할 사명이다.

한국사회만 봐도 권력을 쥔 정치인들이 폭력집단이 되어 자기들의 집단폭력, 국가폭력은 권력의 우산 속에 묻어버리고 개인의 폭력만을 범죄로 부각시키고 있다. 결코 개인에게만 책임을 지울 수 없는 각종 범죄가 날로 늘어나고 있는 사실이 이것을 증명한다. 그래서 함석헌은 일찍이 '새 나라'에서는 '새 윤리'가 필요하다고 갈파했다. 새 윤리와 도덕을 제공할 '새 종교'가 필요함은 당연하다. 간디가 강조한 비폭력은 단지 신체적·물리적인 것만이 아니다. 불교에서 삼업三業, 즉 신체, 언어, 사고로 구분하듯이, 세 가지 행위에 적용된다. 관제 언론기관과 정보기관을 통해서 언론과 사고(사상)를 통제하는 것은 국가폭력이다. 그러고도 비폭력사회가 되기를 기대하는 것은 무리다. 함석헌은 국가폭력을 비폭력으로 제거하는 것을 씨올의 중요한 사명으로 삼았다. 그 자신도 평생 국가폭력과 겨루고 싸웠다.

생명

정신(영)

함석헌의 인간관에서 영(정신)은 존재구조의 맨 꼭대기에 놓인다. 인간은 영을 지향하는 영적 존재다. 신도 영이다. 존재의 3층 구조는 지하의 본능, 지상 1층의 지성(이성), 맨 위층의 영성(정신층)으로 이뤄져 있다. 그런데 인간들은 물질주의 문명에 함몰되어 영성(정신, 영혼)을 망각하고 살아간다. 육안으로 유한세계만 보지 영안靈眼으로 무한세계를 보려 하지 않는다. '잘살아 보세 잘……' 같은 정치구호에 홀려서 정신없는 나라의 얼빠진 백성이 되었다. 게다가 기계가 사람을 부리는 무정한 사회가 되고 있다.

오늘날 젊은이들의 헤맴은 6·25전쟁에서 죽은 억울한 원혼들을 풀어주지 못한 탓이다. 20세기 벽두에 강증산이 제시한 '해원상생'解冤相生의 해법을 상기시킨다. 함석헌이 제안한 '같이살기'는 바로 '상생'에 다름 아니다(여기서 함석헌이 서구사상의 아류가 아닌 '한국'사상가임이 다시 드러난다). 영파靈波는 생사를 넘어 감응된다. 정신은 하나('한 정신'), 영도 하나('한 영')다. 내세니 부활이니 하는 것은 다 정신적·영적 개념이다. 샤르댕이 말하듯 정신계noosphere 또는 영계는 눈에 보이는 물리적 세계와 따로 존재한다. 진정한 행복과 복리는 영적 차원에서 찾아야 한다. 영은 존재의 본질이다. 물질주의에 함몰된 인간들에게 영을 중시하는 새 세계관을 제시하는 일이 어느 때보다 절실한 상황이다.

영, 영성을 중시하는 이러한 정신주의는 함석헌 나름의 철저하고 독특한 생명사상을 낳았다. 전일적·일원론적 생명관은 '대 생명' '온 생명' '한 생명'으로 표현된다. 버러지 같은 미물에도 생명 전체가 내포되어 있다. 풀잎 하나에 온 우주가 함유되어 있다는 불교 화엄사상과 상통하는 관점이다. 생명에는 나와 남의 구분이 없다. 자연은 하나다. 그것은 산 생명, 살아 있는 우주, 살아계신 하나님이다. 천지만물은 살아 있는 하나님의 옷이다. 따라서 어떤 산 생명도 해쳐서는 안 된다. 불구자 하나라도 업신여겨서는 안 된다. 각 사람의 정신은 우주적인 대 생명의 산실이다.

생명, 즉 '살라는 명령'은 다른 여지가 없는 절대명령이다. 자살은 그 명령을 거역하는 행위다. 생명에는 다섯 가지 원리가 있다. 1) 하나〔一〕와 여럿〔多〕의 원리. 하나(본체)이면서 여럿(현상), 여럿이면서 하나다〔一卽多多卽一〕. (이 원리는 불교 화엄철학, 윌리엄 제임스의 실용주의 철학, 한국사상 전통 등에서 발견된다.) 2) 확산과 수렴의 원리. 보수와 진보는 공존해야 한다. 온고지신의 원리다. 3) 자유와 통일의 원리. 자유로운 개인들이 하나의 공동체가 되어야 한다. 4) 생사의 원리. 죽고 나는 만물은 순환하면서 진화한다. 5) 의식-몰아沒我의 원리. 인간은 자기의식을 가지면서 자기초월(무아)을 지향하는 존재다. 요컨대 생명과 인간은 일견 모순되는 두 가지 요소를 함께 공유한다. 함석헌이 특히 중시한 생명과 인격의 속성은 자유와 저항이다. 자유로운 자람(생장)을 방해하는 요소들 특히 정치권력에 저항하는 것이 생명운동이다. '태초에 저항이 있었다.'

환경 · 생태

자연주의자, 생명주의자 함석헌이 환경과 생태에 일찍부터 큰 관심을 둔 것은 당연해 보이지만 모두가 경제성장과 산업발전에 몰두하던 시기였기에 지식인으로서도 드문 일이었다. '자연보호'가 구호로 등장하고 환경운동이 일어난 것은 훨씬 뒤였다. 그는 자연이 인간의 정복과 파괴로 바닥났다는 경고장을 냈다. 이상기온을 그 증거로 들었다. 과학발달과 생존경쟁으로 자연고갈, 공해, 인구문제가 심각해졌다. 도시문명, 대량학살, 우생학 남용을 지적하고 정치와 기업의 책임을 물었다. 도덕보다 지식을 앞세우는 지능주의 학자들을 비판했다. 옛사람들은 밖보다 안을 더 찾았지만 밖에만 관심을 둔 현대문명의 종말을 점쳤다.

우주는 서양인들이 보듯이 죽은 우주가 아니고 산 우주며 자연은 산 생명이다. 자연은 남용해도 좋다는 생각은 큰 잘못이다. 나와 세계는 산 관련이 있고 하나라는 세계관을 지니게 해 자연에 눈뜨게 하는 새 교육이 필요하다. 그 근거와 원천자료는 노장사상, 인도사상 등 동양사상에서 찾을 수 있다. 간디의 비폭력(불살생)운동이 실천 모델이다. 유교전통에서도 맹자가 말한 '(남의 고통을 보고) 차마 못 하는 마음'[不忍之心]은 인간의 바탈(본성)이다. 발동시키면 된다. '우주의 근본원리'는 사랑이다. 기독교에서 말하는 사랑의 동의어인 불교의 자비, 공자의 인仁을 만물, 자연으로 확대하면 된다. 인간을 위해서 인간만을 사랑할 수 없다. 인간이 사는 터전도 함께 위해야 자기도 산다. 생물계에 동족상잔은 없다. 다른 생물에게서도 배워야 한다.

이렇듯 함석헌은 사랑, 자비, 인의 전통적인 범주를 인간을 넘어 천지만물로 확대했다. 서양인들은 이제야 환경보존의 근거를 동양의 종교에서 찾고 있다. 놀랍게도 함석헌은 한 걸음 더 나아가서 환경의 범주를 우주로까지 확장했다. 인류는 앞으로 '우주와 하나되는 우주인'으로 거듭나야 한다. 윤리도 '우주윤리'로 확대되어야 한다. 우주시대에 우주의식을 갖는 우주인으로 사는 것이 당연하다. 우주선을 탄다고 우주인이 아니다.

요컨대 환경은 정복대상이 아니고 한데 어울려 살아야 할 대상이다. 공해문제는 그러한 생명과 세계관으로 무장할 때만 해결할 수 있다. 공해는 개인의 욕심에서 생긴 찌꺼기다(욕심은 석가모니가 깨달음에서 찾아낸 인간고통의 열쇠다). 공해는 인류 전체, 생명 전체의 존망이 달린 문제다. 인간의 향락주의가 초래한 결과다. 생명의 전체성, 일원성을 강조하는 전체주의적 사고로 고칠 수밖에 없다. 오염의 근본원인은 정신오염이다.

함석헌은 구체적으로 인간이 지켜야 할 금기사항으로 세 가지를 든다. 인간이 건드리지 말아야 할 것은 원자핵, 생식세포, 뇌세포다. 이 셋은 '가장 신성한 것'으로 건드리면 인간은 파멸될 수 있다. 핵은 '물질의 지성소'이고 원자탄은 '분열된 세계의 상징'으로 분열하면 인간이 이루어놓은 모든 것을 파괴한다. 이에 대치하는 처방약은 '원자탄보다 강한 정신원리'다. 물질은 물질로가 아니고 정신으로 극복된다. 이 원리는 살아 있는 자연을 상징하는 '씨올' 속에 내장되어 있다. 이 점에서 씨올 사상은 생명 사상이다.

마지막으로 생명인조와 기계에 대하여 함석헌은 깊은 우려를 표명했다. 이에 대해 그는 양가적인 태도를 보인다. 발언의 시기나 맥락을 고려한다면 두 관점 사이에 연속성이 없는 것은 아니다. 과학의 발전을 옹호해온 함석헌이 과학의 응용으로서 생명공학과 기계공학의 발달을 긍정적으로 평가하는 것은 당연하게 보인다. 창조설을 고수하는 보수적인 크리스천에게 생명인조는 신성불가침의 영역을 벗어난 것일 수밖에 없지만, 함석헌은 이것을 신이 인간을 창조하면서 내장시킨 역량(천품)의 발현으로 본다. 부모가 자식의 성장을 반기듯이 신이 오히려 기뻐할 일이다.

그러나 막상 그 기능이 식물이나 동물의 복제를 넘어, 당시에는 논의되거나 상상하기도 힘든, 인간복제로까지 확대된다면 생식세포를 성역으로 간주한 함석헌이 이를 인정했으리라고 보기는 힘들다. 그럴 필요성이나 목적이 투명한지도 문제가 되지만 정신적으로나 도덕적으로 인간이 아직 준비되지 않았다고 보았을 것이기 때문이다. 그는 놀랍게도 1959년 '인조인간'을 말했지만 그것은 기계를 가리키는 표현일 뿐이다. 기계는 인간의 기능을 수행하도록 하기 위해서 (신이 신의 형상으로 인간을 만들 듯이) 인간이 자기 형상으로 만들어낸 대리인간이라는 뜻에서 한 말이다. 기계를 인간의 확대로 보는 긍정적인 해석이다.

문제는 인간이 기계를 부리는 단계를 넘어 기계가 인간을 부리는 괴물로 발전했다는 사실이다. 인간이 주체성을 잃고 기계에 의존하는 경향이 갈수록 심해진다. 중대한 사실은 기계가 정치인의 효율적인 통치도구로 사용된다는 점이다(지난번 대선에서 말썽이 되었듯이,

민주주의의 핵인 선거에서 기계와 정보기술이 남용되면 중대한 결과를 초래할 수도 있다). 현대사에서 기계는 (무기 같은 폭력수단으로서) 불행의 원인이었다. 기계 자체가 나쁘다기보다는 그것을 쓰는 인간의 태도와 의식, 도덕수준이 문제다.

최근에 와서 로봇, 인공지능이 급속히 발전하고 있다. 영국 물리학자 스티븐 호킹은 인간의 통제를 벗어난 인공지능 로봇이 가까운 장래에 인류를 멸망시킬 것이라고 예언했다. 사람이 기계를 부리는 대신 기계가 사람을 부리게 된다는 함석헌의 전망과 일치하는 시각이다. 그의 사상을 되살펴보아야 할 또 한 가지 이유가 여기에 있다. 거기에는 그 자신이 (특히 한민족에게서 나오기를) 희구하던 제3의 사상의 씨앗이 뿌려져 있을지도 모른다. 이는 문명의 전환과 제2의 차축시대(개벽)를 촉발할 씨앗이다.

함석헌 연보

1901. 3. 13 평북 용천군 부라면 원성동 출생

1906. 덕일소학교 입학

1914. 덕일소학교 졸업. 양시공립보통학교 편입.

1916. 양시공립보통학교 졸업 및 관립평양고등보통학교 입학.

1919. 3·1운동에 참가 후 학업 중단.

1921. 오산학교 편입. 오산학교에서 이승훈·유영모 선생을 만나 평생 스승으로 모심.

1923. 오산학교 졸업.

1924. 4. 동경고등사범학교 입학.

1928. 3. 동경고등사범학교 졸업. 이때 우치무라 간조 선생의 성서연구집회에 참여.

1928. 귀국하여 모교인 오산학교에서 교편을 잡음.

1934-35. 동인지 『성서조선』에 「성서적 입장에서 본 조선역사」를 쓰기 시작.

1938. 3 창씨개명 및 일본어 수업을 거부하여 오산학교를 사임. 이후 2년간 오산에서 과수원을 돌보며 학생을 상대로 전도활동.

1940. 3 평양 송산농사학원을 김혁 선생으로부터 인수.

1940. 8. 계우회(鷄友會) 사건으로 평양 대동경찰서에 1년 구치됨.

1940. 11. 아버지 함형택 별세.

1942. 5. 『성서조선』 사건이 일어나 1년간 미결수로 복역.

1943. 3. 불기소로 출감, 농사에 종사. 이때부터 수염을 기르기 시작함.

1945. 8. 15. 해방 직후 고향에서 용암포 자치위원장, 용천군 자치위원장을 맡음.

1945. 6. 평안북도 자치위원회 문교부장에 취임.

1945. 11. 23.	신의주학생사건의 책임자로 소련군 사령부에 체포·구금. 50일 동안 감옥에서 시 300여 수를 씀. 이후 이를 한데 엮어 '쉰 날'이라 이름 붙임.
1946. 1.	석방된 후 고향에서 농업에 종사.
1946. 12. 24.	다시 체포되어 1개월간 옥고를 치름.
1947. 2. 26.	월남. 이때부터 수염을 깎지 않았다고 함.
1947. 3. 17.	서울에 도착. 주일마다 YMCA강당에서 일요종교집회를 가짐.
1950. 6.	6·25가 발발하여 피난차 남하함.
1950. 7.	부산에서 피난생활을 하면서 성경연구집회를 계속함.
1953.	부산에서 시집 『수평선 너머』를 발간. 겨울에 서울로 올라옴.
1956.	서울 용산구 원효로에 사택을 마련, 이때부터 『사상계』에 집필활동을 시작.
1958. 8.	『사상계』에 투고한 「생각하는 백성이라야 산다」로 20일간 구금됨.
1961. 7.	5·16군사쿠데타를 정면으로 비판한 「5·16을 어떻게 볼까」를 발표.
1962. 2.	미국 국무부 초청으로 3개월간 미국여행 및 10개월간 퀘이커 학교에서 수학. 이어서 영국·네덜란드·독일 등 3개국을 시찰.
1963. 6 23.	한국에서 사실상의 군정연장인 미정이양이 이루어진다는 소식에 분노, 인도·아프리카 등의 여행을 중지하고 귀국한 뒤 대정부비판 강연을 개최, 월남언론상 받음.
1970. 4. 19.	잡지 『씨올의 소리』를 창간.
1970. 5. 29.	『씨올의 소리』 제2호가 나온 뒤 정부가 인가취소통고를 하자 소송 제기.
1971. 7.	젠센기념관에서 노자 강의 시작. 1988년 5월까지 계속함.
1971. 8.	삼선개헌반대투쟁위원회를 구성하여 활동하는 한편, 민주수호국민협의회를 조직하여 대표위원으로 1975년으로 활동.
1971. 11. 13.	전태일 1주기 추도회를 시작으로, '씨올의 소리사' 주최의 강연회를 1975년까지 해마다 계속함.
1971. 12. 2.	고희 축하모임 및 강연회에 참석. 월 1회 퀘이커 부산모임에 참여, 1988년 5월까지 개최.
1973. 11. 25.	주일 오후 성서강좌를 개설. 1978년까지 계속함.
1974. 11.	윤보선·김대중과 민주회복국민회의를 만들고 대표위원이 됨.
1976. 3. 1.	3·1민주구국선언에 참여.

1977. 3. 22	3·1민주구국선언사건으로 대법원에서 징역 5년, 자격정지 5년을 받음.
1978. 5. 8.	부인 황득순 여사 별세.
1979.	퀘이커세계협회 초청으로 미국 종교대회 참석. 노벨평화상 후보로 추천됨.
1979. 11. 23.	명동 YMCA위장결혼사건으로 계엄사 합동수사본부에 끌려가 15일간 구금됨. 징역 1년을 선고받음.
1980. 2. 29.	형 확정과정에서 형 면제처분을 받았으며, 복권됨.
1981.	오산학교 동창회장으로 선임된 후 8년간 재임.
1983. 6.	단식투쟁으로 민주화운동에 영향을 줌.
1985.	퀘이커세계협회 멕시코 종교대회에 참석. 두 번째로 노벨평화상 후보로 추천됨. 미국·캐나다 등지를 순회하며 평화와 민주화를 외침.
1987. 7. 13.	서울대학병원에서 담도암으로 대수술을 받았으나 회복되어 다시 일어남. 강연·토론·회견 등 활약을 하며, 『씨올의 소리』 복간에 힘씀.
1987. 10. 12.	제1회 인촌상 수상. 상금 전액을 남강문화재단 기금으로 기탁.
1988. 8.	서울대학병원에 다시 입원.
1988. 9. 12.	제2회 서울올림픽평화대회 위원장으로서 서울평화선언을 제창.
1988. 12. 10.	폐간된 지 8년 만에 『씨올의 소리』 복간호가 나옴.
1989. 2. 4.	여든여덟의 나이로 서거.

찾아보기

|ㄱ|

가짜 전체주의 655
간디 191, 459, 492, 493, 538, 632
개인도덕 506
고난의 역사 135, 190, 208, 215, 352,
　436, 455, 523, 556
『고려사』 216
고주몽 227
공자 99, 184, 197, 312, 479, 487, 488,
　546, 665
관동대진재(關東大震災) 290, 295, 328,
　329, 331
광복절 360, 361, 364, 366
괴뢰 402, 403
　~정권 276
국가주의 229, 286, 287, 311, 330, 424,
　425, 427, 431, 465, 529, 531, 541,
　555, 556, 599, 648, 649, 653
국가지상주의 287, 531, 540, 554, 555,
　649, 650
군국주의 291, 296, 424, 553, 598
군사독재 407
권율 154, 160, 162, 164
근대화 266, 286

김교신(金教臣) 294
김구 99, 131, 278, 279
김미리사(金美理士) 121
김시습 480, 481
김유신 350
김일성 237, 248, 278, 350, 444
김춘추 350
꼭두각시 348, 463

|ㄴ|

나라 없는 백성 348
남한산성 143, 147, 149, 155, 545
내면화의 과정 257
노자 207, 283, 284, 356, 490, 524, 548,
　552, 561, 581, 583, 665, 670

|ㄷ|

단체도덕 506
대국가주의 287
『대학』 546, 547, 585, 586, 593, 594, 665
『도덕경』 189, 548, 552, 665
도덕적 가치 505
독립정신 352, 353
독재주의 368, 410, 412, 499

『동국통감』 216
동남아연방 203
동명성왕(東明聖王) 106
동양고전 537
두보(杜甫) 103, 104, 147, 486
들사람 479, 482, 487, 489~493, 622

|ㄹ|
러셀 501
로댕 635

|ㅁ|
『맹자』 133, 180, 500, 508, 566, 585, 663
묘청 105, 350, 351
묵적(墨翟) 562
문천상(文天祥) 178
문화정치 114
미국체제 437
민족 분열 256, 275
민족국가 347, 348, 424, 553, 591, 597,
    598
민족신(民族神) 592, 597, 599
민족의 통일 275, 381, 440, 459
민족주의 109, 175, 204, 229, 237, 238,
    256, 268, 269, 272, 277, 280, 281,
    286, 348, 422~425, 427, 541, 553,
    554, 597, 599, 604, 653, 659
    ~ 시대 599, 659
민주주의 시대 223, 254, 364, 464

|ㅂ|
『바가바드 기타』 525, 543, 670
베드로 496, 632
베르그송 569
베트남전쟁 214, 445

병자호란 143, 145, 148, 545
부버(M. Buber) 538, 646, 667
부산정치파동 370
비폭력운동 208, 256

|ㅅ|
4·19혁명 143, 144, 149, 208, 240, 280,
    282, 284, 285, 461
3·1운동 141, 171, 291, 293, 295, 301
38선 156, 181, 196, 213, 250, 275, 276,
    346, 348, 350, 357, 372, 376~378,
    380, 384, 385, 387, 425, 431, 432,
    453, 697
『삼국사기』 216
삼국시대 184, 212, 257, 261, 262, 376
생명운동 459, 461
생명철학 570
샤르댕 198, 538, 639, 640, 645~647, 655
서북청년회 131
「서풍의 노래」 511, 556
선견자(先見者) 639, 640, 643
세계정부 202, 592
세계주의 423
세계평화 387, 542
세계혁명 269, 423, 427, 700
세력균형주의 500
셸리(P.B. Shelley) 511, 513, 556
소로(H.D. Thoreau) 490
소크라테스 99, 283, 490, 492, 537, 551
『소학』 573
손병희(孫秉熙) 258
송진우(宋鎭禹) 99
수난의 여왕 279, 435, 457, 463, 541,
    542, 700, 701
순 조선종 120, 122

씨올 107, 112, 114~117, 142, 182, 183,
　　186, 193, 197, 199, 201, 251, 252,
　　254, 255, 265, 268, 272~274, 277,
　　291, 297, 331, 339, 347, 348, 350,
　　402, 403, 417, 440, 447, 448, 451,
　　456~458, 464, 465, 511~522, 526,
　　530, 532, 546, 548, 551~555, 572,
　　587, 591, 593, 594, 642, 644, 648,
　　652~655, 672
신의주학생사건 239, 240, 333

|ㅇ|
안재홍(安在鴻) 550
안창호 107, 115
양민(良民) 416, 417
양주(楊朱) 75, 563
엄자릉(嚴子陵) 144, 475, 476, 479
여운형 99, 174
역사 102, 106~108, 110, 111, 116, 117,
　　120, 124, 127, 135, 136, 138, 139,
　　141, 143, 147, 148, 150~158, 160,
　　163~165, 171, 175, 177, 178, 183,
　　187, 188, 190, 192~195, 197, 199,
　　202, 204~208, 210~223, 227~229,
　　233, 238, 239, 248, 252~254, 257,
　　260~265, 269, 270~272, 274~277,
　　279~283, 285, 286, 288, 290, 293,
　　295~297, 314, 325, 328, 329, 331,
　　345~348, 351~354, 358, 359, 361,
　　362, 367~370, 372, 373, 376~380,
　　382, 384, 387~391, 393, 398, 399,
　　402~408, 412, 413, 415, 419~422,
　　426~428, 432, 436~438, 442,
　　444, 446~448, 450, 453~456,
　　458, 460~466, 473, 477, 479,
　　482~485, 487, 489~491, 496, 504,
　　506, 511, 513, 514, 515, 518~523,
　　526, 527, 529, 530, 532, 533, 536,
　　537, 539~543, 545, 547, 549~553,
　　556, 568~571, 574~576, 582,
　　586, 589~593, 597, 599, 600, 604,
　　612, 628, 629, 635, 637, 639, 640,
　　642~644, 647~656, 658, 659, 661,
　　662, 666, 669~671, 695, 701, 706,
　　708, 709
　　~해석 216, 217, 257
영구 집권 286
영웅주의 117, 395, 656
예레미야 491, 643
예수 99, 131, 132, 184, 189, 195, 197,
　　199, 209, 214, 253, 283, 284, 288, 289,
　　299, 309, 351, 369, 393, 399~401,
　　461, 481, 491~493, 547, 579, 585,
　　593, 598, 600, 610, 616, 629, 630,
　　632~634, 643, 645, 649, 650, 652,
　　665, 668~670, 705, 709
예언자 199, 327, 369, 491, 537, 584, 610,
　　644, 649, 650, 652
5·16쿠데타 143, 144, 149, 256, 283,
　　284, 285, 407
온달 139, 207
헉슬리(A. Huxley) 407, 538, 640
왕건 105, 156, 408
왕도정치 361, 500
왕양명(王陽明) 146
용천(龍川) 225, 232, 236~238, 247, 332
우치무라(內村鑑三) 327
월남(越南) 228, 516
　　~전쟁 149
　　~참전 259

웰스(H.G. Wells) 591
위수령(衛戍令) 259, 445
유엔 358, 359, 394, 437, 438, 539, 592
윤관(尹瓘) 156, 212
을지문덕 107, 139, 140
2·4파동 102, 370
이능화(李能和) 207
이데올로기 시대 437
이문욱(李文郁) 118~120
이사야 302, 523, 579, 643, 652
이승만 158, 281, 284
이승훈(李昇薰) 118, 258
『인간현상』 639, 641, 646
인화(人和) 370, 443
임경업 145, 228

|ㅈ|
「자규시」(子規詩) 151
자유사상가 644
장덕수(張德秀) 99
장자 101, 474, 475, 479, 490, 563, 577,
  665
전체관 659
전체운동 458, 459
전체의 시대 254, 279, 655, 656
전체의식 254~256, 383, 458, 459
전체인 540
전체주의 462, 655, 656, 658
정몽주 480, 628
정신 100, 103, 107, 109, 110, 126, 127,
  139, 145, 146, 151, 159, 162~164,
  171~175, 177, 178, 181, 187, 191,
  200, 202, 204, 212, 214, 215, 217,
  218, 220, 221, 223, 229, 244, 245,
  251, 252, 254, 257, 266, 271, 277,

278, 280, 287, 288, 291, 296, 324,
  327, 334, 337, 350, 351, 353, 354,
  358, 360, 362, 363, 366, 368, 369,
  375~378, 380, 381, 383, 388, 389,
  390, 403, 405, 406, 408, 410, 412,
  419, 424, 425, 427~432, 437, 439,
  441, 442, 447, 449, 459~461, 472,
  479, 480, 483, 484, 487~492, 494,
  504, 507~509, 517, 522, 531, 534,
  538~540, 549, 551, 553, 567~569,
  578~580, 592~595, 597~599, 613,
  615, 627, 629, 631, 634, 635, 642,
  649, 651, 653, 664, 669, 698
정지상(鄭知常) 108
정치만능주의 516, 518, 540
정치업자 158, 159, 180, 181, 347, 398,
  403
정치주의 311, 531
제2국민병 사건 356
조만식(曺晩植) 107, 236, 237, 278, 279
주희 524
『중용』 134, 189, 565, 573, 583~585
중립노선 444, 446, 448, 450
중립론 388
지방색 124, 125, 263
지배주의 530, 550, 554, 555, 571, 654,
  670

|ㅊ|
참 혁명 273, 419, 459, 526
천지정기(天地正氣) 178
최린(崔麟) 174
최영 156, 212, 480
7·4성명 265, 463, 464

|ㅋ|

칼라일 164

|ㅌ|

타고르 489, 538
톨스토이 496, 632
통일 106, 159, 163, 202, 264, 376, 381,
 387, 440, 448, 462, 655
 ~론 376, 381, 395
 ~문제 180, 261, 375, 377, 378, 387,
 453
 ~정부 278

|ㅍ|

파스칼 609
팔도평(八道評) 123, 127
8·15해방 180, 296, 370, 372
평화주의 130, 207, 209, 388, 447
폭력주의 117, 207, 208, 288, 387, 516,
 556, 600
프로테스탄트 136, 182, 597, 599

|ㅎ|

하나님 100, 104, 108, 117, 118, 134, 177,
 187, 196, 200, 201, 210, 217, 220,
 221, 244, 258, 278, 284, 289, 303,
 326~328, 346, 351~353, 359, 364,
 368~372, 376, 383, 386, 389, 390,
 398, 399, 406, 426, 430, 432, 478,
 483, 484, 493, 497, 532, 534, 536,
 539, 542, 547, 561, 564, 565, 569,
 571, 573~576, 580~585, 586, 589,
 594, 596, 599, 603, 605, 627, 629,
 630, 632, 634, 640, 642, 643, 652,
 654, 656~658, 666, 667, 669~671,
 702, 705, 708, 709
한일조약 213, 228
행주대첩 160
행주산성 154, 155, 160, 165
행주치마 154, 164, 165
호연지기 177
홍경래 140, 141
휘트먼(Walt Whitman) 490

함석헌은 1901년 평안북도 용천에서 태어났다. 1919년 3·1운동에 참여했다는 이유로 평양고등보통학교에서 퇴학당한 후 1921년 오산학교에 편입했다. 1923년 오산학교를 졸업한 후 도쿄東京 고등사범학교로 유학해 1928년 졸업했다. 유소년 시절 기독교를 처음 접한 함석헌은 일본 유학에서 만난 우치무라 간조內村鑑三의 영향으로 무교회주의 신앙을 오래 지니게 되었다. 귀국 후 1938년까지 오산학교 교사로 근무하다가 일제의 일본어교육 강요와 탄압 등으로 사직한다. 이후 송산농사학원을 운영하면서 공동체 육성을 실험한다. 하지만 계우회사건과 『성서조선』사건에 연루되어 두 차례 투옥된다. 출옥 후 고향에서 농사를 짓다가 해방을 맞았다.

해방 직후 결성된 평안북도 자치위원회 교육부장으로 봉사하다가 신의주학생사건 주모자로 몰려 투옥되는 등 고초를 겪었다. 1947년 월남 후 『성서』 강해 등을 진행했으며 1956년 『사상계』 필진으로 참여하면서부터 현실 사회에 참여한다. 이승만정권 말기인 1958년에는 『사상계』에 「생각하는 백성이라야 산다」를 실어 체포당했고 1961년에는 「5·16을 어떻게 볼까」를 실어 군사정권과 정면으로 맞섰다.

1950년대 말부터 퀘이커 모임인 친우회에 참여해 평화운동에 나섰다. 1962년 미국 국무부 초청으로 3개월간 미국을 순방한 후 10개월간 필라델피아 펜들힐의 퀘이커 학교에서 공부했다.

1970년 4월 『씨올의 소리』를 창간했다. 5월호를 발행한 후 등록취소처분을 받았으나 재판에서 승소해 1971년 9월호로 복간했다. 1980년 7월에도 전두환정권에 의해 등록취소처분을 받았다. 1976년 3·1민주구국선언에 참여했다. 1979년과 1985년에 노벨평화상 후보로 추천되었다.

주요 저술로는 『뜻으로 본 한국역사』제4판; 1965 『인간혁명』1961 『생활철학』1962 『죽을 때까지 이 걸음으로』1964 『역사와 민족』1965 등이 있다. 한길사에서 『함석헌전집』1984~88, 전 20권과 『함석헌저작집』2009, 전 30권을 출간했다. 『뜻으로 본 한국역사』2003 『간디 자서전』제3판; 2002 『바가바드 기타』1996는 단행본으로 출간되었다.

들사람 얼
함석헌선집 2

지은이 함석헌
엮은이 함석헌선집편집위원회
펴낸이 김언호

펴낸곳 (주)도서출판 한길사
등록 1976년 12월 24일 제74호
주소 10881 경기도 파주시 광인사길 37
홈페이지 www.hangilsa.co.kr
전자우편 hangilsa@hangilsa.co.kr
전화 031-955-2000~3 **팩스** 031-955-2005

부사장 박관순 **총괄이사** 김서영 **관리이사** 곽명호
영업이사 이경호 **경영이사** 김관영
편집 김광연 백은숙 노유연 김명선 김지연 김대일 김지수
마케팅 김단비 **관리** 이중환 김선희 문주상 이희문 원선아
디자인 창포 **CTP출력·인쇄** 현문인쇄 **제본** 경일제책사

제1판 제1쇄 2016년 8월 31일
제1판 제2쇄 2018년 9월 30일

값 30,000원
ISBN 978-89-356-6451-1 94080
ISBN 978-89-356-6427-6 (세트)

• 잘못 만들어진 책은 구입하신 서점에서 바꿔드립니다.

• 이 도서의 국립중앙도서관 출판시도서목록(CIP)은 서지정보유통지원시스템 홈페이지(seoji.nl.go.kr)와
국가자료공동목록시스템(www.nl.go.kr/kolisnet)에서 이용하실 수 있습니다.
(CIP제어번호: CIP2016016450)

한길그레이트북스 인류의 위대한 지적 유산을 집대성한다

1 관념의 모험
앨프레드 노스 화이트헤드 | 오영환

2 종교형태론
미르치아 엘리아데 | 이은봉

3·4·5·6 인도철학사
라다크리슈난 | 이거룡
2005 『타임스』 선정 세상을 움직인 100권의 책
『출판저널』 선정 21세기에도 남을 20세기의 빛나는 책들

7 야생의 사고
클로드 레비-스트로스 | 안정남
2005 『타임스』 선정 세상을 움직인 100권의 책
2008 『중앙일보』 선정 신고전 50선

8 성서의 구조인류학
에드먼드 리치 | 신인철

9 문명화과정 1
노르베르트 엘리아스 | 박미애
2005 연세대학교 권장도서 200선
2012 인터넷 교보문고 명사 추천도서
2012 알라딘 명사 추천도서

10 역사를 위한 변명
마르크 블로크 | 고봉만
2008 『한국일보』 오늘의 책
2009 『동아일보』 대학신입생 추천도서
2013 yes24 역사서 고전

11 인간의 조건
한나 아렌트 | 이진우
2012 인터넷 교보문고 MD의 선택
2012 네이버 지식인의 서재

12 혁명의 시대
에릭 홉스봄 | 정도영·차명수
2005 서울대학교 권장도서 100선
2005 『타임스』 선정 세상을 움직인 100권의 책
2005 연세대학교 권장도서 200선
1999 『출판저널』 선정 21세기에도 남을 20세기의 빛나는 책들
2012 알라딘 블로거 베스트셀러
2013 『조선일보』 불멸의 저자들

13 자본의 시대
에릭 홉스봄 | 정도영
2005 서울대학교 권장도서 100선
1999 『출판저널』 선정 21세기에도 남을 20세기의 빛나는 책들
2012 알라딘 블로거 베스트셀러
2013 『조선일보』 불멸의 저자들

14 제국의 시대
에릭 홉스봄 | 김동택
2005 서울대학교 권장도서 100선
1999 『출판저널』 선정 21세기에도 남을 20세기의 빛나는 책들
2012 알라딘 블로거 베스트셀러
2013 『조선일보』 불멸의 저자들

15·16·17 경세유표
정약용 | 이익성
2012 인터넷 교보문고 필독고전 100선

18 바가바드 기타
함석헌 주석 | 이거룡 해제
2007 서울대학교 추천도서

19 시간의식
에드문트 후설 | 이종훈

20·21 우파니샤드
이재숙
2005 서울대학교 권장도서 100선

22 현대정치의 사상과 행동
마루야마 마사오 | 김석근
2005 『타임스』 선정 세상을 움직인 100권의 책
2007 도쿄대학교 권장도서

23 인간현상
테야르 드 샤르댕 | 양명수
2007 서울대학교 추천도서

24·25 미국의 민주주의
알렉시스 드 토크빌 | 임효선·박지동
2005 서울대학교 권장도서 100선
2012 인터넷 교보문고 MD의 선택
2012 인터넷 교보문고 MD의 선택
2013 문명비평가 기 소르망 추천도서

26 유럽학문의 위기와 선험적 현상학
에드문트 후설 | 이종훈
2005 서울대학교 논술출제

27·28 삼국사기
김부식 | 이강래
2005 연세대학교 권장도서 200선
2012 인터넷 교보문고 필독고전 100선
2013 yes24 다시 읽는 고전

29 원본 삼국사기
김부식 | 이강래 교감

30 성과 속
미르치아 엘리아데 | 이은봉
2005 『타임스』 선정 세상을 움직인 100권의 책
2012 인터넷 교보문고 명사 추천도서
『출판저널』 선정 21세기에도 남을 20세기의 빛나는 책들

31 슬픈 열대
클로드 레비-스트로스 | 박옥줄
2005 서울대학교 권장도서 100선
2005 연세대학교 권장도서 200선
2008 홍익대학교 논술출제
2012 인터넷 교보문고 명사 추천도서
2013 yes24 역사서 고전
『출판저널』 선정 21세기에도 남을 20세기의 빛나는 책들

32 증여론
마르셀 모스 | 이상률
2003 문화관광부 우수학술도서
2012 네이버 지식인의 서재

33 부정변증법
테오도르 아도르노 | 홍승용

34 문명화과정 2
노르베르트 엘리아스 | 박미애
2005 연세대학교 권장도서 200선
2012 인터넷 교보문고 명사 추천도서
2012 알라딘 명사 추천도서

35 불안의 개념
쇠렌 키르케고르 | 임규정
2012 인터넷 교보문고 필독고전 100선

36 마누법전
이재숙·이광수

37 사회주의의 전제와 사민당의 과제
에두아르트 베른슈타인 | 강신준

38 의미의 논리
질 들뢰즈 | 이정우
2000 교보문고 선정 대학생 권장도서

39 성호사설
이익 | 최석기
2005 연세대학교 권장도서 200선
2008 서울대학교 논술출제
2012 인터넷 교보문고 필독고전 100선

40 종교적 경험의 다양성
윌리엄 제임스 | 김재영
2000 대한민국학술원 우수학술도서

41 명이대방록
황종희 | 김덕균
2000 한국출판문화상

42 소피스테스
플라톤 | 김태경

43 정치가
플라톤 | 김태경

44 지식과 사회의 상
데이비드 블루어 | 김경만
2002 대한민국학술원 우수학술도서

45 비평의 해부
노스럽 프라이 | 임철규
2001 「교수신문」 우리 시대의 고전

46 인간적 자유의 본질·철학과 종교
프리드리히 W.J. 셸링 | 최신한

47 무한자와 우주와 세계·원인과 원리와 일자
조르다노 브루노 | 강영계
2001 한국출판인회의 이달의 책

48 후기 마르크스주의
프레드릭 제임슨 | 김유동
2001 한국출판인회의 이달의 책

49·50 봉건사회
마르크 블로크 | 한정숙
2002 대한민국학술원 우수학술도서
2012 「한국일보」 다시 읽고 싶은 책

51 칸트와 형이상학의 문제
마르틴 하이데거 | 이선일
2003 대한민국학술원 우수학술도서

52 남명집
조식 | 경상대 남명학연구소
2012 인터넷 교보문고 필독고전 100선

53 낭만적 거짓과 소설적 진실
르네 지라르 | 김치수·송의경
2002 대한민국학술원 우수학술도서
2013 「한국경제」 한 문장의 교양

54·55 한비자
한비 | 이운구
한국간행물윤리위원회 추천도서
2007 서울대학교 추천도서
2012 인터넷 교보문고 필독고전 100선

56 궁정사회
노르베르트 엘리아스 | 박여성

57 에밀
장 자크 루소 | 김중현
2005 서울대학교 권장도서 100선
2000·2006 서울대학교 논술출제

58 이탈리아 르네상스의 문화
야코프 부르크하르트 | 이기숙
2004 한국간행물윤리위원회 추천도서
2005 연세대학교 권장도서 200선
2009 「동아일보」 대학신입생 추천도서

59·60 분서
이지 | 김혜경
2004 문화관광부 우수학술도서
2012 인터넷 교보문고 필독고전 100선

61 혁명론
한나 아렌트 | 홍원표
2005 대한민국학술원 우수학술도서

62 표해록
최부 | 서인범·주성지
2005 대한민국학술원 우수학술도서

63·64 정신현상학
G.W.F. 헤겔 | 임석진
2006 대한민국학술원 우수학술도서
2005 연세대학교 권장도서 200선
2005 프랑크푸르트도서전 한국의 아름다운 책100
2008 서우철학상
2012 인터넷 교보문고 필독고전 100선

65·66 이정표
마르틴 하이데거 | 신상희·이선일

67 왕필의 노자주
왕필 | 임채우
2006 문화관광부 우수학술도서

68 신화학 1
클로드 레비―스트로스 | 임봉길
2007 대한민국학술원 우수학술도서
2008 「동아일보」 인문과 자연의 경계를 넘어 30선

69 유랑시인
타라스 셰브첸코 | 한정숙

70 중국고대사상사론
리쩌허우 | 정병석
2005 「한겨레」 올해의 책
2006 문화관광부 우수학술도서

71 중국근대사상사론
리쩌허우 | 임춘성
2005 「한겨레」 올해의 책
2006 문화관광부 우수학술도서

72 중국현대사상사론
리쩌허우 | 김형종
2005 『한겨레』 올해의 책
2006 문화관광부 우수학술도서

73 자유주의적 평등
로널드 드워킨 | 염수균
2006 문화관광부 우수학술도서
2010 동아일보 '정의에 관하여' 20선

74·75·76 춘추좌전
좌구명 | 신동준

77 종교의 본질에 대하여
루트비히 포이어바흐 | 강대석

78 삼국유사
일연 | 이가원·허경진
2007 서울대학교 추천도서

79·80 순자
순자 | 이운구
2007 서울대학교 추천도서

81 예루살렘의 아이히만
한나 아렌트 | 김선욱
2006 『한겨레』 올해의 책
2006 한국간행물윤리위원회 추천도서
2007 『한국일보』 오늘의 책
2007 대한민국학술원 우수학술도서
2012 yes24 리뷰 영웅대전

82 기독교 신앙
프리드리히 슐라이어마허 | 최신한
2008 대한민국학술원 우수학술도서

83·84 전체주의의 기원
한나 아렌트 | 이진우·박미애
2005 『타임스』 선정 세상을 움직인 책
『출판저널』 선정 21세기에도 남을 20세기의 빛나는 책들

85 소피스트적 논박
아리스토텔레스 | 김재홍

86·87 사회체계이론
니클라스 루만 | 박여성
2008 문화체육관광부 우수학술도서

88 헤겔의 체계 1
비토리오 회슬레 | 권대중

89 속분서
이지 | 김혜경
2008 대한민국학술원 우수학술도서

90 죽음에 이르는 병
쇠렌 키르케고르 | 임규정
『한겨레』 고전 다시 읽기 선정
2006 서강대학교 논술출제

91 고독한 산책자의 몽상
장 자크 루소 | 김중현

92 학문과 예술에 대하여·산에서 쓴 편지
장 자크 루소 | 김중현

93 사모아의 청소년
마거릿 미드 | 박자영
20세기 미국대학생 필독 교양도서

94 자본주의와 현대사회이론
앤서니 기든스 | 박노영·임영일
1999 서울대학교 논술출제
2009 대한민국학술원 우수학술도서

95 인간과 자연
조지 마시 | 홍금수

96 법철학
G.W.F. 헤겔 | 임석진

97 문명과 질병
헨리 지거리스트 | 황상익
2009 대한민국학술원 우수학술도서

98 기독교의 본질
루트비히 포이어바흐 | 강대석

99 신화학 2
클로드 레비-스트로스 | 임봉길
2008 『동아일보』 인문과 자연의 경계를 넘어 30선
2009 대한민국학술원 우수학술도서

100 일상적인 것의 변용
아서 단토 | 김혜련
2009 대한민국학술원 우수학술도서

101 독일 비애극의 원천
발터 벤야민 | 최성만·김유동

**102·103·104 순수현상학과
현상학적 철학의 이념들**
에드문트 후설 | 이종훈
2010 대한민국학술원 우수학술도서

105 수사고신록
최술 | 이재하 외
2010 대한민국학술원 우수학술도서

106 수사고신여록
최술 | 이재하
2010 대한민국학술원 우수학술도서

107 국가권력의 이념사
프리드리히 마이네케 | 이광주

108 법과 권리
로널드 드워킨 | 염수균

109·110·111·112 고야
홋타 요시에 | 김석희
2010 12월 한국간행물윤리위원회 추천도서

113 왕양명실기
박은식 | 이종란

114 신화와 현실
미르치아 엘리아데 | 이은봉

115 사회변동과 사회학
레이몽 부동 | 민문홍

116 자본주의·사회주의·민주주의
조지프 슘페터 | 변상진
2012 대한민국학술원 우수학술도서
2012 인터파크 이 시대 교양 명저

117 공화국의 위기
한나 아렌트 | 김선욱

118 차라투스트라는 이렇게 말했다
프리드리히 니체 | 강대석

119 지중해의 기억
페르낭 브로델 | 강주헌

120 해석의 갈등
폴 리쾨르 | 양명수

121 로마제국의 위기
램지 맥멀렌 | 김창성
2012 인터파크 추천도서

122·123 윌리엄 모리스
에드워드 파머 톰슨 | 윤효녕 외
2012 인터파크 추천도서

124 공제격치
알폰소 바뇨니 | 이종란

125 현상학적 심리학
에드문트 후설 | 이종훈
2013 인터넷 교보문고 눈에 띄는 새 책
2014 대한민국학술원 우수학술도서

126 시각예술의 의미
에르빈 파노프스키 | 임산

127·128 시민사회와 정치이론
진 L. 코헨·앤드루 아라토 | 박형신·이혜경

129 운화측험
최한기 | 이종란
2015 대한민국학술원 우수학술도서

130 예술체계이론
니클라스 루만 | 박여성·이철

131 대학
주희 | 최석기

132 중용
주희 | 최석기

133 종의 기원
찰스 다윈 | 김관선

134 기적을 행하는 왕
마르크 블로크 | 박용진

135 키루스의 교육
크세노폰 | 이동수

136 정당론
로베르트 미헬스 | 김학이
2003 기담학술상 변역상
2004 대한민국학술원 우수학술도서

137 법사회학
니클라스 루만 | 강희원
2016 세종도서 우수학술도서

138 중국사유
마르셀 그라네 | 유병태
2011 대한민국학술원 우수학술도서

139 자연법
G.W.F 헤겔 | 김준수
2004 기담학술상 변역상

140 기독교와 자본주의의 발흥
R.H. 토니 | 고세훈

141 고딕건축과 스콜라철학
에르빈 파노프스키 | 김율
2016 세종도서 우수학술도서

142 도덕감정론
애덤스미스 | 김광수

143 신기관
프랜시스 베이컨 | 진석용
2001 9월 한국출판인회의 이달의 책
2005 서울대학교 권장도서 100선

144 관용론
볼테르 | 송기형·임미경

145 교양과 무질서
매슈 아널드 | 윤지관

146 명등도고록
이지 | 김혜경

147 데카르트적 성찰
에드문트 후설·오이겐 핑크 | 이종훈
2003 대한민국학술원 우수학술도서

148·149·150 함석헌선집 1·2·3
함석헌 | 함석헌편집위원회
2017 대한민국학술원 우수학술도서

151 프랑스혁명에 관한 성찰
에드먼드 버크 | 이태숙

152 사회사상사
루이스 코저 | 신용하·박명규

153 수동적 종합
에드문트 후설 | 이종훈

154 서양의 장원제 (근간)
마르크 블로크 | 이기영

155 르네상스 미술가평전 1
조르조 바사리 | 이근배

156 르네상스 미술가평전 2
조르조 바사리 | 이근배

157 르네상스 미술가평전 3
조르조 바사리 | 이근배

158 르네상스 미술가평전 4 (근간)
조르조 바사리 | 이근배

159 르네상스 미술가평전 5 (근간)
조르조 바사리 | 이근배

160 르네상스 미술가평전 6 (근간)
조르조 바사리 | 이근배

●한길그레이트북스는 계속 간행됩니다.